Der Vollstreckungszugriff auf Bankkonten

Europäische Hochschulschriften

Publications Universitaires Européennes
European University Studies

Reihe II
Rechtswissenschaft

Série II Series II
Droit
Law

Bd./Vol. 4142

PETER LANG
Frankfurt am Main · Berlin · Bern · Bruxelles · New York · Oxford · Wien

Dimitra Tekidou

Der Vollstreckungszugriff auf Bankkonten

Eine rechtsvergleichende Betrachtung des griechischen und des deutschen Rechts

PETER LANG
Europäischer Verlag der Wissenschaften

Bibliografische Information Der Deutschen Bibliothek
Die Deutsche Bibliothek verzeichnet diese Publikation in der Deutschen Nationalbibliografie; detaillierte bibliografische Daten sind im Internet über <http://dnb.ddb.de> abrufbar.

Zugl.: Hannover, Univ., Diss., 2004

Gedruckt mit Unterstützung des
Deutschen Akademischen Austauschdienstes.

D 89
ISSN 0531-7312
ISBN 3-631-53495-7

www.peterlang.de

Meinen Eltern
Στους γονείς μου

Vorwort

Die vorliegende Arbeit wurde Ende Februar 2002 dem Fachbereich Rechtswissenschaften der Universität Hannover als Dissertation vorgelegt und erst im Sommersemester 2004 angenommen. Der Text beruht auf dem Stand vom Februar 2002. Für die Veröffentlichung wurden die wesentlichen Entwicklungen und Veröffentlichungen bis Ende September 2004 berücksichtigt.

Die Arbeit geht auf eine Anregung meines Doktorvaters Herrn Prof. Dr. Dr. h.c. mult. Hilmar Fenge zurück. Ihm gilt mein aufrichtiger Dank für die vielfache wissenschaftliche und persönliche Förderung während und nach meinem Promotionsstudium. Ganz besonders danke ich ihm dafür, dass er stets für eine Diskussion bereit war und mir die nötigen Freiräume gelassen hat. Mit seinen wertvollen Ratschlägen hat er mich stets zum Weitermachen auch in schwierigen Phasen motiviert.

Mein großer Dank gilt auch meiner Lehrerin, Prof. Dr. Pelayia Yessiou-Faltsi, Thessaloniki, die mir wertvolle Anregungen und fundierte Empfehlungen für meine wissenschaftliche Arbeit gegeben hat. Vor allem danke ich ihr für ihr entgegengebrachtes Vertrauen, mich als Nachwuchswissenschaftlerin für ein Stipendium der Niedersächsischen Landesregierung in Hannover vorzuschlagen. Auch für ihr ständiges Interesse an meine berufliche Weiterentwicklung möchte ich mich bei ihr an dieser Stelle bedanken.

Für die zügige Erstellung des Zweitgutachtens möchte ich Herrn Prof. Dr. Dr. Peter Salje besonders danken. Ebenso danke ich Herrn Prof. Dr. Bernd Oppermann LL.M. für jede Unterstützung und für das Vertrauen, das er mir durch eine zweijährige Mitarbeiterstelle im Rahmen der „Europäischen Rechtspraxis“ an seinem Lehrgebiet entgegenbrachte.

Ein besonderes Dankeswort gilt auch Frau Prof. Dr. Charoula Apalagaki, Thessaloniki, die mir für die Betrachtung des griechischen Rechts mit ihren umfassenden wissenschaftlichen und praxisbezogenen Kenntnissen wichtige Anregungen vermittelte.

Besonders dankbar erwähne ich den Deutschen Akademischen Auslandsdienst (DAAD) für ein zweijähriges Promotionsstipendium sowie für die bereits erfolgte Zusage eines Druckkostenvorschusses. Ebenfalls gilt meine

Dankbarkeit der Niedersächsischen Landesregierung für das einjährige Stipendium.

Herrn Rechtsanwalt Marc-Oliver Nordhorn und Frau Birgit Büker danke ich für die Durchsicht des Manuskripts.

Der Familie Kühlke und dem inzwischen verstorbenen Walther Gerullis möchte ich einen persönlichen Dank aussprechen, dass sie mich in dieser Zeit herzlich in ihre Familie aufgenommen haben. Persönlich danken möchte ich meinen beiden Schwestern und meinen Freunden für ihr Dasein.

Mein herzlicher Dank gilt nicht zuletzt Ulli Kühlke, der mich während des Entstehungsprozesses der Arbeit mit viel Geduld und Verständnis unterstützt hat und oft genug wieder aufgebaut hat.

Hannover, im Dezember 2004 *Dimitra N. Tekidou*

Inhaltsübersicht

Inhaltsverzeichnis

5. Kapitel
Die Pfändung von debitorisch geführten Konten

Abkürzungsverzeichnis

a.A.	anderer Ansicht
a.a.O.	am angegebenen Ort
abl.	ablehnend
Abs.	Absatz
AcP	Archiv für civilistische Praxis
A.F.	alte Fassung
AG	Amtsgericht
AGB	Allgemeine Geschäftsbedingungen
AGB-B	Allgemeine Geschäftsbedingungen für Banken
AGB-Sp	Allgemeine Geschäftsbedingungen für Sparkassen
AK	Αστικός Κώδικας (Griechisches Zivilgesetzbuch)
allg.	allgemein
Amtsbl.	Amtsblatt
A.N. oder α.ν.	Αναγκαστικός Νόμος
Anh.	Anhang
Anm.	Anmerkung
AO	Abgabeordnung
ΑΠ	Άρειος Πάγος (Areopag)
αρ.	αριθμός (Nr.)
Art.	Artikel
ΑρχΝ	Αρχείο Νομολογίας (Zeitschrift)
Aufl.	Auflage
BAG	Bundesarbeitsgericht
BAK	Bundesaufsichtsamt für Kreditwesen
BayObLG	Bayrisches Oberlandesgericht
BB	Der Betriebs-Berater
Bd.	Band
BDSG	Bundesdatenschutzgesetz
Beschl.	Beschluss
betr.	betreffend
BFH	Bundesfinanzhof
BGB	Bürgerliches Gesetzbuch
BGBl.	Bundesgesetzblatt
BGE	Entscheidungen des schweizerischen Bundesgerichtes

BGH	Bundesgerichtshof
BGHZ	Entscheidungen des Bundesgerichtshofs in Zivilsachen, amtliche Sammlung
BKK	Die Betriebskrankenkasse
Bull. Civ.	Bulletin des Arrets de la Cour de Cassation, Chambres Civiles
BVerfG	Bundesverfassungsgericht
BVerfGE	Entscheidungen des Bundesverfassungsgerichts
bzw.	beziehungsweise
Γνωμ.	Γνωμοδότηση (Gutachten)
C.C.	Code Civil
Δ	Δίκη (Zeitschrift)
DB	Der Betrieb
ΔΕΕ	Δίκαιο Επιχειρήσεων και Εταιριών (Zeitschrift)
ΔΕΕΤ	Δελτίο Ένωσης Ελλήνων Τραπεζών (Bulletin des griechischen Bankverbundes)
ders.	derselbe
DGVZ	Deutsche Gerichtsvollzieherzeitung
d.h.	das heißt
DikIntern	Dike International (Zeitschrift)
Diss.	Dissertation
DÖV	Die Öffentliche Verwaltung
Drucks.	Drucksache
DStR	Deutsches Steurrecht
dt.	deutsch
DtBGB	Bürgerliches Gesetzbuch (deutsch)
DtHGB	Deutsches Handelsgesetzbuch
DtZPO	Deutsche Zivilprozessordnung
ΕΔΚΑ	Επιθεώρησις Δικαίου Κοινωνικής Ασφαλίσεως (Zeitschrift)
ΕΕΝ	Εφημερίς Ελλήνων Νομικών (Zeitschrift)
ΕΕΤ	Ένωση Ελλήνων Τραπεζών
EGBGB	Einführungsgesetz zum Bürgerlichen Gesetzbuch
EGV	Vertrag zur Gründung der Europäischen Gemeinschaft
Einf.	Einführung
Ειρ	Ειρηνοδικείο (Amtsgericht)

ΕισΝΑΚ	Εισαγωγικός Νόμος Αστικού Κώδικα (Einführungsgesetz zum Griechischen Zivilgesetzbuch)
ΕισΝΚΠολΔ	Εισαγωγικός Νόμος Κώδικα Πολιτικής Δικονομίας (Einführungsgesetz zur Griechischen Zivilprozessordnung)
Εκδ.	Έκδοση
ΕμπΝ	Εμπορικός Νόμος (Handelsgesetz)
EO	Exekutionsordnung
ΕπΕπΔΣΘ	Επιστημονική Επετηρίδα του Δικηγορικού Συλλόγου Θεσσαλονίκης (Zeitschrift)
ΕπιθΕμπΔ	Επιθεώρηση Εμπορικού Δικαίου (Zeitschrift)
ΕπισκΕμπΔ	Επισκόπηση Εμπορικού Δικαίου (Zeitschrift)
ΕρμΑΚ	Ερμηνεία Αστικού Κώδικα (Kommentierung)
ΕρμΚΠολΔ	Ερμηνεία Κώδικα Πολιτικής Δικονομίας (Kommentierung)
ΕΤΒΑ	Ελληνική Τράπεζα Βιομηχανικής Ανάπτυξης (Griechische Bank für die industrielle Entwicklung)
ΕΤρΑξΧρΔ	Επιθεώρηση Τραπεζικού, Αξιογραφικού και Χρηματιστηριακού Δικαίου (Zeitschrift)
EuGH	Gerichtshof der Europäischen Gemeinschaften
EuZW	Europäische Zeitschrift für Wirtschaftsrecht
Εφ	Εφετείο (OLG)
EWiR	Entscheidungen zum Wirtschaftsrecht
Θ	Θέμις (Zeitschrift)
ΦΕΚ	Φύλλο Εφημερίδα Κυβερνήσεως (entsprich BGBl.)
f.	folgende oder für
ff.	fortfolgende
FGO	Finanzgerichtsordnung
Fn.	Fußnote
FS	Festschrift
G.	Gesetz
GD	Gesetzesdekret

gem.	gemäß
GG	Grundgesetz
ggf.	gegebenenfalls
GrVerf	Griechische Verfassung
GrZGB	Griechisches Zivilgesetzbuch
GrZGBEG	Einführungsgesetz zum griechischen Zivilgesetzbuch
GrZPO	Griechische Zivilprozessordnung
h.L.	herrschende Lehre
h.M.	herrschende Meinung
hrsg.	herausgegeben
i.d.F.	In der Fassung
i.d.R.	in der Regel
i.e.S.	im engeren Sinne
insb.	insbesondere
InsO	Insolvenzordnung
i.S.	im Sinne
i.V.m.	in Verbindung mit
JA	Juristisches Archiv
JR	Juristische Rundschau
Jura	Jura (Zeitschrift)
JurBüro	Das juristische Büro
JuS	Juristische Schulung
JW	Juristische Wochenschrift
JZ	Juristenzeitung
Kass.	Kassationshof (com.: Kammer für Handelssachen)
ΚΕΔΕ	Κώδικας Εισπράξεως Δημοσίων Εσόδων
KJ	Kritische Justiz
KO	Konkursordnung
Komm.	Kommentar
ΚΠολΔ	Κώδικας Πολιτικής Δικονομίας
KTS	Zeitschrift für Insolvenzrecht (ab 50.1989)
KWG	Kreditwesengesetz
LG	Landgericht
lit.	Buchstabe
LKV	Landes- und Kommunalverwaltung
LZ	Leipziger Zeitschrift für Deutsches Recht
MDR	Monatsschrift für Deutsches Rechts
m.E.	meines Erachtens
ΜΠρ	Μονομελές Πρωτοδικείο (Landgericht)

MünchKomm	Münchener Kommentar
m.w.N.	mit weiteren Nachweisen
N.	Νόμος (Gesetz)
ΝΔ	Νέον Δίκαιον (Zeitschrift)
N.Δ.oder ν.δ.	Νομοθετικό Διάταγμα (Gesetzesdekret)
NJW	Neue Juristische Woche
NJW-RR	NJW-Rechtsprechungs-Report
NoB	Νομικό Βήμα (Zeitschrift)
Nr.	Nummer
ΝΣΚ	Νομικό Συμβούλιο του Κράτους
NZA	Neue Zeitschrift für Arbeits- und Sozialrecht
RG	Reichsgericht
RGZ	Entscheidungen des Reichsgerichts in Zivilsachen
RIW	Recht der Internationalen Wirtschaft
Rn.	Randnummer
Rpfleger	Der Deutsche Rechtspfleger
Rspr.	Rechtsprechung
ÖBA	Österreichisches Bankarchiv
Ολ	Ολομέλεια (Plenum)
ΟλΑΠ	Ολομέλεια Αρείου Πάγου (Plenum des Areopags)
OLG	Oberlandesgericht
Österr.	Österreichische
ΠΔ	Προεδρικό Διάταγμα
ΠολΔ	Πολιτική Δικονομία
ΠΠρ	Πολυμελές Πρωτοδικείο (Landgericht)
RGZ	Amtliche Sammlung der Entscheidungen des Reichsgerichtes in Zivilsachen
Rnr.	Randnummer
Σ.	Σύνταγμα (Verfassung)
S.	Seite
s.	siehe
ScheckG	Scheckgesetz
SGB	Sozialgesetzbuch
s.o.	siehe oben
sog.	sogenannte
StGB	Strafgesetzbuch
StPO	Strafprozessordnung
TO BHMA	griechische Zeitung
τομ.	τόμος (Band)

ΤοΣ	Το Σύνταγμα
u.a.	unter anderem
Urt.	Urteil
u.s.w.	Und so weiter
u.U.	unter Umständen
v.	von
Vgl.	vergleiche
VO	Verordnung
WarnRspr	Rechtsprechung des Reichsgericht, soweit sie nicht in der amtlichen Sammlung der Entscheidungen des RG abgedruckt ist, hrsg. V. Warneyer
WM	Wertpapier-Mitteilungen
WuB	Entscheidungssammlung zum Wirtschafts- und Bankrecht
z.B.	zum Beispiel
ZBB	Zeitschrift für Bankrecht und Bankwirtschaft
ZfgK	Zeitschrift für das gesamte Kreditwesen
ZfSchwR	Zeitschrift für Schweizerisches Recht
ZGV	Zeitschrift für Gebühren und Verkehrssteuern
ZHR	Zeitschrift für das gesamte Handelsrecht und Wirtschaft
Ziff.	Ziffer
ZIP	Zeitschrift für Wirtschaftsrecht und Insolvenzpraxis
ZPO	Zivilprozessordnung
ZRP	Zeitschrift für Rechtspolitik, Beilage zur NJW
Zust.	zustimmend
ZZP	Zeitschrift für Zivilprozess

I. Einleitung

Im Jahre 1997 legte die EG-Kommission dem Rat und dem Europäischen Parlament eine Mitteilung mit dem Titel vor: „Wege zur einer effizienteren Erwirkung und Vollstreckung von gerichtlichen Entscheidungen in der Europäischen Union“.[1] In dieser stellte die Kommission unter anderem fest, dass die Ausnahmen für das allgemein anerkannte Prinzip der Pfändbarkeit sämtlicher Vermögenswerte des Schuldners zahlreich und von Staat zu Staat sehr unterschiedlich sind. Daher schlug die Kommission vor, leistungsfähigere Instrumente im Hinblick auf eine wirksame Vollstreckung der Urteile in allen Mitgliedstaaten einzuführen. Die Überlegungen beschränkten sich zunächst auf die Frage der Pfändung des Bankguthabens, da diese in „nahezu“ allen Mitgliedstaaten existiere. In Bezug auf „nahezu“ war anscheinend die griechische Rechtsordnung gemeint, da diese die einzige zu diesem Zeitpunkt war, in der die Pfändung von Bankguthaben eine terra incognita darstellte.

Dieses beruhte darauf, dass die Pfändung von Bankkonten bis vor kurzem in Griechenland auf ein Hindernis traf, welches in keiner anderen europäischen Rechtsordnung als solches bekannt war. Die Verpflichtung der Bank als Drittschuldnerin, eine Erklärung abzugeben, kollidierte nach ständiger höchstrichterlicher Rechtsprechung im Falle der Pfändung von Bankguthaben mit dem speziellen Bankgeheimnis für Einlagen. Das spezielle Bankgeheimnis hat jahrzehntelang in Griechenland de facto eine Unpfändbarkeit der Bankguthaben begründet. Jahrelang hat das griechische Schrifttum versucht, rechtsdogmatisch überzeugende Lösungen zu finden, um die de facto Unpfändbarkeit der Bankguthaben zu widerlegen. Dieser untragbaren Rechtslage wurde vom Gesetzgeber im Mai 2001 ein Ende gesetzt.

Aufgrund der Novellierung der griechischen Zivilprozessordnung mit dem Gesetz 2915/2001 entbrannte erneut die Diskussion über die Möglichkeit der Pfändung von Bankkonten in Griechenland. Diese Gesetzesreform ist das Ergebnis der seit 1971 geübten Kritik des griechischen Schrifttums und der Instanzgerichte an der höchstrichterlichen Rechtsprechung sowie des geplanten Vorhabens der Europäischen Union, das Verfahren der Pfändung von Bankguthaben europaweit anzugleichen. In Art. 24 des Gesetzes 2915/2001 ist geregelt, dass im Rahmen des Vollstreckungszugriffs auf Bankkonten das spezielle Bankgeheimnis für Einlagen teilweise aufgehoben werden muss.

---

[1] Mitteilung der Kommission an den Rat und an das Europäische Parlament: „Wege zu einer effizienteren Erwirkung und Vollstreckung von gerichtlichen Entscheidungen in der Europäischen Union“, ABl. 41 (1998) C 33, S. 14, Ziff. 46.

Diese Novellierung stellt die Juristen in Griechenland vor eine neue Herausforderung, zumal es der Vollstreckungspraxis bei der Pfändung von Bankkonten an wichtigen Erfahrungen mangelt. Hinzu kommt, dass das Verfahren der Forderungspfändung, nach dem sich der Vollstreckungszugriff auf Bankkonten richtet, von großer Komplexität gekennzeichnet ist. Im deutschen Recht hingegen stellt der Vollstreckungszugriff auf Bankkonten heutzutage eine der häufigsten und effektivsten Vollstreckungsmaßnahmen dar. Die Erkenntnisse des deutschen Rechts aus dem langjährig praktizierten Vollstreckungszugriff auf Bankkonten, welche in der Vielzahl der Gerichtsentscheidungen und Stellungnahmen in der Literatur zur Kontenpfändung zum Ausdruck kommen, könnten in der Zukunft für das griechische Recht einen Leitfaden bilden. In vergangener Zeit wurde das griechische Zivilprozessrecht in seiner Entwicklung mehrfach vom deutschen Zivilprozessrecht beeinflusst. Sieht man sich die aktuelle Problematik an, welche aufgrund der Aufhebung des speziellen Bankgeheimnisses in Griechenland entstanden ist, so kann eine rechtsvergleichende Untersuchung des Vollstreckungszugriffs auf Bankkonten einen zentralen Lösungsansatz für die Zukunft bieten.

Nicht zuletzt gewinnt die rechtsvergleichende Studie der vorliegenden Problematik vor allem im Hinblick auf den bereits begonnenen Versuch der Europäischen Gemeinschaft, das Zwangsvollstreckungsrecht europaweit zu harmonisieren, an Aktualität.[2] Die Kommission hat durch die geplante Angleichung der Vorschriften für diese Vollstreckungsmaßnahme, der Pfändung von Bankguthaben eine primäre Bedeutung im Rahmen der Harmonisierungsarbeiten für ein europäisches Zwangsvollstreckungsrecht beigemessen. Die rechtsvergleichende Untersuchung der in den beiden Rechtsordnungen verschiedenartig existierenden Vorschriften zur Kontenpfändung kann somit ein kleines Mosaikstück für die Festlegung des Umrisses eines hier zusammenhängenden Harmonisierungsprozesses bedeuten.

---

[2] Vgl. KERAMEUS, Procedural Harmonization in Europe, The American Journal of Law 43 (1995), S. 401 ff.; YESSIOU-FALTSI, Δίκαιο Αναγκαστικής Εκτέλεσης, § 64, Rnr. 344, S. 892; HESS, Die "Europäisierung" des internationalen Zivilprozessrechts durch den Amsterdamer Vertrag – Chancen und Gefahren, NJW 2000, S. 23 ff.

II. Gang der Untersuchung

Um in die Problematik des Vollstreckungszugriffs auf Bankkonten näher eingehen zu können, muss zunächst im ersten Kapitel geklärt werden, wo die rechtlichen Grundlagen, auf denen die Ausführungen der nachfolgenden Kapitel beruhen, zu finden sind. Deshalb wird im ersten Kapitel die Ausgestaltung des Verfahrens des Vollstreckungszugriffs auf Bankkonten im Rahmen beider Rechtsordnungen erläutert. Diskussionsgrundlage sollen die Rechtsnormen des geltenden Rechts über den Vollstreckungszugriff auf Bankkonten sein. Den Abschluss des Kapitels bildet dann das Festhalten der rechtsvergleichenden Ergebnisse und die Erarbeitung von praktikablen Verbesserungsmöglichkeiten.

Im zweiten Kapitel wird die Beeinträchtigung der Rechtsstellung der Bank als Drittschuldnerin bei einem Vollstreckungszugriff auf Bankkonten untersucht. Vor allem in Griechenland stehen– angesichts der erst vor kurzem möglichen Pfändung von Bankkonten – die Kreditinstitute vor einer neuen Situation, die mit grundlegenden Fragen verbunden ist. Dieses Kapitel vermittelt zunächst einen praktischen Überblick über die Pflichten und Rechte der Kreditinstitute im Rahmen der Forderungspfändung. Der Schwerpunkt liegt jedoch auf dem Schutz der Bank als Drittschuldnerin bei einer Pfändung von Bankguthaben. Parallel dazu wird diese Problematik der Regelung des deutschen Rechts gegenübergestellt, so dass sich zum Abschluss des Kapitels eine rechtsvergleichende Darstellung ergibt, in der die Ergebnisse systematisch zusammengefasst werden.

In Kapitel III folgt eine kritische Untersuchung des speziellen Bankgeheimnisses für Einlagen in Griechenland unter besonderer Berücksichtigung der einzelnen Rechtsgrundlagen. Eine detaillierte Untersuchung folgt im Hinblick auf die Auswirkung des speziellen Bankgeheimnisses für Einlagen auf den Vollstreckungszugriff auf Bankkonten. Behandelt werden in diesem Zusammenhang die nicht immer widerspruchsfreien Meinungen von Literatur und Rechtsprechung. Nach diesem vorbereitenden Überblick und unter Berücksichtigung der deutschen Handhabung werden weitere wichtige europäische Rechtsordnungen dargestellt. Hierbei handelt es sich insbesondere um die Rechtsordnungen von Frankreich, den Niederlanden, Österreich und der Schweiz. Abschließend wird dann die neue Regelung des Vollstreckungszugriffs auf Bankkonten in Griechenland durch das Gesetz 2915/2001 vorgestellt und bewertet. Ferner werden die damit verbundenen Folgeprobleme aufgezeigt.

Gegenstand des vierten Kapitels ist die Auseinandersetzung im Hinblick auf die Pfändbarkeit der einzelnen Ansprüche des Girokontoinhabers. Die Frage, ob überhaupt ein pfändbarer Vermögenswert vorhanden ist, richtet sich grundsätzlich nach materiellem Recht.[3] Aus diesem Grund wird im Einzelnen die Rechtsnatur der Ansprüche, die sich aus einem Giroverhältnis ergeben, bestimmt und untersucht. Einzugehen ist vor allem auf die konstruktiven Zusammenhänge des Kontokorrentvertrages mit dem Giroverhältnis. Die Frage, inwieweit die Zwangsvollstreckung in ein debitorisches Girokonto in beiden Rechtsordnungen betrieben werden kann, wird dann anschließend in Kapitel V beantwortet.

Nachdem detailliert auf die Besonderheiten der Pfändung von Ansprüchen aus dem Girokonto als wichtigsten Anwendungsfall des Kontokorrents in den Kapiteln IV und V eingegangen wird, darf die Problematik des Schuldnerschutzes bei einem Vollstreckungszugriff auf Bankkonten nicht außer Betracht bleiben. In Kapitel VI wird zunächst dargestellt, wie der allgemeine Pfändungsschutz für Arbeitseinkommen, Renten und Versicherungsleistungen bei einer Forderungspfändung in beiden Ländern ausgestaltet ist. Erst dann kann geprüft werden, ob der bereits bestehende Schuldnerschutz geeignet ist, hinreichenden Schutz bei einer Auszahlung dieser Leistungen auf ein Bankkonto des Schuldners zu gewähren. In Deutschland ist diese Problematik in der Praxis bereits aufgetaucht. Daraufhin wurde eine Novellierung des Schuldnerschutzes angestrebt, welche ihre Kodifizierung in § 850 k DtZPO gefunden hat. Zu klären bleibt für das vorliegende Kapitel, ob eine entsprechende Gesetzesänderung auch im griechischen Recht erforderlich erscheint.

Den Abschluss der Untersuchung bildet die Zusammenfassung der einzelnen Ergebnisse der Kapitel mit einer prognostizierenden Darstellung.

Abschließend sei noch anzumerken, dass die Fragestellungen der einzelnen Kapitel bisher nicht zusammenhängend untersucht worden sind. Dabei ist die Klärung dieser Fragen insbesondere für die Vollstreckungspraxis von großer Bedeutung. Die vorliegende Arbeit will einen Überblick über den Vollstreckungszugriff auf Bankkonten erarbeiten und in Anlehnung an das deutsche Recht Lösungen für grundlegende Fragen des griechischen Rechts bieten. Ziel und Aufgabe dieser Untersuchung ist es, für die Problematik der Kontenpfändung in Griechenland eine rechtsdogmatisch überzeugende und gleichzeitig praktikable Lösung zu entwickeln. Eine derartige Darstellung muss notwendig eine Auswahl aus der Vielzahl der Probleme treffen, die bei einem Vollstreckungszugriff auf Bankkonten auftauchen, und entsprechende Schwerpunkte setzen. So wurde nicht im Einzelnen auf die Besonderheiten der Pfändung der verschiedenen Kontoarten eingegangen, zumal im Hinblick darauf keine tragenden Unterschie-

---

[3] Vgl. HARTMANN, in: BAUMBACH/LAUTERBACH/ALBERS/HARTMANN, ZPO § 829 Anm. 1 B.

de zwischen den beiden Rechtsordnungen bestehen. Im Rahmen dieser Arbeit konnten diese Besonderheiten nur gestreift werden. Ausgeklammert wurde auch der gesamte Problembereich der grenzüberschreitenden Kontopfändung.[4] Diese ist für die Zwecke der vorliegenden Arbeit nicht von Bedeutung.

[4] Diese Frage wird weder vom Brüsseler Übereinkommen noch von der Verordnung (EG) Nr. 44/2001 des Rates v. 22.12.2001 über die gerichtliche Zuständigkeit und die Anerkennung und Vollstreckung von Entscheidungen in Zivil- und Handelssachen (Abl. L 12 v. 16.1.2001, S. 1 ff.) geregelt. Vgl. hierzu, MÖSSLE, Internationale Forderungspfändung, Berlin 1991; GOTTWALD, H διεθνής αναγκαστική εκτέλεση, ΕπΕπΔΣΘ 11 (1990), S. 20 ff.; KÜMPEL, Bank- und Kapitalmarktrecht, Rnr. 3.226, S. 354 f.; GIOVANNOPOULOS, Die Harmonisierung des privatrechtlichen Bankgeheimnisses im europäischen Wirtschaftsverkehr, S. 82 ff.

1. Kapitel
Das Verfahren der Pfändung von Bankkonten

§ 1 Rechtsgrundlage

Nach griechischem Recht erfolgt die Pfändung von Bankguthaben im Wege der Zwangsvollstreckung des Gläubigers in Geldforderungen des Vollstreckungsschuldners gegen die kontoführende Bank gemäß Art. 982 ff. des griechischen Zivilprozess-Gesetzbuches von 1968 (im folgenden: GrZPO).[5] Es handelt sich hierbei um die sogenannte „Pfändung in den Händen eines Dritten“.[6] Diese Vollstreckungsmaßnahme der GrZPO wird deshalb so benannt, da der Gläubiger nicht den Herausgabeanspruch des Schuldners zu pfänden braucht, sondern mit der Zustellung des Schriftsatzes nach Art. 983 GrZPO die Forderung direkt in „den Händen des Dritten“ pfänden kann. Pfändungsobjekt nach GrZPO ist folglich nicht der Herausgabeanspruch, sondern die dem Schuldner gehörende Forderung selbst. Neben den Geldforderungen des Schuldners gegenüber einem Dritten[7] können auch bewegliche Sachen, deren Eigentümer zwar der Schuldner ist, die sich aber im Besitz eines Dritten befinden, den Gegenstand dieser Vollstreckungsmaßnahme bilden.[8]

Die Vorschriften des achten Buches der griechischen ZPO regeln zwar die Pfändung bei einem Dritten, jedoch finden sie bei dem Vollstreckungszugriff auf Bankkonten keine ausschließliche Anwendung. Dadurch dass Kreditinstitute in Griechenland grundsätzlich nur in der Form von Aktiengesellschaften agieren[9], finden auf die Pfändung von Bankguthaben neben den Art. 982 ff. GrZPO die Vorschriften des Gesetzesdekrets vom 17.7./23.8.1923 „über die speziellen

---

[5] Vgl. BAUMGÄRTEL/RAMMOS, Das griechische Zivilprozess-Gesetzbuch mit Einführungsgesetz in deutscher Sprache (1969) bietet zur alten Fassung eine hilfreiche Übersetzung. s. für die Übersetzung der fachlichen Begriffe in der vorliegenden Arbeit auch, KAISSIS, Deutsch-Griechisches Rechtswörterbuch, Erster und Zweiter Band.

[6] „Κατάσχεση στα χέρια τρίτου“, vgl. auch *Anhang: Gesetzestexte.*

[7] ΕφΑθ 640/90, Hellenische Justiz 33 (1992), S. 605.

[8] ΜΠρΘεσσ 16788/94, Armenopoulos 50 (1996), S. 1030; vgl. auch, YESSIOU-FALTSI, Δίκαιο Αναγκαστικής Εκτέλεσης, Bd. II, Rnr. 60 ff., S. 699.

[9] Art. 10 Abs. 1 G. 5076/31: „Banken sind im Sinne dieses Gesetzes Unternehmen, die unabhängig von ihrem Gesellschaftszweck beruflich Geld- oder andere Werteinlagen entgegennehmen ...“, vgl. hiezu PSYCHOMANIS, Τραπεζικό Δίκαιο I, S. 4 ff.

Vorschriften der Aktiengesellschaften“ Anwendung.[10] Dieses Gesetzesdekret besagt (Art. 42 Abs. 3 und Art. 53 Abs. 2), dass die Vorschriften der GrZPO nur subsidiär, bei entsprechenden Rechtslücken des Gesetzesdekrets, angewendet werden dürfen. Relevant für die Pfändung von Bankguthaben sind insbesondere die Artikel 87–94 des Gesetzesdekrets. Da aber das Gesetzesdekret von 1923 von den Rahmenbedingungen der alten griechischen Prozessordnung von Maurer ausging, sind einige ihrer Vorschriften[11] unvereinbar mit der derzeitigen GrZPO und müssen außer Betracht bleiben.[12] Als abschließende Regelung hinsichtlich der Pfändung von Gemeinschaftskonten ist Artikel 4 des Gesetzes 5368/1932 zu benennen.

In Deutschland hingegen gestaltet sich das Verfahren der Pfändung von Bankkonten grundsätzlich einheitlich nach den Vorschriften der deutschen Zivilprozessordnung von 1877 (im folgenden: DtZPO). Einzige Ausnahme dazu ist die Pfändung des Kontokorrents, welche sich parallel zu den Vorschriften der DtZPO auch nach § 357 HGB richtet. In beiden Rechtssystemen erfolgt die Kontenpfändung jedoch im Wege der Zwangsvollstreckung des Gläubigers in Geldforderungen des Vollstreckungsschuldners gegen die kontoführende Bank. Die maßgebenden Vorschriften für dieses Verfahren im deutschen Recht sind in den §§ 829 ff. DtZPO zu finden. § 829 DtZPO regelt allgemein die Pfändung von Forderungen zugunsten des Gläubigers, die auf die Befriedigung des Schuldners durch Zahlung von Geld durch den Drittschuldner gerichtet ist.[13]

§ 2 Pfändungsobjekt: Bankkonten

I. Begriff des Bankkontos

Der Begriff des Bankkontos ist heute in beiden Rechtsordnungen Bestandteil der Bankterminologie. Klärungsbedürftig ist zunächst, was genau unter dem Begriff Bankkonto zu verstehen ist. In seinem umgangssprachlichen Gebrauch erscheint dieser Terminus unscharf. Es ist naheliegend, dass der Ursprung des Begriffs Konto vom lateinischen „contare“, was zählen bedeutet, herrührt.[14] Vor allem

---

[10] „Περί ειδικών διατάξεων επί ανωνύμων εταιριών“. Die Gültigkeit dieses Dekrets wurde mit dem Artikel 52 Abs. 3 des Einführungsgesetzes zur griechischen ZPO erhalten.

[11] Siehe Art. 91 Satz β) GD v. 17.7./13.8.1923.

[12] Vgl. YESSIOU-FALTSI, Δίκαιο Αναγκαστικής Εκτέλεσης, Bd. II, § 64, Rnr. 328, S. 880 f.

[13] Vgl. STÖBER, Forderungspfändung, Rnr. 12, S. 5 ff.

[14] Vgl. SANDKÜHLER, Bankrecht, S. 33 f.

wird dieser Begriff in der Bankpraxis gebraucht, um die wirtschaftliche Beziehung zwischen der Bank und dem Bankkunden wiederzugeben.[15] Seine Funktion besteht hauptsächlich darin, die Zahlungsbewegungen festzuhalten.[16] Konten sind folgerichtig die zweiseitigen Rechnungen der Bank über Forderungen und Verbindlichkeiten gegenüber dem Kunden auf der Grundlage der (bankrechtlichen) Geschäftsverbindung.[17] Die Bank verbucht in dieser Rechnung sämtliche Ein- und Ausgänge zugunsten oder zu Lasten des Kontoinhabers. Nach jeder Buchung weist das Konto aus, ob und zu wessen Gunsten ein rechnerischer Überschuss besteht. Heben sich die Haben- und Sollbuchungen rechnerisch auf, so ist das Konto ausgeglichen. Übersteigen die Habenbuchungen die Sollbuchungen, entsteht ein Habensaldo, während im umgekehrten Fall ein Sollsaldo entsteht.

II. Rechtsnatur des Bankkontos

Im rechtstechnischen Sinne beruhen Konten auf Geschäftsbesorgungsverträge, die nach den allgemeinen Regeln des Privatrechts an sich form- und inhaltsfrei zustande kommen müssten. Die Rechtswirklichkeit sieht völlig anders aus. Sie wird von typischen Kontoformen beherrscht, die sich im Bankbetrieb zur Bewältigung der Bankgeschäfte durchgesetzt haben.[18] Konten sind ihrerseits zu standardisierten Bankprodukten geworden, die aus der Sicht des Rechtsverkehrs als „fertige Ordnungen", als Dienstleistungspakete, bereitliegen. Dabei handelt es sich um begriffliche Abkürzungen für unterschiedliche Vereinbarungen zwischen dem Kreditinstitut und seinem Kunden. Die Vereinbarungen sind deshalb unterschiedlich, da die Ziele, die mit der Anlage von Konten verfolgt werden, nicht übereinstimmen.[19] Es gibt namentlich Einlagenkonten, Sparkonten, Gemeinschaftskonten, Girokonten etc. Bei allen diesen vorbenannten Konten handelt es sich um Bezeichnungen für Dienstleistungspakete der Banken, welche zur Realisierung der differenzierten Kundenbedürfnisse durch einen oder mehrere Kontoinhaber dienen.

---

[15] Vgl. PSYCHOMANIS, Τραπεζικό Δίκαιο I, S. 99 ff.

[16] Vgl. GÖSSMANN, in: SCHIMANSKY/BUNTE/LWOWSKI, Bankrechts-Handbuch, Band I, § 29 Rn. 1 ff.

[17] Vgl. PSYCHOMANIS, Τραπεζικό Δίκαιο I, S. 99 ff.; HÜFFER, Aktuelle Rechtsfragen zum Bankkonto, S. 10 f. m.w.N.

[18] Vgl. SANDKÜHLER, Bankrecht, S. 33 ff.; NIELSEN, Das Bankrecht, S. 81 ff.

[19] Vgl. HÜFFER, Aktuelle Rechtsfragen zum Bankkonto, S. 3 ff.

Rechtlich gesehen wird mit dem Konto die Rechtsbeziehung zwischen den Kunden und der Bank bezeichnet.[20] Zu qualifizieren ist diese Rechtsbeziehung als Inhaberschaft eines Forderungsrechts. Wenn zu Gunsten des Kunden das Konto einen rechnerischen Überschuss aufweisen kann, ist Gläubiger der Forderung auf Rückzahlung des Betrages der Kunde. Bei einem Schuldsaldo des Kontos ist hingegen Gläubigerin der Forderung die Bank.[21] In tatsächlicher Hinsicht werden die Bankkonten in beiden Rechtsordnungen als Handelsbücher (Inbegriff von Buchungsunterlagen – i.S.v. § 238 DtHGB und Art. 8 ff. griech. Handelsgesetz)[22] angesehen. Mit der Funktion des Handelsbuches stellt das Konto im Sinne des Prozessrechts (§ 416 DtZPO und Art. 444 ff. GrZPO) eine Privaturkunde dar.[23]

Allerdings begründet das Bankkonto für sich gesehen ohne eine parallele bankrechtliche Geschäftsverbindung keine Forderung des Kunden gegen die Bank und umgekehrt. Das Bestehen einer Forderung oder die Möglichkeit, diese Forderung durchzusetzen, hängt ausschließlich von dem Bankvertrag ab, dem das Bankkonto dienen soll.[24] Ein Bankkonto wird somit eröffnet, damit der Bankvertrag zwischen Bank und Kunden überhaupt ausgeführt werden kann. Für den Vollstreckungszugriff auf Bankkonten bedeutet dies, dass nicht das Konto als solches gepfändet wird, sondern die Forderungen des Bankkunden gegen die kontoführende Bank aus dem entsprechendem Bankvertrag.

Angesichts der Tatsache, dass die einzelnen Bankgeschäfte, welche die Grundlage eines Bankkontos bilden können, grundsätzlich Besonderheiten aufweisen, die den Vollstreckungszugriff auf sie erheblich beeinträchtigen, wäre es jedenfalls verfehlt, den zwangsvollstreckungsrechtlichen Zugriff auf die Bankkonten näher zu untersuchen, ohne vorher den Begriff und die Rechtsnatur der Bankgeschäfte terminologisch und inhaltlich abzugrenzen und die unterschiedlichen Erscheinungsformen der Bankgeschäfte zunächst vorzustellen.

---

[20] Vgl. CANARIS, Bankvertragsrecht, Rnr. 142.; KÜMPEL, Bank- und Kapitalmarktrecht, Rnr. 3.104, S. 320.

[21] Vgl. KÜMPEL, Bank- und Kapitalmarktrecht, Rnr. 3.104, S. 320. Nach CANARIS, Bankvertragsrecht, Rnr. 142, handelt es sich um einen darlehensrechtlichen Rückzahlungsanspruch (§ 607 BGB).

[22] Εμπορικός Νόμος, β.δ. της 19. Απριλίου/1. Μαΐου 1835, άρθρα 8 – 17 Περί των εμπορικών βιβλίων.

[23] Vgl. KÜMPEL, Bank- und Kapitalmarktrecht, Rnr. 3.105, S. 320.

[24] Vgl. SANDKÜHLER, Bankrecht, S. 33.

III. Die Unterscheidung zwischen den Bankgeschäften

In groben Zügen unterscheidet man in beiden Rechtsordnungen hauptsächlich bei den Bankgeschäften zwischen Kredit- und weiteren Dienstleistungsgeschäften.[25] Bei den Kreditgeschäften ist wesentlicher Inhalt, wie der Begriff schon selbst darstellt, die Gewährung von Krediten. Kredite können von der Bank oder von dem Kunden gewährt werden. Die Kreditgeschäfte, die zu den herkömmlichen Kerngebieten der Banktätigkeit gehören, gliedern sich ferner in aktive und passive Geschäfte. Die aktiven Geschäfte umfassen jede Art von Einlagen, insbesondere Geldeinlagen, aber auch Wertpapierdepots oder andere bewegliche Sachen des Bankkunden. Gläubiger in diesem Fall ist der Kunde, der sein Vermögen der Bank anvertraut. Bei den passiven Kreditgeschäften dagegen finanziert die Bank mittelbar in Form von Zahlungskrediten oder unmittelbar in Form von Haftungskrediten ihren Kunden, welcher in diesem Fall als Schuldner auftritt. Die Kategorie der Dienstleistungsgeschäfte hingegen umfasst jegliche Erledigung der Kundenangelegenheiten. Darunter fallen vor allem die Durchführung der Kundengeschäfte im Bereich des Zahlungsverkehrs (z.B. mit dem Girokonto) sowie die Aufbewahrung von kostbaren Gegenständen. Schließlich ist der Kontokorrent zu erwähnen, der aufgrund seiner Besonderheiten[26] hier getrennt untersucht werden muss.

Trotz dieser Klassifizierung der Bankgeschäfte ist eine klare Unterscheidung sehr oft nicht möglich. Der Grund dafür liegt darin, dass Bankgeschäfte die Besonderheit aufweisen, in der Praxis kombiniert aufzutauchen. Diese Vielseitigkeit der Bankgeschäfte spiegelt sich als ein Problem bei der Bestimmung des Pfändungsgegenstands wider. Aus diesem Grund beschäftigt sich die folgende Untersuchung lediglich mit der Pfändung von Forderungen aus Bankgeschäften,

---

[25] Vgl. KÜMPEL, Bank- und Kapitalmarktrecht, Rnr. 2.799, S. 276 ff. Eine analytische und erschöpfende Liste der Bankgeschäfte mit Ausschließlichkeitscharakter umfasst in Deutschland das Kreditwesengesetz in § 1 Abs. 1 Satz 2 in dem es zwischen folgende Kategorien unterscheidet: a) Einlagengeschäft, b) Kreditgeschäft, c) Diskontgeschäft, d) Finanzkommissionsgeschäft, e) Depotgeschäft, f) Investmentgeschäft, g) Garantiegeschäft, h) Girogeschäft, i) Emissionsgeschäft, j) Geldkartengeschäft, k) Netzgeldgeschäft; vgl. für das griechische Recht, PAMPOUKIS K., Τραπεζικαί πιστωτικαί συμβάσεις, S. 42 f.; KOTSIRIS, Πρόβλημα αστικής ευθύνης Τραπεζών έναντι τρίτων κατά την άσκηση της πιστωτικής λειτουργίας, Armenopoulos 38 (1984), S. 601 ff.; MASTRAKOSTAS, Δίκαιο τραπεζικών εργασίων, S. 1; TRIANTAFYLLAKIS, Σύμβαση γύρου και εντολή μεταφοράς πίστωσης, Νομικά προβλήματα ουσιαστικού και δικονομικού δικαίου, Dike 23 (1992), S. 404 f.; GIANNAKOPOULOS, Τραπεζική τεχνική, S. 25 ff.; NYDRIOTIS, Στοιχεία περί των τραπεζικών εργασιών, έκδ. ΕΤΕ, S. 14 ff.; MASTRANTONIS, Μέθοδοι διεξαγωγής εργασιών τραπέζης, έκδ. ΕΤΕ, S. 3.

[26] Vgl. PSYCHOMANIS, Τραπεζικό Δίκαιο I, S. 99 ff.

die einem Bankkonto zugrunde liegen. Dazu gehören das Einlagengeschäft, der Girovertrag und die Kontokorrentabrede.

§ 3 Pfändungsverfahren

I. Das Pfändungsgesuch des Gläubigers

Die Pfändung von Bankkonten erfolgt im griechischen nach Art. 983 GrZPO - genauso wie im deutschen Recht - durch Pfändungsgesuch des Gläubigers. Während aber nach der deutschen ZPO das Vollstreckungsgericht als zuständiges Vollstreckungsorgan auf Antrag des Gläubigers die Pfändung des Bankkontos aussprechen muss (Pfändungsbeschluss)[27], sieht der griechische Gesetzgeber die Bewirkung der Pfändung als eigene Kompetenz des Vollstreckungsgläubigers vor.[28] Der Grund dafür liegt darin, dass im griechischen Rechtssystem das Vollstreckungsgericht nicht als Vollstreckungsorgan anerkannt wird.[29] Im deutschen Recht entscheidet das Vollstreckungsgericht gemäß § 829 DtZPO auf formlosen Antrag des Gläubigers ohne Anhörung des Schuldners (§ 834 DtZPO) über die Pfändung und erlässt den Pfändungs- und Überweisungsbeschluss.[30]

In Griechenland hingegen stellt nach Art. 983 GrZPO der Pfändungsgläubiger bzw. sein Anwalt ohne Einschaltung des Gerichts die Pfändungsurkunde („κατασχετήριο") aus[31] und beauftragt anschließend den Gerichtsvollzieher, der hier ausnahmsweise nicht als Vollstreckungs-, sondern als Zustellungsorgan tätig wird, diese Pfändungsurkunde an die Bank als Drittschuldnerin und an den Vollstreckungsschuldner zuzustellen.[32] Allerdings wird der Inhalt der Pfändungsurkunde gesetzlich festgelegt. Nach Art. 983 GrZPO muss die Pfändungsurkunde außer den in Art. 118 GrZPO genannten Erfordernissen eine genaue Bezeichnung des Vollstreckungstitels und des Anspruchs, auf Grund deren die

---

[27] Vgl. SMID, in: Münch-Komm. § 829 Rnr. 4, S. 174.

[28] Vgl. zur „Αρχή της διαθέσεως", YESSIOU-FALTSI, Οι θεμελιώδεις δικονομικές αρχές της αναγκαστικής εκτελέσεως, Ειδικότερα: Η αρχή της διαθέσεως, Dike 18 (1987), S. 657 ff.

[29] Vgl. YESSIOU-FALTSI, Δίκαιο Αναγκαστικής Εκτέλεσης, Bd. II, Rnr. 10, S. 23 f. Als Vollstreckungsorgane werden der Gerichtsvollzieher, der Notar und der Amstrichter, der den Notar vertritt, vorgesehen.

[30] Vgl. rechtsvergleichende Bemerkungen, YESSIOU-FALTSI, Δίκαιο Αναγκαστικής Εκτέλεσης, Bd. I, Rnr. 12, S. 667 f.

[31] ΜΠρΑθ 5436/75, Dike 7 (1976), S. 810; KASTRIOTIS, Η έναρξις της προθεσμίας προς υποβολήν δηλώσεως τρίτου, Armenopoulos 33 (1979), S. 214.

[32] ΜΠρΑθ 7438/92, ΑρχΝ 45, S. 318.

Pfändung vorgenommen wird, die Summe, für welche die Pfändung betrieben wird, die Aufforderung an den Dritten, an den Schuldner keine Leistung vorzunehmen und die Bestellung eines Zustellungsbevollmächtigten enthalten. Der Vollstreckungszugriff auf Bankkonten in Griechenland kommt somit allein auf Veranlassung des Gläubigers in Gang und wird nur auf sein Betreiben fortgesetzt.[33] Vollstreckungsorgane, wie beispielsweise bei der Zwangsvollstreckung in das bewegliche oder das unbewegliche Vermögen des Schuldners, werden bei der Pfändung bei einem Dritten nicht beauftragt. Der Vollstreckungszugriff auf Bankkonten erfolgt infolgedessen unter Ausnahme von der Regel der Zusammenwirkung der Rechtsverfolgung des Gläubigers mit dem staatlichen Vollstreckungszwang.[34]

Allerdings werden auch dem deutschen Richter in dieser Phase der Zwangsvollstreckung keine erweiterten Kompetenzen zugesprochen. Seine Aufgabe ist es lediglich, das Vorliegen der allgemeinen Vollstreckungsvoraussetzungen – Titel, Klausel, Zustellung – zu überprüfen. Hingegen kommt es bei Erlass des Pfändungsbeschlusses nicht darauf an, ob dieser Anspruch des Vollstreckungsgläubigers tatsächlich besteht. Auch die Klärung der materiellrechtlichen Frage, ob die gepfändete Forderung tatsächlich Vermögensbestandteil des Vollstreckungsschuldners ist, ist nicht Aufgabe des Vollstreckungsgerichts.[35] Ähnlich ist das Handeln des Vollstreckungsgläubigers auch im griechischen Zwangsvollstreckungsrecht nur so lange rechtmäßig, wie er die Vorschriften der Zivilprozessordnung über die Zulässigkeit und Ordnungsmäßigkeit der Zwangsvollstreckung beachtet. Im Gegensatz aber zum deutschen Recht werden Mängel der Zwangsvollstreckung, wie etwa das Fehlen des Titels, der Klausel oder der Zustellung, nicht von Amts wegen vor Bewirkung der Pfändung überprüft, sondern nachträglich mit der Widerspruchsklage des Vollstreckungsschuldners nach Art. 933 GrZPO (vgl. § 766 Vollstreckungserinnerung).

---

[33] Vgl. YESSIOU-FALTSI, Η αρχή της πρωτοβουλίας του επισπεύδοντος ως θεμελιώδης δικονομική αρχή της αναγκαστικής εκτέλεσης, in: Η δικονομική έννομη τάξη II, S. 557 ff. = Armenopoulos 41 (1987), S. 1009 ff.

[34] Vgl. YESSIOU-FALTSI, Δίκαιο Αναγκαστικής Εκτέλεσης, Bd. I, § 1 Rnr. 16 ff., S. 10 ff.; STOIKOS, Die Zwangsvollstreckung wegen Geldforderungen in das bewegliche Vermögen im deutschen und im griechischen Recht, S. 250.

[35] Vgl. GROSS, Einwendungen des Drittschuldners, S. 26 f.; BROX/WALKER, Zwangsvollstreckungsrecht, Rnr. 603; GEISSLER, Dogmatische Grundfragen bei der Zwangsvollstreckung in Geldforderungen, JuS 86, S. 614 (617).

II. Rechtsvergleichende Bemerkung

Aufgrund der vorangegangenen Darstellungen stellt man bereits zu Beginn wichtige Disparitäten zwischen den zwei Rechtsordnungen fest.[36] Zwar ist das Verfahren der Zwangsvollstreckung in den hier untersuchten Rechten der Privatautonomie des Gläubigers unterworfen, und ohne seinen Antrag wird das Verfahren in beiden Ländern nicht in Gang gesetzt. Darüber hinaus aber sieht das griechische Vollstreckungssystem die Einschaltung des Vollstreckungsgerichts bei einer Kontenpfändung als nicht erforderlich an. Durch die Regelung des Artikels 983 Abs. 1 GrZPO wird der Vollstreckungsgläubiger ausnahmsweise vom Gesetzgeber ermächtigt, eine Handlung vorzunehmen, welche im allgemeinen Aufgabenbereich des Staates und seiner Organe liegt. Dagegen wird bis auf den Antrag die Fortsetzung des Verfahrens im deutschen Recht den Gläubigern entzogen und den Vollstreckungsorganen übertragen.

Im griechischen Schrifttum[37] geht man davon aus, dass vor allem praktische Überlegungen den griechischen Gesetzgeber zu dieser Ermächtigung bewegen konnten. Für den Vollstreckungsgläubiger ist diese Regelung nur von Vorteil, da er durch einen rechtzeitigen Zugriff eine effiziente Zwangsvollstreckung sichert. Wenn andernfalls die Forderungspfändung von der Einschaltung des Gerichts abhängig gemacht würde, könnte bei den langen Wartezeiten für den Erlass von griechischen Gerichtsbeschlüssen die Kontenpfändung ins Leere gehen. Außerdem ist die mögliche Entlastung der Gerichte von zusätzlichen Aufgaben als einer der Einführungsgründe dieser Regelung anzusehen.

Parallel zu den anerkannten Vorteilen ist die Entscheidung des griechischen Gesetzgebers für eine eigenmächtige Bewirkung der Pfändung durch den Vollstreckungsgläubiger ohne vorherige richterliche Prüfung auf unumgängliche Kritik gestoßen. Der Grund dafür liegt darin, dass diese Regelung Nachteile bzw. Gefahren sowohl für den Vollstreckungsschuldner als auch für die Bank als Drittschuldnerin verbirgt. Bei dem griechischen Pfändungsverfahren können Mängel vorkommen, die bei einer gerichtlichen Einschaltung von Amts wegen berücksichtigt wären, und die nun vom Schuldner erst im Wege einer Widerspruchsklage gemäß Art. 933 GrZPO geltend gemacht werden können. Darüber hinaus kann die Rechtsstellung des Kreditinstituts beeinträchtigt werden, insbesondere wenn eine Forderung gepfändet wird, die von einer bedingten oder künftigen Gegenleistung abhängt.

---

[36] Siehe für eine internationale Rechtsvergleichung von Forderungspfändung bzw. „garnishment", KERAMEUS, Enforcement in the International Context, S. 291 ff.

[37] Vgl. STOIKOS, Die Zwangsvollstreckung wegen Geldforderungen in das bewegliche Vermögen im deutschen und im griechischen Recht, S. 250 ff.

Das eben aufgeführte Verfahren stellt die einzige Möglichkeit dar, die Pfändung von Bankkonten in Griechenland zu bewirken.[38] Die auf eine andere Weise vollzogene Pfändung (z.B. durch Pfändungsbericht des Gerichtsvollziehers) wird als unwirksam gesehen, nicht nur weil eine Zuständigkeit des Gerichtsvollziehers hier nicht vorliegt, sondern weil dadurch eine andere Maßnahme gewählt wird als diejenige, die der Gesetzgeber für die „Pfändung bei einem Dritten" vorsieht.[39]

III. Vollendung der Pfändung: Zustellung an die Bank als Drittschuldnerin und Zustellung an den Vollstreckungsschuldner

Hinsichtlich der Zustellung der Pfändungsurkunde an die Bank als Drittschuldnerin muss Art. 90 des Gesetzesdekrets von 1923 angewendet werden. Wie bereits am Anfang erwähnt, werden vorrangig zu den allgemeinen Vorschriften der GrZPO über die Pfändung bei einem Dritten (Art. 982 ff. GrZPO), auf den Vollstreckungszugriff auf Bankkonten die Bestimmungen des Gesetzesdekrets vom 17.7./23.8.1923 „über die speziellen Vorschriften der Aktiengesellschaften" herangezogen. Artikel 90 des Gesetzesdekrets regelt wörtlich, dass „die Pfändung bei der Bank als Dritte nur mit der Zustellung der Pfändungsurkunde an den Direktor der Bankniederlassung oder der Geschäftsstelle, bei der die Einlagen belegen sind, erfolgen kann".[40] Die filialübergreifende Pfändung bei Kreditinstituten ist damit de lege lata in Griechenland unzulässig.[41] Die Zustellung an die Zentralniederlassung der entsprechenden Bank würde zur Unwirksamkeit der Pfändung führen. Daraus folgt, dass nur der Bankdirektor der zuständigen Bankgeschäftsstelle verpflichtet und ermächtigt ist, eine Drittschuldnererklärung abzugeben. Die Schriftsätze des Prozesses bezüglich der Vollstreckung sind dagegen nach den allgemeinen Vorschriften der GrZPO an die Bank als juristische Person zu adressieren und werden somit dem Vorstand bekannt gemacht. Partei des Vollstreckungsprozesses bleibt weiterhin die Bank.

---

[38] ΠΠρΘεσσ 2080/1973, NoB 21 (1973), S. 1248; ΜΠρΘεσσ 5436/1975, Dike 7 (1976), S. 810, a.A. BEYS.

[39] ΜΠρΑθ 7438/1992, ΑρχΝ 45, S. 318; PAPADOPOULOS, GrZPO-Komm., § 443; KITSIKOPOULOS, GrZPO-Komm., 923 Ziff. 1, Bem. a), S. 8420; ΠρΘηβ 43/1956, NoB 4 (1956), S. 423; ΜΠρΑθ 5436/1975, Dike 7 (1976), S. 810.

[40] Areopag 1250/1991, EEN 60 (1993), S. 57; ΕφΙωαν 63/1963, ΑρχΝ ΙΘ΄, S. 46.

[41] Vgl. a.A. ΜονΠρΤρ 738/2002, ΔΕΕ 2002, S. 1006; PSYCHOMANIS, Η κατάσχεση των καταθέσεων, Armenopoulos 2002, S. 991; siehe zur Problematik der filialübergreifenden Pfändung bei Kreditinstituten mit dem internen Bankgcheimnis, GIOVANNOPOULOS, Neue Entwicklungen auf dem Gebiet des griechischen Bankgeheimnisses, RIW 7/2002, S. 515.

In Deutschland ist dagegen sehr umstritten, bei welcher Geschäftsstelle die Zustellung erfolgen soll, damit eine Erklärungspflicht des Drittschuldners entsteht. Das neuere Schrifttum[42] vertritt die Auffassung, dass die Zustellung des Pfändungs- und Überweisungsbeschlusses an die Zentrale der kontoführenden Bank auch Guthaben bei den Filialen erfasst, wenn sich der Pfändungsbeschluss auf sämtliche Forderungen aus Kontoguthaben bei der betreffenden Bank bezieht. Der Pfändungs- und Überweisungsbeschluss kann demnach sowohl der Zentrale bzw. Hauptstelle als auch der Filiale wirksam zugestellt werden.[43] Die erstinstanzliche Rechtsprechung vertritt hingegen die Meinung, dass keine rechtliche Verpflichtung einer Bankfiliale besteht, der ein Pfändungs- und Überweisungsbeschluss zugestellt worden ist, im Rahmen der Drittschuldnererklärung Auskunft über Konten des Pfändungsschuldners bei einer anderen Filiale zu geben.[44] Als Grund wird hier aufgeführt, dass es für die Bank einen unzumutbaren Aufwand bedeute, bei ihren Filialen nach etwaigen Kontoguthaben zu forschen. M.E. entfällt aber dieser unzumutbare Aufwand bei einer zentralen Kundendatei, die in den meisten Banken heutzutage vorhanden sein wird. Die Bezeichnung der kontoführenden Filiale kann somit in den meisten Fällen für entbehrlich erachtet werden.[45] Aus diesem Grund ist der ersten gläubigerfreundlichen Meinung zuzustimmen. Der Nachteil für den Pfändungsgläubiger ist allerdings, dass er das Zeitrisiko trägt. Dieses entsteht dadurch, dass die erforderliche Kontosperre mit Verzögerung veranlasst wird, wenn er den Pfändungsbeschluss nicht der kontoführenden Stelle unmittelbar zustellen lässt. Wollte man dieselbe Ansicht auch für das griechische Recht vertreten, würde dies eine contra legem Auslegung des Artikels 90 des GD 17.7./23.8.1923 bedeuten.[46] Dieser sieht – wie bereits oben dargestellt – ausdrücklich vor, dass die Zustellung an den Direktor der Bankfiliale, bei der die Einlagen belegen sind, erfolgen muss.

Damit die Pfändung bei der Bank als Drittschuldnerin in Griechenland ihre Wirkungen entfalten kann, müssen zwei unterschiedliche Prozesshandlungen vorliegen.[47] Neben der Zustellung der Pfändungsurkunde an das Kreditinstitut

---

[42] Vgl. STÖBER, Forderungspfändung, Rnr. 332, S. 147. Nach THOMAS/PUTZO, ZPO, § 829 Rnr. 8 ist die Angabe der kontoführenden Stelle erforderlich.

[43] Vgl. STÖBER, Forderungspfändung, Rnr. 332, S. 147; DAVID, Tips zur Kontenpfändung, MDR 1993, S. 108; EHLENZ/DIEFENBACH, Pfändung in Bankkonten und andere Vermögenswerte, Rnr. 10.

[44] AG Leipzig WM 1998, S. 812; die Frage wurde vom LG Frankfurt, WM 1986, S. 239 ff. offen gelassen.

[45] So KÜMPEL, Bank- und Kapitalmarktrecht, Rnr. 3.213, S. 350.

[46] So auch KOTSIRIS, Τραπεζικό Απόρρητο, Συνήγορος 2001, Φάκελος.

[47] Vgl. BEYS, Θεμελιακά ζητήματα κατάσχεσης χρηματικών απαιτήσεων στα χέρια τρίτου, Dike 28, S. 399.

als Drittschuldner muss innerhalb von acht Tagen seit dieser zuerst erfolgten Zustellung auch an den Vollstreckungsschuldner zugestellt werden (Art. 983 Abs. 2 GrZPO).[48] Die Rechtsnatur der Zustellung an den Pfändungsschuldner wird als eine zusätzliche Prozesshandlung umschrieben, von der die Wirksamkeit der Pfändung abhängig gemacht wird.[49]

Die Unterscheidung zwischen den beiden Zustellungen ist insofern wichtig, als die Unterlassung einer der beiden differenzierte Folgen für die Pfändung hat.[50] Wenn die Pfändungsurkunde dem Drittschuldner nicht zugestellt wird, ist die Pfändung von Anfang an ipso jure nichtig. Dagegen ist sie unwirksam, wenn die Zustellung an den Pfändungsschuldner nicht erfolgt.[51] Die Unwirksamkeit ist nicht materiell-rechtlicher, sondern prozessualer Natur, und kommt erst nach erfolgreicher Rüge, und mangels einer ausdrücklichen Nichtigkeitsfolge nur bei Vorliegen eines Nachteils des Betroffenen, zum Zuge. Dies bedeutet, dass im letzteren Fall die Unwirksamkeit mit einer Gerichtsentscheidung, die nur aufgrund einer Widerspruchsklage gemäß Art. 933 und 934 Abs. 1 GrZPO des Vollstreckungsschuldners erfolgen kann, festgestellt werden muss. Allerdings treten die Wirkungen beider Zustellungen selbstständig und unabhängig voneinander ein.

Im deutschen Recht hingegen wird in § 829 Abs. 3 DtZPO normiert, dass mit der Zustellung des Pfändungsbeschlusses an den Drittschuldner die Pfändung als bewirkt anzusehen ist.[52] Nur die Zustellung an den Drittschuldner ist somit für die Wirkung der Pfändung unentbehrlich. Dagegen ist die Zustellung

---

[48] Vgl. BEYS, Θεμελιακά ζητήματα κατάσχεσης χρηματικών απαιτήσεων στα χέρια τρίτου, Dike 28 (1997), S. 399; ΜΠρΑθ 7438/1992, ΑρχΝ 45 (1994), S. 318 f.; YESSIOU-FALTSI, Δίκαιο Αναγκαστικής Εκτέλεσης, Bd. II, Rnr. 139, S. 750 f.

[49] ΜΠρΑθ 7438/92, ΑρχΝ 45 (1994), S. 318; BRINIAS, Αναγκαστική Εκτέλεση III, S. 1323 ff.; KASTRIOTIS, Η έναρξις της προθεσμίας προς υποβολήν δηλώσεως τρίτου, Armenopoulos 33 (1979), S. 215; BEYS, Η ανίσχυρος διαδικαστική πράξη, S. 42 ff.

[50] So der größte Teil des Schrifttums, vgl. KASTRIOTIS, Η κατάσχεσις εις χείρας τρίτου, Bd. II, S. 390 ff.; BRINIAS, Αναγκαστική Εκτέλεση, Bd. III, Art. 983, § 448 β, S. 1321 ff.; VATHRAKOKILIS, ΣΤ΄, Art. 983 Rnr. 3, S. 60 f.; YESSIOU-FALTSI, Δίκαιο Αναγκαστικής Εκτέλεσης, Bd. II, Rnr. 140, S. 751 f. m.w.N. und ein Teil der Rechtsprechung, vgl. ΕφΠειρ 727/1984, ΠειρΝομ 6 (1984), S. 285. Dagegen: ΕφΑθ 6431/1975, Armenopoulos 30 (1976), S. 518; ΕφΑθ 5916/1978, ΝοΒ 27 (1979), 791.

[51] Vgl. Areopag 254/1973, NoB 21 (1973), S. 1088; ΠΠρΘεσσ 2080/1973, NoB 21 (1973), S. 1248; vgl. auch, BEYS, Η εκτελεστική διαδικασία σε περίπτωση πολλαπλής κατάσχεσης στα χέρια τρίτου και καταφατικής δήλωσης του τρίτου, Anm. zu ΠΠρΑθ 11410/1976, Dike 9 (1978), S. 567; KASTRIOTIS, Η έναρξις της προθεσμίας προς υποβολήν δηλώσεως τρίτου, Armenopoulos 33 (1979), S. 214; anders: ΕφΑθ 6431/1975 Armenopoulos 30 (1976), S. 518.; ΕφΑθ Athen 5916/1978, NoB 27 (1979), S. 291.

[52] Vgl. BayOLG Rpfleger 1985, S. 58 f.; HINTZEN, Taktik in der Zwangsvollstreckung II, S. 29.

an den Schuldner für die Wirkung der Pfändung belanglos und dient dazu, den Schuldner von der Pfändung in Kenntnis zu setzen, damit er das Verfügungsverbot befolgt.[53]

Schließlich erfolgt in beiden Rechtsordnungen die Zustellung immer im Parteibetrieb, auch wenn sie in Deutschland durch Vermittlung der Gerichtsgeschäftsstelle erfolgt.

IV. Zur Rechtsnatur der Pfändungsurkunde bzw. des Pfändungsbeschlusses

1. Griechisches Recht

Die Pfändungsurkunde wird im griechischen Recht als eine Privaturkunde eingeordnet. Da sie vom Vollstreckungsgläubiger bzw. von seinem Anwalt erstellt wird[54], hat sie ferner eine beschränkte Beweiskraft. Parallel ist sie nach herrschender Meinung[55] in Griechenland als ein Schriftsatz im Sinne des Artikels 118 GrZPO einzuordnen. Aus diesem Grund bestimmt dieser Artikel zusätzlich den notwendigen Inhalt der Pfändungsurkunde. Infolgedessen muss die Urkunde neben den allgemeinen Angaben (vollständiger Name und Adresse der Parteien etc.), welche den Inhalt eines Schriftsatzes voraussetzen, die Erfordernisse des Art. 983 Abs. 1 a–d GrZPO enthalten. Sie muss also den Vollstreckungstitel und den Anspruch, auf Grund dessen die Pfändung vorgenommen wird, genau bezeichnen. Als zusätzliches Erfordernis ist die Bestimmung der Höhe des Betrags der zugrundeliegenden Zwangsvollstreckungsforderung erforderlich. Allerdings führt die Unterlassung der letzteren Bestimmung nach Art. 159 Abs. 3 GrZPO nur zu einer Unwirksamkeit der Pfändung, wenn ein „prozessualer" Nachteil für den Vollstreckungsgläubiger aufgetreten ist.[56] Als abschließendes Merkmal muss die Pfändungsurkunde die Aufforderung an den Drittschuldner beinhalten,

---

[53] Vgl. THOMAS/PUTZO, ZPO § 829 Rnr. 23 f., S. 1345 f.; LG Düsseldorf, Rpfleger 1990, S. 376 m. Anm. SCHAUFF, Rpfleger 1990, S. 469; DRESEL, Zustellung des Pfändungsbeschlusses, Rpfleger 1993, S. 100; LG Zweibrücken, Rpfleger 1994, S. 245; GROSS, Einwendungen des Drittschuldners, S. 27.

[54] Vgl. YESSIOU-FALTSI, Δίκαιο Αναγκαστικής Εκτέλεσης, Bd. II, Rnr. 146 ff., S. 757.

[55] Vgl. KASTRIOTIS, Η κατάσχεσις εις χείρας τρίτου, Bd. II, S. 376; YESSIOU-FALTSI, Δίκαιο Αναγκαστικής Εκτέλεσης, Bd. II, Rnr. 149, S. 758.

[56] ΕφΑθ 5986/1993, Hellenische Justiz 35 (1994), S. 459; vgl. auch, BRINIAS, Αναγκαστική Εκτέλεση, Bd. III, Art. 983, § 450, S. 1329; VATHRAKOKILI, GrZPO-Komm., Bd. ΣΤ΄, Art. 983, Rnr. 9, S. 63 f. Über die unwirksamen Prozesshandlungen s. auch SOFIALIDES, Η Δικονομική Ακυρότητα, 1991.

die Zahlung an den Vollstreckungsschuldner zu unterlassen (sog. arrestatorium).[57]

Darüber hinaus muss gemäß Art. 118 Ziff. 4 GrZPO der Pfändungsgegenstand, also die zu pfändende Forderung, genau bezeichnet werden. Im Schrifttum[58] und in der Rechtsprechung[59] wird diesbezüglich auch vertreten, dass die Pfändungsurkunde die Rechtsbeziehung, aus der sich die zu pfändende Forderung ergibt, genau bestimmt wird. Diese Aufgabe des „griechischen" Pfändungsgläubigers stieß beim Vollstreckungszugriff auf Bankkonten auf ein besonderes Hindernis. Im Regelfall handelt es sich bei Bankguthaben um anonyme oder sonst für den Vollstreckungsschuldner nicht eindeutig identifizierbare Vermögenswerte. Um die zu pfändenden Bankguthaben genau bestimmen zu können, ist der Pfändungsgläubiger auf die Auskünfte der Bank angewiesen (Art. 902 GrZGB). Die Kreditinstitute in Griechenland haben sich allerdings bis noch vor kurzem aufgrund des speziellen Bankgeheimnisses für Einlagen geweigert, irgendwelche Informationen über die Bankeinlagen ihrer Kunden an Dritte weiterzugeben. Darunter sind auch die Gläubiger ihrer Kunden zu verstehen, welche diese Angaben zur Ermöglichung einer Pfändung benötigen. Infolgedessen war es bei einem Vollstreckungszugriff speziell auf Einlagenkonten nach griechischem Recht für den Pfändungsgläubiger aussichtslos, den Pfändungsgegenstand in der Pfändungsurkunde so genau zu bestimmen, dass die Pfändung wegen zu ungenauer Bestimmtheit des Pfändungsbeschlusses nicht als nichtig angesehen wird.[60] Für alle anderen Kontoarten und inzwischen auch für die Einlagenkonten ist das Kreditinstitut verpflichtet, bei Anfrage des Vollstreckungsgläubigers Auskunft darüber zu erteilen, ob die zu pfändende Forderung besteht.[61] Nach der Aufhebung des speziellen Bankgeheimnisses für Einlagen im Rahmen der Forderungspfändung entschieden die Instanzgerichte, dass es für die Bestimmung des Pfändungsgegenstands in der Pfändungsurkunde ausreiche, wenn erwähnt wird, dass es um eine Einlage handele. Es sei nicht erforderlich, die Art der Einlage oder die Kontonummer zu bestimmen, da die Bank aufgrund der Daten des Schuldner leicht die Kontoverbindung finden kann.[62]

---

57 ΕφΑθ 640/90, Hellenische Justiz 33 (1992), S. 605. Vgl. hierzu, KASTRIOTIS, Η κατάσχεσις εις χείρας τρίτου, Bd. II, S. 432 ff.

58 Vgl. BRINIAS, Αναγκαστική Εκτέλεση, Bd. III, Art. 983, § 450, S. 1330 ff.; KASTRIOTIS, Η κατάσχεσις εις χείρας τρίτου, Bd. II, s. 424 ff.; YESSIOU-FALTSI, Δίκαιο Αναγκαστικής Εκτέλεσης, Rnr. 151, S. 760 f. m.w.N.

59 Areopag 660/1975, ΑρχΝ 17 (1976), S. 185; ΜΠρΤρ 738/2002, ΔΕΕ 2002, S. 1006.

60 Vgl. KALDELLIS, Το τραπεζικόν απόρρητον, Armenopoulos 35 (1981), S. 712.

61 Vgl. BEYS, Anm. zu Areopag Urteil 1540/2000, DikeIntern 2001, S. 531.

62 ΜΠρΤρ 738/2002, ΔΕΕ 2002, S. 1006.

2. Deutsches Recht

Im deutschen Recht dagegen handelt es sich beim Pfändungsbeschluss um einen gerichtlichen Hoheitsakt. Daher obliegt dessen Auslegung dem Revisionsgericht.[63] Das wichtigste Kriterium, nach dem die Wirksamkeit des Pfändungsbeschlusses festgestellt wird, ist der Grundsatz der hinreichend bestimmten Bezeichnung der zu pfändenden Forderung im Pfändungsbeschluss.[64] Nach den vom Bundesgerichtshof[65] entwickelten und von der instanzgerichtlichen Rechtsprechung akzeptierten Grundsätzen muss der Pfändungsbeschluss nach § 829 DtZPO aus Gründen der Rechtssicherheit und Klarheit für den Rechtsverkehr[66] die zu pfändende Forderung so exakt bezeichnen, dass bei verständiger Auslegung des Beschlusses unzweifelhaft feststeht, welche Forderung Gegenstand der Zwangsvollstreckung sein soll.[67] Voraussetzung der Pfändung von Bankkonten ist also, dass der Anspruch des Schuldners gegen den Dritten hinreichend individualisiert sein muss und aus irgendeinem vertretbaren Rechtsgrund dem Schuldner zustehen muss.[68] Der Eindeutigkeit bedarf es nicht nur für die unmittelbar Beteiligten, sondern ebenso für andere Personen, insbesondere für konkurrierende Gläubiger, die möglicherweise pfänden wollen.[69] Für diese muss aus

---

[63] BGH, Urteil v. 26.1.1983, WM 1983, S. 217 m.w.N.; SCHUSCKE, Vollstreckung und vorläufiger Rechtsschutz, § 829 Rnr. 37, mit zahlreichen Nachweisen aus der Rechtsprechung; BAUMBACH/LAUTERBACH/HARTMANN, ZPO § 829 Rnr. 15 ff. ebenfalls mit zahlreichen Nachweisen.

[64] Vgl. CANARIS, Bankvertragsrecht, Rnr. 185 ff.; KÖNGEN, Die Entwicklung des privaten Bankrechts in den Jahren 1992–1995, NJW 1996, S. 562; HINTZEN, Taktik in der Zwangsvollstreckung (II), S. 157 ff. Rnr. 700 ff.; BREHM/KLEINHEISTERKAMP, Die Bestimmtheit des Pfändungsbeschlusses bei der Forderungspfändung, JuS 1998, S. 781 ff. ausführlich dazu, ALISCH, Aktuelle Rechtsfragen zur Forderungspfändung, S. 45 ff. m.w.N.

[65] BGH WM 1991, S. 779; WM 1988, S. 950 f.; WM 1987, S. 1311 f.; WM 1985, S. 397; WM 1983, S. 217; LG Bochum WM 1997, S. 394.

[66] BGHZ 93, S. 82,83; LG Münster WM 1989, S. 968 f.; SCHUSCHKE, Vollstreckung und vorläufiger Rechtsschutz, § 829, Rnr. 37; SMID, in: Münch-Komm. ZPO, § 829, Rnr. 22; OLG Karlsruhe, NJW-RR 1993, S. 242, dieses hat den Antrag auf Pfändung der Forderungen des Schuldners „aus Kontoverbindungen jeder Art" durchgehen lassen.

[67] BGHZ 93, S. 82,83; BGHZ 13, S. 42, 43 f.; BGH, NJW 1975, S. 980 f.; BFH, NJW 1990, S. 2645 f.; STEIN/JONAS/BREHM, ZPO, § 829 Rnr. 40; GEISSLER, Dogmatische Grundfragen bei der Zwangsvollstreckung in Geldforderungen, JuS 1986, S. 614 f.; GAUL, Zur Rechtsstellung der Kreditinstitute als Drittschuldner in der Zwangsvollstreckung, S. 22 f.; BEHR, Pfändungsgrundsätze und Bestimmtheitsgebot, JurBüro 1997, S. 10 f.

[68] Vgl. SMID, in: Münch-Komm. ZPO, § 829, Rnr. 17, S. 181.

[69] BGHZ 13, S. 42 ff.; BFH, NJW 1990, S. 2645 f.; LG Bochum 1997, S. 394; LG Münster, WM 1989, S. 968 f.; LG Limburg, NJW 1986, S. 3148 f.; GAUL, Zur Rechtsstellung der Kreditinstitute als Drittschuldner in der Zwangsvollstreckung, S. 22.

dem Pfändungsbeschluss selbst erkennbar sein, welche Forderung gepfändet worden ist, ohne dass sie auf die Möglichkeit verwiesen werden können, notwendige Angaben aus anderen Unterlagen oder Umständen außerhalb des Pfändungsbeschlusses zu ergänzen.[70] Hinreichend bestimmt ist z.B. der Anspruch „auf Guthaben aus Spareinlagen" gegenüber der Postbank als Drittschuldnerin. Zu unbestimmt ist in der Regel dagegen die Angabe, „gepfändet werden alle Ansprüche aus der Geschäftsverbindung" oder „alle Ansprüche des Schuldners gegen die Bank" oder „Anspruch auf Zahlungen jeglicher Art aus der laufenden Geschäftsverbindung".[71] Dieses ist jedoch dann als zweifelhaft anzusehen, wenn beispielsweise nur ein einziges Gehaltskonto vom Schuldner unterhalten wird.[72] Zur Bestimmtheit der Bezeichnung des Pfändungsgegenstandes gehört auch die Benennung dessen, gegen den sich das Zahlungsverbot richtet.[73] Der Drittschuldner muss so bezeichnet sein, dass über seine Identität auch für Dritte keine Zweifel bestehen.[74] Nach herrschender Meinung ist aber die Angabe der Kontonummer im Pfändungsantrag nicht erforderlich.[75] Das wäre eine übermäßige Anforderung für den Pfändungsgläubiger, da er in der Regel die Verhältnisse des Schuldners nur oberflächlich kennt.[76]

3. Rechtsvergleichende Betrachtungen

Rechtsvergleichend kann man hier feststellen, dass beide Rechtsordnungen die Erfordernis der hinreichenden Bestimmtheit des Pfändungsbeschlusses bzw. der Pfändungsurkunde voraussetzen. Während aber das Fehlen der hinreichenden Bestimmtheit im deutschen Recht automatisch eine Nichtigkeit der Pfändung

---

[70] BGHZ 93, S. 82 f. = WM 1985, S. 397; BGH, Urteil v. 26.01.1983, WM 1983, S. 217 m.w.N.

[71] OLG Köln InVo 8/99, S. 256; OLG Karlsruhe, NJW 1998, S. 549 = JuS 1998, S. 373; OLG Frankfurt/M. JurBüro 1981, S. 458; OLG Stuttgart ZIP 1994, S. 222 = WM 1994, S. 1140; dazu EWiR 1994, S. 167 (KEBEKUS); LG Oldenburg ZIP 1982, S. 51 = JurBüro 1982, S. 620.

[72] Vgl. SMID, in: Münch-Komm. ZPO, § 829 Rnr. 17, S. 182.

[73] BGH, Urteil v. 25.01.1961, WM 1961, S. 348.

[74] Vgl. BGH, Urteil v. 22.11.1979, WM 1980, S. 83.

[75] BGH WM 1988, S. 950 ff.

[76] Verneint wurde die erforderliche Bestimmtheit bei einer Pfändung „der angeblichen Forderung des Schuldners" gegen den Drittschuldner „aus jedem Rechtsgrunde" oder „aus Verträgen oder sonstigen Rechtsgrund", weil damit Forderungen der verschiedensten Entstehungszeiten und Entstehungsgründe gemeint sein könnten. BGH WM 1975, S. 385 f.; LG Bochum WM 1997, S. 394.

begründet[77], wird in Griechenland zunächst eine solche Unwirksamkeit nicht anerkannt. Eine Unwirksamkeit erfolgt nach Art. 159 Ziff. 3 GrZPO lediglich erst dann, wenn ein Nachteil des Betroffenen bewiesen wird, der auch auf andere Weise nicht ersetzt werden kann.[78]

Die Erkenntnisse, die sich aus den anhaltenden Diskussionen und den verschiedenen Urteilen im deutschen Rechtsbereich zur Frage der hinreichenden Bestimmtheit des Pfändungsbeschlusses bei einer Kontopfändung ergeben, könnten einen wertvollen Wegweiser für die künftige Entwicklung der Vollstreckungspraxis auf Bankkonten in Griechenland darstellen. Diese befindet sich im Gegensatz zu Deutschland in einem Anfangsstadium, da sie aufgrund von rechtlichen, aber auch wirtschaftlichen Hemmnissen bis noch vor kurzem unterlassen wurde.

Als wohl wichtigste Abweichung zwischen den beiden Rechtsordnungen ist die unterschiedliche Rechtsnatur der Pfändungsurkunde bzw. des Pfändungsbeschlusses anzusehen. Einerseits handelt es sich im griechischen Recht um eine Privaturkunde und anderseits in Deutschland um einen gerichtlichen Hoheitsakt mit unterschiedlichen Anforderungen.

V. Transparenz des Vermögens in beiden Rechtsordnungen

In der Praxis taucht in der Regel in beiden Ländern das Problem auf, dass der Gläubiger überhaupt keine Kenntnis über die Bankverbindung seines Schuldners hat. Es stellt sich somit die Frage, wie der Gläubiger Auskünfte erlangen kann, um die Pfändungsurkunde bzw. den Pfändungsantrag genau zu bezeichnen.

In Deutschland entsteht durch den Pfändungs- und Überweisungsbeschluss für den Vollstreckungsschuldner eine schwerwiegende Pflicht. Gemäß § 836 Abs. 3 DtZPO ist der Schuldner zur Auskunft und Herausgabe verpflichtet.[79] Damit soll gewährt werden, dass der Schuldner dem Gläubiger die erforderlichen Auskünfte gibt und die erforderlichen Unterlagen für eine erfolgreiche

---

[77] RGZ 140, S. 340 ff.; BFH, NJW 1990, S. 2645 f; SMID, in: Münch-Komm. ZPO, § 829 Rnr. 22; BAUMBACH/LAUTERBACH/HARTMANN, ZPO, § 829 Rnr. 31; ZÖLLER/STÖBER, ZPO, § 829 Rnr. 8; SCHUSCHKE, Vollstreckung und vorläufiger Rechtsschutz, § 829 Rnr. 37; BROX/WALKER, Zwangsvollstreckungsrecht, Rnr. 605; GAUL, Rechtsstellung, S. 22. - dagegen, DERLEDER, Zur Unwirksamkeit einer Forderungspfändung wegen mangelhafter Schuldnerbezeichnung und ihrer Heilung, JurBüro 1995, S. 11 ff. (da die Unbestimmtheit des Pfändungsbeschlusses im Katalog der Nichtigkeitsgründe in der Regel nicht erwähnt wird).

[78] EφAθ 5986/93, Hellenische Justiz 35 (1995), S. 459.

[79] OLG Hamm InVo 2000, S. 173.

Pfändung zur Verfügung stellt. Dennoch bietet § 836 Abs. 3 keine Rechtsgrundlagen für eine umfassende Ausforschung. Diese Vorschrift entspricht im materiellen Recht der Regelung § 402 DtBGB (vgl. Art. 456 GrZGB).

Ein exaktes Gegenstück des § 836 Abs. 3 DtZPO existiert in der griechischen ZPO nicht. Tatsächlich wird im gesamten Abschnitt der Zwangsvollstreckung wegen Geldforderungen der griechischen Zivilprozessordung keine Auskunfts- und Herausgabepflicht des Vollstreckungsschuldners begründet. Eine Parallele könnte zu Art. 952 GrZPO (§ 807 DtZPO entsprechend) gezogen werden. Dieser besagt: „Wird der Gläubiger durch die vorgenommene Pfändung nicht vollständig befriedigt, oder macht dieser glaubhaft, dass er durch die Pfändung nicht vollständig befriedigt werden könne, so kann der Schuldner auf Antrag des Gläubigers verpflichtet werden, nach dem in Art. 861 bis 866 geregelten Verfahren ein Verzeichnis seines Vermögens vorzulegen und gleichzeitig einen Offenbarungseid dahin zu leisten, dass die Liste sämtliche ihm gehörenden Vermögensgegenstände enthalte, kein Gegenstand weggelassen sei und dass er alles in seiner Macht stehende getan habe, um alle Gegenstände, die zu seinem Vermögen gehören, festzustellen."[80] Daraus ergibt sich eine allgemeine Pflicht des Schuldners, Auskunft über sein Vermögen zu geben, sobald die Zwangsvollstreckung gegen ihn beginnt.[81] Dem Wortlaut dieser Vorschrift folgend kann der Schuldner tatsächlich zu einer Auskunft verpflichtet werden, wenn alle anderen Versuche für die Befriedigung des Gläubigers ins Leere gingen. Der Zeit- und Kostenaufwand, der in diesem Fall für den Gläubiger entsteht, kann nicht geleugnet werden.

Man könnte meinen, dass die fehlende Auskunftspflicht im griechischen Verfahren der Forderungspfändung damit aufgewogen wird, dass im Gegensatz zu Deutschland eine einklagbare Auskunftspflicht der Bank besteht. Der Gläubiger muss aber einen Hinweis haben, um der entsprechenden Bank eine Pfändungsurkunde zuzustellen. Aus diesem Grund erscheint die Entwicklung der Durchsetzung der Auskunftsansprüche des Vollstreckungsgläubigers gemäß § 836 Abs. 3 DtZPO in Deutschland geeigneter zu sein. Bislang musste der Auskunftsanspruch des Gläubigers im Wege einer Auskunftsklage[82] durchgesetzt und gegebenenfalls nach § 888 DtZPO[83] vollstreckt werden. Der durch die 2. Zwangsvollstreckungsnovelle in Abs. 3 eingefügte Satz 2 hat einen bereits vor einiger Zeit in der Reformdiskussion geäußerten Vorschlag[84] aufgegriffen. Die

[80] Vgl. für die Übersetzung, BAUMGÄRTEL/RAMMOS, Das griechische Zivilprozess-Gesetzbuch mit Einführungsgesetz.

[81] ΠΠρΑθ 11620/1981, Hellenische Justiz 24 (1983), S. 1094.

[82] Vgl. STÖBER, Forderungspfändung, Rnr. 622, S. 283.

[83] AG und LG Hamburg Rpfleger 1982, S. 387 f.

[84] Vgl. MÜNZBERG, Rpfleger 1987, 269, 273.

Erzwingung der Schuldnerauskunft erfordert in Zukunft kein Klageverfahren mehr. Der Schuldner ist nunmehr auf Antrag des Gläubigers verpflichtet, die geschuldete Auskunft zu Protokoll zu geben und sie an Eides Statt zu versichern. Hier wird die Ähnlichkeit zum griechischen Verfahren ersichtlich. Auch hinsichtlich des Herausgabebegehrens des Gläubigers stellt man eine Ähnlichkeit zum Art. 989 GrZPO fest. Bereits der Überweisungsbeschluss tituliert gemäß § 836 Abs. 3 DtZPO die Durchsetzung des Herausgabeanspruchs des Gläubigers zur Vollstreckung[85], so dass kein Klageverfahren mehr nötig ist.

Mit der Aufhebung des Bankgeheimnisses für Einlagen neuerdings in Griechenland stellt sich u.a. auch die Problematik, wann die Verpflichtung der Bank zur Auskunft gegenüber dem Gläubiger ihres Kunden entsteht. Fraglich ist in diesem Sinne, ob der Gläubiger die Kontenpfändung mit Zustellung der Pfändungsurkunde erst bewirken muss, damit die Bank auskunftspflichtig wird oder allein ein Vollstreckungstitel des Gläubigers für die Begründung der Pflicht der Bank ausreicht.

Nicht zuletzt darf nicht unerwähnt bleiben, dass in der Praxis Gläubiger auch zufällig wichtige Informationen über Bankverbindungen ihrer Schuldner erlangen. Im Rahmen eines Geschäftsverkehrs kommt es häufig vor, dass im Briefkopf des Geschäftspartners seine Bankverbindung angegeben wird. Allein dieser Hinweis reicht für den Gläubiger aus, um die Bankkonten seines Schuldners zu lokalisieren. Darüber hinaus sehen beide Rechtsordnungen bei familienrechtlichen Ansprüchen vor, dass die Eheleute ein gegenseitiges Auskunftsrecht über ihre Vermögensbestandteile und ihr Einkommen haben müssen. Dieses Auskunftsrecht findet im griechischen Recht seinen Niederschlag in Art. 1445 GrZGB, welcher den Auskunftsanspruch der geschiedenen Eheleute normiert. In diesem wird ferner vorgesehen, dass auf Antrag eines der geschiedenen Ehepartner der Staatsanwalt[86] beim Arbeitgeber, bei der entsprechenden Behörde oder beim Finanzamt das Einkommen des unterhaltspflichtigen Ehepartners ausforschen kann.[87] Ähnlich wird auch im deutschen Recht vorgesehen, dass die Ehepartner im Rahmen der Stufenklage gemäß § 254 DtZPO auf Auskunftserteilung über die Vermögensverhältnisse ihres geschiedenen Ehepartners klagen können.

Die Unterschiedlichkeit der Befriedigungsaussichten für den Gläubiger in der Zwangsvollstreckung wurde auch seitens der Europäischen Gemeinschaft

---

[85] OLG Frankfurt Rpfleger 1977, 221; STÖBER, Forderungspfändung, Rnr. 625; STEIN/JONAS/BREHM, ZPO, Rnr. 15.

[86] In Frankreich wird gemäß Art. 39 Abs. 1 des G. 91-650 mit der Ermittlung und Lokalisierung von Bankkonten im Rahmen einer Kontenpfändung grundsätzlich der Staatsanwalt beauftragt. Vgl. YESSIOU-FALTSI, Δίκαιο Αναγκαστικής Εκτέλεσης, Bd. II, § 64, Rnr. 339, S. 890 m.w.N.

[87] Vgl. KOUNOUGERI-MANOLEDAKI, Οικογενειακό Δίκαιο, Bd. Iγ, S. 190 ff.

festgestellt. Die Untersuchungen der EG-Kommission haben ergeben, dass die Situation für den Gläubiger, die Bankkonten seines Schuldners zu lokalisieren, nicht in allen Mitgliedstaaten zufriedenstellend ist. Insbesondere hinsichtlich der Frage der Transparenz des Vermögens gewinnt die Überlegung der EG-Kommission[88] an großer Bedeutung. Zutreffend stellt sie fest, dass das Vermögen in der heutigen Zeit viel von seiner Transparenz verloren hat. „Während es früher im wesentlichen aus leicht ermittelbaren und somit leicht pfändbaren unbeweglichen Vermögenswerten bestand, haben sich seine Bestandteile erheblich verändert. Das Vermögen hat sich in großem Umfang entmaterialisiert und besteht nun zum größten Teil aus Bankguthaben ...“. In diesem Zusammenhang schlägt die Kommission vor, die bestehenden Mittel, über die die einzelnen Mitgliedstaaten gegenwärtig verfügen, um die Vermögenswerte des Schuldners zu ermitteln, zu überdenken und einen einheitlichen Rahmen in der Europäischen Union in Bezug auf eine mögliche allgemeine Anwendung des Verfahrens der „Vermögenserklärung“ zu schaffen.[89] Dieses Vorhaben der Kommission ist m.E. begrüßenswert, da es ein vielversprechendes Mittel darstellt, die Vermögensverschleierung, die derzeit von bösgläubigen Schuldnern europaweit betrieben wird, einzugrenzen.

§ 4 Umfang der Pfändung: Teil- oder Vollpfändung?

Unvermeidbar erscheint die Frage nach dem Umfang der Pfändung, wenn die zu pfändende Forderung des Schuldner höher als die Forderung des Gläubigers ist, da das Gesetz in beiden Rechtsordnungen keine unmittelbare Auskunft darüber gibt, ob in diesem Fall Teil- oder Vollpfändung vorzunehmen ist. Dieser Zweifel wurde im Rahmen der heutigen GrZPO durch den Wortlaut des Art. 984 Abs. 2 Satz 2 aufgehoben. Hier wird nunmehr ausdrücklich vorgesehen, dass das Verfügungsverbot nur hinsichtlich des Betrages, der gepfändet wurde, gilt. Damit hat sich der griechische Gesetzgeber eindeutig für die Teilpfändung entschlossen. Demzufolge kann der Schuldner über den Restbetrag frei verfügen, da dieser von der Pfändung nicht umfasst wurde. Wenn also die Bank an den Schuldner in Höhe des Restbetrags leistet, ist diese Zahlung gegenüber dem Pfän-

[88] Vorschlag für einen Rechtsakt des Rates über die Ausarbeitung des Übereinkommens über die gerichtliche Zuständigkeit, die Anerkennung und die Vollstreckung gerichtlicher Entscheidungen in Zivil- und Handelssachen in den Mitgliedstaaten der Europäischen Union, ABl. C 33, v. 31.1.1998, S. 15, Nr. 49 ff.

[89] Mitteilung der Kommission an den Rat und an das Europäische Parlament: „Wege zu einer effizienteren Erwirkung und Vollstreckung von gerichtlichen Entscheidungen in der Europäischen Union“, ABl. 41 (1998) C 33.

dungsgläubiger wirksam, da hier aufgrund der Teilpfändung kein Verstoß gegen das Verfügungsverbot vorliegt.

Anderseits wird nach herrschender Meinung im deutschen Recht die gepfändete Forderung grundsätzlich in voller Höhe von der Beschlagnahme erfasst, und zwar auch dann, wenn sie betragsmäßig die titulierte Forderung des Gläubigers übersteigt. Eine Teilpfändung kann sich im deutschen Vollstreckungsverfahren nur durch eine ausdrückliche Regelung der betragsmäßigen Beschränkung der Beschlagnahmewirkungen im Pfändungsbeschluss ergeben.[90] In der Beschlagnahme der Forderung in voller Höhe ist keine sinnwidrige Zulassung einer Überpfändung nach § 803 Abs. 1 DtZPO zu sehen.[91] Eine Überpfändung, gegen die sich der Schuldner im Einzelfall mit der Erinnerung wehren könnte, liegt nicht vor, solange der Gläubiger nicht befriedigt ist.[92] Der Grund dafür liegt darin, dass sich der Wert der gepfändeten Forderung nur schwer sicher feststellen lässt. Vielmehr ist die Erfassung der ganzen Forderung von der Beschlagnahme geboten, um die Rechtsdurchsetzung des Gläubigers nicht zu gefährden.

Die Lösung der Teilpfändung ist nämlich mit Risiken für den Vollstreckungsgläubiger verbunden, die durch eine Pfändung der ganzen Forderung ganz oder teilweise zu vermeiden wären. Eine Gefahr für den Vollstreckungsgläubiger bei einer Teilpfändung könnten die Einwendungen des Drittschuldners gegen die Forderung in Höhe des Teilbetrags darstellen. Zum anderen würde der Gläubiger in der Insolvenz des Drittschuldners nur mit einer der Höhe des gepfändeten Teilbetrages der Forderung des Schuldners entsprechenden Quote berücksichtigt werden können.[93]

Trotz dieser Argumente, die gegen eine Teilpfändung sprechen, erscheint die Beschlagnahme der Forderung in voller Höhe im heutigen griechischen System der Forderungspfändung nicht vertretbar zu sein, da die Verwertung der Forderung durch ihre Abtretung an den Vollstreckungsgläubiger erfolgt. Die Abtretung der Forderung in voller Höhe wäre unzulässig, obwohl sie nur erfüllungshalber erfolgt, da somit der Schuldner den Anspruch auf den Restbetrag gegen den Drittschuldner verlieren würde. Außerdem wären in so einem Fall andere Gläubiger des Schuldners benachteiligt, da eine Pfändung nach erfolgter Abtretung ins Leere gehen würde.

---

[90] Vgl. BGH NJW 1975, 738; THOMAS/PUTZO, ZPO Rnr. 32; STEIN/JONAS/BREHM, Rnr. 74; SMID, in : Münch-Komm. ZPO, § 829, Rnr. 36, S. 191; ZÖLLER, ZPO, § 829 Rnr. 11, S. 2040; ausführlich, wann eine Überpfändung vorliegt, STÖBER, Forderungspfändung, Rnr. 755 ff., S. 347.

[91] Vgl. STOIKOS, Die Zwangsvollstreckung wegen Geldforderungen in das bewegliche Vermögen im deutschen und im griechischen Recht, S. 263 ff.

[92] Vgl. SMID, in: Münch-Komm. ZPO, § 829, Rnr. 36, S. 191.

[93] BGH NJW 1986, 977, 978; STEIN/JONAS/BREHM, ZPO, Rnr. 74.

Nach der entsprechenden deutschen Regelung existieren keine Hindernisse für die Beschlagnahme der Forderung in voller Höhe. Zwar ist die Überweisung der Forderung in voller Höhe an Zahlungs Statt unzulässig[94], jedoch ist die Vollüberweisung nur zur Einziehung möglich. Diese gewährt das Recht zur Einziehung zwar in voller Höhe, aber nur teilweise zu eigenen Gunsten.[95] Das bedeutet, dass der Gläubiger, wenn er den ganzen Betrag einklagt, Zahlung an sich und den Schuldner beantragen muss. Darüber hinaus stehen die Interessen nachpfändender Gläubiger der Vollüberweisung nicht entgegen, da der Schuldner weiterhin Inhaber der Forderung bleibt.

§ 5 Rechtsfolgen der wirksamen Pfändung

I. Verstrickung der gepfändeten Forderung

Mit der Zustellung der Pfändungsurkunde bzw. des Pfändungsbeschlusses an die Bank als Drittschuldnerin werden in beiden Rechtsordnungen Verfügungsbeschränkungen über die Forderung verhängt. Gemäß Art. 983 Abs. 1 Nr. 3 GrZPO bzw. § 829 Abs. 1 DtZPO wird zunächst das Verbot gegen die Bank gerichtet, an den Schuldner zu leisten (sog. arrestatorium).[96] Das Verbot gegen den Drittschuldner, an den Schuldner auf dessen Forderung hin zu zahlen, muss nach deutschem Recht im Pfändungsbeschluss ausdrücklich ausgesprochen werden.[97] Der Ausspruch des arrestatoriums ist für die Wirksamkeit der Forderungspfändung konstitutiv. Mangelt es an einem Ausspruch, so ist der Pfändungsbeschluss unwirksam. Dagegen bedarf es nach griechischem Recht keines ausdrücklichen Verbotes gegen den Drittschuldner, an den Schuldner zu zahlen. Bereits mit Zustellung der Pfändungsurkunde an den Drittschuldner wird das arrestatorium ipso iure gegen den Drittschuldner bewirkt.

Parallel mit dem arrestatorium wird im deutschen Pfändungsbeschluss das Gebot an den Schuldner, sich jeder Verfügung über die Forderung zu enthalten,

---

[94] Vgl. STEIN/JONAS/BREHM, ZPO, § 829 IV Rnr. 75.

[95] Vgl. STEIN/JONAS/BREHM, ZPO § 829, Rnr. 79 m.w.N.

[96] Vgl. BEYS, Θεμελιακά ζητήματα της κατάσχεσης χρηματικών απαιτήσεων στα χέρια τρίτου, Dike 28 (1997), S. 400; *derselbe*, Μαθήματα πολιτικής δικονομίας, Αναγκαστική Εκτέλεση, § 24, S. 115; YESSIOU-FALTSI, Δίκαιο Αναγκαστικής Εκτέλεσης, Bd. II, Rnr. 173 ff., S. 777 f.

[97] Vgl. STÖBER, Forderungspfändung, Rnr. 505, S. 232; SMID, in: Münch-Komm. ZPO, § 829, Rnr. 24, S. 187.

ausgesprochen (sog. inhibitorium).[98] Wird das inhibitorium nicht verhängt, macht dies die Pfändung jedoch nicht unwirksam.[99] Nach der deutschen ZPO ist die Verstrickung der Forderung allein mit der Zustellung an den Drittschuldner gegeben, unabhängig davon, ob bereits an den Vollstreckungsschuldner zugestellt worden ist.

Damit die Vereitelung der Zwangsvollstreckung durch den Vollstreckungsschuldner auch in Griechenland vermieden werden kann, erkennt die griechische ZPO ebenso das sogenannte inhibitorium als Pfändungswirkung des Vollstreckungszugriffs auf Bankkonten an. Andernfalls hätte der Vollstreckungsschuldner bis zur Bewirkung der Pfändung die Möglichkeit, sich sein gesamtes Bankguthaben auszahlen zu lassen, es abzutreten oder zu verpfänden, so dass der Vollstreckungsgläubiger auf diesen Vermögenswert nicht zugreifen kann. Allerdings ist hier eine wichtige Differenzierung zum deutschen Recht festzustellen. Der entscheidende Unterschied liegt im Zeitpunkt des Eintrittes des Verfügungsverbotes. Die Einschränkung der Verfügungsbefugnis des Vollstreckungsschuldners über sein gepfändetes Bankkonto erfolgt nach griechischem Recht erst ab der Zustellung der Pfändungsurkunde an ihn selbst.[100] Ziel dieser Regelung ist es, den Vollstreckungsgläubiger vor einer Vereitelung der Zwangsvollstreckung zu schützen.

Im Umkehrschluss folgt daraus, dass im griechischen Recht das Verfügungsverbot für den Schuldner eintreten kann, ohne dass die Pfändung überhaupt bewirkt worden ist. Denn mit der Zustellung der Pfändungsurkunde an den Vollstreckungsschuldner wird seine Verfügungsbefugnis über das Bankkonto eingeschränkt, unabhängig davon, ob parallel die Zustellung an die Bank als Drittschuldnerin erfolgt ist. Wird dagegen zuvor an den Drittschuldner zugestellt und erfolgt innerhalb von acht Tagen keine Zustellung an den Schuldner, so ist die Pfändung als unwirksam anzusehen. Im Gegensatz zum deutschen Recht ist die Zustellung an den Vollstreckungsschuldner nach der GrZPO unentbehrlich. Zutreffend führt STOIKOS[101] dazu auf, dass die Zustellung an den Vollstreckungsschuldner nach der GrZPO „zwar kein konstitutives Merkmal der Pfändung ist, wohl aber ein zusätzliches nachträgliches Merkmal ihrer Gültigkeit und Rechtmäßigkeit". Dieser Überlegung ist beizupflichten, da man aus den bisherigen Ausführungen erkennen kann, dass das Verfügungsverbot des Vollstreckungsschuldners im griechischen Zwangsvollstreckungsrecht von der Pfändung

---

[98] BROX/WALKER, Zwangsvollstreckungsrecht, Rnr. 614; ZÖLLER/STÖBER, ZPO § 829 Rnr. 16; STÖBER, Forderungspfändung, Rnr. 554, S. 251; SMID, in: Münch-Komm. ZPO, § 829, Rnr. 26, S. 187.

[99] STEIN/JONAS/BREHM, ZPO, Rnr. 52.

[100] Vgl. YESSIOU-FALTSI, Δίκαιο Αναγκαστικής Εκτέλεσης, Bd. II, Rnr. 160, S. 766.

[101] Vgl. STOIKOS, Die Zwangsvollstreckung wegen Geldforderungen in das bewegliche Vermögen im deutschen und im griechischen Recht, S. 254.

losgelöst und von der einfachen Zustellung der Pfändungsurkunde an ihn abhängig gemacht wird. In Deutschland hingegen treten alle Pfändungswirkungen mit der Zustellung an den Drittschuldner ein, unabhängig davon, ob an dem Vollstreckungsschuldner zugestellt worden ist.

Dem Vollstreckungsschuldner wird somit nach griechischem Recht ein doppelter Schutz gegenüber dem Vollstreckungsgläubiger gewährt (Art. 983 Abs. 2 und 984 Abs. 1 GrZPO). Der doppelte Schutz entfaltet sich mit der Erfordernis der Zustellung der Pfändungsurkunde an den Vollstreckungsschuldner selbst. Seine Kenntnisnahme von der erfolgten Pfändung wird also vorausgesetzt. Folgt eine Zustellung der Pfändungsurkunde an den Schuldner nicht innerhalb von acht Tagen seit der Zustellung an den Drittschuldner, wird die Pfändung mit einer Nichtigkeit bedroht. Ziel dieser Schutzvorschrift ist es, ihm die Möglichkeit zu geben, sich rechtzeitig gegen die Vollstreckungsmaßnahme zu wehren. Als weiteres Schutzschild kann die Tatsache angesehen werden, dass ohne seine Kenntnisnahme von der Pfändung seine Verfügungsbefugnis nicht eingeschränkt werden kann.

Dagegen kann man in den Vorschriften der deutschen Zivilprozessordnung eher einen stärkeren Gläubigerschutz erkennen. Wie es sich aus § 834 DtZPO ergibt, darf das Vollstreckungsgericht den Vollstreckungsschuldner vor der Entscheidung über das Gesuch nicht hören. Zweck dieses Verbotes ist es, dem Vollstreckungsschuldner keine Möglichkeit zu geben, Kenntnis über die bevorstehende Pfändung vorzeitig zu erlangen. Der Grund dafür liegt darin, dass der Schuldner des Gläubigers versuchen könnte, vor Erlass des Pfändungsbeschlusses über seine Bankguthaben zu verfügen. Das hätte zur Folge, dass die Pfändung ins Leere gehen würde. Auf dieser Art könnte der Vollstreckungsschuldner die Vollstreckung vereiteln.[102] Das Anhörungsverbot des § 834 DtZPO ist somit aus Gründen der erfolgsversprechenden Vollstreckung erforderlich.[103]

Der diametral unterschiedliche Schutz des Schuldners in der griechischen ZPO ist darauf zurückzuführen, dass ihm genug Zeit gegeben wird, sich gegen die Pfändung zu wehren. Anders als im deutschen Vollstreckungsrecht sieht das System der griechischen Zwangsvollstreckung vor, dass der Drittschuldner grundsätzlich keine Einwendungen gegen die Zwangsvollstreckung geltend machen kann.[104] Seine Einredemöglichkeiten sind auf die zwei in Art. 987 Abs. 1

---

[102] STÖBER, in: ZÖLLER, Zivilprozessordnung, § 834 Rnr. 1, S. 2061.

[103] Das Anhörungsverbot des § 834 DtZPO verstößt nicht gegen Art. 103 Abs. 1 GG, welcher das Recht auf rechtliches Gehör verbürgt, da der Vollstreckungsschuldner mit Hilfe der Erinnerung den Pfändungsbeschluss überprüfen lassen kann. Vgl. hierzu, BVerfGE57, 346, 358 ff.; GAUL, Zur Rechtsstellung der Kreditinstitute als Drittschuldner in der Zwangsvollstreckung, S. 13.

[104] Siehe folgendes Kapitel, Rechtsstellung der Bank als Drittschuldnerin.

GrZPO ausdrücklich vorgesehene Fällen beschränkt. Zunächst handelt es sich hier um den Fall des Fehlens der Zustellung an den Vollstreckungsschuldner. Darüber hinaus kann er Einwendungen gegen die Zwangsvollstreckung vorbringen, wenn die Pfändungsurkunde die Erfordernisse des Art. 983 GrZPO nicht erfüllt. Dazu gehören vor allem die genaue Bestimmung des Vollstreckungstitels und der Forderung (aufgrund der gepfändet wird), der Betrag, für den gepfändet wird, und die Anforderung an den Dritten, nicht an den Vollstreckungsschuldner zu leisten. Alle weiteren Einwendungen dürfen nach der griechischen ZPO nur vom Vollstreckungsschuldner vorgetragen werden, was im Rückschluss seine Kenntnisnahme der Pfändung erforderlich und unentbehrlich macht.

Dieser im Vergleich zur deutschen Regelung stärkere Schutz des Vollstreckungsschuldners in Griechenland ist außerdem im Hinblick darauf sinnvoll und gerechtfertigt, dass wegen der eigenmächtigen Handlungsmöglichkeit des griechischen Gläubigers ein erhöhtes Schutzbedürfnis des griechischen Schuldners besteht.

Allerdings kann dieser besondere Schutz des Schuldners in dieser Hinsicht nicht kritiklos bleiben. Diese Regelung gewährt dem Vollstreckungsgläubiger die Möglichkeit, ohne die Pfändung abschließend durchzuführen, die Forderung des Schuldners für unbestimmte Zeit zu binden. Die Gefahr, die dabei entsteht, ist, dass bei Unterbleiben einer der beiden Zustellungen, die Pfändung für unbestimmte Zeit unvollendet und damit teilweise wirksam, teilweise unwirksam bleiben könnte. Wie bereits erwähnt, tritt das inhibitorium auch ohne Bewirkung der Pfändung ein. Dies geschieht – wie bereits oben aufgeführt – durch Zustellung der Pfändungsurkunde an den Schuldner, ohne vorheriger Zustellung an den Drittschuldner. Es ist nicht zu leugnen, dass diese Rechtslage nachteilig sowohl für den Schuldner als auch für den Drittschuldner sein kann. Um die nachteilige Auswirkung dieser Vorschrift zu umgehen, vertrat eine Meinung[105], dass die Vollendung der Pfändung von beiden Zustellungen abhängig gemacht werden solle. Diese Lösung wurde allerdings vom Revisionsausschuss der GrZPO mit der Begründung verworfen, dass der Schuldner so die Pfändung vereiteln könne, falls die Zustellung zuerst an ihn erfolge. Der Ansicht des Revisionsausschusses ist zuzustimmen. Eine Orientierung an den entsprechenden Vorgaben des deutschen Rechts würde hier auch nichts nützen. Die Verknüpfung der Wirksamkeit der Pfändung allein mit der Zustellung an den Drittschuldner – wie sie im deutschen Recht angenommen wird – scheitert aus folgendem Grund. Der Drittschuldner kann sich nur begrenzt gegen die Vollstreckung wehren. Die Einwendebefugnis ist nach griechischem Recht grundsätzlich Aufgabe des Vollstreckungsschuldners. Dazu muss er aber vorher in Kennt-

---

[105] Vgl. STOIKOS, Die Zwangsvollstreckung wegen Geldforderungen in das bewegliche Vermögen im deutschen und im griechischen Recht, S. 256; so auch Artikel 1110 des Entwurfs der GrZPO.

nis über die Pfändung gesetzt werden. Aus diesem Grund muss auch weiterhin die Wirkung der Pfändung von der Zustellung an den Vollstreckungsschuldner abhängig gemacht werden. Die einzige Möglichkeit, die oben beschriebene Gefahr abzuwenden, wäre m.E. die Entstehung des Verfügungsverbotes von der auflösenden Bedingung abhängig zu machen, dass die zweite Zustellung innerhalb acht Tagen nach der ersten erfolgt.

I. Verwertung

1. Griechisches Recht

a) Positive Erklärung der Bank

Neben der Verstrickung sind Unterschiede zwischen den beiden Rechtsordnungen auch hinsichtlich der Verwertung der gepfändeten Forderung zu erkennen. Im Gegensatz zum deutschen Recht setzt das griechische Recht in der GrZPO für die Verwertung wie auch für die Pfändung der Forderung keine Einschaltung eines Vollstreckungsorgans bzw. einen gerichtlichen Beschluss voraus.[106]

Die Verwertung der gepfändeten Forderung hängt im griechischen Recht vielmehr von der Abgabe einer positiven Erklärung der Bank als Drittschuldnerin ab. Art. 988 Abs. 1 Satz 1 GrZPO regelt, dass bei einer positiven Drittschuldnererklärung gemäß Artikel 985 GrZPO die Bank als Drittschuldnerin verpflichtet wird, nach Ablauf von acht Tagen seit dem Tag der Zustellung an den Vollstreckungsschuldner, an jeden der Pfändungsgläubiger den gepfändeten Betrag zu zahlen oder diesen Betrag zu hinterlegen. Daraus ergibt sich, dass die Verwertung im griechischen Recht durch eine Abtretung kraft Gesetzes erfolgt (zessio legis).[107] Diese zwangsweise Abtretung wird nicht wie in Art. 30 § 3 KEDE[108] ausdrücklich in den Vorschriften der griechischen ZPO geregelt. Das

---

[106] Vgl. YESSIOU-FALTSI, Δίκαιο Αναγκαστικής Εκτέλεσης, Bd. II, § 64, Rnr. 229, S. 814.

[107] Vgl. BEYS, Θεμελιακά ζητήματα κατάσχεσης χρηματικών απαιτήσεων στα χέρια τρίτου, Dike 28 (1997), S. 400.

[108] Nach Art. 30 Abs. 1, 3 KEDE (Verwaltungszwangsvollstreckung) ist die Zwangsabtretung eine Folge der Zustellung der Pfändungsurkunde an den Drittschuldner. Somit ist der griechische Fiskus bereits mit der Zustellung an den Drittschuldner, ohne vorheriger Zustellung an den Vollstreckungsschuldner, Inhaber der gepfändeten Forderung. Diese Regelung spielt eine erhebliche Rolle für den Vollstreckungszugriff auf Bankkonten (s.u.). Vgl. hierzu, BEYS, Θεμελιακά ζητήματα της κατάσχεσης χρηματικών απαιτήσεων στα χέρια τρίτου, Dike 28, S. 404 f.; PAPACHRISTOU, Διοικητική κατάσχεση στα χέρια τρίτου, Dike 14 (1983), S. 630 ff.

ergibt sich – nach einhelliger Meinung im griechischen Schrifttum – aus der Auslegung des Artikels 988 GrZPO, wonach der Drittschuldner verpflichtet ist, den gepfändeten Betrag an den Vollstreckungsgläubiger auszuzahlen, wenn er das Bestehen der Forderung bestätigt. Argumente für diese Auffassung lassen sich aus Artikel 722 Abs. 2 GrZPO ableiten, wonach der Gläubiger, der die Arrestpfändung einer Forderung bei einem Dritten bewirkt hat, Inhaber der gepfändeten Forderung wird, sobald das Urteil, das in der Hauptsache der Klage stattgegeben hat, rechtskräftig geworden ist. Da bei der Forderungspfändung dieselben Gründe vorliegen wie bei Art. 722 Abs. 2 GrZPO, muss die letztere Vorschrift analoge Anwendung bei der Zwangsvollstreckung in Forderungen finden, so dass der Pfändungsgläubiger bei einer positiven Drittschuldnererklärung Inhaber der Forderung wird. Ab diesem Zeitpunkt verlangt der Vollstreckungsgläubiger die Zahlung als Inhaber der Forderung, d.h. als Gläubiger des Drittschuldners. Ein Gläubigerwechsel ist also durch die Abtretung erfolgt. Hinzu kommt, dass nach Art. 989 i.V.m. Art. 904 Abs. 2 ζ' GrZPO die positive Erklärung der Bank als Drittschuldnerin als ein Vollstreckungstitel anerkannt wird. Dagegen stellt nach einhelliger Meinung in Deutschland der Pfändungs- und Überweisungsbeschluss keinen Vollstreckungstitel gegen den Drittschuldner dar.[109] Einen solchen muss der Vollstreckungsgläubiger im sogenannten Drittschuldnerprozess erst erstreiten.

Parallel regelt das spezielle Gesetzesdekret 17.7./13.8.1923 in Artikel 87 Abs. 1, dass bei einer Pfändung von „Geldern" bei der Bank, diese berechtigt ist, den gepfändeten Betrag gerichtlich zu hinterlegen, um somit jede Haftung zu umgehen. Alternativ kann die Bank die Aufhebung der Pfändung vor Gericht beantragen. Handelt es sich jedoch um die „Nationalbank von Griechenland"[110], kann diese gemäß Art. 87 Abs. 2 des Gesetzesdekrets von 1923 den gepfändeten Betrag als Sichteinlage bei ihr hinterlegen. In diesen Fällen kann sich der Pfändungsgläubiger das Geld erst nach einer Gerichtsanordnung auszahlen lassen. Bei einer Gegenüberstellung der spezielleren Vorschriften zu Art. 988 GrZPO ist zu fragen, ob eine Normenkonkurrenz besteht. M.E. gewähren die Vorschriften des Gesetzesdekrets von 1923 den Kreditinstituten lediglich das Recht, sich auf dieser Weise von jeder Haftung zu entlasten, ohne die Anwendung des allgemeinen Verfahrens, das in dem Art. 988 GrZPO beschrieben ist, auszuschließen. Betrachtet man darüber hinaus den Wortlaut des Art. 87 Abs. 1 des Gesetzesdekrets von 1923, könnte angenommen werden, dass sich dieser nicht auf

---

[109] BAUR/STÜRNER, Zwangsvollstreckungsrecht, Rnr. 30.28; AHRENS, Personengesellschaft und Gesellschafter als Drittschuldner des Pfändungs- und Überweisungsbeschlusses, ZZP 103 (1990), S. 34; BROX/WALKER, Zwangsvollstreckungsrecht, Rnr. 640; EHLENZ/DIEFENBACH, Pfändung in Bankkonten und andere Vermögenswerte, Rnr. 163.

[110] Firmenname einer Bank, die am Wirtschaftsverkehr teilnimmt und nicht mit der griechischen Zentral- und Notenbank zu verwechseln ist.

Konten bezieht, sondern nur auf Bargeld, welches die Bank zur Verwahrung angenommen hat. Dies hätte dann zur Folge, dass Art. 87 des Gesetzesdekrets von 1923 bei einem Vollstreckungszugriff auf Bankkonten nicht zur Anwendung käme.

b) Negative Erklärung oder Unterlassung der Erklärung

Zu klären bleibt, wann die Verwertung nach griechischem Recht erfolgt, wenn der Drittschuldner es unterlässt, überhaupt eine Erklärung abzugeben, oder mit einer ausdrücklichen Erklärung, das Bestehen der Bankguthaben verneint. Wenn der Gläubiger annimmt, dass die Erklärung der Bank nicht aufrichtig ist, kann er gemäß Artikel 986 GrZPO der Drittschuldnererklärung widersprechen, um die durch sie erhobenen Hindernisse für die Befriedigung seiner Forderung zu beseitigen. Wenn das Gericht dem Widerspruch des Gläubigers stattgibt, wird angenommen, dass die Abtretung bereits zum Zeitpunkt bewirkt war, in dem der Dritte bei einer positiven Erklärung zur Zahlung an den betreibenden Gläubiger verpflichtet gewesen wäre. Im Widerspruchsverfahren geht es hingegen nicht darum, die Abtretung der Forderung durch das Gericht vornehmen zu lassen, sondern es soll lediglich die „Unaufrichtigkeit" der Erklärung des Drittschuldners bzw. das Bestehen der gepfändeten Forderung festgestellt werden. Demnach erfolgt auch in diesem Fall die Abtretung nicht durch gerichtliche Entscheidung, sondern kraft Gesetzes. Sobald das erstinstanzliche Gericht das Bestehen der Forderung festgestellt hat, also auch schon vor dem Erlass des Urteils, wird die Abtretung in dem oben erwähnten Zeitpunkt als erfolgt betrachtet. Mit der Abtretung der Forderung an den Vollstreckungsgläubiger ist keine weitere Pfändung von anderen Gläubigern des Schuldners zulässig.[111]

Hinzuweisen ist noch darauf, dass mit der Abtretung der Vollstreckungsgläubiger lediglich die gepfändete Geldforderung und nicht der entsprechende Geldbetrag an den Vollstreckungsgläubiger abgetreten wird. Das bedeutet, dass der Vollstreckungsgläubiger mit der Abtretung nicht zum Inhaber dieses Geldbetrags wird. Ist der Drittschuldner nicht bereit, diesen Betrag an den Vollstreckungsschuldner auszuzahlen, muss der letztere die Zwangsvollstreckung gegen den Drittschuldner bewirken. Gegenstand dieser Vollstreckung ist nicht der entsprechende Geldbetrag, sondern er muss einen beliebigen Vermögensbestandteil des Drittschuldner pfänden, und vom Erlös wird dann der Vollstreckungsgläubi-

[111] Vgl. BEYS, Η εκτελεστική διαδικασία σε περίπτωση πολλαπλής κατάσχεσης στα χέρια τρίτου και καταφατικής δήλωσης του τρίτου, Anm. zu ΜΠρΑθ 11410/1976, Dike 9 (1978), 562 ff.

ger gemeinsam mit anderen Gläubigern des Drittschuldners, die sich eventuell ankündigen werden, befriedigt.

2. Rechtsvergleichende Darstellung der Verwertung im deutschen Recht

Anders als in Griechenland erfolgt die Verwertung der gepfändeten Forderung in der deutschen Prozessordnung nicht kraft Gesetzes, sondern es ist eine gerichtliche Verwertungsanordnung erforderlich. Hier begründet die Drittschuldnererklärung keine Einziehungskompetenz, sondern die Pfändung belässt die Forderung im Vermögen des Schuldners. Um dem Gläubiger die Möglichkeit zu verschaffen, sich aus der gepfändeten Forderung zu befriedigen, bedarf es daher eines über die Pfändung hinausreichenden weiteren staatlichen Aktes der Verfügung über das gepfändete Recht zugunsten des Gläubigers.[112] Die Überweisung der Geldforderung an den Vollstreckungsgläubiger zum Zweck ihrer Verwertung erfolgt deshalb ausschließlich durch Überweisungsbeschluss des Vollstreckungsgerichts.[113] Pfändung und Überweisung werden in der Praxis oft im selben Beschluss erfasst.[114] Wirksam wird die Überweisung jedoch nicht wie im griechischen Recht mit der Abgabe einer positiven Drittschuldnererklärung, sondern durch die Zustellung des Überweisungsbeschlusses an den Drittschuldner (§§ 835 Abs. 3 i.V.m. 829 Abs. 3 DtZPO). Die Überweisung kann gemäß § 835 Abs. 1 DtZPO nach Wahl des Gläubigers zur Einziehung oder an Zahlungs Statt erfolgen.[115]

Bei der Überweisung zur Einziehung bleibt der Schuldner Inhaber der gepfändeten Forderung.[116] Der Vollstreckungsgläubiger erhält nur die Befugnis,

---

[112] Vgl. SCHMIDT-JORTZIG, Die Auswirkung der Forderungsüberweisung zur Einziehung, S. 10 ff.

[113] Vgl. STOIKOS, Die Zwangsvollstreckung wegen Geldforderungen in das bewegliche Vermögen im deutschen und im griechischen Recht, S. 273 f.

[114] Zur Problematik des Einheitsbeschlusses, vgl. BGHZ 127, S. 146 = ZIP 1994, 1720 = Rpfleger 1995, S. 119 m. Anm. RIEDEL = NJW 1994 3225 = WM 1994, 2033; dazu EWiR 1994, S. 1251 (WALKER); vgl. eingehend und ablehnend HINTZEN/WOLF, Pfändung von Hypothekenforderungen und Drittschuldnerschutz, Rpfleger 1995, S. 94 f.; HINTZEN, Taktik in der Zwangsvollstreckung I, S. 101 ff.; SCHUR, Das Einziehungsrecht des Gläubigers bei Pfändung und Überweisung einer Geldforderung zur Einziehung, KTS 2001, S. 73 f.

[115] Vgl. SCHMIDT-JORTZIG, Die Auswirkungen der Forderungsüberweisung zur Einziehung, S. 10 ff.; SMID, in: Münch-Komm. ZPO, § 835, Rnr. 4 ff., S. 223.

[116] BGHZ 24, 329, 332; BGHZ 82, 28, 31; LÜKE, Die Prozessführungsbefugnis, ZZP 76 (1963), 1, S. 23 f.; STÖBER, Forderungspfändung, Rnr. 589, S. 269; BAUR/STÜRNER, Zwangsvollstreckungs-, Konkurs- und Vergleichsrecht, Bd. I, Rnr. 30.28; BROX/WALKER, Zwangsvollstreckungsrecht, Rnr. 638 ff.; SMID, in: Münch-Komm. ZPO, § 829 Rnr. 2, § 835

sie im eigenen Namen gegen den Drittschuldner geltend zu machen und notfalls einzuklagen.[117] Die vollstreckbare Forderung geht erst unter, wenn der Gläubiger mit seinem Einziehungsversuch Erfolg gehabt hat.

Ähnlichkeiten mit der griechischen Verwertungsart weist aber eher die Überweisung an Zahlungs Statt auf. Diese wird wie die Abtretung der gepfändeten Forderung bewirkt und führt – soweit die Forderung besteht – zur Befriedigung des Gläubigers. Der Vollstreckungsgläubiger wird in diesem Fall Inhaber der Forderung, während der Schuldner von seiner Verpflichtung gegenüber dem Gläubiger befreit wird. Bei der Überweisung an Zahlungs Statt trägt der Gläubiger allerdings das Risiko der Zahlungsunfähigkeit des Drittschuldners. Daher erfolgt in der Regel die Überweisung nur zur Einziehung.

Dieser Nachteil besteht bei der Abtretung zessio legis als Verwertungsweg im griechischen Recht jedoch nicht. Die Übertragung der gepfändeten Forderung kraft Gesetzes in der GrZPO erfolgt nach h.M. nicht an Erfüllungs statt, sondern erfüllungshalber.[118] Das bedeutet, dass der Vollstreckungsgläubiger zwar die Forderung des Vollstreckungsschuldners erwirbt, jedoch bleibt seine Forderung gegen den Vollstreckungsschuldner weiterhin bestehen und erlischt erst mit Zahlung des Drittschuldners bzw. durch seine Befriedigung. Auf diese Weise trägt der Schuldner und nicht der Gläubiger die Gefahr des Nichtbestehens der gepfändeten Forderung oder einer Zahlungsunfähigkeit des Drittschuldners. Wenn ein solcher Fall eintritt, kann sich der Gläubiger gegen den Schuldner wenden und erneut vollstrecken. Aus diesem Blickwinkel könnte man auch Gemeinsamkeiten zu der Überweisung zur Einziehung erkennen. Die Abtretung zessio legis nach dem griechischen Recht schließt aber – im Gegensatz zur DtZPO – den Zugriff nachfolgender Gläubiger des Vollstreckungsschuldners auf die Forderung durch Pfändung oder Insolvenz aus.[119] Man könnte meinen, dass damit das Fehlen eines Pfändungspfandrechts im griechischen Recht aufgewogen wird.

Zuletzt kann gesagt werden, dass der griechische Pfändungsvorgang bei Bankkonten Ähnlichkeiten mit der in § 845 DtZPO geregelten Vorpfändung aufweist. Der Unterschied zwischen den beiden Regelungen liegt allerdings in den Pfändungswirkungen. Während bei einer deutschen Vorpfändung (§ 845

Rnr. 3 u. 12 (allerdings mit der Qualifizierung des Rechts als Kompetenz); PUTZO, in: THOMAS/PUTZO, ZPO, § 836 Rnr. 3; STEIN/JONAS/BREHM, ZPO, § 835 Rnr. 25; GROSS, Einwendungen des Drittschuldners, S. 44 f.

[117] BGHZ 82, 28 (31); BROX/WALKER, Zwangsvollstreckungsrecht, Rnr. 640; STEIN/JONAS/BREHM, ZPO, § 835, Rnr. 21; HARTMANN, in: BAUMBACH/LAUTERBACH/ALBERS/HARTMANN, ZPO, § 835 Rnr. 6, S. 2015.

[118] Vgl. BRINIAS, Αναγκαστική Εκτέλεση III, Art. 985, § 463, S. 1386.

[119] Vgl. BRINIAS, Αναγκαστική Εκτέλεση III, § 453, S. 1353 f. und § 463 VI, S. 1387; ΠΠρΑθ 6615/78, Armenopoulos 33 (1979), S. 414; ΕφΑθ 5916/78, NoB 27 (1979), S. 791.

Abs. 2 DtZPO) lediglich ein Arrest (§ 980 DtZPO) erreicht wird, sofern die Pfändung der Forderung innerhalb von drei Wochen bewirkt wird, führt die Pfändung gemäß Art. 983 GrZPO zur Verwertung der Forderung und damit zur Befriedigung des Gläubigers.

§ 6 Zugriff auf Bankkonten bei einer Mehrheit von betreibenden Gläubigern

I. Die Regelung der GrZPO: Verbot der mehrfachen Pfändung desselben Gegenstands

Während nach deutschem Zivilprozessrecht in der Regel mehrere Gläubiger unproblematisch auf denselben Gegenstand des Vollstreckungsschuldners zugreifen können, enthält das griechische Recht eine stark verwurzelte gegenläufige Faustregel.[120] Grundsätzlich gilt nach griechischem Recht, dass nach der ersten Pfändung jede weitere ausgeschlossen werden muss. Diese grundlegende Regelung ergibt sich ausdrücklich aus den Art. 958 Abs. 2 und 997 Abs. 5 GrZPO.[121] Der Ausschluss von mehreren Pfändungen bedeutet allerdings nicht, dass alle anderen Gläubiger des Schuldners an der Zwangsvollstreckung, die durch die Pfändung des betreibenden Gläubigers eingeleitet wurde, nicht teilnehmen können. Nach der Eintragung der Pfändung im entsprechenden Buch[122] und spätestens 15 Tage ab dem Zeitpunkt der Zwangsversteigerung, sind alle Gläubiger befugt – auch mangels Vollstreckungstitels –, an dem schwebenden Verfahren teilzunehmen. Voraussetzung für die Teilnahme ist die Anmeldung des Gläubigers beim Angestellten der Versteigerung (Art. 972 GrZPO), der in der Regel ein Notar in seiner Funktion als Vollstreckungsorgan sein wird. Verfügt der Gläubiger im Zeitpunkt der Anmeldung auch über einen vollstreckbaren Titel, hat die Anmeldung dieselben Wirkungen wie die Pfändung (Art. 972 Abs. 2 Satz 2). Mit der Anmeldung des Gläubigers wird nicht seine Mitberechtigung bei der Fortsetzung des Verfahrens begründet, sondern lediglich die Mitberech-

---

[120] Vgl. APALAGAKI, Mehrheit der Gläubiger im Verfahren der Zwangsvollstreckung im griechischen und deutschem Recht, S. 6 f.

[121] Vgl. YESSIOU-FALTSI, Δίκαιο Αναγκαστικής Εκτέλεσης, Bd. II, § 64, Rnr. 165, S. 772. Die mehrfache Pfändung ist dagegen zulässig nach dem Gesetz 356/1974 – bekannt als KEDE – bei dem Zugriff durch den Fiskus zur Befriedigung von öffentlichen Schulden.

[122] *„Βιβλίο Κατασχέσεων“*.

tigung des Gläubigers erzielt, bei der Verteilung des Erlöses berücksichtigt zu werden (Art. 974 GrZPO).[123]

Das Verbot der mehrfachen Pfändung desselben Gegenstandes spiegelt sich in der Pfändung bei einem Dritten keineswegs wider.[124] Die GrZPO enthält kein ausdrückliches Verbot der mehrfachen Pfändung desselben Gegenstandes im Rahmen der Forderungspfändung. Diese Ausnahme ergibt sich auch aus verschiedenen Vorschriften der GrZPO, wie namentlich Art. 988 Abs. 1 GrZPO. Dieser spricht von mehreren Pfändungsgläubigern. Gleichzeitig ist im Rahmen der Forderungspfändung auch eine Anmeldung der anderen Gläubiger nicht möglich. Darin liegt auch die Begründung für die Zulässigkeit der mehrfachen Pfändung im Rahmen der Forderungspfändung. Der griechische Gesetzgeber hat erkannt, dass das System der Anmeldung im Verfahren der Forderungspfändung nicht angepasst werden kann, wenn es sich beim Pfändungsgegenstand um Forderungen handelt. Denn in diesem Fall findet keine Versteigerung statt, sondern eine Verteilung nach Art. 974 ff. GrZPO.[125] Vorausgesagt werden kann bereits hier, dass das griechische System der mehrfachen Pfändungen durch verschiedene Gläubiger des Schuldners eine weitaus komplexere Materie im Vergleich zum deutschen Recht darstellt.

II. Die Besonderheit des Art. 988 Abs. 1 GrZPO

Die Bank wird nach einer positiven Erklärung gemäß Art. 988 Abs. 1 GrZPO verpflichtet, zu überprüfen, ob die gepfändete Forderung ausreicht, um alle Pfändungsgläubiger zu befriedigen. Maßgebender Zeitpunkt für diese Berechnung ist der neunte Tag (oder der einunddreißigste, sofern der Vollstreckungsschuldner im Ausland wohnt) ab Zustellung an den Vollstreckungsschuldner (Art. 988 Abs. 1 GrZPO).[126] Wenn der Drittschuldner feststellt, dass die gepfändete Forderung nicht ausreicht, um alle Pfändungsgläubiger zu befriedigen, wird

---

[123] Vgl. APALAGAKI, Mehrheit der Gläubiger im Verfahren der Zwangsvollstreckung im griechischen und deutschen Recht, S. 6 f.

[124] Rechtsvergleichende Bemerkungen zur Frage „multiple garnishment", KERAMEUS, Enforcement in the International Context, S. 304 f.; BRINIAS, Αναγκαστική Εκτέλεση, Bd. III, Art. 984, § 453, S. 1353 f.; VATHRAKOKILIS, GrZPO-Komm., Art. 984, Rnr. 8, S. 77; KASTRIOTIS, Η κατάσχεσις εις χείρας τρίτου, Bd. II, S. 485 ff.

[125] Vgl. zur Begründung, YESSIOU-FALTSI, Δίκαιο Αναγκαστικής Εκτέλεσης, Bd. II, § 64, Rnr. 165, S. 773.

[126] Vgl. auch, BEYS, Η εκτελεστική διαδικασία σε περίπτωση πολλαπλής κατάσχεσης στα χέρια τρίτου και καταφατικής δήλωσης του τρίτου, Anm. zu ΠΠρΑθ 11410/1976, Dike 9 (1978), S. 564.

er verpflichtet, die gepfändete Forderung bei einem Darlehens- und Hinterlegungsamt zu hinterlegen.[127] In diesem Fall folgt eine Verteilung nach Art. 974 ff. GrZPO durch den Notar, der auf Antrag dessen, der ein Rechtsschutzinteresse nachweisen kann, vom Amtsrichter des zuständigen Gerichts nach Art. 686 ff. GrZPO bestimmt wird. Somit haben die anderen Gläubiger im Rahmen der Forderungspfändung allgemein wie auch bei der Kontenpfändung kein Recht auf Anmeldung; dennoch wird ihnen die Möglichkeit gewährt, an der Verteilung der gepfändeten Forderung teilzunehmen, in dem sie selbstständig die Pfändung betreiben. Speziell bei einem Vollstreckungszugriff auf Bankkonten hat das Kreditinstitut gemäß Art. 87 des Gesetzesdekrets 17.7./13.8.1923 die Möglichkeit, wenn die Bankguthaben nicht ausreichen, um alle Pfändungsgläubiger zu befriedigen, diese gerichtlich zu hinterlegen oder die Aufhebung der Pfändung zu beantragen.[128]

Ähnlich gestaltet sich die mehrfache Pfändung auch nach deutschem Recht. In diesem Fall hat der Schuldner die Möglichkeit, den Schuldbetrag zu Gunsten aller Pfändungsgläubiger mit befreiender Wirkung zu hinterlegen (§ 853 DtZPO). Jeder Pfändungsgläubiger kann diese Hinterlegung vom Drittschuldner verlangen. Ist der Betrag zugunsten der mehreren Pfändungsgläubiger hinterlegt worden, müssen diese anschließend ihre Rechte im Verteilungsverfahren (§§ 872 ff. DtZPO) geltend machen.

Die Frage, die sich aus den Vorschriften der GrZPO berechtigterweise stellt, lautet folgendermaßen: Bis wann können die anderen Gläubiger auf dieselbe Forderung zugreifen? Kommt es nämlich zu einer Verwertung der bereits gepfändeten Forderung (nach Ablauf der acht- oder dreißigtägigen Frist ab Zustellung an den Vollstreckungsschuldner und nach Abgabe einer positiven Erklärung des Drittschuldners), stellt sich jede weitere Pfändung als eher problematisch dar. Mit der Verwertung der Forderung erfolgt nämlich auch eine Abtretung kraft Gesetzes an die Pfändungsgläubiger, so dass die gepfändete Forderung keinen Vermögensbestandteil des Schuldners mehr darstellt.[129] Diesbezüglich gibt es keine ausdrückliche gesetzliche Regelung. Jedoch kann man aus der Natur der Forderungspfändung unter Berücksichtigung der Gläubigerrechte, die durch die Pfändung entstehen, eine Lösung ableiten. Wie bereits erwähnt, findet

---

[127] Vgl. BEYS, Η εκτελεστική διαδικασία σε περίπτωση πολλαπλής κατάσχεσης στα χέρια τρίτου και καταφατικής δήλωσης του τρίτου, Anm. zu ΠΠρΑθ 11410/1976, Dike 9 (1978), S. 565.

[128] Vgl. KOTSIRIS, Τραπεζικό Απόρρητο, Συνήγορος 2001, Φάκελος. Bei einem Vollstreckungszugriff von Bankkonten bei der Nationalbank von Griechenland hat diese gemäß Art. 87 Abs. 2 des GD 17.7./13.8.1923 die Möglichkeit, die Bankguthaben auf ein spezielles Konto zu hinterlegen.

[129] ΕφΑθ 7332/1976, Armenopoulos 31 (1977), S. 139 f.; ΠΠρΑθ 6615/78, Armenopoulos 33 (1979), S. 414; ΕφΑθ 5916/78, NoB 27 (1979), S. 791.

nach Ablauf des achten oder dreißigsten Tages nach Zustellung der Pfändungsurkunde an den Vollstreckungsschuldner hinsichtlich der gepfändeten Forderung ein Inhaberwechsel statt.[130] Reicht die Forderung aus, um alle Pfändungsgläubiger zu befriedigen[131], wird kraft Gesetzes an diese abgetreten.[132] Insoweit handelt sich nicht mehr um ein Vermögen des Schuldners. Demzufolge wäre weiteren Gläubigern der Zugriff auf die Forderung durch Pfändung verwehrt. Als Grundlage für die Pfändungsmöglichkeit der anderen Gläubiger wird somit die achttägige Frist des Art. 988 Abs. 1 GrZPO genommen. Während dieser Frist ist Inhaber der Forderung weiterhin der Schuldner. Folgt eine weitere Pfändung nach Ablauf der Frist des Art. 988 Abs. 1, ist diese als unwirksam anzusehen, und der Gläubiger kann im Verteilungsverfahren nicht berücksichtigt werden.[133] Im Umkehrschluss darf der Drittschuldner bei der Prüfung, ob die gepfändete Forderung ausreicht, um alle Pfändungsgläubiger zu befriedigen, nur die Forderungen der Gläubiger berücksichtigen, welche innerhalb der achttägigen Frist gepfändet haben.[134] Die Gläubiger, die während dieser Frist nicht gepfändet haben, haben die Möglichkeit versäumt, am späteren Verteilungsverfahren teilzunehmen.[135] Eine spätere Forderungsanmeldung ist nach Ablauf dieser Frist nicht möglich.[136]

III. Prioritätsprinzip oder Ausgleichsprinzip

Die unterschiedliche Strukturierung der Forderungspfändung im Rahmen mehrfacher Pfändungen von verschiedenen Gläubigern des Schuldners stellt einen weiteren Gesichtspunkt in beiden Rechtssystemen in den Vordergrund. Während im deutschen Recht der erste Gläubiger nach dem Grundsatz des römischen und

---

[130] Areopag 3/1993, NoB 43 (1995), S. 223 f.

[131] Wenn die Forderung nicht ausreicht, muss der Drittschuldner hinterlegen. In diesem Fall wird die Forderung selbstverständlich nicht abgetreten.

[132] ΜΠρΑθ 11410/1976, Dike 9 (1978), S. 560 f. m. Anm. BEYS, Η εκτελεστική διαδικασία σε περίπτωση πολλαπλής κατάσχεσης στα χέρια τρίτου και καταφατικής δήλωσης του τρίτου, Anm. zu ΠΠρΑθ 11410/1976, Dike 9 (1978), S. 564.

[133] ΠΠρΑθ 6615/1978, Armenopoulos 33 (1979), S. 414 f.; ΕφΑθ 5916/1978, NoB 27 (1979), S. 791; ΠΠρΑθ 10084/1974, NoB 23 (1975), S. 220.

[134] ΕφΑθ 7332/1976, Armenopoulos 31 (1977), S. 139 f.

[135] ΕφΑθ 7332/1976, Armenopoulos 31 (1977), S. 139 f.; ΕφΠατρ 723/1981, NoB 29 (1981), S. 1300.

[136] Siehe hierzu ausführlich, YESSIOU FALTSI, Αναγκαστική Εκτέλεση II, S. 866 867.

„gemeinen“ Rechts „prior tempore potior jure“ ein Pfandrecht[137] an dem gepfändeten Gegenstand erwirbt, so dass daraus zu seinen Gunsten ein prozessualer Anspruch auf Erlöszuteilung nach bestimmter Rangordnung begründet wird (Präventionsprinzip, § 804 Abs. 3 DtZPO)[138], erkennt die griechische Zivilprozessordnung dem erstbetreibenden Pfändungsgläubiger keine vorrangige Befriedigung aus der gepfändeten Forderung gegenüber späteren Pfändungsgläubiger zu.[139] Mit der Übernahme des privatrechtlichen Instituts des Pfandrechts in die Zwangsvollstreckung wollte der deutsche Gesetzgeber dem Pfändungsgläubiger nicht nur den Vorrang vor nachpfändenden Gläubigern gewährleisten (§ 804 Abs. 3 DtZPO), sondern das Prioritätsprinzip ebenso im Verhältnis zu anderen Gläubigern wie insbesondere zu Vertragspfandgläubigern (§ 804 Abs. 2 DtZPO) sichern.[140] Die besondere Sachnähe des Zwangsvollstreckungsrecht zum Privatrecht, von der man im deutschen Schrifttum spricht, ist in dieser Hinsicht im griechischen Recht nicht gegeben.[141] Vielmehr kommt im griechischen Zwangsvollstreckungsrecht das Prinzip der verhältnismäßigen Verteilung (Ausgleichsprinzip oder Prinzip der Verlustgemeinschaft oder Proportionalitätsprinzip, Art. 977 Abs. 3 GrZPO) zwischen mehreren Gläubigern des Vollstreckungsschuldners, soweit der Erlös unzureichend für die Befriedigung aller mitberechtigten Gläubiger ist, zur Geltung. Das Ausgleichsprinzip ist von jedem Element der

---

[137] Die Rechtsstellung des Inhabers eines Pfändungspfandrechts ist vergleichbar mit derjenigen des Rechtspfandgläubigers nach §§ 1273 ff. DtBGB vor Pfandreife. Vgl. ZÖLLER/STÖBER, ZPO, § 829 Rnr. 17; BROX/WALKER, Zwangsvollstreckungsrecht, Rnr. 617; KERAMEUS, Enforcement in the International Context, S. 310 ff.; SCHUR, Das Einziehungsrecht des Gläubigers bei Pfändung und Überweisung einer Geldforderung zur Einziehung, KTS 2001, S. 75 ff. m.w.N.

[138] Nach der gemischten Pfändungspfandtheorie. Zu den verschiedenen Pfändungspfandrechtstheorien vgl. nur BROX/WALKER, Zwangsvollstreckungsrecht, Rnr. 379 ff.; ROSENBERG/GAUL/SCHILKEN, Zwangsvollstreckungsrecht, § 50 III 3 a. Auch in Großbritannien gilt im Rahmen der Einzelvollstreckung das Prioritätsprinzip („first come first served“). Vgl. hierzu, HÖRMANN, Verbraucher und Schulden, S. 371 ff. Dagegen gilt in der französischen Zwangsvollstreckung grundsätzlich nicht das Prioritätsprinzip (Art. 2093 CC). Rechtsvergleichend hierzu, BAUR/STÜRNER, Zwangsvollstreckungs-, Konkurs und Vergleichsrecht, Rnr. 59.11; HARTMANN, in: BAUMBACH/LAUTERBACH/ALBERS/HARTMANN, ZPO, § 835 Rnr. 5, S. 2015.

[139] Vgl. HAMOUZOPOULOS, Recht der Kreditsicherheiten in europäischen Ländern, S. 26 ff.; MAZIS, Η εμπράγματη εξασφάλιση των τραπεζών, S. 22; KERAMEUS, Introduction to Greek Law, S. 266 f.

[140] Vgl. zu den Motiven des Gesetzgebers, GAUL, Rechtsverwirklichung durch Zwangsvollstreckung, ZZP 112 (1999), S. 151 ff., der auf HAHN verweist, Materialien zur CPO 1. Abt. (1880), S. 448.

[141] Vgl. GAUL, Rechtsverwirklichung durch Zwangsvollstreckung, ZZP 112 (1999), S. 151 ff.

Priorität befreit. Allerdings erfährt das Ausgleichsprinzip eine wichtige Einschränkung darin, dass dieses Prinzip zu Gunsten der Gläubiger zurücktritt, denen der Gesetzgeber (Art. 975 und 976 GrZPO) ein Vorzugsrecht zubilligt.[142] Privilegiert sind in diesem Sinne bis zu einem Drittel des Erlöses, Gläubiger von Unterhaltsansprüchen, Gläubiger von Forderungen aus Leistung unselbstständiger Arbeit etc. Ebenso sind Personen, deren Forderungen mit gesetzlichen oder vertraglichen Pfandrechten gesichert sind, nach Art. 976 GrZPO gegenüber einfachen Gläubigern nach griechischem Recht bevorzugt.[143] Haben mehrere Gläubiger des Vollstreckungsschuldners innerhalb der achttägigen Frist die Pfändung bei der Bank als Drittschuldnerin bezweckt, werden diese nach der gesetzlich vorgesehenen Rangordnung befriedigt. In diesem Fall kann es dazu kommen, dass die Forderung des ersten Pfändungsgläubigers nicht befriedigt wird, da mit dem Erlös bereits die Befriedigung der mit einem Vorzugsrecht ausgestatteten Gläubiger ausgeschöpft wurde.

In einer Systemordnung – wie der griechischen –, in der die Pfändung dem Pfändungsgläubiger keine rangwahrende Funktion gegenüber anderen Gläubigern des Vollstreckungsschuldners bietet[144], sondern in der er mit anderen Gläubigern die gepfändete Forderung gleichmäßig teilen muss und in der in manchen Fällen bestimmte Gläubiger sogar Vorzugsrechte haben, fragt man sich, aus welchem Grund sich der Gläubiger veranlasst fühlen soll, die Pfändung als erster zu bezwecken. Die Pfändung mag dem Gläubiger keinen Zahlungsvorrang gewähren; dennoch entsteht eine Priorität des betreibenden Gläubigers bei der Durchführung des Verfahrens. Tatsächlich werden dem Gläubiger Befugnisse im Hinblick auf die Steuerung des Zwangsvollstreckungsverfahrens zugewiesen. In diesem Zusammenhang spricht man sogar von einer „absoluten Herrschaft" oder einem „Imperium"[145] des betreibenden Gläubigers. Das bedeutet, dass der Gläubiger im griechischen Recht vom Anfang bis zum Ende des Vollstreckungsverfahrens die Dispositionsbefugnis über seinen Ablauf hat. Er kann damit das Verfahren zu Lasten der anderen Gläubiger soweit hinauszögern, bis er seine Forderung durch teilweise Zahlungen des Schuldners befriedigt hat.

---

[142] Vgl. APALAGAKI, Mehrheit von Gläubigern im Verfahren der Zwangsvollstreckung im griechischen und im deutschen Recht, S. 8.

[143] Vgl. auch, MILIONIS, Praxis der Vollstreckung deutscher Titel in Griechenland nach dem EuGVÜ, RIW 1991, S. 100 ff.; BEYS, Η εκτελεστική διαδικασία σε περίπτωση πολλαπλής κατάσχεσης στα χέρια τρίτου και καταφατικής δήλωσης του τρίτου, Anm. zu ΠΠρΑθ 11410/1976, Dike 9 (1978), S. 568 f.

[144] Vgl. MAZIS, Εμπράγματη εξασφάλιση τραπεζών και ανωνύμων εταιριών, S. 22.

[145] Vgl. APALAGAKI, Mehrheit von Gläubigern im Verfahren der Zwangsvollstreckung im griechischen und im deutschen Recht, S. 7.

Die Vor- und Nachteile des Prioritätsprinzips bzw. des Ausgleichsprinzips bilden den Gegenstand einer Diskussion, welche die griechische Prozesswissenschaft besonders bewegt hat.[146]

§ 7 Rechtsstellung des Schuldners

I. Schuldner bleibt Forderungsinhaber

Aus dem Blickwinkel des Schuldners hat die Pfändung in beiden Rechtsordnungen zunächst die gleiche Wirkung.[147] Nach der Pfändung und bis zur Verwertung bzw. Überweisung bleibt der Vollstreckungsschuldner Inhaber der gepfändeten Forderung. Allerdings wird durch die Pfändung seine Verfügungsbefugnis über das gepfändete Bankguthaben eingeschränkt. In beiden Prozessordnungen umfasst das Verfügungsverbot jede Verfügung des Schuldners im materiellrechtlichen Sinne, welche die Rechte des Vollstreckungsgläubigers beeinträchtigen könnte.[148] Dazu gehören u.a. die Abtretung, Einziehung oder Aufrechnung der Forderung.[149] Dagegen kann er weiterhin alle Rechtshandlungen vornehmen, die das Recht des Gläubigers nicht beeinträchtigen.

Nicht anders als der Gläubiger behält somit der Schuldner auch nach der Pfändung als Inhaber der beschlagnahmten Forderung die Kompetenz, die zur Erhaltung der Forderung erforderlichen Maßnahmen zu treffen.[150] Daraus ergibt sich auch, dass mit der Einwilligung oder Genehmigung des Gläubigers jedwede (auch dem Gläubiger nachteilige) Verfügung vom Schuldner getroffen werden

---

[146] Vgl. FRAGISTAS, Das Präventionsprinzip in der Zwangsvollstreckung unter Berücksichtigung des deutschen, österreichischen, französischen, griechischen, italienischen und schweizerischen Rechts; YESSIOU-FALTSI, Das Ausgleichsprinzip im griechischen Zwangsvollstreckungsrecht im Unterschied zum deutschen Prioritätsprinzip, ZZP 106 (1993), S. 215 ff.; KERAMEUS, Enforcement in the International Context, S. 306–318; SCHLOSSER, Vollstreckungsrechtliches Prioritätsprinzip und verfassungsrechtlicher Gleichheitssatz, ZZP 97 (1984), S. 121 (138); STÜRNER, Prinzipien der Einzelzwangsvollstreckung, ZZP 99 (1986), S. 291 (332).

[147] Vgl. ERKEL, Die Stellung von Gläubiger, Schuldner und Drittschuldner bei der Forderungspfändung unter besonderer Berücksichtigung von Prozeßstandschaft und Rechtskraft, S. 27.

[148] BGH NJW 1968, 2059, 2060; SMID, in: Münch-Komm. ZPO, § 829 Rnr. 40, S. 192 f. m.w.N.

[149] LG Dortmund MDR 57,750.

[150] Er kann beispielsweise noch auf Feststellung der Forderung klagen. Vgl. SMID, Münch-Komm. ZPO, § 835 Rnr. 18, S. 227.

kann.[151] Jede weitere Verfügung über das Bankguthaben ist aber nur gegenüber dem Gläubiger und nicht gegenüber jeden Dritten unwirksam.[152]

Während das Verfügungsverbot nach deutschem Recht ab Zustellung des Pfändungsbeschlusses an den Drittschuldner erfolgt, tritt dieses nach der griechischen Zivilprozessordnung nur dann ein, wenn auch an den Vollstreckungsschuldner zugestellt worden ist.[153]

II. Prozessuale Möglichkeiten des Schuldners

Der Vollstreckungsschuldner ist in beiden Ländern gegen die Zwangsvollstreckung nicht wehrlos. Im griechischen Recht gewährt Art. 933 GrZPO dem Schuldner eine Widerspruchsmöglichkeit. Mit dem Widerspruch kann er Mängel hinsichtlich der Rechtmäßigkeit des Vollstreckungstitels, des Zwangsvollstreckungsverfahrens oder auch des Anspruchs, aufgrund dessen die Pfändung vorgenommen wird, einwenden. Zuständig für seinen Widerspruch ist das Prozessgericht des ersten Rechtszuges. Das bedeutet namentlich das Amtsgericht (*Ειρηνοδικείο*), wenn der Vollstreckungstitel ein Urteil des Amtsgerichts ist, und das Landgericht in jedem anderen Fall. Der Schuldner hat die Möglichkeit, sich gegen jede Handlung des Zwangsvollstreckungsverfahrens zu wehren. Die Zwangvollstreckung beginnt gemäß Art. 924 Abs. 1 S. 1 GrZPO mit der Zustellung an den Vollstreckungsschuldner einer „Abschrift der vollstreckbaren Ausfertigung mit einer Aufforderung an ihn zu leisten". Die Frist für den Widerspruch richtet sich gemäß Art. 934 GrZPO nach dem Mangel, der gerügt wird.

Rechtsvergleichend stellt man fest, dass dem Vollstreckungsschuldner nach deutschem Recht mehrere Rechtsmittel zur Verfügung stehen, sich gegen die Zwangsvollstreckung zu wehren. Einerseits handelt es sich um die Vollstreckungserinnerung des § 766 DtZPO und anderseits um die Vollstreckungsabwehrklage des § 767 DtZPO. Es wird nur je nach Art und Weise der Einwendung ein getrenntes Rechtsmittel vorgesehen. Die Vollstreckungsabwehrklage darf nur den Anspruch selbst betreffen. Die Vollstreckungserinnerung hingegen richtet sich gegen die Art und Weise der Zwangsvollstreckung. Schließlich hat er die Möglichkeit, eine Klage nach § 768 DtZPO gegen die Vollstreckungsklausel zu erheben oder die sofortige Beschwerde nach § 793 einzureichen. Im griechischen Recht hingegen können alle diese Einwendungen mit einem Rechtsmittel einheitlich, namentlich die Widerspruchsklage des Art. 933

---

[151] RGZ 123, 388, 394.

[152] BGH Rpfleger 68, 318; RG 158, 42; JW 35, 3541; Areopag 245/73, NoB 21 (1973), S. 1088.

[153] ΜΠρΘεσσ 16788/94, Armenopoulos 50 (1996), S. 1030.

GrZPO, geltend gemacht werden. Auch hinsichtlich der Einlegungsbefugnis gibt es Unterschiede. Die Vollstreckungserinnerung darf von allen Beteiligten im Vollstreckungsverfahren erhoben werden, während die Vollstreckungsabwehrklage ausschließlich vom Schuldner geltend gemacht wird.

§ 8 Rechtsstellung des Vollstreckungsgläubigers

Nach griechischem Recht wird der Vollstreckungsgläubiger ab Abgabe der positiven Drittschuldnererklärung Inhaber der Forderung. Er braucht diese Forderung nicht gegen den Drittschuldner einzuklagen, denn wie aus dem Art. 989 GrZPO hervorgeht, stellt allein die positive Erklärung des Drittschuldners einen Vollstreckungstitel – im Sinne von Art. 904 Abs. 1 ζ' GrZPO – dar. Kennzeichnend ist darüber hinaus hier, dass in diesem Fall seine Forderung gegen den Vollstreckungsschuldner nicht erlischt, da die Abtretung der Forderung nicht an Erfüllungs Statt, sondern erfüllungshalber erfolgt. Somit kann sich der Vollstreckungsgläubiger bei einer Zahlungsunfähigkeit des Drittschuldners erneut an den Schuldner wenden und vollstrecken. Bei einer negativen oder unterlassenen Drittschuldnererklärung wird dem Vollstreckungsgläubiger ein Widerspruchsrecht gemäß Art. 986 GrZPO zugestanden. Mit einer Widerspruchsklage kann er auch einen Schadenersatz gegen die Bank als Drittschuldnerin geltend machen (Art. 986 Abs. 1 Satz 2 GrZPO). Anders als im deutschen Recht wird für den griechischen Vollstreckungsgläubiger kein Pfändungspfandrecht an der gepfändeten Forderung begründet.

Nach wirksam erfolgter Pfändung, aber vor Überweisung der Forderung nimmt hingegen der Gläubiger in Deutschland eine Stellung ein, die derjenigen eines Faustpfandgläubigers vor dem Verfall entspricht.[154] Aufgrund der Pfändung hat er die Kompetenz, sein Pfandrecht zu erhalten. Von zentraler Bedeutung für die Erhaltungskompetenz des Gläubigers sind die Prozessführungsbefugnisse. Der Vollstreckungsgläubiger kann zur Erhaltung der Forderung gegen den Drittschuldner Feststellungsklage erheben, wenn der Eintritt der Verjährung der Forderung droht.[155] Er kann aber auch auf Leistung gemeinsam für sich und den Schuldner[156] oder auf Hinterlegung für sich und den Schuldner[157] klagen.

---

[154] Vgl. ERKEL, Die Stellung von Gläubiger, Schuldner und Drittschuldner bei der Forderungspfändung unter besonderer Berücksichtigung von Prozeßstandschaft und Rechtskraft, S. 25; SMID, in: Münch-Komm. ZPO, § 829, Rnr. 37, S. 191 f.

[155] Vgl. STÖKER, Die Rechtsstellung des Pfändungsgläubigers bei der Zwangsvollstreckung in Geldforderungen, S. 52.

[156] Vgl. STÖBER, in: ZÖLLER, ZPO, Rnr. 17.

Dagegen steht ihm vor der Überweisung keine eigene Einziehungskompetenz an der Forderung zu. Erst nach der Überweisung ist der Vollstreckungsgläubiger nach §§ 829, 835 und 836 DtZPO zur Einziehung berechtigt und verpflichtet. Er kann im sogenannten Einziehungsprozess auf Leistung an sich klagen.[158]

§ 9 Zusammenfassung der wichtigsten Vergleichsergebnisse

Die rechtsvergleichende Bestandaufnahme der nationalen Regelungen zum Verfahren des Vollstreckungszugriffes auf Bankkonten hat gezeigt, dass die hier interessierenden Rechtsordnungen grundsätzlich in vielen Punkten übereinstimmen. Sowohl im deutschen als auch im griechischen Recht erfolgt der Vollstreckungszugriff auf Bankkonten im Wege der Zwangsvollstreckung des Gläubigers in Geldforderungen des Vollstreckungsschuldners gegen die kontoführende Bank. Gleichermaßen setzt die Forderungspfändung in beiden Rechtsordnungen ein Pfändungsgesuch des Gläubigers voraus. Wie im griechischen Recht erfolgt ferner in Deutschland die Zustellung des Pfändungsbeschlusses im Parteibetrieb. Auch hinsichtlich der Pfändungswirkungen sind Ähnlichkeiten in den beiden Rechtssystemen zu finden. Sowohl das griechische als auch das deutsche Zwangsvollstreckungsrecht erkennen die Rechtsinstitute des arrestatoriums und des inhibitoriums an. Mit Vollendung der Kontenpfändung wird in beiden Rechten das Verbot gegen die Bank gerichtet, an den Schuldner zu leisten. Ebenso begründen beide Rechtsordnungen das Gebot an den Vollstreckungsschuldner, sich jeder Verfügung über die Forderung zu enthalten.

Vor dem Hintergrund der zunächst festgestellten Ähnlichkeit der Grundstrukturen ist die Unterschiedlichkeit der Kontenpfändung in beiden Ländern charakteristisch. Obwohl das griechische Zivilprozessrecht feste Bindungen zur deutschen Prozessrechtswissenschaft und Theorie aufweist, lassen sich bei einer zusammenfassenden Würdigung massive Diskrepanzen in den Einzelheiten der Regelungen feststellen. Die Gemeinsamkeiten nehmen ab, und die nationalen Unterschiede und Besonderheiten werden immer ausgeprägter. Im folgenden werden die wesentlichsten Diskrepanzen noch mal zusammenfassend dargestellt.

---

[157] Vgl. STÖKER, Die Rechtsstellung des Pfändungsgläubigers bei der Zwangsvollstreckung in Geldforderungen, S. 7 ff.

[158] Streitig ist, ob es sich um die Geltendmachung eines eigenen materiellen Rechts, das als Aktivlegitimation bei der Begründetheit der Klage zu prüfen ist, oder um einen Fall der gesetzlichen Prozeßstandschaft handelt, die als Prozessführungsbefugnis bei der Zulässigkeit der Klage zu prüfen ist. BGH, NJW 1976, S. 851; STEIN/JONAS/LEIPOLD, ZPO, vor § 50 Rnr. 36; SMID, in: Münch-Komm. ZPO § 829 Rnr. 38, S. 192.

Zunächst fällt auf, dass das griechische Vollstreckungssystem der Forderungspfändung die Einschaltung des Vollstreckungsgerichts nicht für erforderlich hält. Die Pfändungsurkunde wird vom Vollstreckungsgläubiger bzw. durch seinen Anwalt ausgestellt. Dagegen bedarf es für die Kontenpfändung nach deutschem Recht eines Pfändungs- und Überweisungsbeschlusses, welcher vom Vollstreckungsgericht erlassen wird.

Unterschiede in beiden Rechten weist auch die Vollendung der Pfändung auf. Nach deutschem Recht ist lediglich die Zustellung des Pfändungsbeschlusses an den Drittschuldner für diese ausschlaggebend. Kontradiktorisch erfordert die Vollendung der Pfändung in Griechenland einerseits die Zustellung an den Drittschuldner und anderseits acht Tage nach Zustellung an den Drittschuldner die entsprechende Zustellung an den Vollstreckungsschuldner. Infolgedessen ist eine Kontenpfändung nach griechischem Recht ipso jure (Art. 159 Abs. 1 GrZPO) nichtig, wenn keine Zustellung an den Schuldner innerhalb von acht Tagen erfolgt. Daraus folgt auch die größere Bedeutung, die man in Griechenland der Zustellung an den Vollstreckungsschuldner zumisst.

Betrachtet man die Pfändungswirkungen des Vollstreckungszugriffes auf Bankkonten, so lassen sich auch hier Disparitäten feststellen. Vergleicht man zunächst die wichtigsten Pfändungswirkungen, arrestatorium und inhibotorium, so ergibt sich ein grundlegender Unterschied. Während beide Pfändungswirkungen nach dem System des § 829 Abs. 3 DtZPO lediglich mit der Zustellung an den Drittschuldner eintreten, entfaltet das Verfügungsverbot für den Vollstreckungsschuldner in Griechenland seine Wirkung erst mit der Zustellung an diesen. Darüber hinaus haben beide Verfügungsbeschränkungen in Deutschland nur dann eine Wirkung, wenn die entsprechenden Verbote ausdrücklich im Pfändungsbeschluss ausgesprochen werden. Der Ausspruch des arrestatoriums ist sogar für die Wirksamkeit der Forderungspfändung konstitutiv. In Griechenland hingegen werden beide Verbote mit der Zustellung entsprechend an die Bank als Drittschuldnerin und an den Schuldner begründet.

Abweichungen sind auch hinsichtlich der Verwertung der gepfändeten Forderung sichtbar. Diese hängt nach deutschem Recht lediglich vom Überweisungsbeschluss des Vollstreckungsgerichts ab, während sie in der griechischen Rechtsordnung zessio legis erfolgt. Grundlage für die Zwangsabtretung kraft Gesetzes ist, dass die Bank eine positive Erklärung abgibt.

Rechtlich in ungleicher Weise kann in beiden Rechtssystemen die Drittschuldnererklärung eingeordnet werden. Für die Abgabe einer Erklärung setzt der deutsche Gesetzgeber eine Aufforderung des Kreditinstituts durch den Vollstreckungsgläubiger voraus. Im Gegenteil bedarf es in Griechenland keiner ausdrücklichen Aufforderung des Vollstreckungsgläubigers an das Kreditinstitut zur Abgabe einer Erklärung. Dieses muss innerhalb von acht Tagen seit Zustellung der Pfändungsurkunde an ihn – ohne Aufforderung – eine Erklärung abgeben.

Auch die Frage nach dem Zugriff auf Bankguthaben bei einer Mehrheit von betreibenden Gläubigern ist im Lichte der zwei hier zugrunde liegenden Rechtsordnungen unterschiedlich zu beantworten. Während im deutschen Zwangsvollstreckungsrecht ein Pfändungspfandrecht für den ersten Vollstreckungsgläubiger begründet wird, beherrscht das Prinzip der verhältnismäßigen Verteilung zwischen mehreren Gläubigern des Vollstreckungsschuldners das griechische System.

Das griechische Verfahren der Forderungspfändung weist schließlich gewisse Ähnlichkeiten mit der deutschen Vorpfändung auf, die in § 845 DtZPO geregelt ist. Der Unterschied jedoch zwischen beiden Verfahren besteht darin, dass die Vorpfändung nach § 845 Abs. 2 DtZPO die Wirkung eines Arrestes gemäß § 930 DtZPO begründet, sofern die Pfändung der Forderung innerhalb von drei Wochen bewirkt wird. Dagegen führt die Pfändung nach Artikel 982 ff. GrZPO zur Verwertung der Forderung und somit zur Befriedigung des Gläubigers, sobald der Drittschuldner seine positive Erklärung abgegeben hat.

Mit der Feststellung der Gemeinsamkeiten, aber auch der wichtigen Unterschiede zwischen den untersuchten Rechtsordnungen stellt sich die Frage nach einer Bewertung. Sind manche dieser Lösungen besser als andere und verdienen eine Verbreitung in die andere Rechtsordnung? Der Schlüssel zur Antwort ist die Erkenntnis, dass die Behandlung des Vollstreckungszugriffs auf Bankkonten untrennbar mit dem institutionellen Rahmen der Zwangsvollstreckung verbunden ist. Dieser Rahmen ist in den beiden Ländern unterschiedlich, ohne dass sich ein Modell als strukturell überlegen bezeichnen ließe oder dass diese Rechtsunterschiede einem Nivellierungsdruck ausgesetzt sind. Die rechtsvergleichende Summe kann daher hier nicht eine optimale einheitliche Lösung herausdestillieren, sondern muss versuchen, einen Beitrag zur Verbesserung beider Systeme zu leisten. Diese Aufgabe ist nicht weniger vornehm und zugleich praxisnäher als es eine Suche nach dem „besten Recht“ ist. Angesichts der Tatsache, dass in Griechenland der Vollstreckungszugriff von Bankkonten aufgrund rechtlicher und wirtschaftlicher Schranken nicht im großen Ausmaß praktiziert wurde, können die Erfahrungen der deutschen Rechtsordnung in diesem Fall unzweifelhaft wertvolle Erkenntnisse für die Vollstreckungspraxis in Griechenland liefern.

2. Kapitel
Die Rechtsstellung der Bank als Drittschuldnerin beim Vollstreckungszugriff auf Bankkonten

§ 1 Problemstellung

In den durch den Pfändungsakt umgeschichteten Rechtsbeziehungen verdient die Stellung des Drittschuldners schon deswegen eine Erörterung, weil hier ein Unbeteiligter ohne seinen Willen in ein Geflecht von Obliegenheiten und Gefahrtragungen eingebunden und damit dem Risiko exponiert wird, gelegentlich zu einem „unglücklichen Opfer der Justiz“ zu werden.[1] Zwar muss für den Drittschuldner in der Zwangsvollstreckung der Grundsatz gelten, dass seine Rechtsstellung als unbeteiligter, außerhalb des Gläubiger-Schuldner-Verhältnisses stehender Dritter durch die Pfändung nicht beeinträchtigt werden darf. Dennoch wird der Drittschuldner durch die Oktroyierung eines neuen Gläubigers nicht nur in seinen persönlichen und wirtschaftlichen Interessen, sondern auch in seiner Rechtsstellung unvermeidlich betroffen.[2]

Die erste Schwierigkeit, mit der die Bank im Rahmen einer Kontenpfändung konfrontiert wird, ist die in Art. 985 GrZPO bzw. § 840 DtZPO normierte Auskunftspflicht. Nicht immer ist die Aufforderung zur Abgabe einer Erklärung an eine wirksame Pfändung angeknüpft. Parallel können sich bei Erfüllung der Auskunftspflicht eine Reihe von Fehlerquellen ergeben, die zu Schadenersatzpflichten[3] der Bank als Drittschuldnerin führen können. Diese Pflicht der Bank ist in beiden Rechtsordnungen (Art. 985 Abs. 3 GrZPO, § 840 Abs. 2 DtZPO) begründet, wenn eine unrichtige, unvollständige, verspätete oder gar nicht erfolgte Auskunft vorliegt. Aus diesem Grund wird der Drittschuldner im Vergleich zum Vollstreckungsschuldner in aller Regel kein geringeres Interesse haben, die Unwirksamkeit der Pfändung anzufechten.

---

[1] Vgl. GAUL, Zur Rechtsstellung der Kreditinstitute als Drittschuldner in der Zwangsvollstreckung, S. 11 f. mit Hinweis auf das vielzitierte Wort STEINS, Der Drittschuldner, FS WACH, S. 449 ff.; GROSS, Einwendungen des Drittschuldners, S. 20 ff.; SMID, in: MünchKomm. ZPO § 829 Rnr. 49, S. 195 f.

[2] Vgl. PROST, Die Stellung des Drittschuldners bei fehlerhaften Vollstreckungsakten, NJW 1958, S. 485 ff.

[3] Vgl. REETZ, Die Rechtsstellung des Arbeitgebers als Drittschuldner in der Zwangsvollstreckung, S. 39 ff.; YESSIOU-FALTSI, Δίκαιο Αναγκαστικής Εκτελέσεως, Bd. II, § 64, Rnr. 195, S. 790.

Die Situation des Drittschuldners erfährt auch insbesondere deshalb eine Verschlechterung, weil mit der Zustellung des Pfändungsbeschlusses bzw. der Pfändungsurkunde an die Bank als Drittschuldnerin gleichzeitig ein Verfügungsverbot für diese entsteht.[4] Das bedeutet für die Bank, dass sie weder an den Vollstreckungsschuldner das gepfändete Bankguthaben leisten darf, noch diese Beträge mit eigenen Forderungen, die nach Bewirkung der Pfändung entstanden sind, aufrechnen kann. Der Drittschuldner trägt vielmehr nach wirksamer Pfändung das Risiko dafür, dass er seine Leistung gegenüber dem richtigen Empfänger erbringt.[5] Handelt sie dem Pfändungs- und Überweisungsbeschluss bzw. der Pfändungsurkunde zuwider und zahlt weiterhin an den Schuldner, so ist diese Leistung dem Gläubiger gegenüber unwirksam. Die gepfändete Forderung gilt diesem gegenüber als fortbestehend, und der Drittschuldner muss gegebenenfalls nochmals an den Pfändungsgläubiger zahlen.

Sinnfällig wird der vollstreckungsbedingte Eingriff in die Rechtsstellung des Drittschuldners vor allem hinsichtlich der Tatsache, dass der Drittschuldner in diverse Prozesse als Beklagter hineingezogen werden kann (Klage[6] durch einen oder mehrere Vollstreckungsgläubiger) oder selber Prozesse führen muss (Aktivprozesse), um sich Klarheit über die Rechtslage zu verschaffen.[7] Demnach kann eine Belastung der Bank als Drittschuldnerin als eine unbeteiligte Person am Vollstreckungsverfahren nicht geleugnet werden. Aus diesem Grund muss neben den Interessen des Vollstreckungsgläubigers an der Durchsetzung seiner titulierten Forderung gleichzeitig die Bank als Drittschuldnerin mit ihren Interessen berücksichtigt werden.

Das folgende Kapitel umfasst diesen Problemkreis und versucht die Verteidigungsmöglichkeiten darzustellen, welche die Bank als Drittschuldnerin dem Zahlungsverlangen des Vollstreckungsgläubigers entgegenhalten kann.

---

[4] Vgl. SMID, Münch-Komm. § 829, Rnr. 50, S. 195; HELWICH, Pfändung des Arbeitseinkommens, S. 15, der schreibt, durch den Pfändungsbeschluss werde dem Drittschuldner die Zahlung an den Arbeitnehmer (den Vollstreckungsschuldner) verboten.

[5] Vgl. SMID, Münch-Komm. § 829 Rnr. 50, S. 195 f.

[6] U.a. Zahlungsklage, Auskunftsklage etc.

[7] Vgl. YESSIOU-FALTSI, Δίκαιο Αναγκαστικής Εκτελέσεως, Bd. II, 3 64, Rnr. 192, S. 788.

§ 2 Pflichten des Drittschuldners nach dem Pfändungszugriff

I. Zur Auskunftspflicht der Bank als Drittschuldnerin

In beiden Rechtsordnungen ist der Drittschuldner allgemein bei einem Vollstreckungszugriff verpflichtet, binnen zwei Wochen (§ 840 dt. ZPO) bzw. acht Tagen (Art. 985 Abs. 1 GrZPO) seit Zustellung des Pfändungsbeschlusses bzw. der Pfändungsurkunde zu erklären[8], ob und inwieweit er die Forderung als begründet anerkenne und Zahlung zu leisten bereit sei und ob Rechte Dritter an der Forderung bestehen oder bereits andere Pfändungen vorliegen. Diese Auskunftspflicht des Drittschuldners hat den Zweck, dem Pfändungsgläubiger die Unterlagen für sein weiteres Vorgehen und Klarheit über seine Befriedigungsaussichten zu verschaffen.[9]

Diese Regelung wirft zahlreiche Probleme für Kreditinstitute als betroffene Drittschuldner auf, gerade unter dem Hauptgesichtspunkt des Bankgeheimnisses. Diese Problematik hat insbesondere zunehmende Beachtung in der griechischen Rechtsprechung und Lehre gefunden. Nach fast heute allgemeiner Meinung in Deutschland dagegen unterliegen die Kreditinstitute der Auskunftspflicht gemäß § 840 DtZPO. Sie können sich demgegenüber nicht auf das Bankgeheimnis berufen.[10] Die Problematik der Kollision der Erklärungspflicht des Drittschuldners mit dem Bankgeheimnis wird ausführlich im Kapitel über den Vollstreckungszugriff auf Einlagenkonten dargestellt.

1. Abgabe und Zustellung

Die Abgabe der Drittschuldnererklärung weist auch erhebliche Divergenzen in den beiden Rechtsordnungen auf.[11] Das deutsche Zivilprozessrecht erfordert für

[8] Vgl. PSARAKIS, Περί της δηλώσεως του τρίτου εις χείρας του οποίου ευρίσκονται τα κατασχεθέντα αντικείμενα, Hellenische Justiz 15 (1974), S. 365; OLG Schleswig NJW-RR 1990, S. 448; BEYS, Anm. zu Areopag-Urteil 1540/2000, DikeIntern 2001, S. 531.

[9] STÖBER, in: ZÖLLER, ZPO-Komm., § 840, Rnr. 1 ff., S. 2070 ff.

[10] Vgl. SICHTERMANN, Das Bankgeheimnis, S. 63 f.; *derselbe*, Bankgeheimnis und Bankauskunft, S. 314 f. m.w.N.; SCHÖNLE, Bank- und Börsenrecht, S. 45; LIESECKE, Das Bankguthaben in Gesetzgebung und Rechtsprechung, WM 1975, S. 319; WOLFF, Die Geheimhaltungspflicht der Banken, DB 1968, S. 695 (697); STÖBER, Forderungspfändung, Rnr. 173, S. 215; STEIN/JONAS/MÜNZBERG, ZPO, § 840 Anm. 1.

[11] Vgl. zu den unterschiedlichen Modellen der Drittschuldnererklärung KERAMEUS, Enforcement in the International Context, S. 299 ff.

die Abgabe einer Erklärung seitens der Bank als Drittschuldnerin neben einem wirksamen Pfändungsbeschluss auch eine Aufforderung des Kreditinstituts zur Auskunft. Die Aufforderung erfolgt durch den Vollstreckungsgläubiger in der Zustellungsurkunde. Bei einer Unterlassung der Aufforderung in der Zustellungsurkunde genügt nach überwiegender Ansicht die nachträgliche isolierte Zustellung der Aufforderung ohne erneute Zustellung des Pfändungsbeschlusses[12], wenn auf diesen deutlich Bezug genommen wird.[13] Die zweiwöchige Frist beginnt immer ab der Zustellung dieses Schreibens. Die Aufforderung des Vollstreckungsgläubigers bestimmt neben der Auskunftspflicht des Kreditinstituts auch den Umfang der Drittschuldnererklärung. Denn nur zu den gestellten Fragen muss der Drittschuldner Auskunft erteilen. Hat eine Bank als Drittschuldnerin die ihr nach § 840 DtZPO gestellten Fragen hinsichtlich der Konten beantwortet und verneint, so ist sie weder zur Vorlage von Belegen noch zur Wiederholung oder Ergänzung ihrer Angaben verpflichtet. Erweist sich die Auskunft als unrichtig, ist der Gläubiger auf den ihm nach § 840 Abs. 2 DtZPO zustehenden Schadenersatzanspruch beschränkt.[14]

Im griechischen Recht hingegen hängt die Verpflichtung des Drittschuldners, eine Erklärung abzugeben, nicht vom Verlangen des Vollstreckungsgläubigers ab. Der Gesetzgeber legt ausdrücklich fest, dass innerhalb von acht Tagen seit Zustellung der Pfändungsurkunde der Drittschuldner eine Erklärung abgeben muss. Bei Ablauf der achttägigen Frist verliert die Bank nach Art. 151 GrZPO das Recht einer späteren Erklärungsabgabe. Wenn die Bank trotz Ablauf der achttägigen Frist zur Abgabe einer Erklärung bereit ist, muss sie gemäß Art. 152 Abs. 1 GrZPO einen Antrag auf Wiedereinsetzung in den vorigen Stand stellen. Erst dann und nur bei einer ausreichenden Begründung (höhere Gewalt, Vorsatz der anderen Partei) kann sie über die Frist hinaus eine Erklärung abgeben. Nur so kann eine Gleichstellung der verspäteten Erklärung mit einer unterlassenen umgangen werden.[15]

Dagegen ist der Zeitpunkt der Erklärungsabgabe nach deutschem Recht nicht von besonderer Bedeutung. Das Kreditinstitut in Deutschland hat gemäß § 840 Abs. 3 DtZPO die Möglichkeit, die Erklärung im Zeitpunkt der Zustellung des Pfändungsbeschlusses unmittelbar gegenüber dem Gerichtsvollzieher mündlich abzugeben, wobei sie in die Urschrift der Zustellungsurkunde aufzunehmen

---

[12] Vgl. STEIN/JONAS/MÜNZBERG, ZPO, § 840 Rnr. 5; STÖBER, in: ZÖLLER, ZPO-Komm., § 840 Rnr. 3, S. 2071; STÖBER, Forderungspfändung, Rnr. 634, S. 289.

[13] Vgl. REETZ, Die Rechtsstellung des Arbeitgebers als Drittschuldner in der Zwangsvollstreckung, S. 17 ff.

[14] BGH Urt. v. 1.12.1982, BGHZ 86, S. 23 = ZIP 1983, S. 34 = WM 1983, S. 12 = NJW 1983, S. 687.

[15] Vgl. ΜΠρΚορινθ 92/71, Dike 3 (1972), S. 417 m. Anm. BEYS.

und von ihm zu unterschreiben ist. [16] Alternativ kann er die Erklärung zu einem späteren Zeitpunkt dem Vollstreckungsgläubiger abgeben. In so einem Fall ist diese stets schriftlich abzugeben. Der Drittschuldner hat hier somit die Wahl, ob er dem Pfändungsgläubiger oder dem Gerichtsvollzieher gegenüber die Erklärung abgibt.

Nach griechischem Recht erfolgt die Drittschuldnererklärung mündlich gegenüber der Geschäftsstelle des Amtsgerichts (*Ειρηνοδικείο*), wobei der Sekretär ein Protokoll nach Art. 117 GrZPO aufzunehmen hat.[17] Zuständig ist das Amtsgericht am Wohnsitz bzw. am Sitz des Drittschuldners. Wenn der Drittschuldner die Erklärung gegenüber einem unzuständigen Organ abgibt, hat sie keine Wirkung.[18]

Schließlich kann gesagt werden, dass eine Konvergenz zwischen den hier untersuchten Rechtsordnungen im Hinblick auf die Auskunftspflicht der einen Bankfiliale über Konten bei einer anderen Filiale besteht. Die Instanzgerichte[19] in Deutschland haben diesbezüglich ausgesprochen, dass im Rahmen von § 840 DtZPO die Filiale einer Bank als Drittschuldnerin nicht verpflichtet ist, dem Gläubiger Auskunft über Konten zu erteilen, die bei einer anderen Filiale derselben Bank geführt werden. In diesem Fall müsse der Gläubiger, um entsprechende Auskünfte zu erhalten, entweder auch der anderen Filiale oder der Bankzentrale zustellen lassen. Das griechische Recht weist bei dieser Frage Berührungspunkte zum deutschen Recht. Auch hier muss gemäß Art. 90 Abs. 1 des GD 17.7./13.8.1923 jedes Mal der zuständigen Filiale zugestellt werden, damit überhaupt eine wirksame Pfändung erfolgt. Nur diese ist dann zuständig, dem Gläubiger über vorhandene Bankguthaben seines Schuldners Auskunft zu geben. Die Zustellung an die Bankzentrale ersetzt dagegen auf keinen Fall die Zustellung an die zuständige Bankfiliale *(s. auch 1. Kap. III)*.

---

[16] Vgl. STEIN/JONAS/MÜNZBERG, ZPO, § 840 II 1 Rnr. 6 m.w.N.; HARTMANN, in: BAUBACH/LAUTERBACH/ALBERS/HARTMANN, ZPO, § 840 2 A.

[17] Vgl. BRINIAS, Αναγκαστική Εκτέλεση III, § 461, S. 1376 f.; YESSIOU-FALTSI, Δίκαιο Αναγκαστικής Εκτελέσεως, Bd. II, § 64, Rnr. 214, 216, S. 803; ΕφΑθ 640/90, Hellenische Justiz 33 (1992), S. 605; ΠΠρΑθ 4511/89, Hellenische Justiz 33 (1992), 616; ΕφΑθ 5737/74, Armenopoulos 30 (1976), S. 520.

[18] Vgl. ΕφΑθ 5737/1974, Armenopoulos 30 (1976), S. 520; ΕφΑθ 5525/81, Hellenische Justiz 22 (1981), S. 647.

[19] AG Leipzig, v. 7.10.1997, NJW-RR 1998, S. 1345.

2. Rechtsnatur

Die Frage nach der Rechtsnatur der Drittschuldnererklärung wird nicht einheitlich in beiden Rechtsordnungen[20] beantwortet. Während das griechische Recht in ihr eine Möglichkeit des Gläubigers, eine außergerichtliche Auskunftserteilung gegen den Drittschuldner zu erwirken, sieht, die im Falle der Nichterfüllung auch prozessual mit der Widerspruchsklage durchsetzbar ist[21], versteht sie die deutsche Rechtsprechung und Literatur einheitlich als eine bloße Obliegenheit, eine genuin vollstreckungsrechtliche dem öffentlichen Recht zuzuordnende und aus den allgemeinen staatsbürgerlichen Pflichten des Drittschuldners abzuleitende Auskunftspflicht[22]. Die Nichterfüllung der sogenannten Wissenserklärung des Drittschuldners hat lediglich zur Folge, dass der Drittschuldner dem Gläubiger gemäß § 840 Abs. II Satz 2 DtZPO für den aus der Nichterfüllung entstehenden Schaden haftet.[23] Aus diesem Ergebnis folgt zugleich, dass die Auskunft frei widerrufen und berichtigt werden kann. Einer Anfechtung bedarf es nicht. Die früher absolut herrschende Meinung sah in der Auskunft des Drittschuldners ein abstraktes Schuldanerkenntnis nach § 871 DtBGB. Es wurde auch vertreten, dass es sich um ein deklaratorisches Schuldanerkenntnis handele.[24] Diese Gegenmeinungen haben aber kaum ein stichhaltiges Argument der heute h.M. entgegenzusetzen. Schließlich ist in beiden Rechtsordnungen die Drittschuldnererklärung prozessrechtlicher Natur.[25]

---

[20] Einen Überblick über die wesentlichen Argumenten zur Rechtsnatur der Erklärung nach § 840 Abs. 1 Ziff. 1 DtZPO gibt REETZ, Die Rechtsstellung des Arbeitgebers als Drittschuldner in der Zwangsvollstreckung, S. 23 ff.

[21] Vgl. YESSIOU-FALTSI, Δίκαιο Αναγκαστικής Εκτελέσεως, Bd. II, § 64, Rnr. 200 ff., S. 792 f.

[22] BGH 69, S. 328; BGH NJW 1978, S. 44; LINKE, Die Erklärungspflicht des Drittschuldners und die Folgen ihrer Verletzung, ZZP 87 (1974), S. 286; STEIN/JONAS/MÜNZBERG, ZPO, § 840 Rnr. 1; GAUL, Zur Rechtsstellung der Kreditinstitute als Drittschuldner in der Zwangsvollstreckung, S. 46 ff.; LIESECKE, Das Bankguthaben in Gesetzgebung und Rechtsprechung, WM 1975, S. 315 ff.; BACH-HEUKER, Pfändung in die Ansprüche aus Bankverbindung und Drittschuldnererklärung der Kreditinstitute, S. 113.

[23] Zum Meinungsstand LG Nürnberg, ZZP 96 (1983), S. 118 f.; BGH, NJW 1977, S. 1199 f.; WM 1978, S. 676 f.; WM 1980, S. 107 f.; NJW 1983, S. 687 f.; BGH, NJW 1984, S. 1901 f. m. Anm. WALDNER, JR 1984, 468; *derselbe*, Anm. zum LG Nürnberg-Fürth ZZP 96 (1983), S. 121 f.; BREHM, Anm. Zu Urteil des BGH v. 17.4.1984, JZ 1984, S. 675 f.; STÜRNER, Die Aufklärungspflicht der Parteien des Zivilprozesses, 1976, S. 321 – a.A. STAAB, Die Drittschuldnerklage vor dem Arbeitsgericht, NZA 1993, S. 440 f. m.w.N.

[24] So OLG München NJW 1975, 174; OLG Braunschweig NJW 1977, 1888.

[25] Vgl. HARTMANN in BAUMBACH/LAUTERBACH/ALBERS/HARTMANN, § 840, Rn. 2 A m.w.N.; STEIN/JONAS/MÜNZBERG, Kommentar zur Zivilprozessordnung, §§ 704

3. Inhalt und Umfang

Die Anforderungen der beiden Rechtsordnungen an den Inhalt der Drittschuldnererklärung der Bank ist überwiegend identisch. Das Kreditinstitut wird verpflichtet, bei seiner Drittschuldnererklärung Auskunft darüber zu geben, ob und inwieweit die Forderung besteht und ob und wegen welcher Ansprüche die Forderung bereits für andere Gläubiger gepfändet ist.[26] Bei einer negativen Erklärung muss es die Einreden oder die Gründe, warum es die Beträge nicht auszahlen kann, nennen. Nach überwiegender Meinung in Griechenland muss sich die Erklärung der Kreditinstitute als Drittschuldner allerdings auf die notwendigsten Angaben beschränken, und diese sollen insbesondere nicht verpflichtet sein, die Gründe für die Zahlungsverweigerung bekannt zu geben. Diese Auffassung ergibt sich auch ausdrücklich aus dem Wortlaut des Art. 24 des neuen Gesetzes 2915/2001.[27]

Im Sinne der neuen Regelung müssen die Kreditinstitute in Griechenland, soweit sie um Auskunft ersucht werden, schon wegen des speziellen Bankgeheimnisses stets die kürzeste Erklärung wählen. Dieser Standpunkt ist in Deutschland bereits überholt. Ein Vorrang des Bankgeheimnisses vor der gesetzlichen Erklärungspflicht, der von vornherein eine restriktive Anwendung des § 840 Abs. 1 Nr. 1 DtZPO gebieten würde, besteht kaum. Vielmehr stellt die herrschende Meinung darauf ab, dass das berechtigte Aufklärungsinteresse des Vollstreckungsgläubigers und das Geheimhaltungsinteresse der Bank sorgsam abgewogen werden muss. Der deutsche Standpunkt gibt einen neuen Ansatz für eine Überprüfung der griechischen Auffassung.

---

ff., § 840 I 1 Rnr. 1 und Fn. 6 m.w.N.; a.A. Köln MDR 78, S. 941 – siehe auch BRINIAS, Αναγκαστική Εκτέλεση III, § 457, S.1367 f.

[26] BGH DB 1980, S. 830; GAUL, Zur Rechtsstellung der Kreditinstitute als Drittschuldner in der Zwangsvollstreckung, S. 49 ff.; BAUMBACH/LAUTERBACH/HARTMANN, ZPO, § 840 Rnr. 9; STÖBER, in: ZÖLLER, ZPO-Komm., § 840 Rnr. 5, S. 2071; SCHERER, Herausgabe der Lohnabrechnung und Auskunft bei Lohnpfändungen, Rpfleger 1995, S. 446 ff.; BACH-HEUKER, Pfändung in die Ansprüche aus Bankverbindung und Drittschuldnererklärung der Kreditinstitute, S. 118 ff. – KASTRIOTIS, Η κατάσχεσις εις χείρας τρίτου, Bd. II, S. 640; VATHRAKOKILIS, GrZPO-Komm. Art. 985, Rnr. 11, S. 93; BRINIAS, Αναγκαστική Εκτέλεση, Bd. III, Art. 985, Rnr. 462, S. 1380; PSARAKIS, Περί της δηλώσεως του τρίτου εις χείρας του οποίου ευρίσκονται τα κατασχεθέντα αντικείμενα, Hellenische Justiz 15 (1974), S. 365. ΕφΑθ 2128/1990, Hellenische Justiz 31 (1990), S. 1516.

[27] ΦΕΚ 109 v. 29.5.2001.

4. Wirkung der Drittschuldnererklärung

Die Drittschuldnererklärung wird in beiden Ländern unterschiedlich behandelt. Insbesondere hinsichtlich ihrer Wirkung tauchen erhebliche Unterschiede auf. Auf die höhere Bedeutung der Drittschuldnererklärung im griechischen System der Forderungspfändung weist ihre besondere Funktion hin, nämlich ihre Erforderlichkeit für die weitere Entwicklung des anhängigen Vollstreckungsverfahrens zum Zweck der Befriedigung des Vollstreckungsgläubigers. Die griechische ZPO differenziert in dieser Hinsicht zwischen drei Formen von Erklärungen.[28] Es handelt sich hier um die positive, die negative und die unterlassene Erklärung.

a) Positive Erklärung der Bank

Aus einer positiven Erklärung des Kreditinstituts als Drittschuldner folgt nach Artikel 988 GrZPO im Regelfall nach acht Tagen (oder nach dreißig Tagen, sofern der Vollstreckungsschuldner im Ausland wohnt) seit Zustellung der Pfändungsurkunde an den Vollstreckungsschuldner die Auszahlung des Kontoguthabens an den Vollstreckungsgläubiger bzw. die öffentliche Hinterlegung des gepfändeten Betrags. Sollte dies nicht der Fall sein, so kann der Vollstreckungsgläubiger sofort gegen den Drittschuldner, ohne vorher ein Gerichtsurteil gegen ihn erstreiten zu müssen, vollstrecken. Der Vollstreckungstitel hierfür ist nicht die Pfändungsurkunde, sondern gemäß des Art. 989 GrZPO die positive Erklärung des Drittschuldners.[29] Die positive Erklärung des Drittschuldners stellt somit einen Vollstreckungstitel im Sinne von Art. 904 Abs. 2 ζ′ GrZPO dar. Die entsprechende Vollstreckungsklausel wird vom Richter des Amtsgerichts, in dessen Geschäftsstelle die Erklärung abgeben wurde, erteilt (Art. 989 Satz 2 GrZPO). Hauptgrund für die gesetzliche Anerkennung der positiven Erklärung als Vollstreckungstitel ist das Eintreten der Verwertung bereits zu diesem Zeitpunkt. Die positive Drittschuldnererklärung des Kreditinstitutes begründet gemäß Art. 988 Abs. 1 GrZPO für dieses eine Zahlungspflicht gegenüber dem Vollstreckungsgläubiger. Die h.M. in Griechenland[30] vertritt die Ansicht, dass

---

[28] ΜΠρΑθ 11410/76, Dike 9 (1978), S. 560 m.A.; YESSIOU-FALTSI, Δίκαιο Αναγκαστικής Εκτελέσεως, Bd. II, § 64, Rnr. 203, S. 794 ff.

[29] ΜΠρΘεσσ 16788/94, Armenopoulos 50 (1996), S. 1030.

[30] ΕφΑθ Athen 5916/78, NoB 27 (1979), S. 791 ff.; ΠΠρΑθ 6615/78, Armenopoulos 33 (1979), S. 414; ΠΠρΑθ 10084/1974, NoB 23 (1975), S. 220; BRINIAS, Αναγκαστική Εκτέλεση III, § 463 S. 1382 ff.; BEYS, Η εκτελεστική διαδικασία σε περίπτωση πολλαπλής κατάσχεσης στα χέρια τρίτου και καταφατικής δήλωσης του τρίτου, Anm. Zu ΜΠρΑθ 11410/1976, Dike 9 (1978), S. 563; a.A. ΕφΑθ 4127/78, NoB 27 (1979), S. 223.

der Vollstreckungsgläubiger die Zahlung als Inhaber der Forderung verlangt. Das resultiert aus der Tatsache, dass mit der positiven Drittschuldnererklärung die gepfändete Forderung des Schuldners gegen die Bank kraft Gesetzes an den Vollstreckungsgläubiger abgetreten wird.

Anders gestaltet sich die Lage im deutschen Recht. Hier reicht eine positive Erklärung des Drittschuldners nicht für die Verwertung der gepfändeten Forderung aus. Diese erfolgt erst durch Beschluss des Vollstreckungsgerichts[31], in dem die Überweisung der Forderung (Überweisung an Zahlungs Statt oder Überweisung zur Einziehung) an den Vollstreckungsgläubiger gemäß § 835 ff. DtZPO verlangt wird. Einzigen Rechtsfolgen der Drittschuldnererklärung nach deutschem Recht sind einerseits die Beweislastumkehr im folgenden Einziehungsprozess gegen die Bank und die Schadenersatzpflicht bei Verschulden des Kreditinstituts. Eine andere Bedeutung kommt der Erklärung nach deutscher ZPO nicht zu. Auch wenn der Drittschuldner die Zahlung trotz positiver Erklärung verweigert, kann der Vollstreckungsgläubiger gegen ihn nicht vollstrecken, da der Pfändungs- und Überweisungsbeschluss keinen Vollstreckungstitel hierfür bietet. Darüber hinaus wird mit der Auskunft des Drittschuldners nach §§ 203 ff. DtBGB die Verjährung unterbrochen.[32]

b) Negative Erklärung der Bank

Neben einer positiven Erklärung kann der Drittschuldner die Existenz der Forderung auch bestreiten.[33] Gegen eine negative Drittschuldnererklärung hat der Vollstreckungsgläubiger nach griechischem Recht zwei alternative oder kumulative Möglichkeiten. Er kann Widerspruch gemäß Artikel 986 GrZPO gegen die negative Erklärung einlegen, um die Anerkennung der gepfändeten Forderung zu erreichen und den Drittschuldner zu verpflichten, die gepfändete Forderung auszuzahlen (Art. 990 GrZPO). Gegenstand des Widerspruchsverfahrens wäre somit die Feststellung der Richtigkeit der Drittschuldnererklärung über das Bestehen der gepfändeten Forderung.[34] Dies wird der Vollstreckungsgläubiger in

---

[31] Das griechische Rechtssystem erkennt kein Vollstreckungsgericht an. Im Gegensatz zum deutschen Recht, ist das Gericht im griechischen Recht kein Vollstreckungsorgan. Vgl. hierzu, YESSIOU-FALTSI, Δίκαιο Αναγκαστικής Εκτελέσεως, Γεν. Μέρος, Rnr. 10, S. 23 f. m.w.N.

[32] Offengelassen von BGH NJW 78, 1914.

[33] Vgl. BRINIAS, Αναγκαστική Εκτέλεση, Bd. III, Art. 985 Rnr. 462, S. 1378; KASTRIOTIS, Η κατάσχεσις εις χείρας τρίτου, Bd. II, S. 631 f.; VATHRAKOKILIS, GrZPO-Komm., Bd. ΣΤ', Art. 985, Rnr. 11, S. 93; Areopag 276/1973, NoB 21 (1973), S. 1100 f.; ΕφΑθ 123/1970, Dike 1 (1970), S. 693 f.

[34] ΕιρΒολ 52/1974, ΕΕΝ 41, S. 415.

aller Regel auch veranlassen, ansonsten gäbe es für ihn keine Möglichkeit, die Verwertung der gepfändeten Forderung zu erreichen. Parallel kann der Vollstreckungsgläubiger vom Drittschuldner auch Schadenersatz verlangen (Art. 985 Abs. 3 GrZPO).[35] Die Klage auf Schadenersatz kann mit dem Widerspruch des Artikels 986 GrZPO verknüpft werden. In so einem Fall muss die Klageschrift die Voraussetzungen der Klage gemäß Artikel 216 GrZPO erfüllen.[36] Die Klage auf Schadenersatz kann aber auch ohne Einlegung des Widerspruchs gemäß Art. 986 GrZPO erhoben werden.[37] Es muss jedoch die Kausalität zwischen dem Schaden des Vollstreckungsgläubigers und der unrichtigen oder unterlassenen Erklärung dargelegt werden.[38] Der Inhalt des Schadenersatzes richtet sich nach materiellem Recht.[39] Schließlich kann der Vollstreckungsgläubiger diese mit einer Klage Vornahme einer Handlung verbinden.[40]

Wenn der Drittschuldner in Deutschland das Bestehen der zu pfändenden Forderungen abstreitet, hat der Vollstreckungsgläubiger kein Widerspruchsrecht dagegen. Er kann lediglich Schadenersatz verlangen, wenn er nachweisen kann, dass die Angaben des Drittschuldners unrichtig sind.

c) Erzwingung der Befolgung der Auskunftspflicht durch den Drittschuldner?

In beiden Rechtsordnungen kann es vorkommen, dass die Bank als Drittschuldnerin die Befolgung ihrer Auskunftspflicht nicht nachkommt. Die Möglichkeiten des Vollstreckungsgläubigers in einer solchen Situation gehen in beiden Rechten differenzierte Wege.

Nach den Vorschriften der GrZPO hat der Drittschuldner seine Auskunftspflicht verletzt, wenn er innerhalb der achttägigen Frist es unterlässt, überhaupt eine Erklärung oder eine unrichtige Erklärung abzugeben. In diesen Fällen sieht Artikel 985 Abs. 3 GrZPO vor, dass die unterlassene Erklärung mit einer negativen gleichgestellt wird. Dabei handelt es sich im rechtstechnischen Sinne um eine Rechtsfiktion. Danach wird angenommen, dass der Drittschuldner, der die Abgabe der Erklärung unterlässt, das Bestehen der gepfändeten For-

---

[35] Vgl. YESSIOU-FALTSI, Δίκαιο Αναγκαστικής Εκτέλεσεως, Bd. II, § 64, Rnr. 211, 219 ff., S. 802.

[36] ΠΠρΑθ 4552/1973, Dike 5 (1974), S. 70 Σχολ/νη.

[37] ΕφΑθ 2227/1976, Ν.Δ. 32, S. 329.

[38] Areopag 15/1993, Hellenische Justiz 36 (1995), S. 1089; ΕφΑθ 9587/1978, Hellenische Justiz 20 (1979), S. 453; ΜΠρΑθ 4628/1980, Hellenische Justiz 21 (1980), S. 641.

[39] ΕφΑθ 9587/1978, ΝοΒ 27 (1979), S. 807.

[40] ΜΠρΑθ 2227/1986, ΝοΒ 35 (1987) S. 1070.

derung verneint.[41] Der Vollstreckungsgläubiger hat auch hier die Möglichkeit, eine Widerspruchsklage gemäß Art. 986 GrZPO gegen die fehlende Erklärung einzulegen, um so die Auskunft des Drittschuldners prozessual zu erzwingen. Ebenso besteht hier die Möglichkeit, bei Eintreten eines Schadens für den Vollstreckungsgläubiger wegen der Nichterfüllung der Pflichten des Drittschuldners den letzteren schadenersatzpflichtig zumachen.

Gegen den schweigenden Drittschuldner hat dagegen der Vollstreckungsgläubiger nach herrschender Meinung[42] in Deutschland keinen einklagbaren Anspruch auf Auskunft, da § 840 Abs. 1 DtZPO keinen materiellen zivilrechtlichen Auskunftsanspruch des Gläubigers gegen den Drittschuldner normiert. Es handelt sich lediglich um eine nicht klagbare Obliegenheit und nicht um eine klagbare Handlungspflicht. Dies ist stets umstritten gewesen. Neben der Lehre hatte sich auch die Instanzrechtsprechung[43] teilweise zur Zulässigkeit der Auskunftsklage bekannt. Begründet wurde diese Ansicht damit, dass der Pfändungsgläubiger die notwendigen Informationen für die Einschätzung seiner Befriedigungsaussichten und Aufstellung der weiteren Vollstreckungstaktik erlangen[44] sowie das öffentliche Ordnungsziel der Effektivität der Zwangsvollstreckung verwirklicht werden soll.[45] Hierbei handelt es sich jedoch um eine Mindermei-

---

[41] Vgl. BRINIAS, Αναγκαστική Εκτέλεση III, § 458, S. 1371 f.

[42] BGH 91, S. 126, 128 - 131 = NJW 84, 1901 m.N. = ZIP 1984, 751 = Rpfleger 1984, S. 324 f. m. zust. Anm. BREHM, JZ 1984, 673, 675 f. und WALDNER, JR 1984, S. 466; LG Nürnberg-Fürth, ZZP 96 (1983) S. 118 m. Anm. WALDNER; JZ 2000, 56,57; OLG Stuttgart Rpfleger 1990, 265; vgl. auch, MOHRBUTTER, Rpfleger 1954, 622, 623; PROST, Die Stellung des Drittschuldners bei fehlerhaften Vollstreckungsakten, NJW 1958, S. 485; SCHMIDT, Der schweigsame Drittschuldner, JR 1951, 558; SICHTERMANN, Das Bankgeheimnis und seine Grenzen, MDR 1952, S. 146; STÖBER, Forderungspfändung, Rnr. 652, S. 299 f.; MÜMMLER, Betrachtungen zur Drittschuldnererklärung, JurBüro 1986, 333, 337; STEIN/JONAS/BREHM, ZPO, Rnr. 19; SMID, in: Münch-Komm. ZPO, § 840, Rnr. 18, S. 254; a.A. STAAB, Die Drittschuldnererklärung vor dem Arbeitsgericht, NZA 1993, S. 439, der die These vertritt, dass dem Gläubiger im Drittschuldnerprozess ein durchsetzbarer Auskunftsanspruch zustehen muss. GAUL, Zur Rechtsstellung der Kreditinstitute als Drittschuldner in der Zwangsvollstreckung, S. 53 f.; SCHNEIDER, Ist die Klage auf Erzwingung der Erklärungspflicht des Drittschuldners gemäß § 840 ZPO zulässig?, JurBüro 1967, 266 f.; SCHREIBER, Anm. zum BGH-Urteil v. 4.4.1977, JR 1977, S. 462 f.; HEERS, Klage auf Auskunft gemäß § 840 Abs. I ZPO im Verfahren vor dem Arbeitsgericht, DB 1971, S. 1525; ROSENBERG, Zwangsvollstreckungsrecht, § 193 II 5 b; THOMAS/PUTZO, ZPO, 840 Anm. 1 d.

[43] LAG Stuttgart BB 1968,, S. 1383; LG München NJW 1965, S. 1185 f.

[44] Vgl. STEIN/JONAS/BREHM, ZPO, § 830 Rnr. 1.

[45] Über die Zweispurigkeit des Normzwecks von § 840 ZPO; vgl. LINKE, Die Erklärungspflicht des Drittschuldners und die Folgen ihrer Verletzung, ZZP 87 (1974), 284, 287.

nung[46], die allerdings erheblich an Zugkraft verloren hat, nachdem der BGH sich ausdrücklich gegen die Zulassung von Auskunftsklagen nach § 840 DtZPO ausgesprochen hat.[47] Der BGH rekurriert überwiegend auf ein fehlendes Rechtsschutzbedürfnis einer solchen Auskunftsklage, da der Gläubiger sogleich auf Zahlung klagen kann. Gegen die Zulassung einer solchen Auskunftsklage sprechen bereits prozessökonomische Gründe, da diese zu einer Verdoppelung der Prozesse führen würde. Ausschlaggebend ist, dass der Gläubiger mit der Zulassung einer solchen Auskunftsklage nichts gewinnen würde.[48] Der Gläubiger sei bereits durch drohende Schadenersatzpflichten des Drittschuldners hinlänglich geschützt ist.[49] Dieses Hauptargument überzeuge nach der Auffassung einiger Autoren[50] nicht. Man könne im Wege der Stufenklage gemäß § 254 DtZPO den Auskunftsanspruch mit der Zahlungsklage verbinden. Ein solches Verfahren wäre danach wesentlich ökonomischer als die sofortige Zahlungsklage.

Ähnlichkeiten zu der letzteren Möglichkeit weist das Verfahren der Widerspruchsklage nach griechischem Recht auf. Mit der Widerspruchsklage des Art. 986 GrZPO hat der Vollstreckungsgläubiger die Möglichkeit, zum einen den Drittschuldner zur Befolgung seiner Auskunftspflicht zu zwingen und zum anderen den gepfändeten Betrag zu überweisen.[51] Damit verdrängt die spezielle Norm des Art. 986 GrPO die allgemeine Auskunftsklage gemäß Art. 946 GrZPO.[52]

II. Schadenersatzpflicht

Die nachdrücklichen Belastungen, denen der Drittschuldner bei der Forderungspfändung ausgesetzt ist, verdeutlichen sich insbesondere im Hinblick auf seine

---

[46] Vgl. auch, EHLENZ/DIEFENBACH, Pfändung in Bankkonten und andere Vermögenswerte, S. 44 f.; GIOVANNOPOULOS, Die Harmonisierung des privatrechtlichen Bankgeheimnisses im europäischen Wirtschaftsverkehr, S. 55.

[47] BGHZ 68, S. 289, 291 = NJW 1977, S. 1199.

[48] Kritisch dagegen LINKE, Die Erklärungspflicht des Drittschuldners und die Folgen ihrer Verletzung, ZZP 87 (1974), S. 284, 287.

[49] BGHZ 91, 126, 128, 131.

[50] Vgl. GAUL, Zur Rechtsstellung der Kreditinstitute als Drittschuldner in der Zwangsvollstreckung, S. 53; LINKE, Die Erklärungspflicht des Drittschuldners und die Folgen ihrer Verletzung, ZZP 87 (1974), S. 284, 287.

[51] Areopag 10/1995, Hellenische Justiz 37 (1996), S. 105; Areopag 73/1995, Hellenische Justiz 38 (1997), S. 809; vgl. auch, NIKOLOPOULOS, in: KERAMEUS/KONDYLIS/NIKAS, GrZPO-Komm., Art. 986, Rnr. 2, S. 1920.

[52] Vgl. NIKOLOPOULOS, in: KERAMEUS/KONDYLIS/NIKAS, GrZPO-Komm., Art. 946, S. 1819.

Schadenersatzpflicht. Diese ist in beiden Rechtsordnungen begründet, wenn der Drittschuldner seine Auskunftspflicht nicht erfüllt, u.a. auch wegen unvollständiger, falscher[53] oder nicht rechtzeitig binnen zwei Wochen bzw. acht Tagen[54] erteilter Auskunft. Gemäß § 840 Abs. 2 S. 2 DtZPO und Art. 985 Abs. 3 S. 2 GrZPO haftet er dem Vollstreckungsgläubiger[55] für dessen aus einer unrichtig abgegebenen Erklärung erwachsenen Schaden.[56]

In vielen Fällen wird allerdings in beiden Rechtsordnungen fraglich sein, ob die Erklärung der Bank für den geltend gemachten Schaden ursächlich ist. Ein Schaden wird hier in der Regel hervorgerufen, wenn dem Gläubiger aufgrund der falschen bzw. fehlerhaften, unvollständigen oder unterbliebenen Auskunft des Drittschuldners weitere Pfändungsobjekte des Schuldners entgehen[57] und ferner wenn dem Gläubiger im Hinblick auf die laufende Pfändung Schäden entstanden sind. Der ursächliche Zusammenhang zwischen der Pflichtverletzung des Drittschuldners und dem möglichen Schaden wird in beiden Rechten aufgrund der Vorschriften des materiellen Rechts (Art. 914 ff. GrZGB) erforscht.[58]

Während aber die deutsche ZPO für die Schadenersatzpflicht des Drittschuldners sein Verschulden[59] voraussetzt (subjektive Haftung), nimmt man in

---

[53] BGH NJW 87, S. 64; BGH NJW 1978, S. 44; OLG Düsseldorf, OLGR 1996, S. 35; STEIN/JONAS/MÜNZBERG, § 840 Rnr. 21, 21; SMID, in: Münch-Komm. § 840 Rnr. 19 ff.; ZÖLLER/STÖBER, ZPO, § 840 Rnr. 12; BAUMBACH/HARTMANN, § 840, Rnr. 15; THOMAS/PUTZO, § 840 Rnr. 13.

[54] RG 149, 255. – YESSIOU-FALTSI, Δίκαιο Αναγκαστικής Εκτελέσεως, Bd. II, § 64, Rnr. 218, S. 806.

[55] Er haftet nicht gegenüber dem Vollstreckungsschuldner. Vgl. KASTRIOTIS, Η κατάσχεσις εις χείρας τρίτου, Bd. II, S. 671, Fn. 3; ΕφΑθ 6431/1975, Armenopoulos 30 (1976), S. 518 ff.

[56] ΠΠρΑθ 4305/1972, Dike 3 (1972), S. 382; ΠΠρΑθ 4552/1973, Dike 3 (1972), S. 370; vgl. auch, BRAKATSOULAS, Αναγκαστική Εκτέλεση, S. 606 ff.

[57] ΜΠρΑθ 4828/1980, Hellenische Justiz 21 (1980), S. 64; SMID, in: Münch-Komm. ZPO, § 840, Rnr. 19, S. 255 f. Darüber hinaus sind für die Geltendmachung des Schadenersatzes in Deutschland stets die ordentliche Gerichte zuständig.

[58] ΕφΑθ 1433/1977, Armenopoulos 32 (1978), S. 275; ΕφΑθ 9587/1978, NoB 27 (1979), S. 807; ΕφΑθ 4057/1976, NoB 27 (1979), S. 80; ΕιρΠειρ 143/1979, Hellenische Justiz 27 (1979), S. 399; SMID, in: Münch-Komm. ZPO § 840 Rnr. 40, S. 256; BACH-HEUKER, Pfändung in die Ansprüche aus Bankverbindung und Drittschuldnererklärung der Kreditinstitute, S. 132 ff.

[59] BGHZ 79, 275 = NJW 1981, 990, der BGH hebt freilich auf ein Verschulden des Drittschuldners ab; OLG Düsseldorf WM 1980, 202; BENÖHR, Einredeverzicht des Drittschuldners, NJW 1976, 174; MÜMMLER, Betrachtungen zur Drittschuldnererklärung, JurBüro 1986, 333, 338; THOMAS/PUTZO, ZPO, Rnr. 17; STEIN/JONAS/BREHM, ZPO, Rnr. 21; zur älteren Ansicht STEINS, der zufolge der Drittschuldner auch ohne Verschulden haftete

Griechenland an, dass durch die Vorschrift des Art. 985 Abs. 3 GrZPO eine objektive Haftung des Drittschuldners begründet wird.[60] Diese Vorschrift knüpft die Schadenersatzpflicht des Drittschuldners an die Nichterfüllung seiner Erklärungspflicht an, ohne von seinem Verschulden zu sprechen. Abgesehen davon wird die Haftung des Drittschuldners auch ohne Verschulden von den Berichten des Gesetzgebungsausschusses der GrZPO gestützt.[61] Dieser hatte in seinem Protokoll eine Haftung des Drittschuldners allein aufgrund der Unterlassung oder der Unrichtigkeit vorgesehen. Ein Verschuldenstatbestand wurde nicht gefordert. Der Drittschuldner hingegen kann sich auf ein Mitverschulden des Gläubigers berufen, um so den Schadenersatzumfang zu verringern.[62]

Die unzumutbaren Ergebnisse der objektiven Haftung für die Bank als Drittschuldnerin im griechischen Recht können nicht geleugnet werden. Insbesondere vor dem Hintergrund, dass das Kreditinstitut an der Beziehung zwischen Gläubiger und Schuldner weder beteiligt noch interessiert ist, erscheint die griechische Lösung als ungerecht. Die Stellung des Drittschuldners wird nach griechischem Recht zusätzlich damit verschlechtert, dass die Erklärungspflicht des Drittschuldners keine Aufforderung durch den Gläubiger voraussetzt. Ohne dass der Drittschuldner überhaupt Kenntnis über seine Verpflichtung hat, kann sich nach Ablauf der kurzen Erklärungsfrist eine Haftung des Drittschuldners begründen. Zur Rechtfertigung der objektiven Haftung führt das griechische Schrifttum häufig auf, dass der Gläubiger das Verschulden des Drittschuldners sehr schwer beweisen kann. Aus diesem Grund sei es erforderlich, ihn von der Beweislast für das Verschulden des Drittschuldners zu befreien.

Die erhebliche Belastung des Drittschuldners durch seine objektive Haftung wurde bereits von der griechischen Literatur[63] eingesehen, und es wird zunehmend die Meinung vertreten, dass der Art. 985 GrZPO dahin ausgelegt werden muss, dass die Drittschuldnerhaftung ein Verschulden voraussetzt. Diese Meinung orientiert sich an der früher zwischen der deutschen Literatur und

---

LINKE, Die Erklärungspflicht des Drittschuldners und die Folgen ihrer Verletzung, ZZP 87 (1974), S. 307 m.w.N.

[60] Vgl. auch, BRINIAS, Αναγκαστική Εκτέλεση III, § 464 I, S. 1393; STOIKOS, Die Zwangsvollstreckung wegen Geldforderungen in das bewegliche Vermögen im deutschen und im griechischen Recht, S. 301 ff.; BRAKATSOULAS, Αναγκαστική Εκτέλεση, S. 606 f.

[61] ΣχΠολΔ VIII, S. 191; BRINIAS, Αναγκαστική Εκτέλεση III, § 464, S. 1393.

[62] Vgl. BRAKATSOULAS, Αναγκαστική Εκτέλεση, Nr. 3, S. 607 m.w.N.; BRINIAS, Αναγκαστική Εκτέλεση, Bd. III, Art. 985, Rnr. 464, S. 1394; KASTRIOTIS, Η κατάσχεσις εις χείρας τρίτου, Bd. II, S. 676. Die Einrede des Mitverschuldens kann auch von einem objektiv haftenden geltend gemacht werden. Vgl. GEORGIADIS, APOST., Ενοχικό Δίκαιο, Γεν. Μέρος, § 11, Rnr. 26.

[63] Vgl. STOIKOS, Die Zwangsvollstreckung wegen Geldforderungen in das bewegliche Vermögen im deutschen und im griechischen Recht, S. 302.

Rechtsprechung geführten Diskussion. Teilweise wurde behauptet, es handele sich um eine Haftung ohne Verschulden.[64] Nach MÜNZBERG[65] soll eine Haftung ohne Verschulden zumindest bei Unterlassung der Erklärung eintreten, hingegen bei falscher oder unvollständiger Auskunft vom Verschulden abhängig sein. Weder der völlige Verzicht auf das Verschulden noch die letztgenannte Unterscheidung war überzeugend.[66] Die herrschende Meinung in Deutschland hat bereits die frühere, aus dem Gesetzestext entnommene Auffassung der Haftung ohne Verschulden durch die Ansicht des Verschuldenserfordernisses ersetzt.

Dementsprechend besteht auch in Griechenland kein Grund mehr, den Drittschuldner, der ohne seine Mitwirkung durch den Pfändungsakt in eine rechtliche Beziehung zum Gläubiger gezogen worden ist, noch zusätzlich einer vom Verschuldensprinzip abweichenden verschärften Haftung zu unterwerfen. Auch dem oben erwähnten Argument der Beweislastschwierigkeit des Gläubigers könnte begegnet werden, indem die Darlegungs- und Beweislast der Schuldfrage nicht den Vollstreckungsgläubiger, sondern den Drittschuldner trifft.

§ 3 Einwendungen des Drittschuldners

Verlangt der Vollstreckungsgläubiger Leistung vom Drittschuldner, so stellt sich die Frage, welche Einwendungen gegen das Zahlungsverlangen des Vollstreckungsgläubigers zu einer Aufhebung der Zahlungspflicht des Drittschuldners gegenüber dem Vollstreckungsgläubiger führen könnte. Ohne die Problematik hier ausschöpfen zu können, lassen sich doch einige Gesichtspunkte aufzeigen. Die Rechtsstellung der Bank als Drittschuldnerin ist eingebettet in die des allgemeinen Drittschuldners außerhalb der Kontenpfändung.

Um eine systematische Übersicht über die Einwendungsbefugnisse der Bank als Drittschuldnerin in beiden Rechtsordnungen erarbeiten zu können, ist es sinnvoll, zwischen den Mängeln der Pfändung, den Fehlern hinsichtlich der allgemeinen Voraussetzungen der Zwangsvollstreckung und den materiellrechtlichen Einwendungen des Drittschuldners zu unterscheiden.

---

[64] Vgl. STEIN, Grundfragen der Zwangsvollstreckung, S. 459; ebenso STÖBER, Forderungspfändung, S. 204; OLG Stuttgart, NJW 1959, S. 581 (583).

[65] Vgl. STEIN/JONAS/MÜNZBERG, ZPO, § 840 Anm. IV 1.

[66] Vgl. GAUL, Zur Rechtsstellung der Kreditinstitute als Drittschuldner in der Zwangsvollstreckung, S. 55.

I. Einwendungen gegen die Gültigkeit und Wirksamkeit der Pfändung

Zu Beginn sollte der Untersuchung die Frage unterliegen, inwieweit sich der Drittschuldner auf Mängel der Pfändung berufen kann, um die Unwirksamkeit der Forderungspfändung durchzusetzen. Diese Frage wird in beiden Rechtsordnungen unterschiedlich beantwortet. Im Vergleich zu der deutschen Regelung sind die Widerspruchsmöglichkeiten des Drittschuldners in Griechenland sehr eingeschränkt. Das griechische Zivilprozessrecht enthält in Art. 987 GrZPO eine Grundregel, nach der der Drittschuldner grundsätzlich nicht die Unwirksamkeit der Pfändung geltend machen kann.[67] Seine geringen Einwendungsbefugnisse werden ausdrücklich und ausschließlich im Art. 987 GrZPO bestimmt. Nach diesem kann sich der Drittschuldner lediglich auf zwei konkrete Mängel der Pfändungsurkunde beziehen. Gemäß Art. 987 GrZPO ist er berechtigt, die Zahlung an den Vollstreckungsgläubiger zu verweigern, wenn die Zustellung der Pfändungsurkunde an den Vollstreckungsgläubiger nicht erfolgt ist.[68] Wie bereits oben erwähnt, ist die Zustellung der Pfändungsurkunde an den Vollstreckungsschuldner von herausragender Bedeutung. Ihre besondere Würdigung hängt damit zusammen, dass allein der Vollstreckungsschuldner den Vollstreckungszugriff rügen darf und daher seine Kenntnisnahme als unerlässlich anerkannt wird.

Ferner kann der Drittschuldner gegen die Wirksamkeit der Pfändung vorgehen, indem er darauf hinweist, dass die Pfändungsurkunde nicht die erforderlichen Angaben des Artikels 983 GrZPO enthält. Dazu gehören die genaue Bezeichnung des Vollstreckungstitels und die Bestimmung der Forderung (insbesondere die ihrer Höhe)[69], wegen der gepfändet wird. Allein dieser Mangel der Pfändungsurkunde reicht jedoch nicht aus, um eine Unwirksamkeit der Pfändung durch das Kreditinstitut als Drittschuldner zu begründen. Es muss – im Gegensatz zum Drittschuldner in Deutschland – einen prozessualen Nachteil (Art. 159 Nr. 3 GrZPO) durch das Fehlen der erforderlichen Angaben in der Pfändungsurkunde für den Drittschuldner erzeugt worden sein, den er letztendlich geltend machen muss.[70]

---

[67] Vgl. YESSIOU-FALTSI, Δίκαιο Αναγκαστικής Εκτελέσεως, Bd. II, § 64, Rnr. 268, S. 840 f.

[68] Areopag 221/1976, Dike 1976, S. 748.

[69] ΠΠρΑθ Athen 2037/1972, Armenopoulos 27 (1973), S. 635.

[70] Vgl. BRINIAS, Αναγκαστική Εκτέλεση, Bd. III, Art. 987, § 473, S. 1427; VATHRAKOKILIS, GrZPO-Komm., Bd. ΣΤ', Art. 986 Rnr. 44, S. 119, Art. 987, Rnr. 4, S. 126; KASTRIOTIS, Η κατάσχεσις εις χείρας τρίτου, Bd. II, S. 401 ff.; YESSIOU-FALTSI, Δίκαιο Αναγκαστικής Εκτελέσεως, Bd. II, § 64, Rnr. 269, S. 842. – ΕφΑθ 10484/1984, Hellenische Justiz 26 (1985), S. 692 ff.; ΠΠρΑθ 7541/1982, Dike 14 (1985), S. 300 f.

In der GrZPO wird kein spezieller Rechtsbehelf – wie etwa die Widerspruchsklage für den Vollstreckungsschuldner und seine Gläubiger nach Art. 933 GrZPO (vgl. Vollstreckungsgegenklage) – für die hier besprochenen Einreden der Bank als Drittschuldnerin vorgesehen. Alle eben genannten Mängel der Pfändung kann der Drittschuldner entweder im Widerspruchsverfahren, das der Vollstreckungsgläubiger aufgrund von Art. 986 GrZPO eröffnet hat, oder im Verfahren der Schadensersatzklage des Vollstreckungsgläubigers gegen ihn einreden.[71] Alternativ kann der Drittschuldner die Mängel mit dem allgemeinen Widerspruch des Art. 583 GrZPO geltend machen.[72] In allen diesen Fällen – anders als bei der Widerspruchsklage des Art. 933 GrZPO – wird dem Drittschuldner keine Frist gesetzt, in der er seinen Rechtsbehelf einlegen muss.[73] Abschließend sollte erwähnt werden, dass mit der Widerspruchsklage des Art. 986 GrZPO ein Prozess[74] lediglich zwischen der Bank als Drittschuldnerin und dem Vollstreckungsgläubiger eröffnet wird. Aus diesem Grund findet Art. 934 GrZPO, welcher die stufenweise Geltendmachung der Widerspruchsgründe vorsieht, keine Anwendung.[75]

Im deutschen Recht hingegen hat der Drittschuldner ein erweitertes Handlungsfeld, sich gegen die Pfändung zu widersetzen. Entgegen dem griechischen Zwangsvollstreckungsrecht kann der Drittschuldner uneingeschränkt jeden Fehler des Pfändungs- und Überweisungsbeschlusses, der sich aus der Art und Weise der Zwangsvollstreckung ergibt, geltend machen. Der Rechtsbehelf, der dem Drittschuldner zur Verfügung steht, ist die Vollstreckungserinnerung gemäß § 766 Abs. 1 DtZPO.[76] Alternativ können diese Einwendungen des Drittschuld-

---

[71] Areopag 1235/1984, EEN 52 (1985), S. 591.

[72] Vgl. BRINIAS, Αναγκαστική Εκτέλεση, Bd. III, Art. 987, § 472, S. 1425; VATHRAKOKILIS, GrZPO-Komm., Bd. Art. 986 Rnr. 44, S. 119, Art. 987, Rnr. 3, S. 125; KASTRIOTIS, Η κατάσχεσις εις χείρας τρίτου, Bd. II, S. 401 ff.; YESSIOU-FALTSI, Δίκαιο Αναγκαστικής Εκτελέσεως, Bd. II, § 64, Rnr. 268, S. 841, Fn. 956 m.w.N.

[73] ΠΠρΑθ 24/82, Hellenische Justiz 23 (1982), S. 340; ΜΠρΡοδ 572/1987, EEN 55 (1988), S. 67; ΕφΑθ 7917/1974, NoB 23 (1975), S. 767; ΠΠρΠειρ 24/1982, Hellenische Justiz 23 (1982), S. 340. – vgl. auch, VATHRAKOKILIS, GrZPO-Komm., Art. 987, Rnr. 3, S. 124 ff.; KERAMEUS/KONDYLIS/NIKAS, GrZPO-Komm., Art. 987 Rnr. 1 ff., S. 1924 f.; BRINIAS, Αναγκαστική Εκτέλεση III, Art. 987, § 472, S. 1425 ff.

[74] Anwendbare Vorschriften für dieses Verfahren sind Art. 583–585 GrZPO.

[75] ΕφΑθ 7917/1974, NoB 23 (1975), S. 767; ΠΠρΠειρ 24/1982, Hellenische Justiz 23 (1982), S. 340.

[76] BGHZ 69, S. 144 ff. m.w.N. = NJW 1977, 1881, 1882, der den Drittschuldner, der mit einer negativen Feststellungsklage wegen der Unbestimmtheit des Pfändungsbeschlusses vorging, auf § 766 ZPO verwies; OLG Frankfurt NJW 1981, S. 468; BAUMBACH/LAUTERBACH/HARTMANN, ZPO § 766 Anm. 3 C; BAUR/STÜRNER, Zwangsvollstreckungs,- Konkurs- und Vergleichsrecht, Rnr. 723, S. 288; BROX/WALKER, Zwangsvollstreckungsrecht, Rnr. 1200, S. 587; GAUL, Zur Rechtsstellung der Kreditinstitute

ners gegenüber der Zahlungsklage erhoben werden. Im letzteren Fall können sie nur geltend gemacht werden, soweit sie zur Unwirksamkeit des Pfändungs- und Überweisungsbeschlusses führen würden. Führt der Fehler dagegen nur zur Anfechtbarkeit des Beschlusses, ist es dem dafür funktionell ausschließlich zuständigen Vollstreckungsgericht, das mit der Erinnerung angerufen werden muss, vorbehalten, den Beschluss aufzuheben. Ein anhängiger Zahlungsprozess ist notfalls bis zur Entscheidung über die Erinnerung auszusetzen.[77]

Der Grund für die vorliegende Abweichung zwischen den beiden Rechtsordnungen könnte darin liegen, dass nach griechischem Recht die Pfändungsurkunde eine private Urkunde ist, die allein vom Vollstreckungsgläubiger bzw. seinem Rechtsanwalt ohne jegliche Intervention des Gerichts erstellt wird. Dagegen ist der deutsche Pfändungs- und Überweisungsbeschluss als Hoheitsakt des Staates, auch wenn er mit Fehlern behaftet ist, zu qualifizieren. Aus diesem Grund kann er nur mit dem Rechtsbehelf der Vollstreckungserinnerung gemäß § 766 Abs. 1 DtZPO[78] aufgehoben werden. Ziel dieses Verfahrens ist es, die Aufhebung des Pfändungs- und Überweisungsbeschlusses herbeizuführen, was zur Folge hätte, dass die Berechtigung des Vollstreckungsgläubigers beseitigt wird. Der Drittschuldner kann so mit der Erinnerung nach § 766 DtZPO das Fehlen der Vollstreckungsvoraussetzungen rügen, wie beispielsweise die mangelnde Zustellung des zugrunde liegenden Vollstreckungstitels. Anders als im deutschen Recht wird für den Drittschuldner in Griechenland diese Möglichkeit nicht vorgesehen.

Der Grund dafür liegt darin, dass die Vollstreckung den Drittschuldner erheblich belastet. Bereits mit der Zustellung des Pfändungsbeschlusses wird mit der Entstehung eines Zahlungsverbotes gemäß § 829 Abs. 1 Satz 1 DtZPO in die Rechtsstellung des Drittschuldners eingegriffen. Hinzu kommt, dass mit der Überweisung einer Forderung durch das Vollstreckungsgericht der Vollstre-

---

als Drittschuldner in der Zwangsvollstreckung, S. 21; GAUL, Zur Struktur der Zwangsvollstreckung, Rpfleger 1971, S. 81 ff.; LÜKE, Zur Rechtsstellung des Drittschuldners bei der Forderungsübertragung durch Hoheitsakt, JuS 1962, S. 418 (421); MOHRBUTTER, Handbuch des gesamten Vollstreckungs- und Insolvenzrechts, S. 77; ROSENBERG/GAUL, Zwangsvollstreckungsrecht, § 37 V 3 a S. 440; STEIN/JONAS/MÜNZBERG, ZPO, § 766 Rnr. 32; STÖBER, Forderungspfändung, Rnr. 664 f., S. 303; THOMAS/PUTZO, ZPO § 766 Anm. 5 e; STÖBER, in: ZÖLLER, ZPO-Komm., § 766, Rnr. 16, S. 1875; ausführliche Stellungnahme bei BLOMEYER, Die Erinnerungsbefugnis Dritter in der Mobiliarzwangsvollstreckung, S. 69 ff.

[77] Nach h.M. in Deutschland erwächst der auf die Erinnerung hin ergehende Beschluss in materieller Rechtskraft und bindet damit auch das Gericht, das in einem nachfolgenden Drittschuldnerprozess zu entscheiden hat. Vgl. hiezu, REETZ, Die Rechtsstellung des Arbeitgebers als Drittschuldner in der Zwangsvollstreckung, S. 162.

[78] Eine Aufhebung des Pfändungs- und Überweisungsbeschlusses ist auch aufgrund anderer Rechtsbehelfe denkbar, z.B. § 776 Abs. 1 DtZPO.

ckungsgläubiger das Einziehungsrecht als Rechtsnachfolger[79] erwirbt. Es handelt sich um einen Fall des derivativen Erwerbs.[80] Diese Belastungen sind allerdings notwendig, um eine effektive Zwangsvollstreckung zu gewährleisten. Der Drittschuldner bleibt aber nicht ungeschützt, wenn der Pfändungs- und Überweisungsbeschluss nicht dem Gesetz entspricht. Diese Gesetzesverstöße kann der Drittschuldner – wie schon erwähnt – durch das Rechtsbehelf der Erinnerung geltend machen.

In Übereinstimmung mit dem griechischem Recht steht der Bank eine Einwendung wegen mangelnder Bestimmtheit des Pfändungsbeschlusses, insbesondere bei der Kontokorrentpfändung zu. Gegen diesen Mangel kann sie ebenfalls im Wege der Erinnerung nach § 766 DtZPO vorgehen. Trotzdem ist auch in diesem Fall die Verteidigungsmöglichkeit des Drittschuldners in beiden Rechtsordnungen nicht identisch. Während nach griechischem Recht neben der mangelnden Bezeichnung der Pfändungsurkunde ein Nachteil des Drittschuldners nachgewiesen werden muss, wird dieses Erfordernis im Rahmen der deutschen ZPO nicht vorausgesetzt.

II. Fehler hinsichtlich der Art und Weise der Zwangsvollstreckung

Unterschiedlich geregelt in den beiden Ländern ist ebenfalls die Geltendmachung von Fehlern hinsichtlich der Art und Weise der Zwangsvollstreckung durch den Drittschuldner. Die griechische Zivilprozessordnung sieht diese Möglichkeit für den Drittschuldner nicht vor. Dies resultiert aus Art. 933 GrZPO, welcher lediglich den Schuldner und seinen Gläubigern, sofern diese ein Rechtsschutzinteresse nachweisen, berechtigt, sich auf die Fehler hinsichtlich der Art und Weise der Zwangsvollstreckung zu beziehen..[81] Konkreter gesagt, können diese Personen mit dem Widerspruch des Artikels 933 GrZPO[82] Einreden gegen

[79] Der BGH betrachtet den Vollstreckungsgläubiger zumindest in Zusammenhang mit § 325 ZPO als Rechtsnachfolger des Vollstreckungsschuldners. BGH MDR 1988, S. 1053; BGH NJW 1978, 1520 f. vgl. auch, BAUMBACH/LAUTERBACH/HARTMANN, ZPO, § 265 Rnr. 12; SCHMIDT-JORTZIG, Die Auswirkungen der Forderungsüberweisung zur Einziehung, S. 79 f.

[80] Vgl. GROSS, Einwendungen des Drittschuldners, S. 185 ff. m.w.N.

[81] Vgl. BRAKATSOULAS, Αναγκαστική Εκτέλεση, Bd. I, S. 616 f.; ΕφΑθ 2917/74, NoB 23 (1975), S. 767; ΕφΘεσσ 1433/77, Armenopoulos 32 (1978), S. 275; ΠΠρΘεσ 2088/73, NoB 21 (1973), S. 1248; ΠΠρΑθ 2037/72, ΑρχΝ 25, S. 243 = Armenopoulos 27 (1973), S. 635; ΠΠρΑθ 4552/73, Dike 5 (1974), S. 70; vgl. auch, NIKOLOPOULOS, in: KERAMEUS/NIKAS/KONDYLIS, GrZPO-Komm. Art. 933, Rnr. 22 ff., S. 1178 ff.

[82] Vgl. zum Inhalt und Verfahren des Widerspruchs nach Art. 933 GrZPO, NIKOLOPOULOS, in: KERAMEUS/NIKAS/KONDYLIS, GrZPO-Komm. Art. 933, S. 1771 ff.

den Vollstreckungstitel[83], das Vollstreckungsverfahren oder die der Pfändung zugrunde liegende Forderung geltend machen.[84] Der Drittschuldner kann insofern keine Widerspruchsklage gemäß Artikel 933 GrZPO zur Anfechtung des Zwangsvollstreckungsverfahrens erheben.

Anders sieht die Rechtslage diesbezüglich im deutschen Recht aus. § 766 DtZPO beschränkt das Recht, gegen die Art und Weise der Zwangsvollstreckung oder das vom Gerichtsvollzieher zu beobachtende Verfahren Erinnerung einzulegen, nicht nur auf dem Vollstreckungsschuldner. Unter Berücksichtigung der Tatsache, das in § 767 DtZPO eine Beschränkung des Rechtsbehelfs auf dem Schuldner getroffen wird, ist der Umkehrschluss möglich, dass der Drittschuldner im Fall des § 766 DtZPO durchaus berechtigt ist, sich auf die Fehler hinsichtlich der Art und Weise der Zwangsvollstreckung zu beziehen.

III. Materiellrechtliche Einwendungen aus dem Rechtsverhältnis zwischen Vollstreckungsgläubiger und Vollstreckungsschuldner

Eine größere Kongruenz besteht hingegen zwischen den beiden Rechtsordnungen in Bezug auf die Möglichkeit des Drittschuldners, die materiellrechtlichen Einwendungen aus dem Rechtsverhältnis zwischen dem Vollstreckungsgläubiger und der Vollstreckungsschuldner geltend zu machen.

Im griechischen Recht schließt Art. 933 Abs. 1 GrZPO den Drittschuldner aus dem Kreis der Personen aus, die berechtigt sind, die materiellen Einwendungen des Vollstreckungsschuldners gegen den Vollstreckungsgläubiger geltend zu machen.[85] Dieses Recht wird nur dem Vollstreckungsschuldner und seinen Gläubigern zugestanden. Es stellt sich nunmehr die Frage nach der dogmatischen Grundlage, auf der die Herleitung der Restriktion der Verteidigungsmöglichkeiten des Drittschuldners hinsichtlich materiellrechtlichen Einwendungen beruht. Die Literatur und Rechtsprechung[86] verweist fast immer auf Artikel 262 Abs. 2 GrZPO. Diese Vorschrift sieht vor, dass die Einwendungen aus dem Recht eines Dritten nur in den vom Gesetz bestimmten Fällen zulässig sind. Diese Vorschrift wird auch als Ausdruck eines allgemeinen Rechtsgedankens

---

[83] Zu den Arten von Vollstreckungstiteln vgl. Art. 904 Abs. 2 α΄ - ζ΄ GrZPO.

[84] ΕφΑθ 6643/92, Dike 24 (1993), S. 1329; ΕφΑθ 10484/84, Dike 16 (1985), S. 420; ΕφΘεσσ 1433/77, Armenopoulos 32 (1978), S. 275; ΕφΑθ 1786/94, Hellenische Justiz 37 (1996), S. 402.

[85] ΠΠρΑθ 4552/1973, Dike 5 (1974), S. 70.

[86] ΕφΘεσ 1433/1977, Armenopoulos 32 (1978), S. 275 ff. ΕφΑθ 10484/1984, Hellenische Justiz 26 (1985), S. 692; ΠΠρΑθ 7541/1982, Dike 14 (1985), S. 300; ΜΠρΑθ 679/1984, Hellenische Justiz 27 (1986), S. 1014; Vgl. YESSIOU-FALTSI, Δίκαιο Αναγκαστικής Εκτελέσεως, Bd. II, § 64, Rnr. 267, S. 840.

herangezogen, dass der Drittschuldner kein tatsächliches Interesse an der Unwirksamkeit der Pfändung wegen materiellen Gründen aus dem Rechtsverhältnis Vollstreckungsschuldner-Vollstreckungsgläubiger hat. Ob daraus zu folgern ist, dass das allgemeine Rechtsschutzbedürfnis des Drittschuldners fehlt, wird jedes Mal individuell zu überprüfen sein.

Ähnlich steht auch im deutschen Recht die Vollstreckungsabwehrklage gemäß § 767 Abs. 1 DtZPO nur dem Vollstreckungsschuldner zu.[87] Mit dem Grundsatz der Formalisierung der Voraussetzungen der Zwangsvollstreckung[88] wäre es nicht zu vereinbaren, könnte der Drittschuldner den der Zwangsvollstreckung zugrunde liegenden Titel angreifen.[89] Diese Auffassung entspricht dem Grundgedanken, dass für die Vollstreckung der im Titel festgestellte Anspruch maßgebend ist. Und nach nahezu einhelliger Auffassung sind dem Drittschuldner Einwendungen gegen die der Pfändung zugrunde liegende Forderung verwehrt.[90] Somit kann nur der Schuldner die Vollstreckung aus diesem Titel in sein Vermögen verhindern. Im Ergebnis kann festgestellt werden, dass Einwendungen im Bezug auf den Anspruch selbst auch im deutschen Recht weder im Wege der § 767 DtZPO – dem steht schon der Wortlaut entgegen – noch im Rahmen einer rechtshängigen Zahlungsklage vom Drittschuldner erhoben werden.[91]

Dennoch wird dem Drittschuldner in Deutschland die Vollstreckungsabwehrklage nicht völlig verwehrt. Zulässig ist diese ausnahmsweise dann, wenn mehrere Gläubiger die Forderung gepfändet haben und der Drittschuldner auf mehr als eine Klage hin verurteilt worden ist. In diesem Fall hat er die Möglichkeit, den Berechtigten zuerst zu befriedigen und dann gegen die übrigen Gläubiger nach § 767 DtZPO vorzugehen.[92]

---

[87] Vgl. STÖBER, Forderungspfändung, Rnr. 744, S. 340 f.; LUTTNER, Die Stellung des Drittschuldners bei der Zwangsvollstreckung in Forderungen, S. 75 ff. Anders: BGHZ 86, 337, 340.

[88] Vgl. PUTZO, in: THOMAS/PUTZO, ZPO, § 704 Vorb. Rnr. 33, S. 1130.

[89] BGH BB 1969, S. 776 f.; RGZ 93, S. 74 ff. 77; REETZ, Die Stellung des Arbeitgebers als Drittschuldner in der Zwangsvollstreckung, S. 154; GAUL, Rechtsstellung der Kreditinstitute als Drittschuldner in der Zwangsvollstreckung, S. 27.

[90] Vgl. REETZ, Die Stellung des Arbeitgebers als Drittschuldner in der Zwangsvollstreckung, S. 154 m.w.N.

[91] Dagegen sprechen auch nicht die Entscheidungen, in denen das BAG aufgrund besonderer Umstände Einwendungen des Drittschuldners (Arbeitgebers) hat durchgreifen lassen, da sich diese Entscheidungen nicht verallgemeinern lassen. Vgl. hierzu, REETZ, Die Rechtsstellung des Arbeitgebers als Drittschuldner in der Zwangsvollstreckung, S. 21 ff.; SMID, in Münch-Komm. ZPO, § 829 Rnr. 56, S. 198.

[92] Vgl. PUDERBACH, Situation des Drittschuldners bei der Forderungspfändung, S. 83 f.

IV. Materiellrechtliche Einwendungen aus dem Verhältnis zwischen Drittschuldner und Vollstreckungsschuldner

Außer den vorgenannten Einwendungen aus der Pfändung sind dem Drittschuldner in beiden Rechtsordnungen Einwendungen gegen die gepfändete Forderung gestattet. Hierbei handelt es sich um die materiellrechtlichen Einwendungen aus dem Verhältnis zwischen Drittschuldner und Vollstreckungsschuldner. Alle Einwendungen, die dem Drittschuldner aus diesem Rechtsverhältnis gegen die gepfändete Forderung zustehen, kann der Drittschuldner auch dem Vollstreckungsgläubiger entgegenhalten.

Im griechischen Recht sind alle Einreden, die der Drittschuldner gegen den Vollstreckungsschuldner hat, mit der Drittwiderspruchsklage gemäß Art. 936 GrZPO (vgl. § 771 DtZPO) geltend zu machen.[93] Voraussetzung für diese Klage ist, dass ein Recht des Drittschuldners an dem Pfändungsgegenstand verletzt wurde. Gleichzeitig muss er dieses Recht gegen den Vollstreckungsschuldner selbst geltend machen. Überwiegend werden in Art. 936 GrZPO die dinglichen Rechte an dem Pfändungsgegenstand, die das Recht des Vollstreckungsschuldners an der Sache ausschließen oder einschränken, aufgeführt. Auch ein Verfügungsverbot, das zugunsten des Drittschuldners gegenüber dem Vollstreckungsschuldner vereinbart wurde, kann der Dritte geltend machen. Er kann somit dem Vollstreckungsgläubiger den Vorrang einer bereits früher erfolgten Verfügung entgegenhalten. Im Rahmen des Vollstreckungszugriffes auf Bankkonten fallen unter die materiellen Einwendungen, insbesondere die Aufrechnungsbefugnis der Bank[94] sowie die Pfandrechtsvereinbarung zwischen Bank und Kunden als dingliches Recht an dem Pfändungsgegenstand. Gleichzeitig kann die Bank als Drittschuldnerin diese materiellen Einwendungen im Verfahren der Widerspruchsklage, welche durch den Vollstreckungsgläubiger gegen die Bank erhoben wurde (Art. 986 GrZPO), geltend machen.[95]

Diese Befugnis wird dem Drittschuldner auch in deutscher Rechtsprechung und Literatur einhellig zuerkannt. Dogmatisch hergeleitet wird diese Befugnis des Drittschuldners aus einem allgemeinen Rechtsgrundsatz, der eine materiell-rechtliche Schlechterstellung des Drittschuldners verbietet.[96] Bei der Ü-

---

[93] Vgl. BRINIAS, Αναγκαστική Εκτέλεση III, Art. 987, § 473, S. 1430.

[94] ΕφΑθ 640/1990, Hellenische Justiz 33 (1992), S. 605.

[95] Vgl. zum griechischen Recht, NIKOLOPOULOS, in: KERAMEUS/NIKAS/KONDYLIS, GrZPO-Komm. Art. 986, Rnr. 19, S. 1923 f.

[96] Zum Teil wird dieser Grundsatz aus den Schuldnerschutzvorschriften zum Zessionsrecht oder zum Zessions- und Pfandrecht hergeleitet. Andere wenden § 404 BGB direkt, §§ 1275, 404 BGB oder §§ 412, 404 analog an. Vgl. hierzu, STÖBER, Forderungspfändung Rnr. 571, S. 259; ROSENBERG/GAUL/SCHILKEN, Zwangsvollstreckungsrecht, §§ 55 II 1 c bb, S. 861; BAUR/STÜRNER, Zwangsvollstreckungsrecht, Rnr. 521; STEIN/JONAS/BREHM,

berweisung an Zahlung statt folgt dies unmittelbar aus § 404 DtBGB[97], bei der Überweisung zur Einziehung hingegen daraus, dass der Schuldner nach wie vor Inhaber der Forderung ist. Aus diesem Grundsatz folgt, dass der Drittschuldner dem Vollstreckungsgläubiger im Zahlungsprozess alle denkbaren Einwendungen entgegenhalten kann, die ihm schon zur Zeit der Pfändung gegen den Forderungsinhaber zustanden.[98] Er kann namentlich vortragen, dass die gepfändete Forderung nicht (mehr) existiere,[99] sie sei nicht fällig[100] oder (infolge Aufrechnung) der Bank zustehe. Auch kann er deren Nichtzugehörigkeit zum Schuldnervermögen geltend machen.[101]

Im griechischen Schrifttum fehlt es weitgehend an gezielten Erörterungen zu diesem Rechtsgrundsatz. Dennoch wird auch nach dem griechischen Zwangsvollstreckungsrecht die Stellung des Drittschuldners durch die Pfändung nicht verschlechtert, da auch hier der Drittschuldner dem Vollstreckungsgläubiger alle materiellrechtliche Einwendungen entgegenhalten kann.

IV. Weitere Einwendungen des Drittschuldners

Trotz der ausschließlichen Aufzählung der Verteidigungsmöglichkeiten des Drittschuldners im Hinblick auf die Unwirksamkeit der Pfändung im Art. 987 GrZPO wurde von der höchstrichterlichen Rechtsprechung[102] in Griechenland ein weiteres Spektrum von Einwendungsmöglichkeiten zugesprochen. Art. 987 GrZPO ist nicht als abschließende Regelung zu verstehen. Der Areopag hat neben den genannten Einwendungsmöglichkeiten anerkannt, dass der Drittschuldner in gewissen Fällen über die Möglichkeiten des Art. 987 GrZPO hinaus, berechtigt ist, die Unwirksamkeit der Pfändung zu rügen. Ein solcher Fall liegt vor, wenn sich aus einer speziellen gesetzlichen Vorschrift ergibt, dass auch

---

ZPO § 829 Rnr. 110; BROX/WALKER, Zwangsvollstreckungsrecht, Rnr. 654; BAUMBACH/LAUTERBACH/HARTMANN, ZPO, § 835 Rnr. 16; STÖBER, in: ZÖLLER, ZPO-Komm., § 836 Rnr. 6, S. 2065.

[97] Vgl. SMID, in: Münch-Komm. ZPO § 829 Rnr. 61; S. 199; RIEDEL, Abtretung und Verpfändung von Forderungen und anderen Rechten, S. 88 ff.; GAUL, Zur Rechtsstellung der Kreditinstitute als Drittschuldner in der Zwangsvollstreckung, S. 28.

[98] Vgl. STEIN/JONAS/MÜNZBERG, ZPO, § 829 Rnr. 110.

[99] BGHZ 70, 313, 320.

[100] BGH WM 1981, 305.

[101] Vgl. STEIN/JONAS/BREHM, ZPO, Rnr. 110.

[102] Areopag 221/1976, Dike 7 (1976), S. 748, mit zust. Anm. von BEYS, S. 750 und MITSOPOULOS, S. 758 = EEN 43 (1976), S. 612 = NoB 24 (1976), S. 769 = ΑρχΝ ΚΖ΄ (1976), S. 655.

Dritte dazu befugt werden oder, wenn die Unwirksamkeit der Pfändung auch dem Interesse des Drittschuldners dient.[103] Darunter fällt beispielsweise auch die fehlerhafte Zustellung an ihn selbst.[104] Schließlich weist die h.M.[105] darauf hin, dass der Drittschuldner einen Mangel einwenden darf, wenn durch die Unwirksamkeit das öffentliche Interesse geschützt werden soll.[106] In diesem Sinne ist insbesondere die Unwirksamkeit der Pfändung von unpfändbaren Forderungen, wie beispielsweise Lohn- und Gehaltsansprüche, Rentenansprüche etc. zu verstehen.[107] Die h.M. erkennt in diesen Fällen an, dass die Unwirksamkeit solcher Pfändungen dem öffentlichen Interesse diene und daher auch vom Drittschuldner geltend gemacht werden könne.

Ebenso kann der Drittschuldner auch in Deutschland im Rahmen des Zahlungsprozesses die Unpfändbarkeit nach §§ 850 ff. DtZPO oder nach § 55 SGB I geltend machen[108], obwohl die Pfändungsbeschränkungen in erster Linie dem Schutz des Schuldners dienen. Begründet wird dieses Ergebnis sehr unterschiedlich. Nach ROSENBERG[109] führt die Pfändung unpfändbarer Forderungen zur Nichtigkeit des Pfändungsbeschlusses und damit konsequent zur Zulässigkeit des entsprechenden Einwandes im Zahlungsprozess. STÜRNER[110] hält bei Verletzung der §§ 850 ff. DtZPO den Pfändungsbeschluss zwar nur für anfechtbar und nicht für nichtig. Trotzdem müsse der Drittschuldner gegenüber dem Vollstreckungsgläubiger die mangelnde Einziehungsermächtigung im Einziehungsprozess geltend machen können. Schließlich wird von REETZ[111] die Meinung vertreten, dass ein Verstoß gegen die §§ 850 ff. DtZPO nicht zur Unwirksamkeit des Pfändungsbeschlusses führt und daher die Einziehungsermächtigung bis zur

---

[103] Vgl. YESSIOU-FALTSI, Δίκαιο Αναγκαστικής Εκτελέσεως, Bd. II, § 64, Rnr. 271, S. 843 ff.

[104] Siehe auch Art. 122 ff. GrZPO.

[105] Areopag 221/76, Dike 7 (1976), S. 748 mit Anm. BEYS und MITSOPOULOS; YESSIOU-FALTSI, Δίκαιο Αναγκαστικής Εκτελέσεως, Bd. II, § 64, Rnr. 271, S. 843 ff. m.w.N.

[106] ΕφΑθ 1433/1977, Armenopoulos 32 (1978), S. 275 f.; ΕφΑθ 10484/1984, Dike 16 (1985), S. 420 ff.; vgl. auch, BEYS, Νομιμοποίησης του τρίτου να προτείνει το ακατάσχετον κ.λ.π. Anm. zum Areopag 22/76, Dike 7 (1976), S. 742.

[107] Areopag 221/76, NoB 24 (1976), S. 769 = Dike 7 (1976), S. 748; ΕφΑθ 6710/1979, NoB 28 (1980), S. 808 f.; ΕφΑθ 10389/1982, Hellenische Justiz 24 (1983), S. 297.

[108] Vgl. LIESECKE, Das Bankguthaben in Gesetzgebung und Rechtsprechung, WM 1975, S. 314 (325); STEIN/JONAS/BREHM, ZPO, § 850 Rnr. 19.

[109] Vgl. ROSENBERG, Zwangsvollstreckungsrecht, § 192 II 2 a.

[110] in: BAUR/STÜRNER, Zwangsvollstreckungs-, Konkurs- und Vergleichsrecht, Rnr. 371.

[111] REETZ, Die Rechtsstellung des Arbeitgebers als Drittschuldner in der Zwangsvollstreckung, S. 164 f.

Entscheidung des dazu funktionell allein zuständigen Vollstreckungsgerichts, das mit der Erinnerungsbefugnis gemäß § 766 DtZPO anzurufen ist, fortbesteht. Auch die Gegner[112] dieser Auffassung (dass der Drittschuldner die Unpfändbarkeit einwenden darf) konzedieren, dass die Pfändungsgrenzen materiell-rechtlich die Rechtsdurchsetzungskompetenz des Gläubigers beschränken.

Diese zum Schutz des Schuldners geschaffenen zahlreichen und komplizierten Vorschriften bewirken bei der Bank als Drittschuldnerin einen nicht unerheblichen Aufwand an Zeit und Kosten. Im deutschen Recht kann die Nichtbeachtung dieser Vorschriften durch den Drittschuldner zu einer Schadenersatzpflicht führen. Dadurch zeigt sich erneut, wie der Drittschuldner durch die Forderungspfändung in seiner rechtlichen und wirtschaftlichen Stellung betroffen wird.

V. Negative Feststellungsklage des Drittschuldners nach § 256 Abs. 1 DtZPO

Soweit der Drittschuldner nicht mit der Erinnerung die Unwirksamkeit der Pfändung, sondern materielle Einwendungen und Einreden gegen die gepfändete Forderung geltend macht, stehen ihm nach deutschem Recht mit der Möglichkeit einer negativen Feststellungsklage die allgemeinen Gegenrechte gegen den Gläubiger zu. Dem Drittschuldner steht – wie es sich aus der höchstrichterlichen Rechtsprechung ergibt[113] – dagegen die negative Feststellungsklage gemäß § 256 Abs. 1 DtZPO nicht zur Verfügung, um die Nichtigkeit einer Vollstreckungsmaßnahme zu klären. Die Klärung von Unbestimmtheiten des Pfändungsbeschlusses gehört somit nicht vor das Prozessgericht, sondern gemäß § 766 DtZPO ins Erinnerungsverfahren.[114]

Das rechtliche Interesse des Drittschuldners an der Feststellung[115] ergibt sich daraus, dass er bei Unwirksamkeit der Pfändung und Überweisung keine

[112] BAG NJW 1961, S. 510; m. Anm. BÖTTICHER, Anmerkung zum BAG-Urteil 11.1.1961, MDR 1961, S. 800 und POHLE, Kann der Drittschuldner der Klage aus einem Pfändungsbeschluss die Pfändungsgebote der §§ 850 ff. ZPO entgegenhalten?, JZ 1962, S. 344; OLG Hamm FamRZ 1978, S. 602; OLG Celle NJW 1962, S. 1731; REETZ, Die Rechtsstellung des Arbeitgebers als Drittschuldner in der Zwangsvollstreckung, S. 164 f.

[113] BGH v. 22.6.1977, BGHZ 69, 144, 147 = NJW 1977, S. 1881. Diese Möglichkeit wurde mit dem BGH-Urteil v. 22.6.1977 „drastisch eingeschränkt". Vgl. hierzu, REETZ, Die Rechtsstellung des Arbeitgebers als Drittschuldner in der Zwangsvollstreckung, S. 158 ff.

[114] Vgl. GAUL, Zur Rechtsstellung der Kreditinstitute als Drittschuldner in der Zwangsvollstreckung, S. 32.

[115] Der BGH (BGHZ 69, 144, 147) hält das allgemeine Rechtsschutzbedürfnis für nicht gegeben, soweit § 766 DtZPO als einfacher und billiger Rechtsbehelf zur Verfügung stehe.

Zahlungen an den Vollstreckungsgläubiger leisten muss.[116] Nach anderer richtigerer Ansicht ist das Rechtsschutzinteresse erst dann gegeben, wenn der Drittschuldner dem Gläubiger zuvor seine Einwendungen mitgeteilt und dieser gleichwohl an seiner angegriffenen Rechtsauffassung festgehalten hat.[117] Die negative Feststellungsklage ist daher nur zulässig, nachdem der Gläubiger vom Drittschuldner die Abgabe einer Erklärung nach § 840 Abs. 1 DtZPO verlangt hat.[118]

In der griechischen Literatur und Rechtsprechung fehlt es weitgehend an gezielten Erörterungen zu dieser Möglichkeit. Es wird dennoch angenommen, dass im Rahmen der Widerspruchsklage des Vollstreckungsgläubigers gemäß Art. 986 GrZPO der Drittschuldner eine Widerklage (Art. 268 GrZPO) erheben kann.[119] Dies ergibt sich aus der Tatsache, dass im Verfahren der Widerspruchsklage der Vollstreckungsgläubiger als ein Kläger angesehen wird.

§ 4 Die Einwendungsbefugnisse des Drittschuldners im Rahmen des Einziehungsprozesses

Zahlt der Drittschuldner in Griechenland nicht, so kann sich selbstverständlich der Vollstreckungsgläubiger ebenso wenig wie bisher der Schuldner ohne weiteres zwangsweise aus der gepfändeten Forderung befriedigen. Während der Gläubiger nach deutschem Recht erst den Drittschuldner nunmehr im sogenannten Einziehungsprozess auf Zahlung verklagen und einen Vollstreckungstitel gegen diesen erwirken muss, fällt dieser Prozess für den griechischen Gläubiger aus. Bereits die positive Erklärung des Drittschuldners erkennt der griechische Gesetzgeber als einen Vollstreckungstitel gegen den Drittschuldner an (Art. 989 GrZPO).[120] Unterlässt er dagegen die Abgabe einer Erklärung oder ist diese negativ, so entsteht der Vollstreckungstitel des Gläubigers mit der prozessualen

---

[116] Vgl. GROSS, Einwendungen des Drittschuldners, S. 52 f.

[117] Vgl. SMID, in: Münch-Komm., ZPO § 829, Rnr. 66, S. 200; BGHZ 69, 144 = NJW 1977, S. 1881 f.; GAUL, Zur Struktur der Zwangsvollstreckung, Rpfleger 1971, S. 1 ff.

[118] Vgl. ROSENBERG/GAUL/SCHILKEN, Zwangsvollstreckungsrecht, § 55 I 3 b.

[119] Vgl. YESSIOU-FALTSI, Δίκαιο Αναγκαστικής Εκτελέσεως, Bd. II, § 64, Rnr. 273, S. 845 f.; BRINIAS, Αναγκαστική Εκτέλεση, Bd. III, Art. 986 § 468, S. 1420 f.; VATHRAKOKILIS, GrZPO-Komm., Bd. Art. 986, Rnr. 40, S. 118.

[120] Nach h.M. in Griechenland braucht der Vollstreckungsgläubiger auch im Fall, dass die Bank als Drittschuldnerin eine positive Erklärung abgegeben hat, aber nicht bereit ist, an den Vollstreckungsgläubiger zu zahlen, keine Leistungsklage gegen die Bank zu erheben. Vgl. hierzu, BEYS, Η εκτελεστική διαδικασία σε περίπτωση πολλαπλής κατάσχεσης στα χέρια τρίτου και καταφατικής δήλωσης του τρίτου, Dike 9 (1978), S. 565 f.

Erzwingbarkeit der Drittschuldnererklärung. Diese erfolgt mit dem Urteil, das auf die Widerspruchsklage (Art. 986 GrZPO) des Gläubigers gegen die negative oder mangelnde Erklärung ergangen ist (Art. 990 GrZPO). In diesem Fall wird bereits mit der Widerspruchsklage des Vollstreckungsgläubigers gegen den Drittschuldner gemäß Art. 986 GrZPO ein Verfahren eröffnet.[121]

Es ist offensichtlich, dass sich die Verteidigungsmöglichkeiten des Drittschuldners in beiden Rechtsordnungen, während der Phase des Einziehungsprozesses nach deutschem Recht oder der entsprechenden Phase der Geltendmachung des Vollstreckungstitels gegen den Drittschuldner im griechischem Recht verändern. Diese sind nunmehr als erweitert anzusehen, denn die Zwangsvollstreckung wird direkt gegen den Drittschuldner betrieben. Somit wird er mit der Position des Vollstreckungsschuldners gleichgestellt.

Infolgedessen ist er auch nach griechischem Recht berechtigt, die Widerspruchsklage des Art. 933 GrZPO (vgl. §§ 766 und 767 Abs. 1 DtZPO, Vollstreckungsgegenklage) gegen die Vollstreckung zu erheben und damit jeden Mangel der Vollstreckungsverfahrens zu rügen.[122] Er wird nunmehr alle Einwendungen gegen die vorliegende Zwangsvollstreckung geltend machen können, ohne an Art. 987 GrZPO gebunden zu sein. Allerdings kann er auch zu diesem Zeitpunkt keine Einwendungen gegen den Anspruch des Vollstreckungsgläubigers gegen den Vollstreckungsschuldner rügen. In diesem Fall wird er durch Art. 987 GrZPO eingeschränkt.[123]

§ 5 Würdigung der Rechtsstellung der Bank als Drittschuldnerin in beiden Rechtsordnungen

Die obigen Ausführungen belegen, dass die Stellung der Bank als Drittschuldnerin in den hier untersuchten Rechtsordnungen durch den Vollstreckungszugriff auf Bankkonten sowohl rechtlich als auch tatsächlich beeinträchtigt wird. Auf den ersten Blick fallen allerdings die Unterschiede auf, die offensichtlich die Stellung des griechischen im Vergleich zum deutschen Drittschuldner verschlechtern. Die Belange der Kreditinstitute als Drittschuldner in Deutschland werden deutlich besser geschützt.

Bei einer fehlenden Erklärung des Drittschuldners hat der Vollstreckungsgläubiger in Griechenland einen einklagbaren Anspruch auf Abgabe einer Erklärung. Prozessual wird dieser Anspruch mit der Widerspruchsklage des Art.

---

[121] ΠΠρΑθ 6615/1978, Armenopoulos 33 (1979), S. 414; ΜΠρΘεσσ 2429/1981, Hellenische Justiz 23 (1982), S. 182.

[122] Vgl. BRINIAS, Αναγκαστική Εκτέλεση III, Art. 989, § 483, S. 1462.

[123] Vgl. BRINIAS, Αναγκαστική Εκτέλεση III, Art. 989, § 483, S. 1462.

986 GrZPO geltend gemacht. Dadurch wird er in einem Prozess als Beklagter verwickelt, was einen erheblichen Eingriff in seine Rechtsstellung bedeutet. Dagegen erkennt die h.M. in Deutschland keinen einklagbaren Auskunftsanspruch gegen den Drittschuldner an.

Außerdem wird die Stellung des Drittschuldners im griechischen System der Forderungspfändung dadurch verschlechtert, dass für ihn eine verschuldensunabhängige Haftung für den Schaden des Vollstreckungsgläubigers begründet wird. Während die deutsche Zivilprozessordnung ein Verschulden des Drittschuldners für seine Schadenshaftung fordert, führt die entsprechende Regelung der GrZPO aufgrund der verschuldensunabhängigen Haftung zu unzumutbaren Ergebnissen für den Drittschuldner. Hinzu kommt, dass der Drittschuldner möglicherweise von seiner Erklärungspflicht keine Kenntnis hat[124], da die griechische Zivilprozessordnung die Aufforderung durch den Vollstreckungsgläubiger nicht voraussetzt. Im Rahmen des heutigen Systems der Forderungspfändung könnte die Stellung des Drittschuldners wenigstens teilweise verbessert werden, in dem man in Art. 983 Abs. 1 GrZPO eine Aufforderung zur Erklärung durch den Vollstreckungsgläubiger als erforderlichen Bestandteil der Pfändungsurkunde vorschreiben würde. Somit wäre der Drittschuldner zumindest vor übereiltem oder unüberlegtem Handeln gewarnt.

Negativ zu bewerten ist auch, dass im griechischen Recht, trotz der Tatsache, dass die Pfändung nicht durch einen staatlichen Akt, sondern durch eine private Urkunde bewirkt wird, der Drittschuldner beschränkte Einwendungsbefugnisse hat. Bedenklich aus dem Gesichtspunkt der Rechtsstellung des Drittschuldners erscheint auch die griechische Regelung des Art. 989 GrZPO, die eine Vollstreckung gegen ihn ohne vorheriges Verfahren erlaubt. Dem griechischen Vollstreckungsgläubiger wird vom Gesetz ein Vollstreckungstitel gegen den Drittschuldner zunächst gewährt, wenn dieser eine positive Erklärung abgibt und nicht zur Zahlung bereit ist. Infolgedessen wird seine Rechtsstellung vergleichsweise zu der Rechtsstellung des allgemeinen Schuldners erheblich mehr beeinträchtigt. Darüber hinaus steht der Drittschuldner wegen der allzu kurzen Erklärungsfrist (acht Tage) unter Zugzwang, wodurch er möglicherweise zur Abgabe einer nicht gut überlegten Erklärung veranlasst wird. Einen ähnlichen Vollstreckungstitel stellt nach Art. 904 Abs. 2 δ΄ GrZPO die notarielle Urkunde dar. Bei einer notariellen Urkunde allerdings handeln die Parteien im Gegensatz zum Drittschuldner, der gezwungen wird, eine Erklärung abzugeben, freiwillig.

Die Regelungen der griechischen Zivilprozessordnung lassen weder auf Konstruktionsschwächen noch auf unnötigen Formalismus des griechischen Gesetzgebers schließen. Sie sind vielmehr auf die zentrale Bedeutung, welche die

124 Die Rechtsprechung in Griechenland rechtfertigt nicht die Unkenntnis der Verpflichtung des Drittschuldners, eine Erklärung abzugeben. Vgl. ΠΠρΚορινθ 596/1976, ΑρχΝ ΚΖ΄ (1976), S. 814.

Drittschuldnererklärung im griechischen System der Forderungspfändung und insbesondere im griechischen Drittschuldnerprozess einnimmt, zurückzuführen. Denn während nach der deutschen ZPO die Verwertung der Forderung unabhängig von der Abgabe und dem Inhalt der Erklärung oder von ihrer Unterlassung durch einen gerichtlichen Überweisungsbeschluss erfolgt, geht das griechische Recht einen Sonderweg. Die zwangsweise Abtretung der Forderung kraft Gesetzes im Rahmen der griechischen ZPO ist von der Entstehung der Zahlungspflicht des Drittschuldners und diese wiederum gemäß 988 Abs. 1 GrZPO von der Abgabe einer positiven Erklärung abhängig.[125] Demzufolge ist im Falle der Unterlassung oder der negativen Erklärung weder der Vollstreckungsgläubiger zur Einziehung berechtigt noch der Drittschuldner zur Zahlung verpflichtet. Die Erklärung ist somit im griechischen Vollstreckungssystem nicht nur eine der Erleichterung des Vollstreckungsgläubigers zusätzlich dienende Handlung der Bank, sondern eine im Vollstreckungsverfahren funktionell eingegliederte und für seine Abwicklung unerlässliche Handlung. Anders nach dem System der DtZPO, wo die Pfändung der Forderung auch bei Nichtentstehung der Erklärungspflicht des Drittschuldners zur Verwertung und damit zur Befriedigung des Vollstreckungsgläubigers führen kann.[126]

§ 6 Drittschuldnerschutz für die Bank bei der Kontenpfändung – Materielle Einwendungen aus dem Rechtsverhältnis zwischen Drittschuldner und Vollstreckungsschuldner

Unumstritten kann der Drittschuldner dem Zahlungsverlangen des Vollstreckungsgläubigers alle materielle Einwendungen entgegenhalten, die ihm zur Zeit der Pfändung gegen die gepfändete Forderung dem Schuldner gegenüber zustanden. Denn da sich der Pfändungsgläubiger nur aus dem Schuldnervermögen befriedigen darf, kann ihm der Vollstreckungszugriff naturgemäß nicht mehr Rechte verschaffen, als dem Schuldner gegenüber dem Drittschuldner zustanden. Zu den möglichen Einwendungen des Drittschuldners gegen den Gläubiger gehört insbesondere auch die Geltendmachung von „Selbsthilferechten“. Als solche „Selbsthilferechte“ des Drittschuldners bei einem Vollstreckungszugriff auf Bankkonten wird u.a. die Ausübung der Kompetenz zur Aufrechnung angesehen.

---

[125] Plenum Areopag 3/1993, NoB 43 (1995), S. 223.

[126] Vgl. STOIKOS, Die Zwangsvollstreckung wegen Geldforderungen in das bewegliche Vermögen im deutschen und im griechischen Recht, S. 292 ff.

I. Aufrechnungsbefugnis der Bank

1. Allgemein zur Aufrechnungsbefugnis

Als materielle Einwendung besonders hervorzuheben bei einem Vollstreckungszugriff auf Bankkonten ist die Aufrechnungsbefugnis der Bank als Drittschuldnerin mit einer ihr gegen den Vollstreckungsschuldner zustehenden Gegenforderung. Als Aufrechnungsmöglichkeit ist in beiden Rechtsordnungen zunächst die Möglichkeit, gegenseitige, gleichartige und fällige Forderungen durch Aufrechnung zu tilgen, anerkannt.[127] Mangels entsprechender Regelung der Aufrechnungsbefugnis der Bank in den deutschen AGB-Banken bzw. AGB-Sparkassen finden diesbezüglich allein die Bestimmungen des DtBGB Anwendung.[128] Darstellend findet man die Bestimmungen über die gesetzliche Aufrechnung in beiden Rechtsordnungen im allgemeinen Schuldrecht (Art. 440 ff. GrZGB bzw. §§ 387 ff. DtBGB). In diesem Sinne gewährt sowohl der griechische als auch der deutsche Gesetzgeber der Bank die Möglichkeit, ihre Gegenforderungen durch Selbsthilfe durchzusetzen (Sicherungs- und Vollstreckungsfunktion). Daneben vermag eine wirksame Aufrechnung, welche die gepfändete Forderung zum Erlöschen bringt, den Drittschuldner von Pflichten gegenüber dem Vollstreckungsgläubiger zu befreien.

2. Rangverhältnis zwischen Aufrechnungsbefugnis der Bank und Pfändungsrecht des Gläubigers

Betreffend der Frage des Rangverhältnisses zwischen der Aufrechnungsbefugnis der Bank und dem Recht des Pfandgläubigers an der gepfändeten – nach deutschem Recht das sog. Pfändungspfandrecht – Forderung kann zu den beiden Rechtsordnungen eine Parallele gezogen werden. So ist nach beiden Rechtsordnungen problemlos und allgemein zu beurteilen, dass die Aufrechnung aus-

---

[127] Vgl. BAUMBACH/LAUTERBACH/HARTMANN, ZPO, § 829 Anm. 7 Bb; BAUR/STÜRNER, Zwangsvollstreckungs-, Konkurs- und Vergleichsrecht, Bd. I, Rnr. 521, S. 219; BLOMEYER Zwangsvollstreckungsrecht, § 55 IV 1 a, S. 234; BROX/WALKER, Zwangsvollstreckungsrecht, Rnr. 653, S. 341 f.; GERHARDT, Vollstreckungsrecht, § 9 II 1 c, S. 128; HOLZ, Einwendungsbefugnisse des Drittschuldners im Prozess mit dem Vollstreckungsgläubiger, S. 66; ROSENBERG/GAUL, Zwangsvollstreckungsrecht, § 55 II 1 c, S. 659; STEIN/JONAS/MÜNZBERG, ZPO, § 829 Rnr. 111; STÖBER, Forderungspfändung, Rnr. 572, S. 260; BUNTE, in: SCHIMANSKI/BUNTE/LWOWSKI, Bankrechts-Handbuch, § 9, Rnr. 1 ff., S. 136 ff.

[128] Vgl. BGH WM 1987, S. 834. Nr. 4 AGB-Banken, die mit Nr. 11 Abs. 1 AGB-Sparkassen übereinstimmt, bezieht sich lediglich auf die Grenzen der Aufrechnungsbefugnis des Kunden.

drücklich zulässig ist, wenn die Gegenforderung der Bank bereits vor der Pfändung entstanden ist. Im griechischen Recht wird dies ausdrücklich im Art. 984 Abs. 2 Satz 1 GrZPO geregelt. Die selbe Regelung wird auch in Art. 449 GrZGB (§ 392 DtBGB) vorgesehen. Ausgeschlossen ist dagegen die Aufrechnung, wenn die Bank als Drittschuldnerin die Gegenforderung erst nach der Pfändung erworben hat.[129] Fraglich erscheint, ob allein der Entstehungsgrund der Gegenforderung vor der Pfändung vorliegen muss oder ob die Gegenforderung zum Zeitpunkt der Pfändung fällig sein muss.

Im griechischen Recht spalten sich zu dieser Problematik die Meinungen. Die Kompetenz zur Aufrechnung ist nach einer Auslegung gegeben, sofern der Entstehungsgrund der Gegenforderung vor der Pfändung entstanden ist, unabhängig davon, ob diese Forderung fällig ist.[130] Zu dieser Lösung führe der Wortlaut des Art. 449 GrZGB, welcher lediglich die Entstehung und nicht die Fälligkeit der Gegenforderung als Erfordernis für ihre Aufrechnung vorsieht. Darüber hinaus ergebe sich diese Auslegung auch teleologisch. Ziel dieser Vorschrift sei es, eine Gläubigerbenachteiligung, zu der Absprachen zwischen Bank und Kunden führen könnten, zu vermeiden. Auf der anderen Seite wird vertreten, dass der Drittschuldner nur mit einer Forderung gegen den Schuldner aufrechnen kann, wenn bereits beim Wirksamwerden der Pfändung die Voraussetzungen der Aufrechnung vorlagen.[131] Zum Zeitpunkt der Pfändung müssen sich Forderung und Gegenforderung aufrechenbar gegenüber gestanden haben. Der Drittschuldner kann in diesem Fall wirksam aufrechnen, da die Aufrechnungslage schon vor der Pfändung bestanden hat.[132]

Auch im deutschen Recht ist die letztere Auffassung die herrschende. Die Aufrechnung ist nach § 392 DtBGB ausgeschlossen, wenn die Gegenforderung erst nach der Pfändung und später als die gepfändete Forderung fällig wird. Für die Aufrechnung genügt es hingegen, dass im Zeitpunkt der Pfändung die Gegenforderung dem Rechtsgrund nach bestand, sofern sie spätestens gleichzeitig mit der Hauptforderung fällig wurde.[133] Der Drittschuldner sei in diesem Fall

---

[129] Vgl. REETZ, Die Rechtsstellung des Arbeitgebers als Drittschuldner in der Zwangsvollstreckung, S. 76 f.

[130] Vgl. YESSIOU-FALTSI, Δίκαιο Αναγκαστικής Εκτελέσεως, Bd. II, § 64, Rnr. 182, S. 782 f.; FRAGISTAS, GrZGB-Komm. Art. 449, Rnr. 1. Die Einrede der Aufrechnung kann der Drittschuldner an seine negativen Drittschuldnererklärung anknüpfen.

[131] Vgl. BRINIAS, Αναγκαστική Εκτέλεση, Bd. III, Art. 984, Rnr. 455 a, S. 1358 f.; VATHRAKOKILIS, GrZPO-Komm., Art. 984, Rnr. 12, S. 79 f.; POLYZOGOPOULOS, in: GEORGIADIS/STATHOPOULOS, GrZGB-Komm., Art. 449, Rnr. 1 a, 4, S. 555.

[132] Vgl. YESSIOU-FALTSI, Δίκαιο Αναγκαστικής Εκτελέσεως, Bd. II, § 64, Rnr. 182, S. 782 ff. m.w.N.

[133] BGH NJW 1980, S. 584; OLG Köln OLGZ 78, S. 321; BGH JZ 1978, S. 799; STÖBER, Forderungspfändung, Rnr. 572, S. 260 f.

nicht schutzwürdig, da im Zeitpunkt der Pfändung kein Vertrauen auf eine Aufrechnungslage bestanden hat.[134] Diese Ausnahme beruht auf der Überlegung, dass der Drittschuldner durch Hinauszögern der Erfüllung keine Aufrechnungsmöglichkeit erhalten soll.

Hinzuzufügen ist noch hier, dass maßgebender Zeitpunkt für die Bewirkung der Pfändung die Zustellung der Pfändungsurkunde an den Drittschuldner ist, auch wenn noch nicht an den Vollstreckungsschuldner zugestellt worden ist.[135] Bis spätestens zu diesem Zeitpunkt muss der Drittschuldner die Gegenforderung erworben haben, um aufrechnen zu können.[136] Zahlt der Drittschuldner trotz Aufrechnungsmöglichkeit an den Vollstreckungsgläubiger, so verliert er das Recht zur Aufrechnung durch die dem Vollstreckungsschuldner gegenüber unwirksame Zahlung nicht.[137]

II. Aufrechnungsvereinbarung

Der Aufrechnungsvertrag ist im Gegensatz zur einseitigen Aufrechnung (Art. 440 ff. GZGB, §§ 387 ff. DtBGB) im Gesetz nicht geregelt. Auch wird im deutschen Bankenverkehr – anders als bei der Bestellung eines Pfandrechts – keine Aufrechnungsvereinbarung in den AGB-Banken bzw. AGB-Sparkassen getroffen. Diese legen lediglich die Aufrechnungsbefugnis des Kunden (Nr. 4 AGB-Banken) fest[138]. Das bedeutet aber nicht, dass solche Vereinbarungen im Bankenverkehr nicht häufig sind. Gerade im Verhältnis Kreditinstitut-Bankkunde sind Aufrechnungsvereinbarungen üblich.

---

[134] Vgl. HEINRICHS, in: PALANDT, BGB-Komm., § 392, Rnr. 1 ff., S. 483 f.; STÖBER, Forderungspfändung, Rnr. 572, S. 260 f.; PUDERBACH, Situation des Drittschuldners bei der Forderungspfändung, S. 23 ff.; GROSS, Einwendungen des Drittschuldners, S. 206; BROX/WALKER, Zwangsvollstreckungsrecht, Rnr. 657; REETZ, Die Rechtsstellung des Arbeitgebers als Drittschuldner in der Zwangsvollstreckung, S. 76 ff. – GEORGIADIS/STATHOPOULOS, GrZGB-Komm. Art. 449, S. 450 ff.; vgl. auch, Areopag 254/1973, NoB 21 (1973), S. 1088.

[135] Vgl. YESSIOU-FALTSI, Δίκαιο Αναγκαστικής Εκτελέσεως, Bd. II, § 64, Rnr. 182, S. 781 f.

[136] Areopag 254/73, NoB 21 (1973), S. 1088; POLYZOPOULOS, in: GEORGIADIS/STATHOPOULOS, GrZGB-Komm. Art. 449, Rnr. 1 ff., S. 554.

[137] Vgl. YESSIOU-FALTSI, Δίκαιο Αναγκαστικής Εκτελέσεως, Bd. II, § 64, Rnr. 184, S. 784. – STÖBER, Forderungspfändung, Rnr. 574, S. 261.

[138] Nr. 4 AGB-Banken/2002 (entspricht Nr. 11 AGB-Sparkassen) lautet: „Grenzen der Aufrechnungsbefugnis des Kunden. Der Kunde kann gegen Forderung der Bank nur aufrechnen, wenn seine Forderungen unbestritten oder rechtskräftig festgestellt sind."

Ähnlich besteht auch im griechischen Recht keine Regelung im Verhaltenskodex vom 12.3.1997 der Banken[139], welche die Aufrechnungsbefugnis der Bank vorsehen könnte. Dennoch ist die Zulässigkeit des Aufrechnungsvertrages (compensatio voluntario) zwischen der Bank und ihren Kunden aufgrund der im Schuldrecht geltenden Vertragsfreiheit unbedenklich. Der Vorteil einer vertraglichen Aufrechnung liegt für die Bank darin, dass die Gleichartigkeit, Gegenseitigkeit und Fälligkeit der Forderungen nicht gegeben sein muss.[140] Mit einer vertraglichen Vereinbarung können aber vor allem nicht nur bestehende, sondern auch künftige und bedingte Forderungen aufgerechnet werden.[141] Wenn künftige oder bedingte Forderungen gepfändet werden, gestalten sich die Aufrechnungsmöglichkeiten des Drittschuldners hauptsächlich im griechischen Recht vorteilhafter. In diesem Fall erkennt die h.M.[142] in Griechenland an, dass die Forderung des Drittschuldners nicht bereits vor der Pfändung entstanden sein muss, damit sie vom Drittschuldner aufgerechnet werden darf. Es reiche aus, wenn die Entstehung der Gegenforderung der Entstehung der Forderung vorrangig ist, auch wenn sie erst nach der Pfändung vorliegt. Diese Ansicht blieb im griechischen Schrifttum nicht angefochten. YESSIOU-FALTSI[143] sieht in dieser Auslegung einen Verstoß gegen den Gesetzeswortlaut. Darüber hinaus entspreche sie nicht dem Sinn und Zweck des Art. 449 GrZGB, welcher die Aufrechnung von Forderungen, die nach der Pfändung entstanden sind, auf jeden Fall ausschließt, um eine Gläubigerbenachteiligung zu verhindern.

Im deutschen Recht berücksichtigt man für die Bestimmung des Rangverhältnisses zwischen der Aufrechnungsvereinbarung und dem Pfändungspfandrecht des Gläubigers die materiellrechtliche Einordnung der Aufrechnungsvereinbarung. Nach der Definition von TRINKNER[144] handelt es sich beim Auf-

---

[139] Dieser Verhaltenskodex vom 12.3.1997, der vom Dachverband der griechischen Banken erarbeitet wurde, ist eine Art AGB-Banken, soweit die Einbeziehungsvoraussetzungen eingehalten werden. Dieser hat aber keine Gesetzeskraft. Vgl. PSYCHOMANIS, Οι Γενικοί όροι στις τραπεζικές συμβάσεις, ΕπιθΕμπΔ 1998, S. 887 ff.; GEORGAKOPOULOS, ΔΕΕ 1998, S. 773 f. Darüber hinaus enthält der Ministererlass 983/91, mit dem die Richtlinie 87/102/EWG umgesetzt wurde, Geschäftsbedingungen speziell für den Verbraucherkredit.

[140] Vgl. hierzu, Areopag 780/58, NoB 7 (1959), S. 414.

[141] POLYZOPOULOS, in: GEORGIADIS/STATHOPOULOS, GrZGB-Komm. Art. 440, Rnr. 11 ff. S. 533 f.; RAMMOS, Συμψηφισμός και προϋποθέσεις του κατ' άρθρα 440 και 441 ΑΚ, Θ 1955, S. 419; GOUSKOU, Ο συμψηφισμός ως τρόπος αντιμετώπισης του πιστωτικού κινδύνου στα νέα τραπεζικά προϊόντα, ΔΕΕ 6 (1995), S. 475.

[142] Vgl. BRINIAS, Αναγκαστική Εκτέλεση, Bd. III, Art. 982, § 445 a, S. 1360 f.; VATHRAKOKILIS, GrZPO-Komm., Bd. Art. 984, Rnr. 12 S. 80.

[143] Vgl. YESSIOU-FALTSI, Δίκαιο Αναγκαστικής Εκτελέσεως, Bd. II, § 64, Rnr. 183, S. 783 f.

[144] Vgl. TRINKNER, Anm. zu BAG, BB 1967, 35.

rechnungsvertrag „um ein Verfügungsgeschäft, bei dem die Aufrechnung unmittelbar – sei es sofort wirkend, sei es zu einem bestimmten Zeitpunkt oder beim Eintritt einer bestimmten Bedingung wirkend – vollzogen wird". Durch dieses Verfügungsgeschäft wird die Forderung Kreditinstitut-Bankkunde nicht in ihrer Substanz verändert, aber mit der Aufrechnungseinrede „belastet".[145] Zur Bestimmung des Rangverhältnisses zwischen der Aufrechnungsvereinbarung zwischen Drittschuldner und Vollstreckungsschuldner und dem Pfändungsrecht des Vollstreckungsgläubigers ist der Zeitpunkt der Vereinbarung maßgebend.

Wurde der Aufrechnungsvertrag nach der Pfändung zwischen dem Vollstreckungsschuldner und der Bank als Drittschuldnerin abgeschlossen, besteht Einigkeit darüber, dass wegen Verstoß gegen den Pfändungsbeschluss die Verfügung nicht gegenüber dem Vollstreckungsgläubiger wirksam ist. Im umgekehrten Fall kann die Bank als Drittschuldnerin die Aufrechnungseinrede dem Vollstreckungsgläubiger in der Regel entgegenhalten. Problematisch ist jedoch hier, wenn sich der Aufrechnungsvertrag auf noch nicht fällige Forderungen bezieht und die Fälligkeit erst nach der Pfändung eintritt. Unwidersprochen wird dem Aufrechnungsvertrag in diesem Fall ein Vorrang anerkannt. Vertreten wird in diesem Zusammenhang das Zugrundelegen des Prioritätsprinzips. Dem entsprechend hat die Aufrechnungsvereinbarung Vorrang vor der Pfändung, da diese eine Verfügung darstellt, die zum Zeitpunkt der Pfändung bereits erfolgt war.[146] Dogmatischer Ansatz für diese Ansicht ist, dass der Vollstreckungsgläubiger durch die Pfändung nicht mehr Rechte erhalten kann, als dem Vollstreckungsschuldner zustehen, so dass der Vollstreckungsgläubiger sich die Einrede des Aufrechnungsvertrages entgegenhalten muss.[147] Wie bei anderen Vorausverfügungen bleibt somit auch hier ohne Bedeutung, ob die Forderung erst später entstanden ist oder fällig wurde. Außerdem findet § 392 2. Alt. DtBGB keine Anwendung.[148] Der Aufrechnungsvertrag geht somit der Pfändung auch dann vor, wenn die Forderung des Drittschuldners später als die beschlagnahmte Kontoforderung fällig wird.

---

[145] Vgl. TRINKNER, s.o.

[146] Vgl. zur Systematisierung der Meinungen zur Frage des Rangverhältnisses zwischen Aufrechnungsvertrag und Pfändung, GROSS, Einwendungen des Drittschuldners, S. 208 ff.

[147] Vgl. REETZ, Die Rechtsstellung des Arbeitgebers als Drittschuldner in der Zwangsvollstreckung, S. 77; STÖBER, in: ZÖLLER, ZPO-Komm., § 829 Anm. 19, S. 2042 f.

[148] Vgl. REETZ, Die Rechtsstellung des Arbeitgebers als Drittschuldner in der Zwangsvollstreckung, S. 78 m.w.N. zur Rechtsprechung.

III. Das spezielle Bankgeheimnis der Einlagen – Schranke für die Aufrechnungsbefugnis der Bank?

Allerdings war die Einwendung der Aufrechnungsbefugnis der Bank im griechischen Recht nicht immer unproblematisch. Die Möglichkeit der Bank, ihre Forderungen gegenüber ihren Bankkunden mit gegenseitigen Forderungen aufzurechnen, wurde von der höchstrichterlichen Rechtsprechung sehr lange in Frage gestellt. Diese Problematik lag an nachfolgender Rechtslage. Wegen Verstoßes gegen das spezielle Bankgeheimnis der Einlagen (*siehe ausführlich im 3. Kapitel*) war die Pfändbarkeit von Einlagenkonten unzulässig und somit auch die Aufrechnung nicht erlaubt.[149]

Die Unpfändbarkeit der Bankeinlagen ergab sich nur mittelbar aus der Regelung des speziellen Bankgeheimnisses der Einlagen. In der Unpfändbarkeit hat das griechische Schrifttum ein Hindernis für die Aufrechnung der Bankeinlagen gesehen.[150] Zu diesem Ergebnis führte damals Artikel 451 GrZGB[151], nach dem die Aufrechnung gegen unpfändbare Forderungen nicht erlaubt ist. Das spezielle Bankgeheimnis der Einlagen war bisher wegen allzu extensiver Handhabung – wie im folgenden gezeigt wird – häufig ein Stein des Anstoßes in Griechenland gewesen.

Inzwischen hat die Rechtsprechung[152] in Griechenland zurecht eingesehen, dass das Bankgeheimnis für Einlagen nicht im Rechtsverhältnis zwischen Kreditinstitut und Bankkunden Anwendung findet.[153] Das Bankgeheimnis könne demnach nur gegenüber Dritten geltend gemacht werden. Diese Wertung führte zu ausgewogenen Ergebnissen, wenn man sich vor Augen führt, welche erheblichen Gefahren für die Stabilität des Banksystems entstehen würden, wenn

---

[149] Inzwischen wird anscheinend das Justizministerium in Griechenland dem Parlament ein Gesetzesentwurf vorlegen, nach dem das spezielle Bankgeheimnis der Einlagen durchbrochen werden darf, wenn es um private Schulden geht. – Vgl. hierzu, ΕΛΕΥΘΕΡΟΤΥΠΙΑ, 11.01.2001, S. 41; TO BHMA, 4.2.2001, S. A 51.

[150] Vgl. KARAKATSANIS, Ζητήματα Αστικού Δικονομικού Δικαίου, S. 186; NTOSTAS, Γενικό τραπεζικό απόρρητο και απόρρητο των καταθέσεων – Κατάσχεση των καταθέσεων, S. 144; BRINIAS, Κατάσχεσις απαιτήσεων εκ τραπεζικών συναλλαγών, FS TSIRINTANIS, S. 316. Er vertritt die Meinung, dass im Verhältnis Bank – Kunden das Bankgeheimnis keine Geltung hat und deshalb auch die Art. 451 und 464 GrZGB keine Anwendung finden können.

[151] Art. 451 GrZGB: „Δεν επιτρέπεται συμψηφισμός κατά ακατάσχετης απαίτησης."

[152] ΕφΠειρ 996/1994, Hellenische Justiz 37 (1996), S. 400; ΕφΠατρ 839/1988, ΑρχΝομ 5, S. 476; ΕφΑθ 8924/1984, Hellenische Justiz 26 (1985), S. 487 ff.; vgl. hierzu auch, ΕΛΕΥΘΕΡΟΤΥΠΙΑ, 10.01.2000.

[153] Vgl. BRINIAS, Αναγκαστική Εκτέλεση III, S. 1284; VELENTZAS, Τραπεζικό Δίκαιο, S. 292; GRAMMATIKAS, Το τραπεζικό απόρρητο, S. 185; ΕιρΠηλ 69/1986; *derselbe*, Anmerkungen zum Areopag-Urteil 1224/1975, EEN 43 (1976), S. 201; ΕφΠατρ 839/1988, EEN 55 (1988), 777 = ΑρχΝομ 5, S. 476; ΕφΑθ 8924/1974, Hellenische Justiz 26 (1985), S. 487.

Bankkunden einerseits jederzeit Kredite aufnehmen könnten, ohne dass die Bank ihre Forderungen gegen ihre schuldnerische Kunden geltend machen könnte. Die Bank würde überwiegend das Insolvenzrisiko seiner Kunden tragen. Dieses Risiko wurde von der griechischen Rechtsprechung nicht nur im Interesse der Banken, sondern auch im öffentlichen Interesse gemindert. Auch der nationalen Wirtschaft liegt es nahe, dass Kredite zurückgezahlt werden müssen, damit die Möglichkeit weiterer Kreditgewährung Bestand haben kann.[154] Hier kommt der politisch-ökonomische Charakter dieser Entscheidung klar zum Ausdruck.

Dennoch ist diese Stellungnahme des Areopag nicht kritiklos aufzunehmen. Mit dieser Rechtsprechung wurde jahrelang ein privilegierter Status für die Kreditinstitute gegenüber anderen Gläubigern geschaffen. Im Ergebnis wurde eine Ungleichbehandlung zwischen der Bank und anderen Gläubigern gegenüber dem Gesetz betrieben, welche in Bezug auf Art. 4 Abs. 1 und 2 der griechischen Verfassung verfassungsrechtliche Bedenken hervorruft. Darüber hinaus verschaffte die Rechtsprechung des Areopags keine Klarheit darüber, wie die Bank ihre Forderungen gegen die Forderungen ihres Bankkunden aufrechnen konnte, ohne dabei die Regelung des speziellen Bankgeheimnisses für Einlagen (Gesetzesdekret 1059/71) zu verletzen.[155] Hätte sie die Aufrechnung schriftlich durch einen Gerichtsvollzieher erklärt, wäre es offensichtlich, dass sie gegen das Bankgeheimnis verstößt, da ein Dritter, namentlich der Gerichtsvollzieher über die Bankguthaben des Kunden in Kenntnis gesetzt würde.[156] Gleichzeitig wäre das Bankgeheimnis durchbrochen worden, hätte sie die Aufrechnung vor Gericht erklärt, da das Bankgeheimnis im Zivilverfahren in der Regel auch nicht aufgehoben wird.[157]

---

[154] Vgl. KOTSIRIS, Πρόβλημα αστικής ευθύνης Τραπεζών έναντι τρίτων κατά την άσκηση της πιστωτικής λειτουργίας, Armenopoulos 38 (1984), S. 601 ff.

[155] Ausführlich zu dieser Problematik: KALAMITSIS, Το απόρρητο των τραπεζικών καταθέσεων, S. 51 f.

[156] So der Sachverhalt im Urteil ΕφΠατρα 839/1988, EEN 55 (1988), S. 777 = ΑρχΝ 5, S. 476.

[157] ΠΠρΠειρ 375/1978, Hellenische Justiz 19 (1978), S. 301.

IV. Verpfändung der Ansprüche des Kunden bzw. Vollstreckungsschuldners gegen die Bank

1. Die Bedeutung des Pfandrechts für die Bankwirtschaft

In beiden Rechtsordnungen können Kreditinstitute über die Personalsicherheiten (Bürgschaft etc.) hinaus auch Realsicherheiten (Pfandrecht, Hypothek) zur Sicherung ihrer Ansprüche bestellen. Die Signifikanz des Pfandrechts heute, im Zeitalter des bargeldlosen Zahlungsverkehrs, hat ihre größte Dimension erreicht. Angesichts der modernen Zahlungs- und Abhebungsmodalitäten im heutigen Bankgeschäft besteht ein erhöhtes wirtschaftliches Risiko für die Bank.[158] Ohne das Pfandrecht müsste bei ungenügender Deckung des Kontos jeweils eine umständliche und zeitaufwendige Prozedur durchgeführt werden, in der die Bank zunächst Sicherheiten verlangt und der Kunde diese bestellt, bevor ein Kredit gewährt werden kann.[159] Angesichts der Sicherungsmöglichkeit der Bank durch ein Pfandrecht an Vermögensgegenständen des Kunden ist hingegen eine flexible und schnelle Kreditgewährung möglich, was nicht nur im Interesse des Bankenverkehrs, sondern vor allem des Kunden selbst liegt.[160]

Die herausragende Bedeutung des vertraglichen Pfandrechts für die griechischen Banken kommt zum Ausdruck, wenn man vor allem bedenkt, dass im griechischen Vollstreckungsrecht ein gesetzliches Pfändungspfandrecht grundsätzlich nicht anerkannt wird. Besteht dagegen ein vertragliches Pfandrecht zwischen Bank und Kunden, wird aus dem Sachenrecht ein Vorzugsrecht des Pfandrechtsbestellers gegenüber dem Pfändungsgläubiger hergeleitet (Art. 1209 GrZGB i.V.m. Art. 976 Nr. 2 GrZPO).[161] Ausdrücklich wird in Art. 1209 GrZGB vorgesehen, dass der Gläubiger, der seine Forderung mit einem Pfandrecht gesichert hat, vorzugsweise befriedigt werden muss.[162]

---

[158] Vgl. SCHOLZ/LWOWSKI, Das Recht der Kreditsicherungen, Rnr. S. 569 (575).

[159] BGH WM 1983, S. 927.

[160] Vgl. KÜMPEL, Bank- und Kapitalmarktrecht, Rnr. 2.560 ff., S. 198 ff.

[161] Vgl. MAZIS, H εμπράγματη εξασφάλιση των τραπεζών, S. 23; BOSDAS, H εμπράγματος ασφάλεια επί κινητών, ΑρχΝ ΙΖ′ (1966), S. 451; SYLLAS, Οι ειδικοί εκτελεστοί τίτλοι, ΑρχΝ Γ′ (1952), S. 95 ff.

[162] Auch beim Konkurs des Schuldners brauchen die Gläubiger, deren Forderungen durch Realsicherheiten gesichert sind, sich nicht zur Konkurstabelle anzumelden und können sich durch die außerhalb des Konkursverfahrens und von diesem unabhängige Verwertung der mit einer Realsicherheit belasteten Sache befriedigen (Art. 644, 650 GrHGB).

2. Rechtsgrundlage

a) Griechisches Recht

Die Bestellung eines Pfandrechts ist in Griechenland als ein dingliches Rechtsgeschäft[163] einzuordnen. Nach h.M. ist die Bestellung von Realsicherheiten kein abstraktes, sondern ein kausales dingliches Rechtsgeschäft, dessen „causa" die Sicherung einer Forderung ist und sich als integrierte „causa pignoris" aus dem dinglichen Bestellungsrechtsgeschäft ergibt.[164] Die allgemeinen Bestimmungen über die Bestellung von Pfandrechten an Forderungen allgemein sind im GrZGB in Art. 1248–1254, 439, 457–458, 515, 604–607, 975 zu finden. Gleichzeitig wird gerade für die Bestellung von Pfandrechten von Banken und Aktiengesellschaften in den Artikeln 35–67 des Gesetzesdekretes 17.7./13.8.1923[165] „über die Sonderbestimmungen für Aktiengesellschaften" eine spezielle Regelung getroffen. Hier handelt es sich um die sogenannten „kaufmännischen Pfandrechte", d.h. Pfandrechte, die zur Sicherung von Forderungen kreditgebender Aktiengesellschaften (hauptsächlich Banken) aus der Kreditgewährung bestellt werden.

Diese Vorschriften enthalten wesentliche Abweichungen von den allgemeinen Regelungen des GrZGB. Bei einer Normenkonkurrenz zwischen den allgemeinen Vorschriften des GrZGB zum Pfandrecht und den speziellen Vorschriften des Gesetzesdekrets vom 17.7.1923 sind im Rahmen einer Pfandrechtsbestellung von Banken stets die letzteren Vorschriften anzuwenden. Allerdings regelt dieses Gesetzesdekret nicht alle Fragen hinsichtlich der Pfandrechtsbestellung und der daraus resultierenden Wirkungen. Aus diesem Grunde werden die Vorschriften des Gesetzesdekrets durch die allgemeinen Vorschriften des griechischen Pfandrechts ergänzt.

In Parallelität mit dem deutschen Recht hat der griechische Gesetzgeber mit den Vorschriften des Gesetzesdekrets 17.7.1923 einen besonderen Vollstreckungstitel – im Sinne von Art. 904 Abs. 2 ζ′ GrZPO[166] – eingeführt[167], um den

---

[163] Obwohl dies lange Zeit umstritten. Vgl. BOSDAS, Η εμπράγματος ασφάλεια επί κινητών, ΑρχΝ ΙΖ′ (1966), S. 442 ff.

[164] Vgl. BALIS, Εμπράγματο Δίκαιο, §§ 205, 235; TUSSIS, Εμπράγματο Δίκαιο §§ 221, 260; HAMOUZOPOULOS, Recht der Kreditsicherheiten in europäischen Ländern, S. 25 f.

[165] Art. 26 Abs. 2 des Gesetzes 2076/1992 sieht vor, dass die Vorschriften des GD vom 17.7.1923 automatisch auf Banken anwendbar sind, sobald die Bank von Griechenland die Genehmigung für ihre Zulassung gibt. Die entsprechenden Artikel 35–67 des GD. v. 17.7.1923 wurden mit den Art. 41 des Einführungsgesetzes zum GrZGB und Art. 52 Ziff. 3 erhalten. – Areopag 108/1997, ΔΕΕ 1997, S. 723 f.

[166] Art. 904 Abs. 2 GrZPO: „Vollstreckungstitel sind: a) die rechtskräftigen und die für vorläufig vollstreckbar erklärten Urteile eines jeden inländischen Gerichts, Urteile sowie alle Entscheidungen der griechischen Gerichte, die vorläufig, b) die Schiedssprüche, c) die Sitzungsprotokolle der inländischen Gerichte, die Vergleiche oder Gerichtskostenfestsetzung

Banken zu einer sicheren und schnelleren Befriedigung ihrer Forderungen zu verhelfen. Gleichermaßen begründen diese Vorschriften zugunsten der Banken und der Kreditwirtschaft allgemein ein besonderes Vollstreckungsverfahren. Die Bank kann aufgrund dieser Vorschriften unmittelbar nach der Fälligkeit des von ihr gewährten Kredits die verpfändeten Bankguthaben einziehen, um ihre Forderung zu befriedigen (Art. 40 ff. Gesetzesdekret vom 17.7./13.8.1923). In diesem Fall steht das Einziehungsrecht (jus exigendi) dem Pfandgläubiger alleine zu. Die nach der Pfandverwertung eventuell verbleibende Überschüsse hat der Pfandgläubiger dem Verpfänder zurückzuerstatten (Art. 44 Gesetzesdekret 17.7./13.8.1923).[168]

Im Ergebnis kann gesagt werden, dass mit dem vorliegenden Gesetzesdekret ein privilegierter Status für die Banken geschaffen[169] wurde, da dieses hauptsächlich in ihrem Interesse steht. Bei den Vorschriften des Gesetzesdekrets 1923 handelt sich jedoch nicht um ius cogens, sondern um dispositives Recht, welches von den Parteien abbedungen werden kann. Im letzteren Fall kommen die Vorschriften des GrZGB zur Anwendung.

b) Deutsches Recht

Die Rechtsgrundlage der Verpfändung von Forderungen ist im deutschen Recht zunächst in den entsprechenden Vorschriften des DtBGB zu finden. Es handelt sich um §§ 1279 ff. DtBGB („Pfandrecht an Forderungen"), die durch die Vorschriften über das Pfandrecht an Rechten §§ 1273 ff. DtBGB ergänzt werden

---

beinhalten, d) die notariellen Urkunden, e) die von inländischen Richtern erlassenen Zahlungsbefehle und Befehle auf Räumung einer gemieteten unbeweglichen Sache, f) die für vollstreckbar erklärten ausländischen Titel, g) die Befehle und Anordnungen, die vom Gesetz als Vollstreckungstitel anerkannt sind."

167 Vgl. SYLLAS, Οι ειδικοί εκτελεστοί τίτλοι, ΑρχΝ 1952, S. 97 ff.; MAZIS, Η εμπράγματη εξασφάλιση των Τραπεζών, S. 181 ff.

168 Vgl. MAZIS, Η εμπράγματη εξασφάλιση των τραπεζών, § 47. Wenn es sich hingegen um ein Pfandrecht der Bank an einer Sache geht, bedarf es zunächst für die Vollstreckung der Zustellung der Aufforderung zur Leistung an den Schuldner (Art. 40 Abs. 1 und 2 GD 17.7./13.8.1923). Am ersten Sonntag nach Ablauf einer achttägigen Frist ab der Zustellung findet eine Zwangsversteigerung vor einem Notar ohne vorheriger Pfändung statt. Die Zwangsversteigerung wird zuvor vom Notar in einer Zeitung angekündigt. Diese enthält den Ort und das Datum der Zwangsversteigerung sowie eine Beschreibung der Sache, die versteigert werden soll.

169 Vgl. KOUMANIS, Το ενέχυρο απαίτησης κατά το ν.δ. της 17.7/13.8.1923 και η συσχέτισή του με το δίκαιο του ΑΚ, Anm. zu ΕφΑθ 690/1997, ΕπισκΕμπΔ 1998, S. 192 f.

können.[170] Ähnlich wie im griechischen Bankverkehr bedarf die Verpfändung von Bankguthaben keiner Form (§ 1205 DtBGB). Jedoch ist in der Praxis die schriftliche formularmäßige Verpfändung üblich.[171]

Anders als im griechischen Recht wird im deutschen Recht festgestellt, dass das Pfandrecht der Banken zusätzlich in Nr. 14 der AGB-Banken bzw. Nr. 21 AGB-Sparkassen geregelt ist.[172] Die Pfandrechtsklausel der AGB-Banken[173] enthält bereits die dingliche Einigung der Parteien[174] über ein Pfandrecht an Kundenwerten, so dass zur Entstehung keine weiteren Willenserklärungen erforderlich sind. Es handelt sich um ein vertragliches Pfandrecht im Sinne der §§ 1204 ff. DtBGB, das sich nur hinsichtlich seiner Vereinbarung in den AGB-Banken bzw. Sparkassen vom allgemeinen Pfandrecht unterscheidet. Das bedeutet, dass nach deutschem Recht ein Pfandrecht der Banken an Forderungen automatisch bereits mit der Unterwerfung des Kunden unter die AGB-Banken/Sparkassen bestellt wird. Zur Wirksamkeit der AGB-Pfandrechtsklausel hat sich der BGH positiv geäußert, mit der Begründung, dass diese weder überraschend noch unangemessen im Sinne des AGB-Gesetzes ist.[175] Auch in der griechischen Bankpraxis wird grundsätzlich die Bestellung von Pfandrechten im Rahmen einer Kreditgewährung verlangt. Diese erfolgt meistens mit den vorgedruckten Verträgen der Banken, welche die Bankgeschäftsbedingungen beinhalten. Denen müssen die Bankkunden jedes Mal, vor jeder Geschäftsbeziehung mit der Bank, beitreten.[176]

---

[170] Vgl. SCHUR, Das Einziehungsrecht des Gläubigers bei Pfändung und Überweisung einer Geldforderung zur Einziehung, KTS 2001, S. 75.

[171] Vgl. MERKEL, in: SCHIMANSKY/BUNTE/LWOWSKI, Bankrechts-Handbuch, § 93, Rnr. 49 f., S. 2185; KÜMPEL, Bank- und Kapitalmarktrecht, Rnr. 2.587, S. 207.

[172] Vgl. BGH WM 1983, S. 926; WM 1985, S. 688; WM 1988, S. 859; BGH WM 1995, S. 375: Wirksamkeit der Klausel ist von der Rechtsprechung anerkannt; vgl. zur weiteren Rechtsprechung des BGH zum AGB-Pfandrecht, KÖNDGEN, Die Entwicklung des privaten Bankrechts in den Jahren 1992–1995, NJW 1996, S. 564 f.; KÜMPEL, Bank- und Kapitalmarktrecht, Rnr. 2.587 ff., S. 207; BACH-HEUKER, Pfändung in die Ansprüche aus Bankverbindung und Drittschuldnererklärung der Kreditinstitute, S. 75 f.

[173] Für die Sparkassen wird das AGB-Sparkassen-Pfandrecht in Nr. 21 der AGB-Sparkassen festgelegt.

[174] Vgl. KÜMPEL, Bank- und Kapitalmarktrecht, Rnr. 2.593, S. 209 f.

[175] BGH WM 1983, S. 926, 927; WM 1995, S. 375, 377; vgl. weiter, KÜMPEL, Bank- und Kapitalmarktrecht, Rnr. 2.588, S. 207; BUNTE, in: SCHIMANSKY/BUNTE/LWOWSKI, Bankrechts-Handbuch, § 19, Rnr. 1, 6.

[176] Vgl. MAZIS, Η εμπράγματη εξασφάλιση των Τραπεζών, S. 37 f.

3. Verpfändung von Kontoguthaben: Bestimmung des Pfandgegenstandes

In der Regel wird in beiden Rechtsordnungen ein Pfandrecht an beweglichen Sachen, Rechten, Urkunden, Wertpapieren, Ordnerpapieren sowie Inhaberpapieren bestellt. Bei der Verpfändung von Sparguthaben[177], Festgeldguthaben und sonstigen Bankguthaben[178] handelt es sich konkreter um ein Pfandrecht an Forderungen. Die Problematik, die hier zum Vorschein tritt, ist, dass diese Forderungen des Bankkunden nicht gegenüber einem Dritten bestehen, sondern gegenüber der Bank selbst. Damit sind Schuldner und Pfandgläubiger personengleich. Fraglich erscheint in diesem Fall, ob ein Pfandrecht an eigener Schuld bestellt werden kann.

Trotz fehlender gesetzlicher Regelung bestellen die Banken im deutschen Bankenverkehr grundsätzlich ein Pfandrecht an den Bankguthaben des Kunden. Diese Qualifikation der Verpfändung von Bankguthaben als ein Pfandrecht an eigener Schuld spiegelt sich in Nr. 14 Abs. 1 S. 1 AGB-Banken[179] wider. Neben der Pfandrechtsbestellung der Bank an Wertpapieren und Sachen führen die AGB-Banken auch das Pfandrecht an den Ansprüchen, die dem Kunden gegen die Bank aus der bankmäßigen Geschäftsverbindung zustehen oder künftig zustehen werden (Nr. 14 Abs. 1 S. 2 AGB-Banken), auf. Das Pfandrecht entsteht in dem Zeitpunkt, in dem die Bank eine Forderung gegen den Kunden erworben hat. Grundsätzlich ist dieses Pfandrecht an eigener Schuld rechtlich zulässig.[180] §§ 3 und 9 AGBG stehen der wirksamen Begründung dieses Pfandrechts nicht entgegen, soweit es um die Sicherung von Ansprüchen der Bank an Forderungen des Kunden geht, die im Rahmen einer bankmäßigen Geschäftsverbindung in

---

[177] In beiden Rechten ist die Übergabe des Sparbuches nicht erforderlich, denn das Sparbuch ist lediglich ein Legitimationspapier, dessen Besitz zur Entstehung eines Pfandrechts an der Forderung nicht erforderlich ist. Vgl. LIESECKE, Die Sicherheiten der Bank nach Nr. 19 ff. AGB in der neueren Praxis, WM 1969, 553 (546 ff.); BASSENGE, in: PALANDT, BGB, § 1274 Rnr. 9, S. 1454; HAMOUZOPOULOS, Recht der Kreditsicherheiten in europäischen Ländern, S. 99; BALIS, Εμπράγματο Δίκαιο, § 231.1; TUSSIS, Εμπράγματο Δίκαιο, § 248.

[178] Die Verpfändung von Bankguthaben aus einem Gemeinschaftskonto lediglich von einem der Kontoinhaber ist gemäß Art. 1247 Satz 1, 1248 GrZGB möglich. Diese Verfügung verstößt nicht gegen Art. 3 Abs. 1 des G. 5638/1932, da sie der Rechtsnatur des Gemeinschaftskontos entspricht. Diese Verpfändung hat dennoch eine subjektive Wirkung, d.h., sie behindert die anderen Kontoinhaber nicht an der Ausübung ihrer Rechte. Vgl. hierzu, ARGYRIADIS, Ενεχύρασις απαιτήσεως εκ καταθέσεως εις κοινόν λογαριασμόν, Armenopoulos 32 (1978), S. 521 f.

[179] Entsprechend Nr. 21 Abs. 1 S. 3 AGB-Sp: „...Erfasst werden auch Ansprüche des Kunden gegen die Sparkasse (z.B. Guthaben)“.

[180] Vgl. BUNTE, in: SCHIMANSKY/BUNTE/LWOWSKI, Bankrechts-Handbuch, § 19, Rnr. 30, S. 250; BGH NJW 83, 2701 m.w.N.; BGHZ 93, 76; BGH NJW 88, 3262.

ihre Verfügungsgewalt gelangt sind.[181] Funktionell steht ein solches Pfandrecht der Aufrechnungsmöglichkeit weitgehend gleich. Es geht aber über die Aufrechnungsmöglichkeit insoweit hinaus, als es auch zum Schutz nicht aufrechenbarer Forderungen wirkt.[182]

Im griechischen Recht wird dagegen das vertragliche Pfandrecht der Bank an der eigenen Schuld weder explizit im Gesetz noch in dem Verhaltenskodex[183] für Banken geregelt. Das bedeutet jedoch nicht, dass die Banken kein Pfandrecht an den Ansprüchen erwerben können, die dem Kunden gegen die Bank aus der bankmäßigen Geschäftsverbindung zustehen oder künftig zustehen werden.[184] Ähnlich wie in Deutschland ist die Forderungsverpfändung auch nach griechischem Recht möglich. Der Gesetzgeber regelt in Art. 39 Gd 17.7./13.8.1923 speziell für Banken die Möglichkeit der Verpfändung der Forderungen des Kunden gegen Dritte.[185] Beteiligte in diesem Fall sind grundsätzlich nicht nur die Bank als Pfandgläubigerin und der Kunde als Verpfänder, sondern auch der Schuldner der zu verpfändeten Forderung (debitor obpigneratus). Diese Forderungen werden mit Anzeige der Verpfändung an den Schuldner der verpfändeten Forderung an die Bank abgetreten. Die Anzeige der Verpfändung erfolgt durch Zustellung einer Kopie des Verpfändungsvertrages an den Dritten über den Gerichtsvollzieher (Art. 39 Abs. 2 Gd 17.7./13.8.1923). Diese Abtretung ist als kausale und akzessorische Sicherungsabtretung anzusehen, die beim Erlöschen der zu sichernden Forderung „ipso iure“ erlischt.

In der Bankpraxis wird jedoch oft der Fall vorkommen, dass die Bank mit dem Kunden auf Grund der Vertragsfreiheit eine Vereinbarung trifft, in der ein Pfandrecht an den Kontoguthaben, die der Kunde bei der Bank oder einer ihren Geschäftsstellen führt, bestellt wird.[186] Der Areopag hat mit dem Urteil 1915/1999[187] zum ersten Mal grundlegend anerkannt, dass bei der Bestellung eines Pfandrechts an den Kontoguthaben, die der Kunde bei der Bank führt, diese Forderung nicht an die Bank abgetreten wird. Die Bank hat lediglich das

---

[181] BGHZ 93, 71.; KÜMPEL, Bank- und Kapitalmarktrecht, Rnr. 2.748, S. 253, Rnr. 6.426, S. 990.

[182] z.B. zur Sicherung eines zukünftigen und daher nach § 387 DtBGB noch nicht aufrechenbaren Anspruchs oder zu Sicherung eines ungleichartigen Anspruchs.

[183] Dieser Verhaltenskodex vom 12.3.1997, der vom Dachverband der griechischen Banken erarbeitet wurde, gilt als AGB-Banken, soweit die Einbeziehungsvoraussetzungen eingehalten werden. Dieser hat aber keine Gesetzeskraft. Vgl. PSYCHOMANIS, Οι Γενικοί όροι στις τραπεζικές συμβάσεις, ΕπιθΕμπΔ 1998, S. 887 ff.

[184] Areopag 1915/1999, Hellenische Justiz 42 (2001), S. 160 (162).

[185] Vgl. MAZIS, Η εμπράγματη εξασφάλιση των τραπεζών, S. 395 ff.

[186] Vgl. auch Areopag 785/1999, ΕπιθΕμπΔ 99, S. 477 ff.

[187] Areopag 1915/1999, Hellenische Justiz 42 (2001), S. 160 (162).

Recht, diese Forderung einzuziehen. Die an sich erforderliche Anzeige (denuntiatio) der Verpfändung der Forderung an den Schuldner nach Art. 39 Abs. 2 des Gd 17.7./13.8.1923 (vgl. § 1280 DtBGB) ist bei einer Verpfändung der eigenen Schuld an den Schuldner nach dem Schutzzweck der Norm auch nicht erforderlich.[188] Trotz der Rechtsprechung des Areopag zu dieser Problematik würde eine de lege ferenda Regelung der Pfandrechtsbestellung an der eigenen Schuld sicherlich mehr Klarheit über die Materie schaffen.[189]

Die Voraussetzung für eine Forderungsverpfändung ist einerseits auch hier die Einigung. Bei den sogenannten „kaufmännischen Pfandrechten" erfolgt die Einigung über die Verpfändung entweder durch notarielle Urkunde oder durch eine schlichte Privaturkunde, die nicht sicheren Datums[190] sein muss (Art. 36 Abs. 2 GD 1923 und Art. 1247 Satz γ', 1248 GrZGB).[191] Meistens wird so eine Vereinbarung bereits in den allgemeinen Geschäftsbedingungen der Bank, die in vorgedruckten Verträgen („σύμβαση προσχωρήσεως")[192] vom Kunden akzeptiert werden müssen, getroffen.

4. Die zu sichernden Ansprüche der Bank

In beiden Rechten dient das Pfandrecht an Forderungen der Sicherung aller bestehenden, künftigen und bedingten Forderungen, die der Bank aus der bankmäßigen Geschäftsverbindung gegen den Kunden zustehen (Art. 35 Gesetzesdekret vom 17.7./13.8.1923 - Nr. 14 Abs. 2 AGB-Banken bzw. Nr. 21 Abs. 3 AGB-

188 So schon RGZ 116, 207; BGH LM § 610 Nr. 1.

189 Darüber hinaus kann eine Forderung aus einem gemeinsamen Bankkonto gemäß Art. 1247 Satz 1, 1248 GrZGB verpfändet werden, auch wenn der Verpfänder nur einer der Kontoinhaber ist. Diese Verfügung verstößt nicht gegen Art. 3 Abs. 1 des G. 5638/1932, da sie der Rechtsnatur des Gemeinschaftskontos entspricht. Die Verpfändung ist aber gegenüber den anderen Kontoinhabern nur dann wirksam, wenn diese ihre Einwilligung bzw. Genehmigung für die Verpfändung erteilt haben oder der Pfandgläubiger die Einziehung der verpfändeten Forderung durchführt. Vgl. hierzu, ARGYRIADIS, Ενεχύρασις απαιτήσεως εκ καταθέσεως εις κοινόν λογαριασμόν, Armenopoulos 32 (1978), S. 521 ff.

190 Dagegen erfordert die Bestellung eines Pfandrechts nach Art. 1247 S. γ' GrZGB entweder eine notarielle Urkunde oder eine Privaturkunde sicheren Datums.

191 Vgl. HAMOUZOPOULOS, Recht der Kreditsicherheiten in europäischen Ländern, S. 73; vgl. KOUMANIS, Ενεχύραση απαιτήσεως, σύμφωνα με το ν.δ. της 17.7/13.8.1923, προς ασφάλεια απαιτήσεως τράπεζας από δάνειο σε ανοιχτό λογαριασμό, Anm. zu ΕφΘεσσ 690/1997, ΕπισκΕμπΔ 1998, S.192 ff.

192 Vgl. PSYCHOMANIS, Οι γενικοί όροι στις τραπεζικές συμβάσεις, ΕπιθΕμπΔ 1998, S. 887 ff.

Sp).[193] Bei der Sicherung von künftigen Forderungen wird im griechischen Recht eine Differenzierung getroffen (Art. 35 Gesetzesdekret vom 17.7./13.8.1923). Wenn die zu sichernde künftige Forderung aus einem Darlehensvertrag (re oder solo consesu) oder einem Kontokorrent[194] stammt, wird die Verpfändung zu Gunsten der Banken nach dem speziellen Gesetzesdekret von 1923 geregelt.[195] Geht aber hervor, dass die zu sichernde künftige Forderung nicht aus dem Darlehensvertrag oder dem Kontokorrentvertrag entstanden ist, greifen die allgemeinen Verpfändungsvorschriften des GrZGB ein (Art. 1247 ff. GrZGB). Aus Art. 35 und 48 Gesetzesdekret vom 17.7./13.8.1923 kann der Rückschluss gezogen werden, dass ein Pfandrecht nach dem speziellen Gesetzesdekret nur wegen einer Forderung, die bereits besteht, oder einer künftigen Forderung, die aber aus einem Darlehensvertrag oder einem Kontokorrent entstanden ist, bestellt werden kann.[196] Im deutschen Recht hingegen wird eine ähnliche Unterscheidung nicht getroffen. Nach den allgemeinen Vorschriften des DtBGB muss für die Bestellung eines Pfandrechts für künftige Forderungen die Forderung nach Inhalt und Umfang durch den Pfandrechtvertrag hinreichend bestimmt sein.[197]

Fraglich erscheint aus dogmatischer Sicht, warum der griechische Gesetzgeber eine solche Unterscheidung getroffen hat. Sicher ist zunächst, dass die Bestellung eines Pfandrechtes nach den Vorschriften des Gesetzesdekrets vom 17.7./13.8.1923 einen erheblichen Nachteil im Verhältnis zu den allgemeinen Vorschriften des GrZGB für den Bankkunden bzw. Kreditnehmer bedeutet. Da-

---

[193] Vgl. MAZIS, Η εμπράγματη εξασφάλιση των Τραπεζών, § 5 Rnr. 13; DIMAKOU, in: GEORGIADIS/STATHOPOULOS, GrZGB-Komm. S. 382 ff. Rnr. 72 ff. – KÜMPEL, Bank- und Kapitalmarktrecht, Rnr. 6.342, S. 965, Rnr. 2.637 ff., S. 220 ff.

[194] Zur Bestimmung des Kontokorrents („ανοικτός λογαριασμός"), vgl. PAMPOUKIS, Τραπεζικαί πιστωτικαί συμβάσεις, §§ 152 und 192; KIANTOU-PAMPOUKI, Ζητήματ τινά εκ της συμβάσεως τρέχοντος λογαριασμού, S. 10 ff; SIMITIS, Η δι΄ εμπορευμάτων ησφαλισμένη τραπεζική πίστωσις, §§ 25–36; *derselbe*, Η σύμβασις ανοίγματος πιστώσεως δι΄ ανοικτού λογαριασμού, ΕΕΝ 6 (1939), S. 139 ff.; BAZOUROS, Το ανανεωτικόν αποτέλεσμα εν τω αλληλοχρέω λογαριασμώ, ΕΕΝ 6 (1939), S. 234 ff.; SOURLOS, Το δίκαιο του αλληλόχρεου λογαριασμού, §§ 94–97; KRIMPAS, Προς πληρέστεραν νομοθετική ρύθμιση του αλληλόχρεου λογαριασμού, ΕΕΝ 26 (1959), S. 371; VOUSIKAS, GrZGB-Komm. Art. 806-809 GrZGB §§ 93–95; vgl. Zur Rechtsprechung, Areopag 1125/87, NoB 36 (1988), S. 1597; ΕφΑθ 6660/87, Hellenische Justiz 30 (1989), S. 94; ΕφΑθ 2701/88, Hellenische Justiz 30 (1989), S. 143.

[195] Vgl. MAZIS, Η εμπράγματη εξασφάλιση των τραπεζών και ανωνύμων εταιριών, S. 17 ff., 35 f.; PSYCHOMANIS, Τραπεζικό Δίκαιο I, S. 65 f.

[196] Vgl. DIMAKOU, in: GEORGIADIS/STATHOPOULOS, GrZGB-Komm. Art. 1247-1248, Rnr. 75, S. 383.

[197] Vgl. OBERMÜLLER, Die rechtliche Stellung des Kreditinstituts im Konkurs des Bankkunden, S. 179 ff.

gegen erlangt die Bank mit der Pfandrechtsbestellung besondere Vorteile. Angesichts dieser Tatsache erklärt sich auch der besondere Schutzzweck des Art. 35 des Gesetzesdekrets vom 17.7./13.8.1923. Die Verpfändung wegen künftiger Forderungen der Bank gegen den Kunden soll lediglich in begrenzten Fällen (Darlehens- oder Kontokorrentforderungen) erlaubt sein, um den Schuldner von einer unzumutbarer Belastung zu schützen.[198] Aus diesem Grunde ist das Gesetzesdekret von 1923 eine abschließende Regelung. Dagegen ergibt sich die einzige Einschränkung im deutschen Recht aus der Erfordernis, dass die Ansprüche aus der bankmäßigen Geschäftsverbindung entstanden sein müssen.[199]

5. Rangverhältnis zwischen dem vertraglichen Pfandrecht der Bank und den Rechten des Pfändungsgläubigers

Bei einem Zusammentreffen des vertraglichen Pfandrechts der Bank an den Bankguthaben mit dem Recht des Pfändungsgläubigers an der Befriedigung seiner Forderung stellt sich die Frage, welches Recht vorrangig befriedigt werden kann. Die beiden Rechtsordnungen geben unterschiedliche Lösungswege zur Beantwortung dieser Frage.

a) Deutsches Recht

Nach deutschem Recht wird bei einem Vollstreckungszugriff auf Bankkonten ein Rangverhältnis zwischen dem Pfändungspfandrecht des Vollstreckungsgläubigers (§ 804 DtZPO) und dem AGB-Pfandrecht der Bank begründet. Für die Bestimmung des Rangverhältnisses zwischen dem AGB-Pfandrecht und dem Pfändungspfandrecht ist gemäß § 1273 Abs. 2 i.V.m. § 1209 DtBGB der Zeitpunkt der Bestellung maßgebend. Zum Lösungsweg führt somit grundsätzlich das Prioritätsprinzip. Danach hätte die Bank regelmäßig den Vorrang, da die maßgebliche Einigung in der Einbeziehung in den AGB bei Aufnahme der Geschäftsbeziehung liegt.[200] Diese Grundregel des Vorrangs des AGB-Pfandrechts

---

[198] Diese Frage hat die Rechtsprechung und das Schrifttum intensiv beschäftigt. Für die Ansicht, dass die bereits bestehenden Forderungen jeden möglichen Entstehungsgrund haben können, Areopag 517/56, NoB 5 (1957), S. 175; Areopag 146/59 NoB 7 (1957), S. 567; vgl. auch MAZIS, Η εμπράγματη εξασφάλιση των τραπεζών, S. 36 f. m.w.N.; MITSOPOULOS, Παρακράτησις εκπλειστηριάσματος παρ΄ ενυπόθηκου υπερθεματιστού, Hellenische Justiz 12 (1971), S. 365 ff.; dagegen, SYLLAS, Οι ειδικοί εκτελεστοί τίτλοι, ΑρχΝ Γ (1952), S. 97 ff.

[199] Vgl. BUNTE, in: SCHIMANSKY/BUNTE/LWOWSKI, Bankrechtshandbuch, § 19, Rnr. 34 ff., S. 252.

[200] BUNTE in: SCHIMANSKY/BUNTE/LWOWSKI, Bankrechtshandbuch, § 19, Rnr. 34 ff., S. 250.

gegenüber dem Pfändungspfandrecht des Vollstreckungsgläubigers erfährt jedoch eine wichtige Ausnahme im Falle der Verpfändung des Tagesguthabens und nachfolgenden Kontokorrentsalden bei der Bank. Dieser Fall wird unter Ziffer (8) konkreter untersucht.

b) Griechisches Recht

Versucht ein Gläubiger des Bankkunden, seine Bankguthaben bei der besitzenden Bank im Wege der Zwangsvollstreckung zu pfänden, rückt die Frage in den Mittelpunkt, ob die Bank als Pfandgläubigerin mit der Drittwiderspruchsklage gemäß Art. 936 GrZPO (vgl. 771 DtZPO) gegen die Pfändung vorgehen gehen. Voraussetzung für die Drittwiderspruchsklage ist, dass ein materiellrechtliches Recht eines Dritten, das sich auf den Vollstreckungsgegenstand bezieht, verletzt wird. Hierzu werden unterschiedliche Meinungen vertreten. Zum einen geht man davon aus, dass sich die Bank als Pfandgläubigerin gegen die Pfändung mit der Drittwiderspruchsklage verteidigen kann. [201] YESSIOU-FALTSI hingegen, orientiert sich an den Wortlaut des Art. 936 Abs. 1 α΄ GrZPO und vertritt die Auffassung, dass dingliche Rechte eines Dritten an dem Pfändungsgegenstand nicht geltend gemacht werden können, wenn sie das Recht des Vollstreckungsschuldners nicht einschränken oder ausschließen.[202] Infolgedessen kann die Drittwiderspruchsklage nicht auf ein Pfandrecht (Art. 1209 ff. GrZGB) begründet werden, da dieses ein dingliches Recht darstellt, das die Rechte des Vollstreckungsschuldner weder ausschließt noch einschränkt. Letzterer Meinung ist zuzustimmen, da sie dem Gesetzeswortlaut am meisten entspricht.

Ein Rangverhältnis zwischen dem vertraglichen Pfandrecht der Bank und den Rechten des Vollstreckungsgläubigers wird mit Art. 39 des Gesetzesdekrets 17.7./13.8.1923, welcher die Wirkung der Verpfändung beschreibt, begründet. Wenn der Pfandgegenstand eine Forderung ist, wird diese an die Bank abgetreten, sobald sie verpfändet wird.[203] Das hat für die Gläubiger des Schuldners den Nachteil, dass der Bankkunde nicht mehr über die Forderung verfügen darf und somit diese nicht mehr der Pfändung durch seine Gläubiger unterliegen darf. Sind aber die Bankguthaben vor ihrer Verpfändung von einem Dritten gepfändet worden, ist das Pfandrecht gegenüber dem betreibenden Pfändungsgläubiger nichtig, weil der Vollstreckungsschuldner nicht über die Pfandsache nach deren Pfändung verfügen dürfte (Art. 984 Abs. 1 GrZPO). Ein gutgläubiger Pfand-

---

[201] Vgl. BRINIAS, Αναγκαστική Εκτέλεση III, Art. 987 GrZPO, § 473, S. 1430; HAMOUZOPOULOS, Recht der Kreditsicherheiten in europäischen Ländern, S. 158 f.

[202] YESSIOU-FALTSI, Αναγκαστική Εκτέλεση I, S. 740 ff. m.w.N.

[203] Vgl. DIMAKOU, in: GEORGIADIS/STATHOPOULOS, GrZGB, Art. 1247–1248, Rnr. 80 f., S. 383 f.

rechtserwerb durch die Bank, auch wenn die Pfändungsurkunde an einem späteren Zeitpunkt zugestellt wird, ist in diesem Fall ausgeschlossen.

Eine wichtigere Bedeutung erlangt das Pfandrecht der Bank vielmehr im Verteilungsverfahren gemäß Art. 972 GrZPO, sofern diese sich als Gläubiger ihres Bankkunden ankündigt. Grundsätzlich kommen Gläubiger, die ihre Forderungen mit einem vertraglichen oder gesetzlichen Pfandrecht gesichert haben, in den Genuss eines besonderen Vorzugsrechts nach Art. 976 Nr. 2 GrZPO und werden im Rahmen der Zwangsvollstreckung vorzugsweise befriedigt. Bestehen mehrere Pfandrechte an der gepfändeten Forderung, so gilt ausnahmsweise das Prioritätsprinzip, um das Rangverhältnis zwischen den Pfandrechten zu bestimmen (Art. 1250 GrZGB – vgl. §§ 1209, 1290 DtBGB).[204] Entscheidend für diese Bestimmung ist auch hier der Zeitpunkt der Bestellung.[205] Im Gegensatz zur deutschen ZPO erkennt das griechische Recht kein Pfandrecht des Pfändungsgläubigers an.[206] Daraus folgt, dass der Pfändungsgläubiger gegenüber allen Pfandgläubigern des Vollstreckungsschuldners an der gepfändeten Forderung nachrangig zu befriedigen sein wird.

Im Ergebnis ist hieraus zu schließen, dass die Bank, die ihre Ansprüche mit einem Pfandrecht gesichert hat, immer vorzugsweise gegenüber anderen Pfändungsgläubigern in der Zwangsvollstreckung zu befriedigen sein wird. Hier kommt die herausragende Bedeutung des vertraglichen Pfandrechts für die Zwangsvollstreckung zum Ausdruck. Die griechischen Banken sehen ihren Vorteil darin, in der Regel ihre Forderungen durch Pfandrechte zu sichern, um im Verteilungsverfahren vorrangig gegenüber den anderen Pfändungsgläubigern befriedigt zu werden (Art. 1209 GrZGB, Art. 976 GrZPO).[207] Die Bank kann

---

[204] Der Grundsatz der „prior tempore potior jure" ist im griechischen Sachenrecht verankert und wird generell mit den Realsicherheiten verknüpft. Damit soll dem Sicherungsnehmer besondere Sicherung seiner Forderung angeboten werden.

[205] Vgl. DIMAKOU, in: GEORGIADIS/STATHOPOULOS, GrZGB-Komm. Art. 1250, Rnr. 1ff., S. 386 ff.

[206] Vgl. MAZIS, Η εμπράγματη εξασφάλιση των τραπεζών, § 1.2.; anders unter der DtZPO, wo die Befriedigung der Gläubiger bei Zwangsvollstreckung nach dem Prioritätsprinzip erfolgt, vgl. § 804 III DtZPO; ARENS, Zivilprozessrecht, S. 313.

[207] DIMAKOU, in: GEORGIADIS/STATHOPOULOS, AK, Artikel 1247–1248, Rnr. 72–83 und Art. 1254 Rnr. 19–22; BALIS, Εμπράγματο Δίκαιο § 266; ZEPPOS, Ενοχικό Δίκαιο – Γενικό Μέρος § 2 II 1; TUSSIS, Εμπράγματο Δίκαιο §§ 218, 251; MAZIS, Η εμπράγματη εξασφάλιση των τραπεζών, § 2; GEORGIADIS AP., Εγχειρίδιο Εμπράγματου Δικαίου, § 78 II. 3; HAMOUZOPOULOS, Recht der Kreditsicherheiten in europäischen Ländern, S. 27 ff.; vgl. ferner, Areopag 1125/87, ΕπιθΕμπΔ 1990, S. 222 ff.; Areopag 38/1988, ΕπιθΕμπΔ 1989, S. 558 ff.; Areopag 1129/87, NoB 36 (1988), S. 1597 ff.; Areopag 649/68, NoB 17 (1969), S. 412 ff.; ΕφΑθ 1735/83, ΕπιθΕμπΔ 1984, S. 36 ff. – *für das deutsche Recht* vgl. BGHZ 58, 99 S. 107 f.; BGHZ 93, S. 71 (76); NJW 1985, S. 1218 (1220); OLG Hamm WM 86, S. 372 f. mit zust. Anmerkung HÄUSER, WuB I A Nr. 14 AGB-Banken 1.86; MüKo-

also vor einem Pfändungsgläubiger auf eventuell vorhandene Guthaben zugreifen, um ihre Aufwendungen aus der Erfüllung des Garantieversprechens zu decken.[208]

Ähnliche Pfand- und Vorzugsrechte werden im deutschen Recht in den §§ 50, 51 InsO vorgesehen.[209] Auch hier handelt es sich insbesondere um Vertragspfandrechte, gesetzliche Pfandrechte und Pfändungspfandrechte. Ferner stellt das kaufmännische Zurückbehaltungsrecht nach §§ 369 und 370 DtHGB ein Vorzugsrecht dar. In der deutschen ZPO existiert dagegen kein Katalog mit Vorzugsrechten. Dennoch ist auch nach deutschem Recht der Bank als Pfandrechtsbestellerin ein Recht auf vorzugsweise Befriedigung zuzubilligen. Der bessere Rang der Gläubiger mit einem Pfand- oder Vorzugsrecht wird entsprechend mit der Vorzugsklage nach § 805 DtZPO bewirkt.[210] Zieht der Pfändungsgläubiger die Forderung ein, so setzt sich das vertragliche Pfandrecht am Erlös fort.

6. Rechtsvergleichende Betrachtungen und Bewertung

Wenn auch durch einen unterschiedlichen Lösungsweg, wird in beiden Rechten ein Vorrang der mit einem Pfandrecht gesicherten Bank gegenüber dem Pfändungsgläubiger begründet. In Deutschland ergibt sich dieser bessere Rang aus den AGB-Banken/Sparkassen in Verbindung mit dem DtBGB. Der griechische Gesetzgeber hat bereits sehr früh erkannt, dass die Banken als wichtigster Nerv im Nervensystem der Kreditwirtschaft einem speziellen Schutzstatus unterliegen müssen. Ergebnis dieser Erkenntnis war das spezielle Gesetzesdekret von 17.7./13.8.1923.

Negativ zu bewerten ist in der griechischen Bankpraxis jedoch das Fehlen einer einheitlichen Regelung, welche den AGB-Banken bzw. AGB-Sparkassen entsprechen würde. Sicherlich hat jede Bank ihre eigenen Bedingungen, denen die Geschäftsverbindungen mit ihren Kunden unterliegen. Aber eine einheitliche Regelung der AGB für Banken und Sparkassen verspricht viele Vorteile. U.a. verschafft sie einen Überblick über die bereits bestehenden Bankpraktiken. Au-

---

BGB/DAMRAU, § 1209 Rnr. 6; WIEGAND, in: STAUDINGER, BGB-Komm., § 1209 Rnr. 1; BASSENGE, in: PALANDT, BGB-Komm. § 1209 Rnr. 1, S. 1438.

[208] Vgl. RUTKE, Drittschuldnerschutz für die Bank bei der Kontenpfändung, ZIP 84, S. 538 (540); dagegen, OLG Düsseldorf v. 9.2.1984, ZIP 1984, S. 566 ff. Dieses Urteil will dem Pfändungsgläubiger zu Lasten des Drittschuldners eine bessere Position verschaffen, als sie der Pfändungsschuldner gehabt hätte.

[209] Vgl. THOMAS/PUTZO, ZPO-Komm., § 805 Rnr. 9, S. 1295.

[210] KÜCHENHOFF/MICHALSKI, in: ERMAN, BGB-Komm. § 1290 Rnr. 4, S. 3254 m.w.N.; THOMAS/PUTZO, ZPO, § 805, Rnr. 1 ff., S. 1294 ff.

ßerdem gäbe es eine Erleichterung bei der Überprüfung des Verstoßes der Geschäftsverbindungen der Banken mit dem AGB-Gesetz.[211] Mit der Einführung von einheitlichen Allgemeinen Geschäftsbedingungen könnte man auch ungeregelte Materien neu festlegen. In diesem Sinne könnte man auch die Einbeziehung der Pfandrechtsbestellung an eigene Schuld ausdrücklich einführen, so dass dieses Verfahren in der Praxis tatsächlich vereinfacht werden könnte.

7. Vorrang des Pfandrechts für künftige Forderungen? – Befriedigung aus dem Pfand vor Pfandreife

Als diffizil ist die Bestimmung des Rangverhältnisses zwischen der Bank als Pfandgläubigerin und dem Pfändungsgläubiger allerdings zu beurteilen, wenn das vertragliche Pfandrecht für eine künftige Forderung bestellt wird und die sog. Pfandreife, die besagt, dass die Verwertung grundsätzlich die Fälligkeit der gesicherten Forderung der Bank voraussetzt (§ 1228 Abs. 2 S. 1 DtBGB)[212], erst nach dem Pfändungsakt entsteht. In beiden Rechtsordnungen wird nämlich der Sicherungszweck des vereinbarten Pfandrechts weit formuliert. Das Pfandrecht kann sich nämlich neben allen bestehenden, auch auf künftige und bedingte Ansprüche der Bank gegen den Kunden beziehen (Art. 1210 GrZGB bzw. § 1204 Abs. 2 DtBGB).[213] Die künftige Forderung kann auch aus einem Rechtsverhältnis entstehen, das noch gar nicht existiert.[214]

Der Zeitpunkt des Entstehens des Pfandrechts, mit dem zukünftige Forderungen gesichert werden sollen, lässt sich nach dem BGH aus dem Gesetzes-

---

[211] Art. 2 GrVerbraucherschutzG 2251/1994; vgl. PSYCHOMANIS, Οι γενικοί όροι στις τραπεζικές συμβάσεις, ΕπιθΕμπΔ 1998, S. 887 ff.

[212] Vgl. KÜMPEL, Bank- und Kapitalmarktrecht, Rnr. 2.728, S. 248; DAMRAU, in: MünchKomm zum BGB, § 1228, Rnr. 8.

[213] Vgl. fürs griechische Recht: Art. 1210 GrZGB; HAMOUZOPOULOS, Recht der Kreditsicherheiten in europäischen Ländern (Griechenland), S. 32; MAZIS, Η εμπράγματη εξασφάλιση των Τραπεζών, S. 32 ff.; LIAKOPOULOS, in: GEORGIADIS/STATHOPOULOS, GrZGB-Komm., Art. 1210, Rnr. 1 ff., 14 f., S. 285 ff.; BALIS, Εμπράγματο Δίκαιο, § 201 Rnr. 11; BOSDAS, Η εμπράγματος ασφάλεια επί κινητών, ΑρχΝ 17, S. 444; KOUMANIS, Anm. zu ΕφΘεσσ 609/1997, ΕπισκΕμπΔ 1998, S. 194; Areopag 711/1986, EEN 54 (1987), S. 149; ΕφΘεσσ 3231/1996, Hellenische Justiz 38 (1997), S. 896; ΕφΑθ 2482/1994, Hellenische Justiz 36 (1995), 675; ΕφΑθ 2556/1994, Hellenische Justiz 36 (1995), S. 1267. – *für das deutsche Recht*, MERKEL, in: SCHIMANSKY/BUNTE/LWOWSKI, Bankrechts-Handbuch, § 93, Rnr. 49 ff., S. 2185 ff.; KÜMPEL, Bank- und Kapitalmarktrecht, Rnr. 2.637 ff., S. 220 ff.

[214] Vgl. BALIS, Εμπράγματο Δίκαιο, § 202, Rnr. 5; ARGYRIADIS, Εξασφάλιση μελλουσών απαιτήσεων δια προτιμώμενης ναυτικής υποθήκης, ΕπιθΕμπΔ 1982, S. 335.

wortlaut nicht zweifelsfrei bestimmen.[215] Die herrschende Meinung in Deutschland geht davon aus, dass der Gesetzgeber beim Pfandrecht für künftige Forderungen die strikte Anlehnung des Pfandrechts an die gesicherte Forderung (Akzessorietät) lockern wollte.[216] Für das Rangverhältnis der Pfandrechte hat dies zur Folge, dass es für den Rang nicht auf dem Zeitpunkt der Entstehung der abzusichernden künftigen Forderung ankommt. Allein der Zeitpunkt der Bestellung des Pfandrechts ist maßgebend (§ 1209 DtBGB bzw. Art. 1210, 1217 GrZGB und Art. 35 und 47 GD. v. 1923).[217] Zutreffend bemerkt KÜMPEL[218], dass es sich hier nicht nur um ein Anwartschaftsrecht handele, sondern „um ein gegenwärtiges Pfandrecht, das noch nicht valutiert ist". Das Pfändungspfandrecht des Vollstreckungsgläubigers bei der Kontenpfändung entsteht hingegen erst mit der Zustellung des Pfändungsbeschlusses (§ 829 DtZPO), mithin später als die Bestellung des Pfandrechts bereits mit der Anerkenntnis der AGB-Banken/Sparkassen. Daraus folgt, dass in der Regel die Bank vorrangig befriedigt werden muss. Hinzuzufügen ist dennoch hier, dass eine Verwertung des Pfandrechts aber erst mit Entstehen und Fälligkeit der Forderung möglich ist.[219] Das vertragliche Pfandrecht der Bank erlischt dagegen, wenn feststeht, dass die Forderung nicht entstehen kann.

Diese Selbstverständlichkeit gilt im griechischen Recht durchaus nicht, da die Bestellung von Pfandrechten – mangels von einheitlichen AGB-Banken – zu beliebigen Zeitpunkten erfolgen kann. Vor allem wird im griechischen Recht – wie bereits angedeutet – kein Pfändungspfandrecht anerkannt. Damit kann die Frage hier nicht lauten, welches Pfandrecht vorrangig ist, sondern, ob die Bestellung des Pfandrechts nicht gegen das inhibitorium verstößt.

---

[215] BGH WM 1983, S. 213, 215.

[216] BGH WM 1983, S. 213, 215; vgl. auch WIEGAND, in: STAUDINGER, BGB-Komm., § 1204 Rnr. 22 ff.; KÜMPEL, Bank- und Kapitalmarktrecht, Rnr. 2.647, S. 223.

[217] BGHZ 93, S. 326; BGH WM 1986, S. 720; BGH WM 1985, S. 78 = WuB I A Nr. 19 AGB-Banken 1.85 (STÜTZLE); BGH WM 1983, S. 213; OLG Hamm WM 86, S. 372 = WuB I A Nr. 19 AGB-Banken (HÄUSER); KÜCHENHOFF, in: ERMANN, BGB-Komm., § 1209 Rnr. 2; WIEGAND, in: STAUDINGER, BGB-Komm., § 1209, Rnr. 6; a.A. DAMRAU, in: BGB-Komm., § 1209, Rnr. 5; für das griechische Recht: HAMOUZOPOULOS, Recht der Kreditsicherheiten in europäischen Ländern, S. 85 ff.; SPYRIDAKIS/PERAKIS, GrZGB, Bd. III, §§ 1210, 1217; BALIS, Εμπράγματο Δίκαιο, § 202 Rnr. 5; SPYRIDAKIS, Πραγματικές ασφάλειες, §§ 112, Rnr. 5; WAWUSKOS, Εμπράγματο Δίκαιο, § 391; BOSDAS, Η εμπράγματος ασφάλεια επί κινητών, ΑρχΝ 17 (1966), S. 442 ff.; GEORGIADIS, Εγχειρίδιο Εμπράγματου Δικαίου, § 82 – I.3.

[218] KÜMPEL, Bank- und Kapitalmarktrecht, Rnr. 2.647, S. 223; *derselbe*, Bankrecht und Bankpraxis, Rnr. 8/20.

[219] BGH WM 1983, S. 213, 215 m.w.N.; BGH WM 1998, S. 2463 m.w.N.

In Griechenland wird nach herrschender Meinung[220] anerkannt, dass die Wirkungen des Pfandrechts bereits mit seiner Bestellung eintreten und dieses nicht in pendendo existiert, bis die abzusichernde Forderung entsteht. Die speziellen Vorschriften des Gesetzesdekrets von 1923 verschaffen somit den Banken eine privilegierte Befriedigung, auch wenn die zu sichernde Forderung zum Zeitpunkt des Vollstreckungszugriff noch nicht fällig geworden ist. Bei den „kaufmännischen Pfandrechten kann die Bank – im Gegensatz zu den allgemeinen Pfandgläubigern – die verpfändete Forderung (nach ihrer Fälligkeit) sowohl vor dem Eintritt der Pfandreife, gemäß Art. 39 des Gesetzesdekret vom 17.7./13.8.1923 als auch nach dem Eintritt der Pfandreife, gemäß Art. 44 desselben Gesetzesdekrets, als Zessionarin in voller Höhe einziehen.[221] Die Verwertung der verpfändeten Forderung durch die Bank kann infolgedessen unabhängig von der Fälligkeit der künftigen Forderung, wegen der das Pfandrecht bestellt wurde, erfolgen. Nach ständiger Rechtsprechung und zustimmender Auffassung im Schrifttum wird mit den Art. 39 und 44 des Gesetzesdekrets eine Art Sicherungsabtretung begründet.[222] Im Ergebnis kann festgestellt werden, dass es unerheblich ist, wann die gesicherte Forderung entsteht.[223] Die Wirkungen des Pfandrechts beginnen somit auch in dieser Rechtsordnung mit seiner Bestellung. Dagegen beginnen die Pfändungswirkungen für den Schuldner mit der Zustellung der Pfändungsurkunde an den Vollstreckungsschuldner. Wenn infolgedessen das Pfandrecht für die Sicherung von künftigen Forderungen vor der Zustel-

[220] Vgl. MAZIS, H εμπράγματη εξασφάλιση των τραπεζών, S. 34 f.; KOUMANIS, Anm. zu ΕφΘεσσ 690/1997, ΕπισκΕμπΔ 1998, S. 195; BALIS, Εμπράγματο Δίκαιο, § 202, 5; TUSSIS, Εμπράγματο Δίκαιο, § 219 S. 721 Bem. 1; SPYRIDAKIS, Το δίκαιο της εμπράγματης ασφάλειας, § 112.5; VOUSIKAS, Κτήσις ενεχύρου παρά μη κυρίου, § 31 S. 32 ff.

[221] Plenum Areopag 38/1988, NoB 37 (1989), S. 1203; Areopag 1108/1996, Hellenische Justiz 38 (1997), S. 1090; Areopag 1282/1994, Hellenische Justiz 37 (1996), S. 681; Areopag 1129/1987, NoB 36 (1988), S. 1597; Areopag 711/1986, EEN 54 (1987), S. 149; ΕφΘεσσ 3231/1996, Hellenische Justiz 38 (1997), S. 896; ΕφΑθ 2482/1994, Hellenische Justiz 36 (1995), S. 675; ΕφΑθ 2556/1994, Hellenische Justiz 36 (1995), S. 1267; ΕφΑθ 6022/1983, Hellenische Justiz 25 (1984), S. 1989; ΕφΑθ 1735/1983, Hellenische Justiz 24 (1983), S. 1046.

[222] Plenum Areopag 38/1988, NoB 37 (1989), S. 1203; Areopag 1108/1996, Hellenische Justiz 38 (1997), S. 1090; Areopag 1282/1994, Hellenische Justiz 37 (1996), S. 681; Areopag 1129/1987, NoB 36 (1988), S. 1597; Areopag 711/1986, EEN 54 (1987), S. 149; ΕφΘεσσ 3231/1996, Hellenische Justiz 38 (1997), S. 896; ΕφΑθ 2482/1994, Hellenische Justiz 36 (1995), S. 675; ΕφΑθ 2556/1994, Hellenische Justiz 36 (1995), S. 1267; ΕφΑθ 6022/1983, Hellenische Justiz 25 (1984), S. 1989; ΕφΑθ Athen 1735/1983, Hellenische Justiz 24 (1983), S. 1046 m. zust. Anm. v. LYMPEROPOULOS, ΠΠρΑθ 9793/1985, Armenopoulos 41 (1987), S. 500, ΜΠρΘεσσ 11156/1993, ΕπιθΕμπΔ 1994, S. 272, , ΜΠρΑθ 10760/1987 Hellenische Justiz 42 (1988), S. 760.

[223] BGH NJW 1993, S. 2876 (2878); WM 1986, S. 720; WM 1983, S. 213.

lung der Pfändungsurkunde bestellt wird, wird die Bank aus der verpfändeten Forderung zuerst befriedigt werden müssen. Umgekehrt wird es im entgegengesetzten Fall sein. Nach der Bewirkung der Pfändung kann aufgrund des Verfügungsverbots gemäß Art. 984 GrZPO keine Bestellung eines Pfandrechts an der gepfändeten Forderung vorgenommen werden.[224]

Etwas differenzierter ist die Rechtslage zu beurteilen nach den allgemeinen Vorschriften des GrZGB. Diese kommen – wie bereits oben erörtert – zur Anwendung, wenn die künftigen Forderungen der Bank nicht aus einem Darlehen oder Kontokorrent entstanden sind.[225] Gleichermaßen entsteht das Pfandrecht auch hier bereits mit seiner Bestellung. Dies hat zur Folge, dass ein Pfandrecht für die Sicherung von künftigen Forderungen nur vor Eintritt des inhibitoriums bestellt werden darf. Im Gegensatz aber zu der Regelung der handelsgesetzlichen Spezialnorm des Art. 39 Gesetzesdekret von 1923 darf das Pfandrecht nur dann verwertet werden, wenn die abzusichernde Forderung fällig geworden ist (Art. 1252 GrZGB).[226] Vor dem Eintritt der Pfandreife kann der Pfandgläubiger die verpfändete Forderung nur verwerten, wenn es sich nicht um eine Geldforderung handelt (Art. 1252 GrZGB – anders nach § 1281 DtBGB, unter den Vorbehalt des § 1284 Dt.BGB).

Die rechtsvergleichende Betrachtung hat ergeben, dass beide Rechtsordnungen eine weitgehende Sicherung der künftigen Forderungen der Banken, durch Bestellung eines Pfandrechts an Forderungen gewähren. Im griechischen Recht ist diese Frage, im Gegensatz zum deutschen Recht, nicht einheitlich geregelt. Von dem handelsgesetzlichen Spezialgesetz von 1923 ist lediglich die Pfandrechtsbestellung für künftigen Forderungen, die aus Darlehen oder Kontokorrent entstanden sind, geregelt. Alle anderen Forderungen fallen im Anwendungsbereich der allgemeinen Vorschriften des GrZGB. In dem speziellen Gesetzesdekret von 1923 trifft der Gesetzgeber eine Entscheidung, welche die Kreditinstitute im Vergleich zu der Pfandrechtsbestellung nach den allgemeinen Vorschriften des GrZGB oder den entsprechenden Vorschriften im deutschen Recht besser stellt. Die Kreditinstitute dürfen bei der Sicherung von künftigen Forderungen, unabhängig vom Eintritt der Reife, die verpfändete Forderung verwerten. Im Hinblick darauf, dass die Interessen der Bankwirtschaft mit den wirtschaftlichen Interessen jedes Bürgers Schritt halten muss, ist die Entscheidung des griechischen Gesetzgebers, den Banken die Befriedigung ihrer Forderungen zu erleichtern, positiv zu beurteilen.

---

[224] Vgl. LIAKOPOULOS, GrZGB-Komm. Art. 1210, Rnr. 3, S. 285.

[225] Vgl. DIMAKOU, in: GEORGIADIS/STATHOPOULOS, GrZGB-Komm. Art. 1247 – 1248, Rnr. 75, S. 383.

[226] Vgl. BOSDAS, Η εμπράγματος ασφάλεια επί κινητών, ΑρχΝ 17, S. 444.

8. Rangverhältnis zwischen einer Pfandrechtsbestellung an einem Kontokorrentsaldo und einer Pfändung des Kontokorrents

In beiden Rechtsordnungen wird die Möglichkeit der Verpfändung des Guthabens aus einem Kontokorrent für zulässig erkannt. Allerdings kann nicht jeder Saldo des Kontokorrents Gegenstand eines Pfandrechts sein. In beiden Ländern ist man sich einig, dass die Verpfändung des einzelnen Kontokorrentpostens unzulässig ist.[227] Die Einzelforderungen verlieren stets ihre Selbstständigkeit, wenn sie ins Kontokorrent eingestellt werden. Dagegen kann der Kontokorrentsaldo, der im Abschluss des Kontos oder nach Beendigung der Kontokorrentperiode feststeht, im Rahmen der Kontokorrentabrede Gegenstand der Pfandrechtsbestellung sein.[228] Da dieser Saldo jedoch erst im Abschluss des Kontos oder Beendigung der Kontokorrentperiode feststeht, handelt es sich um die Verpfändung einer künftigen Forderung. Damit stellt sich in beiden Rechtsordnungen die Frage, inwieweit sich die Bank als Drittschuldnerin aus dem ihrem vorrangigen Pfandrecht unterworfenen Giroguthaben mit Wirkung gegenüber dem Vollstreckungsgläubiger wegen Forderungen befriedigen darf, die sie erst nach Entstehung des (in der Regel nachrangigen) Pfändungspfandrechts erworben hat.

Es wurde bereits im deutschen Recht festgestellt, dass bei einer Pfandrechtsbestellung zur Sicherung einer künftigen Forderung der Bank das Pfandrecht bereits mit seiner Bestellung entsteht und nicht akzessorisch der abzusichernden Forderung gegenübersteht. Daraus folgt, dass das AGB-Pfandrecht an eigener Schuld grundsätzlich Vorrang vor dem gesetzlichen Pfändungspfandrecht des Vollstreckungsgläubigers hat.[229] Die Regelung des § 1209 DtBGB, wonach der Zeitpunkt der Bestellung entscheidend ist und somit die Bank regelmäßig vorrangig zu befriedigen ist, erfährt in Hinblick auf Guthaben aus einem Kontokorrentverhältnis aufgrund einer handelsgesetzlichen Spezialnorm eine Ausnahme. Aus § 357 Satz 1 DtHGB resultiert das Verbot der Fortführung der kontokorrentmäßigen Verrechnung von Schuldposten nach Zustellung einer

---

[227] Vgl. SCHLEGELBERGER, HGB-Komm. Anm. 26 ff. zu § 355 HGB; BAUMBACH-DUDEN, HGB-Komm. Anm. 3 zu §§ 355–357 HGB; vgl. auch, MAZIS, Η εμπράγματη εξασφάλιση των τραπεζών, S. 96 ff. – vgl. *für das griechische Recht*, DIMAKOU, in: GEORGIADIS/STATHOPOULOS, GrZGB-Komm. Art. 1247–1248, Rnr. 37, S. 377; ANASTASIADIS, Εμπορικό Δίκαιο, § 279 στ΄.

[228] Vgl. ANASTASIADIS, Εμπορικό Δίκαιο, § 279 στ΄; DIMAKOU, in: GEORGIADIS/STATHOPOULOS, GrZGB-Komm. Art. 1247–1248, Rnr. 37, S. 377; Pfandrechte an Forderungen, die zu einem späteren Zeitpunkt in einem Kontokorrent eingestellt wurden, bleiben nach griechischem Recht weiterhin bestehen. Vgl. hierzu, MAZIS, Η εμπράγματη εξασφάλιση των τραπεζών, § 14, § 93, S. 96 ff.

[229] Das Rangverhältnis konkurrierender Pfandrechte wird nach dem Zeitpunkt ihrer Bestellung bestimmt. BGH WM 1997, S. 1324, 1326.

Pfändung, soweit sich diese Schuldposten aus Geschäften ergeben, die nach der Pfändung abgeschlossen werden. Damit wird bezweckt, einen von weiteren Geschäften zwischen den Kontokorrentpartnern unbeeinflussbaren Rechnungsüberschuss für die Pfändung zu fixieren. Daraus folgt, dass die Bank sich nicht aus den Giroguthaben wegen Forderungen, die nach der Pfändung entstanden sind, befriedigen kann, auch wenn sie ein Pfandrecht an diesem Giroguthaben bestellt hatte.[230] Aufgrund von § 357 S. 1 DtHGB wird das AGB-Pfandrecht an Kontokorrentguthaben im Falle der Pfändung des Kontokorrentguthabens eingeschränkt. Das bedeutet, dass für Forderungen aus Neugeschäften der Bank, die nach der Pfändung durch den Dritten entstehen, kein vorrangiges Recht der Bank besteht. Somit wird vermieden, dass Geschäftspartner durch gegenseitige Bestellung von Pfandrechten für künftige Forderungen einen Vollstreckungszugriff auf Forderungen aus der Geschäftsverbindung ausschließen. Eine solche Annahme liegt zugegebenermaßen nicht fern. Es muss allerdings beachtet werden, dass etwas anderes für Geschäfte gilt, die aufgrund einer schon vor der Pfändung des Kontoguthabens bestehenden Verpflichtung der Bank vorgenommen wurden (§ 357 S. 2 DtHGB). Darunter fallen etwa Forderungen der Bank aus Überweisungen, die stets vorrangig zu befriedigen sind, auch wenn sie nach der Pfändung ausgeführt werden, solange der Überweisungsauftrag vor der Pfändung erteilt wurde.[231] Die Bank, die ihrem Kunden vor der Pfändung des Girokontos Euroscheck-Vordrucke und die Euroscheck-Karte ausgehändigt hatte, wird ebenfalls gegenüber dem Pfändungsgläubiger von ihrer Rückzahlungspflicht aus dem gepfändeten Kontoguthaben insoweit frei, als sie nach der Pfändung garantierte Euroschecks einzulösen hat.[232]

Die Frage ist im griechischen Recht aufgrund fehlender gezielter Erörterungen der Rechtsprechung und des Schrifttums durchaus schwieriger zu beantworten. Aus den Gesetzesmaterialien ergibt sich dennoch, dass dort wo das Gesetzesdekret von 1923 zur Anwendung kommt (wenn die Forderung aus einem Darlehen oder Kontokorrent entstanden ist), bereits mit der Bestellung des Pfandrechts an einer Forderung, diese an die Bank gemäß Art. 39 des Gesetzesdekretes von 1923 abgetreten wird, auch wenn die Pfandreife noch nicht eingetreten ist. Wenn somit ein Pfandrecht an dem Kontokorrentguthaben, das zum Abschluss des Kontos oder Beendigung der Kontokorrentperiode für den Bankkunden sich ergibt, bestellt wird, ist dieses Guthaben bereits an die Bank abgetreten. Eine der Bestellung des Pfandrechts folgende Pfändung des sich erge-

[230] Vgl. BUNTE, in: SCHIMANSKY/BUNTE/LWOWSKI, Bankrechts-Handbuch, § 19, Rnr. 31, S. 250.

[231] Vgl. BAUMBACH/HOPT, HGB, § 357 Rnr. 4; KÜMPEL, Bank- und Kapitalmarktrecht, Rnr. 2.656, S. 226; BUNTE, in: SCHIMANSKY/BUNTE/LWOWSKI, Bankrechts-Handbuch, § 19, Rnr. 31, S. 250.

[232] BGH WM 1985, S. 78; BGH WM 1997, S. 1324, 1326.

benden Überschusses wird nachrangig zu befriedigen sein. Somit wird diese Problematik im griechischen Recht anders, als es § 357 S. 1 DtHGB für das deutsche Recht vorsieht, gelöst.

§ 7 Zusammenfassung der wichtigsten rechtsvergleichenden Ergebnisse

Aus der obigen Darstellung der Rechtsstellung der Bank als Drittschuldnerin zeigt sich, dass die Bank in beiden Ländern im Rahmen der Zwangsvollstreckung Abstriche in ihrer Rechtsposition hinnehmen muss. Im Einzelnen bestehen allerdings wesentliche Unterschiede zwischen den beiden Rechtsordnungen. Diese werden im nachfolgenden zusammengefasst.

1. Die erste Verpflichtung, die für die Bank bei einem Vollstreckungszugriff auf Bankkonten entsteht, ist die Auskunftspflicht. Diese Pflicht wurde durch die höchstrichterliche Rechtsprechung in Griechenland bis unlängst als Verstoß gegen das spezielle Bankgeheimnis für Einlagen angesehen und somit jahrelang bestritten. In Deutschland dagegen wurde das Bankgeheimnis in der Zwangsvollstreckung eingeschränkt, da eine gesetzliche Verpflichtung der Bank gemäß § 840 DtZPO zur Auskunft vorgesehen wurde. Inzwischen wurde gesetzlich die Durchbrechung des speziellen Bankgeheimnisses in Griechenland bei einem Vollstreckungszugriff auf Bankkonten als zulässig anerkannt (Art. 24 G. 2915/2001).

2. Ein Unterschied zwischen den beiden Rechten, welcher die Rechtssituation des griechischen Kreditinstituts im Vergleich zum deutschen erheblich belastet, ist, dass nach der GrZPO keine Aufforderung an die Bank zur Auskunft erfolgen muss. Innerhalb von acht Tagen seit Zustellung der Pfändungsurkunde an die Bank muss diese eine Erklärung abgeben. Hinsichtlich des Inhalts und des Umfangs der Drittschuldnererklärung besteht ebenfalls ein wichtiger Unterschied. Aufgrund des speziellen Bankgeheimnisses dürfen die Kreditinstitute in Griechenland ihre Erklärung auf die notwendigsten Angaben beschränken. Diese Ansicht ist in Deutschland bereits überholt.

3. Die wichtigste Disparität hinsichtlich der Drittschuldnererklärung zeigt sich in ihrer Wirkung auf die Verwertung der gepfändeten Forderung. Diese ist im deutschen Recht zu verneinen, während im griechischen Recht keine Verwertung ohne eine Erklärung der Bank erfolgt. Die Auszahlung an den Vollstreckungsgläubiger hängt zunächst von der positiven Erklärung der Bank ab und nicht wie im deutschen Recht von einem Überweisungsbeschluss. Bejaht die

Bank das Vorliegen der Guthaben, zahlt aber trotzdem nicht aus, kann der Vollstreckungsgläubiger allein aufgrund der positiven Erklärung gegen die Bank vollstrecken. Bei einer negativen oder einer nicht erfolgten Erklärung hat der Gläubiger ein Widerspruchsrecht. Das Urteil, welches diesem Widerspruch stattgibt, stellt einen Vollstreckungstitel dar, mit dem der Gläubiger gegen die Bank vollstrecken darf. Im deutschen Recht hingegen besteht kein Widerspruchsrecht des Gläubigers. Er hat nach h.M. keinen einklagbaren Anspruch zur Erzwingung der Erklärung. Er kann lediglich einen Schadenersatz bei unrichtiger Erklärung der Bank verlangen. Einen Schadenersatzanspruch hat auch der „griechische“ Vollstreckungsgläubiger gegen seine Bank. Für die Kreditinstitute in Griechenland reicht sogar eine objektive Haftung aus. Dagegen setzt das deutsche Recht ein Verschulden des Drittschuldners voraus.

4. Im Vergleich zum deutschen Recht sind die Einwendungsbefugnisse des Drittschuldners im griechischen Recht sehr eingeschränkt. Hauptsächlich darf er gegen die Pfändung einwenden, dass die Zustellung an den Schuldner nicht erfolgt ist. Diese Einrede ist unentbehrlich, da grundsätzlich die Pfändung nur der Schuldner anfechten kann, was seine Kenntnisnahme erfordert. Er kann auch gegen die Wirksamkeit der Pfändung vorgehen, wenn die Pfändungsurkunde nicht den Vollstreckungstitel bezeichnet und die Forderung, aufgrund der gepfändet wird, nicht genau bestimmt ist. Er muss allerdings in diesem Fall einen Nachteil geltend machen können. Im deutschen Recht hat der Drittschuldner ein viel weiteres Handlungsfeld. Im Gegenteil zum griechischen Drittschuldner wird er mit einem konkreten Rechtsbehelf gerüstet. Er kann gemäß § 766 Abs. 1 DtZPO die Vollstreckungserinnerung einlegen, während nach griechischem Recht der Bank nur die allgemeinen Rechtsbehelfe zur Verfügung stehen. Ähnliche Regelungen sehen beide Rechtsordnungen hinsichtlich der Geltendmachung der Fehler des Vollstreckungsaktes durch den Drittschuldner vor. Grundsätzlich wird diese Befugnis lediglich dem Vollstreckungsschuldner zugesprochen. Beide Zivilprozessordnungen erkennen dem Drittschuldner zu, dass er seine materiellrechtlichen Einwendungen gegen den Vollstreckungsgläubiger geltend machen darf.

5. Als materielle Einwendungen der Bank kommen hauptsächlich die Aufrechnungsbefugnis bzw. die Aufrechnungsvereinbarung der Bank in Betracht. Hinsichtlich des Rangverhältnisses zwischen Aufrechnungsbefugnis oder Aufrechnungsvereinbarung und Pfändungsrecht des Gläubigers kann in beiden Rechten eine Parallele gezogen werden. Solange die Forderung und Gegenforderung sich bereits vor der Pfändung aufrechenbar gegenüber gestanden haben, kann die Bank wirksam auch nach erfolgter Pfändung aufrechnen.

6. Ähnlich ist die Rechtslage auch bei der Bestellung von Pfandrechten. Im Gegensatz zum deutschen Recht wird diese nicht einheitlich von den Vorschriften des GrZGB geregelt, sondern vorrangig von dem Spezialgesetz 17.7./13.8.1923. Dieses gewährt für die Bank als Drittschuldnerin, die ihre Forderungen mit einem Pfandrecht gesichert hat, einen speziellen Schutz. Als Grundsatz gilt dennoch in beiden Rechtssystemen, dass die Bank vorrangig zu befriedigen sei, wenn sie ein Pfandrecht vor der Bewirkung der Pfändung an der verpfändeten Forderung bestellt hat. Beim Pfandrecht für künftige Forderungen besteht in beiden Rechten Konsens darüber, dass ausschlaggebend der Zeitpunkt der Entstehung des Pfandrechts für die Beantwortung der Rangfrage ist. Als solcher wird bereits der Zeitpunkt der Bestellung des Pfandrechts angesehen. Ein wichtiger Unterschied besteht aber bei der Verwertung des Pfandrechts. Während diese im deutschen Recht nach der Pfandreife geschieht, sieht Art. 39 des Gesetzesdekrets vor, dass bereits mit Bestellung des Pfandrechts die Forderung an die Bank abgetreten wird.

7. Diese Disparität führt zur unterschiedlichen Wertung des Rangverhältnisses zwischen einer Pfandrechtsbestellung an den künftigen Kontokorrentsaldo und einer darauffolgenden Pfändung des Girokontos in beiden Rechtsordnungen. Bei der Verpfändung des künftigen Kontokorrentsaldos nach griechischem Recht ist diese Forderung bereits an die Bank abgetreten, so dass sich der Pfändungsgläubiger nicht daraus befriedigen kann, wenn seine Pfändung nach der Pfandrechtsbestellung erfolgte. Im deutschen Recht dagegen erfährt in diesem Fall das AGB-Pfandrecht der Banken und Sparkassen aufgrund von § 357 S. 1 DtHGB eine Einschränkung. Die Bank wird deshalb nachrangig zu befriedigen sein.

3. Kapitel
Die Auswirkungen des speziellen Bankgeheimnisses für Einlagen auf die Kontenpfändung im griechischen Recht

§ 1 Problemstellung und praktische Relevanz

Der Vollstreckungszugriff auf Einlagenkonten – darunter fallen Sparkonten, Gemeinschaftskonten, Festgeldkonten, Termineinlagen, etc. – traf bis vor kurzem in Griechenland auf ein Hindernis, das in der deutschen Rechtsordnung als solches nicht bekannt ist. Die Verpflichtung der Bank als Drittschuldnerin, eine Erklärung abzugeben, kollidierte nach ständiger Rechtsprechung im Falle einer Pfändung von Bankguthaben mit dem Bankgeheimnis für Einlagen. Es wurde angenommen, dass das speziell geschützte Bankgeheimnis eine Unpfändbarkeit der Bankguthaben begründet hat, obwohl dies nicht ausdrücklich im Gesetz geregelt war.[391]

Im Rahmen der Novellierung der griechischen Zivilprozessordnung mit dem Gesetz 2915/2001[392] wurde ausdrücklich geregelt, dass zugunsten höherrangiger Ziele bei einem Vollstreckungszugriff auf Bankkonten das spezielle Bankgeheimnis für Einlagen teilweise aufgehoben werden muss. Es handelt sich hierbei um eine lang ersehnte gesetzliche Initiative, die unter dem jahrzehntelangen Druck des griechischen Schrifttums und der Instanzrechtsprechung ausgelöst wurde. Nicht weniger bedeutend für diese legislative Entwicklung waren auch die Vorhaben der Europäischen Gemeinschaft, diesen Regelungsbereich zu harmonisieren.[393]

Die Untersuchung des aufgeführten juristischen Problemfelds ist von sehr großem Interesse, da kein Gleichlauf der Problematik in den europäischen Staaten besteht. Die Signifikanz der Materie nimmt zu, wenn man die grenzüberschreitende Relevanz der Fragestellung berücksichtigt. Die grenzüberschreitende Vollstreckungen innerhalb der Europäischen Gemeinschaft stellen nunmehr die gängige Praxis. Darüber hinaus kann sich ein strenges Bankgeheimnis, wenn die

---

391 Vgl. VELENTZAS, Τραπεζικό Δίκαιο, S. 291 ff.

392 ΦΕΚ 109 v. 29.5.2001.

393 Vgl. Vorschlag für einen Rechtsakt des Rates über die Ausarbeitung des Übereinkommens über die gerichtliche Zuständigkeit, die Anerkennung und die Vollstreckung gerichtlicher Entscheidungen in Zivil- und Handelssachen in den Mitgliedstaaten der EU vom 22.12.1997 (98/C33/05), ABl. 1998 Nr. C 33/20.

anderen Faktoren günstig sind, als geeignet erweisen, Kunden und Kapital aus allen Mitgliedstaaten anzuziehen.

Um dieser Problematik gegenüberzutreten und die Entwicklung von der ursprünglichen drakonischen Regelung des speziellen Bankgeheimnisses bis zum Gesetz 2915/2001 verstehen zu können, ist es zunächst erforderlich, auf die Besonderheiten des Bankgeheimnisses im griechischen Recht, die sich einschränkend auf den Vollstreckungszugriff auf Einlagenkonten auswirken, näher einzugehen. Erst dann kann überprüft werden, ob der Standpunkt der Rechtsprechung mit der bisherigen gesetzlichen Regelung des Bankgeheimnisses und den Prinzipien des Zwangsvollstreckungsrechts vereinbar war. Ausgehend von einer Darstellung der Entwicklung der Rechtsprechung des Areopags hinsichtlich dieses Problems, werden sodann die Unterschiede als Beschränkungen der Wirtschaftsbetätigung an der Elle des EG-Vertrags gemessen. Schließlich wird die aktuelle Regelung des Vollstreckungszugriffes vorgestellt, um anschließend ihre Auswirkungen sowohl auf die Vollstreckungspraxis als auch auf den Bankenverkehr in Griechenland zu erarbeiten.

§ 2 Das spezielle Bankgeheimnis für Einlagen

Zu erklären ist bereits zu Beginn, dass im griechischen Recht grundsätzlich zwischen dem allgemeinen Bankgeheimnis – so wie es auch im deutschen Recht verstanden wird[394] – und dem speziell geregelten Bankgeheimnis für Einlagen differenziert wird.[395] Das letztere erfuhr eine erste gesetzliche Konkretisierung in dem Gesetzesdekret 1059/1971. Dort ist geregelt, dass alle Bankeinlagen bei griechischen Banken dem Bankgeheimnis unterliegen. Diese spezielle Erscheinungsform des Bankgeheimnisses nimmt – wie im folgenden näher darzulegen sein wird – insoweit einen singulären Platz in den europäischen Rechtsordnungen ein.[396] Parallel zu dem allgemeinen Bankgeheimnis[397], dem alle Geschäftstä-

[394] Vgl. WOLFF, Die Geheimhaltungspflicht der Banken, DB 1968, S. 696 ff.

[395] Vgl. zu der Unterscheidung zwischen allgemeinem und besonderem Bankgeheimnis nach griechischem Recht, GRAMMATIKAS, Το τραπεζικό απόρρητο, S. 51 ff., 145 ff.; KALAMITSIS, Το απόρρητο των τραπεζικών καταθέσεων, S. 10 ff.; TRIANTAFYLLAKIS, Οι πρόσφατες εξελίξεις στη νομολογία σε σχέση με το τραπεζικό απόρρητο, Hellenische Justiz 34 (1993), S. 1445 f.; KARAGOUNIDIS, Η ευθύνη της Τράπεζας έναντι των πελατών της από την παραβίαση υποχρεώσεων προστασίας, Armenopoulos 49 (1995), S. 456; KOUTSOUKIS, Πρακτικά προβλήματα από την εφαρμογή του τραπεζικού απορρήτου, ΕΤρΑξΧρΔ 1996, S. 663 ff.

[396] Vgl. CHAMBOST, Die Bankgeheimnisse in den Ländern der Welt, S. 46 ff.; HADDING/SCHNEIDER, Bankgeheimnis und Bankauskunft in der Bundesrepublik Deutschland

tigkeiten der Banken unterliegen, wird das speziell geregelte Bankgeheimnis[398] angewandt. Dieses ist untrennbar mit dem Einlagengeschäft verbunden und hat daher einen engeren Anwendungsbereich, da es sich lediglich auf die Bankeinlagen bezieht. Im folgenden wird auf dieses näher eingegangen.

I. Begriffsbestimmungen

1. Begriff und Rechtsnatur der „Einlage“

a) Griechisches Recht

Im griechischen Recht ist die Einordnung des Einlagenbegriffs unter rechtlichen Gesichtspunkten nicht besonders leicht. Die griechische Gesetzgebung enthält keine systematische und vollständige Regelung der „Einlage“. Namentlich umfasst Art. 830 GrZGB (unregelmäßiger Verwahrungsvertrag) nur allgemeine Leitlinien für die Bestimmung des Einlagenbegriffs und erfordert deshalb eine Spezialisierung durch die branchenüblichen Banksitten und die Interessensabwägung der Vertragsparteien. Auch in weiteren Gesetzesvorschriften werden unvollständig besondere Einlagenkategorien geregelt.[399] Eine solche besondere Vorschrift, die in der griechischen Rechtswelt wie keine andere kritisiert wurde, ist auch das bereits angesprochene Gesetzesdekret 1059/1971.

Betrachtet man aber diese Vorschriften im Einzelnen, kommt man zu dem Ergebnis, dass es bei dem Begriff der Einlage um einen Vertrag geht, der zwischen der Bank und dem Einleger geschlossen wird. Dieser Vertrag umfasst den wesentlichen Inhalt des vom Art. 830 GrZGB vorgesehenen unregelmäßigen

---

und in ausländischen Rechtsordnungen, S. 9 ff.; MARTINEK, Das internationale Bankgeheimnis – eine Problemskizze, in: FS SCHÜTZE 1999, S. 503 ff.

397 Als Rechtsgrundlage des allgemeinen Bankgeheimnisses werden Art. 2, 5 und 9 der gr. Verfassung, Art. 371 des GrStGB und Art. 57, 197–198 GrZGB angesehen.

398 Vgl. hierzu, KALDELLIS, Το τραπεζικόν απόρρητον, Armenopoulos 35 (1981), S. 711 ff.

399 So bestimmen Art. 4 des Gesetzes 2076/1992 und Art. 10 und 11 des Gesetzes 5076/31, dass nur Kreditinstitute gewerbsmäßig Einlagen annehmen können. Auch in den Artikeln 2 und 3 des Gesetzesdekrets vom 17.7.1923 wird der Einlagenbegriff in Zusammenhang mit besonderen Themen erwähnt. Das Gesetz 5638/1932 regelt ferner die Einlagen von Gemeinschaftskonten und das Dekret vom 22.8.1958 – wie es nach seiner Modifizierung durch das Präsidialdekret 389/1977 Geltung findet – regelt die Einlagen bei Postsparkassen. Schließlich umfassen auch viele Entscheidungen des Geschäftsführers der Bank von Griechenland Fragen, die mit dem Einlagenbegriff in Verbindung stehen.

Verwahrungsvertrags (depositivum irregulare).[400] Hierbei handelt es sich um die vorläufige Hinterlegung von Geldern bei der Bank, mit der Berechtigung für diese, sie zu verbrauchen. Die Bank ist aus diesem Vertrag verpflichtet, zu einem bestimmten Zeitpunkt nicht diese konkreten Gelder, sondern die entsprechende Kaufkraft dieser Gelder für den Einleger zurückzugewähren.[401] Der Gesetzgeber erkennt hier eine Rechtsfiktion an, indem er den unregelmäßigen Verwahrungsvertrag mit dem Darlehen gleichstellt.[402] Deshalb finden auch bei dem unregelmäßigen Verwahrungsvertrag – und somit auch auf das Einlagengeschäft – die Vorschriften des Darlehens (Art. 806 ff. GrZGB) Anwendung.[403] Als einzige Abweichung gilt hier die Bestimmung der Zeit und des Ortes der Zurückzahlung der Geldeinlagen, für die weiterhin die Vorschriften des unregelmäßigen Verwahrungsvertrags anwendbar sind. Damit sind die Interessen des Hinterlegers bzw. des Einlegers am besten gewahrt (Art. 830 Abs. 2 GrZGB).

Darüber hinaus lässt sich aus dem sachlichen Anwendungsbereich des GD 1059/1971 selbst der Begriff der „Einlage" bestimmen. Umfasst vom speziellen Bankgeheimnis werden nach Art. 1 des GD 1059/1971 „jede Art von Einlagen bei Kreditinstituten"[404]. Ferner sieht Art. 3 des GD vor, dass „Geldeinlagen oder andere Einlagen bei Banken" dem Regelungsbereich des GD unterfallen. Somit können alle Einlagengeschäfte (u.a. Wertpapierdepots und Aktien) im Sinne des unregelmäßigen Verwahrungsvertrages, die zwischen der Bank und ihren Kunden geschlossen werden, den Gegenstand dieses Gesetzesdekrets bilden.

---

[400] Areopag 1623/1995, ΔΕΕ 1996, S. 390; ΕφΘεσσ 1580/2000, ΔΕΕ 2000, S. 884; ΕφΑθ 2543/1996, ΕπιθΕμπΔ 47 (1996), S. 716 ff.; Areopag 1083/1991 (5. Senat), ΕπιθΕμπΔ 44 (1993), S. 201 ff.

[401] Vgl. PAMPOUKIS, Τραπεζικές πιστωτικές συμβάσεις, S. 276, 279; PSYCHOMANIS, Τραπεζικό Δίκαιο, S. 153 ff.

[402] Vgl. VELENTZAS, Τραπεζικό Δίκαιο, S. 74 ff.; *derselbe*, Δίκαιο Τραπεζικών Συμβάσεων (Εργασιών), S. 72 ff.; PSYCHOMANIS, Τραπεζικό Δίκαιο, S. 153 ff.; *derselbe*, Η διάθεση χρηματικών καταθέσεων σε ασφάλεια απαιτήσεων, NoB 38 (1990), S. 582 f. = ΔΕΕΤ 1991, A. 36; TRAGAKIS, Ελληνική Τραπεζική Νομοθεσία και Πρακτική, S. 783.

[403] Vgl. VOUSIKAS, GroßKomm-GrZGB, Einführung in Art. 806–809, Rnr. 61; *derselbe*, Δάνειον και ανώμαλος παρακαταθήκη, EEN 28 (1961), S. 809; KRITIKOS, in: GEORGIADIS/STATHOPOULOS, GroßKomm-GrZGB, Art. 830, Rnr. 28; RAMMOS, GroßKomm-GrZGB, Art. 830, Ziff. 4–12; dagegen, GEORGAKOPOULOS, Εγχειρίδιο Εμπορικού Δικαίου, Band 2 Γ, Τραπεζικές συμβάσεις, S. 524, der begrifflich die „Einlage" mit der einfachen Hinterlegung gleichstellt.; MAZIS, Anm. zu Areopag Urteil 467/1990, NoB 39 (1991), S. 1206; Areopag 467/1990, EEN 1991, S. 79 = Hellenische Justiz 32 (1991), S. 117 = NoB 39 (1991), S. 1205; Areopag 432/1990, Hellenische Justiz 32 (1991), S. 115; ΕφΑθ 7583/1978, NoB 27 (1979), S. 1654 = ΕπιθΕμπΔ 31 (1980), S. 223; ΕφΘεσσ 209/1979, ΕπιθΕμπΔ 31 (1980), S. 63.

[404] Zum Begriff des Kreditinstituts vgl. Art. 2 Abs. 1 des G. 2076/1992.

Dessen Regelungsbereich war nicht von Anfang an so umfangreich.[405] Zunächst war vorgesehen, dass nur die Geldeinlagen dem speziellen Schutzstatus des Bankgeheimnisses unterfallen sollen. Erst mit der Ersetzung des Art. 3 GD 1059/1971 durch den Art. 27 Abs. 1 des Gesetzes 1868/89 wurden auch weitere Bankeinlagen vom speziellen Bankgeheimnis umfasst. Heute bestehen keine Meinungsverschiedenheiten mehr, denn vom Wortlaut des Artikels 3 GD 1059/1971[406] kann man ableiten, dass der Begriff der Einlage in seinem weitesten Sinn vom speziellen Bankgeheimnis erfasst wird. In Bezug auf die Geldeinlagen kann gesagt werden, dass die Bankpraxis verschiedene Arten von Einlagen entwickelt hat.[407]

b) Deutsches Recht

Die Klärung des Begriffs der Einlage erweist sich ebenso im deutschen Recht als problematisch, da es auch hier keine gesetzliche Definition zum Begriff der „Einlage"[408] gibt, und dies, obwohl der Einlagenbegriff in mehreren Gesetzen verwendet wird.[409] Der Gesetzgeber behandelt ihn vielmehr als vorgegeben. Das KWG[410] verwendet diesen Begriff vor allem zur Kennzeichnung für eine Gruppe von Bankgeschäften.[411] Auch das DtBGB setzt den Begriff der Einlage in § 248 Abs. 2 DtBGB als bekannt voraus. Abschließend wurden anhand der Rechtspre-

---

[405] Vgl. hierzu ΕφΑθ 7968/1973, NoB 22 (1974), S. 73.

[406] in: Κώδιξ Νόμων 1989, S. 835 f.; Vgl. hierzu, GIOVANNOPOULOS, Die Harmonisierung des privatrechtlichen Bankgeheimnisses im europäischen Wirtschaftsverkehr, S. 42 ff.

[407] Zu den unterschiedlichen Einlagenarten vgl. VELENTZAS, Δίκαιο Τραπεζικών Συμβάσεων, S. 100 ff.

[408] Hier ist der Einlagenbegriff des KWG von den Einlagen des Gesellschaftsrechts zu unterscheiden. Vgl. VG Berlin WM 1986, S. 879 (881); zum gesellschaftlichen Einlagenbegriff vgl. SCHMIDT, in: SCHLEGELBERGER, HGB § 105, Rnr. 153; vgl. auch, CANARIS, Die Ausgabe von Namensgewinnschuldverschreibungen an Arbeitnehmer in bankaufsichtsrechtlicher Sicht, BB 1978, S. 227.

[409] Zum Stand der Diskussion zum Begriff des Einlagengeschäfts in Deutschland, vgl. DEMGENSKY/ERM, Der Begriff der Einlagen nach der 6. KWG-Novelle, S. 1446 ff.

[410] Gesetz über das Kreditwesen vom 10. Juli 1961 (BGBl. I, S. 881) in der Fassung der Bekanntmachung vom 9. September 1998 (BGBl. I, S. 2776), geändert durch Art. 1 EGInsOÄndG v. 19. Dezember 1998 (BGBl. I, S. 3836) und durch Art. 3 des Gesetzes zur Änderung insolvenzrechtlicher und kreditwesenrechtlicher Vorschriften v. 8. Dezember 1999 (BGBl. I, S. 2384).

[411] Vgl. KÜMPEL, Bank- und Kapitalmarktrecht, Rnr. 3.31 ff., S. 297 ff.; SZAGUNN/HAUG/ERGENZINGER, Gesetz über das Kreditwesen, § 1 Rnr. 17, S. 87 f., 93 f.; BÄHRE/SCHNEIDER, KWG-Kommentar, § 1 Nr. 6, S. 78 ff.

chung und des Bundesaufsichtsamtes für Kreditwesen Begriffskriterien zur „Einlage" entwickelt.[412]

Allerdings kann sich der Einlagenbegriff vom Schutzzweck des § 1 Abs. 1 Satz 2 Nr. 1 KWG ableiten. Dieser bestimmt seinen Anwendungsbereich für das Einlagengeschäft als „die Annahme fremder Gelder als Einlage ohne Rücksicht darauf, ob Zinsen vergütet werden". Nicht schon jede Annahme fremder Gelder kann in diesem Sinne ein bankmäßiges Einlagengeschäft darstellen. Erforderlich und ausschlaggebend ist die Annahme fremder Gelder als Einlagen. Den Charakter der Einlagen bezeichnet deshalb vielmehr die Verwendung der Gelder zur kontinuierlichen Ansammlung und Bereithaltung liquiden Kapitals, um das Aktivgeschäft zu refinanzieren.[413] Grob vereinfacht kann man das Wesen der Einlagen in einer Geldforderung eines Nichtkreditinstitutes gegen ein Kreditinstitut sehen.

c) Rechtsvergleichende Betrachtungen

Es fällt auf den ersten Blick ins Auge, wenn man die Beschreibung der „Einlage" in den beiden Rechtsordnungen vergleicht, dass es sich um den gleichen Terminus handelt. Obwohl dieser Begriff in beiden Ländern nicht näher bestimmt wird, meint man mit „Einlage" die Entgegennahme von Geldern solcher Personen, die keine Kreditinstitute sind, in Form eines unregelmäßigen Verwahrungsvertrages.

Besonderes Element des Einlagengeschäfts in beiden Rechtsordnungen ist, dass die Bank nicht dieselben Gelder, sondern nur Gelder von gleicher Art, Güte und Menge zurückgewähren kann. Identisch ist auch, dass die bei der Bank eingezahlten Banknoten und Geldmünzen in deren Eigentum übergehen. Aus dieser Feststellung ergibt sich auch die Rechtsnatur der bankmäßigen Einlagen. Wie im griechischen Recht neigt auch die deutsche Rechtsordnung dazu, das

---

[412] „Um Einlagen im Sinne des KWG handelt es sich danach stets dann, wenn Gelder a) von mehreren Geldgebern, die keine Kreditinstitute sind, b) auf der Grundlage typisierter Verträge, c) als Darlehen oder in ähnlicher Weise und d) ohne schriftlichen Kreditvertrag und bankübliche Besicherung, e) nach Fälligkeit von den Gläubigern jederzeit zurückgefordert werden können, laufend entgegengenommen werden. Vgl. CANARIS, Die Ausgabe von Namensgewinnschuldverschreibungen an Arbeitnehmer in bankaufsichtsrechtlicher Sicht, BB 1978, S. 227 ff. Dieser übt Kritik an die vom BAK verwandten Formel aus.

[413] Vgl. GÖSSMANN, in: SCHIMANSKY/BUNTE/LWOWSKI, Bankrechts-Handbuch, Band II, § 69, Rnr. 6.

Einlagengeschäft als unregelmäßigen Verwahrungsvertrag im Sinne von § 700 DtBGB einzuordnen.[414]

2. Die Bestimmung des Terminus „Kreditinstitute" (Art. 1 Satz 1 GD 1059/1971)

Als Träger des Bankgeheimnisses der Einlagen werden im Art. 1 Satz 1 des GD 1059/1971 die Kreditinstitute genannt. Ein Definitionsansatz für das Kreditinstitut[415] im griechischen Recht ist im Art. 2 Abs. 1 des Gesetzes 2076/92[416] enthalten. Demnach werden Aktiengesellschaften oder Kreditgenossenschaften als „Kreditinstitute" qualifiziert, wenn ihre Tätigkeit mindestens die Annahme von Einlagen oder anderer ersetzbaren Kapitale von der Öffentlichkeit und die Gewährung von Krediten zu ihren Gunsten umfasst.[417] Dabei ist zu beachten, dass das Einlagengeschäft und das Kreditgeschäft nicht alternativ, sondern kumulativ betrieben werden muss. Ferner wird in Art. 29 dieses Gesetzes vorgesehen, dass die Kreditinstitute der allgemeinen Bankgesetzgebung unterliegen. Als Kreditinstitute im Sinne des GD 1059/1971 werden aber auch weitere Organisationen anerkannt, die ausdrücklich vom Gesetz 2076/1992 ausgeschlossen werden. Hierbei handelt es sich namentlich um die Bank von Griechenland, die Postbank, die ETBA[418] und das Darlehens- und Hinterlegungsamt.

Fraglich war noch bis zum Erlass des Gesetzes 1858/89, ob auch Zweigstellen von ausländischen Banken in Griechenland zur Wahrung des speziellen Bankgeheimnisses von Einlagen verpflichtet waren. Bis dahin sah das GD ausdrücklich vor, dass „die Einlagen bei griechischen Banken"[419] dem Bankge-

---

[414] Vgl. KÜMPEL, Bank- und Kapitalmarktrecht, Rnr. 3.31 ff., S. 297; GÖSSMANN, in: SCHIMANSKY/BUNTE/LWOWSKI, Bankrechts-Handbuch, Band II, § 70, Rnr. 3 ff.; SCHWINTOWSI/SCHÄFER, Bankrecht, S. 162, Rnr. 5 f.

[415] Vgl. zum Begriff „Kreditinstitut" nach deutschem Recht, DEMGENSKY/ERM, Der Begriff der Einlagen nach der 6. KWG-Novelle, S. 1446 ff. § 1 Abs. 1 Satz 1 KWG definiert Kreditinstitute als Unternehmen, die Bankgeschäfte gewerbsmäßig oder in einem Umfang betreiben, der einen in kaufmännischer Weise eingerichteten Geschäftsbetrieb erfordert.

[416] Dieses Gesetz setzt die Richtlinie 89/646/EWG („2. Bankrechtskoordinierungsrichtlinie") des Rates der Europäischen Gemeinschaften um. ABl. L 386 v. 30.12.1989.

[417] Vgl. zum Begriff der „Bank" nach griechischem Recht, KOTSIRIS, Πρόβλημα αστικής ευθύνης τραπεζών έναντι τρίτων κατά την άσκηση της πιστωτικής λειτουργίας, Armenopoulos 38 (1984), S. 603 f.; PSYCHOMANIS, Η διάθεση χρηματικών καταθέσεων σε ασφάλεια απαιτήσεων, NoB 38 (1990), S. 582; *derselbe*, Τραπεζικό Δίκαιο, S. 3 ff.

[418] Εθνική Τράπεζα Βιομηχανικής Ανάπτυξης (= Nationalbank für industrielle Entwicklung).

[419] s. *Anhang: Gesetzestexte.*

heimnis unterliegen. Mit dem Art. 10 Abs. 1 des Gesetzes 1858/1989 wurde Art. 1 des GD ersetzt, so dass die heutige Formulierung des GD keine Unterscheidung zwischen inländischen oder ausländischen Banken trifft.[420] Unstrittig ist somit heute, dass sowohl Einlagen bei griechischen Banken als auch Einlagen bei ausländischen Banken, die eine Zweigniederlassung in Griechenland haben, dem Bankgeheimnis der Einlagen unterliegen.[421] Dies stellt bloß eine Scheinänderung dar, da die Gleichbehandlung griechischer Banken und der Zweigniederlassungen ausländischer Banken längst durch die Rechtsprechung mit dem Beifall des Schrifttums durch die teleologische Auslegung des Art. 1 Gesetzesdekret 1059/1971 unter Berufung auf das verfassungsrechtliche Gleichheitsgebot und die EG-Grundfreiheiten durchgesetzt wurde.[422]

II. Rechtsgrundlage des (speziellen) Bankgeheimnisses – Rechtsfolgen einer Verletzung des Bankgeheimnisses

1. Griechisches Recht

Das Bankgeheimnis für Einlagen bekam zum ersten Mal einen speziellen gesetzlichen Rahmen in dem Gesetzesdekret 1059/1971 „über das Geheimnis der Bankeinlagen". Dessen Artikel 1 bestimmt, dass alle Bankeinlagen bei griechischen Banken dem Bankgeheimnis unterliegen.[423] Da es sich bei diesem Artikel

---

[420] Auch vor dem Erlass des neuen Gesetzes wurde vom Schrifttum die Meinung vertreten, dass auch ausländische Banken vom GD umfasst werden müssten. Vgl. hierzu, GRAMMATIKAS, Το τραπεζικό απόρρητο, S. 151 f.; KALAMITSIS, Το απόρρητο των τραπεζικών καταθέσεων, S. 22; DOUVLIS, Κοινός διαζευτικός λογαριασμός, Προσβολή της νόμιμης μοίρας και κάμψη του απορρήτου των τραπεζικών καταθέσεων, S. 37; siehe auch, ΜΠρΘεσσ 4999/91, ΕΤρΑξΧρΔ 1993, S. 40 ff.; ΜΠρΑθ 8167/87, ΕπιΘΕμπΔ 38 (1987), S. 379 ff.; ΜΠρΠειρ 3629/84, Hellenische Justiz 26 (1985), S. 331 ff. m. Anm. DAFOULIS; ΕφΑθ 7060/76, NoB 26 (1978), S. 947 ff.; ΜΠρΑθ 691/83, ΕπιθΕμπΔ 34 (1983), S. 404 ff.; ΕφΠειρ 534/87, Hellenische Justiz 29 (1988), S. 368 ff.; ΜΠρΑθ 7220/89, ΕπιθΕμπΔ 1990, S. 227 ff.; a.A. KALDELLIS, Το τραπεζικό απόρρητο, Armenopoulos 1981, S. 718 f.; ROILOS, Περί της εφαρμογής του ακατασχέτου των τραπεζικών καταθέσεων κατά του ν.δ. 1059/1971 και επί καταθέσεων των εν Ελλάδι λειτουργησών αλλοδαπών τραπεζών, NoB 26 (1978), S. 995.

[421] Vgl. CHAIRETAKIS, Υποκαταστήματα αλλοδαπών τραπεζών, Εξομοίωση αυτών με ελληνικές τράπεζες, NoB 37 (1989), S. 381 ff.

[422] Vgl. hiezu, GIOVANNOPOULOS, Die Harmonisierung des privatrechtlichen Bankgeheimnisses im europäischen Wirtschaftsverkehr, S. 40, Fn. 56 m.w.N.

[423] Artikel 1, nach seiner Modifizierung durch Artikel 10 Abs. 1 des G. 1858/1989, bestimmt, dass «Οι κάθε μορφής καταθέσεις σε πιστωτικά ιδρύματα είναι απόρρητες.»; vgl. auch, KOUTSOUKIS, Πρακτικά προβλήματα από την εφαρμογή του τραπεζικού απορρήτου, ΕΤρΑξΧρΔ 1996, S. 665.

um ius cogens handelt, kann seine Anwendung nicht durch den Willen der Parteien beseitigt werden.[424] Allein diese Vorschrift jedoch lässt keine Differenzierung vom allgemeinen Bankgeheimnis[425] erkennen.

Die herausragende Prägnanz dieses Bankgeheimnisses ergibt sich vielmehr aus den Artikeln 2 Abs. 1 und 3 des Dekrets.[426] Abgesehen von zivilrechtlichen Sanktionen[427] durch das Bankvertragsrecht und das allgemeine Deliktsrecht[428], stellt die strafrechtliche Sanktion des Artikels 2 Abs. 1 die vorsätzliche und fahrlässige Verletzung des Bankgeheimnisses unter Strafe.[429] Konkreter gesagt, ist dort geregelt, dass die Geschäftsführer der Banken, Mitglieder des Vorstands oder Bankangestellte, die alle durch ihren Beruf an Informationen über Bankeinlagen gelangen, strafrechtlich haften, wenn sie die Informationen auf irgendeine Weise an andere weitergeben. Ebenso wird ihnen untersagt, bei Gerichtsverhandlungen als Zeugen auszusagen, wenn sie über Bankkonten befragt werden. Hier kommt der besondere Stellenwert zum Tragen, den Griechenland dem speziellen Bankgeheimnis zumisst. Die Vorschrift stellt die Verletzung des Bankgeheimnisses ausdrücklich unter Strafe und nimmt insoweit eine besondere Stellung gegenüber der deutschen Rechtsordnung ein, die ansonsten allenfalls eine generelle Sanktion für Geheimnisverletzungen bei Trägern von Berufsgeheimnissen kennt.[430]

---

[424] Art. 288 GrZGB; vgl. auch STATHOPOULOS, Schuldrecht § 5 I, S. 177.

[425] Zu den besonderen Bankgeheimnissen gehört auch das sog. Bankgeheimnis der Schifffahrtsbanken nach Art. 12 GD 1321/1972, das allerdings aufgrund der Seltenhet dieser Bankform kaum eine praktische Bedeutung hat.

[426] s. für Art. 2 §§ 1 und 3 GD 1059/1971 *Anhang: Gesetzestexte*.

[427] ΕφΑθ 2623/1957, ΕΕΝ 25, S. 475; ΠρΛαμ 963/57, ΑρχΝ 9, S. 345; vgl. auch STATHOPOULOS, Allgemeines Schuldrecht, § 25.

[428] Rechtswidriges Verhalten liegt vor, wenn das Kreditinstitut gegen geschriebene oder ungeschriebene Rechtsvorschrift verstößt. Unerheblich ist, ob es sich um eine Zivil-, Straf- oder Verwaltungsvorschrift handelt. Vgl. Areopag 81/1991, ΕπιθΕμπΔ 1993, S. 200; GEORGIADIS, in: STATHOPOULOS/GEORGIADIS, Art. 914, Rnr. 20 f.; KOUTSOUKIS, Το τραπεζικό απόρρητο, S. 131.

[429] Strafrechtlich sanktioniert ist die Verletzung des Bankgeheimnisses auch in Frankreich, Holland, Österreich und der Schweiz. Vgl. BRUCHNER/STÜTZLE, Leitfaden zu Bankgeheimnis und Bankauskunft, S. 18 f.; SMITS, Bankgeheimnis und Bankauskunft nach niederländischem Recht, S. 190 f.; ANCEL, Die Erteilung von Bankauskünften nach französischem Recht, S. 112 ff.

[430] Ähnlich auch Art. 47 des 1934 in Kraft getretenen schweizerischen Bankgesetzes: „Wer ein Geheimnis offenbart, das ihm in seiner Eigenschaft als Organ, Angestellter, Beauftragter, Liquidator oder Kommissionär einer Bank, als Beobachter der Bankenkommission, als Organ oder Angestellter einer anerkannten Revisionsstelle anvertraut worden ist oder das er in dieser Eigenschaft wahrgenommen hat, wer zu einer solchen Verletzung des Berufsgeheimnisses zu verleiten sucht, wird mit Gefängnis bis zu sechs Monaten oder mit Buße bis zu 50.000 Fran-

2. Deutsches Recht

In Deutschland werden für die Verletzung von Privatgeheimnissen in § 203 StGB strafrechtliche Sanktionen vorgesehen. Einen Tatbestand, der die Verletzung des Bankgeheimnisses grundsätzlich unter Strafe stellen würde, gibt es aber nicht. Auch in § 203 StGB wird das Bankgeheimnis nirgends ausdrücklich erwähnt. Zwar lässt sich das Bankgeheimnis durchaus zu den zum persönlichen Lebensbereich des Einzelnen zählenden Geheimnissen, bei Geschäftsleuten auch mitunter zu Betriebs- oder Geschäftsgeheimnissen rechnen, doch wird der Bankangehörige im Katalog des § 203 Abs. 1 StGB nicht erwähnt. Auf Privatbanken ist § 203 Abs. 2 StGB, welcher in Nr. 1 die Geheimhaltungspflicht von Amtsträger festlegt, ohnehin nicht anwendbar. Der Grund dafür liegt darin, dass gemäß Art. 103 Abs. 2 GG ein strenges Analogieverbot im materiellen Strafrecht besteht. Infolgedessen entfällt – trotz gleicher Tatbestandsvoraussetzungen – die Strafbarkeit der Verletzung des Bankgeheimnisses durch Angehörige einer Privatbank, da diese weder Amtsträger noch für den öffentlichen Dienst besonders verpflichtet sind.[431]

Diametral unterschiedliche Ansichten werden im Rahmen der Strafbarkeit gemäß § 203 Abs. 1 StGB bei öffentlich-rechtlichen Banken vertreten. Zum einen wird die Verletzung der Pflicht zur Amtsverschwiegenheit von Bankangehörigen bei öffentlich-rechtlichen Kreditinstituten als strafbar angesehen.[432] Andere Autoren sind aber der Auffassung, dass die Strafbarkeit aus den gleichen Gründen wie bei Privatbanken nicht in Betracht kommt.[433] Zwar wird nach §

---

ken bestraft (...)", vgl. hierzu, MARTINEK, Das internationale Bankgeheimnis – eine Problemskizze, FS SCHÜTZE, S. 510; vgl. auch, Art. 272 des niederländischen Strafgesetzbuches, Art. 378 des französischen Code Pénal, Art. 47 Abs. 1 des österreichischen KWG, Art. 458 des luxemburgischen StGB, Art. 458 des belgischen Code Pénal.

[431] Vgl. TRÖNDLE, StGB § 203, Rnr. 21.

[432] Vgl. § 203 Abs. 1 und 2 StGB, wonach die Verletzung der Pflicht zur Amtsverschwiegenheit bei öffentlich-rechtlichen Kreditinstituten mit Freiheitsstrafe bis zu zwei Jahren oder mit Geldstrafe geahndet wird. Siehe hierzu, BRUCHNER/STÜTZLE, Leitfaden zu Bankgeheimnis und Bankauskunft, S. 17; CANARIS, GroßKomm HGB, Bankvertragsrecht, Rnr. 41; SICHTERMANN/KIRCHHERR, Bankgeheimnis und Bankauskunft in der Bundesrepublik Deutschland sowie in wichtigen ausländischen Staaten, S. 35; LENCKNER in: SCHÖNKE/SCHRÖDER, StGB-Komm. § 203 Rnr. 44; HOFFMANN, Rechtliche Schranken interner Informationsflüsse in Kreditinstituten, S. 53 f.; BÜRGER, Rechtsfragen zur Bankauskunft, S. 56; Vgl. auch, MARTINEK MICHAEL, Das internationale Bankgeheimnis – eine Problemskizze, FS SCHÜTZE (1999), S. 517. – Daneben kann auch § 41 BDSG einschlägig sein. Nach dieser macht sich strafbar, wer unbefugt vom BDSG geschützte, personenbezogene Daten, die nicht offenkundig sind, übermittelt, verändert, abruft oder sich aus in Behältnissen verschlossenen Dateien verschafft.

[433] KIMMEL, Das Bankgeheimnis im Strafprozess, S. 26 ff. m.w.N.

203 Abs. 2 S. 1 Nr. 1 StGB derjenige, der ein Geheimnis offenbart, das ihm als Amtsträger anvertraut oder sonst bekannt geworden ist, bestraft. Bankangehörige öffentlich-rechtlicher Kreditinstitute sind dazu bestellt, bei einer Behörde Aufgaben der öffentlichen Verwaltung wahrzunehmen. Damit sind sie Amtsträger im Sinne von § 11 Abs. 1 Nr. 2 c StGB. In dieser Eigenschaft werden sie aber bei den Bankgeschäften mit ihren Kunden nicht tätig. Diese werden aufgrund privatrechtlicher Beziehungen vorgenommen. Da der Angehörige einer öffentlich-rechtlichen Bank bei den Bankgeschäften den Kunden nicht in seiner Eigenschaft als Amtsträger gegenübersteht, erfährt er damit die geheimzuhaltenden Tatsachen des Kunden auch nicht in dieser Eigenschaft. Aus diesem Grund entfällt nach dieser Meinung eine Strafbarkeit nach § 203 Abs. 2 S. 1 Nr. 1 StGB.

Unabhängig davon, welche von den beiden entgegengesetzten Ansichten geteilt werden sollte, wäre eine Strafbarkeit nach § 203 Abs. 1 und 2 StGB bei einer Durchbrechung des Bankgeheimnisses im Vollstreckungsfall aufgrund der bestehenden Befugnis zur Offenbarung nicht gegeben. Denn neben den allgemeinen Rechtfertigungsgründen, wie etwa die Einwilligung des Betroffenen, stellt auch die prozessuale Zeugnispflicht des Bankangehörigen als Drittschuldner in der Forderungspfändung einen Rechtfertigungsgrund dar.[434]

Deutschland kennt somit keine strafrechtliche Sanktion, bei der Offenbarung des Bankgeheimnisses in der Zwangsvollstreckung. Ein Bruch der Verschwiegenheitspflicht der Bank stellt nach deutschem Recht regelmäßig nur eine positive Vertragsverletzung dar, die zu Schadenersatz- und Unterlassungsansprüchen des Kunden führen kann. Neben den vertragsrechtlichen Ansprüchen[435] kommt eine Haftung des Kreditinstituts aus Deliktsrecht nach §§ 823 ff. DtBGB in Betracht.[436] Der Bruch des Bankgeheimnisses kann im Einzelfall die Verletzung des allgemeinen Persönlichkeitsrechtes oder ein Eingriff in das Recht des eingerichteten und ausgeübten Gewerbebetriebes darstellen. Beide

---

[434] Vgl. TRÖNDLE, StGB § 203 Rnr. 29 ff.

[435] Vgl. BRUCHNER, Handbuch zum Bankrecht, § 39 Rnr. 43; maßgebend für die Bewertung der Fahrlässigkeit ist die Sorgfalt, die ein ordentlicher Bankier im Geschäftsverkehr zeigen muss, vgl. hierzu, STARKE, Das Bankgeheimnis und die Steuerbehörden, Versicherungswirtschaft 1979, S. 1118 (1120); WOLFF, Die Geheimhaltungspflicht der Banken, DB 1968, S. 695 (697); KIRCHHERR/STÜTZLE, Aktuelle Probleme aus der Rechtsprechung und Rechtspraxis zu Bankgeheimnis und Bankauskunft, S. 48 ff.

[436] In Deutschland ist das Bankgeheimnis als Ausdruck des allgemeinen Persönlichkeitsrechts, ein „sonstiges Recht" i.S. des § 823 Abs. 1 BGB, vgl. CANARIS, Bankvertragsrecht, 1. Teil, 3. Bearb., Berlin 1988, Rnr. 70; BGHZ 13, S. 334 ff.; SCHÖNLE, Bank- und Börsenrecht, S. 44; BRUCHNER/STÜTZLE, Leitfaden zum Bankgeheimnis und Bankauskunft, WM Skript 106, S. 12; LIESECKE, Das Bankguthaben in Gesetzgebung und Rechtsprechung, WM 1975, S. 247.; BÜRGER, Rechtsfragen zur Bankauskunft, S. 99 ff.; HOFFMANN, Rechtliche Schranken interner Informationsflüsse in Kreditinstituten, S. 59 ff.

Rechte sind sonstige Rechte im Sinne des § 823 Abs. 1 DtBGB. Darüber hinaus kann im Einzelfall ein Verstoß gegen das Bankgeheimnis für den Bankangestellten arbeits- und dienstrechtliche Konsequenzen, beispielweise eine fristlose oder fristgerechte Kündigung, rechtfertigen.

Dem griechischen Recht entsprechend umfasst die Schweigepflicht des deutschen Kreditinstituts jede Information über die Bankeinlagen. Ähnliche Wertvorstellung erfährt aber das Rechtsinstitut des Bankgeheimnisses auch im Zivilprozess.[437] Auch hier wird dem Bankier als Zeuge im Zivilprozess ein weitgehendes Zeugnisverweigerungsrecht zugestanden.[438] Im Gegensatz aber zum griechischen Recht regelt Nr. 2 AGB-Banken, dass die Bank Informationen über den Kunden nur weitergeben darf, wenn u.a. gesetzliche Bestimmungen dies gebieten.[439] Im Rahmen des Vollstreckungszugriffes auf Bankkonten darf das Bankgeheimnis aufgrund von § 840 DtZPO durchbrochen werden. Darüber hinaus entfällt die Zeugnisverweigerungspflicht der Bank im Zivilprozess grundsätzlich, wenn der Kunde das Kreditinstitut vom Bankgeheimnis entbunden hat[440], vorausgesetzt die Bank kann kein eigenes geschütztes Geheimhaltungsinteresse geltend machen. Diese Möglichkeiten für eine Aufhebung des speziellen Bankgeheimnisses im Zivilprozess wurden noch vor kurzem in Griechenland nicht anerkannt.

3. Rechtsvergleichende Betrachtungen des Bankgeheimnisses in anderen europäischen Rechtsordnungen

An diesem Punkt ist es äußerst informativ, einen Blick auf die entsprechende Regelung des vorliegenden Rechtsinstituts in einigen anderen europäischen Rechtsordnungen zu werfen. Besonders aufschlussreich wäre es, diejenigen Rechtsordnungen heranzuziehen, die ebenfalls eine strafrechtliche Sanktion für die ungerechtfertigte Durchbrechung des Bankgeheimnisses bestimmen. Dazu gehören die Schweiz, Frankreich, Österreich und die Niederlande.

---

[437] Vgl. KÜMPEL, Bank- und Kapitalmarktrecht, Rnr. 2.168 f., S. 68.

[438] Vgl. § 383 Abs. 1 Nr. 6 der deutschen Zivilprozessordnung.

[439] Vgl. KÜMPEL, Bank- und Kapitalmarktrecht, Rnr. 2.134, S. 59.

[440] Vgl. Nr. 2 Abs. 1 Satz 2 AGB-Banken (2002); hier finden Bankauskunft und Schufa-Meldungen ihre Rechtfertigung, vgl. hier, BRUCHNER, Handbuch zum Bankrecht, § 39 Rnr. 15. Die Einwilligung ist nach § 183 Satz 1 BGB die vorherige Zustimmung. Sie kann entweder ausdrücklich oder konkludent erklärt werden. Ist im konkreten Fall eine Rückfrage beim Kunden nicht möglich, so kann auf seinen mutmaßlichen Willen abgestellt werden. Vgl. auch BUNTE, in: SCHIMANSKY/BUNTE/LWOWSKI, Bankrechts-Handbuch, § 7, Rnr. 12.

a) Schweiz

Das Berufsgeheimnis des schweizerischen Bankiers ist zunächst implizit in den Artikeln 27 und 28 des Schweizer Zivilgesetzbuches enthalten[441]. Darüber hinaus enthält Art. 47 des schweizerischen Bankengesetzes von 1934 in der Fassung von 1971 umfassende gesetzliche Regelungen für das Bankgeheimnis. Es schützt, ohne dass ein besonderes Vertragsverhältnis gegeben sein muss, die individuelle Geheimnissphäre jedes Einzelnen, jeder natürlichen und juristischen Person.[442] Verletzungen des Bankgeheimnisses werden auch in der Schweiz – wie in Griechenland und im Gegensatz zu Deutschland – hart bestraft. Darüber hinaus ist im schweizerischen Recht eine Auskunftspflicht Dritter nicht gesetzlich festgelegt.[443] Positiv lässt sich daraus erwägen, dass eine Gesetzeslücke vorliegt, die unter Berücksichtigung der ratio legis auszufüllen ist. Während die schweizerische Rechtsprechung anfänglich diese Lücke so ausfüllte, dass es im Ermessen des Schuldners stand, soweit es für die Pfändung nötig war, über seine Vermögensgegenstände, seine Forderungen und seine Rechte gegenüber Dritten Auskunft zu erteilen und der Erzwingung der Auskunftspflicht des Bankiers ablehnend gegenüberstand[444], wird heute der entgegengesetzte Standpunkt vertreten. Nunmehr (seit 1940) kann als gesichert angenommen werden, dass bei einer Pfändung, wo der Schuldner den Rechten des Gläubigers keine Einwendungen mehr entgegenhalten kann, der Bankier als Drittschuldner verpflichtet ist, dem Betreibungsamt, selbst gegen den Willen seines Kunden, Auskunft zu erteilen.[445] Die Auskunft hat sich jedoch strikt auf die gepfändeten Güter zu beschränken.

Darüber hinaus garantiert auch das Schweizer Nummernkonto, welches allgemein als Gipfel der Diskretion in Geldsachen angesehen wird, keine völlige Anonymität im Vollstreckungsfall. Bei einer entgegengesetzten Auffassung, dass das Schweizer Nummernkonto insbesondere zur Anlage von Geldern zweifelhafter Herkunft besonders geeignet ist, handelt es sich um eine Fehlannahme.[446] Im Rahmen einer Kontopfändung wird auch hier das Bankgeheimnis von der Bank durchbrochen.

---

[441] SCHÖNLE, Die Bankauskunft nach schweizerischem Recht, S. 301 ff.

[442] Die „Unbefugtheit" der Verletzung persönlicher Verhältnisse" i.S.v. Art. 28 Abs. 1 SchwZGB.

[443] Vgl. SCHWAGER, Das schweizerische Bankgeheimnis, S. 102 ff.

[444] BGE 51 III 39 ff.

[445] Vgl. CHAMBOST, Die Bankgeheimnisse in den Ländern der Welt, S. 311 ff.

[446] Zu dieser weitverbreiteten Fehlannahme: AUBERT/KERNEN/SCHÖNLE, Das schweizerische Bankgeheimnis, S. 373 m.w.N.

b) Frankreich

Auch in Frankreich wird das Bankgeheimnis traditionsmäßig im Wirtschaftsrecht als das am besten gewahrte Geheimnis angesehen. Undurchdringlich ist dieses auch in Bezug auf Gläubiger, obwohl sie auch nach französischem Recht ein beträchtliches Interesse daran haben, über die finanzielle Situation ihres Schuldners informiert zu sein. Die Gläubiger können somit nicht die Bank verpflichten, Auskünfte zu geben. Aus Art. 39 Abs. 1 des Gesetzes 91-650[447] geht dennoch hervor, dass für die Lokalisierung der Bankkonten des Schuldners der Staatsanwalt zuständig ist. Dieser ist verpflichtet, alle Mittel zu benutzen, um Bankkonten des Schuldners zu lokalisieren, falls er einen solchen Auftrag vom Gerichtsvollzieher bekommt. In Art. 40 werden die Organisationen vorgesehen, die verpflichtet werden, Auskünfte zu geben. Auch die Kreditinstitute können verpflichtet werden, entsprechende Informationen an den Staatsanwalt zu geben.[448]

c) Österreich

Ähnlich verhält es sich auch in Österreich.[449] Das Bankgeheimnis[450] darf auch hier im „Exekutionsverfahren" durchbrochen werden. Sobald in Österreich also die Forderungen des Schuldners gegen seine Bank wirksam gepfändet werden, wird die Bank verpflichtet, auf entsprechenden Auftrag des Exekutionsgerichts

---

[447] Die Pfändung von Bankkonten wird nunmehr im französischen Recht von speziellen Vorschriften (Art. 47 Gesetz 9.7.1991 und Art. 73–79 des Dekrets 31.7.1992) geregelt und nicht von den allgemeinen Vorschriften der Forderungspfändung. Vgl. WOOPEN, H. Zwangsvollstreckung und Arrest in Forderungen nach französischem Recht unter besonderer Berücksichtigung der Vollstreckung in Bankkonten, Köln 1989; GEORGOPOULOS, H κατάσχεση υπολοίπου τραπεζικού λογαριασμού καταθέσεων, ΔΕΕΤ 9 (1992), S. 117; YESSIOU-FALTSI, Δίκαιο Αναγκαστικής Εκτέλεσης, Bd. II, § 64, Rnr. 339, S. 890 m.w.N.

[448] Art. 559 Zivilverfahrensgesetzbuch sieht hingegen bei einer Pfändung vor, dass der Drittschuldner dem Gerichtsvollzieher Auskünfte über „alle Schriftstücke und Dokumente, die dieser für die Zustellung benötigt, geben muss. Ebenso ist er über frühere Pfändungen zu informieren, die noch Gültigkeit haben". Vgl. ANCEL, Die Erteilung von Bankauskünften nach französischem Recht, S. 137 ff.; BRUCHNER/STÜTZLE, Leitfaden zu Bankgeheimnis und Bankauskunft, S. 18 ff.

[449] SCHINNERER/AVANCINI, Bankverträge I. Teil, S. 190 f.; RIEFEL, Drittschuldneräußerungen von Kreditunternehmungen im Hinblick auf das Bankgeheimnis, Österr. Sparkassenzeitung 1981, S. 46 ff.; ARNOLD, Das Bankgeheimnis, ZGV-Service, 1/81, S. 22.

[450] Gesetzliche Grundlage des Bankgeheimnisses in Österreich: § 38 des österreichischen Bankwesengesetzes von 1993, der dem bisherigen § 23 des österreichischen Kreditwesengesetz von 1979 entspricht.

Auskunft zu erteilen. Die Auskunft der Bank muss aber den Grenzen des durch § 301 Abs. 1 EO vorgezeichneten Fragenkatalogs entsprechen.[451]

d) Niederlande

Schließlich ist auch nach niederländischem Recht das Kreditinstitut gehalten, eine begründete Erklärung abzugeben, so dass ein Verzeichnis über die Forderungen des Pfändungsschuldners gegen den Drittschuldner erstellt werden kann. Davor muss der Gläubiger unter bestimmten Voraussetzungen die Befriedigung seiner Forderung durch einen Arrest sichern. Wenn sich das Kreditinstitut als Drittschuldner weigert, die erforderlichen Erklärungen abzugeben, wird es verurteilt, die Forderung des Arrestgläubigers gemäß § 746 Zivilprozessordnung wie eine eigene Schuld zu befriedigen.[452]

e) Ergebnis der rechtsvergleichenden Betrachtung anderer europäischer Rechtsordnungen

Bereits auf dem ersten Blick spiegelt das Verhältnis zwischen der griechischen Regelung des Bankgeheimnisses für Bankeinlagen und der entsprechenden Regelung in den anderen europäischen Rechtsordnungen das Ausmaß an Übertreibung der bisherigen herrschenden Meinung in Griechenland wider. In allen anderen europäischen Rechtsordnungen – die ebenfalls allgemein eine strafrechtliche Sanktion für die Durchbrechung des Bankgeheimnisses vorsehen – ist kein Aussageverweigerungsrecht des Kreditinstituts beim Vollstreckungszugriff des Gläubigers auf Bankkonten seines Schuldners normiert.

Nun bleibt zu fragen, ob der griechische Gesetzgeber mit der Regelung des Bankgeheimnisses in dem GD 1059/1971 versucht hat, eine Bankoase zu schaffen und die ausländischen Regelungen des Bankgeheimnisses zu übertreffen. M.E. war dies nicht der Fall. Vielmehr ist diese Rechtslage in Griechenlage durch eine fehlerhafte Auslegung des GD entstanden. Die wirtschaftlichen Interessen, die mit dieser Auslegung verbunden sind, sind sicherlich nicht zu leugnen. Während die Tendenz in anderen europäischen Staaten dahingeht, die Wirkung des Bankgeheimnisses einzuschränken[453], hat die höchstrichterliche Recht-

---

[451] Vgl. FROTZ, Die Bankauskunft nach österreichischem Recht, S. 253 ff.

[452] Vgl. SMITS, Bankgeheimnis und Bankauskunft nach niederländischem Recht, S. 193 ff.

[453] Fünf Tage nach dem sogenannten „Chiasso-Skandal" über die Schweizerische Kreditanstalt am 14.4.1977 wurde eine Vereinbarung mit der anspruchsvollen Bezeichnung „Ver-

sprechung in Griechenland bis noch vor kurzem dem Bankgeheimnis eine immer stärkere Wirkung zugemessen. Dabei wird das Bankgeheimnis einer Rechtsordnung nur dann gerecht, wenn Grenzen zur Bekämpfung von Missbräuchen gesetzt werden.

III. Ziele des Gesetzesdekrets 1059/1971

1. Regelungszweck

Die Darstellung des Regelungszwecks des speziell geregelten Bankgeheimnisses für Einlagen erscheint unvermeidlich, um die von der Rechtsprechung ständig entgegengehaltene absolute Unantastbarkeit der Bankeinlagen, die sich als immanente Schranke auf ihre Pfändung auswirkte, zu verstehen.

Zur Bestimmung des Regelungszwecks werden von Rechtsprechung[454] und Wissenschaft in Griechenland abweichende Meinungen geäußert. Die eine Meinungsrichtung trägt vor, dass diese Regelung zum Schutze der Belange der Einleger festgelegt wurde.[455] Nach herrschender Meinung jedoch in Rechtsprechung[456] und Schrifttum[457] wurde der Gesetzgeber für den Erlass dieses Gesetzesdekrets vielmehr von politischen und ökonomischen Aspekten geleitet. Sicherlich kann man das Bankgeheimnis als ein Mittel ansehen, um den Bankkunden jene Privatsphäre zu garantieren, die für die meisten Wirtschaftssubjekte genauso wichtig ist, wie das Berufsgeheimnis für Ärzte, Anwälte, Notare und

---

einbarung über die Sorgfaltspflicht bei der Entgegennahme von Geldern und die Handhabung des Bankgeheimnisses beschlossen.“, vgl. hierzu, CHAMBOST, Die Bankgeheimnisse in den Ländern der Welt, S. 46 ff.

[454] Plenum Areopag 3/1993, NoB (43) 1995, S. 223 und 1224/1975, EEN 43, S. 478.

[455] ΠρΠειρ 2025/1989, NoB (37) 1989, 255 = Dike 22 (1991), S. 852 ff. m. Anm. STAMATOPOULOS, ΕφΑθ 7968/1973, (Κατάσχεσις εις χείρας ανωνύμου τραπέζης), ΕπιθΕμπΔ 15 (1974), S. 212 (215); vgl. Auch, PAPADIMITRIOU, Anm. zu ΠρΘεσσ 1532/1972, NoB 20 (1972), S. 957 ff.; KALAMITSIS, Το απόρρητο των τραπεζικών καταθέσεων, S. 24; KALDELLIS, Το τραπεζικόν απόρρητον, Armenopoulos 35 (1981), S. 712, dies bestätigt auch das Gesetz selbst in Art. 2 §§ 1 und 3: „... das Bankgeheimnis zugunsten des Kunden“.

[456] Plenum Areopag 3/1993, NoB 43 (1995), S. 223 ff. = Hellenische Justiz 34 (1993) S. 1459 ff. und 1224/1975, EEN 43, S. 478; ΠρΘεσσ 2575/1992, ΕπιθΕμπΔ 24 (1973), S. 192 = NoB 21 (1973), S. 223 f.; ΠρΑθ 7960/76, NoB 26 (1978), S. 947.

[457] Vgl. BRINIAS, Το τραπεζικόν απόρρητον εν σχέσει προς την κατάσχεσιν εις χείρας τρίτου, NoB 21 (1973), S. 1053; MICHALOPOULOS, Η έκτασις του τραπεζικού απορρήτου του ν.δ. 1059/1971 μετά το ν.δ. 356/1974 (ΚΕΔΕ), Hellenische Justiz (17) 1976, S. 620 f.; KARABELLAS, Και πάλιν το απόρρητον των τραπεζικών καταθέσεων, NoB 21 (1973), S. 848; TRIANTAFYLLAKIS, Οι πρόσφατες εξελίξεις στη νομολογία σε σχέση με το τραπεζικό απόρρητο, Hellenische Justiz (34) 1993, S. 1445.

andere freie Berufe. Gleichermaßen ist es aber auch ein entscheidendes Ziel der Wirtschaftspolitik auf dem Bankensektor. Aus diesem Grund sollte das Vertrauen der Sparer in die griechischen Kreditinstitute gestärkt werden, um einen Einlagenzufluss in das Bankensystem hervorzurufen und somit die Finanzierung und Entwicklung der griechischen Wirtschaft zu fördern.[458]

In Hinblick auf den Regelungszweck des speziellen Bankgeheimnisses der Einlagen stellt auch BRINIAS[459] skizzierend dar, dass die Vorschriften des GD 1059/1971 keineswegs zum Schutz der Einleger erlassen worden sind. Zwar kam der immanente Schutz des Bankgeheimnisses auch diesen zugute; auf keinen Fall aber bezweckte damals der griechische Gesetzgeber, die griechischen Kreditinstitute den schweizerischen Vorbildern anzugleichen oder sie als internationalen Anziehungspunkt für jede Art von Einlegern zu gestalten. Nach seiner Meinung wurde mit dem GD 1059/1971 die gesetzliche Regelung des bis dahin gewohnheitsrechtlich anerkannten Bankgeheimnisses bezweckt, um ferner das private Sparen zugunsten der Stärkung der nationalen Ökonomie zu fördern.

2. Kritische Überprüfung des Ergebnisses

Das fiduziarische Element ist heute in allen modernen Rechtsordnungen typenbildend für Geschäftsbesorgungsverhältnisse von Banken. Sowohl im deutschen als auch im griechischen Recht manifestiert sich das fiduziarische Element in einem Strauß besonderer Interessenwahrungs-, Treue- und Schutzpflichten des Kreditinstituts.[460] Jenseits aller Treu- und Glaubensrhetorik ist aber zu fragen, warum das Bankgeheimnis der Einlagen nach griechischem Recht besonders hervorgehoben wird. Hier handelt es sich um eine Kollision zwischen den Gläubigerbelangen und dem Interesse an der Wahrung des speziellen Bankgeheimnisses für Einlagen. Dieser Rechtsgüterkonflikt wird von der Rechtssprechung zugunsten des letzteren gelöst, so dass das spezielle Bankgeheimnis gegenüber dem gesetzlichen Recht eines Vollstreckungsgläubigers, auf vorhandenes Vermögen seines Schuldners zugreifen zu können, vorrangig ist. Im deutschen Recht hingegen geben die AGB-Banken (Nr. 2 Abs. 1) darauf eine ziemlich klare Antwort: Die Bank darf informieren, soweit gesetzliche Bestimmungen dies gebieten.[461]

---

[458] Vgl. auch, KERAMEUS, Enforcement in the International Context, S. 302 f.

[459] BRINIAS, Το τραπεζικό απόρρητο εν σχέσει προς την κατάσχεσιν εις χείρας τρίτου, NoB 21 (1973), S. 1051 ff.

[460] Vgl. STEINDORFF, Zivilrechtliche Grundfragen von Bankgeheimnis, Bankauskunft und Persönlichkeitsschutz, ZHR 1985, S. 151 ff.

[461] KÖNDGEN, Die Entwicklung des privaten Bankrechts in den Jahren 1992–1995, NJW 1996, S. 560; so auch z.B. im österr. Recht, ROTH/FITZ, Anonymität, Identitätsfeststellung

In das Blickfeld treten für das griechische Recht sicherlich weniger seine privatrechtlichen Wirkungen, sondern volkswirtschaftliche und vermögenspolitische Ziele. Mit der Attraktivität des Bankgeheimnisses sollte das Ansammeln von Vermögenswerten in Form von Bankeinlagen stimuliert werden. Im Interesse der Stärkung der griechischen Wirtschaft wurde die Vermögensbildung der griechischen Bevölkerung angeregt. Dieses Vermögen sollte gern ins Inland wirksam werden, und parallel sollte auch ausländisches Kapital ins Inland fließen. Unverkennbar ist, dass die interventionistische und protektionistische Präsenz des Staates in den Bankenmarkt auf reine Finanzierungsmotive für ein intensives Wirtschaftswachstum zurückzuführen ist. Sozialpolitisch begrüßenswert ist, dass die sichere Bankeinlage das Horten von Vermögenswerten zu Hause verdrängt hat. Diese Zielsetzung des speziellen Bankgeheimnisses dürfte im Hinblick auf die heute bereits sanierte nationale Wirtschaft in Griechenland und unter dem Aspekt, dass Griechenland Mitglied der Europäischen Wirtschaftsunion geworden ist, überholt sein. Aus diesem Grund ist negativ zu bewerten, dass die Rechtsprechung bis unlängst bei einer Interessenskollision zwischen der nationalen Wirtschaft und der Gläubigerbelange beim Vollstreckungszugriff von Bankeinlagen beharrlich die Pfändbarkeit von Bankeinlagen nicht zugelassen hat. Konsequenz dieser Rechtsprechung für die griechische Vollstreckungspraxis war nicht mehr der Schutz der nationalen Wirtschaft, sondern die Förderung einer Schuldnerpolitik der Vermögensverschleierung gegenüber Gläubigern, was jedes Mal zur Vereitelung des Vollstreckungszugriffs und des Konkurses geführt hat.

Darüber hinaus muss erwähnt werden, dass der GD 1059/1971 ein Produkt der Zeit des Militärregimes ist. Die damalige Regierung intendierte damit nichts anderes, als das Vertrauen in die griechischen Banken zu stärken, um einen „Run" von griechischen Einlegern auf ausländische Banken zu vermeiden. Die Autorin beabsichtigt hier keinesfalls politisch Stellung zu nehmen. Bei ihren kritischen Äußerungen geht es ihr lediglich darum, die Hintergründe für den Erlass dieses Gesetzesdekrets hervorzuheben und den anachronistischen Inhalt der Regelung aufzuzeigen. In der Tat kann man sich berechtigterweise fragen, inwieweit diese Regelung, die mehr von ökonomischen Aspekten als von Gedanken des Einlegerschutzes geleitet war, im Hinblick auf das weitere Zusammenwachsen Europas, vor allem unter dem Aspekt der Kapitalverkehrsfreiheit, in Zukunft Bestand haben kann. Eine Verstärkung des Gläubigerschutzes scheint jedenfalls eher den in der Europäischen Union hervortretenden Tendenzen zu entsprechen.[462]

---

und Bankgeheimnis, ÖBA 6/96, S. 420 f. Zulässig ist auch hier die Drittschuldnerauskunft der Bank gemäß § 301 EO bei der Pfändung von Bankguthaben des Kunden.

[462] Vgl. Vorschlag für einen Rechtsakt des Rates über die Ausarbeitung des Übereinkommens über die gerichtliche Zuständigkeit, die Anerkennung und die Vollstreckung gerichtli-

IV. Umfang des speziell geregelten Bankgeheimnisses

1. Aufhebung bzw. Durchbrechung des Bankgeheimnisses

a) Durchbrechung des Auskunftsverweigerungsrechts im Strafrecht

Maßgebend für die Umfangsbestimmung und Begrenzung des speziellen Bankgeheimnisses für Bankeinlagen ist zunächst Artikel 3 des Dekrets zu sehen.[463] Nach diesem ist eine Durchbrechung der Verschwiegenheitspflicht zulässig, wenn das Kundengeheimnis im Zusammenhang mit einer Straftat steht (z.B. Geldwäscheaktionen).[464] In diesen, in dem Dekret abschließend aufgezählten Fällen, drohen den Bankorganen bei Durchbrechung des Bankgeheimnisses keine strafrechtlichen Sanktionen. Voraussetzung für die Aufhebung des Kundengeheimnisses vor einem eingeleiteten Strafverfahren ist eine vorherige gerichtliche Anordnung, aus der hervorgeht, dass die Bank aufgefordert wird, die zur Aufdeckung und Bestrafung von Verbrechen dienende Auskünfte zu erteilen. Zusätzlich müssen die Voraussetzungen der absoluten Notwendigkeit und der Wahrnehmung berechtigter Interessen vorliegen. In der Praxis jedoch ist das Verfahren bis zum Erlass der gerichtlichen Anordnung sehr langwierig und der Beweis der absoluten Notwendigkeit sehr schwer, so dass in den meisten Fällen die Täter von Wirtschaftsstraftaten ungestraft davonkommen können. Aus diesem Grund wird auch im Strafprozess die Aufhebung des speziellen Bankgeheimnisses gegenüber dem Untersuchungsermittler nach einer Zustimmung des zuständigen Staatsanwaltes und Abschaffung des Gerichtsbeschlusses verlangt.[465]

Im deutschen Recht existiert keine entsprechende Regelung. Hier wird grundsätzlich angenommen, dass allgemein im Strafverfahren das Bankgeheimnis mangels Erwähnung in § 53 StPO nicht zur Zeugnisverweigerung berechtigt.[466] Die Pflicht, als Zeuge auf eine – in der Regel schriftlich ergehende – La-

---

cher Entscheidungen in Zivil- und Handelssachen in den Mitgliedstaaten der EU, ABl. Nr. C 33 v. 31.1.1998, S. 20 ff.

[463] s. Art. 3 GD 1059/1971 so wie es nach seiner Modifizierung durch Art. 27 Abs. 1 des G. 1868/1989 gilt im *Anhang: Gesetzestexte*. Vgl. auch für die Aufhebung des Bankgeheimnisses bei Straftaten das G. 2331/1995: „Πρόληψη και καταστολή της νομιμοποίησης εσόδων από εγκληματικές ενέργειες".

[464] Vgl. GRAMMATIKAS, Το τραπεζικό απόρρητο, S. 165 f.

[465] Vgl. FRANTZESKAKIS, Μερικά σημεία που αφορούν το απόρρητο των τραπεζικών καταθέσεων στην Ελλάδα, πώς αντιμετωπίζεται αυτό σήμερα νομοθετικά και ποιά η αντιμετώπιση του προβλήματος, Hellenische Justiz 24 (1983), S. 398.

[466] Der Kreis der Zeugnisverweigerungsberechtigten ist auf die in § 53 StPO bezeichneten Berufsangehörigen beschränkt. Er muss wegen der Notwendigkeit, eine funktionsfähige

dung zu erscheinen und auszusagen, besteht nicht nur vor dem Untersuchungsrichter und dem Gericht in der Hauptverhandlung, sondern auch gegenüber dem Staatsanwalt (§§ 161 a, 162 StPO). Die Kreditinstitute haben nur darauf zu achten, dass die Grenzen gerichtlicher Durchsuchungs- und Beschlagnahmebeschlüsse eingehalten werden. Denn das Bankgeheimnis verpflichtet dazu, im Rahmen der Gesetze alles zu unternehmen, um die Vertraulichkeit der ihre Kunden betreffenden Unterlagen zu gewährleisten.[467]

b) Einschränkung der Verschwiegenheitspflicht gegenüber der staatlichen Bankaufsicht

Als Begrenzung des speziell geregelten Bankgeheimnisses – ähnlich wie des allgemeinen Bankgeheimnisses in Deutschland[468] – ist die staatliche Bankaufsicht durch den Fiskus anzusehen. Schon 1988 aus Anlass der Probleme, die sich bei der Prüfung der Bank von Kreta[469] ergeben haben, ist dem griechischen Gesetzgeber bewusst geworden, dass das spezielle Bankgeheimnis für Einlagen, welches anfangs auf die Akquisition von Einlagen im Interesse der nationalen Wirtschaft abzielte, im Ergebnis so wirksam angewandt wurde, dass sein Regelungszweck übertroffen wurde und zu einem erschütternden wirtschaftspolitischen Skandal geführt hat.[470] Die Besinnung, dass man der gesamten griechischen Gesellschaft durch diese Regelung eine Falle gestellt hatte, spiegelte sich in den vielen gesetzliche Regelungen, die in den Jahren 1988–1989 erlassen wurden, wider.[471] Mit neuen Regelungen hat man versucht, die bis dahin un-

---

Rechtspflege zu erhalten, auf das unbedingt erforderliche Maß begrenzt werden. Vgl. BVerfGE 33, S. 367, 383 = JZ 73, S. 780; BVerfGE 38, S. 312, 321 = NJW 75, 588. Kein Zeugnisverweigerungsrecht haben Bankangestellte mit Rücksicht auf das Bankgeheimnis.

[467] Vgl. BRUCHNER/STÜTZLE, Leitfaden zu Bankgeheimnis und Bankauskunft, S. 62 ff. m.w.N.

[468] § 44 Abs. 1 KWG für die Bankaufsicht des Bundesaufsichtsamtes für das Kreditwesen in Deutschland. § 44 Abs. 3 Satz 2 KWG entsprechend für die Aufsicht der Deutschen Bundesbank. Vgl. hierzu, Spitzenverbände, S. 30; SZAGUNN, Kommentar zum Gesetz über das Kreditwesen, S. 576 f.; BLUMER, Bankenaufsicht und Bankenprüfung, 1995, S. 47 ff.

[469] Vgl. zum Fall der Bank von Kreta, PAGOULATOS, The Greek Banking System and ist Deregulation: History, Structure and Organization in a European Context, S. 111 f.

[470] Vgl. DOUVLIS, Der Kampf der griechischen Gesetzgebung gegen die Geldwäsche, DEET 1995, S. 88; TRIANTAFYLLAKIS, Οι πρόσφατες εξελίξεις στη νομολογία σε σχέση με το τραπεζικό απόρρητο, Hellenische Justiz (34), 1993, S. 1446; ANDROULAKIS, Das Bankgeheimnis der Einlagen, S. 19 ff.; GRAMMATIKAS, Το τραπεζικό απόρρητο, S. 165.

[471] Novellierung des Art. 1 Satz 2 GD 1059/1971 durch Art. 27 G. 1868/1989.

durchdringliche Bindung an das Bankgeheimnis zum Zwecke der staatlichen Prüfung zu lockern.

c) Einschränkung der Verschwiegenheitspflicht durch das Steuerrecht

Zuletzt ist das spezielle Bankgeheimnis einer Vielzahl steuerrechtlicher Reglementierungen (Art. 66 Abs. 1 β' G. 2238/1994) unterworfen, auf die hier nur kurz hingewiesen werden soll.[472] Dieses wird durch eine Vielzahl von steuerrechtlichen Vorschriften durchbrochen mit dem Ziel, das steuerbare Vermögen, das in Form von Bankeinlagen besteht, auszuforschen. Zu betonen ist hier, dass die Vorschriften des speziellen Bankgeheimnisses der Einlagen kein Hindernis für die Steuerbehörden darstellen, da in den letzten Jahren deren Möglichkeit, Auskünfte über Bankeinlagen zu erlangen, immer mehr erweitert wurde.[473]

Auch im deutschen Steuerrecht hat das Bankgeheimnis gegenüber dem öffentlichen Interesse an einer zutreffenden Besteuerung keinen Bestand. Nach §§ 93 ff. AO und 84 FGO gibt es kein entsprechendes Aussageverweigerungsrecht der Bankiers gegenüber den Steuerbehörden.[474] Vielmehr muss die jeweilige Bank gemäß § 154 Abs. 2 S. 2 AO jederzeit imstande sein, über die Geschäftsverbindung Auskunft geben zu können. Diese Bestimmung dient ausschließlich dazu, Nachforschungen zum Zwecke der Steuerfestsetzung bereits im Besteuerungsverfahren zu ermöglichen.[475] Allerdings verpflichtet der „Bankerlass" des Bundesfinanzministers vom 31. August 1979 die Finanzbehörden zur Rücksichtsnahme auf das Vertrauensverhältnis zwischen den Banken und ihren Kunden.[476]

---

[472] S. hierzu, FINOKALIOTIS, Φορολογικό Δίκαιο, Rnr. 1003, 1033 ff.

[473] Vgl. Hier zum System „TAXIS", NTOSTAS, Γενικό τραπεζικό απόρρητο και απόρρητο των καταθέσεων, Κατάσχεση των καταθέσεων, S. 97 f.; s. für die Voraussetzungen der Aufhebung des Bankgeheimnisses gegenüber den Steuerbehörden, FINOKALIOTIS, Φορολογικό Δίκαιο, Rnr. 1036.

[474] Vgl. KÜMPEL, Bank- und Kapitalmarktrecht, Rnr. 2.175 ff., S. 71; BRUCHNER, in: SCHIMANSKI/BUNTE/LWOWSKI, Bankrechts-Handbuch, § 39 Rnr. 66 ff.; JOECKS, Die Stellung der Kreditwirtschaft im steuerstrafrechtlichen Ermittlungsverfahren gegen Kunden, WM 1998, Sonderbeilage Nr. 1.

[475] Vgl. HOFFMANN, Rechtliche Schranken interner Informationsflüsse in Kreditinstituten, S.35 f.

[476] Vgl. KIRCHHERR/STÜTZLE, Aktuelle Probleme aus der Rechtsprechung und Rechtspraxis zu Bankgeheimnis und Bankauskunft, S. 30 ff. m.w.N.; EHLERS, Durchsuchung – Beschlagnahme – Bankgeheimnis, BB 1978, S. 1515 f.; KIRCHHERR/STÜTZLE, Aktuelle Probleme aus Rechtsprechung und Rechtspraxis zu Bankgeheimnis und Bankauskunft, S. 30 ff.; BRUCHNER/STÜTZLE, Leitfaden zum Bankgeheimnis und Bankauskunft, S. 74 ff.

2. Einwilligung des Kunden

Während nach deutschem Recht der wirkliche oder mutmaßliche Wille und das Interesse des Kunden als „Geheimnisherr" als maßgebend für die Umfangsbestimmung des Bankgeheimnisses angesehen werden[477], entbindet die Einwilligung des Bankkunden das Kreditinstitut in Griechenland von seiner Verpflichtung zur Wahrung des speziellen Bankgeheimnisses[478] der Einlagen nicht.[479] Aus der grammatikalischen Auslegung des Artikels 2 des Gesetzesdekrets 1059/1971 ergibt sich, dass „die Einwilligung bzw. die nachträgliche Genehmigung des Kunden auf keinen Fall die strafrechtlichen Sanktionen aufheben kann."[480]

Für den Vollstreckungszugriff tritt hiermit die paradoxe Folge ein, dass obwohl der Schuldner die Existenz seiner Bankguthaben an seinen Gläubiger im Einzellfall gesteht, und somit selbst zur Durchbrechung des Bankgeheimnis beiträgt, der Bank trotzdem nicht erlaubt wird, eine positive Erklärung abzugeben, wovon auch die Pfändung der Bankguthaben abhängt. Diese Regelung kann sich sogar nachteilig für den Bankkunden selbst auswirken, wenn er von seiner Bank verlangt, das Bestehen seiner Einlagen zu bestätigen, um seine Kreditwürdigkeit gegenüber Dritten nachzuweisen. Die Gegenargumentation lautet, dass der Bankkunde selbst anhand seiner Kontoauszüge das Bestehen seiner Bankeinlagen gegenüber Dritten beweisen kann.

Als ratio dieser Vorschrift erkennt man die Vermeidung der Gefahr, dass der Kontoinhaber indirekt gezwungen wird, Aussagen über seine Einlagen zu machen. Diese Gefahr besteht, wenn er als Beklagter oder Angeklagter bei anderen Gerichtsverhandlungen erscheint und Aussagen über seine Einlagen machen muss, um nicht verdächtig zu wirken.[481] Diese Argumentation widerspricht allerdings der ratio des Gesetzesdekrets selbst. Mit dem speziellen Bankgeheimnis

---

[477] Vgl. Nr. 2 Abs. 1 Satz 2 AGB-Banken (2002); insbes. BGHZ 27, 241 ff., wonach das Bankgeheimnis „alle Tatsachen (umfasst), die der Kunde geheim zu halten wünscht"; vgl. zu den Einzelheiten KÜMPEL, Bank- und Kapitalmarktrecht, Rnr. 2.136, S. 59, Rnr. 2.152, S. 64; SICHTERMANN/FEUEBORN, Bankgeheimnis und Bankauskunft, S. 162 f.; BRUCHNER/STÜTZLE, Leitfaden zu Bankgeheimnis und Bankauskunft, S. 21; BRUCHNER, in: SCHIMANSKI/BUNTE/LWOWSKI, Bankrecht-Handbuch, § 39, Rnr. 11.

[478] Dagegen entbindet im deutschen Recht die Einwilligung des Kunden die Bank von der Wahrung des allgemeinen Bankgeheimnis.

[479] Vgl. GRAMMATIKAS, Το τραπεζικό απόρρητο, S. 71 f.; KOUTSOUKIS, Το τραπεζικό απόρρητο στο ιδιωτικό δίκαιο, S. 65 ff.; NTOSTAS, Γενικό τραπεζικό απόρρητο και απόρρητο των καταθέσεων, Κατάσχεση των καταθέσεων, S. 3 f.

[480] s. auch, KALDELLIS, Το τραπεζικόν απόρρητον, Armenopoulos 35 (1981), S. 712 f.

[481] Vgl. hierzu, NTOSTAS, Γενικό τραπεζικό απόρρητο και απόρρητο των καταθέσεων, Κατάσχεση των καταθέσεων, S. 76 f.

soll nämlich das Vertrauen in die griechischen Banken gestärkt und somit auch dem Allgemeininteresse gedient werden. Es ist aber offensichtlich, dass das Vertrauen des Bankkunden enttäuscht werden kann, wenn der Kunde selbst einwilligt, dass die Bank Auskünfte über seine Bankkonten erteilt und diese das dennoch unterlässt.

Einige Autoren[482] versuchen die Stringenz dieser Bestimmung im Wege einer teleologischen Reduktion zu relativieren. Zielsetzung der Regelung der GD 1059/1971 war – wie schon oben aufgeführt – das Vertrauen der Einleger in die griechischen Kreditinstitute zu stärken, um einen Einlagenzufluss im Interesse der griechischen Wirtschaft zu fördern. Fraglich bleibt, ob die Auffassung, dass mit der Einwilligung des Bankkunden das Kreditinstitut von seiner Verschwiegenheitspflicht entbunden wird, im Einklang mit diesem Ziel steht. Nach KOUTSOUKIS[483] kann dieses Ziel nur verfolgt werden, wenn zwischen der Einwilligung (die vor der Durchbrechung des Bankgeheimnisses abgegeben wird) und der Genehmigung einer bereits erteilten Auskunft über die Bankeinlagen differenziert wird.[484] Entgegen der ausdrücklichen Regelung des Artikels 2 des GD 1059/1971 vertritt er die Meinung, dass lediglich die spätere Genehmigung die strafrechtlichen Sanktionen nicht aufheben kann.[485]

Allerdings ist die Regelung des Artikels 2 des GD 1059/1971 so eindeutig, dass man keinen Spielraum für eine anderslautende Auslegung der Vorschrift hat. Der Rechtswille des Gesetzgebers ist offensichtlich. Bereits der Wortlaut dieser Vorschrift spricht dagegen, dass die Einwilligung des Bankkunden die Durchbrechung des speziellen Bankgeheimnisses erlaubt. Die Durchbrechungsbefugnisse der Verschwiegenheitspflicht sind somit ausdrücklich normiert und können nicht über den Weg der teleologischen Auslegung erweitert werden. Die Diskussion könnte beendet werden, wenn sich die Rechtsprechung dazu äußern würde. Das ist bisher jedoch noch nicht geschehen.

Schließlich ist fraglich, ob diese Vorschrift gegen Art. 5 Abs. 1 der griechischen Verfassung, welche die Wirtschaftsfreiheit als Grundrecht anerkennt, verstößt. Tatsächlich wird diese Freiheit des Kunden eingeschränkt angesichts der Tatsache, dass er nicht die Möglichkeit hat, seine Bank zu beauftragen, das Bankgeheimnis aufzuheben.

---

482 Vgl. KOUTSOUKIS, Το τραπεζικό απόρρητο στο ιδιωτικό δίκαιο, S. 155 f.; ANDROULAKIS, Ποινικό Δίκαιο, Γενικό Μέρος, S. 5; SIMANTIRAS, Εισαγωγή στο Αστικό Δίκαιο, Athen 1988, S. 232 ff.

483 KOUTSOUKIS, Το τραπεζικό απόρρητο στο ιδιωτικό δίκαιο, S. 153 ff.

484 Vgl. a.A. NTOSTAS, Γενικό τραπεζικό απόρρητο και απόρρητο των καταθέσεων, Κατάσχεση των καταθέσεων, S. 78 f.

485 Vgl. auch KOUTSOUKIS, Το τραπεζικό απόρρητο στο ιδιωτικό δίκαιο, S. 155; MICHAILIDIS, Το απόρρητο των τραπεζικών καταθέσεων, Όρια και υπερβολές, ΕπιθΕμπΔ 34 (1983), S. 23 ff.

3. Ausnahmen vom Bankgeheimnis der Einlagen aufgrund spezieller Vorschriften

a) Personen, die berechtigt sind, das Bankgeheimnis zu teilen

Das Bankgeheimnis für die Einlagen ist der Bank freilich nur gegenüber Dritten auferlegt. Weil es grundsätzlich im Interesse des Kunden gerechtfertigt ist, kann das Bankgeheimnis zu seinem Nutzen aufgehoben werden oder zum Nutzen der Personen, die ihm gleichgestellt werden können. Dem Kunden selbst stehen zunächst seine Bevollmächtigten gleich. Dazu gehören auch die Mitglieder einer OHG, wenn es sich um Bankguthaben der Gesellschaft handelt.[486] Kein Dritter im Sinne des GD 1059/1971 sind ferner die Erben des Einlegers, unter Vorbehalt bei den Gemeinschaftskonten. Gesetzlich ausgenommen vom Bankgeheimnis sind auch die Personen, welche die elterliche Sorge ausüben, wenn es sich um Bankkonten von Minderjährigen handelt (1510 GrZGB). Schließlich kann das Bankgeheimnis – wie bereits oben erläutert – gegenüber den Prüfern der Bank von Griechenland aufgehoben werden.[487]

b) Aufhebung des Bankgeheimnisses in Bezug auf die Versicherungsanlagen

Die Rechtsprechung hat darüber hinaus ein weitere wichtige Ausnahme anerkannt. Das spezielle Bankgeheimnis hat keine Geltung für Versicherungsanlagen, die auf Bankkonten als Deposit überwiesen wurden, um an einem späteren Zeitpunkt an die betroffenen Versicherungsnehmer ausgezahlt zu werden. Als Versicherungsanlagen werden nach Artikel 8 des Gesetzesdekrets 400/70 die Hinterlegung von Vermögenswerten der Versicherungsgesellschaften verstanden, durch die die Befriedigungsmöglichkeit der Versicherungsnehmer bei Eintreten der Versicherungsgefahr sichergestellt werden soll. Das GD 400/70 (Art. 8 Abs. 3) verpflichtet die Bank, diese Hinterlegung u.a. als Bankeinlage zu tätigen. Sowohl die Versicherungsgesellschaften als auch die Banken sind verpflichtet, dem Entwicklungsminister über das Bestehen und die Veränderung dieser Bankeinlagen zu unterrichten.

Unbestritten ist hier, dass bei Eintreten der Versicherungsgefahr die Versicherungsnehmer bzw. ihre Nachfolgen jegliche Informationen über diese Bankeinlagen bekommen müssen, um ihre Ansprüche gegen die Versicherungsgesellschaft befriedigen zu können. In diesen Fällen kann sich das Kreditinstitut

---

[486] Vgl. hierzu, ΠρΑθ 8765/1975, ΕπιθΕμπΔ 26 (1975), S. 594 f.

[487] Vgl. TRIANTAFYLLAKIS, Οι πρόσφατες εξελίξεις στη νομολογία σε σχέση με το τραπεζικό δίκαιο, Hellenische Justiz (34) 1993, S. 1450.; GRAMMATIKAS, Το τραπεζικό απόρρητο, S. 164 ff.; KOUTSOUKIS, Το τραπεζικό απόρρητο στο ιδιωτικό δίκαιο, S. 217 ff.

nicht auf das Bankgeheimnis des GD 1059/1971 berufen, sondern es muss das Bankgeheimnis durchbrechen und den Versicherungsnehmern, die wegen Schadenersatz die Zwangsvollstreckung gegen die Versicherungsunternehmen bezwecken, die Pfändung ermöglichen. Die Durchbrechung des Bankgeheimnis in diesem Fall gilt nur insoweit, als eine rechtliche Verpflichtung zur Auskunft besteht. Dazu bedingt es allerdings eines rechtskräftigen Gerichtsurteils (Art. 10 Abs. 3 GD 400/70).[488]

Andernfalls wäre die Regelung des GD 400/70 nicht nur zwecklos, sondern auch gefährlich, da es den Versicherungsgesellschaften die Möglichkeit geben kann, ihren Verpflichtungen gegenüber ihren Versicherungsnehmern nicht nachzugehen.[489]

c) Aufhebung aufgrund des ScheckG von 1972

Schließlich führt das Scheckgesetz von 1972[490] ausdrücklich eine Ausnahme vom strengen Bankgeheimnis ein. Bei banküblichen Anfragen des Scheckinhabers ist das Kreditinstitut des Ausstellers verpflichtet, gemäß Art. 2 des Scheckgesetzes, mitzuteilen, ob der angefragte Scheck gedeckt ist.[491] Bei Nichteinlösung eines Schecks ist das bezogene Kreditinstitut befugt, auf dem Scheck das Fehlen der entsprechenden Kapitaldeckung zu notieren. Grund für diese Aufhebung des Bankgeheimnisses ist, einen reibungslosen Scheckverkehr zu gewährleisten.

Auch im deutschen Recht setzt der Scheckverkehr eine Grenze der Verschwiegenheitspflicht des Kreditinstituts voraus. Hier wird anerkannt, dass mit der Scheckgebung der Aussteller dem Schecknehmer nicht nur seine Kontoverbindung offenbart hat, sondern er auch konkludent zum Ausdruck gebracht hat,

---

488 Areopag 44/1994, ΔΕΕ (3) 1995, S. 294 f. = Hellenische Justiz 36 (1995), S. 605 f. m. Anm. KOUTSOUKIS = Hellenische Justiz (36) 1995, S. 342 f. m. Anm. KONDYLLIS.

489 Vgl. NTOSTAS, Γενικό τραπεζικό απόρρητο και απόρρητο των καταθέσεων, Κατάσχεση των καταθέσεων, S. 99 f.

490 GD 1325/1972 (FEK A΄ 239/29.12.1972): "Περί αντικαταστάσεως του άρθρου 79 του ν. 5960/1933 περί επιταγής". Art. 2: „Κατ΄ εξαίρεσιν των διατάξεων του ΝΔ 1059/1971 „περί απορρήτου των τραπεζικών καταθέσεων" η Τράπεζα, εν περιπτώσει μη πληρωμής επιταγής ελλείψει αντίστοιχων διαθεσίμων κεφαλαίων υποχρεούται να βεβαιώση τούτο, είτε επί του σώματος της επιταγής, είτε δι΄ ιδίου εγγράφου, μετά σημειώσεως της ημέρας εμφανίσεως της επιταγής."

491 Vgl. KATSANOS, Το απόρρητον – ακατάσχετον των τραπεζιτικών καταθέσεων, ΕΕΝ 41 (1974), S. 510; Gutachten der Staatsanwaltschaft des Areopags 6/1972, NoB 20, S. 1118; DAFOULIS, Anm. zu ΠρΠειρ 3629/1984, Hellenische Justiz 26 (1985), S. 332.

dass der Scheck gedeckt sei.[492] Anders jedoch als im griechischen Recht ist bei Nichteinlösung des Schecks die Bank befugt, dem Inhaber oder sonstigen Berechtigten eines Schecks alle zur Durchsetzung der scheckrechtlichen Ansprüche notwendigen Angaben über die Person des Ausstellers einschließlich seiner Anschrift mitzuteilen. Das Bankgeheimnis wird dadurch nicht verletzt. Schließlich ist im Gegensatz zum griechischen Recht die Bank zur Auskunftserteilung zwar berechtigt, jedoch nicht verpflichtet.

d) Beschränkungsumgehung bei Insolvenzeröffnung

Bei einer Insolvenzeröffnung steht das Bankgeheimnis der Verwertung der Bankeinlagen als Teil der Masse nicht entgegen, da der Insolvenzverwalter die Verwaltungs- und Verfügungsbefugnis über die Masse besitzt und aus diesem Grund gegenüber der Bank auskunftsberechtigt ist.[493] Im Gegensatz aber zum deutschen Recht kann in Griechenland die Konkurseröffnung lediglich gegen Kaufleute und nicht etwa Verbraucher, Minderkaufleute und Freiberufler beantragt werden. Die einzige Möglichkeit sich bei allen anderen Geschäften gegen das Ausfallrisiko abzusichern ist die Bestellung von Kreditsicherheiten.

---

[492] Vgl. KIRCHHERR/STÜTZLE, Aktuelle Probleme zu Bankgeheimnis und Bankauskunft, ZIP 1985, S. 515 (521); BAUMBACH/HEFERMEHL, Kommentar zum Wechsel- und Scheckgesetz, Art. 4 ScheckG, Anm. 2 f.; BRUCHNER/STÜTZLE, Leitfaden zu Bankgeheimnis und Bankauskunft, S. 22 ff.

[493] Vgl. KOUTSOUKIS, Το τραπεζικό απόρρητο στο ιδιωτικό δίκαιο, S. 100 und 270 f.

§ 3 Das spezielle Bankgeheimnis – Schranke für die Pfändung von Einlagenkonten?

I. Problemstellung

Im griechischen Recht ist die Zulässigkeit der Pfändung von Bankkonten bis vor kurzem grundsätzlich verneint worden.[494] Herauskristallisiert hat sich die Unpfändbarkeit der Bankguthaben mit der höchstrichterlichen Rechtsprechung. Die Rede ist von den zwei grundlegenden Areopag-Urteilen 1224/1975[495] und 3/1993, die in vieler Hinsicht charakteristisch für die vorliegende Problematik sind und an die sich die spätere Rechtsprechung angelehnt hat. Das griechische Kassationsgericht hatte in beiden Urteilen den Vorrang des spezielleren Gesetzesdekrets 1059/1971 vor entgegenstehenden Vorschriften der GrZPO über den Vollstreckungszugriff auf Bankkonten ausdrücklich anerkannt. Nur subsidiär sollten die Vorschriften des griechischen Zivilprozessbuches zur Geltung kommen (lex posterior derogat legem priori).[496] Für die Zwecke des vorliegenden Kapitels ist eine eingehende Darstellung der Rechtsprechung und der darauffolgenden wissenschaftlichen Diskussion unentbehrlich.

II. Meinungsstand in Rechtsprechung und Literatur

1. Rechtsprechung

Diese Problematik hat sich zum ersten Mal mit dem Leiturteil 1224/75[497] des Areopags – die Bedeutung seiner Rechtsprechung kann nicht nur in rechtlicher Hinsicht[498], sondern auch in ihren praktischen Auswirkungen kaum überschätzt

---

[494] Vgl. PAPADIMITRIOU, Anmerkungen zu ΠρΘεσσ 1532/72, NoB 20 (1972), S. 955 ff.; *derselbe*, NoB 21 (1973), S. 223; ΠρΘεσσ 2575/1972, NoB 21 (1973), S. 223 f. = ΕπιθΕμπΔ 1973, S. 192; Areopag Urteil 1224 und 1225/1975, NoB 24 (1976), S. 188 f. = EEN 43 (1976), S. 199 ff. = EEN 43 (1976), S. 475 ff. mit Anm. KARAKATSANIS; ΠρΘεσσ 2696/1991, Armenopoulos 48 (1994), S. 1165 f.; Areopag 1526/1991 (1. Senat), Hellenische Justiz 34 (1993), S. 315 f.; Areopag 974/1992, Dike 23 (1992), S. 367 ff. mit Anm. BEYS; ΕφΑθ 8078/1993, Hellenische Justiz 37 (1996), S. 43 f.; Plenum des Areopags 3/1993, Hellenische Justiz 34 (1993), S. 1459 ff. = NoB 43 (1995), S. 223 ff.

[495] NoB 24 (1976), S. 119.

[496] Im Sinne des lex specialis derogat legi generali; siehe hier Art. 982 ff. GrZPO, Art. 4 G. 5638/1932.

[497] Areopag Urteil 1224 und 1225/1975, NoB 24 (1976), 188f. = EEN 1976, 199ff. = EEN 43, 475 ff. mit Anmerkungen KARAKATSANIS.

[498] Der Areopag ist das höchste Zivil- und Strafgericht in Griechenland.

werden – herausgebildet. Bis zu diesem Zeitpunkt hatte die ständige Rechtsprechung in Griechenland nichts gegen die Pfändbarkeit von Bankguthaben eingewandt.[499] Vielmehr wurde aus dem Gesetzesdekret von 1923, welches die Pfändung bei einer Bank ausdrücklich regelt, die Schlussfolgerung gezogen, dass die Pfändbarkeit von Bankguthaben zulässig sei.[500]

Mit dem Urteil von 1975 des griechischen Kassationsgerichts ist eine Wende der Rechtsprechung eingetreten. Das höchste Zivilgericht Griechenlands sah die Unpfändbarkeit von Bankguthaben als Ausprägung des speziellen Bankgeheimnisses, welches das GD 1059/1971 normiert, an. Aus der allgemeinen Formulierung der Regelung des Bankgeheimnisses in Verbindung mit den abschließend aufgezählten Fällen der Aufhebung des Bankgeheimnisses ist der Areopag zum Schluss gekommen, dass das Auskunftsverbot des GD 1059/1971 auch die Drittschuldnererklärung gemäß Art. 985 GrZPO umfasst. Mit dieser Auslegung der Vorschriften des Bankgeheimnisses wurde angenommen, dass die Banken – eingeschränkt durch das GD 1059/1971 – nicht gezwungen waren, auf Anforderung des Vollstreckungsgläubigers eine Drittschuldnererklärung abzugeben.[501] Die Unterlassung dieser Erklärung durch die Kreditinstitute wurde nicht – wie im Regelfall nach Art. 985 Abs. 3 GrZPO – als negative Drittschuldnererklärung angesehen. Dies hatte zur Folge, dass eine Widerspruchsklage des Vollstreckungsgläubigers als unzulässig abgewiesen wurde. Da die Verwertung der gepfändeten Forderung nach griechischem Recht von der Entstehung der Zahlungspflicht des Drittschuldners und diese wiederum gemäß Art. 988 Abs. 1 GrZPO von der Abgabe einer positiven Erklärung abhängig ist, konnte nach Auffassung des Gerichts weder der Vollstreckungsgläubiger zur Einziehung berechtigt noch der Drittschuldner zur Zahlung verpflichtet werden. Mit der Entziehung der Möglichkeit, eine Widerspruchsklage gegen die unterlassene Erklärung der Bank zu erheben, konnte der Vollstreckungsgläubiger das Kreditinstitut nicht mehr zur Anerkennung der Forderung des Vollstreckungsschuldners zwingen und somit auch seine eigene Forderung gegen ihn nicht

---

[499] ΕφΑθ 7968/1973, A. RODOPOULOS, NoB 22 (1974), S. 73 = ΑρχΝ (1974), S. 59 = ΕπΕμπΔ (1974), S. 212; ΠΠρΘεσσ 2575/1972, POLYCHRONIADIS, NoB 21 (1973), S. 223, m. Anm. PAPADIMITRIOU = Armenopoulos 26 (1972), S. 946 = ΑρχΝ (1973), S. 56; ΜΠρΑθ 1583/1973, N. PAPAIOANNOU, NoB 21 (1973), S. 815; PAPACHRISTOU, Κατάσχεση στα χέρια τρίτου, Dike 15 (1984), S. 83 f.

[500] Zur selben Schluss ist man durch den Art. 4 des G. 5638/1932 gekommen, welcher sich auf die Pfändung von Gemeinschaftskonten bezieht. Vgl. auch ΜΠρΑθ 1583/1973, NoB 21 (1973), S. 815.

[501] Vgl. Areopag 1230/1987, EEN 55 (1988), S. 661; Areopag 1526/1991, Hellenische Justiz 34 (1993), S. 315; Areopag 974/1992 (Minderheit), Dike 24 (1993), S. 369; ΕφΑθ 3455/1985, Dike 16 (1985), S. 876; ΕφΠειρ 534/1987, Hellenische Justiz 29 (1988), S. 368; ΠΠρΠειρ 375/1978, Hellenische Justiz (19) 1978, S. 301; ΠΠρΠειρ 2025/1989, Dike 22 (1991), S. 852.

durchsetzen. Aus diesem Standpunkt der Rechtsprechung hat sich de facto eine absolute Unantastbarkeit der Bankguthaben für den Vollstreckungsgläubiger herauskristallisiert.

Auf demselben Gedankengang basierte auch das spätere Urteil 3/1993[502] des Plenums des Areopags. Die Mehrheit des Plenums führte – entgegen einer großen Minderheit von 13 Mitgliedern – aus, dass mit dem GD 1059/1971 konkludent der Artikel 4 des Gesetzes 5368/32, welcher die Pfändung von Gemeinschaftskonten regelt, aufgehoben wurde. Damit ist dieses Urteil nicht den Hoffnungen derer gerecht geworden, die nach dem kurz davor ergangenen Urteil 974/1992[503] des Areopags, welches die Pfändbarkeit von Bankguthaben bejaht hatte, geglaubt haben, dass eine Wende der griechischen Rechtsprechung in Sicht wäre.[504]

Verstärkt werden sollte die Ansicht der Unpfändbarkeit in dem neuen Urteil 3/1993 des griechischen Kassationsgericht mit dem unzutreffenden Argument, dass die erstmals mit dem Urteil 1224/75 ausgesprochene Unpfändbarkeit von Bankguthaben nicht vom ursprünglichen Willen des Gesetzgebers bei der Regelung des speziell geregelten Bankgeheimnisses abweiche. Obwohl Jahrzehnte seit der Veröffentlichung des Urteils 1224/75 vergangen sind, habe sich der Gesetzgeber zu keiner Modifizierung des auslegungsbedürftigen Gesetzesdekrets 1059/1971 veranlasst gesehen. Diese Argumentationslinie des Areopags verkannte allerdings, dass zu diesem Zeitpunkt das Ministerium für Justiz einen entsprechenden Gesetzesentwurf bereits vorbereitet hatte, in dem die Aufhebung des Bankgeheimnisses bei einem Vollstreckungszugriff auf Bankguthaben ausdrücklich vorgesehen war.[505]

Ferner versuchte der Areopag dieses Problemfeld mit der teleologischen Auslegung zu lösen. Die Unpfändbarkeit von Bankguthaben diene der Erfüllung des Regelungszwecks des GD 1059/1971, der darin besteht, „den Einlagenzufluss im griechischen Bankensystem zu erhöhen, um die Finanzierungsmöglichkeiten, die Entwicklung der griechischen Wirtschaft und den Erfolg der sozialen Regierungsvorhaben zu stärken." Nach einer Interessensabwägung zwischen den Gläubigerbelangen und dem öffentlichen Interesse hat sich der Areopag augenscheinlich zum Schutz des letzteren entschlossen. Hier wird deutlich, dass nach herrschender Rechtsauffassung das öffentliche Interesse mit dem Interesse des Staates eng verbunden ist.

---

[502] Plenum Areopag 3/1993, NoB 43 (1995), S. 223, nach Vorschlag des Staatsanwaltes des Areopags PLAGIANNAKOU (Art. 563 Abs. 2 b GrZPO).

[503] Areopag Urteil 974/1992, EEN 1993, S. 679 = Dike 24 (1993), S. 367 ff. mit zutreffender Anmerkung von BEYS.

[504] Vgl. MAZIS, Μερικές σκέψεις για την κατάσχεση σε χέρια τρίτου (και ιδιαίτερα σε Τράπεζα ως τρίτης), ΔΕΕ 1997, S. 455 ff.

[505] Zeitung BHMA vom 20.11.94 Τμ. Δ΄, S. 2.

Dogmatisch verankert wurde die Ansicht des Areopags in der Frage des Zeitpunktes der Verwertung der gepfändeten Forderung. Diese erfolgt nach verbreiteter Auffassung der griechischen Prozessrechtswissenschaftler und des Areopags nicht zeitgleich mit der Pfändung. Als Verwertung gilt die ex lege Abtretung der Forderung an den Vollstreckungsgläubiger, die von einer positiven Erklärung der Bank als Drittschuldnerin nach Ablauf der in Art. 988 Abs. 1 vorgesehenen Frist abhängt. Bei einer negativen oder unterlassenen Drittschuldnererklärung hingegen wird diese Abtretung von der Rechtskraft der Gerichtsentscheidung abhängig gemacht. Es handelt sich hier um die Gerichtsentscheidung, die aufgrund der Widerspruchsklage des Art. 986 GrZPO ergeht und dieser stattgibt. Für den Vollstreckungszugriff auf Bankkonten hat diese Ableitung zur Folge, dass allein mit der Pfändung der Vollstreckungsgläubiger in Bezug auf die gepfändete Forderung als Dritter gesehen wird und daher die Bank als Drittschuldnerin aufgrund der ausdrücklichen Regelung des Bankgeheimnisses nicht berechtigt ist, jegliche Auskünfte über das Bankkonto an Dritte weiterzugeben.

Als besonders rechtsbrisant erscheint an dieser Stelle die griechische Gerechtigkeitsauffassung, wenn man die Gestaltung der Verwaltungsvollstreckung des Fiskus wegen Forderungen seiner Schuldner betrachtet. Anwendung in diesem Fall findet das besondere Gesetzesdekret 356/1974, bekannt als „KEDE“.[506] Insbesondere in diesem Zusammenhang weicht KEDE von dem allgemeinen Zivilprozessrecht ab, in dem er in Art. 30 Abs. 1 und 3 ausdrücklich den Zeitpunkt der Verwertung und somit der Abtretung festlegt. Zu Gunsten des Fiskus wird vorgesehen, dass die zessio legis bereits mit der Zustellung der Pfändungsurkunde an den Drittschuldner erfolgt[507], sogar ohne vorheriger Benachrichtigung des Vollstreckungsschuldners.[508] Infolgedessen stellt sich der Staat als Vollstreckungsgläubiger bereits mit der Zustellung der Pfändungsurkunde als Inhaber der Forderung dar und tritt somit nicht als Dritter gegenüber der Bank auf. Gibt die Bank nun Auskünfte über das Bankkonto im Rahmen der Drittschuldnererklärung, verstößt sie nicht gegen das Bankgeheimnis, da der Fiskus als rechtmäßiger Inhaber anerkannt wird. Auffällig ist hier, die Begünstigung der Verwaltungsvollstreckung vom griechischen Gesetzgeber. Äußerst fraglich ist in diesem Zusammenhang, ob solche Abweichungen zugunsten des Staates überhaupt zulässig sind. Ob das Interesse des Staates gegenüber den Interessen des Einzelnen überlegen ist, mag dahinstehen und kann den Gegenstand einer

---

[506] Steht für „Κώδικας Είσπραξης Δημοσίων Εσόδων“ und seine Richtigkeit wird in vielen Punkten als zweifelhaft kritisiert. Vgl. zum deutschen Recht, FISCHER, Rechtsschutz bei Kontenpfändung durch öffentliche Gläubiger, InVo 8 (2003), S. 301 (305).

[507] Vgl. BEYS, Θεμελιακά ζητήματα της κατάσχεσης χρηματικών απαιτήσεων στα χέρια τρίτου, Dike 28 (1997), S. 404 ff.

[508] Hier liegt offensichtlich ein Verstoß gegen Art. 20 Abs. 1 gr.Verfassung und Art. 6 Abs. 1, 3 EMRK vor.

anderen Untersuchung bilden. Im Lichte der Rechtsprechung des Europäischen Gerichtshofs für Menschenrechte ist diese Rechtsauffassung des griechischen Gesetzgebers als besonders zweifelhaft zu bewerten.

2. Literatur

a) Keine ausdrückliche Festlegung der Unpfändbarkeit von Bankeinlagen

Erwartungsgemäß blieb diese Rechtsprechung nicht unangefochten. Bereits zu Beginn maßen namhafte Autoren in Griechenland dieser Entwicklung der Rechtsprechung offenbar große Bedeutung bei. Seitdem wurde zwischen Schrifttum und Rechtsprechung darum gerungen, den argumentierenden Ansatz des Areopags zu entkräften. Der wesentliche Einwand vieler Prozessrechtler[509] war, dass sich aus dem Bankgeheimnis der Einlagen nicht ihre Unpfändbarkeit ergebe. Der von der Rechtsprechung festgelegte Schutz der Einlagen übertreffe den Regelungszweck des Bankgeheimnisses. Zur Unterstützung ihrer Meinung ziehen sie unterschiedliche Argumente heran.

Die Verbindung des Bankgeheimnisses bezüglich der Einlagen mit ihrer Unpfändbarkeit sei unzulässig.[510] Das folgt daraus, dass diese weder aus dem

---

[509] Vgl. KOUTSOUKIS, Το τραπεζικό απόρρητο στο ιδιωτικό δίκαιο, 156 ff.; PSYCHOMANIS, Τραπεζικό Δίκαιο, 107 ff.; KASTRIOTIS, Η κατάσχεση εις χείρας τρίτου, S. 141 f.; BEYS, Εγκυρότητα κατάσχεσης στα χέρια τράπεζας ως τρίτης, Dike 24 (1993), S. 370 ff.; *derselbe*, Έγκυρη αναγκαστική κατάσχεση τραπεζικών καταθέσεων, Anm. zu 1540/2000, Dike 32 (2001), S. 537 f.; PAPACHRISTOU, Κατάσχεση στα χέρια τρίτου, Dike 15 (1984), S. 83 ff.; METALLINOS, ΕφΑθ 7968/1973, NoB 22 (1974), S. 73; KOUZIORTI, Κατάσχεση στα χέρια τράπεζας ως τρίτης, ΕπΕπΔΣΘ 1994, S. 250 ff.; MAKRIDOU, Το δικηγορικό απόρρητο, S. 165 ff.; STAMATIS, Το απόρρητον των τραπεζικών καταθέσεων, EEN 39 (1972), S. 121 (er hält die Vorschriften des 1059/1971 für überflüssig); ROILOS, Περί της εφαρμογής του ακατάσχετου των τραπεζικών καταθέσεων κατά το ν.δ. 1059/1971 και επί καταθέσεων των εν Ελλάδι λειτουργησών αλλοδαπών τραπεζών, NoB 26 (1978), S. 994; GEORGOPOULOS, Το τραπεζικό απόρρητο μέσα από τη νομολογία των διακστηρίων, ΔΕΕΤ, Heft 14, S. 72 ff.; ILIAKOPOULOS, Anm. zu ΕφΑθ 3455/1985, Hellenische Justiz 26 (1985), S. 1495 ff.; TSITSOPOULOS, Παρατηρήσεις τίνες επί του Ν.Δ. 1059/23.12.1971 περί του απορρήτου των τραπεζικών καταθέσεων, EEN 39 (1972), S. 766; DAFOULIS, Anm. zu ΠρΠειρ 3629/1984, Hellenische Justiz 26 (1985), S. 331; TRAGAKIS, Το Τραπεζικό Απόρρητο στην Ελλάδα, Οι νομοθετικές ρυθμίσεις για το Τραπεζικό Απόρρητο, ΔΕΕΤ 1988–1989, Heft 19, S. 2 ff., Heft 20, S. 4 ff., Heft 21–22, S. 94 ff. insbes. S. 106–108; MICHAILIDIS, Το τραπεζικό απόρρητο των καταθέσεων, ΕπιθΕμπΔ 34 (1983), S.22 ff.; FLOROS, Απόψεις επί του τραπεζικού απορρήτου, NoB 36 (1988), S. 1518 f.

[510] Vgl. hierzu, GIOVANNOPOULOS, Die Harmonisierung des privatrechtlichen Bankgeheimnisses im europäischen Wirtschaftsverkehr, S. 71, der die methodische Grundlage für der Areopag-Urteile hinsichtlich dieser Auslegung als nebulös ansieht.

Willen des Gesetzgebers noch aus der ratio des Gesetzes abzuleiten ist. Im entgegengesetzten Fall wäre die Unpfändbarkeit ausdrücklich im Gesetz geregelt. Denn die von der Pfändung ausgeschlossenen Einlagen sind im Gesetz ausdrücklich vorgesehen. So einen Ausschluss sehe beispielsweise Art. 35 des Gesetzesdekrets „über die Postsparkassen und Pfandämter" vor.[511]

Vielmehr sei die Pfändbarkeit von Bankguthaben unter Berücksichtigung des wichtigen Grundprinzips des Zwangsvollstreckungsrechts, wonach das gesamte Vermögen des Schuldners seinen Gläubigern unterliegen muss, geboten.[512] Jede Unpfändbarkeit stelle in diesem Sinne eine Ausnahme von diesem Prinzip dar und müsse gesetzlich ausdrücklich festgelegt werden. Unter Anwendung dieses Grundprinzips versuchen alle Gesetzgebungen in Europa, zum einen die Unpfändbarkeitsfälle zu begrenzen und zum anderen die Pfändung auf jeden Vermögenswert des Vollstreckungsschuldners zur Befriedigung seiner Gläubiger zu erweitern.[513] Unter diesem Gesichtspunkt müsse auch die Unpfändbarkeit allgemein eng ausgelegt werden.[514] Insbesondere wurde darauf verwiesen, dass bei den Bankguthaben der Rechtfertigungsgrund der Unpfändbarkeit fehle. Denn hier handelt es sich weder um einen besonders schutzbedürftigen Personenkreis noch sollen mit der Unpfändbarkeit von Bankguthaben besondere soziale Institutionen gefördert werden. Die wahre Wirkung der Unpfändbarkeit von Bankguthaben wäre, dass bösgläubige Schuldner unterstützt und Erlöse aus verbrecherischen Handlungen sichergestellt würden.[515] Vor allem stellen Bankguthaben in der heutigen Zeit einen attraktiven Pfändungsgegenstand dar.

---

[511] ΦΕΚ Α΄ 157/1939.

[512] Vgl. ILIAKOPOULOS, Anm. zu ΕφΑθ 3455/1985, Hellenische Justiz 26 (1985), S. 1496 f.

[513] Vgl. GRAMMATIKAS, Anm. zum Plenum Areopag 1224/1975, EEN 43 (1973), S. 201.

[514] Vgl. Areopag 3/1993, Minderheit von 13 Mitgliedern; Mehrheit des Areopag 974/1992, Dike 24 (1993), S. 369; Areopag 1526/1991 (Minderheit), Hellenische Justiz (34) 1993, S. 315; ΕφΑθ 7968/1973, NoB 22 (1974), S. 73 = ΑρχΝ 1974, S. 59 = ΕπιθΕμπΔ 25 (1974), S. 212; ΜΠρΑθ 1583/1973, NoB 21 (1973), S. 815.

[515] Vgl. PSYCHOMANIS, Τραπεζικό Δίκαιο, S. 109 f.; MICHAILIDIS, Το απόρρητο των τραπεζικών καταθέσεων, όρια και υπερβολές, ΕπιθΕμπΔ 34 (1983), S. 22 ff.

b) Die Lehre von der gerechtfertigten Durchbrechung des Bankgeheimnisses aufgrund von Art. 371 Abs. 4 GrStGB

Einige Autoren verwiesen – übereinstimmend mit erstinstanzlichen Gerichten[516] – zur Begründung der Pfändbarkeit von Bankguthaben auf Artikel 371 Abs. 4 GrStGB, welcher den Tatbestand der Rechtfertigung der Durchbrechung eines Berufsgeheimnisses vorsieht. Das spezielle Bankgeheimnis wird als ein solches Berufsgeheimnis anerkannt und darf i.S.v. Art. 371 Abs. 4 GrStGB durchbrochen werden, wenn der Täter damit eine gesetzliche Verpflichtung erfüllt oder ein gerechtfertigtes Interesse eines Dritten sicherstellen will. In diesen Fällen muss auch die Durchbrechung des Bankgeheimnis straffrei bleiben, da die Bank nur die Interessen des Vollstreckungsgläubigers sicherstellen wollte. Eine Interessensabwägung hat schließlich zu der Annahme geführt, dass der gute Glaube und das Schutzbedürfnis der Gläubiger gegenüber dem bösgläubigen Verhalten ihrer Schuldner, die Abweisung der Theorie der Unpfändbarkeit von Bankkonten gebieten. Der Tatbestand des Artikels 371 Abs. 4 GrStGB ist auch bei einem Vollstreckungszugriff auf Bankkonten erfüllt, und das Bankgeheimnis darf infolgedessen in diesem Fall durchbrochen werden, weil die Bank mit Abgabe ihrer Erklärung ihre Pflicht erfüllt und zudem das gerechtfertigte Interesse des Pfändungsgläubigers, der seinen titulierten Anspruch zu befriedigen versucht, schützt.

c) Zur Verfassungsmäßigkeit des Ausschlusses der Pfändbarkeit von Bankguthaben

Der beharrliche Standpunkt der höchstrichterlichen Rechtsprechung wurde auch aus dem Blickwinkel der Verfassungsmäßigkeit stark kritisiert.[517] Solange das

---

[516] Vgl. ΠΠρΘεσσ 2575/1972, Armenopoulos 26 (1972), S. 946 = NoB 21 (1973), S. 223 – a.A. KOUTSOUKIS, Το τραπεζικό απόρρητο στο ιδιωτικό δίκαιο, S. 173. Er erkennt allerdings als Rechtfertigungsgründe der Durchbrechung des Bankgeheimnisses der Einlagen den rechtfertigten Notstand (Art. 25 GrStGB und 285 GrZGB) und den Rechtsmissbrauch (Art. 281 GrZGB); ILIAKOPOULOS, Anm. zu ΕφΑθ 3455/1985, Hellenische Justiz 26 (1985), S. 1497.

[517] Vgl. MITSOPOULOS, Πολιτική Δικονομία Α΄, S. 79 f.; *derselbe*, Η επίδρασις του Συντάγματος επί της πολιτικής δικονομίας, Dike 6 (1975), S. 679 = Δημοσιεύματα του Ελληνικού Ινστιτούτου Διεθνούς και Αλλοδαπού Δικαίου 9, S. 55; vgl. auch YESSIOU-FALTSI, Η αρχή της αναλογικότητας στην αναγκαστική εκτέλεση, Hellenische Justiz 32 (1991), S. 284 ff.; DAGTOGLOU, Διοικητικό Δικονομικό Δίκαιο, S. 46; KERAMEUS, Αστικό Δικονομικό Δίκαιο, S. 20; RAMMOS, Εγχειρίδιον αστικού δικονομικού δικαίου, III, S. 1297; GIDOPOULON, Το δίκαιον της αναγκαστικής εκτέλεσης, Bd. I, S. 13; PSYCHOMANIS, Τραπεζικό Δίκαιο I, S. 145; BRINIAS, Το τραπεζικόν απόρρητον εν σχέσει προς την κατάσχεσιν εις χείρας τρίτου, NoB 21 (1973), S. 1051 ff.; OEKONOMOPOULOS, An-

Recht auf Zwangsvollstreckung des Vollstreckungsgläubigers in der griechischen Verfassung festgelegt ist, kann die ungerechtfertigte Unpfändbarkeit von Bankguthaben nicht verfassungsgemäß sein. Obwohl die griechische Verfassung ihrem Wortlaut nach allein den Anspruch auf Rechtsschutzgewährung[518] (Art. 20 Abs. 1 der griechischen Verfassung von 1975/1986/2001) statuiert, umfasst dieser heute in Anlehnung zu den Artikeln 6 Abs. 1 EMRK[519] und 103 Abs. 1 des Bonner Grundgesetzes auch das Recht auf Zwangsvollstreckung.[520] Zu Recht weist in diesem Zusammenhang MITSOPOULOS[521] schon 1976 darauf

---

merkung zum ΕφΑθ 3212/1977, Dike 9 (1978), S. 94; PSOMAS, Το συνταγματικό δικαίωμα της παροχής έννομης προστασίας και η εφαρμογή του από τη νομολογία και τη θεωρία, Dike 13 (1982), S. 561 ff.; KLAMARIS, Το δικαίωμα δικαστικής προστασίας κατά το άρθρο 20 § 1 Συντάγματος 1975, S. 167 ff.; GRAMMATIKAS, Anm. zu Plenum Areopag 1224/1975, EEN 43 (1976), S. 201; KOUZIORTI, Κατάσχεση στα χέρια τράπεζας ως τρίτης, ΕπΕπΔΣΘ 15 (1994), S. 225 ff.

518 Art. 20 § 1 gr. Verfassung: „Jeder hat das Recht auf Rechtsschutzgewährung durch die Gerichte und kann vor diesen seine Ansicht über seine Rechte oder Interessen vortragen, wie es das Gesetz bestimmt."

519 Vgl. TSIKRIKAS, Der Einfluss der EMRK auf die Gestaltung des einstweiligen Rechtsschutzes im europäischen Zivilprozess, Wissenschaftliches Symposion: „Auf dem Weg zur Globalisierung des Zivilprozessrechts" v. 10.–16.9.2000; MITSOPOULOS, Δεδικασμένον και εκτελεστότης αποφάσεως του Ευρωπαϊκού Δικαστηρίου των Δικαιωμάτων του Ανθρώπου επιδικαζούσης χρηματικήν απαίτησιν, Dike 26 (1995), S. 853 ff.; BEYS, Grundgedanken des griechischen Zivilprozessrechts in ihrer Fortentwicklung durch die EMRK, ZZP 109 (1996), S. 50 ff. vgl. auch Fall Beys/Griechenland vor Europäischen Gerichtshof für Menschenrechte, Nr. 44/1996/663/849.

520 Vgl. SCHWAB/GOTTWALD, Verfassung und Zivilprozess, 1984, S. 5; SCHMIDT W./GLAESER, Der Justizgewährungsanspruch nach dem deutschen Grundgesetz im Vergleich zu der griechischen Verfassung, TO SYNTAGMA 1981, S. 547 ff. (auf griechisch). – BEYS, Grundgedanken des griechischen Zivilprozesses in ihrer Fortentwicklung durch die EMRK, ZZP 109/1 (1996), S. 31; PAPADIMITRIOU, Η συνταγματική καθιέρωση της δικαστικής προστασίας, Dike 13 (1982), S. 594 ff.; YESSIOU – FALTSI, Bemerkungen, Dike 13 (1982), S. 609 ff.; *dieselbe*, Οι θεμελιώδεις δικονομικές αρχές της αναγκαστικής εκτέλεσης, Ειδικότερα: Η αρχή διαθέσεως, Dike 18 (1987), S. 651 ff.; GAUL, Rechtsverwirklichung durch Zwangsvollstreckung aus rechtsgrundsätzlicher und rechtsdogmatischer Sicht, ZZP 112, Heft 2 (1999), 143 f.

521 MITSOPOULOS, Zum Einfluss der neuen griechischen Verfassung auf die griechische Zivilprozessordnung, FS F. W. BOSCH, S. 699, 704; so auch, BEYS, Αντισυνταγματικότητα νόμων που απαγορεύουν την αναγκαστική εκτέλεση, Anm. zu ΜΠρΑθ 9690/1978; Dike 10 (1979), S.415 ff.; *derselbe*, Die verfassungsrechtlichen Grenzen der Zwangsvollstreckung im griechischen Recht, ZZP 101 (1988), S. 165, 167, 176 ff. Inzwischen ist eine Wende der griechischen Rechtsprechung hinsichtlich der Vollstreckung gegen den Staat offensichtlich. Dieses Verfahren aber begegnet in der Praxis noch bedeutende Hindernisse. Vgl. hierzu, STAMOULIS, Αναγκαστική Εκτέλεση σε βάρος του Δημοσίου, Δυνατότητες και εμπόδια, SYNIGOROS 1/2001.

hin, dass das vom Areopag angenommene Verbot der Geldvollstreckung gegen den griechischen Staat verfassungswidrig sei.[522]

Ähnlich ist die Rechtsschutzgewährung in Form der Zwangsvollstreckung auch in Deutschland verfassungsrechtlich verankert.[523] Auch hier legt die herrschende Meinung klar, dass wenn eine Rechtsordnung für ihre Bürger einen ausreichenden Rechtsschutz gewährleisten will, sie notwendigerweise mit dem dazu erforderlichen Rechtszwang ausgestattet sein muss.[524]

Die Diskussion, die hiermit aufgegriffen wurde, bewegt die griechischen Autoren heute noch. In diesem Zusammenhang vertritt der überwiegende Teil des Schrifttums[525] die Ansicht, dass Art. 20 § 1 der griechischen Verfassung die Rechtsschutzgewährung zwar nur in Form der verbindlichen Feststellung der entschiedenen Rechtsverhältnisse definiert, dieser Schutz sei aber nicht effektiv genug, wenn er nicht die zwangsweise Verwirklichung des rechtskräftigen Anspruchs umfassen würde. Dem Gläubiger ist an der Erlangung eines Titels wenig gelegen, wenn er nicht auch realisiert wird. Daher erkennt die h.M. in Griechenland die Zwangsvollstreckung als normativen Inhalt des Anspruchs auf Rechts-

---

[522] Gemäß dem G. 2097/1952 (Art. 8 Abs. 1) dürfen Gerichtsurteile auf Geldleistungen oder Prozesskosten nicht gegen den griechischen Staat vollstreckt werden. Diese Vorschrift gilt auch gegenüber juristischen Personen des öffentlichen Rechts (Areopag 1309/1995, Dike 1995 S. 260). Diese Vorschrift wurde aber als verfassungswidrig angesehen, da sie gegen Art. 20 Abs. 1 der griechischen Verfassung, Art. 6 § 1 EMRK und Art. 1 Abs. 1 des Ersten Zusatzprotokolles verstößt. Inzwischen sieht die letzte Verfassungsänderung (2001) in Art. 94 Abs. 4 vor, dass die Zwangsvollstreckung aufgrund von Gerichtsurteilen möglich ist.

[523] Vgl. STEIN/JONAS/MÜNZBERG, Kommentar zur ZPO, vor §704 Ziff. 16; BAUR/STÜRNER, Zwangsvollstreckungs-, Konkurs- und Vergleichsrecht, § 1 I Ziff. 1, S. 4; vgl. auch, BVerfGE 35, S. 348 (361); 37, S. 132 (148); 39, S. 276 (294); 52, S. 143; STÜRNER, Verfahrensgrundsätze des Zivilprozesses und Verfassung, FS BAUR, 1981, S. 647 (649) m.w.N.; STÜRNER, Die Einwirkungen der Verfassung auf das Zivilrecht und den Zivilprozess, NJW 1979, S. 2334 (2336); SCHWAB/GOTTWALD, Verfassung und Zivilprozess, in: Effektiver Rechtsschutz und verfassungsmäßige Ordnung, S. 11 ff. (38); SCHUMANN, Bundesverfassungsgericht, Grundgesetz und Zivilprozess, ZZP 96 (1983), S. 137 ff.

[524] Vgl. GAUL, Rechtsverwirklichung durch Zwangsvollstreckung, ZZP 112 (1999), S. 138 ff.

[525] Vgl. YESSIOU-FALTSI, Η αρχή της αναλογικότητας στην αναγκαστική εκτέλεση, Hellenische Justiz 32 (1991), S. 284 ff. m.w.N.; KONTIADIS, Το δικαίωμα προς παροχήν εννόμου προστασίας υπό δικαστηρίου κατά το άρθρον 119 του νέου συντάγματος, EEN 36 (1969), S. 394; OEKONOMOPOULOS, Anm. zu ΕφΑθ 3212/1977, Dike 9 (1978), S. 94; SKOURIS, Η προσωρινή προστασία στις ακυρωτικές διαφορές, 1979, S. 152 und Bemerk. 383; PANAGOPOULOS, Η δικονομική αξίωση παροχής δικαστικής προστασίας στις διαφορές και υποθέσεις ιδιωτικού δικαίου, Το άρθρο 20 παρ. 1 του Συντάγματος και το δικαίωμα λήψης ασφαλιστικών μέτρων, Dike 13 (1982), S. 156 ff.

schutzgewährung an.[526] Nach dieser Ansicht wird der Staat verpflichtet, die geeigneten Mitteln dem Vollstreckungsgläubiger zur Verfügung zu stellen, welche die Durchsetzung seines titulierten Anspruchs tatsächlich ermöglichen.[527] Zutreffend ergänzt KLAMARIS[528], dass „ohne die Garantie der Zwangsvollstreckung das prozessuale Grundrecht auf Justizgewährung inhaltsleer und zwecklos wäre".

Bezugnehmend auf den Vollstreckungszugriff auf Bankkonten bemerkt MITSOPOULOS[529] richtig, dass die Vorschriften über die Forderungspfändung eine Art der Befriedigung von materiellen Forderungen im Rahmen der Rechtsausübung des Staates darstellen, die nicht durch die Erweiterung des speziellen Bankgeheimnisses auf die Kontenpfändung aufgehoben werden können. Andernfalls würde eine der effektivsten Vollstreckungsmaßnahmen nicht anwendbar sein. Damit weist er das Argument der Rechtsprechung ab, dass mit der Unpfändbarkeit von Bankguthaben die Rechtsschutzgewährung nicht unwirksam gemacht werde.[530] Parallel wird diese Auffassung mit dem bekannten Wort von BEYS[531] unterstützt: „Die verfassungsrechtliche Verankerung des An-

---

[526] Vgl. KERAMEUS, Αστικό Δικονομικό Δίκαιο I, 1983, S. 20; BEYS, Εισαγωγή στη δικονομική σκέψη, S. 20; YESSIOU-FALTSI, Civil Procedure in Hellas, 1995, S. 68 f.; KLAMARIS, Το δικαίωμα δικαστικής προστασίας, 1989, S. 167 ff.; *derselbe*, Das prozessuale Grundrecht der Justizgewährung am Beispiel der griechischen Rechtsordnung, FS SCHWAB, 1990, S. 269 ff.; BEYS, Die verfassungsrechtlichen Grenzen der Zwangsvollstreckung im griechischen Recht, ZZP 101 (1988), S. 165 ff.; *derselbe*, Anm. zu Areopag 974/1992, Dike 24 (1993), S. 370 ff.; STAMATOPOULOS, Zwangsvollstreckung und Justizgewährung, in „Grundrechtsverletzungen bei der Zwangsvollstreckung", DikIntern 1996, S. 665 ff.; ARVANITAKIS, Verfassungsrechtliche Probleme der Zwangsvollstreckung zur Befriedigung privatrechtlicher Ansprüche nach griechischem Recht, ZZP 111, Heft 4, 1998, S. 466 f.; TRIANTAFYLLAKIS, Οι πρόσφατες εξελίξεις στη νομολογία σε σχέση με το τραπεζικό απόρρητο, Hellenische Justiz 34 (1993), S. 1448. – a.A. KARAKATSANIS, Anm. zum Plenum Areopag 1224/1975, EEN 43 (1976), S. 478, Der Justizgewährungsanspruch besteht lediglich darin, das rechtshängige Rechtsverhältnis verbindlich durch das Institut der materiellen Rechtskraft festzustellen.

[527] Vgl. MITSOPOULOS, Πολιτική Δικονομία I, 1972, S. 39 f.

[528] Vgl. KLAMARIS, Die Grundstruktur des griechischen Zwangsvollstreckungsrechts als des effektiven Teils des prozessualen Grundrechts auf Justizgewährung, FS HIDEO NAKAMURA, 1996, S. 253, 264; *derselbe*, Το δικαίωμα δικαστικής προστασίας κατά το άρθρο 20 § 1 Συντάγματος 1975, S. 167 ff.

[529] MITSOPOULOS, Πολιτική Δικονομία I, 1972, S. 39 f.; vgl. auch, PSOMAS, Το συνταγματικό δικαίωμα της παροχής έννομης προστασίας και η εφαρμογή του από τη νομολογία και τη θεωρία, Dike 13 (1982), S. 579.

[530] Plenum Areopag 3/1993 (Mehrheit), Hellenische Justiz (34) 1993, S. 1459 ff. = Dike 25 (1994), S. 497 ff. = NoB 43 (1995), S. 223 ff.

[531] BEYS, Die verfassungsrechtlichen Grenzen der Zwangsvollstreckung im griechischen Recht, ZZP 101 (1988), S. 167 ff.; *derselbe*, früher a.A. in: Αντισυνταγματικότητα των νόμων

spruchs auf Rechtsschutzgewährung hat ihre Rechtfertigung darin, dass eine Rechtsordnung inkonsequent wäre, wenn sie einerseits die Ansprüche des Gläubigers gegen den Schuldner anerkennt und anderseits die Möglichkeit des Schutzes und der Verwirklichung dieser Ansprüche nicht sichert".

aa) Stellungnahme zu (c)

Der Ansicht der Verfassungswidrigkeit des Ausschlusses der Pfändbarkeit von Bankguthaben ist zweifellos zuzustimmen. Insbesondere in einer Zeit rascher wirtschaftlicher Umgestaltung, in der das traditionell in bewegliche Sachen und Immobilien gehaltene Vermögen durch andere Vermögensgegenstände ersetzt wird, bleibt ansonsten wenig Raum für den Zugriff auf andere Vermögensgegenstände. Aber selbst wenn pfändbare bewegliche oder unbewegliche Sachen vorhanden wären, würde die Unpfändbarkeit der Bankguthaben zahlungsunfähige und bösgläubige Schuldner dazu veranlassen, vorsätzlich ihr ganzes Vermögen zu liquidieren und in Bankeinlagen bei der Bank umzuwandeln.

Auch der Aspekt, dass seit kurzem in Griechenland der persönliche Arrest (Art. 1047 GrZPO) für privatrechtliche Schulden abgeschafft worden ist[532], verringert die Möglichkeiten des Gläubigers seine Forderungen gegenüber dem Schuldner durchzusetzen. Aus diesem Grund erscheint die Möglichkeit einer Kontenpfändung für die Rechtsschutzgewährung wichtiger den je.

An dieser Stelle sei darauf hinzuweisen, dass die griechische Rechtsordnung kein einheitliches Verfassungsgericht – dem Bundesverfassungsgericht entsprechend – kennt, sondern alle Gerichte die Kompetenz haben, die Verfassungsmäßigkeit einer Gesetzesregelung zu überprüfen.[533] Bei einer negativen Feststellung, sind diese dann befugt, die Regelung nicht anzuwenden.

που απαγορεύουν την αναγκαστική εκτέλεση, Dike 10 (1979), S. 417 ff; *derselbe*, Εισαγωγή στη δικονομική σκέψη, S. 50; *derselbe*, Τα όρια της προσωρινής δικαστικής προστασίας, S. 42.

[532] Das Gesetz 2462/1997 (FEK A 25/26.2.1997) „Ratifizierung des internationalen Abkommens für die persönliche und politische Rechte usw." regelt im Art. 11, dass „kein Mensch in Arrest genommen kann, nur weil er seine vertraglichen Schulden nicht erfüllen kann. Der persönliche Arrest ist in Griechenland heutzutage nur für Kaufleute wegen ihrer geschäftlichten Schulden zulässig. Vgl. hierzu, ΕφΘεσσ 452/1995, ΔΕΕ 5 (1995), S. 389 ff.; ΕφΑθ 5525/1994, ΔΕΕ 4 (1995), S. 273 ff.

[533] Vgl. hierzu, SKOURIS/VENIZELOS, Ο δικαστικός έλεγχος της συνταγματικότητας των νόμων.

bb) Befriedigung von familienrechtlichen Ansprüchen

Um die mangelnde Rechtsschutzgewährung besonders klar darzustellen, ist auch auf die Befriedigung von familienrechtlichen Ansprüchen hinzuweisen. Die Bedeutung dieser Ansprüche ist sozial, ethisch und verfassungsrechtlich festgelegt. Dennoch ging die „faktische" Unpfändbarkeit in der Praxis so weit, dass keine Rücksicht auf die Forderungen besonders schutzbedürftiger Gläubiger genommen wurde.[534] Die Möglichkeiten der Durchbrechung bzw. Aufhebung des Bankgeheimnisses waren – nach gefestigter Rechtsprechung[535] – gesetzlich abschließend geregelt[536], so dass dem Rechtsanwender kein Spielraum für eine Interessensabwägung oder einer besonderen Bewertung gewährt wurde.

Die einschränkende Wirkung des speziellen Bankgeheimnisses auch hinsichtlich vitaler familienrechtlicher Interessen erkannte auch der größte Teil der Literatur und der Rechtsprechung.[537] Diese Auffassung verkennt allerdings, dass für die Befriedigung vieler Ansprüche aus dem Familienrecht, die Kenntnis der Vermögensbestandteile der Prozessgegner unerheblich ist. Die familienrechtlichen Ansprüchen (u.a. Unterhaltsanspruch oder Anspruch auf Zugewinnausgleich) können somit nicht geltend gemacht werden, ohne dass man Auskünfte über die Bankeinlagen des Prozessgegners hat, welche die wichtigsten Vermögenswerte in der heutigen Zeit darstellen. So war jahrzehntelang – nach gefestigter Rechtsprechung – nicht einmal eine Auskunftspflicht der griechischen Banken bei Unterhaltsansprüchen begründet (Art. 1400, 1389 Satz 2, 1442 1486 1503 Nr. 2 1504). Der ehemalige Ehepartner konnte daher keine Informationen über die Bankguthaben oder die Einkünfte des unterhaltsverpflichteten Ehepartners bekommen, um die Höhe des Unterhalts zu berechnen.[538] Auf der anderen

---

[534] Vgl. auch, ILIAKOPOULOS, Anm. zu ΕφΑθ 3455/1985, Hellenische Justiz 26 (1985), S. 1497.

[535] Gutachten (γνδ.) 23/1986 des Staatsanwaltes des Areopags, Hellenische Justiz 28 (1987), S. 1150.

[536] a.A. KOUTSOUKIS, Πρακτικά προβλήματα από την εφαρμογή του τραπεζικού απορρήτου, ΕΤρΑξΧρΔ 1996, S. 666 ff. Nach seiner Ansicht befinden sich auch in anderen Gesetzen verstreute Regelungen (u.a. Art. 111 Abs. 1 und 3 GD 118/1973 „über die Erbschaftssteuer", Art. 1 des GD 1325/1971 „ScheckG"), welche die Aufhebung des Bankgeheimnisses in den entsprechenden Fällen ausdrücklich vorsehen. Also kann die Auflistung der Durchbrechungsmöglichkeiten in Art. 3 GD 1059/1971 nicht abschließend sein.

[537] Vgl. TRIANTAFYYLAKIS, Οι πρόσφατες εξελίξεις στην νομολογία σε σχέση με το τραπεζικό απόρρητο, Hellenische Justiz 34 (1993), S. 1447 f.; Γνμδ. Εισαγγ. ΑΠ 23/86, Hellenische Justiz 28 (1987), S. 1150 ff.; ΕφΑθ 3455/85, Hellenische Justiz 26 (1985), S. 1495 ff.; ΜΠρΑθ 7220/89, ΕπιθΕμπΔ 41 (1990), S. 227 ff.; vgl. ΕφΑθ 3455/1985, m.A. ILIAKOPOULOS, Υποχρέωση της τράπεζας ως τρίτης προς δήλωση, Dike 16 (1985), S. 876 ff.

[538] Vgl. Γνμδ. Εισαγ. Areopag 23/1986, Hellenische Justiz 28 (1987), S. 1151; KIANTOS, Το τραπεζικό απόρρητο και οι εργασίες συναλλάγματος, S. 16; KOUNOUGERI-

Seite kann der unterhaltsverpflichtete Ehepartner das Bestehen ausreichender Vermögensbestandteile des Unterhaltsklägers nicht beweisen, und somit konnte er zu Unrecht zum Unterhalt verpflichtet werden. Die ausweglose Beweismöglichkeit solcher wesentlichen Voraussetzungen zur Begründung eines Anspruches oder zur Abweisung solcher Ansprüche stellte nicht nur ein Hindernis für eine effektive Justizgewährung, welche das Recht jedes Einzelnen umfasst, vor Gericht seine Rechte und Interessen vertreten zu können[539], dar, sondern ist vielmehr als skandalös zu betrachten. Die strenge Einhaltung des Bankgeheimnisses sollte nach Ansicht der Rechtsprechung dazu dienen, das Vertrauen in die griechischen Banken zu stärken und somit das öffentliche Interesse zu schützen. Übersehen wurde jedoch hier, dass mit solchen Äußerungen das Vertrauen in die Glaubwürdigkeit der griechischen Justiz in Frage gestellt wurde.

Dabei ist insbesondere aus dem Bereich der neuen familienrechtlichen Vorschriften, die mit dem Gesetz 1329/1983 im GrZGB eingeführt worden sind, Art. 1445 GrZGB hervorzuheben. Durch diesen werden die getrennten Eheleute verpflichtet, gegenseitig genaue Informationen über ihr Vermögen und ihr Einkommen zur Berechnung der Unterhaltshöhe zu geben. Die Bedeutung dieser Vorschrift für das griechische Familienrecht ist in Anbetracht der Mittel, die sie den Eheleuten bereitstellt, offensichtlich. Zur Verwirklichung des Normzieles können diese den Staatsanwalt einschalten, um von dem Arbeitgeber und der zuständigen Finanzbehörde jede wichtige Information über die Vermögenslage des anderen zu bekommen. Auch hier wurden die Banken stillschweigend ausgeschlossen.[540]

cc) Ergebnis

Im Ergebnis kann gesagt werden, dass dieses stringente Festhalten an dem speziellen Bankgeheimnis der Einlagen in bestimmten Fällen als verfassungswidrig anzusehen ist. Gerade in diesen Fällen müsste eine einzelfallbezogene Interessenabwägung zwischen dem Auskunftsanspruch des Gläubigers und dem Bank-

---

MANOLEDAKI, Οικογενειακό Δίκαιο, Band I γ΄, S. 192; KAMENOPOULOS, Υποχρέωσις παροχής πληροφοριών περί της περιουσιακής καταστάσεως των συζύγων εις δίκας διατροφής, Hellenische Justiz 24 (1983), S. 1170.

[539] Vgl. NTOSTAS, Γενικό τραπεζικό απόρρητο και απόρρητο των καταθέσεων, Κατάσχεση των καταθέσεων, S. 106 ff.

[540] Kritisch gegenüber Art. 1445 GrZGB, KAMENOPOULOS, Υποχρέωσις παροχής πληροφοριών περί της περιουσιακής καταστάσεως των συζύγων εις δίκας διατροφής, Hellenische Justiz 24 (1983), S. 1170 ff.

geheimnis befürwortet werden.[541] Konkret definiert handelte es sich bei diesen Fällen um Forderungen – insbesondere familienrechtliche Ansprüche –, deren einzige Befriedigungsmöglichkeit der Vollstreckungszugriff auf Bankkonten des Vollstreckungsschuldners darstellte. Bei diesen Forderungen wäre richtiger gewesen, aufgrund von Art. 93 Abs. 4[542] der griechischen Verfassung das GD 1059/1971 zu umgehen. Nur so könnte die Rechtsschutzgewährung der Gläubiger garantiert werden.

Darüber hinaus wurde vom Schrifttum vorgetragen[543], dass die Unpfändbarkeit von Bankguthaben gegen das in der griechischen Verfassung festgelegte Gleichheitsgebot (Art. 4 Abs.1 gr.Verf.) verstoße. Unter Hinnahme der höchstrichterlichen Auffassung, dass die Bankguthaben unpfändbar seien, könne man zu dem Schluss kommen, dass nach Artikel 451 GrZGB diese weder abgetreten noch aufgerechnet werden könnten. Dies würde ferner bedeuten, dass die Kreditinstitute theoretisch ihre Forderungen gegen die Bankkunden nicht aufrechnen könnten. Nach einhelliger Meinung allerdings im Schrifttum[544] und in der Rechtsprechung[545] kann das Bankgeheimnis die Bank nicht hindern, mit ihren Forderungen gegen ihren Schuldner, der bei ihr ein Konto führt, aufzurechnen. Den Rechtfertigungsgrund sieht man darin, dass die Bank bei einer Aufrechnung die Höhe der Bankguthaben kennt und somit nicht von dem Bankgeheimnis gehindert werden kann.[546] Offensichtlich ist durch diese Rechtsprechung ein ungerechtfertigtes Privileg für die Bank entstanden, das mit dem verfassungsrechtlichen Grundsatz der Gleichheit nicht vereinbar ist.

---

541 So auch KOUTSOUKIS, Πρακτικά προβλήματα από την εφαρμογή του τραπεζικού απορρήτου, ΕΤρΑξΧρΔ 1996, S. 666 ff.

542 Art. 93 Abs. 4 gr. Verf.: „Τα δικαστήρια υποχρεούνται να μην εφαρμόζουν νόμο που το περιεχόμενό του είναι αντίθετο προς το Σύνταγμα."

543 Vgl. GRAMMATIKAS, Το τραπεζικό απόρρητο, S. 159f.; KOUZIORTI, Κατάσχεση στα χέρια τράπεζας ως τρίτης, ΕπΕπΔΣΘ 15 (1994), S. 225 ff.

544 Vgl. GRAMMATIKAS, Το τραπεζικό απόρρητο, S. 160; BRINIAS, Αναγκαστική Εκτέλεση III, S. 1284; DOUVLIS, Η αντιμετώπιση του „ξεπλύματος βρώμικου χρήματος" από την ελληνική νομοθεσία, Hellenische Justiz 36 (1995), S. 27 ff.; MAZIS, Εμπράγματη εξασφάλιση τραπεζών και ανωνύμων εταιριών, S. 458; VELENTZAS, Τραπεζικό Δίκαιο, S. 292 f.; STIGAS, Τραπεζικό απόρρητο και ακατάσχετο τραπεζικών καταθέσεων, SYNIGOROS 1999, S. 19; a.A. KARAKATSANIS, Anm. zu Areopag-Urteil 1224/1975, EEN 43 (1976), S. 476.

545 Die Rechtsprechung nimmt an, dass Art. 451, 327, 464 GrZGB bei Bankguthaben keine Anwendung finden. Vgl. ΕφΔωδ 287/96, NoB 45 (1997), S. 805 ff.; ΕφΠατρ 839/88, EEN 55 (1988), S. 777 ff.; ΕφΠειρ 996/94, Hellenische Justiz 37 (1996), S. 400; ΠρΑθ 2091/99, NoB 47 (1999), S. 1598 ff.; a.A. ΕφΑθ 3545/98, NoB 47 (1999), S. 787 ff.

546 Vgl. NTOSTAS, Γενικό τραπεζικό απόρρητο και απόρρητο των καταθέσεων, Κατάσχεση των καταθέσεων, S. 167 f.

Schließlich verstößt das hier zugrunde liegende spezielle Bankgeheimnis gegen Artikel 1 § 1 des ersten Zusatzprotokolls zur Konvention zum Schutze der Menschenrechte und Grundfreiheiten.[547] Dieses sieht den Schutz des Eigentums vor. Darunter kann auch das Recht des Vollstreckungsgläubigers subsumiert werden, seine Forderung mit der Pfändung der Bankguthaben seines Schuldners befriedigen zu können.[548]

3. Ergänzende Ansicht

Eine vermittelnde Ansicht vertritt den Standpunkt, dass das GD 1059/1971 keine Unpfändbarkeit des Vollstreckungszugriffes auf Bankkonten eingeführt hat, sondern dass lediglich die Beweismöglichkeit von Bankguthaben erschwert wurde. Diesbezüglich stellt CHRISTODOULOU[549] fest, dass die Durchführung des Widerspruchsverfahrens gemäß Art. 986 GrZPO nicht in den Fällen, in denen der Pfändungsgläubiger bzw. Widerspruchskläger durch andere Beweismittel die Möglichkeit erlangt, die Existenz der Bankguthaben bei dem Kreditinstitut nachzuweisen, als unzulässig angesehen werden darf.[550] Solche Fälle ergeben sich beispielsweise bei Unterhaltsstreitigkeiten unter Eheleuten, die sehr oft in Besitz von Sparbüchern sind, welche das Bestehen von Bankguthaben beweisen können. Ähnlich könnte auch ein Gläubiger über Angaben von Bankguthaben verfügen, die er in der Zeit der reibungslosen Geschäftsbeziehung mit seinem Schuldner erfahren hat.[551]

Allerdings wurde die Stichhaltigkeit dieser Auffassung angezweifelt. Der vermittelnden Ansicht konnte nicht gefolgt werden, da sie zu paradoxen Ergebnissen führt. Würde man der Widerspruchsklage des Pfändungsgläubigers gem. Art. 986 GrZPO aufgrund von eigenen Beweismitteln stattgeben, ergäbe sich die Rechtslage, dass die Bank als Drittschuldnerin, gebunden an das spezielle Bankgeheimnis, sich nicht prozessual wehren kann. Infolgedessen würde auch hier ein Verstoß gegen Art. 20 Abs. 1 der griechischen Verfassung, welcher den Anspruch auf rechtliches Gehör gewährt, vorliegen.

---

[547] Vom 20.3.1952, BGBl. 1956 II, S. 1880, geändert durch Prot. Nr. 11 v. 11.5.1994, BGBl. 1995 II S. 579 in Kraft seit 1.11.1989.

[548] s. hierzu, PATERAKIS, Anm. zu Areopag-Urteil 1540/2000, Dike 32 (2001), S. 535 f.

[549] Siehe, CHRISTODOULOU, Η έννοια της καταθέσεως και το ζήτημα του ακατασχέτου κατά το νόμο περί του απορρήτου των τραπεζικών καταθέσεων, ΔΕΕ 3/1998, S. 237.

[550] So auch ΠΠρΑθ 15205/1972 (unveröffentlicht).

[551] Vgl. hierzu, GRAMMATIKAS, Anm. zum Urteil des Plenums des Areopag 1224/75, EEN 43 (1976), S. 200 f.

III. Tendenzwende der höchstrichterlichen Rechtsprechung

1. Kurz vor der Jahrtausendwende[552]: Das Urteil Nr. 785/1999 des Areopags

Unter dem Druck des griechischen Schrifttums, aber auch im Hinblick auf die Initiative der Europäischen Union, gleiche Rahmenbedingungen für den Vollstreckungszugriff auf Bankkonten innerhalb der EU zu schaffen, schien ein neues Urteil 785/1999[553] des griechischen Kassationsgerichts eine Tendenzwende einzuleiten. Die Entscheidung hat sich obiter dictum zu der Frage geäußert, ob durch das speziell geregelte Bankgeheimnis der Bankeinlagen die Vorschriften, welche den Pfändungszugriff auf Bankkonten bei der Bank als Drittschuldnerin regeln, aufgehoben wurden im Sinne der lex specialis derogat legi generali (siehe hier Art. 982 ff. GrZPO, Art. 4 Gesetz 5638/1932).

Das bereits in einem früheren Aufsatz von der Verfasserin besprochene Urteil des Areopags erklärt zu dieser streitigen Frage eindeutig – den früheren Kurs aufgebend –, dass das Gesetzesdekret 1059/1971 keine mittelbare Aufhebung der Vorschriften, welche die Kontenpfändung vorsehen, darstelle.[554] Dazu gehören neben den Vorschriften der griechischen Zivilprozessordnung auch der Art. 4 Gesetz 5638/1932, welcher die Pfändung von Gemeinschaftskonten speziell gestattet. Die Pfändung von Bankguthaben sei zulässig, unabhängig davon, ob der Vollstreckungsgläubiger die Bank selbst oder ein Dritter sei. Zur Begründung seiner Stellungnahme argumentiert das Gericht, dass das Gesetzesdekret 1059/1971 lediglich das Bankgeheimnis festlege und keine Unpfändbarkeit begründen wolle. Wenn der Gesetzgeber eine solche Bestimmung hätte treffen wollen, wäre das ausdrücklich ausgesprochen worden. Der Kreis der unpfändbaren Gegenstände müsse zudem als Ausnahmeregelung eng ausgelegt werden, da hierdurch die in der Verfassung festgelegte Rechtsschutzgewährung eingeschränkt werde.

---

[552] Vgl. hiezu, GIOVANNOPOULOS, Die Harmonisierung des privatrechtlichen Bankgeheimnisses im europäischen Wirtschaftsverkehr, S. 74.

[553] Areopag Urteil (1. Zivilsenat) 785/1999, ΔΕΕ 1999, S. 888; vgl. auch STIGAS, Τραπεζικό απόρρητο και ακατάσχετο τραπεζικών καταθέσεων, SYNIGOROS 1999, S. 18 f.; KOUTSOUKIS, Τραπεζικό Απόρρητο, Κατάσχεση τραπεζικής κατάθεσης, Anm. zu 785/1999, ΕπιθΕμπΔ 50 (1999), S. 479.

[554] Vgl. TEKIDOU, Vollstreckungszugriff auf Bankkonten in Griechenland, ZBB 2001, S. 114 f.

2. Würdigung des Urteils

Die Überlegungen des angeführten Urteils des griechischen Kassationsgerichts sind sehr zu begrüßen. Sie sind sowohl im Ergebnis als auch in der Begründung als richtig anzusehen. Im Ergebnis kann gesagt werden, dass die vom Schrifttum an der Rechtsprechung lange Zeit ausgeübte Kritik[555] vom Areopag wahrgenommen wurde. Dieser hat endlich die Bedeutung der Kontenpfändung für eine effiziente Zwangsvollstreckung und eine wirksame Rechtsschutzgewährung anerkannt.

Die besprochene Entscheidung hebt ferner die Diskriminierung, welche bisher zwischen einer Bank und den restlichen Vollstreckungsgläubigern bestanden hat, ausdrücklich auf. Bisher haben die Gerichte ausgesprochen, dass das Bankgeheimnis die Bank nicht hindern könne, ihre Forderungen gegen ihren Schuldner, der bei ihr ein Konto führt, aufzurechnen. Durch diese Rechtsprechung war offensichtlich ein ungerechtfertigtes Privileg für Kreditinstitute entstanden.

Abschließend bleibt festzustellen, dass auch mit diesem Urteil keine endgültige Klärung des angesprochenen Problemkreises bewirkt worden war. Der Rechtstreit endete mit einem Vergleich, so dass die Vorlage an das Plenum des Areopags gegenstandslos geworden ist. Das erhoffte höchstrichterliche Urteil, das die Pfändung von Einlagenkonten erlauben würde, wurde mit der gesetzlichen Aufhebung des speziellen Bankgeheimnisses im Vollstreckungsfall überholt.

IV. Die Unpfändbarkeit der Bankeinlagen aus der Sicht des EG-Rechts

Unabhängig von den m.E. berechtigten Zweifeln an der oben wiedergegebenen Interpretation der Vorschriften des Gesetzesdekrets 1059/1971, soll hier die Richtigkeit der höchstrichterlichen Auffassung unter der Lupe des Europarechts überprüft werden.

Obwohl das Europarecht im Bankbereich einen relativ hohen Regulierungsgrad[556] – insbesondere hinsichtlich der Zulassung zum Bankgeschäft und

---

[555] Vgl. BEYS, Θεμελιακά ζητήματα της κατάσχεσης χρηματικών απαιτήσεων στα χέρια τρίτου Dike 28 (1997), S. 399 ff.; *derselbe*, Εγκυρότητα κατάσχεσης στα χέρια τράπεζας ως τρίτης, Anm. zu Areopag-Urteil 974/1992, Dike 24 (1993), S. 367 ff.; BRINIAS, Το τραπεζικό απόρρητο εν σχέσει προς την κατάσχεσιν εις χείρας τρίτου, NoB 21 (1973), S. 1051 ff.; MITSOPOULOS, Πολιτική Δικονομία Α΄, S. 79.

[556] RiLi 73/183, ABl. 1973, Nr. L 194, S. 1 ff. zur Niederlassungsfreiheit und freiem Dienstleistungsverkehr für Kreditinstitute; RiLi 77/780, ABl. 1977, Nr. L 322, S. 30 ff. zur Koordinierung des Bankrechts (1. Bankrechtskoordinierungsrichtlinie).

der Aufsicht über die Bankentätigkeit – aufweist, enthält es keine Angleichung der europäischen Rechtsnormen für das Bankgeheimnis. Das bisherige EG-Recht liefert für das Bankgeheimnis lediglich verbindliche Vorgaben in Gestalt der Identifizierungs- und Informationspflichten zur Bekämpfung der Geldwäscherei; des Weiteren lassen sich indirekte Auswirkungen aus der Insiderhandels-Richtlinie ableiten. Bis auf die vorbenannten Rechtsakte der EG ist die Ausgestaltung des Bankgeheimnisses noch Angelegenheit des nationalen Rechts.

1. Die marktstörenden Wirkungen der Unpfändbarkeit von Einlagen

Die Entstehung eines gemeinsamen Bankenmarktes innerhalb der Europäischen Union, welche unumgänglich auch den gleichberechtigten Marktzugang von Kreditinstituten im EG-Raum impliziert, setzt voraus, dass für die Bankgeschäfte gleiche Wettbewerbsbedingungen gelten. Ausgangspunkt sind hier die normativen Vorgaben des Gemeinschaftsrechtes, das unmittelbar oder mittelbar in nationale Ordnungen hineinwirkt. Fraglich ist, an welche Rechtsgrundlage des EG-Rechts angeknüpft werden soll, um eine Verpflichtung der Mitgliedstaaten, wettbewerbswidrige Praktiken zu unterlassen, zu begründen. Abgesehen von den Art. 81 ff. EGV, welche die wesentlichen horizontalen und vertikalen Wettbewerbsbeschränkungen für Unternehmen enthalten, ist wettbewerbsgemäßes Handeln vielmehr anhand allgemeiner Grundsätze eingefordert, wie sie in Art. 3 lit. g und Art. 10 EGV enthalten sind. Demnach umfasst die Tätigkeit der Gemeinschaft die Errichtung eines „Systems, das den Wettbewerb innerhalb des Binnenmarktes vor Verfälschung schützt“ und die Mitgliedstaaten verpflichtet, „alle Maßnahmen zu unterlassen, welche die Verwirklichung der Ziele des Vertrages gefährden können.“ Insbesondere aus Art. 10 EGV ergibt sich, dass es sich hierbei nicht nur um einen Programmsatz für die Europäische Gemeinschaft handelt, sondern das Handeln der EU-Mitgliedstaaten an die Wettbewerbspolitik der Europäischen Gemeinschaft gebunden ist.[557]

Die Unpfändbarkeit von Bankguthaben in Griechenland stellt die griechischen Kreditinstitute in eine privilegierte Stellung gegenüber anderen Kreditinstituten in der Europäischen Union. Das kann zu wettbewerbsverzerrenden Auswirkungen führen. Insbesondere in einer Zeit, in der mit der Niederlassungs- und der grenzüberschreitenden Dienstleistungsfreiheit Kreditinstitute ungehindert ihre Leistungen am „Finanzplatz-Europa“ anbieten können[558], können grie-

---

[557] Vgl. IMMENGA, Grenzen nationaler Wettbewerbspolitik, in: GRÖNER, Wettbewerbsfragen der Europäischen Gemeinschaft, S. 84.

[558] Vgl. HORN, Entwicklungslinien des europäischen Bank- und Finanzdienstleistungsrechts, ZBB 1994, S. 130 ff.; MÜLLER, Bankenzulassung und -aufsicht in der Europäischen Union und den Vereinigten Staaten von Amerika, S. 110 ff.

chische Kreditinstitute in anderen Mitgliedstaaten ungehindert ihre Dienstleistungen anbieten. Bereits mit der zweiten Bankrechtskoordinierungsrichtlinie[559] der EG erlangen die grenzüberschreitenden Transaktionen von Banken eine zentrale Bedeutung. Ein Kreditinstitut kann nunmehr mit einer einzigen Zulassung, nämlich der des Heimatlandes, in allen Mitgliedstaaten die von der Richtlinie erfassten Bankdienstleistungen erbringen, sei es über Zweigstellen oder im grenzüberschreitenden Dienstleistungsverkehr.[560] Zu diesen Bankdienstleistungen zählt insbesondere auch die Entgegennahme von Einlagen und anderen rückzahlbaren Geldern.[561] Angesichts der Tatsache, dass die Entwicklung des gemeinsamen Bankenmarktes dahin geht, dass Finanzprodukte in Zukunft auch ohne die Errichtung von Niederlassungen im Ausland über die Grenzen hinweg vertrieben werden können, kann die Unpfändbarkeit von Bankkonten den griechischen Kreditinstituten einen Vorteil gegenüber anderen europäischen Instituten gewähren. Europäische Anleger – insbesondere griechische Staatsbürger, die im Ausland wohnen – werden bevorzugen, ihre Einlagen bei griechischen Banken zu führen, welche den besonderen Schutz des Bankgeheimnisses gewähren. Das resultiert aus der Tatsache, dass die Durchbrechungen des Bankgeheimnisses im Rahmen der Zwangsvollstreckung sich ausschließlich nach der Rechtsordnung wichten, welche das Bankkonto bestimmt.[562] Dies bedeutet wiederum, dass die Rechtsunterschiede, die hinsichtlich dieser Durchbrechung in den Mitgliedstaaten auftauchen, im Wege der Inlandspfändung von Auslandskonten nicht nivelliert werden können. Somit entsteht eine Handelsschranke für andere Kreditinstitute, die den europäischen Wettbewerb verfälscht. Im Wirkungsfeld der EU-Wettbewerbspolitik, die vielmehr vom liberalisierten Handel und von gleichen Wettbewerbschancen geprägt sein soll, konnte diese Begünstigung für die Kreditinstitute in Griechenland nicht fortbestehen.

---

[559] Zweite Richtlinie des Rates (89/646/EWG) vom 15.12.1989 zur Koordinierung der Rechts- und Verwaltungsvorschriften über die Annahme und Ausübung der Tätigkeit der Kreditinstitute und zur Änderung der Richtlinie 77/780/EWG, ABl. 1989 Nr. L 386/1, v. 30.12.1989; vgl. hierzu BADER, Inhalt und Bedeutung der 2. Bankrechtskoordinierungsrichtlinie – ein EG „Grundgesetz" für die Banken?, EuZW 1 (1990), S. 117 ff.; HELLENTAL, Das Bankenaufsichtsrecht der Europäischen Gemeinschaft, S. 50 ff.; HORN, Bankrecht auf dem Weg nach Europa, ZBB 1 (1990), S. 107 ff.

[560] Art. 18 Abs. 1 der 2. Bankrechtskoordinierungsrichtlinie.

[561] Vgl. Anhang II der 2. Bankrechtskoordinierungsrichtlinie.

[562] Vgl. GIOVANNOPOULOS, Die Harmonisierung des privatrechtlichen Bankgeheimnisses im europäischen Wirtschaftsverkehr, S. 83.

2. Beschränkung der Kapitalverkehrsfreiheit

Auch aus einem anderen Blickwinkel dürfte das spezielle Bankgeheimnis der Einlagen gegen das Europarecht verstoßen. Es könnte hier durch diese staatliche Rechtsmaßnahme eine Unvereinbarkeit mit der Freiheit des Kapitalverkehrs[563] vorliegen. Diese wird im Art. 56 des EGV geregelt, welcher bestimmt, dass „alle Beschränkungen des Kapitalverkehrs zwischen Mitgliedstaaten sowie zwischen Mitgliedstaaten und Drittstaaten verboten sind". Es steht außer Zweifel, dass auch die Rechtsprechung vor allem der obersten Gerichte eines oder mehrerer Mitgliedstaaten eine beschränkende Maßnahme darstellen kann.[564] Somit enthält die Kapitalverkehrsfreiheit wesentliche Elemente des Ziels der Gemeinschaft, einen einheitlichen europäischen Kapitalmarkt zu schaffen. Zweck der Kapitalverkehrsfreiheit ist es, in diesem Sinne die Investitionsfinanzierung im Gemeinschaftsgebiet zu sichern. Diese Freiheit soll durch grundsätzlich freie Zirkulationen des verfügbaren Investitionskapitals eine kostenorientierte Standortverteilung der Produktionen innerhalb Europas ermöglichen.[565] Aus diesem Grund müssen sämtliche unnötigen Hindernisse für den freien Kapitalverkehr beseitigt und der versteckte Protektionismus verhindert werden.[566]

Obwohl der Begriff des Kapitalverkehrs im EG-Vertrag nicht genau definiert wird, umfasst er alle auf Geld oder Sachkapital bezogenen Transaktionen, „die sich nicht aus einer Zahlungsverpflichtung auf dem Gebiet des Waren- und Dienstleistungsverkehr ergeben".[567] Gegenstand des Kapitalverkehrs sind somit alle für die Durchführung des Kapitalverkehrs erforderlichen Geschäfte. Insbesondere werden ratione materiae die Eröffnung und Unterhaltung eines Bankkontos bei einem ausländischen Kreditinstitut, sei es einem Kreditinstitut in einem anderen Mitgliedstaat oder in einem Drittstaat, von dem europäischen Begriff des „Kapitalverkehrs" mitumfasst.[568]

---

[563] Diese entfaltet unmittelbare Rechtswirkung, vgl. RESS/URKROW, Kapitalverkehrsfreiheit und Steuergerechtigkeit; S. 37 ff.

[564] Vgl. EuGH, Rs. C-334/02, Kommission gegen Französische Republik, Slg. 2004; EuGH, Rs C-93/92 (CMC Motorradcenter), Slg. 1993, I-5009, und SA von Ga van Matthies/von Borries, in: GRABITZ/HILF, Art. 30, Rnr. 5.; Vgl. auch, GIOVANNOPOULOS, Die Harmonisierung des privatrechtlichen Bankgeheimnisses im europäischen Wirtschaftsverkehr, S. 287 ff.

[565] Vgl. GEIGER, EUV/EGV-Kommentar, Art. 56 Rnr. 3, S. 337.

[566] Vgl. WEBER, in: LENZ, EGV-Komm., Art. 56, Rnr. 13 ff. S. 566 ff.

[567] Vgl. EuGH Rs. 286/82 u. 26/83, Luisi und Carbone/Ministero del Tesoro, Slg. 1984, S. 377 (404); BAKKER, The liberalization of capital movements in Europe, S. 46 f.; SEIDEL, Freier Kapital- und Zahlungsverkehr, FS KUTSCHER, S. 397 ff.

[568] Vgl. RESS/UKROW, Kapitalverkehrsfreiheit und Steuergerechtigkeit, S. 23 ff.

Damit das spezielle Bankgeheimnis der Bankeinlagen einen Verstoß gegen die Kapitalverkehrsfreiheit begründet, muss eine „Beschränkung“ der Kapitalverkehrsfreiheit i.S.v. Art. 56 Abs. 1 EGV vorliegen. Der EG-Vertrag selbst enthält keinen besonderen Hinweis, was unter „Beschränkungen“ des Kapitalverkehrs zu verstehen ist. Sinn und Zweck des Vertrages gebieten es jedoch, den Begriff weit auszulegen, um Art. 56 Abs. 1 EGV zur „effet utile“ zu verhelfen. Als eine solche Beschränkung wird jede staatliche Maßnahme, die für Kapitalausfuhr oder Kapitaleinfuhr eine gegenüber dem inländischen Kapitalverkehr formell oder materiell abweichende Regelung vorsieht, verstanden.[569] Erfasst werden alle Beschränkungen inklusive indirekter Beschränkungen, protektionistischer Maßnahmen und sonstige Hindernisse, denen grenzüberschreitende Kapitalbewegungen ausgesetzt sind. Materiell geht es nicht nur um die Aufhebung des Verbotes bzw. der Kontrolle von Devisentransfers, sondern auch um alle anderen Arten von Beeinträchtigungen.

Darüber hinaus ist für die konkretisierende Auslegung von Abs. 1 auf die parallele EuGH-Rechtsprechung zu den anderen Grundfreiheiten zurückzugreifen. Aufgrund der deutlichen definitorischen Gemeinsamkeiten bei Kapital und Ware i.S. des EG-Vertrages wird der Begriff „Beschränkungen“ auch in Anlehnung an die Dassonville-Formel ausgelegt. Damit ist gemeint, dass jede Maßnahme, die geeignet ist, den freien Kapital- und Zahlungsverkehr in der Gemeinschaft unmittelbar oder mittelbar, tatsächlich oder potentiell zu behindern, untersagt werden muss.

Erkennbar ist, dass das spezielle Bankgeheimnis der Einlagen kein direktes Hemmnis für den grenzüberschreitenden Kapitalverkehr innerhalb der Europäischen Gemeinschaft darstellt. Denn dieses verursacht keine Restriktionen für Griechen, ein Bankkonto im EG-Ausland zu eröffnen und zu unterhalten, noch stellt es besondere Erfordernisse für EG-Ausländer, ihre Einlagen bei griechischen Kreditinstituten einzuzahlen. Auch für die ausländischen Banken selbst stellt das spezielle Bankgeheimnis kein Hindernis dar, ihre Dienstleistungen in Griechenland anzubieten. Auch seit dem Gesetz 1858/89 unterliegen Zweigstellen von ausländischen Kreditinstituten in Griechenland auch dem speziellen Bankgeheimnis der Einlagen und somit werden diese damit inländischen gleichgestellt.

Dennoch kann das spezielle Bankgeheimnis eine Barriere für die innergemeinschaftliche Kapitalverkehrsliberalisierung darstellen. Denn als verbotene Beschränkung des Kapitalverkehrs sind – wie bereits angedeutet – nicht nur die direkten devisenrechtlichen Hemmnisse impliziert, was diese Freiheit obsolet machen würde, sondern auch die indirekten „versteckten“ Beschränkungen in

[569] Vgl. SEIDEL, Freier Kapital- und Zahlungsverkehr, FS KUTSCHER, S. 408.

Form von rechtlich/verwaltungsmäßigen Hindernissen.[570] Dazu zählen auch Vorschriften, welche die Eröffnung und Unterhaltung von Bankkonten direkt beschränken oder indirekt behindern. Zu den indirekt sich auswirkenden Vorschriften gehört auch das spezielle Bankgeheimnis der Einlagen, da es privates Sparkapital an griechische Kreditinstitute lenkt. Wie sich aus der gesamten Untersuchung ergibt, sah die Rechtslage für Bankkonten in Griechenland bis vor kurzem so aus, dass sie einen besonderen Status zwischen allen Vermögenswerten genießen. Mit der Rechtsprechungslinie des Areopags wurde eine tatsächliche Unantastbarkeit der Bankkonten geschaffen, welche die Möglichkeit der Gläubiger eines Bankkontoinhabers, auf diese zuzugreifen, nicht nur einschränkte, sondern völlig minimierte. Die bisherige Schuldnerpolitik gestaltete sich so, dass Schuldner ihr gesamtes Vermögen liquidieren, um dieses dann als Einlagen auf griechische Bankkonten einzahlen, mit der Folge, dieses für ihre Gläubiger unzugänglich zu machen. Diese drastische Wahrung des speziellen Bankgeheimnisses war einmalig in Europa und stellte für die griechischen Kreditinstitute sicherlich ein Privileg gegenüber den ausländischen Kreditinstituten dar. Europäische Einleger könnten aufgrund dessen verleitet werden, ihre Einlagen bei griechischen Banken zu führen, gerade in einer Zeit, in der die griechischen Kreditinstitute ihre Dienstleistungen einfach auch im EG-Ausland anbieten können.

Schließlich ist auch aus dem akquisitorischen Regelungszweck des GD 1059/1971 zu erkennen, dass das spezielle Bankgeheimnis der Einlagen bereits zu Beginn auf die Vermeidung des Kapitalausflusses im Ausland und den Zufluss von ausländischen Kapitalanlagen in Form von Einlagen ins Inland abzielte. Getarnt, aber trotzdem vorhanden erfolgt hier eine „Lenkung des privaten Sparkapitals“[571], durch die die Kapitalverkehrsfreiheit und letztendlich die Vertragsziele unterlaufen werden. Unzweifelhaft beeinflusst somit diese Ausgestaltung des Bankgeheimnisses in Griechenland indirekt die Entwicklung des europäischen Kapitalmarktes. Das Ziel des griechischen Kapitalmarktrechts, Kapital ins Inland zu holen, kann aufgrund dieser Politik heute nur der Verwirklichung des Ziels der Europäischen Gemeinschaft, einen gemeinsamen Markt zu errichten, im Wege stehen.[572]

Diese Fragestellung war dennoch bisher eher theoretischer Natur. Griechenland hatte es bis jetzt aufgrund wesentlicher Hemmungsfaktoren nicht erreicht, Bankeinlagen aus dem Ausland in derartigem Ausmaß anzuziehen. Diese

---

[570] Vgl. KIMMS, Die Kapitalverkehrsfreiheit im Recht der europäischen Union, S. 24 m.w.N.

[571] CASTELLO, The international market for financial services, *zitiert in*: OPPERMANN, Europarecht, § 22, S. 540, Rnr. 1392.

[572] Vgl. auch, OPPERMANN, Europarecht, § 22, S. 540, Rnr. 1392; vgl. auch Bsp. „Finanzplatz Luxemburg“.

Situation würde sich allerdings in Zukunft ändern. Mit der bevorstehenden Teilnahme Griechenlands an der Währungsunion und der ständigen Verbesserung der Bankdienstleistungen werden die Hemmungsfaktoren, wie die wirtschafts- und währungspolitische Instabilität Griechenlands, entfallen. Kurz vor der Währungsunion ist die Aufhebung des speziellen Bankgeheimnisses bei dem Vollstreckungszugriff auf Bankkonten im Interesse des europäischen Wirtschaftsverkehrs rechtzeitig in Kraft getreten.

Bestätigt wird auf jeden Fall die europarechtswidrige Kapitalmarktpolitik Griechenlands auch von Urteilen des Europäischen Gerichtshofs. Es ist nämlich nicht das erste Mal, dass Griechenland gegen die Kapitalverkehrsfreiheit verstößt. Der EuGH hat bereits einige griechische Rechts- und Verwaltungsmaßnahmen als Beeinträchtigung des Kapitalverkehrs im EG-Raum anerkannt. Namentlich handelt es sich um die besondere Genehmigungs- und Formvorschriften durch Zinsvergütung[573] oder die Beeinträchtigung durch Abgaben/Gebühren (z.B. Datenerfassungsgebühr)[574]. Dasselbe dürfte nach Art. 56 EGV auch für Steuerbefreiungen auf Spareinlagen, die in nationaler Währung bei einem inländischen Geldinstitut einbezahlt wurden, gelten.[575] Ähnlich müsste auch das spezielle Bankgeheimnis der Einlagen als Beeinträchtigung der Kapitalverkehrsfreiheit anerkannt werden. Allerdings ist es nie zur einer Entscheidung des Gerichtshofs über die marktstörende Wirkung der Einlagenunpfändbarkeit gekommen.

VI. Zwischenergebnis und Folgerungen

Vorbehaltlich einer späteren Abrundung der Untersuchung durch die kürzlich ergangene Gesetzesänderung zum speziellen Bankgeheimnis können manche Schlussfolgerungen bereits jetzt gezogen werden. Aus der obigen Darstellung des Bankgeheimnisses ergibt sich, dass nur an der Oberfläche die Gemeinsamkeiten zwischen den hier untersuchten Ländern überwiegen. Im Detail der Regelung und der Behandlung des Bankgeheimnisses sind deutliche Rechtsunterschiede nicht übersehbar. Ausgegangen werden kann zunächst von der Tatsache, dass im griechischen Recht neben dem allgemeinen Bankgeheimnis das spezielle Bankgeheimnis für Einlagen Geltung findet. Anders werden in Deutschland alle Bankgeschäfte lediglich vom allgemeinen Bankgeheimnis umfasst.

Darüber hinaus erfährt das Rechtsinstitut des Bankgeheimnisses angesichts nationaler Eigenheiten und teilweise auch unterschiedlicher Wertvorstellungen in beiden Ländern bei einer Interessenskollision mit anderen Rechtsprin-

[573] EuGH, Rs. 57/86 Kommission/Griechenland, Slg. 1986, 1500.

[574] EuGH, Rs. 229/87 Kommission/Griechenland, Slg. 1988, 6347.

[575] a.A. noch EuGH, Rs. 267/86 van Eycke/ASPA, Slg. 1988, 4793.

zipien meist eine unterschiedliche Würdigung und erhält einen unterschiedlichen Stellenwert. Um so eine Kollision handelt es sich zwischen der Auskunftspflicht des Kreditinstituts als Drittschuldner im Rahmen eines Vollstreckungszugriffs auf Bankkonten und seiner Verschwiegenheitspflicht, ausgelöst durch das Bankgeheimnis. Insofern wird ausdrücklich in den deutschen AGB-Banken vorgesehen, dass „die Bank Informationen über den Kunden nur weitergeben kann, wenn gesetzliche Bestimmungen dies gebieten ...". Und um so eine gesetzliche Bestimmung handelt es sich auch bei der Drittschuldnererklärung nach § 840 DtZPO. Insoweit besteht kein Auskunftsverweigerungsrecht für die Kreditinstitute in Deutschland.

Eine entgegengesetzte Extreme folgte bis jetzt das griechische Recht hinsichtlich des Auskunftsverweigerungsrechts der Bank als Drittschuldnerin gegenüber dem Vollstreckungsgläubiger. Hier existierte bislang keine dem deutschen Recht entsprechende Regelung, nach der Kreditinstitute Auskünfte über Bankkonten weitergeben können, wenn dies von einer gesetzlichen Bestimmung vorgesehen wird. Vielmehr werden die Durchbrechungsbefugnisse der Bank abschließend aufgezählt. Und darunter fällt nicht die Auskunftspflicht der Bank als Drittschuldnerin in der Zwangsvollstreckung. Der Areopag hat darin eine Unpfändbarkeit der Bankeinlagen gesehen und somit einen neuralgischen Bereich für die Zwangsvollstreckung geschaffen.

Auch mit dem letzten Urteil des griechischen Kassationsgerichts im Jahr 1999 war immer noch keine endgültige Klärung des angesprochenen Problemkreises bewirkt worden. Der Rechtsstreit endete mit einem Vergleich, so dass die Vorlage an das Plenum des Areopags gegenstandslos geworden ist.

Die Abweichungen hinsichtlich der Unpfändbarkeit von Bankkonten lieferte m.E. ein aussagekräftiges Beispiel für die Unvollkommenheit des griechischen Zivilprozessrechts. Aus diesem Grund ist der Standpunkt der griechischen Rechtsprechung aus verschiedenen Aspekten und insbesondere aus einer dogmatischen Zusammenschau der interpretatorischen Ansätze des Areopags negativ zu bewerten. Zunächst liegt ein dogmatischer Fehler in der Festlegung der Unpfändbarkeit von Bankeinlagen. Das spezielle Bankgeheimnis spricht nicht ausdrücklich von einer Unpfändbarkeit von Bankkonten. Bei einer teleologischen Auslegung kommt man auch zum Ergebnis, dass der damalige Gesetzgeber nicht die Einführung der Unpfändbarkeit gewollt haben könnte. Schließlich ergibt sich durch die historische Auslegung, dass vor Erlass des Gesetzesdekrets die Pfändung von Bankkonten zulässig gewesen ist. Wenn der Gesetzgeber also den Vollstreckungszugriff auf Bankkonten aufheben wollte, hätte er eine ausführliche Regelung eingeführt und nicht – wie die Rechtsprechung heute argumentiert – eine stillschweigenden Aufhebung vorgenommen.

Darüber hinaus handelt es sich hier um einen Interessenskonflikt zwischen der Wahrung des Kundengeheimnisses und der gerechtfertigten Befriedigung des Gläubigers. Zur Aufhebung von Kollisionen wie diesen, werden grundsätzlich von Juristen verschiedene Kriterien verwendet. Darunter fällt namentlich der Grundsatz vom Vorrang der speziellen gegenüber der allgemeinen Norm. In diesem Fall würde die Anwendung dieses Grundsatzes nicht zu sicheren Ergebnissen führen, da man nicht feststellen kann, welche von den beiden Vorschriften die speziellere darstellt. Infolgedessen bleibt hier die Möglichkeit, nach anderen Rechtsprinzipien zu forschen. Angebracht scheint es, eine Abwägung der Rechtsgüter und der Interessen, als angemessenes Kriterium für die Aufhebung dieser Kollision, zu treffen. Es geht letztlich darum, zwischen den widerstreitenden Interessen einen gerechten und praktikablen Ausgleich zu finden: einerseits gilt es, das Kundengeheimnis zu wahren, das das Gesetzesdekret 1059/1971 dem Bankkunden zugesteht, andererseits gilt es, das Zwangsvollstreckungsprinzip, dass das gesamte Vermögen des Schuldner zum Schutz des Gläubigers der Vollstreckung unterliegen muss, zu wahren.

Als verfehlt ist der Standpunkt der griechischen Rechtsprechung und damit verbundenen griechischen Kapitalmarktspolitik auch aus der Sicht des Europarechts anzusehen. Dieser steht nicht im Einklang mit den wesentlichen Prinzipien des Gemeinsamen Marktes.

Aus den bisherigen Überlegungen wird ersichtlich, dass der Vollstreckungszugriff auf Einlagenkonten in Griechenland bisher de lege lata nicht möglich war. Aus diesem Grund erschien als einzige mögliche abschließende Lösung der Problematik, welche die juristische Welt in Griechenland für dreißig Jahre geprägt hat, eine de lege ferenda Aufhebung des speziellen Bankgeheimnisses. Nur eine ausdrückliche gesetzliche Aufhebung des Bankgeheimnisses im Vollstreckungsfall – etwa so, wie sie in den deutschen AGB-Banken geregelt ist – könnte das dauerhafte Ringen zwischen Rechtsprechung und Literatur beheben. Im Rahmen verschiedener Programme für eine effizientere Justizgewährung in Griechenland wurde die Bedeutung entsprechender Gesetzesinitiativen in der Vergangenheit anerkannt, und man versprach oft die endgültige Klärung der Problematik zu Gunsten der Gläubiger.[576] Allerdings ist diese Entwicklung auf halben Weg stehen geblieben, obwohl die Dringlichkeit einer gesetzlichen Regelung der Materie nicht unübersehbar war. Mit einem vor kurzem erlassenen Gesetz sind die Hoffnungen derer gerecht geworden, die auf die Pfändbarkeit von Bankguthaben entgegen der höchstrichterlichen Rechtsprechung hingewiesen haben.

[576] Zeitung BHMA vom 20.11.94 Tμ. Δ', S. 2.

§ 4 Die Aufhebung des speziellen Bankgeheimnisses

I. Die Neuregelung des Vollstreckungszugriffes auf Bankkonten in Griechenland

Die ständige Ignoranz der Materie durch die Legislative hat die Glaubwürdigkeit der griechischen Rechtsordnung auf internationaler Ebene in Frage gestellt. Diese Erkenntnis fand erst vor kurzem Eingang in das Bewusstsein des griechischen Gesetzgebers, der anscheinend mit dem ehrgeizigen Reformprogramm[577] des griechischen Zivilprozessrechts, welches inzwischen als Gesetz 2915/2001[578] vom Griechischen Parlament verabschiedet wurde, versucht das negative Bild der griechischen Justizgewährung zu widerlegen. Den größten Anstoß für den Erlass des neuen Gesetzes haben letztendlich die zahlreichen Autoren, die jahrelang den Standpunkt der höchstrichterlichen Rechtsprechung in Griechenland kritisiert haben, gegeben.

Wie auch aus dem Titel des Gesetzes hervorgeht, steht im Mittelpunkt der umfassenden Revisionsarbeiten die Beschleunigung des ordentlichen Verfahrens vor den Zivilgerichten. Mit den insgesamt 37 Artikeln des neuen Gesetzes wurde die Verbesserung der schwachen Stellen der griechischen Rechtsschutzgewährung initiiert. In zwei Kapiteln sind die vom Justizminister vorgeschlagene Reformregelungen beinhaltet. Das erste Kapitel enthält Modifizierungen wesentlicher Vorschriften der griechischen Zivilprozessordnung. Im zweiten Kapitel hingegen sind Fragen – nicht nur prozessrechtlicher Natur –, die einen dringenden Charakter für eine effiziente Justizgewährung darstellen, geklärt.

Im Rahmen dieses Gesetzes wird als besonders problematische Materie das spezielle Bankgeheimnis der Einlagen für den Vollstreckungszugriff auf Bankkonten eingestuft. In ihren Erwägungsgründen bezieht sich die Kommission insbesondere auf die Folgen der Nicht-Durchbrechung des Bankgeheimnisses. Die Rechtsprechung hätte das spezielle Bankgeheimnis der Einlagen so weit ausgelegt, dass dieses zum Hindernis für die Kontenpfändung durch den Vollstreckungsgläubiger geworden wäre. Hauptargument für die Aufhebung des Bankgeheimnisses im Zwangsvollstreckungsverfahren ist die Tatsache, dass bösgläubige Schuldner zulasten ihrer Gläubiger immer mehr „im Wohlstand leben konnten“. Dies widerspreche dem Rechtsempfinden und stelle eine Gefahr für wesentliche Institute des Prozessrechts dar. Aus diesem Grund hält die Kommission es für notwendig – in Einklang mit der einheitlichen und konstanten Meinung im griechischen Schrifttum –, dass das spezielle Bankgeheimnis für Einlagen im Falle einer Kontenpfändung aufgehoben werden muss. In Arti-

---

[577] Zeitung ΕΛΕΥΘΕΡΟΤΥΠΙΑ, 11.1.2001, S. 41.

[578] ΦΕΚ 109 v. 29.5.2001.

kel 24 ist das verwirklicht worden, was man drei Jahrzehnte lang von der Legislative gefordert hat.

II. Anwendungsbereich

Artikel 24 des Gesetzes 2915/2001[579] sieht ausdrücklich vor, wann das spezielle Bankgeheimnis für alle Arten von Einlagen bei Kreditinstituten sowie für unverbriefte Aktien, welche im „System unverbriefter Effekten der Zentralen Depotstelle[580] eingetragen sind, aufgehoben werden darf. Im Rahmen der Kontenpfändung kann dieses nicht gegenüber dem Gläubiger, der einen Vollstreckungstitel besitzt und in das Vermögen des Rechtsinhabers der Einlage pfänden möchte. Die Durchbrechung des speziellen Bankgeheimnisses wird nunmehr vom griechischen Gesetzgeber als obligatorisch angesehen, sobald ein gerichtliches Urteil ergeht, das das Bestehen der Schulden anerkennt. In diesem Fall werden die Kreditinstitute verpflichtet, das Bankgeheimnis bis zur Höhe des Betrags, der für die Befriedigung des Gläubigeranspruchs ausreicht, aufzuheben.

Schon der Wortlaut der Bestimmung macht deutlich, dass das spezielle Bankgeheimnis nur gegenüber dem Pfändungsgläubiger und somit nur teilweise aufgehoben wurde. Damit wurden die Erwartungen nicht derer gerecht, welche die Abschaffung des speziellen Bankgeheimnisses gefordert hatten. Eine solche Lösung wäre nur gerechtfertigt, wenn das Bankgeheimnis als überflüssig anerkannt wird oder auch in praktischer Hinsicht ein anderer Weg gefunden wäre, um den Vollstreckungsgläubiger den Zugriff auf Bankkonten zu gewährleisten. Eine Abschaffung des speziellen Bankgeheimnisses der Einlagen wäre nicht völlig ausgeschlossen, angesichts der Tatsache, dass parallel das allgemeine Bankgeheimnis besteht, welches selbstverständlich auch den Schutz der Einlagen umfasst. Außerdem stellt das spezielle Bankgeheimnis nicht nur im Vollstreckungsverfahren ein Hindernis dar, sondern auch im Strafprozess. Es stellt dort eine Hürde für die Wahrheitsfindung dar. Fraglich ist der besondere, singuläre Stellenwert des speziellen Bankgeheimnisses für Einlagen in Griechenland im Vergleich zu anderen europäischen Rechtsordnungen. Sicherlich sind hier traditionelle Aspekte in den Vordergrund zu stellen. In vielen europäischen Staaten gibt es dagegen eine Tendenz, das Bankgeheimnis völlig abzuschaffen, weil es zu Missbräuchen führen kann. Die Gefahr von Missbräuchen rechtfertigt ein generelles Verbot des Bankgeheimnisses jedoch noch nicht. Im Ergebnis kann gesagt werden, dass auch in Zukunft die Einlagen bei Banken nicht allein

---

579 s. *Anhang: Gesetzestexte.*

580 Es handelt sich hierbei um die „Ανώνυμη Εταιρεία Αποθετηρίων", eine Depotstelle in der Athener Börse in der Form der AG, die durch Art. 33 ff. des G. 1806/1988 errichtet wurde.

vom allgemeinen Bankgeheimnis geschützt werden, sondern dem besonderen Schutz des Gesetzesdekrets 1059/1971 unterliegen. Ziel der neuen Regelung ist es, die Bankeinlagen nur für den Vollstreckungsgläubiger zugänglich zu machen.

Auch gegenüber dem Pfändungsgläubiger wird das Bankgeheimnis nicht völlig aufgehoben. Nur bis zur Höhe seiner Forderung darf die Bank erklären, ob ein Guthaben auf dem Konto des Vollstreckungsschuldner existiert. Fraglich erscheint, was für eine Auskunft das Kreditinstitut in Zukunft geben soll, wenn verschiedene Gläubiger desselben Schuldners eine Pfändung bezwecken.

III. Gegenüberstellung des Artikels 24 zu Nr. 2 Abs. 1 Satz 2 AGB-Banken (2002)

Sinnvoll wäre es an diesem Punkt, sich eine rechtsvergleichende Umschau zwischen der neuen griechischen Regelung der Aufhebung des Bankgeheimnisses und der seit langem bestehenden entsprechenden deutschen Regelung zu vergegenwärtigen. Der Grundpfeiler für die Durchbrechung des Bankgeheimnisses in einem deutschen Pfändungsverfahren ist in den AGB-Banken zu finden. Gleichzeitig mit der Regelung des Bankgeheimnisses in Nr. 2 Abs. 1 AGB-Banken werden seine Grenzen festgelegt. Als Grenzen des Bankgeheimnisses werden in Nr. 2 Abs. 1 Satz 2 AGB-Banken ausdrücklich das Gesetz, die Einwilligung des Kunden und die Befugnis zur Erteilung einer Bankauskunft genannt.[581]

Bereits auf dem ersten Blick sind die Kontrapunkte zwischen den beiden Rechtsordnungen leicht zu markieren. Während die griechische Regelung die Aufhebung des Bankgeheimnisses im Rahmen des Vollstreckungszugriffes auf Bankkonten konkret explizit vorsieht, beschränkt sich die Vorschrift der AGB-Banken auf eine allgemeine Formulierung der Durchbrechung. Wenn gesetzliche Bestimmungen dies gebieten, wird die Einhaltung des Bankgeheimnisses als zweitrangig anerkannt. Um so eine gesetzliche Bestimmung handelt es sich bei § 840 DtZPO, welcher die Erklärungspflicht des Drittschuldners normiert. Nach dieser wird die Bank als Drittschuldnerin bei einer Kontenpfändung verpflichtet, Auskünfte über die Guthaben ihres Kunden zu geben. Die Durchbrechung des Bankgeheimnisses bei einer Kontenpfändung nach deutschem Recht wird aus der Verknüpfung von Nr. 2 Abs. 1 Satz 2 AGB-Banken und § 840 DtZPO abgeleitet. Dagegen weist die neue griechische Regelung direkt auf die Aufhebung des Bankgeheimnisses gegenüber dem Vollstreckungsgläubiger hin.

Anders als das griechische Recht setzt ferner die deutsche Regelung dem Bankgeheimnis weitere Grenzen. Eine Weitergabe von Informationen ist nach Nr. 2 Abs. 1 Satz 2 erlaubt, wenn der Kunde eingewilligt hat. Diese Möglichkeit

[581] Vgl. WOLFF, Die Geheimhaltungspflicht der Banken, DB 1968, S. 697.

wird dem griechischen Bankkunden auch mit der neuen Regelung nicht gewährt. Wie vorne bereits angesprochen, wird das Kreditinstitut auch bei einer – konkludenten oder mutmaßlichen – Einwilligung des Kunden das Bankgeheimnis nicht aufheben können. Diese Entscheidung des griechischen Gesetzgebers ist zu kritisieren, denn hier liegt unzweifelhaft ein Verstoß gegen das Recht auf informationelle Selbstbestimmung des Kunden vor. Dieses Recht beinhaltet die Befugnis des Einzelnen, grundsätzlich selbst zu entscheiden, wann und innerhalb welcher Grenzen persönliche Lebenssachverhalte offenbart werden. Demgemäß muss auch dem Kunden die Möglichkeit nicht verwehrt bleiben, eine Entbindung der Bank vom Bankgeheimnis zu veranlassen.

Zusammenfassend lässt sich feststellen, dass die deutsche Regelung in den AGB-Banken viel weiter gefasst ist als die neue griechische Regelung. Zum einen liegt diese lakonische Formulierung des griechischen Gesetzgebers daran, dass bereits im Gesetzesdekret 1059/1971 Fälle vorgesehen wurden, in denen das Bankgeheimnis aufgehoben werden kann. Auf der anderen Seite ist nicht zu übersehen, dass sich der griechische Gesetzgeber vom speziellen Bankgeheimnis nicht loslösen konnte. Er empfindet es als notwendig, die Einlagen und Wertpapiere bei Banken weiterhin speziell zu schützen und erlaubt die Verletzung dieses Schutzes nur in Ausnahmefällen. Als solche erkennt er die Fälle an, in denen höhere Rechtsgüter einen Schutz beanspruchen. Dagegen hat der deutsche Gesetzgeber bei einer Kollision zwischen einer gesetzlichen Bestimmung und dem Bankgeheimnis sich gegen das letztere entschieden. Somit darf das Bankgeheimnis jedes Mal durchbrochen werden, wenn eine gesetzliche Bestimmung dies gebietet. Trotz der unterschiedlichen Modalitäten herrscht nunmehr in beiden Ländern hinsichtlich der Befugnis der Bank, im Vollstreckungsfall das Bankgeheimnis zu durchbrechen, eine Ergebnisgleichheit.

IV. Bewertung der Neuregelung und ihre Folgeprobleme

Es ist unbestritten, dass die vorliegende Neuregelung des Vollstreckungszugriffes auf Bankkonten auf breitere Akzeptanz traf und das nicht nur in der nationalen Diskussion, sondern auch auf internationale Ebene, wo die Pressionen ebenfalls spürbar geworden sind. Der griechische Gesetzgeber hat im Ergebnis auf den Druck der Wissenschaft und der Praxis sowie auf die Initiative der Europäischen Union, den Vollstreckungszugriff auf Bankkonten für den zusammenwachsenden europäischen Verbund einheitlich zu gestalten,[582] reagiert.

---

[582] Vgl. Vorschlag für einen Rechtsakt des Rates über die Ausarbeitung des Übereinkommens über die gerichtliche Zuständigkeit, die Anerkennung und die Vollstreckung gerichtlicher Entscheidungen in Zivil- und Handelssachen in den Mitgliedstaaten der EU vom 22.12.1997 (98/C33/05), ABl. 1998 Nr. C 33/20.

Nach genau dreißig Jahren und lediglich mit einem schlichten einzigen Artikel hat der griechische Gesetzgeber der Zwangsvollstreckung in Griechenland eine neue Chance gegeben. Die Bankeinlagen stellen einen Vermögensgegenstand dar, der sich vergleichsweise leicht ausfindig machen und verwerten lässt. Bankverbindungen werden in der Regel auf Briefbögen und sonstigen Unterlagen des Schuldners angegeben oder sind schon aus vorherigen Zahlungen bekannt. Darüber hinaus stellen die Banken zuverlässige und solvente Drittschuldner dar, so dass die Einziehung der gepfändeten Forderung als gesichert gilt. Demgegenüber ist die Pfändung in andere Vermögensgegenstände mühsamer, langwieriger und kostspieliger. Die bisherige Rechtslage der Zwangsvollstreckungsmöglichkeiten in Griechenland hat GIOVANNOPOULOS[583] in seinen Überlegungen zutreffend beschrieben. Mobiliarvermögen ist wegen seiner Natur nach in den meisten Rechtsordnungen schwer identifizierbar und leicht vertauschbar. Die Verwertung von Grundstücken bedarf aber aufgrund von Besonderheiten und Defiziten des griechischen Justizsystems insbesondere in Griechenland eines langwierigen Pfändungs- und Versteigerungsverfahrens. Die extrem lange Zeit für die Erwirkung und Vollstreckung eines rechtskräftigen Urteils, die Schwierigkeit, säumige Schuldner ausfindig zu machen, die sich aus dem Fehlen eines Meldesystems ergeben, die Schwierigkeiten beim Aufspüren von Grundstücken wegen des unübersichtlichen Systems der dinglichen Publizität, die praktische Abschaffung der Schuldhaft als Vollstreckungsmittel gegen Kaufleute, die Konkursunfähigkeit von Nichtkaufleuten, die Nichterstattung von Prozesskosten durch die unterliegende Partei im Erkenntnisverfahren im Zusammenhang mit dem vorrangigen Abzug der Vollstreckungskosten vom Versteigerungserlös vor der Befriedigung der Gläubiger und schließlich das Fehlen rechtmäßiger Alternativen für die Eintreibung von Forderungen mangels zugelassener Inkassobüros verzögern und verteuern die Betreibung von Außenständen unverhältnismäßig.[584] Mit der Zulassung der Kontenpfändung eröffnen sich für die Gläubiger neue Möglichkeiten. Vor allem werden die Schuldner in Zukunft ihr Vermögen nicht verschleiern können, indem sie es als Bankguthaben auf Bankkonten in Griechenland einzahlen, wie es bisher in großem Umfang praktiziert wurde. Darüber hinaus werden durch die neue gesetzliche Regelung nicht nur Einlagenkonten als potentieller Pfändungsgegenstand angesehen, sondern man wird versuchen, auch Girokontoguthaben zu pfänden. Dies war bisher aufgrund der Verbindung des Girokontos mit dem Einlagengeschäft aus faktischen Gründen nicht möglich. Wie sich diese Möglichkeit in der Praxis ausgestalten kann, wird in den folgenden Kapiteln gezeigt.

---

[583] GIOVANNOPOULOS, Die Harmonisierung des privatrechtlichen Bankgeheimnisses im europäischen Wirtschaftsverkehr, S. 288.

[584] Vgl. GIOVANNOPOULOS, Die Harmonisierung des privatrechtlichen Bankgeheimnisses im europäischen Wirtschaftsverkehr, S. 288.

So begrüßenswert die neue Regelung für die griechische Rechtspraxis sein mag, lässt die vorliegende legislative Entwicklung das Bedürfnis potenzieren, auch kritisch die Folgeprobleme des Artikels 24 Gesetz 2915/2001 zu überprüfen. Von der Neuregelung des Vollstreckungszugriffes auf Bankkonten werden nicht alle in diesem Bereich bestehenden Rechtsfragen gelöst, so dass insbesondere in der Kreditwirtschaft über die zukünftigen Vorgehensweise erhebliche Unsicherheit besteht. Die Banken in Griechenland stehen nun bei einem Vollstreckungszugriff auf Bankkonten vor einer neuen Aufgabe. Die Rechtsstellung der Banken als Drittschuldner unter Berücksichtigung des neuen Gesetzes wurde bereits im Vorfeld erörtert (*2. Kapitel*).

Die größten Bedenken hinsichtlich der neuen Regelung beziehen sich auf den Vollstreckungsschutz für den Schuldner. Hierbei geht es vornehmlich darum, dass mit der neuen Vorschrift nicht nur die Sparkonten, sondern auch die einfachen Gehaltskonten der Vollstreckungsschuldner dem Vollstreckungszugriff in Zukunft problemlos unterzogen werden. An diesem Punkt tritt die Frage im Vordergrund, ob die gegenwärtige Rechtslage in Griechenland einen geeigneten Kontenschutz aufweisen kann, so dass die Kontenpfändung nicht das Existenzminimum des Vollstreckungsschuldners und seiner Familie in Frage stellt. Das neue Gesetz wurde ohne Rücksicht auf die Vereinbarkeit mit den bisherigen Vorschriften der GrZPO erlassen. Eine rechtsvergleichende Studie der beiden Rechtsordnungen wird wertvolle Erkenntnisse für den vorliegenden Fragenkreis liefern. Eine analytische Darstellung dieser Problematik wird im 6. Kapitel vergegenwärtigt.

4. Kapitel
Die Pfändung von Girokonten

§ 1 Einführung

In Griechenland hat sich der Vollstreckungszugriff auf Girokonten wohl noch nicht – wie inzwischen in Deutschland[585] – zu einer verbreiteten Vollstreckungsmaßnahme entwickelt. Dies hängt hauptsächlich damit zusammen, dass der bargeldlose Zahlungsverkehr in Griechenland nicht weit entwickelt und verbreitet ist. Eine vergleichende Studie von Statistiken zeigt auf, dass die Abwicklung des Geschäftsverkehrs mit Buchungsgeld – insbesondere über Girokonten – in Deutschland eine Quote von ca. 90 % erreicht.[586] Dagegen wird der Zahlungsverkehr in Griechenland, trotz breiten Gebrauchs des Schecks, überwiegend bis zu 62 % mit Bargeld durchgeführt.[587] Insbesondere als unterentwickelt ist der Zahlungsverkehr über Girokonten einzustufen. Zu rechtfertigen ist diese Situation mit den verschiedenen Schwierigkeiten, die Griechenland verhindert haben, ein gemeinsames Verrechnungssystem zwischen den Banken (clearing) zu festigen.[588] Obwohl bereits mit der Regelung des Scheckrechts im Gesetz 5960/1933 die Gründung entsprechender Verrechnungsbüros vorgesehen (Art. 31) wurde, kam es nie zum Erlass des Präsidialdekrets, welches für eine gesetz-

---

[585] Vgl. hierzu, BASSLSPERGER, Das Girokonto in der Zwangsvollstreckung, Rpfleger 1985, S. 177; HÄUSER, Ist der Anspruch des Kontoinhabers auf Besorgung einer Giroüberweisung pfändbar?, WM 1990, S. 129; CARL, Die Pfändung von Girokonten, DStR 1988, S. 765.

[586] Entsprechend erfährt der Geschäftsverkehr, der mit Buchungsgeld durchgeführt wird in den USA und in Großbritannien eine Quote von 80 % (hauptsächlich mit Schecks), vgl. hierzu, GABLER, Wirtschaftslexikon, S. 1640; NIELSEN, Das Bankrecht, S. 119. Für die National Girobank, die in Großbritannien 1968 gegründet wurde, vgl. PERRY, Dictionary of Banking, S. 219.

[587] Vgl. KOUGIOULIS, Τραπεζική Τεχνική, 57, 86; SOROLOPIDIS, Τραπεζικές πληρωμές στην εσωτερική αγορά, in: Το Χρήμα, Oktober 91, S. 14 ff.; „Monatlichen Statistischen Bericht" («Μηνιαίο Στατιστικό Δελτίο») der Bank von Griechenland vom Februar 1991, S. 12 wird erwähnt, dass bei dem gesamten Geldangebot von 1.880.821 Millionen Drachmen am 31.12.1990 nur 718.780 Millionen Drachmen (d.h. nur 32 %) waren Buchungsgeld. Trotzdem steigt die Quote des Buchungsgeldes auch in Griechenland angesichts der Tatsache, dass 1968 z.B. die Quote noch niedriger und zwar bei 27 % lag.

[588] Nach Art. 11 des G. 2548/1997, welcher die Vorschriften über die Bank von Griechenland (Notenbank) enthält, kann diese Regeln für die Funktion solcher Verrechnungssysteme festlegen. Vgl. KOKKOMELIS, Τραπεζικές Υπηρεσίες προς Καταναλωτές, S. 79 ff.

liche Gründung unerlässlich war, so dass die bisherigen Verrechnungsbüros ihre Gründung lediglich Verträgen zwischen den Banken zu verdanken haben.[589]

Erst mit dem seit 1992 angewanden Nationalen Interbanken System (Εθνικό Διατραπεζικό Σύστημα – «ΔΙΑΣ») bekam Griechenland überhaupt die Chance, effektiv ein bargeldloses Zahlungssystem mit der Bedienung von Buchgeld aufzubauen.[590] Folglich wurde die griechische Bevölkerung erst in der jüngsten Vergangenheit auf die Errichtung eines Girokontos aufmerksam gemacht. Bei «ΔΙΑΣ»[591] handelt es sich um einen einheitlichen Interbanken-Träger, an dem die größten griechischen Banken beteiligt sind und im Rahmen dessen Verrechnungen zwischen den Banken (netting)[592] durchgeführt werden können. Ausgangspunkt für die Schaffung dieses Systems war das Modernisierungsbedürfnis des griechischen Bankensystems, und sein Ziel ist die schnellere Anpassung der Bankgeschäfte an die neuen Herausforderungen der Wirtschaftswelt. Diese Entwicklung ist zum einen für die Geschäftsleute und die Banken, zum anderen für die nationale Wirtschaft allgemein von hoher Bedeutung gewesen.[593] Die wichtigsten Ziele dieses Programms sind zum einen die direkte Schuldentilgung gegenüber dem Staat oder privatrechtlicher Träger (wie z.B. Steuern, Stromrechnungen, Versicherungsbeiträge usw.) und zum anderen der bargeldlose Zahlungsverkehr des Lohns, der Rente und anderer Einkünfte.[594] Darüber hinaus erhofft sich die «ΔΙΑΣ» AG, dass sich das System auch auf die Kapitalbewegungen zu Gunsten der Bankkunden zwischen den Banken verbreitet. Dieser Entwicklung des Systems «ΔΙΑΣ» stehen zur Zeit Wettbewerbsgründe im Weg. Die großen griechischen Banken, die über ein groß abdeckendes

[589] Vgl. TRAGAKIS, Ελληνική Τραπεζική Νομοθεσία και Πρακτική, Band II, S. 737 ff.; TSIMIKALIS, Μελέται εκ του δικαίου των τραπεζών, S. 67; PETYCHAKIS, Η «Βαβέλ» των ελληνικών τραπεζών, στην εφημερίδα «ΤΟ ΒΗΜΑ», 15.10.89, S. 30.

[590] Rechtsvergleichend ist festzustellen, dass der Träger zwischen den Banken, welcher das einheitliche Zahlungssystem verwaltet, in den meisten Ländern die Form einer Gesellschaft des bürgerlichen Rechts oder des Handelsrechts ist, bei der alle oder zumindest die größten Banken teilnehmen., vgl. hierzu, Εθνικό Διατραπεζικό Σύστημα Πληρωμών, Σύστημα «ΔΙΑΣ», Μελέτη σχεδιασμός 1η απόφαση, εκδ. ΕΕΤ, 1988, S. 50. Vgl. KOKKOMELIS, Τραπεζικές Υπηρεσίες προς Καταναλωτές, S. 79 ff.

[591] Vgl. Zeitschrift «ΑΓΟΡΑ» v. 29.11.1990, S. 58; für die Schwierigkeiten, mit denen dieses System in seiner ersten Aufbauphase konfrontiert wurde, vgl. CHAIKALIS, Στο χρονοντούλαπο το διατραπεζικό σύστημα πληρωμών, in: «ΤΟ ΒΗΜΑ» v. 15.10.1989, S. 30; CHRYSANTHIS, Η ηλεκτρονική εξυπηρέτηση των σύγχρονων τραπεζών, S. 163 ff.

[592] Ausführliche Beschreibung des „netting" bei CHRYSANTHIS, Η ηλεκτρονική εξυπηρέτηση των σύγχρονων τραπεζών, S. 163 ff.

[593] Vgl. KOUZIORTI, Κατάσχεση στα χέρια τράπεζας ως τρίτης, ΕπΕπΔΣΘ 15 (1994), S. 240 f.; PSYCHOMANIS, Τραπεζικό Δίκαιο I, S. 32 f.

[594] Vgl. Εθνικό διατραπεζικό σύστημα πληρωμών, έκδ. ΕΕΤ 1988, S. 47 ff.

Netz von Zweigstellen verfügen, befürchten, dass sie gerade ihren Vorteil, Kapitalbewegungen durchführen zu können, zu Gunsten der kleineren Banken verlieren könnten. Mit diesem System eröffnet sich aber letztendlich eine erweiterte und innovative Perspektive für das griechische Bankensystem.

Bedingt durch diese Entwicklung des bargeldlosen Zahlungsverkehrs werden Ansprüche des Schuldners aus neuen Bankverträgen in zunehmendem Maße Zielobjekte von Vollstreckungsmaßnahmen. Die große Zahl von Girokonten, die in Deutschland bereits heute und in Griechenland sicherlich in naher Zukunft zum Zwecke der Abwicklung bargeldloser Zahlungen unterhalten werden, bringt es mit sich, dass der Zwangsvollstreckung wegen Geldforderungen in girovertragliche Forderungen eines Kontoinhabers gegen seine Bank, ein erhebliches praktisches Gewicht in Deutschland bereits und in Griechenland in naher Zukunft zukommen wird. Augenfällig ist, dass es für einen Gläubiger in der Regel nicht selten aussichtsreicher ist, auf das Girokonto als „Zahlungseingangsstelle" des Schuldners zuzugreifen, als den u.U. mühsamen Weg einzuschlagen, die Einkünfte des Schuldners an ihrer jeweiligen Quelle zu pfänden. Dies setzt voraus, dass dem Vollstreckungsgläubiger das Konto bekannt ist.

In beiden Rechtsordnungen ist jedoch die Pfändung von Girokonten nicht unproblematisch. Die Ursache dafür liegt darin, dass Girokonten als wichtigster Anwendungsfall des Kontokorrents gelten.[595] Somit bilden die Grundlage für die Entstehung eines Girokontos einerseits girovertragliche und anderseits kontokorrentrechtliche Grundsätze. Neben dem Girovertrag zwischen der Bank und dem bei ihr ein Girokonto unterhaltenden Kunden besteht eine Kontokorrentabrede.[596] Die Zusammenhänge von Girokonto und Kontokorrentabrede wirken sich nicht nur auf die Vertragsparteien, sondern auch auf die Möglichkeit der Gläubiger, durch einen Vollstreckungszugriff auf Girokonten ihre titulierten Ansprüche zu befriedigen, aus.

Dieses Kapitel soll sich in erster Linie rechtsvergleichend mit der Frage der Pfändbarkeit von Girokonten befassen. In Griechenland handelt es sich hier um eine Rechtsfrage, die obschon vom Seismograph der Rechtsprechung noch kaum

---

[595] BGH WM 1971, S. 178; NJW 1979, S. 1658 f. = WM 1979, S. 719; NJW 1985, S. 3010 f. = WM 1985, S. 936; BAUMBACH/DUDEN/HOPT, HGB-Komm., § 355 Anm. 1; HEYMANN/HORN, HGB-Komm., § 355 Rnr. 29; STÖBER, in: ZÖLLER, ZPO-Komm., § 829 Rnr. 33 (Kontokorrent); KÜMPEL, Bank- und Kapitalmarktrecht, Rnr. 3.48, S. 302; LIESECKE, Das Bankguthaben in Gesetzgebung und Rechtsprechung, WM 1975, S. 320; VELENTZAS, Δίκαιο Τραπαζικών Εργασιών (Συμβάσεων), S. 169; TRIANTAFYLLAKIS, Σύμβαση τραπεζικού γύρου και εντολή μεταφοράς πίστωσης, Νομικά προβλήματα ουσιαστικού και δικονομικού δικαίου, Dike 23 (1992), S. 401.

[596] Zum Zusammenhang von Girovertrag und Kontokorrent vgl. ausführlich, BEESER, Zur Pfändung und Überweisung gegenwärtiger und künftiger Girokontoguthaben, AcP 155 (1956), S. 428 ff.

registriert, das Zwangsvollstreckungsrecht in seinen Fundamenten tangiert. In Deutschland hingegen verkörperte die vorliegende Pfändungsproblematik bereits in den siebziger Jahren eine zwischen den Autoren umstrittene Frage[597], die mit den klärenden Äußerungen des BGH in den Jahren 1981 und 1982 zum Abschluss gekommen ist. Gerade diese Rechtsvergleichung kann für die griechische Vollstreckungspraxis durchaus einen Erkenntnisfortschritt bilden. Dies ist jedoch sinnvoll nur möglich, nachdem vorher klargestellt worden ist, wie der Girovertrag und das Kontokorrent als Rechtsinstitute eigentlich zu bestimmen sind und welche Wechselwirkungen zwischen Girovertrag und Kontokorrent existieren.

§ 2 Begriffsbestimmungen

I. Der Girovertrag

1. Definition

Unterhält der Schuldner bei einem Kreditinstitut ein Girokonto, so liegt diesem Konto ein Girovertrag zugrunde. Eine gesetzliche Definition des Girovertrags existiert im griechischen Recht nicht. Klar ist zunächst, dass er im Rahmen der Dienstleistungstätigkeiten der Bank geschlossen wird.[598] Aus dem Girovertrag ergibt sich ferner für die Bank die Verpflichtung, den Zahlungsverkehr ihres

---

[597] „Ansprüche des Kontoinhabers aus dem Girovertrag seien pfändbar" zum ersten Mal ausgesprochen mit dem Urt. LG Hannover, Urteil v. 22.1.1974, NJW 1974, S. 1095 m. zust. Anm. v. SCHLÄGER; *zustimmend*: LG Göttingen, NdsRpfl. 1980, S. 152 f.; LG Detmold, Beschluss v. 9.12.1977 – Az. 3 T 134/77 – Rpfleger 1978, S. 150. – Als Begründer der Lehre der Pfändbarkeit girovertraglicher Ansprüche wird CANARIS erwähnt. Vgl. auch, TERPITZ, Zur Pfändung von Ansprüchen aus Bankkonten, WM 1979, S. 570 ff.; BERGER, Pfändung von Girokonten, ZIP 1980, S. 946 ff.; *derselbe*, Nochmals: Pfändung von Giroguthaben, ZIP 1981, S. 583 ff.; bejahend auch, BAUER, Die Zulassung von Globalpfändungen durch Finanzverwaltung, DStR 1982, S. 280 f.; BLAUROCK, Das Kontokorrent, JA 1980, S. 695; FORGÁCH, Die Doppelpfändung beim Bankkontokorrent und das Verfügungsrecht des Schuldners während der Rechnungsperiode, DB 1974, S. 811 ff.; GLEISBERG, Pfändung von Kontokorrentguthaben, DB 1980, S. 865; HERZ, Das Kontokorrent – insbesondere in der Zwangsvollstreckung und im Konkurs, S. 159 f.; HEFERMEHL, Grundfragen des Kontokorrents, FS LEHMANN, S. 561; HÄUSER, Die Reichweite der Zwangsvollstreckung bei debitorischen Konten, ZIP 1983, S. 894; KLEE, Die Pfändung künftiger Guthaben aus Bankkonten, MDR 1952, S. 202 f.; SCHLÄGER, Anm. zum Urteil LG Hannover, NJW 1974, S. 1095; STÖBER, Forderungspfändung, Rnr. 166, S. 81 ff.

[598] Vgl. VELENTZAS, Δίκαιο Τραπεζικών Εργασιών (Συμβάσεων), S. 300; *derselbe*, Τραπεζικό Δίκαιο, S. 191; KIANTOU-PAMPOUKI, Δίκαιο τραπεζικών εργασιών, S. 26 ff.

Kunden durchzuführen.[599] Inhalt des Girovertrags sind neben höchstpersönlichen Dienstleistungen der Bank auch reine Zahlungsverpflichtungen. Gegenstand des Girovertrages ist somit, im Rahmen des Guthabens des Kunden oder eines ihm zugesagten Kredites für seine Rechnung Zahlungen, meist an einem anderen Ort, zu leisten oder die Gutschrift eines bestimmten Betrages auf einem anderen Konto herbeizuführen bzw. umgekehrt zwecks Gutschrift auf seiner bei ihr geführten Rechnung Einzahlungen oder sonstige Vergütungen, insbesondere Überweisungen, entgegenzunehmen.

Rechtsvergleichend ist hier festzustellen, dass diese inhaltliche Bestimmung des Girovertrages im deutschen Recht als Legaldefinition in § 676 Abs. 1 Satz 1 DtBGB festgelegt wird. Dieser sieht vor, dass durch den Girovertrag das Kreditinstitut verpflichtet wird, für den Kunden ein Konto einzurichten, eingehende Zahlungen auf dem Konto gutzuschreiben und abgeschlossene Überweisungsverträge zu Lasten dieses Kontos abzuwickeln. Die ausdrückliche Bestimmung des Girovertrages in einer Legaldefinition wurde in Deutschland vor kurzem durch die Umsetzung der Überweisungsrichtlinie ins deutsche Recht im DtBGB eingeführt.[600] Diese neuen Regelungen entsprechen jedoch grundsätzlich der bisherigen Rechtslage, wonach der Girovertrag als ein entgeltlicher Geschäftsbesorgungsvertrag,[601] der auch dienstvertragliche Elemente enthält, eingestuft worden ist (§§ 675, 627 DtBGB).[602]

---

[599] Vgl. VELENTZAS, Δίκαιο Τραπεζικών Εργασιών (Συμβάσεων), S. 306; PSYCHOMANIS, Τραπεζικό Δίκαιο I, S. 32 f.

[600] Einführung der ausdrücklichen Bestimmung des Girovertrages durch das Überweisungsgesetz v. 21.7.1999 (BGBl. I, S. 1642).

[601] Vgl. STIRNBERG, Pfändung von Girokonten, S. 23; VALLENDER, Effiziente Zwangsvollstreckung durch Kontenpfändung, InVo 11/96, S. 284. Diese Ansicht wird in Griechenland auch von TRIANTAFYLLAKIS vertreten, Σύμβαση τραπεζικού γύρου και εντολή μεταφοράς πίστωσης – Νομικά προβλήματα ουσιαστικού και δικονομικού δικαίου, Dike 23 (1992), S. 409; *derselbe*, Ζητήματα Αστικής Ευθύνης Τραπεζών κατά τη διενέργεια Πληρωμών με Μεταφορά Κεφαλαίων (η περίπτωση της πλαστής εντολής), ΔΕΕ 1996, S. 581 ff. Das GrZGB enthält keine dem § 675 DtBGB entsprechende Vorschrift.

[602] BGHZ, 131, 60 = NJW 1996, 190; vgl. KLAMT/KOCH, Das neue Überweisungsgesetz, NJW 1999, 2776, 2778; SCHULZ, Das neue Recht der Banküberweisung, ZBB 1999, 287, 292.

2. Rechtsnatur

Die Bestimmung der Rechtsnatur des Girovertrags nach griechischem Recht ist dagegen äußerst zweifelhaft. Im Schrifttum werden verschiedene, von einander potentiell abweichende Meinungen vertreten.[603] Einerseits handelt es sich um einen gemischten Vertrag, der sowohl einen Dienstleistungs- als auch einen Kreditvertrag umfasst.[604] Darüber hinaus wird er hauptsächlich mit Vertragstypen dergestalt des Vertrages zugunsten Dritter[605], des Werkvertrages[606], der Anweisung oder des Auftrags in Zusammenhang gebracht. Die herrschende Meinung[607] tendiert eher dazu, den Girovertrag als Werkvertrag i.S.v. Art. 681 GrZGB zu qualifizieren, da die Vertragspartner beim Girovertrag nicht auf die Durchführung der Dienstleistung abzielen, sondern auf den herbeizuführenden Erfolg, der sich als Durchführung des Zahlungsverkehrs des Kunden widerspiegelt. Ergänzend finden bei einem Girovertrag die Vorschriften über den Auftrag

---

[603] Vgl. TSIMIKALIS, Μελέται εκ του Δικαίου των Τραπεζών, S. 66; TRIANTAFYLLAKIS, Σύμβαση τραπεζικού γύρου και εντολή μεταφοράς πίστωσης – Νομικά προβλήματα ουσιαστικού και δικονομικού δικαου, Dike 23 (1992), S. 401 ff.; GEORGAKOPOULOS, Εγχειρίδιο Εμπορικού Δικαίου, Τμ. 2, Τχ. 2, Τραπεζικές Συμβάσεις, S. 561; - ΕφΑθ 716/93, ΕπιθΕμπΔ 1994, S. 574 = NoB 42 (1994), S. 224 = ΕπισκΕμπΔ 1995, S. 798, m. Anm. PSYCHOMANIS; Arepag 856/1996, END 1996, S. 92 = ΔΕΕ 1996, S. 707 m. Anm. CHRYSANTHIS; zum englischen Recht, PERRY, Dictionary of Banking, S. 27, „any system between banks which allows for the settlement of mutual debts, without the use of cash, but by means of balance payments or set offs administered by a central authority or clearing house."

[604] Dieser kann die Form sowohl des Einlagengeschäfts als auch des Krediteröffnungsvertrags haben, vgl. PAMPOUKIS, Τραπεζικαί πιστωτικαί συμβάσεις, S. 480 ff.

[605] So z.B. ΠΠρΘεσσ 3677/1983, Armenopoulos 38 (1984), S. 635 = ΕπιθΕμπΔ 1985, S. 268 = Hellenische Justiz 25 (1984), S. 1622, nach dem die Banküberweisung ein Vertrag zugunsten Dritter darstellt.; so auch die frühere, bis 1951, vom BGH vertretene Auffassung, vgl. NJW 1951, S. 437 ff.; vgl. ferner ΕφΑθ 9566/1987, EEN 56 (1989), S. 635 f. nach dem die Banküberweisung ein Werkvertrag ist.

[606] So PAMPOUKIS, Τραπεζικαί πιστωτικαί συμβάσεις, S. 484; TSIMIKALIS, Μελέται εκ του Δικαίου των Τραπεζών, S. 66; TRIANTAFYLLAKIS, Σύμβαση τραπεζικού γύρου και εντολή μεταφοράς πίστωσης – Νομικά προβλήματα ουσιαστικού και δικονομικού δικαου, Dike 23, S. 401 ff.; *derselbe*, Ζητήματα Αστικής Ευθύνης Τραπεζών κατά τη διενέργεια Πληρωμών με Μεταφορά Κεφαλαίων (η περίπτωση της πλαστής εντολής), ΔΕΕ 1996, S. 577.– vgl. auch, ΕφΑθ 9566/1987, EEN 1989, S. 635; OLG Athen 3591/1987, Hellenische Justiz 1988, S. 331, nach denen die Banküberweisung einen Werkvertrag darstellt.

[607] Vgl. OLG Athen 9566/1987, EEN 56 (1989), S. 635 ff.; ΕφΑθ 3591/87, Hellenische Justiz 29 (1988), S. 331; ΠΠρΘεσσ 4289/83, ΕπιθΕμπΔ 1985, S. 73 ff.; ΕφΑθ 142/73, ΕπιθΕμπΔ ΚΔ΄ S. 43 ff.; vgl. auch; TSIMIKALIS, Μελέται εκ του δικαίου τραπεζών, 1949, S. 62; PAMPOUKIS, Τραπεζικαί πιστωτικαί συμβάσεις, S. 484; VELENTZAS, Δίκαιο τραπεζικών συμβάσεων, S. 307, früher hat er die Meinung vertreten, dass es bei einem Girovertrag eher um eine Anweisung geht, vgl. *derselbe*, Τραπεζικό Δίκαιο, S. 193.

Anwendung (Art. 713 ff. GrZPO). Weiteres Argument der Verfechter dieser Auffassung ist, dass die Kreditinstitute nicht dritten Personen gegenüberstehen müssen, was die Konstruktion z.B. des Vertrages zugunsten Dritter herbeiführen würde. Bei einem Werkvertrag entstehen die Ansprüche des Dritten erst mit der Errichtung des Werkes. Hinzu kommt, dass der nach Artikel 700 GrZGB Werkvertrag jederzeit gekündigt werden kann. Auch im deutschen Recht wurde früher der Girovertrag als ein Werkvertrag, der einen Geschäftsbesorgungsvertrag zum Gegenstand hat, angesehen.[608] Von dieser Auffassung hat man sich aber bereits frühzeitig distanziert, da man eingesehen hat, dass es sich beim Girovertrag um ein Dauerschuldverhältnis handelt, welches als Gegenstand die Durchführung von Dienstleistungen hat. Auch wurde die Meinung geäußert, nach der beim Girovertrag die Vorschriften über den Auftrag i.S. von Art. 713 ff. GrZGB Anwendung finden sollten. Diese Anwendung ist umstritten, da der Auftrag im Gegensatz zum Girovertrag unentgeltlich durchgeführt wird.[609] Dennoch könnten diese Vorschriften ergänzend zu den Vorschriften über den Werkvertrag herangezogen werden. Schließlich wurde als eine geeignete rechtliche Charakterisierung die Anweisung[610] im weiteren Sinne angesehen. Nach dieser Auffassung würden demnach die Vorschriften der Art. 876 ff. GrZGB analoge Anwendung finden.

Richtig erscheint jedoch, dem Girovertrag dem Vertragtyp des Dienstleistungsvertrages i.S.v. Artikel 648 ff. GrZGB unterzuordnen. Auf dem Dienstleistungsvertrag finden die Vorschriften des Arbeitsvertrages unmittelbare Anwendung.[611] Gleichermaßen wird er auch im deutschen Recht als Dienstleistungsvertrag angesehen. Der Girovertrag lässt sich daher in beiden Rechtsordnungen als gegenseitiger entgeltlicher Vertrag qualifizieren, der einen Geschäftsbesorgungs- und Dienstvertrag zum Inhalt hat.[612] Während jedoch der Geschäftsbesorgungsvertrag im deutschen BGB in § 675 geregelt ist, umfasst das GrZGB keine entsprechende Vorschrift.[613]

---

608 RGZ 107, S. 136 (139); RG, Bankarchiv 1918/1919, S. 122 (123); RG LZ 1933, S. 770 (771); RG WarnRspr. 1918/1919, Nr. 60, S. 87; KLEIN, Die Zahlungseinstellung des Girokunden, ZHR 55, S. 181 (182).

609 Vgl. VELENTZAS, Τραπεζικό Δίκαιο, S. 192.

610 Vgl. CHRYSANTHIS, Η ηλεκτρονική εξυπηρέτηση των σύγχρονων τραπεζικών συναλλαγών, S. 214.

611 Vgl. KOTSIRIS, Τραπεζικό Δίκαιο, Πανεπιστημιακές σημειώσεις, S. 21.

612 Vgl. dt. Recht, HEYMANN/HORN, Handelsgesetzbuch, Bd. 4, §§ 343 – 460, Anhang 1990, S. 359 ff. - TRIANTAFYLLAKIS, Σύμβαση τραπεζικού γύρου και εντολή μεταφοράς πίστωσης – Νομικά προβλήματα ουσιαστικού και δικονομικού δικαίου, Dike 23 (1992), S. 401 ff.

613 Für die Gründe vgl. TRIANTAFYLLOPOULOS, Σχ. AK II, Ενοχικό Δίκαιο (1935), άρθρο 82, S. 226.

Besonderes Merkmal dieses Vertrages ist, dass er nicht nur höchstpersönliche Dienstleistungen zum Gegenstand hat, sondern auch reine Zahlungspflichten umfasst.[614]

II. Die Kontokorrentabrede

1. Begriff und Rechtsgrundlage

Das Kontokorrent ist ein Rechtsinstitut, das in beiden Rechtsordnungen anerkannt wird. Es begründet sich auf einen gegenseitigen sui generis Vertrag[615], der formlos mit verschiedenen Tätigkeiten oder Unterlassung, aus denen sich der Willen der Parteien[616] ergibt, abgeschlossen wird. In beiden Rechtsordnungen erkennt man als Kontokorrent oder laufende Rechnung bzw. „αλληλόχρεος oder τρέχων[617] oder ανοικτός λογαριασμός" die gegenseitige Vereinbarung[618], bei der zwei Personen, von denen mindestens der eine Kaufmann[619] ist, sich einigen, dass die aus der Verbindung entspringenden beiderseitigen Ansprüche und Leistungen nebst Zinsen in Rechnung gestellt und in regelmäßigen Zeitabschnitten

[614] GROSS/DIEPOLD/HINTZEN, Musteranträge für Pfändung und Überweisung, Muster 36, Rn.2; RUSS, in: GLANEGGER/GÜROFF/KUSTERER/NIEDNER/PEUKER/RUSS/ SELDER/STUHLFELNER, HGB, § 355, Rnr. 2, S. 860; PSYCHOMANIS, Τραπεζικό Δίκαιο I, S. 32 f.

[615] Vgl. VELENTZAS, Δίκαιο Αλληλόχρεου Λογαριασμού, S. 45; MAZIS, Εμπράγματη εξασφάλιση τραπεζών και Α.Ε., S. 76.

[616] Vgl. RÖHRICHT/GRAF VON WESTPHALEN, HGB, § 355, Rnr. 15, S. 1711.

[617] Vgl. VELENTZAS, Δίκαιο τραπεζικών συμβάσεων, S. 174; MAZIS, Εμπράγματη εξασφάλιση τραπεζών και Α.Ε., S. 76 f.; KIANTOU-PAMPOUKI, Ζητήματα τινά της συμβάσεως τρέχοντος λογαριασμού, S. 5 f.; Areopag 1524/1991, ΕπιθΤραπΔ 1993, S. 405; Areopag 434/1975, ΑρχΝ 1976, S. 19 = NoB 1975, S. 1227; Areopag 127/1972, ΕπιθΕμπΔ 1972, S. 331.

[618] Diese Vereinbarung wird nach ANASTASIADÍS mit der Einigung bzw. den Konsens der beiden Parteien abgeschlossen. Dagegen ist SOURLOS der Ansicht, dass sie nur re abgeschlossen wird. Vgl. auch VELENTZAS, Δίκαιο Αλληλόχρεου Λογαριασμού, S. 23 ff. m.w.N.; KONDYLIS, Έννοια, λειτουργία και αποτελέσματα του αλληλόχρεου λογαριασμού, Hellenische Justiz 37 (1996), S. 497 ff.; vgl. zu den Begriffen, ROKAS, Λογαριασμός και αλληλόχρεος λογαριασμός, ΕπιθΕμπΔ 1961, S. 129 ff.; Der Begriff Kontokorrent umfasst auch die „laufende Rechnung", ΠολΠρΠειρ 854/1992, ΕπιθΕμπΔ 1994, S. 43.

[619] Ausführlich hierzu, SCHLEGELBERGER/HEFERMEHL, HGB, § 355, Rnr. 8 f., S. 217f.; HEYMANN/HORN, HGB, § 355, Rnr. 6; KOLLER, in: KOLLER/ROTH/MORCK, HGB, § 355, Rnr. 5, S. 886.

durch Verrechnung[620] und Feststellung des für den einen oder anderen Teil sich ergebenden Überschusses ausgeglichen werden.[621] Aus dieser Definition ergibt sich, dass das Kontokorrent ein Rechtsverhältnis der Kontokorrentparteien voraussetzt, aus dem sich die letzteren zu gegenseitigen Leistungen verpflichten.[622] Bei einem Girokonto ist dieses Rechtsverhältnis der Girovertrag, der zwischen der Bank und dem Kunden geschlossen wird.[623]

Im griechischen Recht existiert allerdings nach geltendem Recht weder eine Legaldefinition des Kontokorrents im Sinne des § 355 Abs. 1 DtHGB[624] noch eine systematische Regelung. Eine annährende Begriffsbestimmung versuchen bislang das Schrifttum und die Rechtsprechung[625] in Griechenland auf-

---

[620] Vgl. DOUVLIS, Η μεταβίβαση τραπεζικής πίστωσης με αλληλόχρεο λογαριασμό, S. 32 ff.; CHATZIAGIOS, Δίκαιο εμπορικών δικαιοπραξιών, S. 66; BAUMBACH/HOPT, HGB, § 355, Rnr. 5, S. 1017; HEYMANN/HORN, HGB, § 355, Rnr. 21 ff.; KOLLER, in: KOLLER/ROTH/MORCK, HGB, § 355, Rnr. 7, S. 887.

[621] Vgl. CANARIS, Großkomm.-HGB, § 355 Rnr. 31, S. 444 f.; RÖHRICHT/GRAF VON WESTPHALEN, HGB, § 355, Rnr. 7 ff., S. 1709 f.; PECKERT, Das Girokonto und der Kontokorrentvertrag, S. 8 f.; SCHWEFER, Pfändung von Girokontoguthaben unter kontokorrentlichen und girorechtlichen Gesichtspunkten, S. 11 ff.; STIRNBERG, Pfändung von Girokonten, S. 24 f.; HINTZEN/WOLF, Die Mobiliarzwangsvollstreckung, S. 200 ff. – gr. Literatur: KONDYLIS, Έννοια, λειτουργία και αποτελέσματα του αλληλόχρεου λογαριασμού, S. 13 f.; VELENTZAS, Δίκαιο αλληλόχρεου λογαριασμού, S. 26 ff.; PSYCHOMANIS, Τραπεζικό Δίκαιο I, S. 115 ff.; LIAKOPOULOS, in: GEORGIADIS/STATHOPOULOS, GrZGB-Komm, Art. 874 Ziff. 2; SPILIOPOULOS, GrZGB-Komm., Art. 112 Einführungsgesetz zum GrZGB, Ziff. 7; *derselbe*, Έρευνα επί βασικού προβλήματος του αλληλόχρεου λογαριασμού, EEN 25 (1958), S. 441; KIANTOU-PAMPOUKI, Ζητήματα τινά της συμβάσεως τρέχοντος λογαριασμού, S. 26 ff.; *dieselbe*, Δίκαιον Τραπεζικών Εργασιών, S. 43; *dieselbe*, Gutachten, Armenopoulos 41 (1987), S. 379; PAMPOUKIS, Τραπεζικαί πιστωτικαί συμβάσεις, S. 518 ff.; ARGYRIADIS, Απώλεια αυτοτέλειας κονδυλίων αλληλόχρεου λογαριασμού (γνμδ.), Armenopoulos 31 (1977), S. 177; SOURLOS, Το δίκαιο του αλληλόχρεου λογαριασμού, S. 24 ff.; KARAVAS, Εμπορικό Δίκαιο Α § 183 S. 197.; ANASTASIADIS, Εμπορικό Δίκαιο § 279, S. 931; KONDYLIS, Έννοια λειτουργία και αποτελέσματα του αλληλόχρεου λογαριασμού, S. 13 ff.; DOUVLIS, Η μεταβίβαση τραπεζικής πίστωσης με αλληλόχρεο λογαριασμό, S. 47; YESSIOU-FALTSI, Δίκαιο Αναγκαστικής Εκτελέσεως, Bd. II, § 64, Rnr. 359, Fn. 1296, S. 907.

[622] Vgl. DOUVLIS, Η μεταβίβαση τραπεζικής πίστωσης με αλληλόχρεο λογαριασμό, S. 40; LIAKOPOULOS, Γενικό Εμπορικό Δίκαιο, S. 138.

[623] Vgl. BAUMBACH/HOPT, HGB, § 355, Rnr. 4, S. 1017.

[624] Vgl. HEYMANN/HORN, HGB, § 355, Rnr. 2.

[625] Areopag 79/1995, ΔΕΕ 6 (1995), S. 527 ff. und 1363/1993 (unveröffentlicht); Areopag 1524/1991, ΕπιθΕμπΔ 44 (1993), S. 378; Areopag 1828/1988, ΕπιθΕμπΔ 42 (1991) S. 238; Areopag 680/1986, ΕπιθΕμπΔ 1987, S. 548 = Hellenische Justiz 28 (1987), 839; Areopag 1226/1982, ΕπιθΕμπΔ 1983, S. 591; Areopag 558/1981, ΕπιθΕμπΔ 1982, 377; Areopag 1393/1980, NoB 29 (1981), S. 688 = ΕπιθΕμπΔ 1981, 516; Areopag 748/1976, ΕπιθΕμπΔ 1977, S. 229 = NoB 25 (1977), S. 153; Areopag 631/1975, ΑρχΝ 1976, 136 = ΕπιθΕμπΔ

grund der sporadischen Vorschriften der Art. 361 („Vertragliches Schuldverhältnis") und 873[626], 874 („Abstraktes Schuldanerkenntnis") GrZGB, Art. 112 Einführungsgesetz GrZGB[627], Art. 669 HandelsG und Art. 64 bis 67 des Gesetzesdekrets vom 17.7./13.8.1923[628] herauszuleiten. Diese Vorschriften weisen jedoch nur mittelbar auf das Kontokorrent hin. Dennoch ist die Regelung dieses Rechtsinstituts mit diesen Vorschriften im höchsten Maße lückenhaft. Hinzu kommt, dass das Kontokorrent nicht gesetzgeberisch entstanden ist, sondern es handelt sich um eine juristische Konstruktion, die aus der „kaufmännischen Praxis" entsprungen ist[629]. Aus diesen Gründen ziehen sowohl die literarische Behandlung als auch die höchstrichterlichen Entscheidungen in Griechenland zusätzlich einerseits allgemeine Grundsätze des Schuldrechts und anderseits das handelsrechtliche Gewohnheitsrecht heran, um den Begriff und die Fragen, die im Rahmen des Kontokorrents auftreten, zu erfassen.[630] Die fehlende systemati-

1976, Σ. 36 = EEN 43 (1976), S. 150 = NoB 24 (1976), S. 45; Areopag 631/1975, NoB 24 (1976), S. 45; Areopag 127/1972, ZACHARIS, NoB 20 (1972), S. 738 = ΕπιθΕμπΔ 23, S. 331; Areopag 394/1974, EFSTRATIADIS, NoB 22 (1974), S. 1377 f.; Areopag 631/1975, KALYVAS, NoB 24 (1976), S. 45; Areopag 622/1967 EEN 32 (1965), S. 343; Areopag 688/1964, EEN 23, S. 131; ΕφΘεσσ 1664/1997, ΕΤρΑξΧρΔ 1/1998, S. 83 ff.; ΕφΘεσσ 3941/1989, Hellenische Justiz 30 (1989), S. 1006 (1008); ΠΠρΘεσσ 18171/1997, ΕΤρΑξΧρΔ 1/2000, S. 155 ff.; ΠΠρΑθ 3634/1976, ΕπιθΕμπΔ 1977, S. 394 ff.; LIAKOPOULOS, Ο αλληλόχρεος λογαριασμός de lege lata και de lege ferenda, ΕπιθΕμπΔ 1988, S. 238 ff.; SPILIOPOULOS, ΕρμΑΚ, ΕισΝΑΚ άρθρο 112 αρ. 16 ff.; KIANTOU-PAMPOUKI, Ζητήματα τινά της συμβάσεως τρέχοντος λογαριασμού, S. 26 ff.; PAMPOUKIS, Τραπεζικαί πιστωτικαί συμβάσεις, S. 530 ff.; SOURLOS, Το δίκαιον του αλληλόχρεου λογαριασμού, S. 56 ff.; GEORGAKOPOULOS, Το δίκαιο των διαρκών ενοχών, S. 38 f.; KRIMPAS, Προς πληρέστεραν νομοθετική ρύθμιση του αλληλόχρεου λογαριασμού, ΕπιθΕμπΔ 1967, S. 331.

[626] Entspricht § 782 DtBGB.

[627] Nach Art. 112 Abs. 2 des EGGrZGB folgt das Bankkontokorrent der Lehre der periodischen Verrechnung. Dieser sieht ausdrücklich vor, dass „das Kontokorrent wird periodisch jede sechs Monate – außer man vereinbart was anderes, aber auf keinen Fall in Zeiträumen unter drei Monaten – abgeschlossen."

[628] Diese gelten weiterhin auch nach der Einführung des GrZGB (1941), vgl. Art. 41 Satz 1 EGGrZGB. Vgl. hierzu, MAZIS, Εμπράγματη εξασφάλιση τραπεζών και Α.Ε., S. 74.

[629] Vgl. MAZIS, Η εμπράγματη εξασφάλιση των τραπεζών, S. 77 ff.; SOURLOS, Το δίκαιο του αλληλόχρεου λογαριασμού, S. 5 ff.; SCHLEGELBERGER/HEFERMEHL, HGB, § 355, Rnr. 1.

[630] Areopag 1524/1991, ΕπιθΕμπΔ 44 (1993), S. 378 = ΕπιθΤραπΔ 1993, S. 404; Areopag 394/1974, NoB 22 (1974), S. 1377, Areopag 139/1957, ΕπιθΕμπΔ 8 (1957), S. 141; ΕφΑθ 2305/1980, ΕπιθΕμπΔ 32 (1981), S. 225; ΕφΑθ 5960/1978, ΕπιθΕμπΔ 30 (1979), S. 347; vgl. zur gesetzlichen Regelung des Kontokorrents insbes. KIANTOU-PAMPOUKI, Ζητήματα τινά της συμβάσεως τρέχοντος λογαριασμού, S. 73; PAMPOUKIS, Τραπεζικαί πιστωτικαί συμβάσεις, S. 563; *derselbe*, Περί της αναγνωρίσεως του υπολοίπου τρέχοντος λογαριασμού, NoB 11 (1963), S. 81 ff.; VELENTZAS, Δίκαιο Αλληλόχρεου Λογαριασμού, S. 26; KRIM-

sche Regelung dieses Rechtsinstituts hat ferner zur Folge, dass keine einheitliche Theorie über das Kontokorrent entstanden ist. Aus diesem Grund schwankt die griechische Literatur und Rechtsprechung hinsichtlich des Wesens des Kontokorrents zwischen den Theorien, die hauptsächlich in Deutschland und Frankreich entwickelt wurden.[631] Nunmehr haben sich die im deutschen Recht vertretenen Lehren zum Kontokorrent auch im griechischen Raum durchgesetzt.[632]

Die bisherige mangelnde Regelung des Kontokorrents versucht man mit dem Entwurf des neuen Handelsgesetzbuches zu beseitigen. Mit den Artikeln 161–169 des neuen Entwurfes zum Handelgesetzbuch wird eine Rechtsgrundlage für das Kontokorrent in Griechenland geschaffen.[633] Damit wird auch in Griechenland bezweckt, bei der „mystischen Ingredienz"[634] des Kontokorrents zusätzliche Auslegungsprobleme zu vermeiden. Die Betrachtung der einzelnen Vorschriften zeigt offensichtlich konstruktive und inhaltliche Berührungspunkte zu der entsprechenden Regelung in Deutschland. Zur einer Revision des bisherigen Handelsgesetzbuches ist es allerdings bis zu diesem Zeitpunkt nicht gekommen. Aber auch im deutschen Recht, trotz gesetzlicher Regelung des Kontokorrents in §§ 355 ff. DtHGB, hat der Gesetzgeber keine klare Begriffsbestimmung vorgegeben, insbesondere auch angesichts der Tatsache, dass er zwei Bezeichnungen (laufende Rechnung, Kontokorrent) für das Rechtsinstitut verwendet hat.[635]

Als besonderes Merkmal einer Kontokorrentabrede erkennt die h.M. in beiden Rechtsordnungen an, dass die einzelnen Zahlungsforderungen, die in das Kontokorrent aufgenommen werden, zwar ihrer Selbstständigkeit[636] entkleidet

---

PAS, Προς πληρέστεραν νομοθετικήν ρύθμιση του αλληλόχρεου λογαριασμού, ΕπιθΕμπΔ 18 (1967), S. 321; SOURLOS, Το δίκαιον του αλληλόχρεου λογαριασμού, § 56.

[631] Vgl. ROKAS, Λογαριασμός και αλληλόχρεος λογαριασμός, ΕπιθΕμπΔ 12 (1961), S. 129 ff.; ANTONOPOULOS, Νομικό καθεστώς των απαιτήσεων κατά τη διάρκεια λειτουργίας του αλληλόχρεου λογαριασμού, NoB 46 (1998), S. 722 f.; VELENTZAS, Δίκαιο Αλληλόχρεου Λογαριασμού, S. 44 ff.

[632] Vgl. MAZIS, Εμπράγματη εξασφάλιση τραπεζών, S. 94 ff.; ANTONOPOULOS, Νομικό καθεστώς των απαιτήσεων κατά τη διάρκεια λειτουργίας του αλληλόχρεου λογαριασμού, NoB 46 (1998), S. 719 ff.

[633] Vgl. MAZIS, Η ρύθμιση του αλληλόχρεου λογαριασμού με το νέο Σχέδιο του Εμπορικού Κώδικα, ΕπισκΕμπΔ 1997, S. 836 ff.; PAPANASTASIOU, Η έννοια και η λειτουργία του αλληλόχρεου λογαριασμού στα πλαίσια ρυθμίσεων του Σχεδίου Εμπορικού Κώδικα, in: 5ο Πανελλήνιο Συνέδριο Εμπορικού Δικάιου, Το Σχέδιο του Εμπορικού Κώδικα, 1996, S. 189.

[634] So bereits A. LEVY, Der Contocorrentvertrag hrsg. Von H. RIESSER 1884, S. 210.

[635] Vgl. BEITZKE, Probleme des Kontokorrents, FS GIERKE, S. 9 ff.

[636] ΕφΛαρ 439/1994, Hellenische Justiz 36 (1995), S. 410; YESSIOU-FALTSI, Δίκαιο Αναγκαστικής Εκτελέσεως, Bd. II, § 64, Rnr. 360, S. 907 f.; RUSS, in: GLANEGGER/

werden, nicht aber ihren rechtlichen Charakter verlieren.[637] Der Verlust ihrer Selbstständigkeit hat zur Folge, dass diese weder selbstständig geltend gemacht, noch eingeklagt werden können.[638] Fraglich erscheint hier, ob dieses Merkmal der Kontokorrentabrede die Pfändbarkeit beim Kontokorrent beeinflusst. Zur weiteren Untersuchung des aufgeworfenen Problems ist es zunächst sinnvoll, die verschiedenen Ansprüche, die mit dem Kontokorrent in rechtlicher Beziehung stehen und die für einen vollstreckungsrechtlichen Zugriff denkbar wären, aufzuzeigen. Zunächst bietet sich die Vollstreckung in die Einzelforderungen an, genauso als ob kein Kontokorrent bestünde. Des Weiteren werden die Gläubiger einer Kontokorrentpartei aber auch versuchen, in die Saldoforderungen zu vollstrecken, sei es in die gegenwärtige, sei es in die zukünftige Saldoforderung. Ob allerdings in die eben genannten Forderungen in beiden Rechtsordnungen im Ergebnis vollstreckt werden kann, zeigt die folgende Untersuchung.

III. Wechselwirkungen zwischen Girovertrag und Kontokorrent

Der Girovertrag gilt – wie bereits oben angedeutet – als wichtigster Anwendungsfall des Kontokorrents.[639] Neben dem Girovertrag zwischen der Bank und dem bei ihr ein Girokonto unterhaltenen Kunden besteht eine Kontokorrentabre-

GÜROFF/KUSTERER/NIEDNER/PEUKER/RUSS/SELDER/STUHL-FELNER, HGB, § 355, Rnr. 5, S. 861.

[637] Areopag 434/1975, NoB 23 (1975), S. 1227; Areopag 34/1974, ΕπιθΕμπΔ 26 (1975), S. 54; Areopag 381/1957, ΕπιθΕμπΔ 8 (1957), S. 53; ΕφΘεσ 4017/1977, Armenopoulos 31 (1977), S. 448; ΕφΑθ 71100/1975, Armenopoulos 31 (1977), S. 453; ΠρΘεσ 204/1960, ΕπιθΕμπΔ 12 (1961), S. 302. – LIAKOPOULOS, in: GEORGIADIS/STATHOPOULOS, GrZGB-Komm. Art. 874, Rnr. 3; KARAVAS, Εμπορικόν Δίκαιον, A, § 183, S. 197; KIANTOU-PAMPOUKI, Ζητήματα τινά της συμβάσεως τρέχοντος λογαριασμού, S. 26 ff.

[638] Vgl. LIAKOPOULOS, in: GEORGIADIS/STATHOPOULOS, GrZGB-Komm. Art. 874, Rnr. 3; SPILIOPOULOS, GrZGB-Komm. Art. 112 EGGrZGB, Rnr. 51–58; KIANTOU-PAMPOUKI, Ζητήματα τινά της συμβάσεως τρέχοντος λογαριασμού, S. 27 f.; ARGYRIADIS, Απώλεια αυτοτέλειας κονδυλίων αλληλόχρεου λογαριασμού, Armenopoulos 31 (1977), S. 177.; Areopag 127/1972, NoB 20 (1972), S. 738; Areopag 915/1978, NoB 26 (1978), S. 1396 f. – CANARIS, Großkomm.-HGB, § 355, Rnr. 55; SCHLEGELBERGER/HEFERMEHL, HGB, § 355, Rnr. 31, 33.

[639] BGH WM 1971, S. 178; NJW 1979, S. 1658 f. = WM 1979, S. 719; NJW 1985, S. 3010 f. = WM 1985, S. 936; BAUMBACH/DUDEN/HOPT, HGB-Komm., § 355 Anm. 1; HEYMANN/HORN, HGB-Komm., § 355 Rnr. 29; STÖBER, in: ZÖLLER, ZPO-Komm., § 829 Rnr. 33 (Kontokorrent); KÜMPEL, Bank- und Kapitalmarktrecht, Rnr. 3.48, S. 302; LIESECKE, Das Bankguthaben in Gesetzgebung und Rechtsprechung, WM 1975, S. 320; VELENTZAS, Δίκαιο Τραπαζικών Εργασιών (Συμβάσεων), S. 169; TRIANTAFYLLAKIS, Σύμβαση τραπεζικού γύρου και εντολή μεταφοράς πίστωσης, Νομικά προβλήματα ουσιαστικού και δικονομικού δικαίου, Dike 23 (1992), S. 401.

de.[640] So ist in der Regel jeder Girovertrag in der Regel auch Kontokorrentvertrag. Das entspricht auch dem Grundsatz, dass das Kontokorrent stets ein Rechtsverhältnis der Kontokorrentparteien voraussetzt, aus dem sich die letzteren zu gegenseitigen Leistungen verpflichten.[641] Das bedeutet ferner, dass Grundlage für die Entstehung eines Girokontos einerseits girovertragliche und anderseits kontokorrentrechtliche Grundsätze sind.

Aus den girovertraglichen Grundsätzen folgt – im Gegensatz zum Kontokorrent –, dass der Girokontoinhaber das jederzeitige Verfügungsrecht über sein Tagesguthaben hat. Dieses Recht ist ein begriffswesentlicher Inhalt des Girovertrages. Die Eigengesetzlichkeit des Girovertrags steht damit in scheinbar unlöslichem Widerspruch zum Wesen des kaufmännischen Kontokorrentverhältnisses. Deutlich wird daran die Hilfsfunktion der Girovertragspfändung gegenüber der Kontokorrentpfändung; der Gläubiger kommt regelmäßig nicht umhin, beide Pfändungen zu kombinieren.

§ 3 Pfändung der Forderungen aus einem Kontokorrent

I. Pfändbarkeit von Einzelforderungen

Die größte Resonanz in Judikatur im Rahmen der Kontokorrentpfändung erfährt die Rechtsfrage der Pfändbarkeit von Einzelforderungen. In beiden Rechtsordnungen erkennt die herrschende Meinung an, dass die kontokorrentbefangenen Einzelforderungen nicht Gegenstand der Pfändung sein können.[642] Die Begrün-

---

[640] Zum Zusammenhang von Girovertrag und Kontokorrent vgl. ausführlich, BEESER, Zur Pfändung und Überweisung gegenwärtiger und künftiger Girokontoguthaben, AcP 155 (1956), S. 428 ff.; UHLMANNSIEK, Pfändungen ins Girokonto, JA 1993, S. 238 ff.

[641] Vgl. DOUVLIS, H μεταβίβαση τραπεζικής πίστωσης με αλληλόχρεο λογαριασμό, S. 40; LIAKOPOULOS, Γενικό Εμπορικό Δίκαιο, S. 138.

[642] BGHZ 1980, S. 172 ff. = WM 1982, S. 542 = ZIP 1981, S. 591 = NJW 1981, S. 1611; BGH v. 30.6.1982, BGHZ 84, S. 325 = ZIP 1982, S. 935 = WM 1982, S. 830 = NJW 1982, S. 2192; BGH v. 24.1.1985, BGHZ 93, S. 315 = ZIP 1985, S. 339 = WM 1985, S. 344 = NJW 1985, S. 1218; EWiR 1985, S. 119 (Merz); BFH JuS 1984, S. 813 f.; BGH NJW 1997, S. 2322 = Rpfleger 1997, S. 487 = InVo 1997, S. 266 = MDR 1997, S. 878; THOMAS/PUTZO, ZPO, § 829 Rnr. 46; BAUMBACH/LAUTERBACH/ALBES/HART-MANN, ZPO Grundz. § 704 Rnr. 87; SCHLEGELBERGER/HEFERMEHL, HGB § 357 Rnr. 2; CANARIS, Großkomm.-HGB, § 357 Anm. 2, S. 533 f.; BAUMBACH/DUDEN/HOPT, HGB, § 357 Anm. 1; HEYMANN/HORN, HGB, § 357 Rnr. 8; HERGET, Großkomm-HGB, § 355 Rnr. 34, § 357 Rnr. 1; BROX/WALKER, Zwangsvollstreckungsrecht, Rnr. 525, S. 310; KÜMPEL, Bank- und Kapitalmarktrecht, Rnr. 3.53, S. 303 f.; CLAUSSEN, Bank- und Börsenrecht, S. 86; BERGER, Pfändung von Girokonten, ZIP 1980, 946 f.; GAUL, Die Zwangsvollstreckung in den Geldkredit, KTS 1989, S. 3 ff.; GRÖGER, Die zweifache Doppelpfändung des Kontokor-

dung der Unpfändbarkeit der Einzelposten verweist auf das Wesen des Kontokorrents. Das Wesen der Kontokorrentabrede besteht darin, dass die in die laufende Rechnung aufgenommenen beiderseitigen Ansprüche und Leistungen am Tage des periodischen Rechnungsabschlusses durch Anerkennung des Saldos als Einzelforderungen untergehen.[643] Mit der Einstellung einer kontokorrentgebundenen Einzelforderung in das Kontokorrent verliere sie den Charakter als selbstständig verfügbarer Vermögensgegenstand und sei daher im Verhältnis zu Dritten nicht abtretbar und daher nicht pfändbar. Diese Auffassung wird nach den griechischen Autoren[644] mit Artikel 206 GrZGB – § 161 DtBGB entsprechend – bekräftigt, wonach eine Einzelforderung, die in das Kontokorrent eingestellt wurde, mit einem Gegenstand, der unter einer Bedingung steht, gleichstellt wird. Infolgedessen ist jede Verfügung über den Gegenstand bzw. die Einzelforderung während der Schwebezeit unwirksam.[645] Ferner wird im griechischen Schrifttum vorgetragen, dass bei Eröffnung des Kontokorrents die Parteien bereits vereinbaren, dass die gegenseitigen Forderungen gegeneinander aufgerechnet werden.

---

rents, BB 1984,S. 25; HÄUSER, Ist der Anspruch des Kontoinhabers auf Besorgung einer Giroüberweisung pfändbar?, WM 1990, S. 129; TERPITZ, Zur Pfändung von Ansprüchen aus Bankkonten, WM 1979, S. 570. – *zum griechischen Recht* vgl. VELENTZAS, Δίκαιο Αλληλόχρεου Λογαριασμού, S. 189; SPILIOPOULOS, ΕρμΑΚ, άρθρο 112 ΕισΝΑΚ, αρ. 56; KIANTOU-PAMPOUKI, Ζητήματα τινά της συμβάσεως του τρέχοντος λογαριασμού, S. 73 ff.; PAMPOUKIS, Τραπεζικαί πιστωτικαί συμβάσεις, S. 563; BRINIAS, Αναγκαστική Εκτέλεση III, Art. 982, § 444, S. 1285 f.; KOUZIORTI, Κατάσχεση στα χέρια τράπεζας ως τρίτης, ΕπΕπΔΣΘ 15 (1994), S. 225 ff; SOURLOS, Το δίκαιον του αλληλόχρεου λογαριασμού, S. 175 ff.; MAZIS, Εμπράγματη εξασφάλιση τραπεζών, S. 73 ff.; LIAKOPOULOS, Ο αλληλόχρεος λογαριασμός de lege lata και de lege ferenda, ΕπιθΕμπΔ 1988, S. 238 ff.; *derselbe*, Γενικό Εμπορικό Δίκαιο, S. 139; YESSIOU-FALTSI, Δίκαιο Αναγκαστικής Εκτέλεσης, Bd. II, Rnr. 361, S. 908 f.; KRIMPAS, Προς πληρέστεραν νομοθετική ρύθμιση του αλληλόχρεου λογαριασμού, ΕπιθΕμπΔ 18 (1967), S. 321 ff.; siehe auch, Areopag 630/1992, Hellenische Justiz 35 (1994), S. 85; Areopag 590/1966, EEN 34 (1967), S. 281; ΕφΑθ 6097/1994, ΔΕΕ 1995, S. 67; ΕφΑθ 756/1979, Armenopoulos 33 (1979), S. 1033; MAZIS, Ο αλληλόχρεος λογαριασμός στο νέο Σχέδιο του Εμπορικού Κώδικα, ΕπισκΕμπΔ 1997, S. 838.

[643] Vgl. APP, Überblick über den Vollstreckungszugriff des Gläubigers auf Ansprüche des Schuldners aus dem Girovertrag mit einem Geldinstitut, JurBüro 1991, S. 483; RÖHRICHT/GRAF VON WESTPHALEN, HGB, § 357, Rnr. 2, S. 1727. – ARGYRIADIS, Απώλεια αυτοτέλειας κονδυλίων αλληλόχρεου λογαριασμού, Armenopoulos 31 (1977), S. 177 f.; ANTONOPOULOS, Νομικό καθεστώς των απαιτήσεων κατά τη διάρκεια λειτουργίας του αλληλόχρεου λογαριασμού, NoB 46 (1998), S. 719 ff.; SPILIOPOULOS, Έρευνα επί βασικού προβλήματος του αλληλόχρεου λογαριασμού, EEN 25 (1958), S. 441 ff.; RUSS, in: GLANEGGER/GÜROFF/KUSTERER/NIEDNER/PEUKER/RUSS/SELDER/STUHLFELNER, HGB, § 357, Rnr. 1, S. 865.

[644] Vgl. PAMPOUKIS, Δίκαιον Τραπεζικών Εργασιών, S. 56 f.

[645] Vgl. VELENTZAS, Δίκαιο αλληλόχρεου λογαριασμού, S. 189.

Diese Vereinbarung stehe als Hindernis bei der Pfändung der kontokorrentbefangenen Einzelforderungen.[646]

Ähnlich wird die Unpfändbarkeit der Einzelforderung in Deutschland durch das Argument verstärkt, dass über diese bereits im Wege der im Voraus erklärten Verrechnung verfügt worden ist.[647] Die Sperre des § 392 DtBGB – Art. 449 GrZGB entsprechend – greift nicht ein, da die Verrechnung als vertragliches Tilgungsgeschäft dem Aufrechnungsvertrag näher steht als der einseitigen Aufrechnung der §§ 387 ff. DtBGB – Art. 440 GrZGB entsprechend. Auf den schon vor Beschlagnahme geschlossenen Aufrechnungsvertrag aber findet § 392 DtBGB keine Anwendung. Damit wäre die Pfändung der einzelnen Forderung zwar theoretisch noch möglich, aber in Wirklichkeit nicht effizient. Dies hätte zur Folge, dass dem Pfändungsgläubiger jedes schutzwürdige Interesse an der Pfändung einer Einzelforderung aus dem Kontokorrent fehlt, denn die Pfändung einer solchen einzelnen Forderung bringt keinerlei Vorteil und hat deshalb auch keinen eigenen Wert neben der zulässigen Pfändung des Saldos. Sie ist deshalb mangels Rechtsschutzbedürfnisses nicht zulässig.

Zusammenfassend kann festgehalten werden, dass in beiden Rechtsordnungen die Kontokorrentabrede die Unpfändbarkeit der einzelnen kontokorrentzugehörigen Forderungen bewirkt. Nach dem Wesen dieser Abrede gehen die in die laufende Rechnung aufgenommenen beiderseitigen Ansprüche und Leistungen am Tage des Rechnungsabschlusses durch die Saldo-Anerkennung unter. An die Stelle der einzelnen Forderungen tritt gleichzeitig die vom früheren Schuldgrund losgelöste Forderung aus dem Zustellungssaldo, der ebenso wie die künftigen Aktivsalden gepfändet werden kann.

II. Vollstreckung in den gegenwärtigen Saldo

1. Das Meinungsbild

Problematischer erscheint dagegen die Frage der Pfändbarkeit eines Anspruchs des derzeitigen, gegenwärtigen Saldos während des Laufes der Rechnungsperiode. Die Bedenken bei der Pfändung des gegenwärtigen Saldos beziehen sich auf den Punkt, dass während der Rechnungsperiode kein rechenoperativer buchmäßiger Saldo besteht.[648] Allerdings ist die Auffassung der Unpfändbarkeit des ge-

---

[646] PERDIKAS, Εγχειρίδιο Εμπορικού Δικαίου, Bd. II, § 702 ff., S. 260 ff.

[647] Vgl. HERZ, Das Kontokorrent, insbesondere in der Zwangsvollstreckung und im Konkurs, S. 125 f.; so auch, BAUMBACH/HOPT, HGB, § 357, Rnr. 1, S. 1023.

[648] Vgl. hier, PAMPOUKIS, Δίκαιον Τραπεζικών Εργασιών, S. 57 f.; SPILIOPOULOS, ΕρμΑΚ, άρθρο 112 ΕισΝΑΚ (EGGrZGB), αριθμ. 56; YESSIOU-FALTSI, Δίκαιο

genwärtigen Saldos für den kaufmännischen Geschäftsverkehr untragbar. Denn das Kontokorrent ist bei so einer Annahme ein geeignetes Instrument für säumige Schuldner, Vermögenswerte dem Zugriff ihrer Gläubiger zu entziehen – da die Vollstreckung in künftige Überschussforderungen meist nur geringen Erfolg verspricht.[649]

a) Griechisches Recht

Unbestritten ist im griechischen Recht, dass es sich beim gegenwärtigen Saldo um eine reale Situation handelt, die einen offensichtlichen Vermögenswert des Schuldners darstellt, welcher nicht als unpfändbar aufgrund einer Kontokorrentabrede, die einer privaten Vereinbarung gleichgestellt wird, angesehen werden kann.[650]

Als weiteres für die Pfändbarkeit sprechendes Argument wird die Tatsache aufgeführt, dass der Pfändungsgläubiger in die Rechtsstellung des Schuldners eintritt. Das Kontokorrent ist nach allgemeiner Auffassung jederzeit von einer der Kontokorrentparteien kündbar.[651] Indem der Pfändungsgläubiger in die Rechtsstellung des Schuldners eintritt, übt er lediglich das Kündigungsrecht seines Schuldners aus und bewirkt somit den Abschluss des Kontokorrents und fordert den Schlusssaldo, der dadurch entsteht.[652] Schließlich ist nicht geringer zu bewerten, dass die Pfändung eine Verfügungssperre des Schuldners bewirkt, so dass eine Gläubigerbenachteiligung beseitigt werden kann.[653]

Αναγκαστικής Εκτελέσεως, Bd. II, § 64, Rnr. 362, S. 909 f.; HERZ, Das Kontokorrent, S. 133 ff.; BEITZKE, Probleme des Kontokorrents, FS GIERKE, S. 15.

649 Zu diesem Problem im französischen Recht MICHEL, Kontokorrent und Depositengeschäft im französischen Recht, S. 50 ff.

650 Vgl. VELENTZAS, Δίκαιο αλληλόχρεου λογαριασμού, S. 175 f.; PSYCHOMANIS, Τραπεζικό Δίκαιο I, S. 162; KOUZIORTI, Κατάσχεση στα χέρια τράπεζας ως τρίτης, ΕπΕπΔΣΘ 15 (1994), S. 240.

651 Areopag 7/1994 1. Senat, ΔΕΕ 1-2 (1995), S. 63 ff.; ΠΠρΘεσσ 18171/1997, ΕΤρΑξΧρΔ 2000, S. 155 ff.; vgl. auch, VELENTZAS, Δίκαιο αλληλόχρεου λογαριασμού, S. 189 ff.

652 ΠΠρΘεσσ 3634/1976, ΕπιθΕμπΔ 1977, 394 ff.; ΠΠρΑθ 11212/72, ΑρχΝ 24, S. 149.

653 Vgl. auch, KRIMPAS, Προς πληρέστεραν νομοθετικήν ρύθμιση του αλληλόχρεου λογαριασμού, ΕπιθΕμπΔ ΙΗ΄ (1967), S. 331 und 338; BAZOUROS, Ο ανοικτός λογαριασμός εν περιπτώσει πτωχεύσεως και κατασχέσεως § 15, I, b.

Obwohl die Pfändbarkeit des gegenwärtigen Saldos nicht mit der Natur des Kontokorrentverhältnisses vereinbar zu sein scheint, beantwortet die wohl herrschende Meinung in Griechenland[654] diese äußerst strittige Frage im positiven Sinn. Rechtfertigungsgrund für diese Auffassung ist nicht nur, dass keine bestehende Vorschrift die Pfändung des gegenwärtigen Saldos ausdrücklich verbietet. Für die hier vertretene Auffassung spricht vielmehr der Gesichtspunkt der Billigkeit. Es wäre nämlich ein untragbares Ergebnis, wenn der Schuldner über die nach der Pfändung auf dem Konto eingehenden Beträge selbstständig verfügen könnte, um vor dem künftigen Rechnungsabschluss einen zwischenzeitlich angewachsenen oder erst entstandenen Guthabensaldo auf den Kontostand im Zeitpunkt der Pfändung zu mindern und das Prinzip des verstärkten Gläubigerschutzes gegenüber nachteiligen Handlungen des Schuldners und Dritter für diese Pfändbarkeit zu vereiteln.

Aber besonderem Gewicht ist auch dem Argument beizumessen, dass es sich hier um einen potentiellen Vermögenswert des Schuldners handelt, der allein bei einer Interessensabwägung der beteiligten Personen nicht von der Pfändung ausgeschlossen werden kann. Schließlich schadet die Pfändung nicht der Kontokorrentpartei des Schuldner, da dieser grundsätzlich damit rechnen muss, dass das Kontokorrent jederzeit gekündigt werden kann. Dies ergibt sich aus Art. 47 Abs. 2 Gesetzesdekret 1923, welcher vorsieht, dass das Kreditinstitut das Kontokorrent jederzeit schließen kann.[655] Die Rechtsprechung hat diesbezüglich Art. 47 Abs. 2 dahingehend ausgelegt, dass diese Berechtigung der Bank nicht die Grenzen des guten Glauben und der guten Sitten überschreiten darf.[656] Im Gegenteil muss jedes Mal ein „wichtiger Grund" vorliegen, damit die Bank zur Kündigung des Kontokorrents berechtigt wird. Unzweifelhaft stellt die Kontokorrentpfändung einen wichtigen Grund dar.[657] Ob das durch den Schuldner selbst oder seinen Gläubiger erfolgt, dürfte für die Kontokorrentpartei ohne Bedeutung sein. Der Pfändungsgläubiger braucht also nicht auf den nächsten Periodenabschluss zu warten und sich nicht neu hinzukommende Schuldposten abziehen zu lassen.

---

[654] Vgl. KIANTOU-PAMPOUKI, Ζητήματα τινά της συμβάσεως τρέχοντος λογαριασμού, §§ 51 ff., S. 77 ff.; PAMPOUKIS, Τραπεζικαί πιστωτικαί συμβάσεις, S. 564; *derselbe*, Δίκαιον Τραπεζικών Εργασιών, S. 57; PERDIKAS, Εγχειρίδιο Εμπορικού Δικαίου, S. 260 ff. – vgl. auch, ΠΠρΑθ 3634/1976, ΕπιθΕμπΔ 28 (1977), S. 394 ff.; MAZIS, Η ρύθμιση του αλληλόχρεου λογαριασμού με το νέο Σχέδιο του Εμπορικού Κώδικα, ΕπισκΕμπΔ 1997, S. 839.

[655] ΕφΑθ 8093/1983, ΕπιθΕμπΔ 35 (1984), S. 586 ff.; ΕφΑθ 6450/1985, ΕπιθΕμπΔ 37 (1986), S. 604.

[656] Vgl. PSYCHOMANIS, Anm. zu ΕφΛαρ 83/1998, ΕπισκΕμπΔ 1999, S. 197.

[657] ΠρΑθ 3634/1976, ΝοΒ 24 (1976), S. 909.

b) Deutsches Recht

Parallel beseitigt die in Deutschland nun geltende gesetzliche Regelung der Pfändung des gegenwärtigen Saldos in § 357 HGB diese praktischen Schwierigkeiten, indem sie die Pfändung des sogenannten gegenwärtigen Saldos zulässt.[658] Die Pfändung des gegenwärtigen Aktivsaldos von Girokonten kann somit nach §§ 829 ff. DtZPO unproblematisch erfolgen. Erfasst wird von der Kontokorrentpfändung aber nur der Saldo, der sich im Augenblick des Wirksamwerdens der Pfändung ergibt, also nur der sogenannte Zustellungssaldo.[659] Konkreter gesagt, handelt es sich beim Zustellungssaldo um das Guthaben, das bei Zustellung des Pfändungs- und Überweisungsbeschlusses an das Kreditinstitut als Drittschuldner möglicherweise besteht, und nicht erst der Saldo des nächsten im Kontokorrentvertrag vereinbarten Abrechnungstermins.[660] Dementsprechend werden Schuldposten, die nach der Pfändung durch neue Geschäfte entstehen, vom Zustellungssaldo nicht abgezogen. Die Bank darf nur Zinsen und Spesen abziehen, die bis dahin angefallen sind. Hat das Kreditinstitut trotz wirksamer Pfändung Schuldposten aus dem gepfändeten Saldoguthaben gedeckt, so muss es dennoch an den Gläubiger den entsprechenden Betrag zahlen. Dies gilt nicht, wenn die Schuldposten aus schon vor der Pfändung bestehenden Rechten oder Verpflichtungen der Bank entstanden sind.

Der Gesetzgeber hat in § 357 DtHGB eine Schutzvorschrift zugunsten des Gläubigers gesehen, da dieser benachteiligt wäre, wenn entsprechend dem Wesen des Kontokorrents nur der nächste Abschlusssaldo gepfändet werden könnte und der Schuldner so die Möglichkeit hätte, dem Gläubiger durch beliebige Schaffung neuer Schuldposten das Guthaben zu entziehen. Auch der BGH hatte bereits 1981 den Umfang der Kontokorrentpfändung fixiert. Gleichermaßen werden auch zukünftige Habenposten entsprechend § 357 DtHGB von der Pfän-

---

658 Vgl. HERGET, in: ENSTHALER, Gemeinschaftskommentar zum HGB, § 357 Rnr. 12, S. 1554 ff.; HEYMANN/HORN, Handelsgesetzbuch, § 357 Rnr. 8; BAUMBACH/HOPT, HGB, § 357 Rnr. 2; KOLLER/ROTH/MORCK, HGB, § 357 Rnr. 2; SCHLEGELBERGER/HEFERMEHL, HGB, § 357 Rnr. 3; STÖBER, Forderungspfändung, Rnr. 157, S. 73.

659 EHLENZ/DIEFENBACH, Pfändung in Bankkonten und andere Vermögenswerte, Rnr. 140, schlagen folgende Formulierung vor: „Ansprüche aus laufender Rechnung, auf Abrechnung und Auszahlung des gegenwärtigen Guthabens“; RÖHRICHT/GRAF VON WESTPHALEN, HGB, § 357, Rnr. 2, S. 1727; RUSS, in: GLANEGGER/GÜROFF/KUSTERER/NIEDNER/PEUKER/RUSS/SELDER/STUHLFELNER, HGB, § 357, Rnr. 2, S. 866; BAUMBACH/HOPT, HGB, § 357, Rnr. 2 ff., S. 1023 f.; KOLLER, in: KOLLER/ROTH/MORCK, HGB, § 357, Rnr. 2, S. 895; UHLMANNSIEK, Pfändungen ins Girokonto, JA 1993, S. 239.

660 Vgl. VALLENDER, Effiziente Zwangsvollstreckung durch Kontenpfändung, InVo 1996, S. 284; so auch, BGH 13.3.1981, WM 1981, S. 542 f. m.w.N. = BB 1981, S. 1051 ff.; BGH, ZIP 1982, S. 932; CANARIS, in GroßkommHGB, § 357 Anm. 8, S. 537 f.

dung des gegenwärtigen Saldos nicht erfasst; ebenso wie neue Sollposten unberücksichtigt bleiben.[661]

c) Rechtsvergleichende Betrachtung

Im Ergebnis kann man feststellen, dass beide Rechtsordnungen die Pfändung des gegenwärtigen Saldos anerkennen. Während aber in Deutschland dies ausdrücklich aus einer gesetzlichen Vorschrift resultiert, ergibt sich die Pfändbarkeit des gegenwärtigen Saldos in Griechenland weder aus dem Gesetz noch aus der Rechtsprechung. Auch die literarische Erörterungen zu dieser Problematik sind in neuster Zeit eher mangelhaft. Dies hängt damit zusammen, dass – wie bereits zu Beginn erwähnt – der Vollstreckungszugriff auf Girokonten in Griechenland nur in Einzelfällen betrieben worden ist.

Angesichts der Tatsache, dass künftig der Vollstreckungsfall bei Girokonten verbreitet auftreten wird, werden aufgrund der fehlenden Rechtsgrundlage intensive Diskussionen zu dieser Problematik unvermeidbar sein. Diese Herausforderung hat der griechische Gesetzgeber bereits wahrgenommen, indem er im Entwurf des neuen Handelgesetzbuches in Artikel 166, orientiert an § 357 DtHGB, die Pfändung des Zustellungssaldos ausdrücklich festlegt.[662] Mit der Einführung des neuen Handelsgesetzbuches, das bis jetzt noch nicht in Kraft getreten ist, wird mehr Rechtssicherheit gewährleistet und im Endeffekt der Gläubigerschutz gestärkt.

2. Wirkungen der Pfändung

a) Griechisches Recht

Im griechischen Recht wird allgemein anerkannt, dass die Pfändung des gegenwärtigen Saldos zur Beendigung des Kontokorrentverhältnisses führt und somit die gepfändete Forderung sofort ausgezahlt werden kann,[663] vorausgesetzt die

---

[661] BGH, WM 1981, S. 542 f. = BB 1981, S. 1051 ff.; OLG Celle WM 1966, S. 331, 332; STÖBER, Forderungspfändung, Rnr. 159, S. 75; BAUMBACH/HOPT, HGB, § 357 Anm. 8 B; CANARIS, GroßkommHGB, § 357 Anm. 8, S. 537 f.

[662] MAZIS, Η ρύθμιση του αλληλόχρεου λογαριασμού με το νέο Σχέδιο του Εμπορικού Κώδικα, ΕπισκΕμπΔ 1997, S. 845.

[663] Vgl. PAMPOUKIS, Δίκαιον Τραπεζικών Εργασιών, S. 58. – ΠΠρΑθ 3634/1976, ΕπιθΕμπΔ 1977, S. 394 ff. = NoB 24 (1976), S. 909 ff.; a.A. LIAKOPOULOS, O αλληλόχρεος λογαριασμό de lege lata και de lege ferenda, ΕπιθΕμπΔ 39 (1988), S. 239; dagegen, MAZIS, Η ρύθμιση του αλληλόχρεου λογαριασμού με το νέο Σχέδιο του Εμπορικού Κώδικα, ΕπισκΕμπΔ 1997, S. 845, welcher die Ansicht vertritt, dass auf der Grundlage des

Parteien haben nicht etwas anderes vereinbart. Im letzteren Fall besteht die Kontokorrentabrede auch weiterhin.

Hinsichtlich der Verfügungsbefugnis des Vollstreckungsschuldners nach der Pfändung des gegenwärtigen Saldos wird in Griechenland die Meinung vertreten, dass die Pfändung des gegenwärtigen Saldos – den Regeln der Forderungspfändung folgend – zu einer Verfügungssperre des Bankkunden bzw. Schuldners führt.[664] Damit wird dem Vollstreckungsschuldner die Befugnis zu weiteren Verfügungen zwischen den Rechnungsabschlüssen entzogen, so dass er nicht die Möglichkeit hat, die Pfändung der künftigen Abschlusssalden durch Verfügungen über etwaige Guthaben zu vereiteln.

b) Deutsches Recht

Eine rechtsvergleichende Betrachtung des deutschen Rechts zeigt, dass die Wirkungen der Pfändung auf das Kontokorrentverhältnis nicht einhellig bestimmt werden können. Es haben sich in diesem Zusammenhang vielseitige Behauptungen breit gemacht. Diese reichen von der Behauptung, die Pfändung des gegenwärtigen Saldos führe zur Beendigung des Kontokorrentverhältnisses und so zur Entstehung einer Saldoforderung, die dann gepfändet sei, über die Ansicht, die Pfändung beendet die gerade laufende Rechnungsperiode und lasse so eine – dann gepfändete – Saldoforderung entstehen[665]. Ferner wird die Meinung vertreten, § 357 fingiere das Bestehen einer gegenwärtigen Saldoforderung, um ihre Pfändung zu ermöglichen, lasse das Kontokorrent aber sonst unberührt. Aus andere Seite wird angenommen, dass infolge der Pfändung eine „Saldoziehung" kraft Gesetzes stattfinde, und dieser Saldo sei auch gleich gepfändet.

Anders als im griechischen Recht vertritt die herrschende Meinung allerdings die entgegengesetzte Auffassung.[666] Durch die Saldopfändung wird das Kontokorrentverhältnis als solches nicht beendet – sofern nicht seine Beendigung für den Fall der Vollstreckung vereinbart worden ist. Die Saldopfändung

---

Art. 166 Entwurf des neuen Handelsgesetzbuches die Kündigung des Kontokorrents nicht mehr erforderlich sein wird. So auch, YESSIOU-FALTSI, Δίκαιο Αναγκαστικής Εκτέλεσης, Bd. II, § 64, Rnr. 362, S. 910.

[664] Vgl. VELENTZAS, Δίκαιο αλληλόχρεου λογαριασμού, S. 189 ff.; ΠΠρΑθ 3634/1976, ΕπιθΕμπΔ 1977, S. 394.

[665] Nach GRÖGER, Die zweifache Doppelpfändung des Kontokorrents, BB 1984, S. 28 soll die Rechnungsperiode infolge Verrechnung beendet sein; dagegen ZWICKER, Die Pfändung von kontokorrentzugehöriger Forderungen, DB 1984, S. 1713 f.

[666] Vgl. HERGET, in: ENSTHALER, Gemeinschaftskommentar zum HGB, § 357, Rnr. 19 f.; BAUMBACH/HOPT, HGB, § 357 Rnr. 3; HEYMANN/HORN, HGB, § 357 Rnr. 4.

führt aber auch nicht zur Beendigung der laufenden Rechnungsperiode.[667] Sie bewirkt jedoch, dass das Konto rein buchungstechnisch und auch nur im Verhältnis zwischen Bank und Gläubiger auf dem Zeitpunkt der Pfändung vorläufig abgeschlossen wird, wobei zukünftige Habenposten ebenso wenig berücksichtigt werden wie neue Sollposten.[668] Die vorläufige Abrechnung gilt nicht im Verhältnis zum Bankkunden bzw. Schuldner, denn diesem gegenüber verbleibt es bei den vereinbarten periodischen Abschlüssen.[669]

Darüber hinaus sind Abweichungen zwischen beiden Ländern hinsichtlich der Wirkung der Pfändung des gegenwärtigen Saldos auf die Verfügungsbefugnis des Vollstreckungsschuldners zu beobachten. Diesbezüglich wird in Deutschland – entgegen der älteren Literatur[670] – inzwischen angenommen, dass § 357 DtHGB trotz der Pfändung der Abschlusssalden keine Verfügungssperre durch die Pfändung bewirkt, so dass dem Gläubiger eine nachträgliche Erhöhung des Guthabens des Schuldners nicht zugute kommt. Der Sinn des § 357 DtHGB erschöpfe sich demnach darin, dem Gläubiger das sogenannte Zustellungssaldo zu sichern. Das bedeutet, dass lediglich der im Zeitpunkt der Zustellung des Pfändungsbeschlusses an den Drittschuldner bestehende Saldo und der am Ende der Periode gegebenenfalls sich ergebende tatsächliche Saldo an den Gläubiger auszuzahlen ist.[671] Ergibt sich ein Guthaben, muss dieses an den Gläubiger abgeführt werden. Ergibt sich kein Guthaben, geht die Pfändung ins Leere.

---

[667] Vgl. SCHLEGELBERGER/HEFERMEHL, HGB, § 357 Rnr. 6; CANARIS, GrosskommHGB, § 357 Rnr. 17, S. 541 f.

[668] BGH v. 13.3.1981, BGHZ 80, S. 172 ff. = WM 1981, S. 542 = ZIP 1981, S. 591 = NJW 1981, S. 611; OLG Oldenburg WM 1979, S. 591 ff.; HERGET, in: ENSTHALER, Gemeinschaftskommentar zum HGB, § 357 Rnr. 5 f.; HINTZEN, Pfändung des vereinbarten Dispositionskredits, InVo 2001, S. 270; WERNER/MACHUNSKY, Zur Pfändung von Ansprüchen aus Girokonten – insbesondere beim debitorisch geführten Kontokorrent, BB 1982, S. 1581 f.; LWOWSKI/BITTER, Grenzen der Pfändbarkeit von Girokonten, WM 1994, S. 59; CARL, Die Pfändung in Girokonten, DStR 1988, S. 766.

[669] BGH 13.3.1981 BGHZ 80, S. 172 ff.; OLG Oldenburg 29.11.1978, WM 1979, S. 593.

[670] In der älteren deutschen Literatur sollte bereits durch die Pfändung des gegenwärtigen Saldos eine Verfügungssperre zugunsten des Vollstreckungsgläubigers begründet werden. Vgl. hiezu, DÜRINGER/HACHENBURG/BREIT, HGB, § 357 Anm. 3; KOENIGE/TEICHMANN/KOEHLER, HGB, § 357 Anm. 2; RITTER, HGB, § 357 Anm. 1; SCHUPP, Ist der gegenwärtige Kontokorrentsaldo pfändbar?, BB 1952, S. 217 f.; BAUMBACH/HOPT, HGB, § 357, Rnr. 4, S. 1024, verweist auf die ältere Literatur.

[671] BGHZ 80, S. 172 ff.; OLG Oldenburg WM 79, S. 591 ff.; SCHLEGELBERGER/HEFERMEHL, HGB, § 375 Rnr. 21; STÖBER, Forderungspfändung, Rnr. 164 ff., S. 79 f.; BROX/WALKER, Zwangsvollstreckungsrecht, Rnr. 526; HÄUSER, Die Reichweite der Zwangsvollstreckung bei debitorischen Konten, ZIP 83, S. 891 f.; LWOWSKI/BITTER, Grenzen der Pfändbarkeit von Girokonten, WM 94, S. 60; BAUMBACH/HOPT, HGB, § 357, Rnr. 4, S. 1024.

Damit der Bankkunde nach deutschem Recht die Pfändung des Saldoanspruchs nicht dadurch wirkungslos macht, dass er bis zum Ablauf der Kontokorrentperiode seinen Kreditsaldo durch Entnahmen weiter mindert, bestimmt § 357 Satz 1 DtHGB, dass die nach der Pfändung durch neue Geschäfte entstehenden Schuldposten dem pfändenden Gläubiger gegenüber nicht in Rechnung gestellt werden dürfen. Dies gilt auch, wenn dieser Zeitpunkt in die laufende Kontokorrentperiode fällt und die Saldierung erst später fällig wird. Der Pfändungsgläubiger braucht also weder auf den nächsten Periodenschluss zu warten noch sich nicht die neu hinzukommende Schuldposten abziehen zu lassen.[672]

III. Pfändung des zukünftigen Guthabens aus dem Kontokorrentvertrag

1. Pfändungsgegenstand

Durch die Pfändung lediglich des gegenwärtigen Saldos werden die später dem Konto gutgeschriebenen Beträge nicht erfasst. Der Gläubiger muss daher auch das künftige Guthaben pfänden. Ist ein pfändbarer Saldo nicht vorhanden, kann die Pfändung somit auch auf die zukünftige Salden – d.h. die Saldoforderung, die bei der nächsten regelmäßigen Verrechnung übrig bleiben wird – erstreckt werden. Auch bei Bestehen eines gegenwärtigen Saldos kann die Pfändung der zukünftigen Kontokorrentsalden in der Praxis durch ausdrückliche Anordnung im Wege der Doppelpfändung grundsätzlich erfolgen. Die Pfändbarkeit des zukünftigen Guthabens aus dem Kontokorrentvertrag wird sowohl in Griechenland als auch in Deutschland grundsätzlich bejaht.[673] Der Vollstreckungszugriff auf

---

[672] BGHZ 80, S. 172 (176); vgl. auch, LWOWSKI/BITTER, Grenzen der Pfändbarkeit von Girokonten, WM 1994, S. 57 (72); ZWICKER, Die Pfändung kontokorrentzugehöriger Forderungen, DB 1984, S. 1713 ff.

[673] Vgl. hierzu, VATHRAKOKILIS, GrZPO-Komm., Bd. VI, Art. 982, § 25, S. 31; KASTRIOTIS, Η κατάσχεσις εις χείρας τρίτου, S. 119 ff.; BRINIAS, Αναγκαστική Εκτέλεση III, Art. 982, § 444, S. 1285 f.; KIANTOU-PAMPOUKI, Ζητήματα τινά της συμβάσεως τρέχοντος λογαριασμού, S. 74; PSYCHOMANIS, Τραπεζικό Δίκαιο I, S. 151 ff.; KOUZI-ORTI, Κατάσχεση στα χέρια τράπεζας ως τρίτης, ΕπΕπΔΣΘ 15 (1994), S. 239 f. – BGH 20.3.1997 BGHZ 135, S. 140 f.; BGHZ 84, S. 331 (3711); 13.3.1981, BGHZ 80, S. 172 ff.; RG 4.4.1933 RGZ 140, S. 222; STEIN/JONAS, ZPO, § 829 I Rnr. 11 ff., S. 931 ff. m.w.N.; KOLLER/ROTH/MORCK, HGB, § 357 Rnr. 3; BAUMBACH/HOPT, HGB, § 357 Rnr. 5; STÖBER, Forderungspfändung, Rnr. 163 ff. S. 79 f.; HÄUSER, Die Reichweite der Zwangsvollstreckung bei debitorischen Konten, ZIP 1983, S. 892.; dagegen: OLG Oldenburg, MDR 6 (1952), S. 549 ff.; GAUL, Zur Rechtsstellung der Kreditinstitute als Drittschuldner in der Zwangsvollstreckung, S. 24 ff.; RUTHKE, Drittschuldnerschutz für die Bank bei der Kontenpfändung, ZIP 1984, S. 538; ZWICKER, Die Pfändung von kontokorrentzugehöriger Forde-

ein künftiges Saldo erfolgt in den beiden Rechten im Wege der Forderungspfändung (§§ 829 ff. DtZPO bzw. Art. 982 GrZPO).[674] Konkreter gesagt, gelten hierfür die allgemeinen Vorschriften über die – in beiden Rechten als zulässig erachtete – Pfändung und Überweisung in künftige Forderungen.[675] Beide Zivilprozessrechte setzen für die Pfändung von künftigen Forderungen voraus, dass eine rechtliche Grundlage, nach der die Art und die Person des Drittschuldners bei einer künftigen Forderung bestimmt werden kann, vorhanden ist.[676] Eine derartige Pfändung ist somit zulässig, wenn die Erwartung der Entstehung der künftigen Saldoforderung ausreichend rechtlich fundiert ist.[677] Die Erklärungspflicht des Drittschuldners nach griechischem Recht besteht in diesem Fall darin, die Rechtsbeziehung zu dem Schuldner, aus der die künftige Forderung entstehen kann, zu bestimmen. Die Besonderheit bei der Pfändung von künftigen Forderung besteht im griechischen Recht darin, dass die Verwertung nicht mit der positiven Erklärung des Drittschuldners gemäß Art. 989 GrZPO erfolgt. Sobald aber die Forderung bestimmt und „bereinigt" ist, muss der Drittschuldner erneut innerhalb einer achttägigen Frist eine Erklärung abgeben, deren Inhalt ergänzend zu der ersten Erklärung sein wird. Erst diese positive Erklärung stellt einen

---

rungen, DB 1984, S. 1713; HERZ, Pfändung von Forderungen aus dem Bankkontokorrent, DB 1974, S. 1851 ff.

674 § 357 ist hier nicht einzuwenden, vgl. RÖHRICHT/GRAF VON WESTPHALEN, HGB, § 357, Rnr. 3, S. 1727; RUSS, in: HGB-Komm., § 357, Rnr. 3, S. 866; BAUMBACH/ HOPT, HGB, § 357, Rnr. 5 ff., S. 1024.

675 § 357 S. 1 DtHGB gilt nach ganz anerkannter Auffassung in Deutschland lediglich für das „Zustellungssaldo" und nicht für künftige Ansprüche. Vgl. hierzu, BGHZ 80, S. 173 ff. = LM Nr. 10 = NJW 1981, S. 1611; vgl. auch, STEIN/JONAS/MÜNZBERG, ZPO, S. 931 ff. – ΠΠρΑθ 4552/1973 m. Anm. BRINIAS, Dike 5 (1974), S. 70 ff.; vgl. auch, BRINIAS, Αναγκαστική Εκτέλεση III, Art. 982, § 442 a, S. 1240 ff.

676 RG 74, 82; RG 82, 227; RG134, 227; RG 135, 140 f.; BGH NJW 55, 544; BGH 20, 127 ff. = NJW 56, 790; BGH MDR 79, 1016 = NJW 79, S. 2038. – so auch der Areopag 285/1973, NoB 21 (1973), S. 1106; Areopag 255/1957, NoB 6 (1958), S. 1008; Areopag 255/1956, EEN 23, S. 899 = NoB 4 (1956), S. 1068; Areopag 116/1957, EEN 24, S. 622; ΕφΑθ 557/1970, Armenopoulos 24 (1970), S. 717; ΕφΑθ 6431/1975, Armenopoulos 30 (1976), S. 518; ΕφΑθ 5867/1982, Dike 18 (1987), S. 562; ΕφΑθ 3416/1990, Hellenische Justiz 32 (1991), S. 1026 ff.; ΕφΑθ 2883/79, NoB 27 (1979), S. 1134; ΕφΑθ 643/1975, Armenopoulos 30 (1976), S. 518; ΕφΑθ 557/1970, Armenopoulos 24 (1970), S. 717; ΕφΑθ 580/1965, Hellenische Justiz 6 (1965), S. 224; ΕφΙωαν 63/1966, NoB 15 (1967), S. 1176; ΕφΘεσσ 155/1962, EEN 31 (1964), S. 467; ΕφΑθ 2993/1953, Θ 65, S. 178; ΕφΘεσσ 490/1965, NoB 14 (1966), S. 405; ΕφΘεσσ 155/1962 Θ ΞΕ', 178; ΕφΘεσσ 88/1966 Armenopoulos 20 (1966), S. 444; ΜΠρΑθ (Μ) 2227/1986, NoB 35 (1987), S. 1070 f. – KERAMEUS/KONDYLIS/NIKAS, GrZPO-Komm., Art. 982, Ziff. 4, S. 1912.

677 Nach SCHÖNLE, Bank- und Börsenrecht, S. 104 f. ist diese Voraussetzung beim Bankkontokorrent nicht erfüllt, da dieser nicht weitere Eingänge aufgrund rechtlicher Verpflichtungen des Bankkunden gegenüber der Bank erwarten lässt.

Vollstreckungstitel gemäß Art. 989 GrZPO dar. Ist die Erklärung des Drittschuldners ungenau, bedarf es einer gerichtlichen Entscheidung über den Widerspruch des Vollstreckungsgläubigers, damit die Verwertung erst eintritt.[678]

Bei einem Bankkontokorrent sind die Voraussetzungen für die Pfändung in künftige Forderungen grundsätzlich gegeben. Insbesondere mangelt es bei der Pfändung des künftigen Saldos nicht an der erforderlichen Bestimmbarkeit künftiger Forderungen. Diese rechtliche Grundlage bildet bei der Pfändung des künftigen Saldo das Wesen des Kontokorrents. Nach der nunmehr h.M. in Deutschland genügt die hinreichende Bezeichnung des bestehenden Kontokorrentverhältnisses, um nicht nur dem beim Rechnungsabschluss sich ergebenden aktiven Saldo, sondern im Falle einer etwa quartalsweise vereinbarten Saldierung auch jeden späteren Saldo als genügend bestimmt anzusehen.[679] Die Pfändung des künftigen Guthabens aus dem Kontokorrentvertrag erstreckt sich somit nicht nur auf den nächsten Aktivsaldo, sondern auf alle weiteren künftigen Aktivsalden bis zur vollen Befriedigung des Gläubigers.[680] Zu beachten ist allerdings im deutschen Recht, dass § 357 DtHGB auf die Pfändung solcher zukünftigen Forderungen aus einem Kontokorrentverhältnis nicht anzuwenden ist.[681]

Die Pfändung der Abschlusssalden war in beiden Rechtsordnungen nicht immer in der Rechtsprechung[682] und Literatur unbestritten. Die vorherrschende Ansicht wies darauf hin, dass nur der erste auf die Pfändung folgende Aktivsaldo hinreichend bestimmt sei. Für alle nachfolgenden Salden wurde die Bestimmtheit und Pfändbarkeit demgegenüber verneint.[683] Diese Frage ist in Deutschland inzwischen durch die Rechtsprechung im Sinne der Pfändungsmöglichkeit aller darauffolgenden Rechnungsabschlusssalden entschieden. Die darauffolgende Quartalsalden können somit heute beschlagnahmt werden. Fraglich erscheint dennoch, ob die Pfändung des zukünftigen Saldos für den Vollstre-

---

678 Vgl. ΠΠρΑθ 4552/1973, m. Anm. BRINIAS, Dike 5 (1974), S. 74.

679 Seit BGH v. 13.3.1981, BGHZ 80, S. 172; RÖHRICHT/GRAF VON WESTPHALEN, HGB, § 357, Rnr. 3, S. 1727.

680 Vgl. WERNER/MACHUNSKY, Zur Pfändung von Ansprüchen aus Girokonten – insbesondere beim debitorisch geführten Kontokorrent, BB 1982, S. 1582.

681 HERGET, in: ENSTHALER, Gemeinschaftskomm. zum HGB, § 357 Rnr. 26; SCHLEGELBERGER/HEFERMEHL, HGB, § 357 Rnr. 21; CANARIS, GrosskommHGB, § 357 Anm. 9 u. 23, S. 537 ff.; HEYMANN/HORN, HGB, § 357 Rnr. 18; BAUMBACH/DUDEN/HOPT, HGB, § 357 Anm. 3 A; STÖBER, Forderungspfändung, Rnr. 164 f., S. 79 f.; LIESECKE, Das Bankguthaben in Gesetzgebung und Rechtsprechung, WM 1975, S. 314 ff.; HÄUSER, Die Reichweite der Zwangsvollstreckung bei debitorischen Konten, ZIP 1983, S. 891 ff.

682 OLG Oldenburg v. 29.11.1978, WM 1979, S. 591, mit Nachweisen zum früheren Streitstand.

683 Vgl. hierzu auch PAMPOUKIS, Δίκαιον Τραπεζικών Εργασιών, S. 57.

ckungsgläubiger sinnvoll ist, da trotz Pfändung der Schuldner über die Forderungen verfügen kann und somit durch entsprechende Dispositionen die jeweiligen Rechnungsabschlüsse ohne Guthabensalden gestalten kann.[684] Ähnlich beeinflusst auch in Griechenland die Pfändung des künftigen Saldos das Kontokorrentverhältnis nicht.[685] Die Pfändung des zukünftigen Saldos führt nicht zu einer Verfügungssperre.[686]

§ 4 Pfändung der Ansprüche aus dem Girovertrag

Der Verfügungsbefugnis des Schuldners zwischen den Rechnungsabschlüssen suchen die Gläubiger dadurch zu begegnen, dass auch die Ansprüche aus dem der Kontokorrentabrede zugrunde liegenden Giroverhältnis gepfändet werden. Die geschilderten Möglichkeiten zur Pfändung von Ansprüchen aus dem Kontokorrentverhältnis erfassen nämlich nicht Ansprüche aus dem Girovertrag.[687] Der Gläubiger kommt regelmäßig nicht umhin, beide Pfändungen zu kombinieren. Da im Rahmen des Giroverhältnisses das Kreditinstitut zu vielseitigen Dienstleistungen verpflichtet wird, entstehen hier mehrere Ansprüche des Girokunden gegen die kontoführende Bank, die für den Vollstreckungsschuldner weitere Befriedigungsmöglichkeiten bedeuten können. Im Rahmen des Giroverhältnisses ist zu differenzieren zwischen dem Anspruch auf Auszahlung der Tagesguthaben (rechnerisches Guthaben), dem Anspruch auf Gutschrift eingehender Gelder und dem Anspruch auf Durchführung von Überweisungsaufträgen. Besonders unterstrichen werden muss, dass diese Ansprüche nicht von dem Antrag auf Pfändung des gegenwärtigen und der zukünftigen Saldoforderungen im Rahmen des Kontokorrents mitumfasst sind, sondern ihre Pfändung muss besonders beantragt und ausgesprochen werden. Hier ist in Deutschland von einer „Globalpfändung" die Rede, weil von ihr sämtliche Ansprüche des Bankkunden aus dem Kontokorrent- und Girovertrag erfasst werden.[688]

---

684 Vgl. CARL, Die Pfändung in Girokonten, DStR 1988, S. 766; FORGÁCH, Die Doppelpfändung beim Bankkontokorrent und das Verfügungsrecht des Schuldners während der Rechnungsperiode, DB 1974, S. 809.

685 Vgl. VELENTZAS, Δίκαιο αλληλόχρεου λογαριασμού, S. 175; PAMPOUKIS, Δίκαιον Τραπεζικών Εργασιών, S. 57.

686 Vgl. PAMPOUKIS, Δίκαιον Τραπεζικών Εργασιών, S. 57.

687 BGH, NJW 1982, S. 2193.

688 Zum Begriff siehe auch BAUER, Die Zulässigkeit von Globalpfändungen durch die Finanzverwaltung, DStR 1982, 250.

I. Anspruch auf Auszahlung der Tagesguthaben

Die Frage, inwieweit der Anspruch auf die Tagesguthaben pfändbar ist,[689] setzt die vorherige Klarstellung voraus, dass der Anspruch auf Auszahlung des sich zwischen den Rechnungsabschlüssen ergebenden Tagesguthaben – anders als die Forderung auf den Zustellungssaldo und die künftigen Aktivsalden – kein Anspruch aus der Kontokorrentvereinbarung, sondern aus dem Girovertrag ist und deshalb nicht mit der Pfändbarkeit von Einzelforderungen verwechselt werden darf.[690] Hier handelt es sich um die zusätzliche – abweichend vom Modellfall des Kontokorrents i.S.v. § 355 DtHGB – Vereinbarung, die der Girovertrag enthält, und nach der dem Kunden ein Anspruch auf fortlaufende Auszahlung des sich zwischen den Rechnungsabschlüssen ergebenden Guthabens zusteht (sog. Tagessaldo).[691] Mit der vertraglichen Einräumung des Anspruchs auf Auszahlung von Tagesguthaben wird der Anspruch der Kontokorrentbindung unterbrochen. Der Girovertrag überlagert insoweit die Kontokorrentabrede.

Die Frage der Pfändbarkeit dieses Anspruchs ist in Griechenland bis jetzt lediglich auf theoretischer Ebene und nur in begrenzten Ansätzen debattiert worden. Aus diesem Grund erscheint es praktischer, zuerst das deutsche Recht, welches verbreitete Erörterungen zu dieser Problematik aufweist, darzustellen.

1. Deutsches Recht

Die Pfändung dieser Tagessalden galt bis zur Beginn der 80er Jahre als höchst umstritten. In Teilen der Rechtsprechung und Literatur wurde der Pfändbarkeit der Tagesguthaben entgegengehalten, dass es sich bei dem Anspruch auf Auszahlung der Tagesguthaben um einen dienstvertraglichen und damit höchstpersönlichen Anspruch aus dem als Geschäftsbesorgung zu charakterisierenden Girovertrag handele.[692] Da eine Abtretung der girovertraglichen Zahlungsansprü-

---

[689] Hier wird bewusst sprachlich der Begriff „Tagesguthaben" und nicht „Tagessaldo" gebraucht, da der letztere grundsätzlich auch negativ sein kann, so dass dann ein Guthaben nicht vorliegt.

[690] Die Pfändung der Tagesguthaben kann die andernfalls notwendig werdende, ebenfalls zulässige, aber aufwendige, tägliche Pfändung des Zustellungssaldos ersetzen. RÖHRICHT/GRAF VON WESTPHALEN, HGB, § 357, Rnr. 4, S. 1728; BGH, Urt. v. 8.7.1982, BGHZ 84, S. 377.

[691] BGH NJW 1968, S. 2100; BGH NJW 1985, S. 2699; HEYMANN/HORN, HGB, § 355, Rnr. 30; KÜMPEL, Bank- und Kapitalmarktrecht, Rnr. 3.75 ff., S. 311 f.; BACH-HEUKER, Pfändung in die Ansprüche aus Bankverbindung und Drittschuldnererklärung der Kreditinstitute, S. 29 ff.; UHLMANNSIEK, Pfändungen ins Girokonto, JA 1993, S. 239.

[692] Vgl. OLG Oldenburg WM 1978, S. 591 (594); OLG München WM 1974, S. 957 f.; OLG Köln WM 1981, S. 1149; BGHZ 69, S. 82 (85); LIESECKE, Das Bankguthaben in Ge-

che gemäß § 613 Satz 2 DtBGB wegen der damit verbundenen Veränderung der dem Kreditinstitut obliegenden Dienstleistungspflicht ausgeschlossen ist, scheidet demnach auch eine Pfändung dieser Ansprüche gemäß § 851 Satz 1 DtZPO i.V.m. § 399 DtBGB aus.

Die wohl schon damals vorherrschende Meinung hat demgegenüber die Pfändbarkeit von Tagessalden bejaht.[693] Zur Begründung wurde aufgeführt, dass der Kontoinhaber aus dem Giroverhältnis einen Anspruch auf Auszahlung von Tagesguthaben und auf Durchführung von Überweisungen aus dem Kontoguthaben an Dritte habe.[694] Nicht alle Leistungen der Bank hätten einen personengebundenen Charakter. Insbesondere sei der Anspruch auf Auszahlung des Tagesguthabens nicht auf eine Dienstleistung gerichtet, sondern es handele sich vielmehr um eine Geldforderung, die nach den Regeln der Forderungspfändung (§§ 829 ff. DtZPO) dem Zugriff des Gläubigers unterworfen werden kann. Da kein Posten aus dem Kontokorrent, sondern der Anspruch aus dem Girovertrag auf fortlaufende Auszahlung des Guthabens gepfändet wird, finde § 357 DtHGB keine Anwendung, sondern es werden die allgemeinen Vorschriften über die Forderungspfändung (§§ 829 ff. DtZPO) herangezogen.[695]

---

setzgebung und Rechtsprechung, WM 1975, S. 314 (321); TERPITZ, Zur Pfändung von Ansprüchen aus Bankkonten – zugleich Besprechung des Urteils OLG Oldenburg v. 29.11.1978, WM 1979, S. 570 ff.; BERGER, Pfändung von Girokonten, ZIP 1980, S. 946 ff.; *derselbe*, Nochmals: Pfändung von Giroguthaben, ZIP 1981, S. 583; SÜHR, Anm. zu OLG Stuttgart, Beschluss v. 26.8.1981, WM 1981, S. 1149; SCHWEFER, Pfändung von Girokontoguthaben unter kontokorrentrechtlichen und girorechtlichen Gesichtspunkten, S. 176 ff.

[693] Zur Rechtsprechung vgl. LG Hannover, NJW 1974, S. 1095 mit zust. Anm. von SCHÄGER. LG Detmold, Rpfleger 1978, S. 150; OLG Celle, ZIP 1981, S. 496; OLG Stuttgart, WM 1981, S. 1149 mit abl. Anm. SÜHR; OLG Schleswig, JurBüro 1981, S. 622; zur Literatur vgl. FORGÁCH, Die Pfändung „künftiger Eingänge" und das Prioritätsprinzip beim Bankkontokorrent, DB 1974, S. 809 ff. und 1853 f.; HERZ, Die Pfändung von Forderungen aus dem Bankkontokorrent, DB 1974, S. 1851; GLEISBERG, Pfändung von Kontokorrentguthaben, DB 1980, S. 865; CANARIS, GroßkommHGB, § 357 Anm. 24, S. 545, hält die Pfändung von Tagesguthaben für sehr ungewöhnlich, aber zulässig; vgl. ferner die ausführliche Nachweise in BGHZ 84, S. 325 ff. = WM 1982, S. 838 sowie BGHZ 84, S. 371 ff. = WM 1982, S. 816; KOLLER, in: KOLLER/ROTH/MORCK, HGB, § 357, Rnr. 4, S. 896.

[694] Vgl. WERNER/MACHUNSKY, Zur Pfändung von Ansprüchen aus Girokonten – insbesondere beim debitorisch geführten Kontokorrent, BB 1982, S. 1582 m.w.N. zur Rechtsprechung; CANARIS, Bankvertragsrecht, Rnr. 189, 409; STÖBER, Forderungspfändung, Rnr. 166, S. 79; GLEISBERG, Pfändung von Kontokorrentguthaben, DB 1980, S. 865; FORGÁCH, Die Pfändung „künftiger Eingänge" und das Prioritätsprinzip beim Bankkontokorrent, DB 1974, S. 809; BAUMBACH/DUDEN, HGB, § 357 Anm. 8; THOMAS/PUTZO, ZPO, § 829 Anm. 6 a bb; NOACK, Pfändbarkeit des Saldos aus einem Kontokorrent, ZfgK 1976, S. 112; HERZ, Die Pfändung von Forderungen aus dem Bankkontokorrent, DB 1974, S. 1851 f.

[695] BGHZ 84, S. 325 = NJW 1982, S. 2192 = Rpfleger 1983, S. 77; OLG Frankfurt NJW-RR 1994, S. 878.

Dieser Ansicht hat sich auch die Rechtsprechung des BGH[696] und die des BFH[697] angeschlossen. Auch der BGH stellt darauf ab, dass der Kontoinhaber in Durchbrechung der Kontokorrentabrede aus dem Giroverhältnis einen Anspruch auf Auszahlung des Tagesguthabens habe. Zwar seien die Ansprüche aus dem Giroverhältnis überwiegend persönlicher Natur. Dies treffe aber nicht auf den Anspruch auf Auszahlung des Guthabens zu. Die Pfändung der Tagessalden sei notwendig, da der Schuldner ansonsten durch entsprechende Dispositionen die Vollstreckung jeweils vereiteln könnte.[698]

Im Anschluss an die Grundsatzentscheidungen von BGH und BFH ist die Pfändbarkeit der Tagesguthaben der Girokonten heute in Deutschland nicht mehr bestritten. Hinzuweisen ist jedoch darauf, dass diese Pfändungsmaßnahme naturgemäß nur dann den vom Pfändungsgläubiger gewünschten Erfolg haben kann, wenn und soweit jemals ein positiver Saldo entsteht. Außerdem sollte nicht unerwähnt bleiben, dass die Banken, denen ein Pfandrecht an den Tagesguthaben zustehen, aus einem positiven Tagessaldo vorrangig ihre Zinsen und Kosten befriedigen können.

2. Wirkung der Pfändung der Tagesguthaben

Im Gegensatz zu der Kontokorrentpfändung, die keine Verfügungssperre für den Vollstreckungsschuldner nach deutschem Recht bewirkt, löst die Pfändung der girovertraglichen Ansprüche eine Kontosperre des Girokunden aus und scheint somit die Befriedigung des Vollstreckungsgläubigers zu sichern. Dem Kreditinstitut ist es als Folge des arrestatoriums untersagt, Barauszahlungen an den Vollstreckungsschuldner vorzunehmen und Überweisungsaufträge durchzuführen.[699] Darüber hinaus darf es den Schuldner auch nicht anderweitig durch Scheck, Lastschrift oder sonstige Zahlungspapiere über sein Konto verfügen lassen.

---

[696] BGH v. 8.7.1982, BGHZ 84, 371 = WM 1982, 816 = NJW 1982, 2193 = ZIP 1982, 932 und BGH v. 30.6.1982, BGHZ 84, 325 = WM 1982, 838 = NJW 1982, 2192 = ZIP 1982, 935 = DB 1982, 2192 = JR 1983, 109 mit zust. Anm. von REHBEIN; bestätigt durch BGHZ 86, 23 ff. = WM 1983, 12 = NJW 1983, 688 = ZIP 1983, 34; vgl. auch, WERNER/MACHUNSKY, Zur Pfändung von Ansprüchen aus Girokonten – insbesondere beim debitorisch geführten Kontokorrent, BB 1982, S. 1581 ff.; a.A. HEYMANN/HORN, HGB, § 357, Rnr. 18.

[697] BFH v. 20.12.1983, WM 1984, 864 = JuS 1984, S. 813.

[698] BGH v. 8.7.1982, BB 1982, S. 1575 = WM 1982, S. 816; BGH v. 30.6.1982, BB 1982, S. 1576 = WM 1982,, S. 838.

[699] HEYMANN/HORN, HGB, § 357, Rnr. 10 ff.

3. Griechisches Recht

Grundsätzlich kann man davon ausgehen, dass das Recht des Girokunden, im Rahmen vorhandener Deckung jederzeit Barauszahlung zu verlangen, eine schlichte Geldforderung ist und ihrer Natur nach der Pfändung unterliegt. Diesbezüglich wird im Schrifttum die Meinung vertreten, dass sobald die Buchung einer Gutschrift auf ein Girokonto erfolgt, diese auch von dem Gläubiger des Kontoinhabers als ein Vermögenswert gepfändet werden kann.[700]

Die unter dem griechischen Blickwinkel erörterte Problematik zu dieser Frage ging bis unlängst von einem anderen Ansatzpunkt aus. Die im Schrifttum bereits vertretene Ansicht über die Pfändbarkeit des Anspruchs auf Auszahlung der Tagesguthaben wurde bis noch vor kurzem von der höchstrichterlichen Rechtsprechung nicht rückhaltlos geteilt. Die sogenannten Tagesguthaben wurden als Sichteinlagen[701] im Sinne von Art. 3 des Gesetzesdekrets 1059/71 i.V.m. Art. 27 des Gesetzes 1868/89 qualifiziert und infolgedessen dem besonderen Schutz des speziellen Bankgeheimnisses für Einlagen unterworfen. Anders als das deutsche Recht[702] sah man in Griechenland als Grundlage für die Tagesguthaben den unregelmäßigen Verwahrungsvertrag und nicht den Geschäftsbesorgungsvertrag. Hindernis für die Pfändung des Anspruchs auf Auszahlung der Tagesguthaben nach griechischem Recht war infolgedessen nicht deren Rechtsnatur des dienstvertraglichen und damit höchstpersönlichen Anspruch, sondern deren Eigenschaft als Einlagen. Inzwischen wurde die Unpfändbarkeit von Einlagenkonten gesetzgeberisch aufgehoben, so dass man die Frage der Pfändbarkeit des Anspruchs auf Auszahlung der Tagesguthaben auf eine neue Basis stellen muss.

4. Eigene Stellungnahme: Pfändbarkeit der Tagesguthaben

Der herrschenden Meinung in Deutschland, welche die Pfändbarkeit des Anspruchs auf Auszahlung der Tagesguthaben bejaht, ist zuzustimmen. Tagesguthaben stellen einen Vermögenswert des Vollstreckungsschuldners dar, der nicht

---

[700] Vgl. hierzu, TRIANTAFYLLAKIS, Σύμβαση γύρου και εντολή μεταφοράς πίστωσης, Νομικά προβλήματα ουσιαστικού και δικονομικού δικαίου, Dike 23 (1992), S. 430 f.

[701] So auch OLG Celle v. 18.2.1981, ZIP 6/1981, S. 583 m. Anm. v. BERGER.

[702] In Deutschland macht HÄUSER die Bestimmung der Anspruchsgrundlage davon abhängig, ob das Girokonto als Kontokorrent geführt wird. Andernfalls sei Anspruchsgrundlage die mit dem Girokonto verbundene unregelmäßige Verwahrung. Vgl. HÄUSER, Die Reichweite der Zwangsvollstreckung bei debitorischen Konten, ZIP 1983, S. 891, 893. Betroffen sind die bei der Deutschen Bundesbank bzw. den Landeszentralbanken unterhaltenen Girokonten.

von der Vollstreckung ausgeschlossen werden darf. Ein höchstpersönlicher Charakter in der Auszahlung der Tagesguthaben ist m.E. nicht zu erkennen. Im entgegengesetzten Fall könnte der Vollstreckungsschuldner sein Geldvermögen anstatt auf ein Sparkonto auf ein Girokonto hinterlegen, um die Vollstreckungsmöglichkeit des Gläubigers zu vereiteln. Auch kann die Bank dem Anspruch des Kunden auf Auszahlung nicht die Kontokorrentvereinbarung entgegenhalten. Sie ist vielmehr kraft des Girovertrages verpflichtet, den Guthabenüberschuss dem Kunden sofort und nicht erst beim nächsten periodischen Rechnungsabschluss oder bei der Beendigung des Kontokorrentverhältnisses auszuzahlen. Gestützt auf diese Gründen muss auch Griechenland zukünftig die Pfändung der Tagesguthaben als zulässig anerkennen.

Die bisherige Qualifizierung des Anspruches auf Auszahlung der Tagesguthaben unter dem besonderen Schutz des Gesetzesdekrets 1059/1971 ist m.E. als fehlerhaft anzusehen.[703] Grundlage für diesen Anspruch ist nicht der unregelmäßige Verwahrungsvertrag, sondern der Girovertrag. Während bei einem unregelmäßigen Verwahrungsvertrag die Hauptpflicht des Verwahrers allein in der sicheren Verwahrung der vom Kunden eingezahlten Einlage besteht, verpflichtet sich das Kreditinstitut im Rahmen des Giroverhältnisses zu vielseitigen Dienstleistungen, die Geschäftsbesorgungscharakter haben. Auch aus bankwirtschaftlichem Blickwinkel werden Giroguthaben – im Gegensatz zu Termin- und Spareinlagen – nicht zu Anlagezwecken unterhalten, sondern zur Abwicklung des bargeldlosen Zahlungsverkehrs. Somit war der Schutz der Tagesguthaben eines Girokontos durch das spezielle Bankgeheimnis für Einlagen nicht gerechtfertigt. Dieser Diskussion wurde mit dem neuen Gesetz zur Reform der griechischen Zivilprozessordnung ein Ende gesetzt.

II. Anspruch auf Gutschrift aller laufender Eingänge

Aus dem Girovertrag ist die Bank dem Kontoinhaber verpflichtet, alle für diesen eingehenden Gutschriften in das Kontokorrent einzustellen. Um zu vermeiden, dass der Schuldner die Buchung von Neueingängen kraft seines Weisungsrechts verhindert, kann auch sein Anspruch auf Gutschrift eingehender Beträge gepfändet werden. Darüber hinaus verhindert die Pfändung des Anspruchs auf Gutschrift aller laufenden Eingänge, dass der Kontoinhaber sich die entsprechende Beträge vor Einstellung in das Kontokorrent auszahlen lässt oder sie auf ein anderes Konto umdirigiert.[704] Hierbei handelt es sich im Prinzip um den An-

[703] Vgl. auch, TRIANTAFYLLAKIS, Σύμβαση γύρου και εντολή μεταφοράς πίστωσης, Νομικά προβλήματα ουσιαστικού και δικονομικού δικαίου, Dike 23 (1992), S. 431

[704] Die Pfändung des Anspruchs auf Gutschrift eingehender Gelder dient im Ergebnis dazu, die Position des Gläubigers aus der bereits erfolgten oder spätestens gleichzeitig zu beantragenden Pfändung des Kontokorrentsaldos zu stärken; ohne diese ergibt sie keinen Sinn.

spruch auf Herausgabe dessen, was die Bank durch die Geschäftsbesorgung bzw. durch den Werkvertrag erlangt hat, in der durch den Girovertrag vereinbarten Form einer Gutschrift auf dem Konto.[705] Konkreter gesagt, ist die Gutschrift hier noch nicht erfolgt, und das Buchungsgeld befindet sich noch bei der Bank. Zeitlich kann dieser Anspruch entweder mehrere Tage betragen oder auch nur einen ideellen Zeitpunkt. Deskriptiv ist dieser Vorgang folgendermaßen zu beschreiben. Bereits erfüllt wurde zu diesem Zeitpunkt der Auftrag, den Geldbetrag von einem anderen Girokonto abzubuchen. Zur Entstehung der Gutschrift fehlt lediglich die Buchung auf das Girokonto des Girokunden.

1. Griechisches Recht

Es handelt sich um einen Anspruch des Bankkunden gegen die Bank, der im Wege der Forderungspfändung der Vollstreckung unterzogen werden kann. Näher betrachtet, ist der Anspruch auf Gutschrift als eine zukünftige Forderung zu qualifizieren, die nach griechischem Recht durchaus gepfändet werden kann.[706] Eine pfändbare künftige Forderung liegt nach griechischem Recht dann vor, wenn der Rechtsgrund für ihr Entstehen bereits unbedingt gelegt ist, während das Entstehen der konkreten Forderung aus diesem Rechtsgrund noch vom Eintritt weiterer Bedingungen abhängig ist. Solange ein Dauerschuldverhältnis zwischen der Bank und dem Kunden besteht, aus dem ein Anspruch auf Gutschrift für den Bankkunden begründet wird, sind die Voraussetzungen für eine solche Pfändung hier gegeben.[707] Es existiert bereits ein Rechtsverhältnis (Girovertrag) aus dem zukünftige Forderungen des Bankkunden gegenüber der Bank zu erwarten sind. Dementsprechend ist der Anspruch auf Gutschrift als eine pfändbare Forderung anzusehen.[708]

Die Pfändung des Anspruchs auf Gutschrift bewirkt zunächst, dass die eingehenden Beträge dem Konto auch tatsächlich gutgeschrieben werden, der Kontoinhaber also nicht vor Gutschrift anderweitig über sie – indem er z.B. sein Konto im Debet führt – verfügen kann. Fraglich ist noch, ob sich ein unmittelba-

---

[705] BGH WM 1978, S. 58 f.; BGH ZIP 1985, S. 339 (341); vgl. HÄUSER, Giroverhältnis, in: Gutachten und Vorschläge zur Überarbeitung des Schuldrechts II, S. 1317, 1375 f. m.w.N.; BACH-HEUKER, Pfändung in die Ansprüche aus Bankverbindung und Drittschuldnererklärung der Kreditinstitute, S. 33.

[706] Siehe hierzu, ΠΠρΑθ 4552/1973, Dike 5 (1974), S. 70 ff. m. Anm. von BRINIAS; TRIANTAFYLLAKIS, Σύμβαση τραπεζικού γύρου και εντολή μεταφοράς πίστωσης, Νομικά προβλήματα ουσιαστικού και δικονομικού δικαίου, Dike 23 (1992), S. 430.

[707] Vgl. KOUZIORTI, Κατάσχεση στα χέρια τράπεζας ως τρίτης, ΕπΕπΔΣΘ 15 (1994), S. 242; GRAMMATIKAS, Το τραπεζικό απόρρητο, S. 150.

[708] Vgl. BRINIAS, Αναγκαστική Εκτέλεση III, § 442 a, S. 1243.

rer Zahlungsanspruch für den Vollstreckungsgläubiger ergibt oder ob eine parallele Pfändung des Anspruchs auf Auszahlung des Geldbetrags erforderlich ist, um so einen Zahlungsanspruch des Vollstreckungsgläubigers zu begründen. Da es sich hier um die Pfändung einer künftigen Forderung des Bankkunden gegen die Bank handelt, ist auf der Grundlage der griechischen ZPO keine weitere Pfändung notwendig. Sobald die Forderung entstanden ist, muss der Drittschuldner sie an den Pfändungsgläubiger überweisen, ohne dass die achttägige Frist, die grundsätzlich bei der Forderungspfändung für die Überweisung notwendig ist, eingehalten wird.[709]

Durch diese Pfändungsmaßnahme wird die kontoführende Bank nicht benachteiligt, da die Bank stets ihre eigenen Ansprüchen gegen ihren Kunden mit einem Pfandrecht gesichert haben wird.[710] Ein Pfandrecht kann u.a. auch an dem Anspruch auf Gutschrift der eingehenden Beträge bestellt werden. Daraus resultiert, dass die Befriedigung des Vollstreckungsgläubigers nur möglich ist, wenn kein Pfandrecht der Bank an diesem Anspruch vorrangig bestellt wurde.[711] Aus diesem Grund besteht für die kontoführende Bank auch nicht die Notwendigkeit, das Kontokorrentverhältnis wegen der Pfändung zu beenden.

2. Deutsches Recht

In Deutschland ist nach wohl überwiegender Meinung der Anspruch auf Gutschrift auf dem Konto pfändbar.[712] Auch hier wurde debattiert, ob dieser Anspruch wegen seines dienstvertraglichen Charakters gemäß §§ 613 Satz 2 DtBGB i.V.m. § 851 Abs. 1 DtZPO der Pfändung entzogen sein müsste. Im Ge-

---

[709] Vgl. VATHRAKOKILIS, GrZPO-Komm., Art. 982, Rnr. 15, S. 26; BRINIAS, Αναγκαστική Εκτέλεση III, Art. 982, § 442 a, S. 1240 f.

[710] Vgl. HAMOUZOPOULOS, Recht der Kreditsicherheiten in europäischen Ländern, Teil VIII (Griechenland), S. 28 f.; BALIS, Εμπράγματο Δίκαιο, § 266; SPYRIDAKIS, Πραγματικές Ασφάλειες, § 1; ZEPPOS, Ενοχικό Δίκαιο, Γενικό Μέρος, § 2 II 1; TUSSIS, Εμπράγματο Δίκαιο, §§ 218, 251; MAZIS, Εμπράγματη εξασφάλιση των τραπεζών, § 2, S. 22 f.; GEORGIADIS, Εγχειρίδιο Εμπράγματου Δικαίου, § 78 II 3.

[711] Ähnlich auch im deutschen Recht. Vgl. hierzu, DAVID, Tips zur Kontenpfändung, MDR 1993, S. 108 f.

[712] Vgl. BGH, BB 1985, S. 611 (613); BFH, BStBl. 1984 II, S. 419; EHLENZ/DIEFENBACH, Pfändung in Bankkonten und andere Vermögensrechte, Rnr. 161; BAUER, Die Zulässigkeit von Globalpfändungen durch die Finanzverwaltung, DStZ 1982, S. 280 f.; STÖBER, Forderungspfändung, Rnr. 166 e, S. 85 f.; STEIN/JONAS/MÜNZBERG, ZPO-Komm., S. 931 ff.; OLG Stuttgart, WM 1981, S. 1261; BGH WM 1973, S. 892 f.; CANARIS, Bankvertragsrecht, Rnr. 189, 409; TERPITZ, Zur Pfändung von Ansprüchen aus Bankkonten – zugleich Besprechung des Urteils OLG Oldenburg v. 29.11.1978, WM 1979, S. 570 ff. m.w.N.

gensatz zum griechischen Recht beinhaltet der Anspruch auf Gutschrift aber weder einen Anspruch auf Auszahlung noch einen Anspruch auf den Gegenwert der entsprechenden Habenposten. Mit der Pfändung des Anspruches auf Gutschrift aller laufenden Eingänge wird folglich die Bank weder verpflichtet noch berechtigt, die eingehenden Beträge an den Vollstreckungsgläubiger auszukehren. Ebenso bleibt die Verfügungsbefugnis des Kontoinhabers ansonsten unberührt. Durch die Pfändung wird lediglich sichergestellt, dass alle eingehende Beträge auch tatsächlich dem gepfändeten Girokonto gutgeschrieben werden. Folglich wird diese Pfändung in Deutschland als eine bloße Hilfspfändung angesehen, welche die gleichzeitige Pfändung des Anspruchs auf Auszahlung des Geldbetrages erfordert.[713]

Im Ergebnis ist hier ein wesentlicher Unterschied zum griechischen Recht zu sehen. Während in Deutschland mit der Pfändung des Anspruchs auf Gutschrift lediglich die Gutschrift der eingehenden Beträgen sichergestellt wird, für den Pfändungsgläubiger aber aufgrund dieser Pfändung kein Zahlungsanspruch entsteht, reicht für den Vollstreckungsgläubiger in Griechenland die Pfändung dieses Anspruchs aus, um einen Zahlungsanspruch bei Eingang des bereits gepfändeten Geldbetrages zu begründen. In diesem Sinne handelt es sich im griechischen Recht nicht um eine Hilfspfändung.

III. Anspruch auf Auszahlung der laufenden Eingänge

Das umfassende Verfügungsverbot für den Schuldner nach der Pfändung des Anspruchs auf Gutschrift eingehender Gelder könnte von den Gläubigern in Deutschland durch eine Pfändung der Ansprüche auf Auszahlung der laufenden Eingänge erreicht werden. Im griechischen Recht erübrigt sich diese Pfändungsmaßnahme, da die Pfändung des Anspruchs auf Gutschrift der laufenden Eingänge auch ihre Auszahlung umfasst. Die Pfändung des Anspruchs auf laufende Auszahlung von Zahlungseingängen wird hingegen in Deutschland als

---

[713] BGHZ 93, S. 315, 322 f. = WM 1985, S. 344 = NJW 1985, S. 1218 = BB 1985, S. 611 = ZIP 1985, S. 339 = WuB VI E. § 829 ZPO 2.85 BRUCHNER; BFH, WM 1984, S. 864; OLG Hamm, WM 1986; S. 372; OLG Köln ZIP 1983, S. 810; CANARIS, Bankvertragsrecht, Rnr. 189; STÖBER, in: ZÖLLER, ZPO-Komm., § 829, Rnr. 33 (Kontokorrent); STÖBER, Forderungspfändung, Rnr. 166 e, S. 85 f.; BROX/WALKER, Zwangsvollstreckungsrecht, Rnr. 528, S. 312; WERNER/MACHUNSKY, Zur Pfändung von Ansprüchen aus Girokonten, BB 1982, S. 1581 ff.; HÄUSER, Die Reichweite der Zwangsvollstreckung bei debitorischen Konten, ZIP 1983, S. 891 ff. m.w.N.; GRUNSKY, Anm. zu Urteil des BGH v. 24.1.1985, JZ 1985, S. 490; BASSLSPERGER, Das Girokonto in der Zwangsvollstreckung, Rpfleger 1985, S. 177 f; CARL, Die Pfändung in Girokonten, DStR 1988, S. 765 f.; TERPITZ, Zur Pfändung von Ansprüchen aus Bankkonten – zugleich Besprechung des Urteils OLG Oldenburg v. 29.11.1978, WM 1979, S. 570 ff. m.w.N.; HINTZEN, Forderungspfändung, 2000, Rnr. 567 ff.; *derselbe*, Pfändung des vereinbarten Dispositionskredits, InVo 2001, S. 271.

höchst umstritten angesehen.[714] Fraglich bei dieser Pfändung ist, ob der Bankkunde einen Anspruch auf Auszahlung dieser Eingänge gegen seine Bank hat. Darüber hinaus geht aus der Rechtsprechung nicht zweifelsfrei hervor, ob tatsächlich die Pfändung der laufenden Eingängen gemeint ist oder letztlich doch nur auf die Pfändung der Tagessalden abgestellt wird.[715] Rechtsfolge einer solchen Pfändung wäre, dass die Bank sämtliche Kontogutschriften an den Gläubiger auskehren müsste.

Tatsächlich ist das Ziel dieser Pfändung, das Kreditinstitut zur Überweisung sämtlicher Kontogutschriften selbst dann zu verpflichten, wenn sie nicht zu einem Tagesguthaben führen. Anderseits wäre der Pfändungsgegenstand identisch mit diesem der Pfändung des Anspruchs auf Tagesguthaben. Die Pfändung einer solcher Forderung auf Auszahlung eines Geldbetrages setzt aber voraus, dass dem Vollstreckungsschuldner eine solche Forderung gegen den Drittschuldner auch zusteht. Die in das Kontokorrent einzustellenden Habenposten bringen jedoch keinen Auszahlungsanspruch des Kontoinhabers gegen das Kreditinstitut zur Entstehung. Sie führen allenfalls zur Entstehung eines Verrechnungsanspruches und möglicherweise zur Entstehung eines Tagesguthabens.[716] Die Forderung auf Auszahlung des Tagesguthabens wird aber durch eine gesonderte Pfändung erfasst. Soweit auch nach Gutschrift des Habenpostens ein Sollsaldo oder ein ausgeglichenes Konto verbleibt, entsteht keine Auszahlungsforderung des Vollstreckungsschuldners gegen das Kreditinstitut, die Gegenstand einer Pfändung sein könnte.[717] Folglich kommt vorrangig lediglich das Pfandrecht der Bank nach AGB-Sparkassen und AGB-Banken zur Geltung. Ein etwa bestehendes Debetsaldo wäre also zunächst aus den Gutschriften abzudecken. Die Bank dürfte aber keine neuen Sollposten zu Lasten des Kontos begründen.[718]

---

[714] Dafür: OLG Schleswig-Holstein, JurBüro 1981, S. 622; OLG Stuttgart, WM 1981, S. 1149; FG Rheinland-Pfalz, EFG 1980, S. 533; GLEISBERG, Pfändung von Kontokorrentguthaben, DB 1980, S. 865; FORGÁCH, Die Doppelpfändung beim Kontokorrent und das Verfügungsrecht des Schuldners während der Rechnungsperiode, DB 1974, S. 809, 812; dagegen: WERNER/MACHUNSKY, Zur Pfändung von Ansprüchen aus Girokonten – insbesondere beim debitorisch geführten Kontokorrent, S. 1583; STÖBER, Forderungspfändung, Rnr. 166 f., S. 81 f.

[715] Vgl. HINTZEN, Pfändung des vereinbarten Dispositionskredits, InVo 2001, S. 271.

[716] BFH, BStBl. 1984 II, S. 420.

[717] OLG Oldenburg, WM 1979, S. 591 (594); SCHLEGELBERGER/HEFERMEHL, HGB, § 357 Anm. 16; WERNER/MACHUNSKY, Zur Pfändung von Ansprüchen aus Girokonten, BB 1982, S. 1583; STÖBER, Forderungspfändung, Rnr. 166, S. 83 f.

[718] So WERNER/MACHUNSKY, Zur Pfändung von Ansprüchen aus Girokonten, BB 1982, S. 1583; FORGÁCH, Die Doppelpfändung beim Bankkontokorrent und das Verfügungsrecht des Schuldners während der Rechnungsperiode, DB 1974, S. 812.

Der BGH[719] hat hierzu entschieden, dass die Einzelforderungen als solche als reine Rechnungsposten kontokorrentgebunden und damit nicht pfändbar seien. Werde ein eingehender Betrag dem Girokonto des Bankkunden gutgeschrieben, greife die Kontokorrentabrede ein. Die in das Kontokorrent einzustellenden Habenposten würden keinen Auszahlungsanspruch des Kontoinhabers gegen die Bank, der gepfändet werden könnte, zur Entstehung bringen. Infolge der Kontokorrentgebundenheit sei die Bank vielmehr berechtigt und verpflichtet, die gutgeschriebenen Beträge mit dem bestehenden Debet zu verrechnen. Infolge der der Kontokorrentabrede des § 355 DtHGB innewohnenden antizipierten Aufrechnungserklärung sei die Bank vor dem pfändbaren Gläubiger selbst als Pfändungsgläubiger bevorrechtigt.

M.E. ist die Konstruktion der Pfändung des Anspruchs auf Auszahlung der laufenden Eingängen als überflüssig anzusehen. Bereits mit der Pfändung des Zustellungssaldos, der künftigen Aktivsalden und der Ansprüche aus den Tagesguthaben sind die Befriedigungschancen des Vollstreckungsgläubiger gegeben. Das Konto ist für den Schuldner weitgehend gesperrt. Das Guthaben kann nur noch durch Schuldposten geschmälert werden, die aufgrund eines vor der Pfändung bestehenden Rechtes nach der Pfändung in das Kontokorrent eingestellt werden. Aus diesem Grund erübrigt sich eine weitgehende Erörterung zu dieser Pfändungsmaßnahme.

IV. Anspruch auf Durchführung von Überweisungen

Mit der Pfändung der zuvor genannten Ansprüche hat der Schuldner grundsätzlich das Recht verloren, über das gepfändete Konto zu verfügen. Er ist auch nicht mehr berechtigt, durch Überweisungen über das Konto zu verfügen. Allerdings braucht die Bank eine in die Wege geleitete Überweisung nicht wieder rückgängig zu machen. Aus diesem Grund wird im Schrifttum vorgeschlagen, auch das Recht des Schuldners auf Vornahme von Überweisungsaufträgen ausdrücklich mitzupfänden.

Die Pfändung von Ansprüchen auf Durchführung von Überweisungen an Dritte kann aber nur dann rechtliche Bedeutung erlangen, wenn für die Überweisungsaufträge eine Deckungsgrundlage[720], sei es in Form eines Guthabens oder

---

[719] BGH, BB 1985, S. 611 (613).

[720] Ist eine Deckung vorhanden, aber nicht pfändbar, kann sie nicht dadurch zum Pfändungsgegenstand werden, dass der Anspruch auf Überweisung gepfändet wird. Vgl. gegen die Pfändbarkeit, WAGNER, Pfändung der Deckungsgrundlage – ungeklärte Fragen bei der Zwangsvollstreckung in Girokonten, ZIP 1985, S. 849 ff.

eines Kredits, vorhanden ist.[721] Eine Deckung besteht nicht bereits auf Grund der Tatsache, dass das Kreditinstitut eine Überziehung des Kontos nur stillschweigend duldet. Soweit sich ein Girokonto im Sollbereich bewegt, erfordert die Pfändung der Überweisungsansprüche einen von der Bank dem Kontoinhaber eingeräumten Kredit und dessen Pfändbarkeit.

Selbstständige Bedeutung gewinnt die Pfändung nur dann, wenn nicht gleichzeitig der Anspruch auf Auszahlung des Tagesguthabens wirksam gepfändet ist. Denn in einem solchen Fall ist der Gläubiger bereits durch §§ 829 Abs. 1 DtZPO und §§ 135, 136 DtBGB bzw. Art. 984 Abs. 1 GrZPO vor nachteiligen Verfügungen des Kontoinhabers hinreichend geschützt.[722] Auszahlungen oder Überweisungen sind dem Gläubiger gegenüber unwirksam; die Bank muss dann an den Gläubiger nochmals zahlen.[723] In Griechenland wird ebenfalls die Meinung vertreten, dass die Pfändung dieses Anspruchs möglich sei. Die Pfändung dieses Anspruchs soll verhindern, dass durch Überweisungen das gepfändete Guthaben am Gläubiger vorbei geschmälert wird.[724] Solange der Betrag, der überwiesen werden soll, nicht vom Konto des Schuldners abgebucht wurde, stellt es einen Vermögenswert des Schuldners dar, der gepfändet werden kann.[725] Der von der Überweisung Begünstigte wird somit kein rechtmäßiger Inhaber des Betrags bis zur Gutschrift auf sein Konto, denn der Auftraggeber kann noch jederzeit widerrufen. Die Wirkung dieser Pfändungsmaßnahme besteht in einer faktischen Kontosperre.[726]

Dieser Pfändungsmaßnahme ist keine großen Bedeutung beizumessen, da in der Regel der Gläubiger auf jeden Fall die Pfändung der Tagesguthaben vornehmen wird. Vor allem in Deutschland besteht die Gefahr nicht, dass der Schuldner aufgrund seiner fehlender Anhörung Kenntnis von der Pfändung bekommt und mit Überweisungen den Vollstreckungszugriff auf Bankkonten vereitelt. Die Pfändungswirkungen des arrestatoriums und inhibitoriums treten bereits mit der Zustellung an den Drittschuldner ein.

---

[721] BGH ZIP 1983, S. 34; BGH ZIP 1982, S. 935; OLG Celle WM 1981, S. 780; BFH BStBl. 1984 II, S. 419.

[722] Vgl. LWOWSKI/BITTER, Grenzen der Pfändbarkeit von Girokonten, WM 1994, S. 62 m.w.N.

[723] Vgl. CARL, Die Pfändung in Girokonten, DStR 1988, S. 767.

[724] Vgl. GROSS/DIEPOLD/HINTZEN, Musteranträge für Pfändung und Überweisung, Muster 36, Rnr. 19.

[725] Vgl. TRIANTAFYLLAKIS, Σύμβαση τραπεζικού γύρου και εντολή μεταφοράς πίστωσης, Νομικά προβλήματα ουσιαστικού και δικονομικού δικαίου, Dike 23 (1992), S. 430; TSIMIKALIS, Μελέται εκ του δικαίου τραπεζών, S. 82 ff.

[726] Vgl. BEHR, Taktik in der Mobiliarzwangsvollstreckung, RWS-Skript 205, S. 7; APP, Überblick über den Vollstreckungszugriff des Gläubigers auf Ansprüche des Schuldners aus dem Girovertrag mit einem Geldinstitut, JurBüro 1991, S. 483.

§ 5 Fazit

Aus der eben erfolgten Untersuchung wird klar, dass die Pfändung von Girokonten in Griechenland bis jetzt eine terra incognita war. Es wurde darauf hingewiesen, dass dies zunächst auf volkswirtschaftliche Faktoren zurückzuführen ist. Obwohl der Giroverkehr in Europa eine sehr alte Tradition[727] hat, erobert er das tägliche Leben in Griechenland erst seit kurzem. Das Bedürfnis der griechischen Kreditwirtschaft, sich der internationalen Entwicklung des Wirtschaftsleben anzupassen, um in dieser Schritt halten zu können, hat in den letzten Jahren eine Regulierung des Bankrechts in Griechenland gefordert. Nicht unbedeutend waren in diesem Zusammenhang die Vorsätze der Europäischen Gemeinschaft, Teilbereiche des Bankvertragsrechts und des Bankaufsichtsrechts zu harmonisieren.

Ein eher de facto Hindernis für die Pfändung von Giroguthaben in Griechenland war dagegen der bisherige Standpunkt der Rechtssprechung, welche die Pfändbarkeit von Einlagenkonten als unzulässig angesehen hat. Erst mit der im Gesetz 2915/2001[728] normierten Absicht, das spezielle Bankgeheimnis im Rahmen eines Vollstreckungszugriffs auf Bankkonten aufzuheben, wird der Pfändung von Girokonten eine neue Dynamik verliehen. Eine geeignete Rechtsgrundlage im griechischen Zwangsvollstreckungsrecht besteht hierfür bereits. Aus den wenigen Erörterungen im Schrifttum zur girovertraglichen Pfändungsproblematik ist die starke Orientierung an das deutsche Recht auffällig. Das deutsche Recht, das bereits mit dieser Problematik sich vor Jahrzehnten auseinandergesetzt hat und die hier entstandenen Diskussionen mit höchstrichterlichen Entscheidungen beendet hat, liefert wertvolle Erkenntnisse für die griechische Praxis.

Die Ausführungen in diesem Kapitel haben gezeigt, dass es bei der girovertraglichen Pfändungsproblematik in beiden Rechtsordnungen entscheidend auf das Zusammenspiel von giro- und kontokorrentrechtlichen Grundsätzen ankommt. Die materiellrechtlichen Grundlagen der Rechtsinstitute des Girovertrags und Kontokorrents, von denen im Endeffekt die Pfändung des Girokontos abhängt, weisen erhebliche Berührungspunkte zwischen den beiden Rechtsordnungen auf. Vor allem angesichts dieser Tatsache kann das deutsche Recht einen geeigneten Wegweiser für das griechische Recht darstellen. Die Ähnlichkeiten sind darauf zurückzuführen, dass die Entwicklung des Rechtsinstituts des Kontokorrents in Griechenland von den Grundsätzen des deutschen und französischen Rechts beeinflusst wurde. Aus diesem Grund wird die Pfändung der Ansprüche aus einem Kontokorrent in beiden Rechtsordnungen auf gleiche Weise

---

[727] Vgl. zur Entstehungsgeschichte, SCHWEFER, Pfändung von Girokontoguthaben unter kontokorrentrechtlichen und girorechtlichen Gesichtspunkten, S. 1 ff.

[728] ΦΕΚ 109 v. 29.5.2001.

behandelt. Die wenigen Abweichungen hinsichtlich der Pfändung vereinzelter Ansprüche aus dem Girovertrag sind auf die Besonderheiten des Zwangsvollstreckungsrechts jedes Landes zurückzuführen.

5. Kapitel
Die Pfändung von debitorisch geführten Konten

§ 1 Einleitung

Bei in Finanzschwierigkeiten geratenen Pfändungsschuldnern ist es oft der Fall, dass sie auf ihrem Konto kein Guthaben unterhalten. Nicht selten treten auch Fälle auf, in denen Schuldner nach der Pfändung dafür sorgen, dass ihr Konto kein Guthaben aufweist, damit es nicht der Pfändung unterfällt. Dies erreichen die Schuldner, indem sie ihren Kontostand so tief im Debet halten, dass trotz eingehender Zahlungen kein Guthaben entsteht. Aus diesem Grund versuchen Gläubiger zunehmend – mindestens in Deutschland – auch die debitorisch geführten Girokonten des Schuldners zu pfänden.

Die Frage nach der Pfändbarkeit von Ansprüchen aus einer Kreditzusage wurde in Deutschland erstmals von ERMAN[729] in den sechziger Jahren aufgeworfen und führte zu einem für den Pfändungsgläubiger weithin negativen Ergebnis. Nach jahrelangen kontroversen Diskussionen zu dieser Problematik in Literatur und Rechtsprechung hat der BGH[730] kürzlich zur Pfändung der „offenen Kreditlinie" Stellung genommen. Diese Entwicklung des Vollstreckungszugriffs auf Bankkonten lässt in den Augen eines griechischen Juristen Erstaunen erkennen. Denn bei einer näheren Betrachtung des griechischen Rechts gewinnt man eher den Eindruck, dass es sich bei der Pfändung der „offenen Kreditlinie" (bzw. „plafond") bislang nur um eine akademische Frage, ohne praktische Bedeutung, handelte. Ob dieses BGH-Urteil die Vollstreckungspraxis in Griechenland anregen wird, die erweiterten Pfändungsmaßnahmen, die zu einer fast lückenlosen Zugriffsmöglichkeit der Gläubiger auf Bankkonten führen, wahrzunehmen, mag dahinstehen. Gegenstand der nachfolgenden Untersuchung ist es, einen rechtsvergleichenden Überblick über die Pfändbarkeit von Ansprüchen aus einer Kreditzusage zu vergegenwärtigen.

Zum besseren Verständnis der nachfolgenden Untersuchung seien zunächst die Konturen der verwendeten Begriffe zu zeichnen.

---

[729] ERMAN, Zur Pfändbarkeit der Ansprüche eines Kontokorrentkunden gegen seine Bank aus deren Kreditzusage, Gedächtnisschrift für R. SCHMIDT, S. 261 ff.

[730] BGH IX ZR 34/00, Urt. v. 29.3.2001, BGHZ 147, 193, WM 2001, S. 898 = InVo 2001, S. 291 = ZIP 2001, S. 825, zugleich Besprechung FISCHER in Rechtsbeistand 2003, 1, S. 2-5.

§ 2 Begriffsbestimmungen

I. Definition und Abgrenzung des Kredits

1. Definition

Unter Kredit versteht man allgemein die zeitweilige Gewährung von Kaufkraft. Mit dem Abschluss des Vertrages wird der eine Vertragspartner verpflichtet, die Kaufkraft des anderen Vertragspartners vorläufig zu stärken.[731] Die wirtschaftliche Bedeutung der Kreditgeschäfte ist im Rahmen der Banktätigkeiten deshalb sehr hoch einzustufen.[732] Ausschlaggebend für die Untersuchung sind die sogenannten positiven Kreditgeschäfte, bei denen Kreditgeber die Bank ist. Diese stärkt mittelbar oder unmittelbar und für einen konkreten Zeitraum die Bonität ihrer Kunden. Der Wortsinn des Kredits – ausgehend vom lateinischen credere – indiziert bereits das Vertrauen des Kreditgebers auf die Zahlungsfähigkeit und Zahlungswilligkeit als wesentliche Voraussetzung der Kreditgewährung. Charakteristisches Merkmal des Kreditvertrags ist daher die Vertrauensbeziehung zwischen der Bank als Kreditgeberin und dem Kunden als Kreditnehmer.[733] Die Versuche der Rechtswissenschaft in beiden Ländern, einen einheitlichen Kreditbegriff zu entwickeln, sind erfolglos geblieben. Vor allem in Deutschland erscheint diese Bestimmung angesichts der zahlreichen unterschiedlichen gesetzlichen Kreditbegriffe wenig aussichtsreich.[734] Der Kreditbegriff des § 19 Abs. 1 KWG ist weitgehend, die Legaldefinition des § 1 Abs. 1 S. 2 Nr. 2 KWG hingegen enger gefasst. In Griechenland findet man überhaupt keine Legaldefinition des Kredits. Trotzdem könnte folgende weite Definition für beide Rechtsordnungen Anwendung finden. Der Kredit ist jede Leistung, die im Vertrauen darauf erbracht wird, dass die vom Leistungsempfänger geschuldete Gegenleistung zu einem späteren Zeitpunkt ordnungsgemäß erbracht wird und erfasst daher

---

[731] Vgl. hierzu, LWOWSKI, in: SCHIMANSKY/BUNTE/LWOWSKI, Bankrechts-Handbuch, § 75, S. 1768, Rnr. 1 ff.; vgl. auch, CANARIS, Bankvertragsrecht, Anm. 608; HOPT/MÜLBERT, Kreditrecht, vor § 607 Rnr. 12; SCHAARSCHMIDT, Die Sparkassenkredite, Rnr. 1.2 ff. S. 27 ff. - PSYCHOMANIS, Τραπεζικό Δίκαιο Ι, S. 202; VELENTZAS, Δίκαιο Τραπεζικών Συμβάσεων (Εργασιών), S. 163; PAMPOUKIS, Τραπεζικαί πιστωτικαί συμβάσεις, S. 97.

[732] Zur wirtschaftlichen Bedeutung von Dispositionskrediten, vgl. HÖRMANN/HOLZSCHECK, Rechtstatsachen zum Konsumentenkredit, ZIP 1982, S. 1174.

[733] Vgl. LIESECKE, Das Bankguthaben in Gesetzgebung und Rechtsprechung, WM 1975, S. 314 ff.; VELENTZAS, Δίκαιο Τραπεζικών Συμβάσεων (Εργασιών), S. 163; *derselbe*, Τραπεζικό Δίκαιο, S. 155; KOUZIORTI, Κατάσχεση στα χέρια τράπεζας ως τρίτης, ΕπΕπΔΣΘ 15 (1994), S. 229; PAMPOUKIS, Τραπεζικαί πιστωτικαί συμβάσεις, S. 90 ff.; ROKAS, in: GEORGIADIS/STATHOPOULOS, GrZGBKomm., Einf. Art. 806–809.

[734] Vgl. KÜMPEL, Bank- und Kapitalmarktrecht, Rnr. 5.3, S. 728.

jede Vorleistung.[735] Ferner kennzeichnet den Kreditvertrag die Gefahrübernahme durch den Kreditgeber in der Erwartung, dass er den Kredit nach Ablauf eines konkreten Zeitpunkts zurückgewährt.[736]

2. Notwendige Abgrenzung für die vorliegende Untersuchung

Allerdings weist weder die griechische noch die deutsche Gesetzgebung aufgrund der Vielzahl von Kriterien, unter denen der Kredit abgegrenzt werden kann, keine konkrete Bestimmung des Kredits auf. Es gibt daher keinen einheitlichen Rechtsbegriff, sondern verschiedene Kreditarten, die unterschiedlich geregelten oder ungeregelten Verträgen des Schuldrechts angehören.[737] Hinzu kommt, dass beide Rechtsordnungen allgemein zwischen dem Zahlungskredit und dem Haftungskredit unterscheiden.[738] Dabei liegt dem Zahlungskredit der Geldkredit als Grundform und dem Haftungskredit der Akzeptkredit entsprechend zugrunde. Während beim Zahlungskredit der Kreditgeber dem Kreditnehmer ein Wirtschaftsgut in Form von Bar- oder Buchgeld zur Nutzung für eine begrenzte Zeit überträgt oder ein ihm sofort zustehendes Gut vorübergehend nicht fordert[739], wird beim Haftungskredit dem Kreditgeber nicht effektiv Kredit gewährt, sondern es wird nur seine Kreditbasis durch die Mitübernahme der Haftung erweitert.[740]

Im Zentrum der vorliegenden Diskussion steht aber nach wie vor lediglich die Gruppe der Geldkredite, da nur diese über ein Bankkonto – meistens Girokonto – ausgezahlt werden können. Aus diesem Grund bleibt die andere Gruppe der Kreditgeschäfte, bei der die Kreditgewährung darin besteht, dass der Kreditgeber dem Kreditnehmer seine Kreditwürdigkeit zur Verfügung stellt, von der Untersuchung ausgenommen. Bei den Geldkrediten spannt sich der Bogen von den bloßen Darlehen, welche durch einmalige Gutschrift valutiert, bis hin zu den

---

[735] Vgl. hierzu, STAUDINGER, BGB, Vorb. zu §§ 607 ff. Rnr. 16 m.w.N.

[736] Vgl. PAMPOUKIS, K. Τραπεζικαί πιστωτικαί συμβάσεις, S. 90 ff.; VELENTZAS, Τραπεζικό Δίκαιο, S. 155.

[737] Vgl. PSYCHOMANIS, Τραπεζικό Δίκαιο I, S. 202; LWOWSKI, in: SCHIMANSKY/BUNTE/LWOWSKI, Bankrechts-Handbuch, § 75, S. 1769, Rn. 4; SCHUSCKE, Die Pfändung der „offenen Kreditlinie", ZIP 2001, S. 1084.

[738] Vgl. hierzu ausführlich, LWOWSKI, in: SCHIMANSKY/BUNTE/LWOWSKI, Bankrechts-Handbuch, § 75 ff.; SCHAARSCHMIDT, Die Sparkassenkredite, Rnr. 1.2, S. 27 f.; PSYCHOMANIS, Τραπεζικό Δίκαιο I, S. 203.

[739] Vgl. BÄRMANN/BRINK/OCHMANN, Europäisches Geld-, Bank- und Börsenrecht, Teil I, BRD, Rn.156.

[740] Vgl. LWOWSKI, in: SCHIMANSKY/BUNTE/LWOWSKI, Bankrechts-Handbuch, Band II, § 75, Rn. 2–3, S. 1768 f.; HOPT/MÜLBERT, Kreditrecht, vor § 607 Rnr. 12.

Kontokorrentkrediten bzw. Dispositionskrediten. Beim Dispositionskredit verpflichtet sich das Kreditinstitut dem Kunden auf entsprechende Anforderung bis zu einem bestimmten Betrag („Kreditlinie") jederzeit Kreditmittel zur Verfügung zu stellen, ohne dass dieser zur Inanspruchnahme verpflichtet wäre.[741]

3. Phasen der Kreditgewährung

Vor der Untersuchung der Möglichkeiten des zwangsvollstreckungs-rechtlichen Zugriffs auf die Kreditansprüche des Vollstreckungsschuldners bleibt noch zu klären, dass die Kreditgewährung drei verschiedene Phasen durchläuft, bis sie dem Kreditnehmer als Kaufkraft zur Verfügung steht.[742] Die Möglichkeit des vollstreckungsrechtlichen Zugriffs auf die Kreditansprüche hängt von der jeweiligen Phase, die der Kredit durchläuft, ab.

Als unproblematisch werden zunächst in den beiden Rechtsordnungen diejenigen Fälle aufgefasst, in denen das Kreditinstitut den Kredit durch eine Gutschrift auf das Girokonto bereits gewährt hat. Hier stellt der Kredit schon ein Darlehen im Sinne von § 607 Abs. 1 DtBGB bzw. Art. 806 GrZGB[743] dar, welches im Falle einer Überweisung als Gutschrift auf das Bankkonto des Schuldners mit einer Forderung des Bankkunden gegen das Kreditinstitut gleichgestellt wird, und somit wie jede Forderung der Forderungspfändung bzw. der Pfändung bei einem Dritten unterliegt.[744]

In der zweiten Phase der Kreditgewährung wurde die Kreditsumme dem Bankkunden noch nicht ausgezahlt bzw. als Gutschrift auf sein Bankkonto verbucht; dennoch wurde diese Kreditsumme bereits auf der Grundlage des Krediteröffnungsvertrages durch den Abruf des Kreditnehmers konkretisiert und ist daher fällig. In der jeweiligen Inanspruchnahme der Kreditmittel liegt dann der „Abruf", in dem sich die Verpflichtung aus dem Krediteröffnungsvertrag kon-

[741] Vgl. WOLTER, Das Kreditgeschäft der Banken und Sparkassen, S. 23; VALLENDER, Effiziente Zwangsvollstreckung durch Kontenpfändung, InVo 1996, S. 285; LWOWSKI/BITTER, Grenzen der Pfändbarkeit von Girokonten, WM-Festgabe 1994, S. 64; PECKERT, Pfändbarkeit des Überziehungs- und Dispositionskredits, ZIP 1986, 1232, 1233; VELENTZAS, Δίκαιο Τραπεζικών Συμβάσεων (Εργασιών), S. 163; *derselbe*, Δίκαιο αλληλόχρεου λογαριασμού, S. 36; PSYCHOMANIS, Τραπεζικό Δίκαιο I, S. 220.

[742] Siehe hier zur zutreffenden Analyse der verschiedenen Phasen, GRUND, Die Zwangsvollstreckung in den Geldkredit, S. 34 ff.

[743] Vgl. ROKAS, in: GEORGIADIS/STATHOPOULOS, GrZGB-Komm., Art. 806, S. 230 ff.

[744] BGH Urt. V. 26.4.1978, JR 1978, S. 419, 420; neu bestätigt durch BGH Urt. 29.3.2001, ZIP 2001, S. 826; vgl. auch, GAUL, Die Zwangsvollstreckung in den Geldkredit, KTS 1989, S. 3, 11; LWOWSKI, in: SCHIMANSKY/BUNTE/LWOWSKI, Bankrechts-Handbuch, Bd. I, § 33, Rnr. 43; PSYCHOMANIS, Τραπεζικό Δίκαιο I, S. 204 ff.

kretisiert. Schließlich besteht noch die Möglichkeit, dass im Rahmen des Krediteröffnungsvertrages der Bankkunde den Kreditbetrag noch nicht abgerufen hat. In diesem Fall hat das Kreditinstitut auf der Grundlage des Krediteröffnungsvertrages dem Kunden bereits ein Angebot zum Abschluss eines Dispositionskredites gemacht, und der Kunde hat dieses Angebot noch nicht in Anspruch genommen.[745]

Die Unterscheidung nach Phasen der Kreditgewährung wirkt sich in der Zwangsvollstreckung dann aus, wenn nach dem Pfändungsbeschluss bzw. die Pfändungsurkunde auch die künftigen Ansprüche auf Auszahlung von Kreditmitteln gepfändet sind. Die Pfändung der debitorisch geführten Konten lediglich in den letzten beiden Phasen soll der Untersuchung zugrunde gelegt werden. Gesagt kann bereits hier, dass Voraussetzung für die Pfändbarkeit des Dispositionskredits stets ein Tatbestand vertraglicher Krediteröffnung ist. Aus diesem Grund ist es unerlässlich, zunächst auf den Begriff und die Rechtsnatur des Krediteröffnungsvertrages einzugehen.

II. Begriff und Rechtsnatur des Krediteröffnungsvertrages

1. Begriff

Vorab erscheint es zweckmäßig, sich zunächst kurz vor Augen zu halten, dass dem Dispositionskredit ein Krediteröffnungsvertrag zugrunde liegt.[746] Die Pfändbarkeit des Dispositionskredits hängt vom Wesen des Krediteröffnungsvertrags ab. Deshalb ist die Erläuterung des Begriffs und der Rechtsnatur des Krediteröffnungsvertrages für die weitere Untersuchung unerheblich.

Eine erste rechtsvergleichende Betrachtung zeigt auf, dass es dem Krediteröffnungsvertrag in beiden Rechtsordnungen an einer speziellen gesetzlichen Regelung fehlt.[747] Aus diesem Grund existiert kein einheitlicher Rechtsbegriff

---

[745] Andere sehen auch den Krediteröffnungsvertrag als Rechtsgrund für die einzelnen Auszahlungen an, so dass zur Durchführung des Kreditgeschäfts nicht mehrere Verträge, sondern nur ein Vertrag erforderlich ist. Vgl. hierzu, NIELSEN, Das Bankrecht, S. 105; OLZEN, Die Zwangsvollstreckung in Dispositionskredite, ZZP 97 (1984), S. 1, 4 ff.; SCHOEN, Der Krediteröffnungsvertrag als schuldnerische Rahmenverpflichtung, § 12 II 1 d; STAUDER, Der bankgeschäftliche Krediteröffnungsvertrag, S, 74 ff.

[746] Vgl. GAUL, Die Zwangsvollstreckung in den Geldkredit, KTS 1989, S. 16.

[747] Der Krediteröffnungsvertrag wird im Katalog der Bankgeschäfte, welche die Bank betreiben darf, aufgeführt (Art. 24 S. 2 G. 2076/1992); Verstreute Vorschriften über den Krediteröffnungsvertrag findet man im Gesetzesdekret 17.7./13.8.1923, welches die Bestellung von Sicherheiten für die Banken in den Kapiteln ΣΤ′ und Ζ′ regelt; vgl. VELENTZAS, Δίκαιο Τραπεζικών Συμβάσεων (Εργασιών), S. 166; MAZIS, Εμπράγματη εξασφάλιση των τραπεζών, S. 63 f.

des Krediteröffnungsvertrages, und seine Rechtsnatur ist stark umstritten. Die Beschreibung seines rechtlichen Inhalts geht dahin, dass es sich um einen Vertrag handelt, durch den die Bank sich als Kreditgeberin verpflichtet, dem Schuldner als Kreditnehmer zu bestimmten Bedingungen auf dessen Anfordern Kredit bis zu einer bestimmten Höhe[748] zur Verfügung zu stellen.[749] Obwohl die Kreditgewährung beim Krediteröffnungsvertrag in beliebiger Höhe vereinbart werden kann, tendieren die Kreditinstitute dazu, den Krediteröffnungsvertrag mit einem Kreditlimit zu verbinden. Der Inhalt des Krediteröffnungsvertrages braucht sich keineswegs auf Gelddarlehen (Zahlungs- bzw. Geldkredit) zu beschränken. In Betracht kommen alle banküblichen Kreditarten, insbesondere Haftungskredite.[750]

Sehr oft wird der Krediteröffnungsvertrag auch mit einem Kontokorrent verbunden.[751] In diesem Fall kann der Bankkunde mit seiner Bank vereinbaren, dass diese fortlaufend bis zu einer entsprechenden Kündigung der Vereinbarung die Überziehung des nicht gedeckten laufenden Kontos um einen bestimmten

---

[748] Vgl. VELENTZAS, Δίκαιο Τραπεζικών Συμβάσεων (Εργασιών), S. 161; PSYCHOMANIS, Τραπεζικό Δίκαιο I, S. 255 ff.; KOUZIORTI, Κατάσχεση στα χέρια τράπεζας ως τρίτης, ΕπΕπΔΣΘ 15 (1994), S. 229; PAMPOUKIS, Τραπεζικαί πιστωτικαί συμβάσεις, S. 90 ff.; ROKAS, in: GEORGIADIS/STATHOPOULOS, GrZGB-Komm., Einf. Art. 806–809; YESSIOU-FALTSI, Δίκαιο Αναγκαστικής Εκτελέσεως, Bd. II, § 64, Rnr. 354, Fn. 1269, S. 901.

[749] Vgl. LWOWSKI, in: SCHIMANSKY/BUNTE/LWOWSKI, Bankrechtshandbuch, § 77, Rnr. 1; STÖBER, Forderungspfändung, Rnr.116, S. 47 f.; KÜMPEL, Bank- und Kapitalmarktrecht, Rnr. 5.178, S. 789; PSYCHOMANIS, Τραπεζικό Δίκαιο I, S. 219 ff.; VELENTZAS, Δίκαιο Τραπεζικών Συμβάσεων (Εργασιών), S. 161, 163, 167; *derselbe*, Δίκαιο αλληλόχρεου λογαριασμού, S. 36; VOUSIKAS, GrZGB-Komm., Art. 806 – 809, Rnr. 73, 93 ff.; PAMPOUKIS, Τραπεζικαί πιστωτικαί συμβάσεις, § 149 ff. – Areopag 558/1996, ΕΤρΑξΧρΔ 1997, S. 123 = ΔΕΕ 1997, S. 58; Areopag 1748/1991, Hellenische Justiz 33 (1992), S. 1623; Areopag 1146/1990, NoB 40 (1992), S. 78; Areopag 602/1990, NoB 40 (1992), S. 64 = EEN 58 (1991), S. 181; Areopag 583/1990, Hellenische Justiz 32 (1991), S. 119; Areopag 316/1990, NoB 39 (1991), S. 555 = ΕπιΘΕμπΔ 1991, S. 610 = ΕπιΘΕμπΔ 1992, S. 219; Areopag 115/1990, EEN 58 (1991), S. 438.

[750] Die Frage, ob der Krediteröffnungsvertrag neben der Effektivkreditgewährung auch den Aval- und Akzeptkredit erfasst, behandelt STAUDER, Der bankgeschäftliche Krediteröffnungsvertrag, S. 29 ff.; KÜMPEL, Bank- und Kapitalmarktrecht, Rnr. 5.178, S. 789; STAUDINGER/HOPT/MÜLBERT, Vorbem. Zu §§ 607 ff. Rnr. 238; CANARIS, Bankvertragsrecht, Rnr. 1200.

[751] Vgl. SCHAARSCHMIDT, Die Sparkassenkredite, Rnr. 1.3, S. 28; LWOWSKI, in: SCHIMANSKY/BUNTE/LWOWSKI, Bankrechts-Handbuch, § 77, Rnr. 12, S. 1620; VELENTZAS, Δίκαιο Τραπεζικών Συμβάσεων (Εργασιών), S. 169; *derselbe*, Τραπεζικό Δίκαιο, S. 191 ff.; TRIANTAFYLLAKIS, Σύμβαση τραπεζικού γύρου και εντολή μεταφοράς πίστωσης, Νομικά προβλήματα ουσιαστικού και δικονομικού δικαίου, Dike 1992, S. 401; YESSIOU-FALTSI, Δίκαιο Αναγκαστικής Εκτελέσεως, Bd. II, § 64, Rnr. 354, S. 901.

Betrag gestattet. Ein Darlehensvertrag wird erst durch den jeweiligen Abruf eines Betrages vom nicht gedeckten Konto abgeschlossen, allerdings dann auf der Grundlage des Krediteröffnungsvertrages. Gerade diese Erscheinungsform des Kredits bildet den Gegenstand der folgenden Untersuchung. Darüber hinaus kann der Kredit nur einmal als bloßes Darlehen in Anspruch genommen werden. Allerdings kann ein Krediteröffnungsvertrag auch konkludent zustande kommen, indem etwa das Kreditinstitut über einen längeren Zeitraum immer wieder bis zu einer bestimmten Höchstgrenze Kredite gewährt und damit zu erkennen gibt, dass es auch künftig so verfahren wird. Das Verhalten des Kreditinstituts muss dann jedoch eindeutig auf einen entsprechenden Verpflichtungswillen schließen lassen.[752]

Bevor auf den vollstreckungsrechtlichen Zugriff der offenen Kreditlinie auf Grundlage des Krediteröffnungsvertrag näher eingegangen wird, sollte die Rechtsnatur des Krediteröffnungsvertrages dargestellt werden, da sie für die vollstreckungsrechtliche Behandlung von unmittelbarer Bedeutung ist.

2. Rechtsnatur

Die rechtliche Einordnung des Krediteröffnungsvertrages ist in Rechtsprechung[753] und Literatur[754] sowohl in Griechenland als auch in Deutschland stark umstritten, da es sich um einen praeter legem entstandenen Vertragstypus handelt. Eine einheitliche rechtliche Bewertung stößt schon deshalb auf Probleme, weil der Krediteröffnungsvertrag nicht nur Geldkreditgewährung, sondern auch ganz andere Leistungen beinhalten kann.

---

[752] Vgl. CANARIS, Bankvertragsrecht, Rnr. 1208; HOPT, Rechtspflichten der Kreditinstitute zur Kreditversorgung, Kreditbelassung und Sanierung von Unternehmen, ZHR 143 (1979), S. 139 (158); WAGNER, Pfändung der Deckungsgrundlage – ungeklärte Fragen bei der Zwangsvollstreckung in Girokonten, ZIP 1985, S. 853.

[753] Areopag 1153/76, NoB 25 (1977), S. 700, siehe auch unten.

[754] Vgl. KOUZIORTI, Κατάσχεση στα χέρια τράπεζας ως τρίτης, ΕπΕπΔΣΘ 15 (1994), S. 230 ff.; VATHRAKOKILIS, GrZPO-Komm., Art. 982 Rnr. 26; PAMPOUKIS, Τραπεζικαί πιστωτικαί συμβάσεις, S. 97 ff., 394 ff.; ROKAS in: GEORGIADIS/STATHOPOULOS,GrZGB-Komm., Art. 806–809, Nr. 28, S. 230; VOUSIKAS, GrZGB-Komm., Art. 806–809, Ziff. 73–78; PSYCHOMANIS, Τραπεζικό Δίκαιο I, S. 221; BRINIAS, Αναγκαστική Εκτέλεση, Bd. III, Art. 982, § 444, S. 1264. – LWOWSKI, in: SCHIMANSKY/BUNTE/LWOWSKI, Bankrechts-Handbuch, § 77, Rnr. 7, S. 1618; PECKERT, Das Girokonto und der Kontokorrentvertrag, S. 161.

a) Griechisches Recht

Von einem Teil der griechischen Literatur wurde der Krediteröffnungsvertrag als ein Darlehen, welches allein mit der Zustimmung des Kreditnehmers (solo consesu) entsteht, qualifiziert.[755] Da aber ein Darlehen nach der Realvertragstheorie (Darlehensvertrag kommt erst mit Hingabe der Darlehensvaluta zustande) einen Vertrag darstellt,[756] der re abgeschlossen werden muss und nicht ein Abrufrecht des Kreditnehmers erfordert, geht die überwiegende Ansicht von einer Einordnung des Krediteröffnungsvertrags als Konsensualvertrag aus, der aber von den Art. 806 ff. GrZGB geregelt wird.[757] Dieser Vertrag stellt die causa für die Kreditgewährung, die nach Ausübung des Gestaltungsrechts erfolgt.[758] Dieser Ansicht ist zuzustimmen, denn sie rechtfertigt sich auch angesichts der Tatsache, dass bei einem Krediteröffnungsvertrag das Kreditinstitut verpflichtet ist, an den Kreditnehmer zu leisten, jederzeit, wenn der letztere es dazu auffordert.

Diese Konstruktion hat früher die Frage aufgeworfen, ob es sich hier eventuell um einen Vorvertrag[759] oder Hauptvertrag handelt. Hinsichtlich dieser Frage hat man versucht, den Krediteröffnungsvertrag als Vorvertrag des Darle-

---

[755] Vgl. ΕφΑθ 5542/1990, Hellenische Justiz 1991, S. 159; ΕφΑθ 12656/1988, ΑρχΝ 1990, 651; ΕφΑθ 10463/1981, Armenopoulos 1982, S. 897; ΕφΑθ 1960/1981, Armenopoulos 1982, S. 127; ΕφΑθ 732/1979, Armenopoulos 1980, S. 306 = Hellenische Justiz 1979, S. 358; ΕφΑθ 186/1979, ΕπιθΕμπΔ 31 (1980), S. 61; ΕφΑθ Athen 2624/1975, ΕπιθΕμπΔ 27 (1976), S. 404; ΕφΑθ 732/1979, m. Anm. v. TZIFRAS, Armenopoulos 34 (1980), S. 306; ΕφΑθ 10463/1981 m. Anm. v. FLOUDAS, Armenopoulos 36 (1982), S. 897; ΕφΑθ 12656/1988, ΑρχΝ (1990), S. 651; vgl. Auch ΕφΑθ 1960/1981, m. Anm. v. BAKOPOULOS, Armenopoulos 36 (1982), S. 127; ΠΠρΒολ 259/1986, ΕπιθΕμπΔ 39 (1988), S. 237 f.; VOUSIKAS, GrZGB-Komm., Art. 806–809, Rnr. 78 f.; ROKAS, in: GEORGIADIS/STATHOPOLOS, GrZGB-Komm., Einf. Art. 806–809, Nr. 28.

[756] So auch früher nach deutschem Recht, vgl. RG 51, 119; OLG Stuttgart BB 1956, 1012; DIESEL, Richtet sich die Zwangsvollstreckung gegen Bankkunden zweckmäßig in die nicht valutierten Kreditsicherheiten oder in den Kreditanspruch?, JW 1933, 2504 oder 2035 f.

[757] Vgl. ROKAS, in: GEORGIADIS/STATHOPOULOS, GrZGB-Komm. Art. 806, Rnr. 28, S. 230; KIANTOU-PAMPOUKI, Δίκαιο Τραπεζικών Εργασιών, S. 10; PAMPOUKIS, Τραπεζικαί πιστωτικαί συμβάσεις, §§ 37, 142; ΠρΚαβ 520/1962, ΕπιθΕμπΔ 13 (1962), S. 181; PSYCHOMANIS, Τραπεζικό Δίκαιο I, S. 221. Die einzige Vorschrift, die nicht in Betracht kommt, ist Art. 808 Satz 2 GrZGB.

[758] Vgl. PSYCHOMANIS, Τραπεζικό Δίκαιο I, S. 221.

[759] Vgl. ΕφΑθ 1271/58, ΝοΒ 6 (1958), S. 858; ΠρΒολ 178/1937, ΕΕΝ 4, S. 514; vgl. auch, BRINIAS, Αναγκαστική Εκτέλεση III, Art. 982, § 444, S. 1264; SIMITIS, Η δι' εμπορευμάτων ησφαλισμένη τραπεζική πίστωσις, § 20, S. 19; ANASTASIADIS, Ελληνικό Εμπορικό Δίκαιο, § 279 γ, Bem. 1; KOUZIORTI, Κατάσχεση στα χέρια τράπεζας ως τρίτης, ΕπΕπΔΣΘ 15 (1994), S. 225 ff. m.w.N.

hens einzuordnen.[760] Der Kreditgeber, der den Kredit nur zusage, verpflichte sich, auf Anforderung des Kreditnehmers das eigentliche Kreditgeschäft abzuschließen. Der Abruf des Kredits sei das Angebot zum Abschluss des jeweiligen Kreditgeschäfts, zu dessen Annahme der Kreditgeber verpflichtet sei. Die Meinung konnte sich allerdings nicht durchsetzen.

Eine weitere Ansicht spricht bei einem Krediteröffnungsvertrag über einen Vertrag sui generis, da er keinem der im GrZGB geregelten Vertragstypen vollständig zuzuordnen ist. Es wird hier vorgetragen, dass der Krediteröffnungsvertrag verschiedene Kreditgeschäfte enthalten kann, die aber alle durch ihren kreditrechtlichen Charakter geprägt sind.[761] Diese Gemeinsamkeit rechtfertige die einheitliche Erfassung als einen Vertrag sui generis. Da man unter diesen in den meisten Fällen den Darlehensvertrag erkennt, kommen sehr häufig entsprechend die Vorschriften des Darlehensrechts zur Anwendung.

b) Deutsches Recht

Im deutschen Recht war die rechtliche Einordnung des Krediteröffnungsvertrags ebenfalls lange strittig. Während die Rechtsprechung diesen einheitlich als ein Dauerschuldverhältnis ansieht, gehen die Meinungen in der Literatur auseinander. Demnach wird der Krediteröffnungsvertrag als Darlehensvorvertrag[762] oder als Konsensualvertrag[763] eingeordnet. Nach der heute überwiegenden Meinung wird der Krediteröffnungsvertrag als Konsensualvertrag in der Form eines

---

[760] Vgl. zur Differenzierung zwischen Vor- und Konsensualvertrag, ROKAS, in: GEORGIADIS/STATHOPOULOS, GrZGB-Komm. Art. 806, Rnr. 27, S. 229.

[761] Siehe hierzu, KOUZIORTI, Κατάσχεση στα χέρια τράπεζας ως τρίτης, ΕπΕπΔΣΘ 15 (1994), S. 230 ff.; PAMPOUKIS, Τραπεζικαί πιστωτικαί συμβάσεις, S. 106, 394 ff.; MAZIS, Εμπράγματη εξασφάλιση των τραπεζών, S. 65 f.; PSYCHOMANIS, Τραπεζικό Δίκαιο I, S. 255.

[762] Vgl. BGH NJW 1978, S. 947 f.; OLG Hamm, WM 1984, S. 1147 f.; STAUDINGER/RIEDEL vor vor § 607 ff. Rnr. 5.; SÖRGEL/HÄUSER, BGB, Vor § 607 Rnr. 2; *dagegen*, CANARIS, Bankvertragsrecht, Rnr. 1203; HEFERMEHL, in: ERMAN, BGB-Komm. vor § 145, Rnr. 39; STAUDER, Der bankgeschäftliche Krediteröffnungsvertrag, S. 64; KLAUSING, Der Krediteröffnungsvertrag, S. 84; einen Überblick zum Streitstand liefert PECKERT, Das Girokonto und der Kontokorrentvertrag, S. 163 ff.

[763] Vgl. WESTERMANN, in: MünchKomm, vor § 607 Rnr. 17; PUTZO, in: PALANDT, BGB-Komm., vor § 607, Rnr. 3, Rnr. 22, S. 727 f.; WERNER, in: ERMAN, BGB-Komm., Bd. I. vor § 607, Rnr. 1, S. 1502 f.; NIELSEN, Das Bankrecht, S. 148 ff.; SCHAARSCHMIDT, Die Sparkassenkredite, Rnr. 1.23, S. 34; LARENZ, Schuldrecht, Bes. Teil, § 51 I und II; MEDICUS, Schuldrecht II, § 93.

Grund- und Rahmenvertrages qualifiziert.[764] Er ist von den einzelnen Kreditgeschäften zu unterscheiden, obwohl ein enger Zusammenhang zwischen dem Krediteröffnungsvertrag und den einzelnen Kreditgeschäften besteht.[765] Danach ist der Krediteröffnungsvertrag ein zweiseitig verpflichtender Vertrag, der schon vor der Leistung des Kreditgebers durch die Willenserklärung des Bankkunden zustande kommt. Der Krediteröffnungsvertrag stellt somit den unmittelbaren Verpflichtungsgrund für die Auszahlung der Darlehensvaluta dar.[766] Der Abruf des Kunden konkretisiert lediglich die Verpflichtung. Damit ist er nicht als Vorvertrag,[767] der zur Realisierung eines weiteren selbstständigen Hauptvertrages bedarf – nämlich der realen Übereignung der Darlehenssumme, zu qualifizieren. Hier muss gesagt werden, dass die Einordnung des Krediteröffnungsvertrages als Vorvertrag noch auf die Realvertragstheorie[768] zurückgeht, wonach ein Vertrag, der eine reale Hingabe der Darlehensvaluta erst für später vorsah, nicht Darlehen, sondern nur Darlehensvorvertrag sein konnte. Bei einem Vorvertrag sind die Parteien zum Abschluss des endgültigen Kreditvertrages verpflichtet. Erst dieser Kreditvertrag enthält die eigentliche Leistungsverpflichtung der Parteien. Bei einem Grund- und Rahmenvertrag hingegen regelt der Vertrag einen bestimmten Teil des Geschäftsverhältnisses vorab. Aus der auf ein Darlehen abzielenden Krediteröffnung wird dabei die unmittelbare Verpflichtung zur Auszahlung des Darlehens gefolgert. Dies ergibt sich aus der zeitlichen Aufteilung

---

[764] Vgl. WESTERMANN, MünchKomm, vor § 607 Rnr. 17; ULMER, MünchKomm, § 1 VerbrKrG Rnr. 54; kritisch: CANARIS, Bankvertragsrecht, Rnr. 1201 ff.; SCHOEN, Der Krediteröffnungsvertrag als schuldrechtliche Rahmenverpflichtung, S. 87 ff.; LARENZ, Lehrbuch des Schuldrechts, Band II, § 51 II; SCHMIDT, Darlehn, Darlehnsversprechen und Darlehenskrediteröffnung im Konkurs, JZ 1976, S. 756 ff.; KÜMPEL, Bank- und Kapitalmarktrecht, Rnr. 5.178, S. 789; STAUDINGER/HOPT/MÜLBERT, Vorbem. Zu § 607 ff. Rnr. 241; PUTZO, in: PALANDT, BGB-Komm., vor § 607 Rnr. 22, S. 728.

[765] Vgl. CANARIS, Bankvertragsrecht, Rnr. 1201.

[766] Ausführlich STAUDER, Der bankgeschäftliche Krediteröffnungsvertrag, S. 56 ff.; SCHÖNLE, Bank- und Börsenrecht, § 12 II 1 d; CANARIS, Großkomm.-HGB § 357 Anhang Anm. 615; PUTZO, in: PALANDT, BGB-Komm. Einf. Vor § 607 Anm. 3, S. 727; BAUMBACH/HOPT, HGB, Anhang I nach § 406 Anm. 5 B; LWOWSKI/WEBER, Pfändung von Ansprüchen auf Kreditgewährung, ZIP 1980, S. 609; WAGNER, Zur Pfändbarkeit nicht zweckgebundener Kontokorrentkreditforderungen, JZ 1985, S. 719; abweichend, PECKERT, Pfändbarkeit des Überziehungs- und Dispositionskredits, ZIP 1986, S. 1237.

[767] Siehe etwa BGH NJW 1975, S. 443; LWOWSKI/WEBER, Pfändung von Ansprüchen auf Kreditgewährung, ZIP 1980, S. 609; PLOCH, Pfändbarkeit der Kreditlinie, DB 1986, S. 1963; OLZEN, Die Zwangsvollstreckung in Dispositionskredite, ZZP 97, S. 1; STAUDER, Der bankgeschäftliche Krediteröffnungsvertrag, S. 83; CANARIS, Bankvertragsrecht, Anm. 1203; WAGNER, Zur Pfändbarkeit nicht zweckgebundener Kontokorrentkreditforderungen, JZ 1985, S. 718.

[768] Vgl. PUTZO, in: PALANDT, BGB-Komm., vor § 607, Rnr. 2, S. 727.

zwischen Krediteröffnungsvertrag und den einzelnen später abzurufenden Krediten.[769]

III. Dispositionskredit

1. Umschreibung

Gegenüber dem auf einmalige Auszahlung gerichteten Zahlungskredit besteht die Besonderheit des Dispositionskredits darin, dass er typischerweise mit einer Kontokorrentabrede[770] verbunden ist, weshalb man auch vom Kontokorrentkredit spricht.[771] Zugleich ist er mit dem Girovertrag verknüpft.[772] Diese Form des Kredits ist in der Bankpraxis beider Länder sehr verbreitet. Da der Kontokorrentkredit über ein laufendes Konto abgewickelt wird, werden auch hier Ansprüche und Leistungen nebst Zinsen im Kontokorrent eingestellt und in regelmäßigen Zeitabschnitten durch Verrechnung und Feststellung des für den einen oder anderen Teil sich ergebenden Überschusses ausgeglichen. Hinzuweisen ist jedoch hier, dass sich der Kontokorrentvertrag und der Krediteröffnungsvertrag

---

[769] BGHZ 83, 76 (81); BGH NJW 78, S. 947 f. = WM 78, S. 234 f. CANARIS, Bankvertragsrecht, Rnr. 1202; WESTERMANN, in: MünchKomm, vor § 607 Rnr. 17.

[770] Grundsätzlich wird das Kontokorrent als ein Habenkonto mit regelmäßigen Zahlungseingängen geführt. Reichen aber die Zahlungseingänge nicht aus, kann die Bank dem Kontoinhaber einen Kredit einräumen. BGH WM 1991, S. 179, 180 f.

[771] Areopag 1265/1994, ΕΤρΑξΧρΔ 1995, 67 = ΔΕΕ 1995, 66; Areopag 1154/1994, ΔΕΕ 1995, 293; Areopag 1748/1991, Hellenische Justiz 1992, S. 1623; Areopag 1146/1990, NoB 1992, S. 78; Areopag 602/1990, NoB 1992, S. 64 m. Anm. DORIS = EEN 1991, S. 181; Areopag 583/1990, Hellenische Justiz 1991, S. 119: Areopag 316/1990, NoB 1991, S. 555 = ΕπιθΕμπΔ 42 (1991), S. 610 = ΕπιθΕμπΔ 43 (1992), S. 219; Areopag 115/ 1990, WWN 1991, S. 438; Areopag 778/1987, EEN 1988, S. 313; Areopag (Plenum) 564/1986, ΑρχΝ 1986, S. 460; Areopag 717/1979, ΕπιθΕμπΔ 31 (1980), S. 221; Areopag, 794/1978, ΕπιθΕμπΔ 30 (1979), S. 279; ΠΠρΒολ 259/1986, ΕπιθΕμπΔ 39 (1988), S. 237 ff.; ΕφΑθ 732/1979, Armenopoulos 34 (1980), S. 306 ff.; vgl. auch, VELENTZAS, Δίκαιο Τραπεζικών Συμβάσεων (Εργασιών), S. 192 m.w.N.; ROKAS, in: GEORGIADIS/STATHOPOULOS, GrZGB-Komm. Art. 806, Rnr. 28, S. 230; VOUSIKAS, GrZGB-Komm., Art. 806–809, Rnr. 73, 93 ff. PAMPOUKIS, Τραπεζικαί πιστωτικαί συμβάσεις, § 149 ff.; PSYCHOMANIS, Τραπεζικό Δίκαιο I, S. 229; GEORGAKOPOULOS, Εγχειρίδιο Εμπορικού Δικαίου, Bd. 2Γ, Τραπεζικές Συμβάσεις, S. 609 ff. – NIESEN, Das Bankrecht, S. 157 f.; SCHAARSCHMIDT, Die Sparkassenkredite, Rnr. 1.3, S. 28; SCHUSCHKE, Die Pfändung der „offenen Kreditlinie", ZIP 2001, S. 1085.

[772] Vgl. VELENTZAS, Δίκαιο Τραπεζικών Συμβάσεων (Εργασιών), S. 169; *derselbe*, Τραπεζικό Δίκαιο, S. 191 ff.; TRIANTAFYLLAKIS, Σύμβαση τραπεζικού γύρου και εντολή μεταφοράς πίστωσης, Νομικά προβλήματα ουσιαστικού και δικονομικού δικαίου, Dike 1992, S. 401; KÜMPEL, Bank- und Kapitalmarktrecht, Rnr. 5.180, S. 790.

klar von einander differenzieren.[773] Trotzdem können sie miteinander verknüpft werden[774], um dem Bankkunden die Möglichkeit zu gewähren, einerseits den Kredit laufend in Anspruch zu nehmen bis zum vorgesehenen Kreditlimit und anderseits bei vorläufig vorhandenen Guthaben seine Schuld zu verrechnen.

Die Besonderheit des Dispositionskredits besteht darin, dass der letztere eine vertragliche Vereinbarung (Krediteröffnungsvertrag) über eine bestimmte Kreditlinie (offene Kreditlinie oder plafond) zwischen der Bank und ihrem Kunden impliziert.[775] Bis zu diesem Kreditlimit ist der Kunde berechtigt, sein Konto durch beliebig viele Kontobewegungen in Anspruch zu nehmen.[776] Neben der ausdrücklichen Vereinbarung des Dispositionskredits kann in der Praxis diese Vereinbarung durch die Mitteilung des Kreditlimits auf dem Kontoauszug und die spätere Inanspruchnahme durch den Kunden zustande kommen. Beim Dispositionskredit ist es möglich, dass der Kunde den mit der Bank bindend vereinbarten Kreditrahmen nicht ausschöpft, also mehr an Darlehen beanspruchen könnte, als er tatsächlich in Anspruch nimmt.[777] Die Spanne zwischen dem tatsächlich in Anspruch genommenen Kredit und dem durch Vereinbarung mit der Bank festgelegten Limit bezeichnet man als „offene“ Kreditlinie“ bzw. „plafond“.[778] Die Leistungspflicht des Kreditgebers wird nach Grund und Höhe durch den Abruf konkretisiert, der in Literatur beider Länder als inhaltsfüllendes Gestaltungsrecht gekennzeichnet wird.[779]

---

[773] ΕφΘεσ 2166/1997, ΕΤρΑξΧρΔ 1997, S. 769.

[774] Vgl. SIMITIS, Η σύμβασις ανοίγματος πιστώσεως δι΄ ανοικτού λογαριασμού, ΕΕΝ 1939, S. 139; PAMPOUKIS, Τραπεζικαί Πιστωτικαί Συμβάσεις, § 87, S. 136, 149.

[775] Vgl. PLOCH, Pfändbarkeit der Kreditlinie, DB 1986, S. 1963; STAUDER, Der bankgeschäftliche Krediteröffnungsvertrag, S. 56 ff.

[776] BGHZ 93, S. 315 ff.; vgl. auch, PECKERT, Das Girokonto und der Kontokorrentvertrag, S. 140 ff.; PSYCHOMANIS, Τραπεζικό Δίκαιο I, S. 229.

[777] LWOWSKI/WEBER, Pfändung von Ansprüchen auf Kreditgewährung, ZIP 1980, S. 609; SCHÖNLE, Bank- und Börsenrecht, § 12 I. – *griechisches Recht*: ΕφΑθ 732/1979, Armenopoulos 34 (1980), S. 307 f.; HEYMANN, HGB, § 357, Rnr. 22.

[778] WuB VI E. § 829 ZPO 5.86; SCHUSCHKE, Die Pfändung der „offenen Kreditlinie", ZIP 2001, S. 1085; BRINIAS, Κατάσχεσις απαιτήσεως εκ τραπεζικών συναλλαγών, FS für TSIRINTANIS, S. 293 f.

[779] SCHÖNLE, Bank und Börsenrecht, § 12 I; CANARIS, Großkomm.-HGB, Anm. 616; ausführlich STAUDER, Der bankgeschäftliche Krediteröffnungsvertrag, S. 78 ff.; GRUND, Die Zwangsvollstreckung in den Geldkredit, S. 93 ff.; SANDKÜHLER, Bankrecht, S. 64; HOPT/MÜLBERT, Kreditrecht, Vorbem. Vor §§ 607 ff. Rnr. 238; SCHÖNLE, Bank- und Börsenrecht, S. 147; BACH-HEUKER, Pfändung in die Ansprüche aus Bankverbindung und Drittschuldnererklärung der Kreditinstitute, S. 57 f. – vgl. auch, VELENTZAS, Τραπεζικό Δίκαιο, S. 155 ff.; PSYCHOMANIS, Τραπεζικό Δίκαιο I, S. 219 ff.; Areopag 136/1962, ΑρχΝ 1962, S. 369 = ΕπιθΕμπΔ 1962, S. 310 = ΕΕΝ 29 (1962), S. 558 = NoB 11 (1963), S. 95; ΕφΘεσ 113/1951, ΑρχΝ 1952, S. 36; ΕφΛαρ 28/1976, ΕΕΝ 24 (1976), S. 281.

Festzuhalten bleibt hier, dass rechtlich der Dispositions- bzw. Kontokorrentkredit speziell auf die Gewährung von Gelddarlehen gerichtet und mit einem Girovertrag (§§ 675, 611 DtBGB) verbunden sind. Darüber hinaus bildet die Grundlage für diese Verträge der Krediteröffnungsvertrag. Aus diesem Grund hängt die Pfändbarkeit eines Kontokorrentkredites von der Pfändbarkeit des Krediteröffnungsvertrages ab. Hinzu kommt, dass in Griechenland bei einem Dispositionskredit, der mit einem Pfandrecht oder einer Hypothek gesichert ist, zusätzlich zu den Vorschriften der Art. 806 ff. GrZGB die Regelungen des Gesetzesdekrets vom 17.7./13.8.1923 zur Anwendung kommen.[780]

2. Die Unterscheidung zwischen Dispositionskredit und Überziehungskredit

Die Entwicklung des Wirtschaftslebens hat neue Kreditformen gefordert, die zwar grundsätzlich Elemente des Dispositionskredits aufweisen, dennoch sich in gewissen Punkten anders entfalten. Verwandt mit dem Dispositionskredit ist der sogenannte Überziehungskredit.

Der entscheidende Unterschied zwischen den beiden Kreditformen liegt darin, dass dem Überziehungskredit keine vertragliche Vereinbarung, d.h. kein Krediteröffnungsvertrag, zwischen der Bank und dem Kunden zugrunde liegt. Vielmehr handelt es sich hier um eine reine faktische Möglichkeit des Bankkunden, sich jederzeit einen Kredit zu verschaffen, ohne vorherige Vereinbarung und obwohl die nötige Deckung auf dem Konto fehlt.[781] Hier toleriert die Bank ad hoc aufgrund einer intern festgelegten Kreditlinie, dass das Konto bis zu einer bestimmten Höhe überzogen wird.[782] Der Bankkunde hat jedoch hierauf kei-

---

[780] Vgl. ROKAS, in: GEORGIADIS/STATHOPOULOS, GrZGB-Komm., Art. 806, Rnr. 29, S. 230.

[781] Vgl. LWOWSKI/WEBER, Pfändung von Ansprüchen aus Kreditgewährung, ZIP 1980, S. 609; PECKERT, Pfändbarkeit des Überziehungs- und Dispositionskredits, ZIP 1986, S. 1232 ff.; TERPITZ, Pfändung der Ansprüche aus Girokonten (Dispositionskredit), LG Dortmund, Beschluss v. 1.8.1985, WuB VI E. § 829 ZPO 5.86; LWOWSKI, in: SCHIMANSKY/BUNTE/LWOWSKI, Bankrechts-Handbuch, Band I, § 33, S. 541; GRUNSKY, Zur Durchsetzung einer Geldforderung durch Kreditaufnahme des Schuldners in der Zwangsvollstreckung, ZZP 1982, S. 264 ff.; HINTZEN/WOLF, Die Mobiliarzwangsvollstreckung in der Praxis, S. 201 ff.; SCHAARSCHMIDT, Die Sparkassenkredite, Rnr. 1.4, S. 28 ff.; SCHUSCKE, Die Pfändung der „offenen Kreditlinie", ZIP 2001, S. 1085; WAGNER, Pfändung der Deckungsgrundlage – ungeklärte Fragen bei der Zwangsvollstreckung in Girokonten, ZIP 1985, S. 853; HEYMANN, HGB, Rnr. 22; BACH-HEUKER, Pfändung in die Ansprüche aus Bankverbindung und Drittschuldnererklärung der Kreditinstitute, S. 66 ff.

[782] Vgl. HINTZEN, Pfändung des vereinbarten Dispositionskredits, InVo 2001, S. 271; WAGNER, Neue Argumente zur Pfändbarkeit des Kontokorrentkredits, WM 1998, S. 1657; KÜMPEL, Bank- und Kapitalmarktrecht, Rnr. 5.68, S. 748.

nen einklagbaren Anspruch, den er eventuell an Dritte übertragen könnte. Erst mit der Überziehung des Kontos kommt ein Darlehensvertrag zustande, der dann als Zahlungsanspruch fällig ist.[783]

Allerdings muss gesagt werden, dass die begriffliche Unterscheidung zwischen Dispositions- und Überziehungskredit in Deutschland erst in neuerer Zeit[784], insbesondere durch eine Entscheidung des BGH aus dem Jahre 1985[785], entstanden ist. Darüber hinaus findet man eine Institutionalisierung des Überziehungskredits in den Nr. 18 AGB-Sparkassen[786] und § 5 VerbrKrG. Das letztere hat den Begriff des Überziehungskredits erweitert. Wurde früher der Überziehungskredit als geduldete Kreditinanspruchnahme ohne ausdrückliche Vereinbarung verstanden, ist nach der Definition des § 5 Abs. 1 VerbrKrG jeder Kredit, den der Kreditgeber auf laufendem Konto einräumt, ein Überziehungskredit, wenn außer den Zinsen für den in Anspruch genommenen Kredit keine weiteren Kosten in Rechnung gestellt werden und die Zinsen[787] nicht in kürzeren Perioden als drei Monaten belastet werden.[788] In Griechenland fehlt es dagegen in Literatur und Rechtsprechung an gezielte Erörterungen zu dieser Unterscheidung. Sie wird jedoch auch im deutschen Recht für fragwürdig anerkannt.[789] Für den Bereich der Zwangsvollstreckung hingegen ist der Überziehungskredit mit seiner realvertraglichen Natur deshalb ohne Bedeutung, da aufgrund des mangelnden Anspruchs des Schuldners auf Gewährung dieses Kredites auch keine pfändbare Forderung besteht.[790]

---

[783] OLG Köln ZIP 1983, S. 810 = WM 1983, 1049; BGH, NJW 1985, 1219.

[784] OLG Frankfurt a.M. NJW-RR 1994, S. 878 ff.; vgl. auch OLZEN, Die Zwangsvollstreckung in Dispositionskredite, ZZP 97 (1984), 1; WAGNER, Pfändung der Deckungsgrundlage – ungeklärte Fragen bei der Zwangsvollstreckung in Girokonten, ZIP 1985, S. 849 ff.

[785] BGH ZIP 1985, S. 339 = EWiR § 829 ZPO 1/85, S. 119, MERZ = WM 1985, S. 344.

[786] Vgl. SCHAARSCHMIDT, Die Sparkassenkredite, Rnr. 1.168, S. 93 f.

[787] Für geduldete Überziehungskredite im Sinne einer Kreditanspruchnahme ohne ausdrückliche Vereinbarung oder über den vereinbarten Kredit hinaus können sich die Kreditinstitute AGB-mäßig das Recht ausbedingen, höhere Überziehungszinsen zu berechnen (BGH WM 1992, S. 940).

[788] Vgl. hierzu, LWOWSKI, in: SCHIMANSKY/BUNTE/LWOWSKI, Bankrechts-Handbuch, § 75, Rnr. 13; HOPT/MÜLBERT, Kreditrecht, vor §§ 607 ff. Rnr. 290; KÜMPEL, Bank- und Kapitalmarktrecht, Rnr. 5.68 ff., S. 748 f.; ULMER, MünchKomm zum BGB, § 5 VerbrKrG, Rnr. 9.

[789] Vgl. GAUL, Die Zwangsvollstreckung in den Geldkredit, KTS 89, S. 3 (7); PUTZO, in: PALANDT, BGB-Komm., § 607, Rnr.9, S. 729.

[790] Vgl. OLZEN, Die Zwangsvollstreckung in Dispositionskredite, ZZP 97 (1984), 1; BGH NJW 1985, S. 201; für die Pfändung von Überziehungskrediten, KÖNDGEN, Die Entwicklung des privaten Bankrechts in den Jahren 1992–1995, NJW 1996, S. 562.

§ 3 Die Zwangsvollstreckung in den Dispositionskredit

Wie bereits oben angedeutet, ergeben sich für die Zwangsvollstreckung in den Dispositionskredit folgenden Möglichkeiten: Die Pfändung, bevor der Kreditnehmer sein Abrufsrecht ausgeübt hat, und die Pfändung des konkretisierten Anspruchs auf Auszahlung der Kreditvaluta. Ob sowohl das Recht auf Abruf des Kredites als auch die nachfolgende Auszahlung der Darlehenssumme der Pfändung unterliegen, wird unterschiedlich beantwortet.[791] Ausgangspunkt für diese Meinungsverschiedenheit sowohl im griechischen als auch im deutschen Schrifttum sind die Differenzierungskriterien für die Bestimmung der Rechtsnatur des Krediteröffnungsvertrages und somit auch des Abrufrechts.[792]

I. Anspruch auf Abruf

1. Das Meinungsbild nach griechischem Recht

Die Pfändung des Anspruchs auf Abruf des Kredites ist in der griechischen Vollstreckungspraxis völlig unbekannt. Lediglich im Schrifttum findet man verstreute Erörterungen zu der Frage, ob der Anspruch auf Abruf des Kredites aus materiellrechtlicher Sicht der Pfändung unterliegen kann. Es besteht zunächst Einigkeit darüber, dass der Anspruch auf Kreditgewährung vor Abruf kein fälliger Zahlungsanspruch ist. Der zwangsvollstreckungsrechtliche Zugriff auf diesen Anspruch erfüllt somit nicht die Grundvoraussetzung[793] für eine Forderungspfändung im Sinne der Art. 982 ff. GrZPO.

Die Vertreter der Ansicht, dass es sich bei einem Krediteröffnungsvertrag um ein Darlehensvorvertrag[794] (pactum de mutuo dando) handelt, verneinen grundsätzlich die Zugriffsmöglichkeit des Vollstreckungsgläubigers auf den

[791] Zum Meinungsstand siehe DAVID, Die Kontenpfändung, MDR 1993, S. 109; HINTZEN/WOLF, Die Mobiliarzwangsvollstreckung in der Praxis, S. 201.

[792] Vgl. PAMPOUKIS, Τραπεζικαί πιστωτικαί συμβάσεις, S. 97 ff., 381 ff.; ROKAS, in: GEORGIADIS/STATHOPOULOS, GrZGB-Komm. Artikel 806-809, Ziff. 28, S. 230; PSYCHOMANIS, Τραπεζικό Δίκαιο I, S. 254 ff.; VOUSIKAS, GrZGB-Komm., Artikel 806-809, Ziff. 73-78.

[793] ΜΠρΘεσσ 16788/94, Armenopoulos 50 (1996), S. 1030; ΕφΑθ 640/90, Hellenische Justiz 33 (1992), 605; GIANNOPOULOU/ZOMPOLAS/KALANTZIS/KATRAS/BLATSIOS/TSIKOURI, Κώδικας Πολιτικής Δικονομίας, Τόμος III, άρθρ. 982, σημ. 1, 2.

[794] Vgl. SIMITIS, Η δι΄ εμπορευμάτων ησφαλισμένη τραπεζική πίστωση § 20, S. 19; ANASTASIADIS, Ελληνικόν Εμπορικόν Δίκαιον, § 279 γ Bem. 1; siehe auch ΠρΒολ 178/1937, ΕΕΝ 4, 514; ΕφΑθ 1080/1891, Θ 2, S. 599; ΕφΑθ 168/1922, Θ 33, S. 412; ΕφΑθ 1271/1958, ΝοΒ 6 (1958), S. 858.

Krediteröffnungsvertrag. Begründet wird diese Ansicht damit, dass der Anspruch des Kunden aus einem Darlehensvorvertrag das Recht des Schuldners auf Abschluss eines Rechtsgeschäfts untrennbar einschließt.[795] Zwar wird anerkannt, dass auf der Grundlage eines Krediteröffnungsvertrages der Kreditnehmer einen Anspruch auf Abruf des Kredites hat und diesen Anspruch auch einklagen kann, aber aufgrund der Höchstpersönlichkeit dieses Anspruchs ist diese Möglichkeit nur dem Kreditnehmer und nicht dem Vollstreckungsgläubiger gegeben. Der höchstpersönliche Charakter ergebe sich schon aus der Qualifizierung der Krediteinräumung als Vertrauensverhältnis zwischen Bank und Kunde.[796] Aufgrund der Hinnahme der Höchstpersönlichkeit des Anspruchs auf Abruf des Kredites ist die nicht Übertragbarkeit – gemäß Art. 465 GrZGB[797] – und somit auch die Unpfändbarkeit anzunehmen. Die Vertreter dieser Auffassung führen allerdings gleichzeitig auf, dass der Anspruch auf Auszahlung des Kredites übertragbar sei, sobald der Kreditvertrag zwischen dem Kreditnehmer und dem Kreditinstitut abgeschlossen ist.

Gleichzeitig findet man im Schrifttum weitere Argumente, welche die Unpfändbarkeit des Abrufrechts bekräftigen. Die Vertreter der Auffassung, dass es sich bei dem Krediteröffnungsvertrag um eine nicht geregelte Vertragsform (sui generis Vertrag) handelt[798], sehen in der Gewährung von Geldkredit einen Kapitalnutzungsanspruch, dessen wirtschaftliche Bedeutung die zeitweilige Überlassung von Kaufkraft an den Kreditnehmer ist.[799] Aus diesem Grund stellt die Kreditleistung ein unabdingbares Element des Krediteröffnungsvertrages dar. Da es sich hier nicht um eine Geldforderung, sondern um eine unvertretbare Handlung handelt, die gemäß Art. 946 GrZPO ausschließlich vom Kreditnehmer vorzunehmen ist, ist der Anspruch auf Abruf des Kredites kein potentielles Pfändungsobjekt. Die Unvertretbarkeit dieser Handlung begründet sich auch hier zum einen aus der höchstpersönlichen Natur des Anspruchs auf Einräumung des Kredites und zum anderen aus der Besonderheit des Vertrauensverhältnisses zwischen dem Kreditnehmer und der Bank.[800]

---

795 Vgl. PAPANTONIOU, Γενικές αρχές του αστικού δικαίου, S. 322 f.; so auch, Areopag 104/1971, NoB 19 (1971), S. 593.

796 Vgl. PSYCHOMANIS, Τραπεζικό Δίκαιο I, S. 224 f.

797 Art. 465 Gr.ZGB: „Απαίτηση η οποία λόγω της φύσης της παροχής συνδέεται στενά με το πρόσωπο του δανειστή είναι ανεκχώρητη."

798 BRINIAS, Αναγκαστική Εκτέλεση III, § 444, S. 1263; KOUZIORTI, Κατάσχεση στα χέρια τράπεζας ως τρίτης, ΕπΕπΔΣΘ 15 (1994), S. 225 ff.

799 Vgl. hierzu, PAMPOUKIS, Τραπεζικαί Πιστωτικαί Συμβάσεις, S. 405; PSYCHOMANIS, Τραπεζικό Δίκαιο I, S. 221 f. – CANARIS, Großkomm.-HGB, Anm. 614 ff.

800 So PAMPOUKIS, Τραπεζικαί Πιστωτικαί Συμβάσεις, S. 119 ff., 123; BRINIAS, Αναγκαστική Εκτέλεση III, Art. 982, § 444, S. 1265; BRINIAS, Κατάσχεσις απαιτήσεων εκ τραπεζικών συναλλαγών, FS für TSIRINTANIS, S. 291; MAZIS, Εμπράγματη εξασφάλιση

2. Eigene Stellungnahme

Nachgewiesen wurde bereits – und erfordert deshalb keiner weiteren Erläuterung –, dass das Abrufrecht des Kreditnehmers bzw. Schuldners kein fälliger Zahlungsanspruch ist. Es entspricht dem Wesen der Zwangsvollstreckung, dass nur Gegenstände gepfändet werden, die im Vermögen des Schuldners stehen. Dritte dürfen durch die Pfändung nicht belastet werden. Aus diesem Grund kommt eine Forderungspfändung i.S.v. Art. 982 ff. GrZPO nicht in Betracht.

Der Abruf des Kredites wird vielmehr als ein ausfüllendes Gestaltungsrecht gesehen.[801] Es zeigt sich schnell, dass durch die Ausübung des Abrufrechtes der Krediteröffnungsvertrag konkretisiert und gleichzeitig der Einzelvertrag inhaltlich ausgestaltet wird. Der Abruf dient insoweit der Vertragsdurchführung. Entscheidend ist hier, dass der Kreditnehmer auf der Grundlage des Krediteröffnungsvertrages und im Rahmen der Vertragsfreiheit nicht verpflichtet ist, sein Abrufrecht auszuüben. Dieses stellt für ihn ein Optionsrecht dar. Auch sein Gläubiger kann ihn nicht zwingen, dieses auszuüben. Daraus ergibt sich unter anderem auch, dass der Gläubiger des Kreditnehmers sein Abrufrecht nicht anstelle des Schuldners ausüben kann. Aus diesem Grund ist auch der Ansicht zu folgen, die den höchstpersönlichen Charakter des Abrufrechts anerkennt und infolgedessen seine Pfändbarkeit verneint.

3. Der Diskussionsstand in Deutschland

Ähnlich ist auch im deutschen Recht die vorliegende Frage der Pfändbarkeit vertraglich eingeräumter Kreditlinien höchst umstritten.[802] Die Diskussion der höchstrichterlich bislang nicht entschiedenen Rechtsfrage ist durch extreme Ge-

---

των τραπεζών, S. 71; YESSIOU-FALTSI, Δίκαιο Αναγκαστικής Εκτέλεσης, Bd. II, § 64, Rnr. 355, S. 903; KOUZIORTI, Κατάσχεση στα χέρια τράπεζας ως τρίτης, ΕπΕπΔΣΘ 15 (1994), S. 225; PSYCHOMANIS, Τραπεζικό Δίκαιο I, S. 258 f.

[801] Vgl. GRUND, Die Zwangsvollstreckung in den Geldkredit, S. 93 ff.; SANDKÜHLER, Bankrecht, S. 64; HOPT/MÜLBERT, Kreditrecht, Vorbem. Vor §§ 607 ff. Rnr. 238; SCHÖNLE, Bank- und Börsenrecht, S. 147 – vgl. auch, VELENTZAS, Τραπεζικό Δίκαιο, S. 155 ff; PSYCHOMANIS, Τραπεζικό Δίκαιο I, S. 219 ff.; Areopag 136/1962, ΑρχΝ 1962, S. 369 = ΕπιθΕμπΔ 1962, S. 310 = EEN 29 (1962), S. 558 = NoB 11 (1963), S. 95; ΕφΘεσ 113/1951, ΑρχΝ 1952, S. 36; ΕφΛαρ 28/1976, EEN 43 (1976), S. 281; ΠολΠρΑθ 5025/1977, ΕπιθΕμπΔ 1978, S. 198; ΠολΠρΑθ 4120/1977, ΕπιθΕμπΔ 1978, S. 535.

[802] Einen Überblick über den Streitstand geben, BASSLSPERGER, Das Girokonto in der Zwangsvollstreckung, Rpfleger 1985, S. 177 ff.; LUTHER, Die Pfändbarkeit von Kredit- und Darlehensansprüchen, BB 1985, 1886 ff. sowie LWOWSKI/WEBER, Die Pfändung von Ansprüchen auf Kreditgewährung, ZIP 1980, 609 f.

genpositionen gekennzeichnet.[803] Die herrschende Meinung[804] vertritt allerdings den Standpunkt, dass die Pfändung des Anspruchs auf Abruf eines Kredites nicht zulässig sei.[805] Die jüngste Entscheidung des BGH[806] zur Pfändung der offenen Kreditlinie hat entgegen der ersten Eindrücke, die durch die Meldungen der Medien vor der Veröffentlichung des genauen Entscheidungswortlauts hervorgerufen worden sind, keine abschließende Klärung gebracht. Damit bleibt die Diskussion auch im deutschen Recht weiterhin offen.

Die Argumente, die von den deutschen Autoren verwendet werden, um die Unpfändbarkeit des Abrufrechts zu stützen, weisen im hohen Maß Berührungspunkte zu der Argumentation des griechischen Schrifttums auf. Auch hier wird vielfach vertreten, dass die Entscheidung des Kunden, ob und in welcher Höhe er Schulden machen wolle, ihm als höchstpersönliches Recht nach § 399 DtBGB i.V.m. § 851 Abs. 1 DtZPO allein zustehe.[807] Die Höchstpersönlichkeit resultiere aus dem Kreditverhältnis ad hoc oder zumindest aus dem vorvertragsähnlichen Charakter der Krediteröffnung. Diese Entscheidungsbefugnis, die Ausfluss der Privatautonomie[808] ist, könne vom Gläubiger nicht im Wege der

---

[803] Für eine Pfändung sprechen sich aus: OLG Stuttgart, OLG Köln WM 1983, S. 1049; LG Düsseldorf JurBüro 1985, S. 470; LG Hamburg MDR 1986, S. 327; LG Izehoe NJW-RR 1987, S. 819 und zuletzt LG Stade, Beschluss v. 29.2.1992; gegen eine Pfändung sprechen sich aus: LG Wuppertal JurBüro 1989, 12314; LG Hannover JurBüro 1986, S. 304=Rpfleger1988, S. 372; LG Lübeck NJW 1986, S. 1115; LG Münster WM 1984, 1312; LG Landau JurBüro 1985, S. 174; LG Dortmund NJW 1986, S. 997; OLG Schleswig NJW 1992, S. 579.

[804] SchlHOLG Schlesig NJW 1992, S. 579; LG Münster MDR 1996, S. 1069; LG Dortmund NJW 1986, S. 997 = Rpfleger 1985, S. 497; LG Hildesheim, JurBüro 1988, S. 548; LG Wuppertal, JurBüro 1989, S. 1318; LG Hannover, Rpfleger 1988, S. 371; LG Lübbeck NJW 1986, S. 1115; a.A. LG Düsseldorf JurBüro 1985, S. 470 und JurBüro 1987, S. 936; LG Hamburg, NJW 1986, 998; LG Münster WM 1996, S. 1847; OLG Schleswig NJW 1992, S. 579; BGH Rpfleger 1978, S. 249; BAUMBACH/HOPT, HGB, § 357, Rnr. 10, S. 1025; ROTH, in: KOLLER/ROTH/MORCK, HGB, § 357, Rnr. 5, S. 896.

[805] a.A. GRUND, Die Zwangsvollstreckung in den Geldkredit, S. 95 ff.

[806] BGH, Urt. v. 29.3.2001, s.o.

[807] So LWOWSKI/WEBER, Pfändung von Ansprüchen aus Kreditgewährung, ZIP 1980, S. 609; STÖBER, Forderungspfändung, Rnr. 113, S. 45 f.; NASSALL, Unterliegen Dispositionskredite der Pfändung?, NJW 1986, S. 168; REHBEIN, Anm. zum Urteil des BGH v. 30.6.1982 – VIII ZR 129/81, in: JR 1983, S. 111 f.; BGH Rpfleger 1978, S. 249; – aus der Rechtsprechung ebenso LG Landau, JurBüro 1985, S. 1742 f.; LG Hannover, WM 1986, S. 254 f.; LG Dortmund, NJW 1986, S. 997 f.; LG Lübeck, NJW 1986, S. 1115.

[808] LWOWSKI/WEBER, Pfändung von Ansprüchen aus Kreditgewährung, ZIP 1980, S. 609; ähnlich OLZEN, Die Zwangsvollstreckung in Dispositionskredite, ZZP 97 (1984), S. 1, 11 ff.

Pfändung erworben werden.[809] Es wäre im deutschen Rechtssystem ein singuläres Ereignis, wenn dem Vollstreckungsgläubiger die Möglichkeit eingeräumt wird, in die privatautonome Entscheidung des Schuldners einzugreifen und diesen gegen seinen Willen in die Rolle eines Vertragsschuldners zu drängen. Im praktischen Ergebnis würde dies einem Vertrag zu Lasten Dritter gleichkommen. Ein Vertrag zu Lasten Dritter wird jedoch allgemein abgelehnt.

Auch hier wird das Abrufrecht von der herrschenden Meinung als ein Gestaltungsrecht zur Geltendmachung des Kreditanspruches verstanden.[810] In der Literatur werden aber Bedenken hinsichtlich der Anwendung des allgemein anerkannten Grundsatzes über den Übergang von Gestaltungsrechten, die als Nebenrechte zur Geltendmachung einer gepfändeten Forderung ausgeübt werden müssen[811], geäußert. Hinsichtlich der Pfändung des Abrufrechts kann es aufgrund seiner höchstpersönlichen Natur nicht mit sonstigen Gestaltungsrechten gleichgesetzt werden. Ein gewichtiges Argument für diese Meinung folgt aus der Tatsache, dass mit der Inanspruchnahme des Kredits das Kreditkapital wertmäßig dem Drittschuldner wieder zufließen muss. Es entsteht eine Rückzahlungs- und Verzinsungspflicht des Kunden.[812] Diese zusätzliche, für den Schuldner belastende Wirkung und der Aspekt des Drittschuldnerschutzes stelle

---

809 So BAUER, Die Zulassung von Globalpfändungen durch die Finanzverwaltung, DStR 1982, S. 280; FORGACH, Die Doppelpfändung beim Bankkontokorrent und das Verfügungsrecht des Schuldners während der Rechnungsperiode, DB 1974, S. 809; LWOWSKI/WEBER, Pfändung von Ansprüchen aus Kreditgewährung, ZIP 1980, S. 609; STÖBER, Forderungspfändung, Rnr. 113 f., S. 45 f.; TERPITZ, Zur Pfändung von Ansprüchen aus Bankkonten, WM 1979, S. 570 ff.; GRUNSKY, Zur Durchsetzung einer Geldforderung durch Kreditaufnahme des Schuldners in der Zwangsvollstreckung, ZZP 95 (1982), S. 264 ff.; LIPROSS, Grundlagen und System des Vollstreckungsschutzes, S. 170; BRUNS/PETERS, Zwangsvollstreckungsrecht, § 21 IV 1 c; EMMERICH, Zulässigkeit und Wirkungsweise der Vollstreckungsverträge, ZZP 82 (1969), 413 ff.

810 GRUNSKY, Zur Durchsetzung einer Geldforderung durch Kreditaufnahme des Schuldners in der Zwangsvollstreckung, ZZP 95 (1982), S. 264, 277, a.E.- Dogmatisch schwierig, praktisch aber von untergeordneter Bedeutung ist hierbei, ob man das Abrufrecht als selbstständiges Gestaltungsrecht für unpfändbar hält (LG Lübeck NJW 1986, S. 1115; ebenso STEIN/JONAS/BREHM, ZPO, § 829 Rnr. 80) oder als unselbstständiges Gestaltungsrecht zwar der Pfändung unterwirft, aber von einer Überweisung gemäß § 835 Abs. 1 ZPO ausnimmt; vgl. LG Göttingen, NdsRpfl. 1994, 185 f.; HOPT/MÜLBERT, Kreditrecht, vor § 607 Rnr. 281; WAGNER, Zur Pfändbarkeit nicht zweckgebundener Kontokorrentkreditforderungen, JZ 1985, S. 718, 720 f.

811 Vgl. WALTERMANN, Die Übertragbarkeit von Gestaltungsrechten im Rahmen von Geschäftsbesorgungen, S. 26.

812 Vgl. CANARIS, Bankvertragsrecht, Rnr. 1225; LWOWSKI/WEBER, Pfändung von Ansprüchen aus Kreditgewährung, ZIP 1980, S. 609 ff.; WIECZOREK, ZPO, § 851 B I b I; vgl. hierzu auch OLZEN, Die Zwangsvollstreckung in Dispositionskredite, ZZP 97 (1984), S. 1, 11 ff.

eine Besonderheit dar, welche die Anwendung des Grundsatzes über den Übergang der unselbstständigen Gestaltungsrechte verbiete. Man spricht in diesem Zusammenhang im deutschen Schrifttum von einer „Doppelwirkung“, eine berechtigende und verpflichtende Wirkung, des Abrufrechts.[813]

Die Pfändung des Abrufrechtes selbstständig (ausschließlich oder neben dem Auszahlungsanspruch) oder im Wege der Hilfspfändung wird auch wegen einem anderen Grund von der Literatur abgewiesen.[814] Durch die Zwangsvollstreckung in Kreditzusagen wird der Schuldner praktisch zur Kreditaufnahme gezwungen. Damit wird durch die Pfändung der Kreditzusage eine Umschuldung bewirkt und dem Gläubiger ermöglicht, sich aus dem Fremdvermögen des Drittschuldners zu befriedigen.[815] Es wird ein Gläubigerwechsel zum Nachteil des bisherigen Drittschuldners bewirkt, da nunmehr dieser statt des Vollstreckungsgläubigers den Kreditnehmer zum Schuldner hat.[816]

Gleichzeitig machen sich in der Literatur Gegenstimmen bemerkbar, die den Anspruch aus einem Krediteröffnungsvertrag samt Abrufrecht weder materiellrechtlich noch prozessual als höchstpersönlich normieren und somit die Pfändbarkeit als begründet ansehen.[817] Die bejahende Gegenansicht begründet ihre Ansicht aus der zugrunde gelegten Möglichkeit des Vollstreckungsgläubigers, auch ohne Vorliegen eines Krediteröffnungsvertrags den Schuldner aufgrund des Geldtitels im Wege der Handlungsvollstreckung nach § 888 DtZPO zur Kreditaufnahme zu zwingen, soweit dieser nur die Chance hat, Kredit zu erhalten.[818] Diese Auffassung geht eindeutig zu weit, da sie das deutsche Vollstreckungssystem sprengt. Tatsächlich widerspricht diese Auffassung dem geltenden Zwangsvollstreckungsrecht, das für die Erwirkung von unvertretbaren

---

[813] So CANARIS, Bankvertragsrecht, Rnr. 1225; WAGNER, Zur Pfändbarkeit nicht zweckgebundener Kontokorrentkreditforderungen, JZ 1985, S. 719; PLOCH, Pfändbarkeit der Kreditlinie, DB 38 (1986), S. 1963.

[814] Vgl. WAGNER, Neue Argumente zur Pfändbarkeit des Kontokorrentkredits, WM 33 (1998), S. 1659.

[815] „Kreditiertes Geld sei letztendlich Geld der Bank“, vgl. hierzu, LWOWSKI/WEBER, Pfändung von Ansprüchen aus Kreditgewährung, ZIP 1980, S. 609, 611; WERNDER/MACHUNSKY, Zur Pfändung von Ansprüchen aus Girokonten – insbesondere beim debitorisch geführten Kontokorrent, BB 1982, S. 1584.

[816] Hierzu auch, LWOWSKI/WEBER, Pfändung von Ansprüchen auf Kreditgewährung, ZIP 1980, S. 609 ff.

[817] Vgl. GRUND, Die Zwangsvollstreckung in den Geldkredit, S. 97 ff.; ERMAN, Zur Pfändbarkeit der Ansprüche eines Kontokorrentkunden gegen seine Bank aus deren Kreditzusage, Gedächtnisschrift für R. SCHMIDT, S. 261; OLZEN, Die Zwangsvollstreckung in Dispositionskredite, ZZP 97 (1984), S. 1, 32.

[818] Vgl. GRUNSKY, Zur Durchsetzung einer Geldforderung durch Kreditaufnahme des Schuldners in der Zwangsvollstreckung, ZZP 95, 264 ff.

Handlungen gemäß § 888 DtZPO einen entsprechenden Handlungstitel zwingend erfordert.[819] Zutreffend weist GAUL[820] diese Auffassung zurück, indem er darauf hinweist, dass das Zwangsvollstreckungsrecht als staatliches Eingriffsrecht dem Grundsatz strenger Gesetzmäßigkeit folgt und deshalb einem strikten Typenzwang unterliegt.[821] Der Einwand ferner, man könne den Schuldner im Wege des § 888 DtZPO auch zu anderen unvertretbaren Handlungen zwingen, warum dann nicht auch zum Abruf des Kredits, verkennt wiederum, dass die über § 888 DtZPO erzwingbaren unvertretbaren Handlungen von dem Schuldner zunächst materiellrechtlich geschuldet waren, eine Verpflichtung zur Kreditaufnahme es jedoch nicht gibt. Schließlich wird hier grundsätzlich erwogen, dass eine Auszahlung des Darlehensbetrags an den Vollstreckungsgläubiger das Darlehensverhältnis zwischen Bank und Kunde unberührt lasse.

Eine vermittelnde Ansicht vertritt den Standpunkt, dass der Gläubiger den Kreditgewährungsanspruch vor Abruf pfänden könne. Lediglich die Verwertung hänge davon ab, ob der Schuldner konkrete Beträge abrufe.[822] Der Abruf könne auf keinen Fall weder anstelle des Schuldners durch den Vollstreckungsgläubiger noch durch Zwingen des Schuldners auf dessen Vornahme nach § 888 DtZPO vorgenommen werden.

4. Das neue Urteil des BGH

Die Frage der Pfändbarkeit des Abrufrechts ist vom BGH[823] auch in einer neueren Entscheidung offen gelassen worden, da in concreto ein solcher nicht gepfändet worden war. Im vorliegenden Fall hatte der Schuldner durch Überweisungsaufträge soviel konkreten Kredit selbst abgerufen, dass die Beträge ausreichten, um den Gläubiger zu befriedigen. Die Pfändung hat somit nur den Auszahlungsanspruch der Kreditsumme erfasst.

Der BGH hat allerdings die in der Literatur und Rechtsprechung erhobenen Einwände gegen die Pfändbarkeit des Dispositionskredits vor Abruf durch den Bankkunden bzw. Vollstreckungsschuldner nicht verkannt. Obiter dictum nimmt er deshalb an, dass „bei einem derartigen Dispositionskredit bis zum je-

---

[819] Vgl. HEYMANN, HGB, § 357, Rnr. 20.

[820] Vgl. GAUL, Die Zwangsvollstreckung in den Geldkredit, KTS 1989, S. 19 f.

[821] Vgl. dazu, ROSENBERG/GAUL/SCHILKEN, Zwangsvollstreckungsrecht, § 9 I, S. 74; OLZEN, Die Zwangsvollstreckung in Dispositionskredite, S. 14.

[822] Vgl. WAGNER, Neue Argumente zur Pfändbarkeit des Kontokorrentkredits, WM 1998, S. 1657; GAUL, Die Zwangvollstreckung in den Geldkredit, KTS 1989, S. 20.

[823] BGH IX ZR 34/00, Urt. v. 29.3.2001, BGHZ 147, 193, ZIP 2001, S. 825 ff. = EWiR 2001, S. 599 f. = NJW 2001, 1937 = InVo 2001, S. 291.

weiligen Abruf noch kein Anspruch auf Auszahlung gegen die Bank besteht, der einem Abtretungsempfänger oder einem Pfandgläubiger das Recht geben könnte, sich ohne Mitwirkung des Kontoinhabers die für diesen bereitgestellten Kreditmittel auszahlen zu lassen." Damit gibt er zu Recht der Literaturmeinung den Vorzug.

Abschließend bleibt festzustellen, dass mit diesem Urteil immer noch keine endgültige Klärung des angesprochenen Problemkreises bewirkt worden ist. Jedoch hat das Gericht zweifellos einen Fingerzeig gegeben, wie es in künftigen Fällen zu judizieren gedenkt.

II. Anspruch nach Abruf

1. Griechisches Recht

Aus tatsächlichen Gründen wird es immer in der Bankpraxis so sein, dass der Auszahlungshandlung der Bank der Abruf durch den Kunden immer voraus geht, auch wenn es sich hier lediglich um eine „logische Sekunde"[824] handelt.[825] Aus diesem Grund ist die Pfändbarkeit der beiden Ansprüche getrennt zu untersuchen. Die Wirksamkeit der Pfändung des Anspruches des Dispositionskredits nach Abruf durch den Bankkunden hängt nach dem Zwangsvollstreckungsrecht beider Länder davon ab, ob zu irgendeinem Zeitpunkt eine konkrete Geldforderung i.S.v. Art. 982 GrZPO bzw. § 829 DtZPO bestanden hat, die als Gegenstand der Zwangsvollstreckung in Betracht kommt. Wie bereits oben erläutert, wandelt sich bei einem Dispositionskredit der zunächst bestehende allgemeine Anspruch auf Kreditgewährung durch den Abruf in einen konkreten fälligen Zahlungsanspruch des Kreditnehmers um.[826] Der Anspruch auf Auszahlung einer bestimmter Kreditsumme wird in der Praxis konkretisiert, indem der Schuldner einen gebilligten Abbuchungsantrag, einen Überweisungsantrag einreicht oder indem er eine Barauszahlung beantragt.

Aus den wenigen Erörterungen des griechischen Schrifttums zu dieser Problematik lässt sich ein einheitliches Bild erkennen. Bei einem abgeschlossenen Kreditvertrag erkennt man an, dass der Kreditnehmer nach Abruf des Kredits Inhaber eines konkret ausgestalteten Anspruchs auf die Gewährung einer

---

[824] Vgl. zur Bedeutung der „logischen Sekunde", LWOWSKI/BITTER, Grenzen der Pfändbarkeit von Girokonten, WM 1994 (Festgabe), S. 69 m.w.N.

[825] BGH IX ZR 34/00, Urt. v. 29.3.2001, s.o.; a.A. LWOWSKI/WEBER, Pfändung von Ansprüchen auf Kreditgewährung, ZIP 1980, S. 612.

[826] Vgl. PLOCH, Pfändbarkeit der Kreditlinie, DB 38 (1986), S. 1961 ff.; WAGNER, Neue Argumente zur Pfändbarkeit des Kontokorrentkredites, WM 33 (1998), S. 1659 – OLG Schleswig WM 1992, S. 751 = WuB VI E. § 829 ZPO 2.92 A. WEBER; LWOWSKI/WEBER, ZIP 1980, S. 609, 611.

bestimmten Kreditsumme ist.[827] Sofern nun die Forderung des Kreditnehmers entstanden ist, richtet sie sich auf eine Geldsumme. Unzweifelhaft ist hier somit, dass dieser Anspruch – da auf die Geldauszahlung gerichtet – vermögensrechtlicher Natur ist und dem vermögensrechtlichen Rechtsverhältnis des Krediteröffnungsvertrags entstammt.[828] Als eine konkrete Geldforderung kann sie somit im Wege der Pfändung bei einem Dritten gemäß Art. 982 ff. GrZPO gepfändet werden. Im Gegensatz zu dem Recht auf Abruf des Kredites, welches eine Willenserklärung zum Abschluss eines Kreditvertrages darstellt und deshalb nach Art. 465 GrZGB nicht abgetreten werden kann[829], kann der Anspruch auf Auszahlung des Kredites wie eine allgemeine Geldforderung abgetreten und somit auch gepfändet werden.[830]

2. Eigene Stellungnahme

Im Grundsatz ist der herrschenden Meinung in Griechenland zuzustimmen. Tatsächlich entsteht nach Abruf des Kredites eine konkretisierte Geldforderung des Bankkunden gegen seine Bank. Diese Geldforderung des Schuldners kann als Bestandteil seines Vermögens angesehen werden und somit dem Zugriff seiner Gläubiger im Wege der Pfändung bei einem Dritten. Meine Bedenken jedoch gelten der Natur dieser Forderung. Die Bank stellt ihren Kunden diese Kreditsumme zur Verfügung in der Erwartung, dass diese den Geldbetrag zuzüglich der anfallenden Zinsen zurückzahlen. Somit ist dieser Anspruch des Schuldners mit einer Verpflichtung bzw. einer Gegenleistung verbunden. Aus dem Wortlaut des Art. 982 Abs. 1 Satz α) GrZPO ergibt sich als Voraussetzung dieser Pfändungsmaßnahme, dass die gepfändete Forderung nicht von einer Gegenleistung abhängig sein darf.[831] Der Begriff der Gegenleistung in diesem Zusammenhang umfasst jede Art von Gegenleistung und allgemein die Leistung des Vollstreckungsschuldners, von der die Verpflichtung des Drittschuldners zur Leistung abhängt. Klar ist zunächst, dass die Gewährung der Kreditsumme eine Rückzahlungs- und Verzinsungspflicht des Kreditnehmers auslöst. Ob diese Pflicht als

---

[827] Vgl. KASTRIOTIS, Η κατάσχεσις εις χείρας τρίτου (1985), § 22 S. 125; LOUKOPOULOS, Η κατάσχεσις εν τη εννεγγύω πιστώσει, ΕπιθΕμπΔ 11 (1960) S. 363 (368); MAZIS, Εμπράγματη εξασφάλιση των Τραπεζών, S. 374, Rnr. 429, Fn. 70.

[828] STEIN/JONAS/MÜNZBERG, ZPO, § 851, Rnr. 37.

[829] Areopag 8/1960, NoB 8 (1960), S. 363; ΕφΑθ 236/1961, Hellenische Justiz 2 (1961), S. 600; ΕφΑθ 7648/1977, Armenopoulos 32 (1978), S. 107.

[830] *Dagegen* BRINIAS, Κατάσχεσις απαιτήσεων εκ τραπεζικών συναλλαγών, FS für TSIRINTANIS, S. 296; PSYCHOMANIS, Τραπεζικό Δίκαιο I, S. 225.

[831] ΜΠρΘεσσ 16788/94, Armenopoulos 50 (1996), S. 1030; ΕφΑθ 640/90, Hellenische Justiz 33 (1992), 605.

Gegenleistung zu qualifizieren ist, ist jedoch fraglich. M.E. hängt die Verpflichtung der Bank, den Kredit auszuzahlen, zum Zeitpunkt der Entstehung der Geldforderung nicht von einer Geldleistung ab. Die Rückzahlungs- und Verzinsungspflicht entsteht erst an einem späterem Zeitpunkt. Aus diesem Grund ist m.E. im Ergebnis diese Verpflichtung des Kunden nicht als Hindernis für eine Pfändung des Auszahlungsanspruches im Wege der Forderungspfändung anzusehen.

Unabhängig von der dogmatischen Ableitung der Pfändbarkeit des Auszahlungsanspruchs wird die Möglichkeit seiner Pfändung in der Praxis aus tatsächlichen Gründen meistens ins Leere gehen. In der Praxis verliert diese Pfändungsmaßnahme teilweise ihre Bedeutung. Bei allen Dispositionskrediten, die mit einem Pfandrecht oder einer Hypothek gesichert sind, ist die Bank nach Art. 47 Abs. 2 Gesetzesdekret 17. Juli 1923 und Art. 112 Abs. 2 Satz 2 EGGrZGB nach freiem Ermessen berechtigt, ohne Vorliegen irgendeinen Grundes außerordentlich den Kredit zu kündigen.[832] Vor allem wird die Bank die Kündigung des Dispositionskredits aussprechen, sobald sie bemerkt, dass ihre Position durch die Pfändung verschlechtert wird. Selbst wenn man die Pfändbarkeit bejaht, könnte das Kreditinstitut durch Kündigung der Darlehenszusage oder der gesamten Geschäftsverbindung den Vollstreckungserfolg verhindern.

In verschiedenen Veröffentlichungen[833] allerdings ist das einseitige Kündigungsrecht der Banken rechtlichen Zweifeln begegnet. Inzwischen hat auch die Rechtsprechung dem Verhalten der Banken unterstellt, es wäre gemäß Art. 281 GrZGB rechtsmissbräuchlich.[834] Die sachliche Veränderung, die damit hervorgerufen wurde, ist, dass in Zukunft die außerordentliche Kündigung der Banken nur bei Vorliegen eines wichtigen Grundes zulässig ist. Diese inhaltliche Schranken des Kündigungsrechts sprechen jedoch nicht gegen die Kündigung der Geschäftsverbindung bei einer Pfändung des Dispositionskredits. Diese stellt m.E. einen wichtigen Grund für eine Kündigung dar, weil sie ein Indiz für die

---

832 Vgl. VELENTZAS, Δίκαιο Τραπεζικών Συμβάσεων (Εργασιών), S. 172; *derselbe*, Δίκαιο Αλληλόχρεου Λογαριασμού, S. 56 f.; *derselbe*, Τραπεζικό Δίκαιο, S. 180 f.; PAMPOUKIS, Τραπεζικαί πιστωτικαί συμβάσεις, § 151; SIMITIS, Η σύμβασις ανοίγματος πιστώσεως δι΄ ανοικτού λογαριασμού, ΕΕΝ 1939, S. 139; SPILIOPOULOS, GrZGB-Komm. Art. 112 EGGrZGB Rnr. 76; PSYCHOMANIS, Τραπεζικό Δίκαιο I, S. 227. – ΕφΑθ 5542/1990, Hellenische Justiz 1991, S. 159; ROKAS, in: GEORGIADIS/STATHOPOULOS, GrZGB-Komm., Art. 806, Rnr. 29, S. 230 f.

833 Vgl. PSYCHOMANIS, Οι γενικοί όροι στις τραπεζικές συμβάσεις, ΕπιθΕμπΔ 49 (1998), S. 894 f.

834 Areopag 1153/1976, ΕπιθΕμπΔ 28 (1977), S. 552 = NoB 1977, S. 700; Areopag 214/1972, NoB 1972, S. 901; ΕφΑθ 2624/1975, ΕπιθΕμπΔ 27 (1976), S. 404; vgl. auch, DELIOS, Η προστασία του καταναλωτή στις τραπεζικές συναλλαγές, NoB 1992, S. 811 ff.; VELENTZAS, Δίκαιο αλληλόχρεου λογαριασμού, S. 36 ff. m.w.N.; *derselbe*, Τραπεζικό Δίκαιο, S. 280.

Verschlechterung der Vermögensverhältnisse des Kunden darstellt.[835] Denn das entscheidende Element der Rechtsbeziehung, die mit dem Krediteröffnungsvertrag begründet wird, ist das gegenseitige Vertrauen auf die Zahlungskraft. Es ist dennoch der Frage nachzugehen, ob die Pfändung des Kreditanspruches zwingend den Rückschluss auf die Vermögensverschlechterung zulässt. Zu berücksichtigen ist hier, dass der Vollstreckungsgläubiger in erster Linie auf vorhandenes Vermögen und Guthaben zugreifen wird und damit die Pfändung eines Kreditanspruches erst dann in Betracht kommt, wenn kein anderes pfändbares Vermögen mehr vorhanden ist oder dieses nicht ausreicht, den Gläubiger zu befriedigen.

Auch für den Fall, dass die Bank das Kontokorrentverhältnis nicht kündigt, ist die Pfändung der Kreditgewährung im griechischen Recht für den Gläubiger aus einem weiteren Grund nicht von großer Bedeutung. Gewährt nämlich die Bank einen Kredit, sichert sie in der Regel diesen mit einem Pfandrecht. Im späteren Verteilungsverfahren aber – falls Vermögenswerte des Schuldners auftauchen – wird die Bank vorzugsweise zu befriedigen sein, da sie ihre Forderung mit einem Pfandrecht gesichert hat. Der Vollstreckungsgläubiger, für den das griechische Zivilprozessrecht kein Pfandrecht aufgrund seiner Eigenschaft als Pfändungsgläubiger anerkennt, hingegen wird nachrangig befriedigt, obwohl seine Forderung früher fällig geworden ist. Die Ungerechtigkeit, die hier entsteht, ist nicht zu leugnen.

3. Deutsches Recht

In Deutschland dagegen war der Anspruch auf Auszahlung der Kreditsumme stets umstritten gewesen.[836] Die vorliegende Problematik wurde seit Anfang der

---

[835] So bei Insolvenz des Kreditnehmers, da eine gemeinschaftliche Befriedigung der Konkursgläubiger bzw. eine gleichmäßige Verteilung der Vermögensmasse unter die Gläubiger durch den Fortbestand eines Kontokorrents vereitelt werden würde. Vgl. hierzu, ΕφΘεσσ 58/1984, ΕπιθΕμπΔ 35 (1984), S. 417; ΠρΘεσσ 1916/1964, ΕπιθΕμπΔ 15 (1964), 492; vgl. auch, KIANTOU-PAMPOUKI, Ζητήματα τινά εκ συμβάσεως τρέχοντος λογαριασμού, S. 21; so auch, BGH, Urt. v. 4.5.1979, BGHZ 74, S. 255; BGH Urt. v. 25.2.1977, NJW 1977, S. 1346.

[836] *Dafür*: OLG Stuttgart HRR 1928 Nr. 1523; OLG Köln WM 1983, 1049 f. = ZIP 1983, S. 810 f.; OLG München in der Vorinstanz zu BGHZ 93, 315 = WM 1985, 344 = WuB VI E. § 829 ZPO 2.85 BRUCHNER; LG Düsseldorf JurBüro 1982, S. 1426 f.; DIESEL, JW 1933, 2503 f.; ERMAN, Gedächtnisschrift f. R. SCHIMDT, S. 261 ff.; STAUDER, S. 137 ff.; WEIMAR, JurBüro 1976, S. 565 ff.; BAUER, DStR 1982, S. 280 f.; WERNER/MACHUNSKY, BB 1982, S. 1581 ff.; GRUNSKY, ZZP 95 (1982), S. 264 ff.; *derselbe*, JZ 1985, S. 490 ff.; SCHWEFER, Pfändung von Girokontoguthaben, S. 166 ff.; BASSLSPERGER, Rpfleger 1985, S. 1886 ff.; CARL, DStR 1988, S. 765 ff.; LUTHER, BB 1985, S. 1886 ff.; GRUND, S. 46 ff., 93 ff.; SCHAARSCHMIDT/HERBST, Die Sparkassen-

Achtzigerjahre so kontrovers diskutiert, dass man nur auf ein Urteil des BGH hoffen konnte. Die herrschende Meinung hat zwar die Pfändbarkeit eines Anspruches aus einem Krediteröffnungsvertrag bejaht; sie ging dennoch davon aus, dass dem Vollstreckungsgläubiger das Recht auf Abruf des Kredites vorenthalten bleibt.[837] Der BGH hat nun mit seinem jüngsten Urteil eine abschließende Klärung des Problemkreises hervorgerufen.

kredite, Rnr. 3.195; ERMAN/O. WERNER, BGB, § 610 Rnr. 5; JAUERNIG/VOLLKOMMER, BGB § 607 Rnr. 11 – Dagegen: OLG Schleswig WM 1992, S. 751 = WuB VI E. § 829 ZPO 2.92 A. WEBER = EwiR § 607 BGB 3/92, S. 445 VORTMANN = NJW 1992, S. 579; OLG Frankfurt WM 1994, S. 684 ff. = WuB VI E. § 829 ZPO 3.94, LWOWSKI/BITTER = EWiR § 829 ZPO 1/94, S. 517 OLZEN; LG Münster WM 1996, S. 1847 = WuB VI E. § 829 ZPO 2.96.; LG Münster WM 1984, S. 1312 f.; 1996, S. 1847 = WuB VI E. § 829 ZPO 2.96 LWOWSKI/BITTER; LG Dortmund WM 1985, S. 1340 = WuB VI E. § 829 ZPO 5.86 TERPITZ = EwiR § 607 BGB 5/85, S. 957 RÜMKER = NJW 1986, S. 997 = Rpfleger 1985, S. 497 ALISCH, LG Landau JurBüro 1985, S. 1742; LG Hannover WM 1986, S. 254 = WuB VI E. § 829 ZPO 3.86 HÄUSER = EwiR § 851 ZPO 1/85, S. 619 STÜRNER; Rpfleger 1988, S. 372; LG Hildesheim JurBüro 1988, S. 547 ff.; LG Wuppertal WM 1990, S. 119 = WuB VI E. § 829 ZPO 1.90 A.WEBER = JurBüro 1989, S. 1317; aus dem Schrifttum KOCH A. JW 1933, S. 2757 f.; SCHÖNLE, Bank- und Börsenrecht, § 12 II 3 a (4.); TERPITZ, WM 1979, S. 570 ff.; LWOWSKI/WEBER, ZIP 1980, S. 609 ff.; CANARIS, Bankvertragsrecht, Rnr. 1225; HÄUSER, ZIP 1983, S. 891 ff.; WEBER, Die Bank 1983, S. 84 ff.; STIRNBERG, Die Pfändung von Girokonten, S. 65 ff.; RÜMKER, EWiR § 607 BGB 5.85; SÜHR, Die Bearbeitung von Pfändungsbeschluss und Drittschuldnererklärung, Rnr. 19.3; KOCH, JurBüro 1986; S. 1761 ff.; HEYMANN/HORN, HGB, 1990 § 357 Rnr. 6; LWOWSKI/BITTER, Grenzen der Pfändbarkeit von Girokonten, WM-Festgabe f. T. HELLNER, S. 64 ff.; BAUMBACH/HOPT, HGB § 357, Rnr. 10, S. 1025; KOLLER, in: KOLLER/ROTH/MORCK, HGB, § 357 Rnr. 5; LWOWSKI, Bankrechts-Handbuch, § 33 Rnr. 50 ff.; ENSTHALER/HERGET, Gemeinschaftskommentar zum HGB, § 357 Rnr. 9, 11; SOERGEL/HÄUSER, BGB, § 610 Rnr. 13 ff.; WAGNER, in: RÖHRICHT/GRAF VON WESTPHALEN, HGB, § 357 Rnr. 6; GRAF VON WESTPHALEN, in: SCHÜTZE/WEIPERT, Münchener Vertragshandbuch, Bd. 3/1, III. 1 Anm. 18 (4); BAUR/STÜRNER, Zwangsvollstreckungs- Konkurs- und Vergleichsrecht, § 829 Rnr. 13; BROX/WALKER, Zwangsvollstreckungsrecht, Rnr. 529; SCHILKEN, in: ROSENBERG/GAUL/SCHILKEN, Zwangsvollstreckungsrecht, § 54 I 1 a bb; SCHUSCKE/WALKER, Zwangsvollstreckungsrecht, Anhang zu § 829 Rnr. 4; SMID, MünchKomm. § 851 Rnr. 9; WIECZOREK, ZPO, §§ 829 B III b 3, 851 Anm. B I b 1, 857 C II; ZIMMERMANN, ZPO, § 829 Rn. 13; ZÖLLER/STÖBER, ZPO 1997 § 829 Rnr. 33.

[837] So hat im Vergleich auch der österreichische Oberste Gerichtshof entschieden, OGH vom 16.6.1993 – 3 Ob 75/93, in: ÖBA 1993, S. 829 ff.; BACH-HEUKER, Pfändung in die Ansprüche aus Bankverbindung und Drittschuldnererklärung der Kreditinstitute, S. 58 f.

4. Die jüngste Entscheidung des BGH

Zu dem bislang umstrittenen Meinungsbild, ob die Pfändung des Auszahlungsanspruchs nach Abruf des Dispositionskredits zulässig ist, haben die Überlegungen des neueren BGH-Urteil[838] Klärung gebracht. Der BGH befasst sich offenkundig nur mit der Rechtslage der Pfändung des Dispositionskredits nach Abruf durch den Bankkunden.

Der Gerichtshof stellt zunächst fest, dass der Kunde mit der Konkretisierung des Kredits den zugesagten Dispositionskredit in Anspruch nimmt und somit für ihn ein übertragbarer und pfändbarer Auszahlungsanspruch gegen die Bank entsteht. Dieser Anspruch könne auch bereits als künftiger Anspruch ab Vereinbarung des Dispositionskredits gepfändet werden.[839] Denn zum Zeitpunkt der Pfändung bestand bereits zwischen Schuldner und Drittschuldner eine Rechtsbeziehung in Form des Vertrages über den Dispositionskredit, so dass die Rechtsgrundlage für den später entstandenen Auszahlungsanspruch des Schuldner gegeben ist. Da vor dem Abruf noch kein fälliger Auszahlungsanspruch des Kontoinhabers auf Kreditgewährung vorliegt, hängen die Wirkungen der Pfändung in diesem Fall von der Inanspruchnahme des Kredits vom Schuldner ab. Die Pfändung begründe ein Pfandrecht an dem Auszahlungsanspruch nur für den Fall, dass der Schuldner mit Abruf des Kredits das mit dem Krediteröffnungsvertrag eingeräumte Darlehen in Anspruch nimmt.[840] Sobald dieser die Kreditsumme konkretisiert hat, ist sie aufgrund des Überweisungsbeschlusses an den Vollstreckungsgläubiger abzuführen.

Damit gibt der BGH den Bedenken hinsichtlich der Pfändung des Kreditauszahlungsanspruchs, die in Deutschlang geäußert wurden, nicht den Vorzug. Er sieht in dem Kreditgewährungsanspruch weder das dienstvertragliche Element[841] (aus dem Girovertrag) noch stuft er diesen als höchstpersönlicher Natur[842] ein. Die Höchstpersönlichkeit ist nach Ansicht des BGH nicht gegeben, da

---

[838] BGH v. 29.3.2001, s. o.

[839] So auch davor, STÖBER, Forderungspfändung, Rnr. 117, S. 48 f.; *ähnlich* LG Hamburg, JurBüro 1986, 778 = KKZ 1986, 156 = MDR 1986, 327 = NJW 1986, 998 = Rpfleger 1986, 265 mit Anm. BASSLSPERGER.

[840] Vgl. hierzu, ZÖLLER, Zivilprozessordnung, § 829 Rnr. 33, S. 2025; THOMAS/PUTZO, ZPO, § 829 Rnr. 49, S. 1349 f.

[841] ERMAN, Zur Pfändbarkeit der Ansprüche eines Kontokorrentkunden gegen seine Bank aus deren Kreditzusage, in: Gedächtnisschrift für R. SCHMIDT, S. 261 ff.

[842] § 851 Abs. 1 DtZPO. Forderungen höchstpersönlicher Art dürfen nicht gepfändet werden. Höchstpersönlich sind lediglich Ansprüche, bei denen die Leistung an einem anderen Gläubiger nicht in derselben Weise bewirkt werden kann oder wirtschaftlich eine andere sein würde oder bei denen die Identität der Leistung durch das persönliche Verhältnis bestimmt ist. vgl. MUSIELAK, ZPO, § 851 Rnr. 4.

der Auszahlungsanspruch nach der zuvor getroffenen Inanspruchnahmeentscheidung für den Schuldner ebenso wie für jeden Dritten ein einfacher Zahlungsanspruch sei. In diesem Zusammenhang setzt der BGH durch, dass eine Pfändung dieses Anspruchs den Darlehensbetrag als solchen erfasst und nicht nur die zeitweilige Nutzung des Kapitals. Deren Auszahlung belastet den Darlehensnehmer zwar mit der Rückzahlungsverpflichtung. Das schmälert aber die dem Zugriff in der Zwangsvollstreckung unterliegende Auszahlungsforderung als solche nicht; denn den erst später fällig werdenden Rückzahlungsanspruch kann der Darlehensgeber der gegen ihn gerichteten Forderung auf Auszahlung nicht in Form eines Zurückbehaltungsrechts entgegenhalten. In der Pfändung liege auch keine unzulässige Besserstellung des Pfändungsgläubigers. Auch die einschneidenden Auswirkungen der Pfändung, welche zu einer Blockade des Kontos führen können, rechtfertigen keine Einschränkung der Zwangsvollstreckung. Im Ergebnis kann gesagt werden, dass keines der im Schrifttum vorgebrachten Argumente gegen die Pfändbarkeit durchdringen konnte, und weitere waren nach Ansicht des BGH nicht ersichtlich, so dass er den Dispositionskredit als pfändbar angesehen hat.

5. Würdigung des Urteils

Den Überlegungen zu der Pfändbarkeit des Dispositionskredits des angeführten Urteils sind wegen ihrer logischen Stringenz und der damit verbundenen Überzeugungskraft uneingeschränkt zuzustimmen. Sie sind sowohl im Ergebnis wie auch in der Begründung zutreffend. Vielmehr sprechen auch pragmatische Erwägungen dafür, die Pfändbarkeit des Dispositionskredits anzuerkennen.

Zwar kann auch nach deutschem Recht das Kreditinstitut den Vollstreckungserfolg verhindern, indem es die Darlehenszusage oder die gesamte Geschäftsverbindung nach Pfändung kündigt. Auch steht ihm gemäß § 610 DtBGB bzw. Nr. 17 AGB-Banken hinsichtlich der Kreditzusage ein Kündigungsrecht zu, wenn nachträglich eine wesentliche Verschlechterung der Vermögensverhältnisse des Kreditnehmers eintritt.[843] Trotzdem hat die Pfändung des Dispositionskredits für den Gläubiger eine praktische Bedeutung. Betrachtet man die eingangs geschilderte Gefahr, dass der Schuldner durch geschickt debitorische Kontenführung die Pfändung aller übrigen Ansprüche wirkungslos machen kann, so zeigt sich, welchen Vorteil die jüngste Entscheidung des BGH[844] für

[843] Die Durchführung von Vollstreckungsmaßnahmen kann bereits als Verschlechterung der Vermögensverhältnisse i.S.d. § 610 BGB bzw. Nr. 17 AGB-Banken angesehen werden, vgl. BGH WM 1963, S. 1274.; DAVID, Die Kontenpfändung, MDR 1993, S. 109; ausführlich, OLZEN, Die Zwangvollstreckung in Dispositionskredite, ZZP 97 (1984), S. 20 ff.

[844] BGH v. 29.3.2001, WM 2001, S. 898 = InVo 2001, S. 291 = ZIP 2001, S. 825.

den Vollstreckungsgläubiger mit sich bringt. Die Pfändung des debitorisch geführten Kontos führt tatsächlich zu einer vollkommenen faktischen Sperre des Girokontos. Für die Wahrung der Gläubigerbelange ist es deshalb besonders wichtig, neben der Pfändung des Habenguthabens eines Girokontos auch ein debitorisch geführtes Girokonto pfänden zu können.

Das vorliegende BGH-Urteil wird im Ergebnis den Interessen aller Beteiligter gerecht. Der Schuldner kann wegen des bei ihm verbleibenden Abrufrechts weiterhin selbst entscheiden, ob er den Kredit aufnimmt. Entscheidet er sich dafür, so muss er die Einschränkung seiner Dispositionsfreiheit gegen sich gelten lassen. Entscheidet er sich dagegen, so bekommt auch der Gläubiger nichts ausbezahlt und eine weitere Verschuldung unterbleibt. Das Interesse der Bank ist ebenfalls gewahrt, da der zweckgebundene Kredit unpfändbar ist und sie ansonsten ihren ursprünglichen Vertragspartner behält. Der Gläubiger wird durch die Pfändung des Kreditanspruches nicht unmittelbar befriedigt, gleichwohl werden aber durch diese Pfändungsmaßnahme seine Interessen geschützt. Denn nur durch die Pfändung des Kreditanspruchs kann das ungerechtfertigte Ergebnis vermieden werden, dass der Schuldner trotz erfolgter Pfändung über sein Konto weiterhin frei verfügen kann, solange er im Debet bleibt.

III. Grenzen der Pfändbarkeit im deutschen Recht

1. Pfändbarkeit des Überziehungskredits

Die Reichweite der Pfändung von debitorisch geführten Konten ist auch nach dem neusten Urteil des BGH[845] in Deutschland nicht uneingeschränkt zulässig. Die Pfändung greift nur, wenn eine Deckung infolge eines Kredits des Geldinstituts vorhanden ist. Nach überwiegender Meinung[846] besteht eine solche Deckung nicht beim sogenannten Überziehungskredit. Wie am Anfang bereits dargestellt, wurde hier keine Vereinbarung zwischen Bank und Kunden getroffen, sondern die Bank duldet eine Überziehung nur stillschweigend. Die Unpfändbarkeit des Überziehungskredits wird dogmatisch damit begründet, dass der Schuldner keinen Anspruch auf die Kreditgewährung hat. Der Vertrag über das laufende Konto stellt nicht die Rechtsgrundlage für die künftig geduldete Überziehung und den hierdurch gewährten Kredit dar.[847] Dieser Auffassung, die bisher im Schrifttum und Rechtsprechung grundsätzlich vertreten wurde, hat auch

[845] BGH v. 29.3.2001, s.o.

[846] BGHZ 93, S. 315, 325 = ZIP 1985, S. 339; DAVID, Die Kontenpfändung, MDR 1993, S. 108; BAUMBACH/HOPT, HGB, § 357, Rnr. 10, S. 1025.

[847] Vgl. SCHUSCHKE, Die Pfändung der „offenen Kreditlinie", ZIP 2001, S. 1086; ZÖLLER, ZPO § 829 Rnr. 33.

der BGH[848] neulich zugestimmt. In diesem Zusammenhang stellt somit der Senat fest, dass „die bloße Duldung einer Kontoüberziehung dem Kunden gegen die Bank keinen pfändbaren Anspruch auf Kredit gibt". Diese Erkenntnis ist sowohl in ihrer Begründung als auch in ihrem Ergebnis als richtig anzusehen, so dass sie keiner weitergehenden Erörterung mehr bedarf. Hinzuzufügen wäre hier noch, dass im Schrifttum und in der Rechtsprechung in Griechenland weitgehende Erörterungen zur einer Differenzierung zwischen Überziehungs- und Dispositionskredit mangelhaft sind. Dies beruht anscheinend auf der Tatsache, dass in der bankgeschäftlichen Praxis in Griechenland die Kreditinstitute ohne einen zugrunde liegenden Krediteröffnungsvertrag keinen Kredit gewähren.

2. Zweckgebundenheit

Darüber hinaus hat sich in Rechtsprechung und Schrifttum in Deutschland Konsens darüber gebildet, dass eine Pfändung von Kreditzusagen nur dann zulässig ist, wenn die Kreditzusagen nicht zweckgebunden erteilt wurden.[849] Durch seine Vereinbarung wird der Verwendungszweck zum Inhalt der versprochenen Leistung. Folglich würde eine durch die Pfändung bewirkte abredewidrige Verwendung den Leistungsinhalt im Sinne von § 399 Alt. 1 DtBGB verändern. Zweckgebundene Kredite werden gemäß § 851 Abs. 1 DtZPO i.V.m. § 399 1. Halbs. DtBGB wegen der mit der Pfändung notwendig verbundenen Inhaltsänderung von der herrschenden Auffassung für unpfändbar erachtet.[850] Bei einer verein-

---

[848] BGH v. 29.3.2001, s.o.

[849] ERMAN, Zur Pfändbarkeit der Ansprüche eines Kontokorrentkunden gegen seine Bank aus deren Kreditzusage, in: Gedächtnisschrift R. SCHMIDT, S. 267; SCHÖNLE, Bank- und Börsenrecht, § 12 II 3a, 4; CANARIS, GroßkommHGB, Anm. 630; STAUDER, Der bankgeschäftliche Krediteröffnungsvertrag, S. 137; PUTZO, in: PALANDT, BGB-Komm. Einf. Vor § 607 Anm. 3, S. 727; STÖBER, in: ZÖLLER, BGB-Komm., § 851 Rnr. 3, S. 2154; SMID, MünchKomm. ZPO, § 851 Rnr. 6 ff., S. 411 f.; HARTMANN, in: BAUMBACH/LAUTERBACH/ALBERS/HARTMANN, ZPO-Komm., § 851, Rnr. 3 ff., S. 2069 f.; WERNER/MACHUNSKY, Zur Pfändung von Ansprüchen aus Girokonten – insbesondere beim debitorisch geführten Kontokorrent, BB 1982, S. 1584; BAUMBACH/HOPT, HGB, § 357, Rnr. 10, S. 1025; SCHLEGELBERGER, HGB, Bd. IV, Rnr. 13, S. 288; KÜMPEL, Bank- und Kapitalmarktrecht, Rnr. 5.180, S. 790.

[850] BGH Rpfleger 1978, S. 249 = WM 1978, S. 553; vgl. auch, ERMAN, S. 261, 267; SCHÖNLE, § 12 II 3 a, 4; CANARIS, Bankvertragsrecht, Rdnr. 1223, 1225; STAUDER, S. 56, 137; PUTZO, in: PALANDT, BGB-Komm. Einf. Vor § 607 Rnr. 3, S. 727; LWOWSKI/WEBER, ZIP 1980, S. 609 ff.; BAUER, DStR 1982, S. 280, 281; EHLENZ/DIEFENBACH, Pfändung in Bankkonten und andere Vermögenswerte, Rnr. 225 a; PECKERT, Pfändbarkeit des Überziehungs- und Dispositionskredits, S. 1233; WAGNER, in: RÖHRICHT/GRAF VON WESTPHALEN, § 357, Rnr. 6, S. 1728; CANARIS, Groß-

barten Zweckbindung, mit der die Zahlung an den ursprünglichen Gläubiger zum Leistungszweck gemacht wird, ist die Forderung trotz des weiter gehenden Wortlauts des § 851 Abs. 2 jedenfalls dann unpfändbar, wenn die Bindung treuhänderischen Charakter hat.[851] Anderseits würde der Zweck des zweckgebundenen Kredites vereitelt werden.

Auch im griechischen Recht nimmt man an, dass Kredite in der Regel zweckgebunden gewährt werden. Diese Zweckgebundenheit deutet auf eine konkludente Vereinbarung der Unabtretbarkeit dieses Kredites gemäß Art. 466 Abs. 1 Satz 1 GrZGB. Aus diesem Grund darf ein zweckgebundener Kredit nur an eine Person abgetreten und somit auch von ihr gepfändet werden, wenn diese Person den Zweck des Kredits auch weiterhin (nach Pfändung oder Abtretung) fördert.[852] Allerdings sind auch hier die Erörterungen des griechischen Schrifttums lakonisch und verweisen zu der entsprechenden deutschen Literatur.

Der Begriff der Zweckgebundenheit wurde bisher von der herrschenden Lehre weit ausgelegt. Solange Konten debitorisch geführt werden, entfaltet eine Kontopfändung keinerlei Wirkung.[853] Kreditzusagen an gewerbliche Kreditnehmer im Rahmen eines Kontokorrentverhältnisses unterlagen bislang praktisch immer einer Zweckbindung. Diese Kredite werden von den Kreditinstituten regelmäßig nur unter der stillschweigenden Bedingung bewilligt, dass die Gelder im laufenden Geschäftsverkehr verwendet werden. Diese ergibt sich daraus, dass das Kreditinstitut die Rückzahlung des Kredits aus den Erträgen der gewerblichen Tätigkeit des Kreditnehmers erwartet. Auch im nicht gewerblichen Bereich unterliegen Kreditzusagen häufig einer Zweckbindung. Dies gilt beispielsweise dann, wenn der Kredit zur Anschaffung langlebiger Konsumgüter zugesagt wurde.

Von einer treuhänderischen Bindung kann bei einem bankgeschäftlichen Dispositionskredit nicht ohne weiteres die Rede sein. Dies hat auch der BGH[854] in seinem jüngsten Urteil bestätigt. Damit fasst der BGH den Begriff der Zweckgebundenheit in seinem neuen Urteil enger. Bis dahin ist man bei gewerb-

---

kommHGB, § 357, Anm. 13, S. 540; BACH-HEUKER, Pfändung in die Ansprüche aus Bankverbindung und Drittschuldnererklärung der Kreditinstitute, S. 53.

851 Ganz h.M. vgl. WERNER/MACHUNSKY, Zur Pfändung von Ansprüchen aus Girokonten – insbesondere beim debitorisch geführten Kontokorrent, BB 1982, S. 1581 ff.; SCHÜTZ, Der Verwendungszweck von Krediten, WM 1964, S. 38 ff.; WAGNER, Zur Pfändbarkeit nicht zweckgebundener Kontokorrentkreditforderungen, JZ 1985, S. 718 ff. m.w.N.

852 Vgl. PSYCHOMANIS, Τραπεζικό Δίκαιο I, S. 225 er weist auf die deutsche Literatur hin.

853 Vgl. WERNER/MACHUNSKY, Zur Pfändung von Ansprüchen aus Girokonten – insbesondere beim debitorisch geführten Kontokorrent, BB 1982, S. 1583 f.

854 BGH v. 29.3.2001, s.o.

lichen Kreditnehmern stets von einer Zweckgebundenheit der Kredite für den laufenden Geschäftsverkehr ausgegangen.[855] Verabschiedet hat sich der BGH von der Ansicht, dass eine vereinbarte Zweckbindung gegeben ist, wenn die Bank dem Kontoinhaber das Kapital zur freien Verfügung stellt.

Die Zweckgebundenheit ist m.E. nur gegeben, wenn eine ausdrückliche Vereinbarung zwischen Kreditnehmer und Bank getroffen wird, aus der hervorgeht, dass mit dem konkreten Kredit ein konkretes Ziel gefördert wird. Zu weit erscheint die Auffassung, Zweckbindung liege bei jedem Dispositionskredit vor. Mit der Vereinbarung – sog. Zweckabrede – eines Dispositionskredits, welcher auf der Grundlage des Krediteröffnungsvertrages gewährt wird, wird lediglich die Kaufkraft des Bankkunden gestärkt, ohne dass ein konkreter Zweck bewirkt wird. Die Zweckgebundenheit soll der Ausnahmefall zur Regel darstellen.

§ 4 Zusammenfassung der Ergebnisse und Ausblick

Die oben angestellten Ausführungen ergeben auf den ersten Blick, dass in beiden Rechtsordnungen zunächst einmal der Regelungsbereich des Krediteröffnungsvertrages Mängel aufzeigt. Nur sporadisch wird sowohl in materiellen als auch in prozessualen Normen Bezug auf den Krediteröffnungsvertrag genommen. Ferner enthalten beide Rechtsordnungen keine normative Regelung des Terminus Dispositionskredit. Es handelt sich vielmehr um ein praeter legem entstandenes Rechtsinstitut.

Die mangelhafte Regelung der Rechtsinstitute des Krediteröffnungsvertrages und des Dispositionskredits in den untersuchten Ländern ist im Bereich des Privat- und Prozessrechts nicht unproblematisch. Gerade hinsichtlich der Pfändbarkeit von Dispositionskrediten entstehen Unklarheiten, da die Beantwortung dieser Frage primär von der Rechtsnatur der vorliegenden Rechtsinstitute abhängt. Die langjährigen extremen Gegenpositionen im Schrifttum und die latente Uneinigkeit der Rechtsprechung in Deutschland betonen gerade diese Problematik.

Den Mangel an Regelungsgehalt versucht der BGH mit seinem jüngsten Urteil[856] auszugleichen, indem er die Frage der Pfändbarkeit des Dispositionskredits endgültig bejaht. In Griechenland wurden hingegen die Eckpfeiler der Pfändbarkeit des Dispositionskredits weder von der höchstrichterlichen Rechtsprechung noch vom Gesetzgeber gesetzt. Das bedeutet jedoch nicht, dass keine Rechtsgrundlage für die Pfändung von Dispositionskrediten besteht. Regelun-

---

[855] Vgl. WERNER/MACHUNSKY, Zur Pfändung von Ansprüchen aus Girokonten – insbesondere beim debitorisch geführten Kontokorrent, BB 1982, S. 1584.

[856] BGH v. 29.3.2001, s.o.

gen, wie namentlich die Vorschriften des speziellen Gesetzesdekrets vom 17.7./13.8.1923, sehen ausdrücklich die Pfändung bei der Bank als Drittschuldnerin vor. Einer Pfändbarkeit von debitorischen Konten steht also nach griechischem Recht prinzipiell nichts entgegen. Zudem haben weder das Schrifttum noch die Rechtsprechung die Möglichkeit dieser Vollstreckungsmaßnahme verneint. Dennoch stellt dieser Fragenkomplex bisher – wie es sich aus der Untersuchung ergibt – in der griechischen Rechtsordnung im Gegensatz zu Deutschland mehr eine akademische Frage dar. Der Grund dafür liegt darin, dass bis vor einigen Monaten die Pfändung von Bankeinlagen wegen Verstoßes gegen das spezielle Bankgeheimnis nicht erlaubt war. Die Unpfändbarkeit der Einlagenkonten stellt auch für die Pfändung von Girokonten, welche eng mit dem Einlagengeschäft verbunden sind, ein rechtliches Hindernis dar. Dementsprechend kam auch die Pfändung von Dispositionskrediten als eine Art Hilfspfändung nicht in Frage. Primäres Ziel der letzteren Pfändungsmaßnahme ist nicht die unmittelbare Befriedigung des Vollstreckungsgläubigers, sondern die Vermeidung der Vereitelung der Pfändung von Girokonten durch geschickte Kontobewegungen des Vollstreckungsschuldners. Nicht zuletzt war ein weiterer wichtiger Grund für die mangelnde Vollstreckungspraxis hinsichtlich der Pfändung von debitorisch geführten Girokonto die Tatsache, dass Girokonten bis unlängst unter der griechischen Bevölkerung nicht verbreitet waren. Diese Entwicklung wurde inzwischen überrollt, so dass heute weitgehend der Zahlungsverkehr bargeldlos über Girokonten abgewickelt wird. Erhebliche praktische Konsequenz dieser Entwicklung ist, dass auch Dispositionskredite oft vereinbart werden.

Angesichts fehlender griechischer Vollstreckungspraxis in Bezug auf debitorische Konten lehnen sich die theoretischen Diskussionen in Griechenland zu der Pfändbarkeit des Dispositionskredits an den Erkenntnissen der deutschen Literatur und Rechtsprechung zu dieser Problematik. In Anbetracht des einschlägigen griechischen Schrifttums kann man nicht den Eindruck verdrängen, dass elementare Rechtsunterschiede in den beiden Ländern nicht festzustellen sind. Dass die herrschende Meinung beispielsweise den Krediteröffnungsvertrag als einen Konsensualvertrag ansieht, geht auf eine rechtsvergleichende Betrachtung des deutschen Rechts zurück. So erklärt es sich, dass in beiden Ländern eine einheitliche Gedankenlinie hinsichtlich der Pfändbarkeit des Dispositionskredits vertreten wird. In beiden Ländern wird zwar vertreten, dass der Anspruch aus einem Krediteröffnungsvertrag gepfändet werden kann, dennoch bejahen beide Rechtsordnungen einheitlich, dass dem Vollstreckungsgläubiger das Recht auf Abruf des Kredites aufgrund der Höchstpersönlichkeit dieses Rechtes vorenthalten bleiben muss.

Diese Ansicht wurde auch vom BGH in seinem jüngsten Urteil[857] als obiter dictum bestätigt. Die Anzeichen in diesem BGH-Urteil deuten darauf hin,

---

[857] BGH v. 29.3.2001, s.o.

dass er in künftigen Urteilen, den Anspruch auf Abruf eines Dispositionskredits von der Höchstpersönlichkeit nicht aussortieren wird. Dagegen hat der BGH der Pfändung des Auszahlungsanspruches im Rahmen eines Dispositionskredites grünes Licht gegeben. Mit diesem höchstrichterlichen Urteil ist die Pfändung von Girokonten in Deutschland unbeschränkt möglich geworden. Bei der Pfändung selbst sind lediglich die Pfändungsschutzvorschriften zu beachten, durch die das Arbeitseinkommen und die Sozialleistungen im gewissen Umfang von der Kontopfändung freigestellt werden.[858]

Die Bedeutung dieses Urteils ist auch für das griechische Recht nicht zu unterschätzen. Es veranlasst auch den griechischen Juristen, sein Augenmerk auf die Bandbreite der neuen Vollstreckungsmöglichkeiten in Bezug auf Bankkonten zu richten. Die bisher nur hypothetischen Fallkonstellationen werden in Zukunft angesichts der bereits bestehenden rechtlichen Grundlage für die Pfändbarkeit des Dispositionskredits im griechischen Recht verwirklicht werden. Außerdem würde man in Griechenland spätestens bei einer Pfändung des Girokontos darauf kommen, dass der Vollstreckungsschuldner mit geschickten Bewegungen sein Konto ständig im Debet führen kann, um den Vollstreckungszugriff auf Girokonten zu vereiteln. Dennoch bestehen m.E. Bedenken hinsichtlich der Effizienz der vorliegenden Pfändungsmaßnahme in Griechenland. Die Durchsetzbarkeit der Pfändung des Dispositionskredites könnte in der griechischen Vollstreckungspraxis an zwei pragmatischen Gründen scheitern. Zum einen gewährt Art. 47 des Gesetzesdekrets 17.7./13.8.1923 den Kreditinstituten in Griechenland ein sofortiges Kündigungsrecht des Girokontos, sobald sie es wünschen (ohne Vorliegen eines wichtigen Grundes). Zum anderen wird die Bank, die ihre Kredite stets mit der Bestellung von Pfandrechten sichert, bei der Pfändung des Dispositionskredites ihr vorrangiges Befriedigungsrecht (Art. 976 GrZPO) geltend machen.

[858] Diese Frage wird im folgenden Kapitel ausführlich untersucht.

6. Kapitel
Schuldnerschutz bei einem Vollstreckungszugriff auf Bankkonten

§ 1 Bestandsaufnahme

Bankkonten sind in der heutigen Zeit des bargeldlosen Zahlungsverkehrs die häufigsten Annahmestellen für bestimmte Forderungen, die aus sozialen Gründen in gewissem Umfang geschützt werden. Dazu gehören insbesondere Lohn, Gehalt, Versorgungsbezüge, Renten- und andere Sozialleistungen. Die Pfändung der von einem Schuldner bei Banken unterhaltenen Kontenguthaben ist als ein schwerwiegender Eingriff in die Lebenserhaltung des Schuldners aufzufassen. Die Frage, die hier auftaucht, ist, ob der Pfändungsschutz in beiden Rechtsordnungen (gemäß §§ 850 c ff. DtZPO bzw. Artikel 982 Abs. 2 δ′ GrZPO) für diese Forderungen nach der Gutschrift auf das Konto des Vollstreckungsschuldners weiterhin besteht.[859]

Die Untersuchung dieser Frage erweist sich als weniger problematisch im deutschen Recht. In Rechtsprechung und Literatur ist man sich einig, dass aufgrund von § 362 DtBGB der Anspruch des Schuldners auf die nach §§ 850–850 i DtZPO nicht oder nur begrenzt pfändbaren Leistungen infolge Erfüllung mit der Gutschrift auf sein Konto erlischt.[860] Im griechischen Recht hingegen findet man bislang keine gezielten Erörterungen zu dieser Problematik, da aufgrund der bisherigen Rechtslage – wie vorne bereits angesprochen – der Zugriff auf Bankkonten seitens der Gläubiger beschränkt war.

Unbestritten ist zunächst in beiden Rechtsordnungen, dass mit der Überweisung der wiederkehrenden Einkünfte auf das Bankkonto des Schuldners sein Schutzbedürfnis erhalten bleibt. Sozialpolitische Gedanken bilden auch hier den Ausgangspunkt für eine entsprechende Schutzvorschrift für die auf das Konto des Schuldners überwiesenen fortlaufenden Einkünfte. Insbesondere soll damit der durch die Zwangsvollstreckung gefährdete Lebensunterhalt des Schuldners und seiner Familie sicher gestellt werden.[861] Verfassungsrechtlich ist dieser

---

[859] Vgl. KNIEBES/HOLDT/VOSS, Die Pfändung von Arbeitseinkommen, S. 80 ff. Rn. 70 ff.

[860] Kontenschutz ist insbesondere im Hinblick auf den Grundsatz, von dem § 47 SGB I ausgeht, dass die Sozialleistung auf ein Konto des Empfängers zu überweisen ist, notwendig.

[861] LG Bad Kreuznach, Rpfleger 90, 216. – Vgl. eingehend STÖBER, Forderungspfändung, Rnr. 1281, S. 640 ff.; PUTZO, in: THOMAS/PUTZO, ZPO, § 850 k DtZPO, Rn. 1 ff., S. 1396; BAUMBACH/LAUTERBACH/ALBERS/HARTMANN, ZPO, § 850 k DtZPO Rnr. 1., S. 2067; LIPROSS, Grundlagen und System des Vollstreckungsschutzes, S. 99 f.

Schutz in beiden Rechtsordnungen im allgemeinen Persönlichkeitsrecht des Schuldners (Art. 1, 2 Abs. 1 GG – Art. 2 § 1 GrVerf) im Zusammenhang mit dem verfassungsrechtlichen Sozialstaatsprinzip (Art. 20 Abs. 1 GG – Art. 25, 28 GrVerf) verankert.

Es fragt sich nun, ob und in welchem Umfang der Pfändungsschutz an dem hierdurch entstandenen Guthaben in beiden Rechten fortwirkt.

§ 2 Zur historischen Dimension des Problems

I. Die Entwicklung in Deutschland

An Aktualität gewonnen hat diese Problematik in Deutschland zum ersten Mal in den sechziger Jahren.[862] Auch damals wurde der unpfändbare Teil des Gehalts eines Überschuldeten auf sein bei der Sparkasse unterhaltenes Girokonto überwiesen. Durch Pfändungs- und Überweisungsbeschluss erfolgte die Pfändung der Ansprüche des Schuldners gegen seine Sparkasse. Daraufhin stellte der Schuldner einen Aufhebungsantrag nach § 765 a Abs. 1 Satz 1 DtZPO[863], welcher eine für alle Maßnahmen der Zwangsvollstreckung geltende Generalklausel des richterlichen Schuldnerschutzes vorsieht.[864] Das bedeutet, dass aus sozialen Gründen bei besonderen Härtefällen das Vollstreckungsgericht den Schuldner vor Eingriffen, die dem allgemeinen Rechtsgefühl widersprechen und unangemessen sind, schützen kann.[865] Das Amtsgericht Köln[866] erkannte die in dieser Beziehung in der DtZPO bestehende Lücke. Innerhalb der Vorschriften der Forderungspfändung befand sich damals keine entsprechende Schutznorm.

---

[862] AG Köln, DB 1960, S. 1010 f.

[863] Vgl. PUTZO, in: THOMAS/PUTZO, ZPO, § 765 a DtZPO, S. 1214 ff.

[864] Vgl. FENGE, Entscheidungen über den Schuldnerschutz in der Zwangsvollstreckung nach unterschiedlichen Wertordnungen, DikIntern 1996, S. 68. Zur Entstehungsgeschichte des § 765 a DtZPO s. GAUL, Treu und Glauben sowie gute Sitten in der Zwangsvollstreckung oder Abwägung nach der „Verhältnismäßigkeit“ als Maßstab der Härteklausel des § 765 a ZPO, in FS für BAUMGÄRTEL, S. 75 ff.; LIPROSS, Grundlagen und System des Vollstreckungsschutzes, S. 141 ff.

[865] BVerfG NJW 79, S. 2607; vgl. PUTZO, in: THOMAS/PUTZO, ZPO, § 765 a, Rnr. 3, S. 1215; LIPROSS, Grundlagen und System des Vollstreckungsschutzes, S. 106; ROSENBERG/GAUL/SCHILKEN, Zwangsvollstreckungsrecht, § 43 I 4; HESSLER, MünchKomm., ZPO, Bd. 2, § 765 a, Rnr. 1, S. 1919; siehe zur grundsätzlichen Anwendbarkeit des § 765 a ZPO BAUMBACH/LAUTERBACH/ALBERS/HARTMANN, ZPO, § 765 a Anm. 1 B; ZÖLLER/STÖBER, ZPO, § 765 a, Rnr. 13.

[866] AG Köln, DB 1960, S. 1010 f.

Eine Lösung wurde in der Anwendung des damaligen § 811 Ziff. 2 DtZPO (a.F. – heute: § 811 Ziff. 8 DtZPO) gesucht, der – in Ergänzung zu den Vorschriften über die Pfändung des Arbeitseinkommens (§§ 829 ff. DtZPO i.V.m. den §§ 850 ff. DtZPO) – bestimmte, dass einem Schuldner die zur Lebensführung erforderlichen und deshalb unpfändbaren Geldmittel bis zur nächsten Zahlung von Arbeitseinkommen belassen zu bleiben haben. Das Landgericht Essen erkannte diesbezüglich an, dass der Anspruch eines Schuldners auf Auszahlung seines Guthabens aus einem Bank- oder Postscheckkonto, auf das sein Arbeitslohn oder sonstige wiederkehrende Einkünfte der in DtZPO §§ 850–850 b bezeichneten Art überwiesen werden, wie Bargeld zu behandeln ist und dass es in entsprechender Anwendung des § 811 Ziffer 8 DtZPO denselben Schutz genießt wie bei einer Sachpfändung vom Gerichtsvollzieher im Besitz des Schuldners vorgefundener Geldbetrag.[867]

Einige Gerichte lehnten jedoch eine derartige Ausweitung ab. Auch im Schrifttum war zur damaligen Zeit umstritten, ob die Schutzvorschrift des § 811 Ziff. 8 DtZPO, die sich ihrem Wortlaut nach auf „Geldbeträge" von Personen, die „wiederkehrende Einkünfte der in den §§ 850–850 b bezeichneten Art beziehen", erstreckt, auch auf Gutschriften der überwiesenen Leistung auf Bankkonten Anwendung finden kann. Trotzdem wurde zum Schutz des auf ein Bankkonto überwiesenen Einkommens bis zum Inkrafttreten des einer entsprechenden Schutznorm in beschriebener Form verfahren.

Um diese Rechtslücke zu schließen und bisherige Unklarheiten zu beseitigen, ist im Jahr 1978 § 850 k DtZPO in Kraft getreten.[868] Mit diesem Artikel wurden einschneidende Veränderungen in Bezug auf den Pfändungsschutz für überwiesene Einkünfte vorgenommen. Dieser sieht ausdrücklich vor, wie das Arbeitseinkommen geschützt werden kann, wenn es auf ein Konto überwiesen wird. § 850 k DtZPO bezweckt somit die Deckung des notwendigen Lebensbedarfs des Schuldners und seiner Familie bis zum nächsten Zahlungstermin, indem es die Aufhebung der Pfändung des auf ein Bankkonto überwiesenen Arbeitseinkommen regelt. Auf diesem Weg wird die bisherige Anwendung von § 811 Nr. 8 und § 765 a ZPO ersetzt.[869]

---

[867] LG Essen, NJW 1963, 1256.

[868] Durch das 4. Gesetz zur Änderung der Pfändungsfreigrenzen vom 28.2.1978 (DtBGBl. I 333) wurde der Pfändungsschutz von Bankguthaben in Deutschland eingeführt. Inzwischen sind die Pfändungsfreigrenzen durch die 6. Zwangsvollstreckungsnovelle (BGBl. I 1992, S. 745–755) überarbeitet und an die neuere Rechtsentwicklung angepasst worden. In der Phase des Gesetzgebungsverfahrens befindet sich derzeit der Referentenentwurf des 7. Gesetzes zur Änderung der Pfändungsfreigrenzen vom 30.11.1999; vgl. SCHAUB, Arbeitsrechts-Handbuch, § 91, Rnr. 9, S. 898.

[869] BT-Drucksache VIII/693, S. 49 ff.; Hanseatisches OLG Hamburg, v. 4.9.1969, MDR 1969, 1018.

II. Der Stand in Griechenland

In Griechenland gewinnt die Problematik, die im deutschen Recht bereits mit § 850 k DtZPO geregelt wurde, erst seit kurzer Zeit an Bedeutung. Diese Tatsache ist auf wirtschaftliche und rechtspolitische Faktoren zurückzuführen. Einerseits war bis vor kurzem der bargeldlose Zahlungsverkehr in Griechenland nicht weit entwickelt und verbreitet.[870] Dies hatte zur Folge, dass Arbeiteinkommen, Renten sowie verschiedene andere Sozialleistungen nicht auf ein Bankkonto überwiesen, sondern den entsprechenden Empfängern bar ausgezahlt wurden. Die Schaffung der notwendigen Voraussetzungen für das Funktionieren des bargeldlosen Zahlungsverkehrs hat auch die breite Bevölkerung angeregt, dieses System in Anspruch zu nehmen, um ihren Zahlungsverkehr bargeldlos abzuwickeln. Die eben beschriebene Entwicklung hat neue Aspekte für das Vollstreckungsrecht und konkreter für die Forderungspfändung hervorgerufen. Darüber hinaus ging seit kurzem die legislative Entwicklung dahin, dass mit dem neuen Gesetz 2915/2001[871] zur Reform der griechischen Zivilprozessordnung der Gesetzgeber in Art. 24, nach einem jahrelangen Ringen zwischen Literatur und Rechtsprechung, die Pfändung von Bankguthaben ausdrücklich als zulässig erklärt wurde.

Die eben dargestellte volkswirtschaftliche und rechtliche Entwicklung hat somit die elementaren Voraussetzungen für den Vollstreckungszugriff auf Arbeitseinkommen, Renten und weitere Sozialversicherungsleistungen, die auf das Konto überwiesen werden, geschaffen. Infolgedessen können erst seit jüngster Vergangenheit diese Leistungen als potentieller Pfändungsgegenstand angesehen werden. Fraglich erscheint nun auch aus griechischer Sicht, ob diese Leistungen einem Pfändungsschutz unterliegen. Vorausgesagt werden kann bereits jetzt schon, dass die Pfändbarkeit von Bankguthaben, die mit dem neuen Gesetz zur Reform der griechischen ZPO explizit geregelt worden ist, nicht von einer entsprechenden Anpassung wichtiger Schutzvorschriften begleitet worden ist. Zudem ist hinzuzufügen, dass die griechische ZPO Schutznormen, wie § 811 Nr. 8, 765 a und § 850 k DtZPO, nicht aufweisen kann.[872]

Die griechischen Gerichte werden daher in Zukunft immer häufiger mit ähnlichen Fragen – wie in Deutschland bereits in den 60er Jahren – konfrontiert werden. Aus diesem Grund stellt diese Frage für den griechischen Rechtsraum eine aktuelle und hochkomplizierte Materie dar, die auch auf internationaler Ebene von großer Bedeutung ist. Die Signifikanz dieses Problems und die Notwendigkeit seiner näheren Betrachtung wird insbesondere deutlich, wenn man

[870] Siehe Einleitung des *5. Kapitels*.

[871] ΦΕΚ 109 v. 29.5.2001.

[872] Vgl. FENGE, Entscheidungen über den Schuldnerschutz in der Zwangsvollstreckung nach unterschiedlichen Wertordnungen, DikIntern 1996, S. 68; BRINIA, Der Schuldnerschutz in der Zwangsvollstreckung, S. 47.

bedenkt, dass in Zukunft immer mehr Gläubiger versuchen werden, auf die Bankkonten ihrer Schuldner zuzugreifen. Noch gravierender erscheint die Schädigung des Schuldners, angesichts der Tatsache, dass der Pfändungsgläubiger ohne Einschaltung des Gerichts die für die Existenz des Schuldner von hoher Bedeutung liquiden Mitteln pfänden kann.

Um die Frage des möglichen Schuldnerschutzes bei einem Vollstreckungszugriff auf Bankkonten beantworten zu können, ist zunächst auf den allgemeinen Pfändungsschutz der GrZPO im Falle einer Forderungspfändung einzugehen. Dieser könnte möglicherweise Lösungen für die vorliegende Problematik liefern.

§ 3 Der Pfändungsschutz bei Geldforderungen

I. Der allgemeine Pfändungsschutz für Arbeitseinkommen in beiden Rechtsordnungen

Die GrZPO zählt in Artikel 982 Abs. 2 δ′ GrZPO eine Reihe von Forderungen des Schuldners auf, die über dem Grundgedanken der Sicherstellung des Lebensunterhaltes des Schuldners und seiner Familie hinaus, auch aus menschlichen und sozialpolitischen Gründen von der Pfändung ausgenommen bzw. ihr nur beschränkt unterworfen sind.[873] Infolgedessen dient der Schuldnerschutz auch nach griechischem Recht nicht nur dem Schuldner, sondern dieser berücksichtigt auch im öffentlichen Recht wurzelnde Interessen.[874]

Wie auch in der deutschen Prozessordnung bilden auch nach der GrZPO die Forderungen aus Arbeitsverhältnissen die Hauptmasse der unpfändbaren Forderungen.[875] Gleichzeitig stellen auch Rentenforderungen und Ansprüche auf andere Versicherungsleistungen nach Art. 982 Abs. 2 δ′ GrZPO grundsätzlich unpfändbare Forderungen dar.

Die GrZPO sieht in Art. 982 Abs. 2 δ′ für Lohn- und Gehaltsansprüche die absolute Unpfändbarkeit vor. Lediglich zur Befriedigung von gesetzlichen oder auf letztwilliger Verfügung beruhenden Unterhaltsansprüchen sowie zur

---

[873] OLG Athen 6710/79, NoB 28 (1980), S. 808; KASTRIOTIS, Περί κατασχετού των δημοσίως κατατιθεμένων ακατασχέτων απαιτήσεων, Dike 12 (1981), S. 350.

[874] Vgl. TSAKOS, Περί του ακατασχέτου του ΚΠολΔ και άλλων ειδικών νόμων, ΕπΕπΔΣΘ 2 (1981), S. 258; DELIKOSTOPOULOS, Η αυτονομία ιδιωτικής βούλησης, S. 350; KITSIKOPOULOS, Πολιτική Δικονομία, Ziff. 54; ΜονΠρΑθ 9852/73, NoB 22 (1974), S. 254; ΜονΠρΘεσ 3184/82 ΑρχΝ 35/52. – *dagegen*, BEYS, Η ανίσχυρος δικαστική πράξις, S. 117, Rnr. 112.

[875] Vgl. Areopag 221/67, NoB 24 (1976), S. 769; ΕφΑθ 6710/79, NoB 28 (1980), S. 808.

Befriedigung von Ansprüchen von unterhaltsberechtigten Familienangehörigen ist die Pfändung bis zur Hälfte des Einkommens erlaubt.[876] In diesen Fällen müssen die Höhe der eingenommenen Beträge, die Verpflichtung des Schuldners zur Deckung des Lebensunterhaltes seiner Familie und die Zahl der Berechtigten berücksichtigt werden.[877] Darüber hinaus kann gemäß Art. 31 στ΄ und ζ΄ des Gesetzesdekrets 356/1974, bekannt als „KEDE", der Fiskus ein Viertel der Renten- und Lohn- oder Gehaltsansprüche des Schuldners, der Schulden gegenüber dem Staat hat, pfänden.[878]

Im Gegensatz zum eher lakonisch formulierten Regelungssystem des Pfändungsschutzes für Geldforderungen im griechischen Recht, enthält die deutsche ZPO ein weitaus komplizierteres und ausdifferenziertes System des Schuldnerschutzes vor der Lohn- oder Gehaltspfändung. Zunächst wird der Umkreis der von der Pfändung geschützten Forderungen sowie der Begriff des „Arbeitseinkommens" bestimmt (§§ 850–850 b, 850 i). Im Gegensatz zur schlichten griechischen Regelung des Art. 982 Abs. 2 δ΄ GrZPO gestalten sich die Grenzen des Pfändungsschutzes nach deutscher ZPO komplizierter. Es sind drei Gruppen von pfändungsgeschützten Vergütungsansprüchen zu unterscheiden. Unter diesen Bezügen sind einige absolut unpfändbar (§ 850 a), andere nur bedingt pfändbar (§ 850 b), und im übrigen ist das Arbeitseinkommen relativ pfändbar, d.h. jenseits bestimmter Freigrenzen pfändbar (§§ 850 c, 850 e, 850 i). Im Gegensatz zum griechischen Recht, welches im Ausnahmefall der Pfändung von Arbeitseinkommen, die Pfändung bis zur Hälfte des Einkommens erlaubt und zudem im Einzelfall die individuellen Bedürfnisse des Vollstreckungsschuldners berücksichtigt, sind in der DtZPO die Pfändungsfreigrenzen für den Regelfall

---

[876] ΜΠρΘεσ 2728/1970, NoB 19 (1971), S. 213 – vgl. SGOURITSAS, Κατάσχεση στα χέρια τρίτων συντάξεων, μισθών, κλπ., Gutachten ΝΥΔ 374/87, Dike 18 (1987), 863 ff. m. zustimm. Anm. v. PAPACHRISTOU, Κατάσχεση στα χέρια τρίτων συντάξεων, μισθών κλπ., Dike 18 (1987), S. 863 ff. YESSIOU-FALTSI, Δίκαιο Αναγκαστικής Εκτελέσεως, Bd. II, Rnr. 114, S. 734.

[877] Vgl. zur Berechnung des Umfangs der Pfändung, YESSIOU-FALTSI, Δίκαιο Αναγκαστικής Εκτελέσεως, Bd. II, Rnr. 117, S. 735 f.

[878] Vgl. YESSIOU-FALTSI, Δίκαιο Αναγκαστικής Εκτελέσεως, Bd. II, Rnr. 119, S. 737 und Fn. 428 m.w.N.; MICHALOPOULOS, Anm. zum Gutachten (ΝΣΚ) 597/1977, Κατασχετόν δια χρέη προς το Δημόσιον των συντάξεων (μέχρι του 1/4) των χορηγουμένων υπό του Ο.Γ.Α. προς ησφαλισμένους αυτού, Hellenische Justiz 19 (1978), S. 394 ff.; NIKOLOPOULOS, in: KERAMEUS/KONDYLIS/NIKAS, GrZPO-Komm., Art. 982, Rnr. 11, S. 1914; vgl. zu den verfassungsrechtlichen Bedenken dieser Vorschrift BEYS, Διοικητική κατάσχεση μισθών και συντάξεων για οφειλές στο δημόσιο και κάτω των 30.000 δρχ., Dike 29 (1998), S. 115 ff.

einheitlich festgelegt. Nur in besonderen Fällen[879] wird der Schuldnerschutz nicht durch diese gesetzlich bestimmten Freigrenzen erschöpft. Gemäß § 850 f DtZPO kann der Schuldner durch Antrag beim jeweiligen Vollstreckungsgericht eine individuelle Erhöhung des pfändungsfreien Betrages bewirken. Absolut unpfändbar ist heute noch das Arbeitseinkommen, wenn es den Betrag von 930 € monatlich nicht übersteigt (§ 850 c). Dieser unpfändbare Grundbetrag erhöht sich je nach der Zahl der Personen, gegenüber denen der Schuldner unterhaltspflichtig ist.[880] Im Gegensatz zur GrZPO wird in § 850 h DtZPO Rücksicht auf das Schutzbedürfnis des Gläubigers genommen, indem ihm ein Schutz vor eventuellen Schuldnermanipulationen gewährt wird.

Aus der vorangegangenen Darstellung geht hervor, dass nach den griechischen Pfändungsschutzvorschriften bei Forderungspfändungen das Arbeitseinkommen – nicht wie in der entsprechenden Regelung der DtZPO nur bedingt oder bis zu einer bestimmten Höhe –, sondern grundsätzlich absolut unpfändbar ist. Die Besonderheit des griechischen Rechts ist vor allem, dass weder die Höhe des Arbeitseinkommens noch die Tatsache, dass der Schuldner und seine Familie auf das Einkommen angewiesen sein müssen, für die Unpfändbarkeit von Bedeutung ist.[881]

II. Begriff des geschützten Arbeitseinkommens

Meiner Ansicht nach wäre es jedenfalls verfehlt, die Regelung des gesetzlichen Schuldnerschutzes bei einer Lohnpfändung in beiden Rechtsordnungen zu untersuchen, ohne vorher auf die unterschiedlichen Konturen des maßgebenden Begriffs des „Arbeitseinkommens" nach beiden Rechten einzugehen.

---

879 Angesichts: a) besonderer Bedürfnisse des Schuldners aus persönlichen oder beruflichen Gründen, b) des besonderen Umfangs der gesetzlichen Unterhaltspflichten des Schuldners, c) überwiegende Belange des Gläubigers nicht entgegenstehen (§ 850 f Abs.1 DtZPO).

880 OLG Oldenburg, Rpfleger 1995, S. 262 (je nach Einzelfall); LG Frankfurt/M. Rpfleger 1994, S. 221 (höchster Sozialhilferegelsatz); LG Braunschweig, JurBüro 1995, S. 217; LG Konstanz, JurBüro 1996, S. 666; LG Erfurt, Rpfleger 1996, S. 469 m. Anm. HINTZEN; LG Detmold, Rpfleger 1998, S. 256 (Grundfreibetrag nach der Lohnpfändungstabelle); LG Kiel, JurBüro 1995, S. 384 (unterhaltsrechtliche Leitlinien); LG Osnabrück, JurBüro 1996, S. 271 (Düsseldorfer Tabelle); LG Hechingen, JurBüro 1998, S. 209 (doppelter Eckregelsatz nach § 22 BSHG). – vgl. auch, HINTZEN, Nichtberücksichtigung eines Unterhaltsberechtigten, NJW 1995, S. 1861 ff.

881 ΠΠρΠειρ 2758/1963, NoB 12, S. 43 – vgl. BRINIAS, Αναγκαστική Εκτέλεση, Bd. III, Art. 982, § 447, Rnr. 4 III, S. 1313; VATHRAKOKILIS, GrZPO-Komm., Art. 982, Ziff. 51; BRAKATSOULAS, Η Αναγκαστική Εκτέλεση, Bd. I, Art. 982, S. 567.

Zunächst kann gesagt werden, dass in der griechischen ZPO hierzu keine Legaldefinition existiert.[882] Auch aus dem Wortlaut des Art. 982 Abs. 2 δ' GrZPO kann man keine Definition des Begriffs ableiten. Allerdings besteht in Griechenland Einigkeit darüber, dass unter dem Begriff „Lohnansprüche" Ansprüche aus einem Arbeitsvertrag im engeren Sinne fallen.[883] Infolgedessen umfasst der Begriff nur das Arbeitseinkommen des Arbeitnehmers im Sinne des Angestellten oder Arbeiters. Darunter fallen also Ansprüche aus unselbstständigen Arbeits- und Dienstverhältnissen unabhängig davon, ob sie privatrechtlicher oder öffentlich-rechtlicher Natur[884] sind, da das Gesetz hierzu keine Differenzierung trifft. Damit sind die Vergütungen der freiberuflich Tätigen im Gegensatz zum deutschen Recht durchaus pfändbar.[885] Die Höhe des Arbeitseinkommens ist ebenso für den Anwendungsbereich des Art. 982 Abs. 2 δ' GrZPO irrelevant.[886] Als Lohn ist ferner der vereinbarte oder übliche Lohn i.S.v. Artikel 635 GrZGB zu verstehen und umfasst jede Gegenleistung, die der Arbeitnehmer für seine Leistung bekommt, also auch die fortlaufenden Bezüge wie z.B. Urlaubsgeld, Weihnachts- und Osterzuwendungen, Kindergeld, Sonntags- und Nachtarbeitszuschuss usw.[887]

---

[882] Vgl. zum Begriff des Arbeitseinkommens ausführlich, KOUKIADIS, Εργατικό Δικαίο, S. 553 ff.

[883] Vgl. VATHRAKOKILIS, GrZPO-Komm., Bd. ΣΤ', Art. 982 Ziff. 50, S. 50.

[884] Vgl. YESSIOU-FALTSI, Δίκαιο Αναγκαστικής Εκτελέσεως, Bd. II, Rnr. 110 ff., S. 730 ff. Sie vertritt die Meinung, dass der Begriff des Arbeitseinkommens teleologisch ausgelegt werden muss. VATHRAKOKILIS, GrZPO-Komm. Bd. ΣΤ', Art. 982, Ziff. 51, S. 51 f.

[885] Vgl. ΕφΑθ 5590/78, Hellenische Justiz 19 (1978), S. 814; Nicht umfasst werden u.a. das Honorar von Rechtsanwälten unabhängig davon, ob sie Freiberufler sind oder in einem Dienstverhältnis stehen. Auch die Honorare von Notaren (Art. 114 ff. G. 2830/2000) genießen nicht den Schutz des Artikels 982 Abs. 2 δ' GrZPO. Dagegen wird der Pfändungsschutz für die Diäten und die Renten von Abgeordneten sowie die Entschädigung für Gutachter, Zeugen etc. in speziellen Vorschriften vorgesehen. Vgl. AGELIS, Περί του „ακατάσχετου" και „ανεκχώρητου" ή μη των επί πάγια ετήσια ή μηνιαία αμοιβή εις δικηγόρους οφειλομένων, NoB 12 (1964), S. 2 f.; BRAKATSOULAS, Η Αναγκαστική Εκτέλεση, Bd. I, Art. 982, S. 567 f.; YESSIOU-FALTSI, Δίκαιο Αναγκαστικής Εκτελέσεως, Bd. I, Rnr. 111, S. 731. Dagegen fallen nach DtZPO unter den Begriff des Arbeitseinkommens auch Vergütungen aus wirtschaftlicher und sozialer Selbstständigkeit. Vgl. hierzu, PUTZO, in: THOMAS/PUTZO, ZPO, § 850 Rnr. 7, S. 1375; HINTZEN, Taktik in der Zwangsvollstreckung II, Rnr. 259, S. 60 ff.

[886] Vgl. AGELIS, Περί του „ακατασχέτου" και „ανεκχωρήτου" ή μη των επί πάγια ετήσια ή μηνιαία αμοιβή εις δικηγόρους οφειλομένων, NoB 12 (1964), S. 1 ff.; ΠολΠρΠειρ 2758/63, NoB 12 (1964), S. 43. Der entgegengesetzte Vorschlag wurde von der Revisionskommission abgewiesen.

[887] Nicht umfasst sind dagegen Abfindungen nach dem Kündigungsschutzgesetz und der Urlaubsabgeltungsanspruch. Vgl. hierzu, Art. 3 G. 3755/57 und Art. 5 Abs. 5 G. 539/45; Areopag 986/1964, ΕπιθΕμπΔ 24, S. 146 = ΕΕΝ 32 (1965), S. 521; Areopag 181/61, ΕπιθΕμπΔ

Hingegen umfasst der Begriff „Arbeitseinkommen“ in einer ausführlichen Umschreibung in § 850 Abs. 2 DtZPO nicht nur die Ansprüche aus einem Arbeits- bzw. Dienstvertrag im engeren Sinne, sondern auch alle „sonstigen Vergütungen für Dienstleistungen aller Art, welche die Erwerbstätigkeit des Schuldners vollständig oder zu einem wesentlichen Teil in Anspruch nehmen“[888], ohne Rücksicht darauf, aus welchem Rechtsverhältnis sie erwachsen.[889] Anders als im griechischen Recht fallen unter den Begriff des Arbeitseinkommens auch die Ruhegelder aus der betrieblichen Altersversorgung nach dem Ausscheiden des Arbeitnehmers aus dem Betrieb. In diesem Fall ist Drittschuldner entweder der frühere Arbeitgeber oder die Pensionskasse.[890]

Geschützt wird das Einkommen der physischen Person für die eigene Arbeitsleistung bzw. der Ersatzansprüche dafür. Diese Vergütung muss in Deutschland nicht einmal wiederkehrend zahlbar sein. Auch die einmalige Vergütung eines Händlers oder Kaufmanns, eines freischaffenden Schriftstellers oder Künstlers, eines Arztes oder Zahnarztes und im allgemeinen jedes freiberuflich Tätigen genießt gemäß § 850 i DtZPO den Pfändungsschutz, wenn auch unter bestimmten Voraussetzungen und nur auf Antrag des Vollstreckungsschuldners. Unerheblich nach deutschem Recht ist auch, ob die Arbeitnehmer ihren Lebensunterhalt allein oder zusammen mit anderen verdienen.

Bei einer rechtsvergleichender Betrachtung des Begriffs „Arbeitseinkommen“ in beiden Rechtsordnungen stellt man fest, dass im Geltungsbereich

---

20, S. 553; ΠρΠατρ 1398/63, Armenopoulos 15 (1961), S. 190; YESSIOU-FALTSI, Δίκαιο Αναγκαστικής Εκτελέσεως, Bd. I, Rnr. 112, S. 732; BRAKATSOULAS, H Αναγκαστική Εκτέλεση, Bd. I, Art. 982, S. 567 f.; KOUKIADIS, Εργατικό Δίκαιο, S. 560 ff. – *Anders im deutschen Recht*, vgl. HINTZEN, Taktik in der Zwangsvollstreckung, Rnr. 255 ff. S. 60 ff. Der Urlaubsabgeltungsanspruch wird aber auch nach deutschem Recht wegen seiner höchstpersönlichen und zweckgebundenen Natur als unpfändbar angesehen (§ 851 Abs. 1 DtZPO). Vgl. hierzu, BAG NJW 1967, S. 2376; BAUMBACH/LAUTERBACH/HARTMANN, ZPO § 850 a Rnr. 4; STÖBER, Forderungspfändung, Rnr. 988, S. 475 f. m.w.N.; ZIMMERMANN, ZPO § 850 a Rnr. 3.

[888] § 850 Abs. 2 DtZPO; siehe STEIN/JONAS/MÜNZBERG, ZPO, § 850 Rnr. 37 ff.

[889] Für den Begriff des Arbeitseinkommens „spielt das aus dem Arbeitsrecht bekannte Gegensatzpaar Arbeitgeber – Arbeitnehmer ersichtlich keine Rolle“. „Eher gibt es Parallelen zum Steuerrecht: alles was der Lohnsteuer unterliegt, ist Arbeitseinkommen“ so BRUNS/PETERS, Zwangsvollstreckungsrecht, § 24 III 1 S. 150; vgl. auch, DAVID, Über den Umgang mit Schuldnern, S. Rnr. 619 ff., S. 333 ff. Für die Pfändung von Einkommen aus vermögenswirksamer Leistungen, vgl. REWOLLE, Die Pfändung von Einkommen aus vermögenswirksamer Leistungen, DB 1966, S. 150 ff. Geschützt sind auch Beamte, Vorstandsmitglieder, Gesellschafter-Geschäftsführer. Vgl. SCHAUB, Arbeitsrechts-Handbuch, § 92, Rnr. 2, S. 900 ff.

[890] Vgl. HINTZEN, Taktik in der Zwangsvollstreckung II, Rnr. 257, S. 61.

der GrZPO der Begriff des Arbeitseinkommens eine engere Tragweite hat. Dagegen ist derselbe Begriff nach der deutschen ZPO weit auszulegen.[891]

III. Der Pfändungsschutz für Renten und Ansprüche auf andere Versicherungsleistungen in beiden Rechtsordnungen

1. Griechisches Recht

Neben dem Arbeitseinkommen werden in Art. 982 Abs. 2 δ΄ GrZPO auch Rentenansprüche und Ansprüche auf andere Versicherungsleistungen als absolut unpfändbar anerkannt.[892] Die Unpfändbarkeit von Renten- und Versicherungsansprüchen wird allerdings ebenfalls durchbrochen, wenn es sich um die Erfüllung von gesetzlichen oder auf letztwilliger Verfügung beruhenden Unterhaltsansprüchen oder um Beitrag zum Familienbedarf handelt. In diesen Fällen ist die Pfändung – unter Berücksichtigung der vom Schuldner eingenommenen Beiträge, der Höhe der Verpflichtungen zur Deckung des Unterhalts seiner Familie und der Zahl der Berechtigten – bis zur Hälfte gestattet.[893] Wie auch das Arbeitseinkommen können Renten und Versicherungsleistungen ausnahmsweise gemäß Art. 31 ε΄ ΚΕΔΕ der Verwaltungsvollstreckung unterliegen.

Parallel zu der allgemeinen Regelung des Pfändungsschutzes für Renten- und Sozialversicherungsleistung nach der GrZPO sieht zusätzlich das spezielle Gesetzesdekret 91/1969 „über den zivilrechtlichen Schutz der Sozialversicherungsleistungen" vor, dass die Leistungen an Versicherungsnehmer und Rentner der Sozialversicherungsanstalten („Οργανισμοί Κοινωνικής Ασφάλισης") als unpfändbar angesehen werden müssen.[894] Darunter fallen u.a. auch die pauschalen Geldleistungen für den Austritt vom Dienst.[895] Mit diesem Gesetzesdekret

---

[891] Vgl. SCHAUB, Arbeitsrechts-Handbuch, § 92, Rnr. 2, S. 900.

[892] Vgl. BRAKATSOULAS, H Αναγκαστική Εκτέλεση, Bd. I, Art. 982, S. 567 ff.; NIKOLOPOULOS, in: KERAMEUS/NIKAS/KONDYLIS, GrZPO-Komm., Bd. II, Art. 982 Rnr. 11, S. 1914; VATHRAKOKILIS, GrZPO-Komm., Bd. II, Art. 982 Rnr. 51, S. 51 ff.; GIANNOPOULOU/ZOBOLAS/KALANTZIS/BLATSIOS/TSIKOURI, GrZPO-Komm. Art. 982, Rnr. 16, S. 2812.

[893] Vgl. YESSIOU-FALTSI, Δίκαιο Αναγκαστικής Εκτελέσεως, Bd. II, Rnr. 123, S. 739; siehe auch, ΕφΑθ 5986/1993, Hellenische Justiz 35 (1994), S. 459.

[894] Areopag 221/1976, NoB 24 (1976), S. 769 f.; ΕφΑθ 5986/1993, Hellenische Justiz 35 (1994), S. 459; ΕφΠειρ 269/1996, Hellenische Justiz 37 (1996), S. 1402; vgl. auch, GIANNOPOULOU/ZOMPOLAS/KALANTZIS/KATRAS/MPLATSIOS/TSIKOURI, GrZPO-Komm. Art. 982 Rnr.15 f. S. 2812; KASTRIOTIS, H κατάσχεσις εις χείρας τρίτου Bd. I, S. 318 ff.; BRINIAS, Αναγκαστική Εκτέλεση Bd. III, Art. 982, § 447, S. 1314.

[895] ΠολΠρΑθ 10400/1973, NoB 22 (1974), S. 681 f.; ΜονΠρΠειρ 864/1971, EEN 38 (1971), S. 565; vgl. BRAKATSOULAS, H Αναγκαστική Εκτέλεση, Bd. I, Art. 982, S. 569.

spaltet sich der gesetzliche Rahmen für den Pfändungsschutz von Renten- und anderen Versicherungsleistungen auf. Dagegen ist die Unpfändbarkeit von Arbeitseinkommen einheitlich und ausschließlich in Art. 982 Abs. 2 δ′ GrZPO geregelt. Die Normenkonkurrenz, die zwischen Artikel 1 des Gesetzesdekrets 91/1969 und Art. 982 Abs. 2 δ′ GrZPO besteht, wird mit Art. 3 des Gesetzesdekrets im Sinne der lex specialis derogat legi generali behoben.

Problematisch ist dennoch die Bestimmung des Anwendungsbereichs des Gesetzesdekrets 91/1969. Der Wortlaut des Art. 1 bezieht sich auf Renten- und Versicherungsleistungen der Versicherten bei Sozialversicherungsanstalten, wie beispielweise IKA[896], OΓA usw.[897] M.E. handelt es sich hierbei um einen ausfüllungsbedürftigen, unbestimmten Rechtsbegriff. Allein aus der sprachlichen Fassung der Vorschrift sind die geschützten Sozialleistungen nicht definierbar. An hilfreichen Kommentierungen des griechischen Schrifttums fehlt es weitgehend. Nur sporadisch wird von einigen Autoren vertreten[898], dass der Pfändungsschutzvorschrift Art. 982 Abs. 2 δ′ GrZPO lediglich die Renten und Versicherungsleistungen der zivilen und militärischen Angestellten umfasst. Alle weiteren Renten und Versicherungsbezüge unterliegen hingegen dem speziellen Pfändungsschutz des Gesetzesdekrets 91/1969. Diese Differenzierung erscheint jedoch äußerst fragwürdig zu sein, da eine Auslegung des Gesetzes nicht zu diesem Ergebnis führt. Vielmehr vermag der Gesetzgeber mit dem Begriff „Leistungen der Sozialversicherungsanstalten“ alle Leistungen zu beschreiben, die aus öffentlichen Mitteln stammen. Das basiert auf dem Gedanken, dass die Institutionen der Sozialversicherungsanstalten eine öffentlich-rechtliche Form aufweisen. Ziel dieser Anstalten ist es u.a. die Gewährung der gesetzlichen Renten und Krankenversicherung. Aus diesem Grund liegt es näher, dass mit dem speziellen Gesetzesdekret die gesetzlichen Sozialleistungen einem besonderen Pfändungsschutz unterliegen sollen. Nur diese werden vom Gesetzesdekret umfasst. Im Umkehrschluss unterliegen dem allgemeinen Pfändungsschutz der GrZPO alle Leistung der privaten Versicherungsträger.[899] Zu dieser Ansicht führt auch eine teleologische Reduktion des Gesetzesdekrets. Dieses gewährt einen umfassenderen Pfändungsschutz gegenüber dem Vollstreckungszugriff

---

[896] Bei IKA („Ίδρυμα Κοινωνικών Ασφαλίσεων“- entspricht etwa der AOK) handelt es sich um die wichtigste Sozialversicherungsanstalt in Griechenland. Etwa 5,5, Mio Einwohner sind bei IKA versichert.

[897] Areopag 221/1976, NoB 24 (1976), S. 769 f.; vgl. NIKOLOPOULOS, in: KERAMEUS/KONDYLIS/NIKAS, GrZPO-Komm., Bd. II, Art. 982, Ziff. 9, S. 1913; BRAKATSOULAS, Η Αναγκαστική Εκτέλεση, Bd. I, Art. 982, S. 569.

[898] VATHRAKOKILIS, GrZPO-Komm., Art. 982 Rnr. 51, S. 51 ff.; GIANNOPOULOU/ZOBOLAS/KALANTZIS/BLATSIOS/TSIKOURI, GrZPO-Komm. Art. 982, Rnr. 15, S. 2812; YESSIOU-FALTSI, Δίκαιο Αναγκαστικής Εκτέλεσης Bd. II, Rnr. 121, S. 738.

[899] So auch, KASTRIOTIS, Η κατάσχεση εις χείρας τρίτου, Bd. I, S. 321 f.

des Gläubigers im Vergleich zu der Regelung der GrZPO. Dies ist auch im Hinblick darauf gerechtfertigt, dass Empfänger von Leistungen der Sozialversicherungsanstalten ein höheres Bedürfnis auf finanzielle Absicherung haben.

Die Bedeutung der Unterscheidung zwischen dem Pfändungsschutz des Art. 982 Abs. 2 δ′ GrZPO und des Gesetzesdekrets 91/1969 ist signifikant. Der Pfändungsschutz im Rahmen des speziellen Gesetzesdekrets ist im Vergleich zu der Regelung der GrZPO umfassender. Die Unpfändbarkeit kann im Geltungsbereich des Gesetzesdekrets nur für die Rentenleistungen und nur in beschränktem Maß durchbrochen werden. Nach Art. 1 Abs. 2 des Gesetzesdekrets 91/1969[900] können Renten allenfalls der Pfändung unterliegen, wenn Unterhaltsansprüche des Ehepartners und der Kinder des Vollstreckungsschuldners befriedigt werden sollen.[901] Im Gegensatz zum Art. 982 Abs. 2 δ′ GrZPO, welcher durch das spezielle Gesetzdekret 91/1969 in diesen Fällen zurückgedrängt wird, darf die Pfändung nur in Höhe von einviertel der Rente erfolgen.

Augenfällig ist bereits auf den ersten Blick der erweiterte Schutzrahmen für die Versicherungsempfänger bei Sozialversicherungsanstalten. Der Vollstreckungszugriff auf den Schutzgegenstand des Gesetzesdekrets 91/1969 ist für den Gläubiger aussichtslos. Im Ergebnis kann hier bereits gesagt werden, dass gesetzliche Renten und Versicherungsleistungen der Sozialversicherungsanstalten ein höheres Pfändungsschutzniveau genießen als die vom Art. 982 Abs. 2 δ′ GrZPO vorgesehenen Leistungen. Die Rechtfertigung dieser Unterscheidung besteht darin, dass es sich hierbei um Leistungen höchstpersönlicher Natur handelt, die auf die individuellen Bedürfnisse des Berechtigten zugeschnitten sind und ihren Zweck verfehlen, wenn sie an Dritte erbracht werden. Aus diesem Grund umfasst die Unpfändbarkeit nicht die Sozialversicherungsleistungen, die an Dritte gezahlt werden müssen, wie beispielsweise Geldbeträge für die ärztliche Behandlung oder die Krankenpflege.[902] Als weiteren Rechtfertigungsgrund für diese Unterscheidung könnte man das größere Bedürfnis auf finanzielle Absicherung derjenigen Personen, die Renten oder Versicherungsleistungen von Sozialversicherungsanstalten beziehen, anerkennen.[903] Das allgemeine Verständnis von Menschenwürde und das geltende Sozialstaatsgebot verlangen in diesem Zusammenhang die Absicherung des materiellen Existenzminimums der Schuldner. Nicht außer Betracht gelassen werden kann zuletzt die Feststellung,

---

[900] So wie dieses durch Art. 6 des G. 688/1977 modifiziert wurde.

[901] Areopag 221/1976, NoB 24 (1976), S. 769 f.; vgl. NIKOLOPOULOS, in: KERAMEUS/KONDYLIS/NIKAS, GrZPO-Komm. Bd. II, Art. 982, Ziff. 9, S. 1913; YESSIOU-FALTSI, Δίκαιο Αναγκαστικής Εκτελέσεως, Bd. II, Rnr. 124, S. 740. Aber auch die Renten und Versicherungsleistungen, die in dem Geltungsbereich des Gesetzesdekrets 91/1969 fallen, unterliegen nach h.M. gemäß Art. 31 ε′ ΚΕΔΕ (GD 356/1974) der Verwaltungsvollstreckung.

[902] Vgl. ΜΠρΑθ 39/1971, ΕΔΚΑ 13, S. 312.

[903] Vgl. BRINIAS, Αναγκαστική Εκτέλεση III, Artikel 982, § 447, S. 1315.

dass es sich bei den Leistungen des Gesetzesdekrets um öffentliche Gelder handelt.

2. Deutsches Recht

a) Die Pfändungsschutznorm des § 54 SGB I

Die Parallele zu der Vorschrift des Art. 1 Gesetzesdekret 91/1969, die maßgeblich für die Pfändung von Sozialleistungsansprüchen nach griechischem Recht sind, bildet zunächst § 54 SGB I.[904] Dieser behandelt die Pfändung von Ansprüchen gegenüber dem Leistungsverpflichteten, dem jeweiligen Sozialleistungsträger. Es sind fünf Schutzbereiche von § 54 SGB I zu unterscheiden. Gemäß Abs. 1 sind Ansprüche auf Dienst- und Sachleistungen grundsätzlich unpfändbar. Ansprüche auf einmalige Geldleistungen sind nach Abs. 2 nur im Rahmen der Billigkeit pfändbar. Unter einmaligen Leistungen im Sinne des § 54 Abs. 2 SGB I fallen unter anderem auch die Kapitalisierung und Auszahlung von Leistungen der gesetzlichen Renten- oder Unfallsversicherung sowie die Gewährung von Sterbegeld in der gesetzlichen Kranken- und Unfallsversicherung. Nicht erfasst sind dagegen Nachzahlungen, da es sich hier um nachträglich – wenn auch in der Form der einmaligen Leistung – gewährte, laufende Leistungen handelt. Klar wird durch die Bestimmung des § 54 Abs. 2 SGB I, dass es sich um einen ausfüllungsbedürftigen Rechtsbegriff handelt, dessen Konkretisierung im Einzelfall eine umfassende Gesamtschau sämtlicher maßgeblicher Umstände erforderlich macht. Auf jeden Fall muss eine einmalige Leistung als unpfändbar anerkannt werden, wenn das Existenzminimum des Schuldners und seiner Familie gefährdet ist.

Als ausdrücklich unpfändbar werden dagegen die in § 54 Abs. 3 SGB I aufgeführten Sozialgeldleistungen erklärt. Dazu gehören das Erziehungsgeld, das Mutterschaftsgeld nach § 13 MuSchG und die Geldleistungen, die dafür bestimmt sind, den durch einen Körper- oder Gesundheitsschaden bedingten Mehraufwand auszugleichen. Schließlich sind Ansprüche auf laufende Geldleistung wie Arbeitseinkommen pfändbar.

Als Gegenstück von Art. 982 δ′ GrZPO in Bezug auf Versicherungsrenten könnte man § 850 k Abs. 3 b DtZPO sehen. Dieser regelt, dass Renten als fortlaufende Bezüge nur in beschränktem Rahmen vom Pfändungsschutz umfasst werden. Dieser umfasst die Versicherungsrenten nur, wenn sie ein Ruhegehalt oder die Hinterbliebenenversorgung ersetzen oder ergänzen. Die Renten von Selbstständigen unterliegen dagegen nicht dem Pfändungsschutz.[905]

---

[904] Vgl. MROZYNSKI, SGB I, § 54 Rnr. 1.

[905] LG Braunschweig, NJW-RR 1998, S. 1690.

3. Rechtsvergleichende Betrachtung

Bei einer rechtsvergleichenden Betrachtung der Pfändungsschutznormen in beiden Ländern fällt zunächst ein rechtstechnischer Unterschied auf. Das griechische Recht vermag in einer lakonischen Formulierung Arbeitseinkommen-, Renten- und weitere Versicherungsansprüche von der Pfändung zu schützen. Dabei entstehen auslegungsbedürftige Unklarheiten, die zu Rechtsunsicherheiten führen. Dagegen entscheidet sich das deutsche Recht für eine Aufgliederung und Typisierung der konkreten Leistungen, die von der Pfändung geschützt werden sollen. Im deutschen Recht wird die Verwendung von Oberbegriffen vermieden, was durchaus als begrüßenswert zu bewerten ist.

Über den rechtstechnischen Unterschied hinaus gewinnt in beiden Rechtssystemen eine andere Abweichung an gravierender Bedeutung. Aus den obigen Ausführungen ergibt sich, dass im griechischen Recht die Pfändung von Lohn- und Gehaltsansprüchen sowie von Renten und anderen Versicherungsleistungen prinzipiell nicht möglich ist. Dieses Prinzip kann ausnahmsweise nur in den zwei – bereits aufgeführten – Zusammenhängen durchbrochen werden. Nach deutschem Zivilprozessrecht hingegen sind Arbeitseinkommen und Renten grundsätzlich pfändbar. Unabhängig von der Höhe des Bezuges wird für alle Vollstreckungsschuldner eine einheitliche Pfändungsfreigrenze festgelegt. Dennoch spielt im Einzelfall eine umfassende Gesamtschau sämtlicher maßgeblicher Umstände eine Rolle. Auf jeden Fall wird im Ergebnis ein Betrag als unpfändbar anerkannt, damit das Existenzminimum des Schuldners und seiner Familie nicht gefährdet wird.

Hinsichtlich des Pfändungsschutzes von Sozialversicherungsleistungen sind ebenfalls erhebliche Unterschiede zwischen den beiden Ländern festzustellen. Im Gegensatz zu § 54 SGB I, die wie ein bunter Flickenteppich erscheint, wird im Art. 1 des Gesetzesdekrets 91/1969 keine ausführliche Unterscheidung zwischen den Sozialversicherungsleistungen getroffen. Unter dem Oberbegriff „Leistungen der Sozialversicherungsanstalten" werden alle Sozialversicherungsleistungen grundsätzlich als unpfändbar anerkannt. Ausnahmsweise dürfen Renten gepfändet werden, wenn der Empfänger unterhaltspflichtig gegenüber Ehepartner und Kindern ist.[906] Ob allerdings dieser schlichter im Vergleich zum deutschen Recht Pfändungsschutz von Sozialleistungen weniger problematisch ist, ist eher fragwürdig. Die instanzrechtliche[907] und die anwaltliche Praxis hatte große Schwierigkeiten seit der im Jahre 1976 erfolgten Kodifizierung der Sozialleistungspfändung in Deutschland, den prozess- und sozialrechtlichen Anforderungen des § 54 SGB I gerecht zu werden. Der Grund dafür lag darin, dass die

[906] Vgl. zur Pfändung von laufenden Sozialleistungen für Unterhaltsforderungen im deutschen Recht, KOHTE, Praktische Fragen der Sozialleistungspfändung, NJW 1992, S. 394.

[907] Vgl. OLG Frankfurt, Beschluss, Rpfleger 1991, S. 378.

rechtstechnisch komplizierte Norm wesentliche Grundgedanken dieser Regelung anfangs nicht deutlich werden ließ.[908] Auch nach der 1988 erfolgten gesetzlichen Nachbesserung, welche die grundlegenden Wertungen verdeutlichte und fehlende Verfahrensregelungen einführte,[909] bleibt das Recht der Sozialleistungspfändung teilweise in Deutschland eine unbekannte Landschaft.[910] Gleichwohl scheint auch in der griechischen Literatur und anwaltlichen Praxis das Gesetzesdekret 91/1969 eine terra incognita zu sein. Diese Feststellungen deuten darauf hin, dass in beiden Rechtsordnungen die Pfändung von Sozialversicherungsleistungen verbesserungsbedürftig ist.

Als Zwischenergebnis kann festgehalten werden, dass der Pfändungsschutz für Arbeitseinkommen, Renten und andere Versicherungsansprüche sich im griechischen Recht offensichtlich umfassender als der entsprechende Schutz in Deutschland entfaltet.

---

[908] Vgl. zur Kritik nur KOHTE, Praktische Fragen der Sozialleistungspfändung, NJW 1992, S. 393.

[909] Dazu, KRASNEY, Das Erste Gesetz zur Änderung des SGB v. 20.7.1988, NJW 1988, S. 2644; HORNUNG, Reform der Pfändung von Sozialleistungen – Zur Verabschiedung der Änderungen der Kindergeldspfändung, Rpfleger 1988, S. 213 ff.; *derselbe*, Reform der Pfändung von Sozialleistungen – Zur Änderung des Pfändungsverfahrens, Rpfleger 1989, S. 1; ANDRE, Die Bedeutung des Ersten Gesetzes zur Änderung des Sozialgesetzbuches für die gesetzliche Krankenversicherung, BKK 1989, S. 333.

[910] Vgl. dazu den Hinweis von MÜMMLER, Anmerkung zu LG Düsseldorf, Beschluss v. 12.3.90, JurBüro 1990, S. 1057, sowie die Vorinstanzen zu LG Düsseldorf, JurBüro 1990, S. 1056, LG München II, JurBüro 1990, S. 1674 und OLG Frankfurt Rpfleger 1991, S. 378.

§ 4 Pfändungsschutz bei überwiesenen Einkünften

Für die vorliegende Untersuchung wird insbesondere der Frage, ob das Arbeitseinkommen, die Rente oder andere Versicherungsleistungen des Vollstreckungsschuldners auch nach der Auszahlung auf das Konto des Schuldners dem Pfändungsschutz unterliegen, besonderes Gewicht beigemessen. Die Frage ist je nach Pfändungsgegenstand unterschiedlich zu beantworten.

I. Kontenschutz für Arbeitseinkommen

1. Griechisches Recht

Grundsätzlich gilt nach der GrZPO, dass das Arbeitseinkommen nicht mehr vom allgemeinen Pfändungsschutz des Art. 982 Abs. 2δ' GrZPO gedeckt ist, sobald es dem Vollstreckungsschuldner als Barbetrag ausgezahlt wurde.[911] Dies kann aus dem Wortlaut des Art. 982 Abs. 2δ' GrZPO abgeleitet werden. Aus der sprachlichen Fassung dieses Artikels ergibt sich, dass nur Lohn- und Gehaltsansprüche grundsätzlich von der Pfändung ausgenommen werden. Im Umkehrschluss kann das nur bedeuten, dass die entsprechenden ausgezahlten Geldbeträge vom Pfändungsschutz nach griechischem Recht nicht mehr umfasst werden.[912] Infolgedessen unterliegen die Lohn- und Gehaltsansprüche, sobald sie vom Arbeitgeber getilgt werden, nicht mehr dem Pfändungsschutz.[913]

Fraglich erscheint hier, ob auch die Gutschrift der schutzwürdigen Leistungen auf ein Bankkonto des Empfängers als eine Auszahlung angesehen werden kann. Konkrete Erörterungen zu dieser Problematik fehlen sowohl im Schrifttum als auch in Rechtsprechung in Griechenland. Ein ähnlicher Fragenkomplex ergab sich allerdings bereits in den sechziger Jahren, als unpfändbare Forderungen öffentlich hinterlegt, namentlich bei einem Darlehens- und Hinterlegungsamt[914], worden sind. Entgegen einer früheren Entscheidung[915] hat der

---

[911] Vgl. BRINIAS, Αναγκαστική Εκτέλεση III, Art. 982 § 447, S. 1313 f. m.w.N.; BRAKATSOULAS, Η Αναγκαστική Εκτέλεση, Bd. I, Art. 982, S. 568 f.

[912] Vgl. KASTRIOTIS, Περί κατασχετού των δημοσίως κατατιθεμένων ακατασχέτων απαιτήσεων, Dike 12, S. 350 ff.

[913] Vgl. BRAKATSOULAS, Η Αναγκαστική Εκτέλεση, Bd. I, Art. 982, S. 568 f.

[914] Die Forderungspfändung bei einem Darlehens- und Hinterlegungsamt hat eine besondere Rechtsgrundlage. Vgl. hierzu, KASTRIOTIS, Περί της ισχύος των περί κατασχέσεως εις χείρας του Ταμείου Παρακαταθηκών και Δανείων διατάξεων μετά τον Κώδικα Πολιτικής Δικονομίας, Dike 13 (1982), S. 376 ff.; derselbe, Η κατάσχεσις της δημοσίας καταθέσεως, ως μελλούσης, υπό αίρεσιν, ή προθεσμίαν απαιτήσεως, εις χείρας του ταμείου Παρακαταθηκών και Δανείων ως τρίτου, Dike 13 (1982), S. 210 ff.

Areopag[916] anerkannt, dass auch bei einer öffentlichen Hinterlegung im Sinne von Art. 427[917] GrZGB dieser Forderungen der Pfändungsschutz fortbestehen muss.[918] Eine teleologische Reduktion der Pfändungsschutzvorschriften, deren Zweck der Schutz des Existenzminimums des Schuldners sei, führe zu dieser Lösung.

Der Standpunkt des Areopags ist nicht vertretbar. Mit einer rechtmäßigen öffentlichen Hinterlegung der Forderung erlischt ipso iure gemäß Art. 431 GrZGB infolge Erfüllung das ihr zugrunde liegende Schuldverhältnis.[919] Aus dem GrZGB ergibt sich eine fiktive Gleichstellung der Hinterlegung mit der Zahlung, so dass auch der Hinterleger gegenüber der Forderung als ein Dritter angesehen werden muss. Es entsteht eine neue Forderung des Gläubigers gegenüber dem Hinterlegungsamt, welche keinen Lohn-, Gehalts- oder Rentenanspruch, sondern eine Forderung aus einem Hinterlegungsvertrag darstellt. Aus diesem Grund ist dieser Ansicht nicht zuzustimmen.[920]

Nimmt man ferner den Zusammenhang der Rechtssätze des Artikels 982 Abs. 2 δ' GrZPO und des Gesetzesdekrets 91/1969 in den Blick, so ist der Wortlaut und der Wille des Gesetzgebers eindeutig. Eine grammatikalische Auslegung der Vorschrift der GrZPO ergibt, dass der Pfändungsschutz lediglich die Ansprüche auf Lohn, Rente oder Versicherungsleistungen umfasst. Dagegen spricht der Art. 1 des Gesetzesdekrets 91/1969 über die Unpfändbarkeit von Renten- und Versicherungsleistungen. Diese unterliegen auch nach der Auszahlung dem Pfändungsschutz. Schließlich sind – nach allgemein herrschender Meinung in Griechenland – die Vorschriften über die Unpfändbarkeit restriktiv auszulegen. Aus diesen Gründen besteht m.E. de lege lata kein Pfändungsschutz, sobald Arbeitseinkommen, Renten oder andere Versicherungsleistungen an den Vollstreckungsschuldner ausgezahlt werden. Dabei spielt die Form der Auszahlung, ob z.B. eine Barzahlung oder eine öffentliche Hinterlegung erfolgt ist, keine Rolle.

---

915 Areopag 356/1895, Θ ΣΤ', S. 580.

916 Areopag 388/1961, NoB 10, S. 75.

917 Vgl. SCHINAS, in: GEORGIADIS/STATHOPOULS, GrZGB-Komm., Bd. II, Allg. Schuldrecht, Art. 427, S. 503 ff.

918 Vgl. VATHRAKOKILIS, GrZPO-Komm. Bd. ΣΤ', Art. 982, Ziff. 51, S. 52.

919 Vgl. SCHINAS, in: GEORGIADIS/STATHOPOULOS, GrZGB-Komm., Bd. II, Allg. Schuldrecht, Art. 431, Rnr. 2 ff., S. 515.

920 So auch, KASTRIOTIS, Περί κατασχετού των δημοσίως κατατιθεμένων ακατασχέτων απαιτήσεων, Dike 12, S. 351 ff.; a.A. BRINIAS, Αναγκαστική Εκτέλεση III, Art. 982, § 447, S. 1313; SCHINAS, in: GEORGIADIS/STATHOPOULOS, GrZGB-Komm., Bd. II, Allg. Schuldrecht, Art. 431, Rnr. 6, S. 516.

Das Gleiche muss auch hinsichtlich einer Gutschrift des Arbeitseinkommens auf ein Konto des Vollstreckungsschuldners angenommen werden. Die Unpfändbarkeit des Arbeitseinkommens erlischt, ebenso wie bei einer Barauszahlung durch den Arbeitgeber, mit Verbuchung auf dem Konto des Vollstreckungsschuldners. Die neue Forderung, die selbstständig gegen das Kreditinstitut entsteht, kann ohne Einschränkung vom Vollstreckungsgläubiger gepfändet werden. Der Pfändungsschutz nach Art. 982 Abs. 2δ′ GrZPO greift nicht mehr ein. Der Vollstreckungsgläubiger kann nun das Arbeitseinkommen seines Schuldners in voller Höhe pfänden. Das griechische Recht trägt insofern nicht der Entwicklung Rechnung, dass Löhne, Gehälter und sonstige fortlaufende Bezüge nicht mehr bar ausbezahlt, sondern auf Konten bei Kreditinstituten überwiesen werden.

Diese Sichtweise hat natürlich katastrophale Folgen für den Schuldner. Es besteht kein Zweifel, dass im Regelfall auch nach Auszahlung des Lohnes oder der Rente das Schutzbedürfnis des Vollstreckungsschuldners auch weiterhin gegeben sein wird. Die Frage ist nur, wie man diesen Schutz gewähren kann. Die Entwicklungen des bargeldlosen Zahlungsverkehrs erfordern eine entsprechende Novellierung der Pfändungsschutzvorschriften. Fraglich erscheint nun hier, ob der Schuldner bis zur einer Gesetzesnovellierung seinem Schicksal überlassen wird, oder ob man in anderen Bereichen des griechischen Rechts nach Vorschriften forscht, mit deren Hilfe ein Schuldnerschutz verwirklichen lässt.[921] Diese Möglichkeiten werden im folgenden untersucht.

2. Kritische Betrachtung des bestehenden Pfändungsschutzes in Griechenland

Es ist nicht abzustreiten, dass der derzeitige Pfändungsschutz für das ausgezahlte Arbeitseinkommen in Griechenland im höchsten Maß inadäquat ist. Die Härte dieser Rechtslage für den Vollstreckungsschuldner und ihr Verstoß gegen das Gebot der Menschenwürde und die guten Sitten ist kaum abzustreiten. Der Lebensunterhalt des Schuldners und seiner Familie wird in Frage gestellt. Nicht einmal ein pfändungsfreier Betrag zur Beschaffung der notwendigen Nahrungsmittel wird ihm anerkannt. Hier kommt die Disproportionalität des griechischen Gesetzgebers bei der Festlegung der Pfändungsschutznormen zum Ausdruck. Zum einen sieht er vor, dass der Anspruch aus einer Arbeitsleistung der Pfändung gegenüber absolut unantastbar ist, unabhängig von der Höhe des Arbeitseinkommens; zum anderen versetzt er den Vollstreckungsschuldner in eine lebensbedrohende Lage, in dem er die Pfändung der existenzsichernden Ein-

[921] Vgl. FENGE, Entscheidungen über den Schuldnerschutz in der Zwangsvollstreckung nach unterschiedlichen Wertortungen, DikIntern 1996, S. 68 f. m.w.N.

künfte zulässt, sobald diese ausgezahlt wurden. Ist diese Vollstreckungsmaßnahme angemessen? Welche Erwägung des Gesetzgebers liegt hier zugrunde? Bestehen die Gründe für die Sicherung des Lebensunterhaltes des Schuldners und seiner Familie auch nicht nach der Auszahlung des Arbeitseinkommens?

Der griechische Gesetzgeber hat diese Regelung kaum aus der bekannten These HENCKELS, „es sei nicht Aufgabe des Schuldnerschutzes, die öffentliche Fürsorge zu entlasten“[922] abgeleitet. Vielmehr hat er eine bloße Abwägung zwischen den schutzwürdigen Gläubiger- und Schuldnerinteressen getroffen, ohne sich um die tatsächlichen Auswirkungen dieser Regelung im Klaren zu sein. Hätte er nämlich geregelt, dass sich der Pfändungsschutz auch auf das gesamte ausgezahlte Arbeitseinkommen erstreckt, hätte der Gläubiger seinen effektiven Rechtsschutz nie oder nur beschränkt durchsetzen können. Hier wird aber aus der Sicht des griechischen Gesetzgebers eine übermäßige Betonung der Gläubigerbelange ausgeführt, welche die Existenzvernichtung des Schuldners zur Folge hat. Dabei lautet die Grundfrage des Vollstreckungsschutzes, inwieweit die Zwangsvollstreckung zugunsten des Schuldners abgemildert werden kann, ohne die Durchsetzung der Gläubigerrechte zur Illusion werden zu lassen.[923] Nicht zuletzt dürfte es auch im wohlverstandenen Interesse der Gläubiger sein, die Leistungsfähigkeit und Arbeitsmotivation der Schuldner zu erhalten und sie durch angemessene gesetzliche Rahmenbedingungen in die Lage zu versetzen, den Verpflichtungen nachzukommen.

In Ermangelung geeigneter Schutzvorschriften für überwiesenes Arbeitseinkommen wird auch die Entwicklung des bargeldlosen Zahlungsverkehrs für Einkünfte gehemmt. Denn während bei einer Barzahlung des Lohnes der Schuldner noch die Möglichkeit hat, den gesamten Lohn oder ein Teil von der Pfändung zu verstecken, ist bei einer bargeldlosen Auszahlung des Arbeitseinkommens auf das Konto des Schuldners, dieser völlig der Pfändung „ausgeliefert“. Man könnte hier meinen, dass der Gesetzgeber das unrechtmäßige Verhalten des Schuldners, sein Einkommen von seinen Gläubigern zu verbergen, praktisch fördert. Im Hinblick auf diese untragbaren und unzumutbaren Folgen werden Arbeitnehmer zunehmend bevorzugen, ihre Einkünfte sich auch in Zukunft bar auszahlen zu lassen. An einer Rechtslücke darf aber der bargeldlose Zahlungsverkehr nicht scheitern. Dabei scheint ein ausdrücklicher Pfändungsschutz für überwiesenes Arbeitseinkommen für beide Parteien interessengerecht zu sein. Der Schuldner wäre nicht der Gefahr ausgesetzt, dass sein gesamtes Arbeitseinkommen gepfändet wird. Der Vorteil für den Gläubiger besteht darin, dass er sich nicht mehr auf eine Lohnjagd begeben müsste, um das Geld zu fin-

---

[922] Vgl. HENCKEL, Prozessrecht und materielles Recht, S. 359; LIPROSS, Grundlagen und System des Vollstreckungsschutzes, S. 100 ff.

[923] Vgl. GÖTTE, Der Grundsatz der Verhältnismäßigkeit und die Rangordnung der Zwangsvollstreckungsmittel, S. 43 f.

den, bevor der Schuldner es versteckt. Wird dagegen das Arbeitseinkommen auf ein Konto des Schuldners verbucht, hat dieser keine Möglichkeit, die Pfändung seines gesamten Lohnes zu vereiteln.

Abschließend bleibt zu erwähnen, dass die griechische Zivilprozessordnung kein Gegenstück der Härteklausel, wie sie im deutschen Recht in § 765 a DtZPO anerkannt wird, kennt.[924] Damit hat auch der Richter nicht die Möglichkeit, Schuldnerschutz zu gewähren, wenn eine Vollstreckungsmaßnahme für den Schuldner wegen ganz besonderer Umstände eine Härte bedeutet, die mit den guten Sitten nicht vereinbar ist. Dennoch könnte man in anderen Bereichen des griechischen Rechts nach einem geeigneten Rechtsinstrumentarium für die Vermeidung der fatalen Folgen der Pfändung des gesamten Arbeitseinkommens suchen.

3. Verfassungsrechtliche Probleme bei der Pfändung des gesamten Einkommens

Es leuchtet ohne weiteres ein, dass die vorliegende Problematik verfassungsrechtliche Bedenken aufwirft. Bei einer Pfändung des gesamten ausbezahlten Arbeitseinkommens, so dass für den Schuldner nicht einmal sein Existenzminimum gesichert ist, wird der Schutzbereich einzelner Grundrechte des Schuldners verletzt.[925] Mit dem vollstreckungsrechtlichen Zugriff auf seine Rechtsgüter wird in das verfassungsrechtlich geschützte Eigentumsrecht (Art. 17 Abs. 1 GrVerf)[926] eingegriffen und sogar seine Menschenwürde (Art. 2 Abs. 1 GrVerf)[927] verletzt. Dabei sollen die Vollstreckungsschutzbestimmungen nach heutiger griechischer Rechtsauffassung eine Ausprägung des Gebots der Menschenwürde sein. In diesem Sinne soll Ziel dieser Bestimmungen der Schutz der Schuldner vor Kahlpfändungen und die Gewährleistung eines Existenzminimums für den Schuldner und seiner Familie sein.

Dem Interessen des Schuldners an der Wahrung seiner Rechte zeichnet eine gegenläufige Tendenz aus. Der Anspruch des Gläubigers auf Rechtsschutz-

---

[924] Vgl. FENGE, Entscheidungen über den Schuldnerschutz in der Zwangsvollstreckung nach unterschiedlichen Wertordnungen, DikIntern 1996, S. 68; YESSIOU-FALTSI, Η αρχή της αναλογικότητας στην αναγκαστική εκτέλεση, Hellenische Justiz 32 (1991), S. 296.

[925] Vgl. zur Einwirkung der Grundrechte auf die Zwangsvollstreckung, BEYS, Die verfassungsrechtlichen Grenzen der Zwangsvollstreckung im griechischen Recht, ZZP 101 (1988), S. 165 ff.

[926] „Η ιδιοκτησία τελεί υπό την προστασία του Κράτους, τα δικαιώματα όμως που απορρέουν από αυτή δεν μπορούν να ασκούνται σε βάρος του γενικού συμφέροντος".

[927] „Ο σεβασμός και η προστασία της αξίας του ανθρώπου αποτελούν την πρωταρχική υποχρέωση της Πολιτείας."

gewährung ist im Art. 20 Abs. 1 der griechischen Verfassung[928] verankert. Dieser Anspruch umfasst nach herrschender Meinung in Griechenland auch den Vollstreckungsanspruch des Gläubigers.[929] Offensichtlich entsteht bei einer Zwangsvollstreckung ein Konflikt zwischen dem Interesse des Gläubigers an der Durchsetzung seiner Forderung und dem Interesse des Schuldners, in der Zwangsvollstreckung möglichst schonend behandelt zu werden. Konkreter gesagt, wird hier von einer Grundrechtskollision gesprochen, die erst mit Einschaltung der Vollstreckungsorgane entstehen kann, da Grundrechte zweier Bürger fast nie unmittelbar aufeinander kollidieren.[930] Zur zwangsweisen Befriedigung der Ansprüche des Gläubigers bedarf es der Bereitstellung staatlicher Vollstreckungsorgane, die bei der Durchführung der Vollstreckung in die Sphäre des Schuldners eindringen.[931] Gestützt auf diese Vorgaben kann man behaupten, dass die Zwangsvollstreckung in Griechenland - unter dem Einfluss auch der entsprechenden Entwicklung durch eine Vielzahl von Entscheidungen des Bundesverfassungsgerichts in Deutschland - verfassungsrechtliche Grenzen erfährt.[932] Auch der Areopag nahm Einzelfälle zum Anlass, grundlegende Ausführungen zur Beziehung der Verfassung zur Zwangsvollstreckungsrecht zu treffen.[933] Das Fehlen einer allgemeinen Generalklausel im griechischen Recht, welche der Härteklausel des § 765 a DtZPO entsprechen würde, wird somit in Griechenland im gewissen Rahmen mit einem Rückgriff auf verfassungsrechtliche Grundsätze kompensiert.

---

[928] „Καθένας έχει δικαίωμα στην παροχή έννομης προστασίας από τα δικαστήρια και μπορεί να αναπτύξει σ΄ αυτά τις απόψεις του για τα δικαιώματα ή τα συμφέροντά του, όπως νόμος ορίζει."

[929] BEYS, Grundgedanken des griechischen Zivilprozesses, ZZP 109 (1996), S. 50 ff. m.w.N.; ARVANITAKIS, Befriedigung privatrechtlicher Ansprüche nach griechischem Recht, ZZP 111 (1998), S. 464 ff.; YESSIOU-FALTSI, Η αρχή της αναλογικότητας στην αναγκαστική εκτέλεση, Hellenische Justiz 32 (1991), S. 284 f.; MITSOPOULOS, Πολιτική Δικονομία, A S. 37.

[930] Vgl. WEYLAND, Der Verhältnismäßigkeitsgrundsatz in der Zwangsvollstreckung, S. 36 m.w.N.

[931] Vgl. YESSIOU-FALTSI, Η αρχή της αναλογικότητας στην αναγκαστική εκτέλεση, Hellenische Justiz 32 (1991), S. 298.

[932] BVerfGE 49, S. 220 f.; vgl. auch YESSIOU-FALTSI, Η αρχή της αναλογικότητας στην αναγκαστική εκτέλεση, Hellenische Justiz 32 (1991), S. 290 f. m.w.N.; *für das deutsche Recht*, vgl. WEYLAND, Der Verhältnismäßigkeitsgrundsatz in der Zwangsvollstreckung, S. 21 ff.

[933] Areopag 1314/1982, Hellenische Justiz 24 (1983), S. 413; Areopag 17/1978, NoB 26 (1978), S. 1223 ff., 1227; Areopag 288/1979, NoB 27 (1979), S. 1287 f.; ablehnend: Areopag 788/1986, NoB 36 (1988), S. 329 ff.; Areopag 885/1986, NoB 36 (1988), S. 334; Areopag 33/1987, NoB 36 (1988), S. 324 ff.

Den Befugnissen des Vollstreckungsgläubigers in der Zwangsvollstreckung werden von der herrschenden Meinung[934] hauptsächlich unter Bezug auf das sowohl in der Verfassung (Art. 25 Abs. 3 GrVerf.)[935] als auch im Zivilgesetzbuch (Art. 281 GrZGB) und in der Zivilprozessordnung (Art. 116 GrZPO) enthaltene Verbot der unzulässigen Rechtsausübung Grenzen gesetzt.[936] Die höchstrichterliche Rechtsprechung begründet die Anwendung des Art. 281 GrZGB im Rahmen der Zwangsvollstreckung damit, dass „die mit Zwangsvollstreckung bezweckten Befriedigung der Forderung des Gläubigers gegen den Schuldner eine Ausübung eines dem öffentlichen Recht angehörenden materiellen Rechts darstellt".[937] Dieses Argument entspricht allerdings nicht der heute allgemein anerkannten Theorie über die Zwangsvollstreckung. Diese differenziert eindeutig zwischen dem Vollstreckungsanspruch und dem materiellen Anspruch, aufgrund dessen vollstreckt wird.[938]

Aus diesem Grund ist die Berufung auf das Verhältnismäßigkeitsprinzip im Rahmen der Zwangsvollstreckung in der griechischen Literatur neuerdings immer häufiger geworden.[939] Es wird teilweise in der Lehre erwogen, dass die Anwendung des Verhältnismäßigkeitsgrundsatzes als Auslegungskriterium in der Zwangsvollstreckung den Rückgriff auf den materiellrechtlichen Maßstab der missbräuchlichen Rechtsausübung nach Art. 281 GrZGB überflüssig

---

[934] Vgl. KLAMARIS, Der Rechtsmissbrauch im griechischen Zivilprozess, FS für BAUR, S. 483 ff.; ausführlich, BRINIAS, Αναγκαστική Εκτέλεση, Bd. V, § 644, S. 2113 ff.; YESSIOU-FALTSI, Προστασία κατά της καταχρηστικής αναγκαστικής εκτελέσεως: Αρχή αναλογικότητας ή εφαρμογή άρθρου 281 ΑΚ; ΕπΕπΔΣΘ 11 (1990), S. 33 f.; ARVANITAKIS, Προθεσμία προσβολής της καταχρηστικής κατάσχεσης, ΕπΕπΔΣΘ 11 (1990), S. 74 f.

[935] „Die missbräuchliche Rechtsausübung wird nicht gestattet".

[936] Areopag 152/1989, Hellenische Justiz 1990, S. 1424; Areopag 1096/1988, Hellenische Justiz 1990, S. 70; Areopag 431/1981, NoB 30 (1982), S. 413–415 mit ausführlichen Bemerkungen von KLAMARIS = Dike 1981, S. 497.

[937] Areopag 431/1981, NoB 30 (1982), S. 413 ff.; Areopag 448/1984, NoB 33 (1985); vgl. hierzu auch, YESSIOU-FALTSI, Η αρχή της αναλογικότητας στην αναγκαστική εκτέλεση, Hellenische Justiz 32 (1991), S. 281.

[938] Vgl. YESSIOU-FALTSI, Η αρχή της αναλογικότητας στην αναγκαστική εκτέλεση, Hellenische Justiz 32 (1991), S. 287.

[939] Vgl. YESSIOU-FALTSI, Η αρχή της αναλογικότητας στην αναγκαστική εκτέλεση, Hellenische Justiz 32 (1991), S. 288 ff. m.w.N.; *dieselbe*, Προστασία κατά της καταχρηστικής αναγκαστικής εκτελέσεως: Αρχή αναλογικότητας ή εφαρμογή άρθρου 281 ΑΚ; ΕπΕπΔΣΘ 11 (1990), S. 41; BEYS, Die verfassungsrechtlichen Grenzen der Zwangsvollstreckung im griechischen Recht, ZZP 101 (1988), S. 165 ff.; ARVANITAKIS, Verfassungsrechtliche Probleme der Zwangsvollstreckung zur Befriedigung privatrechtlicher Ansprüche nach griechischem Recht, ZZP 111 (1998), S. 463 ff.

macht.[940] Dieser Grundsatz ist dem Verwaltungsrecht entnommen worden, wo er vom Verwaltungsgerichtshof als Ausdruck der Gesetzesmäßigkeit der Verwaltung sowie des Rechtsstaatlichkeitsprinzips entwickelt worden ist.[941] Die grundlegende Vorschrift, die im Rahmen des griechischen Zwangsvollstreckungsrecht das Verhältnismäßigkeitsprinzip konkretisiert, ist Art. 951 Abs. 2 GrZPO (Verbot der Überpfändung).[942] Ebenfalls ist es dem Verbot des Rechtsmissbrauchs in Art. 25 Abs. 3 GrVerf zu entnehmen. Voraussetzung für die Zulässigkeit einer konkreten Vollstreckungsmaßnahme gemessen an dem Verhältnismäßigkeitsprinzip gemäß Art. 951 Abs. 2 GrZPO ist ihre Erforderlichkeit und ihre Geeignetheit. Das bedeutet, dass die konkrete Vollstreckungsmaßnahme gegenüber dem Zweck nicht unverhältnismäßig sein darf.[943] Die Abwägung zwischen Maßnahme und Zweck führt aber nicht unmittelbar zum Ausschluss des belastenden Mittels.[944] Demzufolge wird das Verhältnismäßigkeitsprinzip im weiteren Sinne in der griechischen Zwangsvollstreckung angewendet.

Aus den oben angestellten Erwägungen wird aber noch nicht klar, ob ein Vollstreckungszugriff auf Arbeitseinkommen, das auf ein Konto überwiesen wurde, gegen das Verhältnismäßigkeitprinzip verstößt oder eine missbräuchliche Rechtsausübung darstellt. Löst man die Frage zunächst einmal auf den Boden des Rechtsmissbrauchsgedankens, so ist dieser m.E. hier zu verneinen. Aufgrund der bisherigen mangelnden Praxis für Kontenpfändungen wird der Gläubiger auf Bankguthaben seines Schuldners vollstreckungsrechtlich in der Regel erst zugreifen, wenn kein weiteres Pfändungsobjekt besteht. Die Möglichkeit des Gläubigers, sich vom Vermögen des Schuldners zu befriedigen, überschreitet weder den sozialen und wirtschaftlichen Zweck des Rechts, noch verstößt sie

---

[940] Vgl. YESSIOU-FALTSI, Η αρχή της αναλογικότητας στην αναγκαστική εκτέλεση, Hellenische Justiz 32 (1991), S. 298 f.

[941] Vgl. KONTOGIORGA-THEOCHAROPOULOU, Η αρχή της αναλογικότητας στο ημεδαπό δημόσιο δίκαιο, 1989, S. 9 ff. m.w.N.

[942] Sie besagt: „Die Pfändung darf nicht weiter ausgedehnt werden, als es zur Befriedigung des Gläubigers und zur Deckung der Kosten der Zwangsvollstreckung erforderlich ist."

[943] Vgl. ARVANITAKIS, Verfassungsrechtliche Probleme der Zwangsvollstreckung zur Befriedigung privatrechtlicher Ansprüche nach griechischem Recht, ZZP 111 (1998), S. 479; YESSIOU-FALTSI, Η αρχή της αναλογικότητας στην αναγκαστική εκτέλεση, Hellenische Justiz 32 (1991), S. 287. – vgl. *zum deutschen Recht*, BVerfG NJW 1998, S. 295; BVerfGE 52, S. 214, 220 f. = NJW 1979, S. 2607; BVerfGE 51, 97 (113); 52, 214 (219 ff.); siehe auch BVerfGE 57, 346 (356). Kritisch zu Folgerungen aus „Grundrechtsausstrahlungen" oder zu „grundrechtlichen Maßstäben" für die Vollstreckung, GERHARDT, Bundesverfassungsgericht, Grundgesetz und Zivilprozess, ZZP 95 (1982), S. 467 ff.

[944] *Kritisch*: YESSIOU-FALTSI, Η αρχή της αναλογικότητας στην αναγκαστική εκτέλεση, Hellenische Justiz 32 (1991), S. 298 f., welche das Verhältnismäßigkeitprinzip im engeren Sinne als effizienter ansieht; WIESER, Der Grundsatz der Verhältnismäßigkeit in der Zwangsvollstreckung, ZZP 98 (1985), S. 61.

gegen den Grundsatz von Treu und Glauben. Einem Rechtsmissbrauch könnte man im Einzelfall zustimmen, wenn der Gläubiger verschiedene Vermögensobjekte des Schuldners pfänden könnte und er stattdessen auf das gesamte Arbeitseinkommen, welches in der Regel dazu dient, den täglichen Lebensbedarf zu bestreiten, vollstreckungsrechtlich zugegriffen hat.

Die Berufung auf die Maßnorm des Verhältnismäßigkeitsgrundsatzes erscheint hingegen zunächst erfolgsversprechender. Der Verhältnismäßigkeitsgrundsatz nimmt seinen Ausgangspunkt bei der Fragestellung, ob ein bestimmtes Mittel zur Erreichung eines vorher festgelegten Zweckes rechtmäßig eingesetzt werden darf oder nicht. Der Verhältnismäßigkeitsgrundsatz versagt den Einsatz eines Mittels, wenn dieses für die Befriedigung der Ansprüche des Gläubigers entbehrlich und zur Erreichung des verfolgten Zweckes unangemessen oder unzumutbar wäre.[945]

Auf den ersten Blick könnte man meinen, dass die Befriedigung des Gläubigers aus den gesamten Einkünften des Schuldners tatsächlich unangemessen oder unzumutbar ist. Zieht man allerdings andere Fallkonstellationen in Betracht, so entfaltet sich ein anderes Bild vor Augen. Es könnte nämlich vorkommen, dass der Gläubiger auch auf den gepfändeten Betrag angewiesen wäre, um seinen Lebensunterhalt zu bestreiten. Wie würde ferner die Entscheidung nach dem Verhältnismäßigkeitsprinzip aussehen, wenn der Schuldner nicht auf sein Arbeitseinkommen angewiesen wäre, um seinen Lebensunterhalt zu sichern. Offensichtlich sind die in der Praxis auftretenden Fallkonstellationen zu verschieden. Aus diesem Grund ist es entsprechend unmöglich, allgemeine Aussagen darüber zu treffen, wann das Verhältnismäßigkeitsprinzip die Berücksichtigung der nachteiligen Folgewirkungen der Vollstreckung durch Gewährung von Schuldnerschutz gebietet. Unzweifelhaft bedarf es hier der Aufstellung einer „Hierarchie der sich gegenüberstehenden Gläubiger- und Schuldnerinteressen“.[946]

Die Frage, die sich hier vor allem stellt, ist, ob es dem Gläubiger um der besonderen Belange des Schuldners willen überhaupt zuzumuten ist, dass gerade er zumindest zeitweilig auf die Realisierung seines Anspruchs verzichtet. Angesichts der Tatsache, dass das Verhältnismäßigkeitsprinzip aus dem öffentlichen Recht herrührt und damit bezweckt wird, dem staatlichen Eingriff Grenzen auf Rechte der Bürger zu setzen, muss es bei seiner Anwendung in dem Zwangsvollstreckungsrecht eine andere Wertung erfahren. Zwar ist auch bei der Zwangsvollstreckung die Tätigkeit der Vollstreckungsorgane ein staatliches

---

945 Vgl. YESSIOU-FALTSI, Η αρχή της αναλογικότητας στην αναγκαστική εκτέλεση, Hellenische Justiz 32 (1991), S. 288; WEYLAND, Der Verhältnismäßigkeitsgrundsatz in der Zwangsvollstreckung, S. 13 ff.

946 Vgl. ARVANITAKIS, Verfassungsrechtliche Probleme der Zwangsvollstreckung zur Befriedigung privatrechtlicher Ansprüche nach griechischem Recht, ZZP 111 (1998), S. 479.

Handeln; dennoch „ergreifen sie ihre Maßnahmen“, wie FENGE[947] zutreffend für das deutsche Recht aufführt, „nicht – oder doch jedenfalls nicht in erster Linie – im öffentlichen Interesse, sondern haben mit ihnen unmittelbar das besondere Interesse eines einzelnen Individuums zu verfolgen“. Diese Ansicht kann bedenkenlos auch im griechischen Recht übernommen werden, da die herrschende Lehre davon ausgeht, dass im Vollstreckungsverhältnis Gläubiger und Schuldner die Vollstreckungsorgane Dritte darstellen, die nicht hoheitlich handeln. Aus diesem Grund wird teilweise in der deutschen Lehre als gerechtere Lösung vorgeschlagen, dass die Anwendung des Verhältnismäßigkeitsgrundsatzes lediglich vom Gesetzgeber erfolgen darf.[948] Eine entsprechende Lösung im griechischen Recht wirft allerdings Bedenken auf. Die Berufung auf das Verhältnismäßigkeitsprinzip in der Zwangsvollstreckung hat die positive Wirkung, dass sie neben der Möglichkeit, sich auf die unzulässige Rechtsausübung zu berufen, die einzige Möglichkeit für den richterlichen Schuldnerschutz gewährt. Das Verhältnismäßigkeitsprinzip soll deshalb nur in Ausnahmefällen, insbesondere zur Wahrung seiner Menschenwürde, Existenz und körperlichen Unversehrtheit, den Befugnissen des Gläubigers in der Zwangsvollstreckung Grenzen setzen.[949] Für diese Entscheidung spricht auch der Gedanke, dass die Anwendung des Verhältnismäßigkeitsprinzips in der Zwangsvollstreckung nicht zur Rechtskorrektur oder Rechtsfortbildung führen darf. Es darf nicht angewendet werden, um Rechtslücken zu decken. Bei der vorliegenden Problematik besteht eindeutig eine Rechtslücke. Sobald Arbeitseinkommen ausgezahlt wird, unterliegt es keiner Schutzvorschrift mehr.

Die einzige sichere Möglichkeit, der Frage des Schuldnerschutzes[950] zu begegnen, wäre m.E. die gesetzliche Festlegung von Grenzen für die maximale Belastbarkeit des Schuldners. Anderseits müsste jedes Mal die Frage der Belastbarkeit des Schuldner vor Gericht geklärt werden, da die Vollstreckungsorgane von Amts wegen nicht befugt sind, eine Abwägung zwischen Mittel und Zweck zu treffen. Vor allem bei einer Kontenpfändung, wo die Verwertung bereits mit der positiven Erklärung der Bank erfolgt, darf das Kreditinstitut nicht unter Berücksichtigung des Verhältnismäßigkeitsprinzips die Auszahlung an den Voll-

---

[947] Vgl. FENGE, Entscheidungen über den Schuldnerschutz in der Zwangsvollstreckung nach unterschiedlichen Wertordnungen, DikIntern 1996, S. 70.

[948] Vgl. GAUL, in: ROSENBERG/GAUL/SCHILKEN, Zwangsvollstreckungsrecht, § 3 III 3, S. 18-19.

[949] So auch, YESSIOU-FALTSI, Η αρχή της αναλογικότητας στην αναγκαστική εκτέλεση, Hellenische Justiz 32 (1991), S. 300; so auch, FENGE, Entscheidungen über den Schuldnerschutz in der Zwangsvollstreckung nach unterschiedlichen Wertordnungen, DikIntern 1996, S. 74.

[950] Vgl. hierzu, WEYLAND, Der Verhältnismäßigkeitsgrundsatz in der Zwangsvollstreckung, S. 165 ff.

streckungsgläubiger verweigern. Nur bei Erhebung einer Widerspruchsklage des Vollstreckungsschuldners gemäß Art. 933 GrZPO würde sich das Gericht mit der Frage der Verhältnismäßigkeit der angewendeten Vollstreckungsmaßnahme befassen. Aus der vorangegangenen Skizzierung geht hervor, dass eine Novellierung der Pfändungsschutzvorschriften und eine ausdrückliche Festlegung von absoluten Pfändungsfreigrenzen für einen effektiven Schuldnerschutz unentbehrlich ist. In so einem Fall müssten sich die Gerichte nicht unter Anwendung des Verhältnismäßigkeitsprinzips mit der schwierigen Frage der Wertung der Gläubiger- und Schuldnerinteressen befassen. Einige Vorgaben dazu kann sicherlich das deutsche Recht liefern.

4. Gegenüberstellung des deutschen Rechts

Wie bereits am Anfang erörtert, wird im deutschen Recht das auf einem Konto gutgeschriebene Arbeitseinkommen ebenfalls nicht mehr vom allgemeinen Pfändungsschutz gedeckt. Im Gegensatz aber zum griechischen Recht existieren hier Regelungen, die das Schutzbedürfnis des Vollstreckungsschuldners auch nach einer Auszahlung anerkennen und ihm weiterhin Schutz gewähren. Die wiederkehrende Einkünfte, die in Form vom Bargeld an den Schuldner ausgezahlt werden, schützt im deutschen Recht § 811 Ziff. 8 DtZPO vor der Pfändung. Das auf ein Konto des Schuldners überwiesene Arbeitseinkommen wird hingegen vom Pfändungsschutz des § 850 k DtZPO umfasst.[951] Für beide Regelungen bestehen keine Gegenstücke oder mindestens ähnliche Ansätze in der griechischen Gesetzgebung. Übergangsrechtlich ist aber ein Pfändungsschutz für ausbezahltes Arbeitseinkommen baldmöglichst einzuführen. Die Realisierung erscheint dringlich, denn Sozialstaatsgebot und Menschenwürde verlangen nach einer Absicherung des materiellen Existenzminimums der Schuldner. Ein Versuch, eine entsprechende Lösung für den Schutz des bar ausgezahlten Arbeitseinkommens für das griechische Recht vorzuschlagen, würde den Rahmen der Arbeit sprengen. Deshalb konzentriert sich die vorliegende Untersuchung anhand der Vorgaben des deutschen Rechts, Lösungswege für den Pfändungsschutz von überwiesenen Einkünften zu erfragen.

Ins Blickfeld gerät dabei der § 850 k der DtZPO. Dieser geht vom Leitgedanken aus, dass ein Teil des Arbeitseinkommens absolut unpfändbar sein muss, damit das Existenzminimum für den Schuldner und seiner Familie in jedem Fall

[951] Vgl. ARNOLD, Der neue Pfändungsschutz für Arbeitseinkommen und für Gehaltskonten, BB 1978, S. 1314; BERGER, Pfändung von Girokontenguthaben, ZIP 1980, S. 946; *derselbe*, Nochmals: Pfändung von Girokontenguthaben, ZIP 1981, S. 583; HARTMANN, Der Schuldnerschutz im 4. Pfändungsfreigrenzengesetz NJW 1978, S. 609; MEYER TER VEHN, Pfändungsschutz bei Gehaltskonten, NJW 1978, S. 1240.

gewährleistet werden kann. Eine nähere Betrachtung des § 850 k wird für die rechtsvergleichende Untersuchung wertvolle Erkenntnisse liefern.

5. Die Lösung des § 850 k DtZPO im deutschen Recht

§ 850 k Abs. 1 DtZPO sieht einen Pfändungsschutz in Höhe des pfändungsfreien Betrages vor, sobald Lohn oder Gehalt bzw. gleichzustellende wiederkehrende Einkünfte i.S.d. §§ 850 bis 850 b DtZPO auf ein Konto des Schuldners überwiesen werden. Der Pfändungsschutz des § 850 k DtZPO kommt erst zur Geltung, wenn der Schuldner einen Antrag beim Vollstreckungsgericht stellt.[952] Der pfändungsfreie Betrag ist für die Zeit von der Pfändung bis zum nächsten Zahlungstermin festzustellen. Der Schuldner müsste somit an jedem Überweisungstermin seines Gehaltes einen neuen Antrag stellen.[953] Gesetzestechnisch bleiben Pfändung und Überweisungswirkung auch während der Zweiwochensperre bestehen.[954] Nur die Verfügungsbefugnis des Drittschuldners ist aufgeschoben. Die Pfändung erfasst das Guthaben sofort.[955] Das bedeutet für den Vollstreckungsschuldner, dass er den Antrag unverzüglich stellen muss. Das Antragsrecht des Schuldners bliebe aber ohne Wirkung, wenn das Kreditinstitut unmittelbar nach erfolgter Pfändung das Kontoguthaben an den Pfändungsgläubiger auszahlen könnte. Um dem zu begegnen, sieht § 835 Abs. 2 S. 2 DtZPO vor, dass das gepfändete Guthaben einer Sperrfrist von zwei Wochen unterliegt.[956] Damit kann sichergestellt werden, dass das Vollstreckungsgericht innerhalb der zweiwöchigen Frist (§ 835 Abs. 2 S. 2 DtZPO) entweder mit einem Beschluss die Pfändung aufheben kann oder, falls dies nicht rechtzeitig möglich ist, nach § 850 k

---

[952] LG Koblenz Rpfleger 1998, S. 76; HINTZEN, Taktik in der Zwangsvollstreckung II, S. 160.

[953] Vgl. HINTZEN, Taktik in der Zwangsvollstreckung II, S. 160; HARTMANN, Der Schuldnerschutz im Vierten Pfändungsfreigrenzengesetz, NJW 1978, S. 611; VG Chemnitz SächsVBl 1999, S. 39 (42) = LKV 1999, S. 517 (520) = DÖV 1999, S. 525.

[954] Der Vorschlag des damaligen Regierungsentwurfs, „die Überweisung erst nach Ablauf der Zweiwochensperre „als bewirkt" anzusehen, wurde vom Rechtsausschuss als zu schuldnerfreundlich abgelehnt.

[955] Innerhalb des Gesetzgebungsverfahrens wurde an dieser Stelle die Forderung laut, für die Lohn- und Gehaltskonten wie in der in § 55 SGB I getroffenen Regelung für die Dauer von sieben Tagen seit der Gutschrift in deren vollen Höhe pfändungsfrei zu belassen. In diesem Zusammenhang führten kritische Stimmen, die sich schließlich durchsetzten, aber an, dass eine entsprechende Regelung für den Kontenschutz des Arbeitseinkommen nicht angemessen sei. Vgl. BT-Drucksache VIII/693, S. 49ff.

[956] Vgl. HARTMANN, Der Schuldnerschutz im Vierten Pfändungsfreigrenzengesetz, NJW 1978, S. 610.

Abs. 3 DtZPO die Einziehung oder den Erwerb der Forderung durch den Gläubiger vorläufig verhindern kann.[957] Der zweiwöchige Zahlungsaufschub bewirkt aber keinen selbstständigen Vollstreckungsschutz.

a) Anwendungsbereich

Der Schutz des § 850 k DtZPO wird nur bei wiederkehrenden Einkünften im Sinne der §§ 850–850 b DtZPO gewährt.[958] Ein Kontenschutz ist somit nicht gegeben, wenn der Schuldner nur einmal sein Arbeitseinkommen auf sein Bankkonto überweisen lässt.[959] Einmalige Zahlungseingänge werden gemäß § 850 i Abs. 1 S. 1 DtZPO von der Pfändung geschützt. Alternativ kann diesen Zahlungseingängen ein richterlicher Vollstreckungsschutz gemäß § 765 a DtZPO zugerechnet werden.[960] Dagegen gilt die Auszahlungssperre nach dem Wortlaut von § 835 Abs. III 2 DtZPO auch für einmalige Zahlungseingänge. Teilweise wird aber hier in § 835 DtZPO ein Redaktionsversehen angenommen.[961] Darüber hinaus umfasst § 850 k Abs. 1 im Hinblick auf die Festsetzung eines Pfändungsfreibetrags nicht die Arbeitslosenhilfe, die auf ein Bankkonto überwiesen wurde, da § 55 SGB I als speziellere Vorschrift vorgeht.[962]

Einigkeit besteht auch über eine weitere Voraussetzung für die Anwendung des § 850 k DtZPO. Es muss sich nämlich um ein Konto des Schuldners handeln, gleichgültig woher die Überweisung stammt. Nach dem Wortlaut und Sinnzusammenhang der Vorschrift sind ferner nur Kontoguthaben natürlicher Personen geschützt.[963] Diese Ansicht wird auch von § 835 Abs. 3 Satz 2 bestätigt. Gleichgültig dagegen erscheint, welche Art von Konto (Giro- bzw. Spar-

---

[957] Vgl. STEIN/JONAS/BREHM, ZPO, § 850 k, S. 1182 ff.

[958] STEIN/JONAS/BREHM, § 850 k, S. 1182 ff.; BGH NJW 1988, S. 2670.

[959] BGHZ 104, 309 = ZIP 1988, S. 897 = NJW 1988, S. 2670; EWiR 1989, S. 297; vgl. auch, HINTZEN, Taktik in der Zwangsvollstreckung II, S. 159 ff. Nicht geschützt sind Konten, auf die nicht wiederkehrend zahlbare Vergütungen für persönlich geleistete Arbeiten oder Dienste (§ 850 i ZPO) überwiesen werden.

[960] HINTZEN, Taktik in der Zwangsvollstreckung II, S. 160. – BGH Urteil vom 30.5.1988, BGHZ 104, 309 = ZIP 1988, 897 = NJW 1988, 2670; dazu EWiR 1989, 297 (Grunsky); a.A. OLG Oldenburg Beschluss v. 19.8.1982, Rpfleger 83, 33.

[961] Vgl. HARTMANN, Der Schuldnerschutz im 4. Pfändungsfreigrenzengesetz, NJW 1978, S. 609.a.A. SCHAUB, Arbeitsrechts-Handbuch, § 91 Rnr. 9, S. 898; MEYER TER VEHN, Pfändungsschutz bei Gehaltskonten, NJW 1978, S. 1240.

[962] OLG Naumburg, 6. Zivilsenat v. 24.2.1999, OLGR Naumburg 1999, 390 f.

[963] Vgl. SÜHR, Bearbeitung von Pfändungsbeschluss und Drittschuldnererklärung, S. 51 f.

konto) vorliegt und wie das Verfügungsrecht[964] (Oder- bzw. Undkonto) geregelt ist.

b) Pfändungsschutz für künftige Geldüberweisungen

Im Hinblick darauf, dass der Gläubiger auch künftige Bankguthaben pfänden kann, gewinnt der Pfändungsschutz auch für künftige Geldüberweisungen an Bedeutung. Auch wenn der Gesetzeswortlaut des § 850 k DtZPO den Pfändungsschutz für künftige Geldüberweisungen nicht ausdrücklich vorsieht, wird dieser grundsätzlich zugebilligt.[965] Bei einer Bewilligung dieses Pfändungsschutzes, muss der Aufhebungsbeschluss den Betrag bezeichnen, in dessen Höhe für künftige Geldeingänge die Pfändung aufgehoben wird. Denn die jeweiligen pfändungsfreien Beträge zu errechnen, ist nicht Aufgabe des Geldinstitutes. Im Gegensatz zum Arbeitgeber verfügt die Bank regelmäßig nicht über die erforderlichen Angaben und Unterlagen zur Berechnung dieser Beträge.[966] Im Ergebnis liegt die Bedeutung dieses Pfändungsschutzes darin, dass er nicht monatlich (je nach Zahlungsmodalität) einen Antrag auf Aufhebung der Pfändung in Höhe des pfändungsfreien Betrages stellen muss.

c) Umfang des Pfändungsschutzes

Umstritten ist die Frage, wie § 850 k DtZPO anzuwenden ist, wenn nur ein Bruchteil des Arbeitseinkommens auf das Konto des Schuldners überwiesen wird und den Rest der Vollstreckungsschuldner sich bar auszahlen lässt. Die herrschende Meinung[967] stellt fest, dass auch wenn nur ein Teil der wiederkehrenden Einkünfte des Schuldners auf das Konto bei einem Geldinstitut überwie-

---

[964] Den sogenannten Oder- bzw. Undkonten kommt der Schutz wie einem Schuldnerkonto zu.

[965] HINTZEN, Taktik in der Zwangsvollstreckung II, S. 160; PUTZO, in: THOMAS/PUTZO, § 850 k ZPO, Rn. 1 ff. – KG Rpfleger 1992, 307 m.w.N. Das LG Oldenburg hielt einen Antrag auf Gewährung eines derartigen Pfändungsschutzes im Rahmen des § 850 k Abs. 1 ZPO ausdrücklich für zulässig. Rpfleger 1983, 33; LG Hannover, JurBüro 1986, 1886; LG Bad Kreuznach, Rpfleger 1990, 216; LG Augsburg, Rpfleger 1997, 489; *kritisch*: HARTMANN, in: BAUMBACH/LAUTERBACH/ALBERS/HARTMANN, ZPO, § 850 k, Rnr. 2, S. 2067. Eine Aufhebung der Pfändung zukünftiger Guthaben aus wiederkehrenden Leistungen sei zwar sinnvoll, bedürfe aber einer Gesetzesänderung.

[966] LG Darmstadt Rpfleger 1988, S. 419; LG Osnabrück Rpfleger 1989, S. 248; LG Bad Kreuznach Rpfleger 1990, S. 216; LG Augsburg Rpfleger 1997, S. 489.

[967] STÖBER, in: ZÖLLER, ZPO, § 850 k, Rnr. 9, S. 2151 f., SMID, in: Münch-Komm. ZPO, § 850 k, Rnr. 11, S. 405; STEIN/JONAS/MÜNZBERG, ZPO, § 850 k, Rnr. 8.

sen wird, der Schutz nach § 850 k Abs. 1 DtZPO zu gewähren ist. Die Gefahr, dass der Schuldner sich einen erweiterten Pfändungsschutz dadurch verschafft, dass Bargeld und Guthaben zugleich teilweise als unpfändbar belassen werden, kann dieser Ansicht nach der Gläubiger abwenden, in dem er den Lohn oder das Gehalt unmittelbar beim Arbeitgeber pfändet, d.h. eine sogenannte Doppelpfändung durchführt.

Dagegen wird argumentiert[968], dass bereits bar empfangene oder auf ein anderes Schuldnerkonto überwiesene und damit dem Schuldner verfügbare Beträge auf den der Pfändung nicht unterworfenen Teil der Einkünfte angerechnet werden müssen. Ein ausdrücklicher Zusammenrechnungsantrag des Gläubigers (entsprechend § 850 e ZPO) ist hierfür nicht erforderlich; die Pfändung des Guthaben ist nach § 850 k Abs. 1 ZPO nur noch wegen des restlichen der Pfändung nicht unterworfenen Teils der wiederkehrenden Einkünfte aufzuheben.

Eine andere Variante wäre, dass der übrige Einkommensteil durch Überweisung auf ein weiteres Schuldnerkonto, das von einem anderen Gläubiger gepfändet worden ist, gelangt. In diesem Fall muss der unpfändbare Einkommensteil dem Einzelkonto entnommen werden, das zeitlich später gepfändet worden ist. Der zweitpfändende Gläubiger (d.h. der Gläubiger, der das andere Kontoguthaben zeitlich später gepfändet hat) muss dem Schutzbegehren des Schuldners jedenfalls dann weichen, wenn Zahlung an den davor pfändenden Gläubiger bereits geleistet ist. So ein Fall tritt beispielsweise ein, wenn die Frist des § 835 Abs. 3 ZPO abgelaufen ist. Wenn dagegen Auszahlung an den Erstgläubiger noch nicht erfolgt ist, könnte erwogen werden, ob der Freibetrag nicht verhältnismäßig unter die Gläubiger aufgeteilt wird. Diese Möglichkeit könnte mit dem Argument bekräftigt werden, dass kein Rangverhältnis zwischen den Gläubigern besteht, da jeder Gläubiger unterschiedliche Bankkonten des Schuldners pfändet.[969]

Nicht geklärt ist auch die weitere Alternative.[970] Hier hat der Schuldner bereits nach der Gutschrift des Arbeitseinkommens, aber vor der Pfändung über das Konto verfügt. Teilweise wird hier angenommen, dass eine Anrechnung des bereits verfügten Betrags zulasten des Schuldners nicht erfolgen kann. Vielmehr ist bis zum nächsten Zahlungstermin uneingeschränkt Vollstreckungsschutz zu

---

[968] STEIN/JONAS/BREHM, ZPO, § 850 k, Rnr. 8; ARNOLD, Der neue Pfändungsschutz für Arbeitseinkommen und für Gehaltskonten, BB 1978, S. 1314, 1319 ff.; unklar HARTMANN, in: BAUMBACH/LAUTERBACH/ALBERS/HARTMANN, ZPO, § 850 k Rnr. 2 Abs.2; ARNOLD, Der neue Pfändungsschutz für Arbeitseinkommen und für Gehaltskonten, BB 1978, S. 1314 (1320).

[969] *Kritisch*: STÖBER, Forderungspfändung, Rnr. 1282 a, S. 643.

[970] STÖBER, Forderungspfändung, Rnr. 1283 ff., S. 643.

gewähren. Dieser Ansicht vertritt auch STÖBER.[971] In diesem Sinne begründet er: „Weil das Gesetz keine An- und Zusammenrechnung vorsieht und keinen Raum für eine Billigkeitsentscheidung lässt, wird in diesem Fall anzunehmen sein, dass auf Antrag Pfändungsschutz nach § 850 k Abs. 1 ZPO für die Zeit bis zum nächsten Zahlungstermin ungeschmälert zu gewähren ist." Den Überlegungen des angeführten Autors ist zuzustimmen. Sie sind sowohl im Ergebnis wie auch in der Begründung zutreffend. Zur Unterstützung dieser Ansicht kann noch hinzugefügt werden, dass das Verfahren nach § 850 k Abs. 1 ZPO eine einfache sowie sichere Abwicklung des Kontoguthabens gewährleisten soll. Es kann daher nicht mit der Entscheidung der Frage belastet werden, ob dem Schuldner kurz vor der Pfändung abgehobenes Geld noch für den Lebensunterhalt zur Verfügung steht oder ob er damit andere Verpflichtungen erfüllt hat.

d) Pfändungsschutz bei debitorisch geführten Girokonten

Problematisch ist der Pfändungsschutz, wenn eine Kreditpfändung erfolgt. Der Wortlaut des § 850 k DtZPO sieht vor, dass der Pfändungsschutz nur die „Pfändung von Guthaben" umfasst. Im Schrifttum[972] wird der Pfändungsschutz für Einkünfte (hauptsächlich Arbeitseinkommen) auch bei einem Vollstreckungszugriff auf ein debitorisch geführtes Girokonto mit dem Argument angenommen, dass eine entgegengesetzte Auslegung dem Schutzzweck des § 850 k DtZPO widerspreche. Mit dieser Vorschrift soll gewährleistet werden, dass der Geldbetrag, der als Arbeitseinkommen gesetzlich unpfändbar wäre, dem Schuldner auch bei bargeldloser Lohnzahlung als Einkommen zur Bestreitung des Lebensbedarfs für die Zeit vom Schutzantrag bis zu dem nächsten Zahlungstermin zur Verfügung steht. STÖBER[973] führt in diesem Zusammenhang auf, dass „der Schuldnerschutz nicht gewährleistet wäre, wenn Aufhebung der Pfändung nach § 850 k Abs. 1 ZPO versagt werden müsste, weil das Schuldnerkonto auch nach Eingang der Einkünfte noch einen Debetsaldo aufweist". Die Tatsache, dass § 850 k DtZPO ausdrücklich von einer „Pfändung von Guthaben" spricht, ist darauf zurückzuführen, dass nur die Guthabenpfändung dem Vorstellungsbild des Gesetzgebers zum Zeitpunkt der Einfügung dieser Vorschrift im

---

971 Vgl. STÖBER, Forderungspfändung, Rnr. 1283, S. 644; so auch, ARNOLD, Der neue Pfändungsschutz für Arbeitseinkommen und für Gehaltskonten, BB 1978, S. 1314 (1320). Das Gericht hat nicht zu prüfen, ob der Aktivsaldo, den das Konto im Zeitpunkt der Pfändung aufweist, gerade durch die Überweisung von Arbeitseinkommen entstanden ist.

972 Vgl. hierzu, GAUL, Die Zwangsvollstreckung in den Geldkredit, KTS 1989, S. 21; STÖBER, Forderungspfändung, Art. 850 k ZPO, Rnr. 1284 a, S. 645; *ablehnend*: LG Freiburg Urteil v. 12.12.1981, ZIP 1982, S. 413 ff. = WM 1982, S. 726 f.

973 STÖBER, Forderungspfändung, Art. 850 k ZPO, Rnr. 1284 a, S. 645.

Jahre 1978 entsprach.[974] Die Pfändung von debitorisch geführten Girokonten wurde – wie bereits oben erläutert – erst später praktiziert. Die herrschende Meinung[975] in Deutschland vertritt aus diesem Grund die Auffassung, dass ein „Guthaben" im Sinne des § 850 k Abs. 1 DtZPO auch bei einem debitorisch geführten Konto bestehen kann. Als Guthaben wird der gutgebuchte Betrag anerkannt, der mit der Gutschrift der überwiesenen Einkünfte auf dem Schuldnerkonto entsteht.

Dieser Pfändungsschutz allerdings wirkt nur gegen den Vollstreckungszugriff des Gläubigers. Der Schuldner kann sich im Rahmen einer Kontokorrentabrede nicht auf die Pfändungsschutznorm des § 850 k DtZPO berufen. Er kann also nicht erreichen, dass ihm die Bank Geldbeträge in Höhe der unpfändbaren Bezüge aus Arbeitseinkommen ausgezahlt werden, wenn das Konto nach der Gutschrift ein Debetsaldo aufweist oder der Kontostand ausgeglichen ist.[976] Den Ausführungen des LG Freiburg[977] nach scheitert der Schutz des Schuldners daran, dass der Anspruch des Schuldners auf Auszahlung des auf einem debitorisch geführten Girokonto gutgeschriebenen Arbeitseinkommens kontokorrentgebunden ist. Der Zweck des § 850 k ZPO bestehe nicht in jedem Fall darin, dem Schuldner den unpfändbaren Teil seines Arbeitseinkommens zu belassen. In der Rechtsprechung sind aber Gegenstimmen zu finden.

Das LG Heidelberg[978] erkannte zwar in diesem Zusammenhang an, dass mit der Gutschrift einer Forderung auf dem Girokonto diese Forderung ins Kontokorrent eingestellt wird und sie damit nicht mehr selbstständig einklagbar ist[979]; diese Forderung, die aus einem Arbeitslohn entsteht, ist jedoch nicht zulässigerweise ins Kontokorrent eingestellt worden, da es sich in analoger Anwendung von § 850 k ZPO um eine unpfändbare Forderung[980] handelt, die daher auch nicht kontokorrentfähig ist. Leitgedanke dafür ist, dass es sich bei der Kon-

---

[974] Vgl. hierzu, GAUL, Die Zwangsvollstreckung in den Geldkredit, KTS 1989, S. 21.

[975] BGH 104, S. 309 (311); STÖBER, Forderungspfändung, Art. 850 k ZPO, Rnr. 1284 a, S. 645; STÖBER, in: ZÖLLER, ZPO, § 850 k, Rnr. 9, S. 2151.

[976] Vgl. SMID, in: MünchKomm., ZPO § 850 k, Rnr. 14, S. 406; STÖBER, Forderungspfändung, § 850 k, Rnr. 1284 a, S. 644 f.

[977] LG Freiburg, Urteil v. 12.12.1981, ZIP 1982, S. 413 ff.; diese Frage stellte sich auch im BGH-Urteil vom 30.5.1988, aber der BGH ließ die Frage offen.

[978] LG Heidelberg, Urteil v. 28.1.1999, VuR 8 /99, S. 271 f.; so auch, HINTZEN, Taktik in der Zwangsvollstreckung II, S. 162.

[979] BAUMBACH/HOPT, HGB, § 355 Rnr. 7; HEYMANN/HORN, HGB, § 355, Rd. 18.

[980] Eine unpfändbare Forderung kann gemäß § 400 DtBGB auch nicht abgetreten werden. Eine entgegenstehende Vereinbarung ist nichtig (§ 134 DtBGB). So auch, BAG Urt. v. 21.1.2000, InVo 2001, S. 253 ff.

tokorrentabrede um einen Aufrechnungsvorvertrag handelt.[981] Das bedeutet, dass eine Forderung nicht kontokorrentfähig ist, wenn eine beiderseitige Aufrechnung unzulässig wäre. In diesem Zusammenhang regelt § 394 DtBGB, dass eine unpfändbare Forderung nicht aufgerechnet werden kann, und somit ist sie im Endeffekt nicht kontokorrentfähig.[982] Ein durch § 394 S. 1 DtBGB abzusicherndes Pfändungsverbot enthält § 850 k DtZPO. Auch der Gegenmeinung, dass es bei einer Forderung, die aus dem Arbeitseinkommen stammt, nicht um eine unmittelbare unpfändbare Forderung handelt, da mit der Überweisung des Arbeitseinkommens auf dem Konto die Forderung infolge Erfüllung nicht mehr geschützt ist[983], kann man das Argument entgegenhalten, dass die spezielle Schutznorm des § 850 k ZPO diese Rechtslücke füllt und einen besonderen Schutz für das auf ein Bankkonto gutgeschriebenes Arbeitseinkommen gewährt.

e) Kritik und eigene Stellungnahme zu d)

Der Auffassung der herrschenden Meinung im Schrifttum, dass der Pfändungsschutz des § 850 k DtZPO auch bei einem Vollstreckungszugriff auf ein debitorisch geführtes Girokonto eingreifen muss, ist zuzustimmen. Der Gesetzgeber spricht zwar ausdrücklich lediglich von einer „Pfändung von Guthaben". Aus dem Blickwinkel einer historischen Auslegung dieser Vorschrift bezweckte der Gesetzgeber nicht, den Pfändungsschutz für Einkünfte, die mit einem Debetsaldo verrechnet werden, auszuschließen. Eine Pfändung von Sollsalden ging vielmehr damals über den Blickwinkel des Gesetzgebers hinaus. Dies hängt damit zusammen, dass die Gehaltskonten zur Zeit der Schaffung des § 850 k ZPO nur auf Guthabenbasis geführt wurden.

Darüber hinaus wurden bei der Diskussion um die Fassung des § 850 k ZPO die Banken als mögliche Gläubiger nie in Betracht gezogen.[984] Aus diesem Grund ist es zweifelhaft, ob die Bank im Rahmen der Kontokorrentabrede den nach § 850 k DtZPO unpfändbaren Teil des Arbeitseinkommens mit ihren Forderungen gegen den Schuldner verrechnen kann. Das Meinungsbild des LG Freiburgs[985] kann nicht akzeptiert werden. Die konkreten Folgen für den

---

[981] CANARIS, GroßkommHGB, § 355, Rnr. 39.; ENSTHALER, Gemeinschaftskommentar zum HGB, § 355, Rnr. 2 ff.

[982] So BGH, Urt. v. 13.6.1995, ZIP 1995, S. 1200 f. für die Aufrechnung von auf Girokonten eingegangenen Sozialleistungen mit entgegenstehenden Forderungen der Bank gegen den Schuldner.

[983] STÖBER, Forderungspfändung, Rnr. 1281, S. 640 f.

[984] BT-Drucksache VI/2870; BT-Drucksache 8/1414.

[985] LG Freiburg, Urteil v. 12.12.1981, ZIP 1982, S. 413 ff.

Schuldner, die aus diesem Urteil resultieren, lassen eher schließen, dass das Argument der Kontokorrentgebundenheit der Eingänge inakzeptabel ist. Diese Ansicht ist zu streng am Wortlaut des § 850 k Abs. 1 ZPO orientiert, denn sie übersieht die Möglichkeit, dass das Arbeitseinkommen auch bei Überweisung auf einem debitorisch geführten Konto schutzwürdig ist. Dabei bleibt der Schutzzweck des § 850 k ZPO auch bei einem Zugriff der Bank im Wege einer Verrechnung gegen den Schuldner erhalten, nämlich das lebensnotwendige Existenzminimum des Schuldners zu erhalten, damit er nicht auf Sozialhilfe durch den Staat angewiesen ist.[986]

Dagegen erscheint die Auffassung des LG Heidelberg[987] in seiner Begründung richtiger. Auf eine unpfändbare Forderung darf das Kreditinstitut weder gerichtlich noch außergerichtlich zugreifen. Der sozialpolitische Gedanke, der hinter dieser Regelung § 394 DtZPO steht, ist, die gesetzlich vorgesehenen Pfändungsverbote, die zum Schutz des Lebensunterhalts des Schuldners geschaffen worden sind, auch von dem Aufrechnungsgegner – in diesem Fall die Bank – zu sichern. Wenn der Gesetzgeber gegen diese Forderungen nicht einmal eine Zwangvollstreckung, die eine gerichtliche Forderungsdurchsetzung darstellt, erlaubt, um so mehr muss eine Aufrechnung als Forderungsdurchsetzung im Wege der Selbsthilfe untersagt werden. Die Unpfändbarkeit der Einkünfte ist nach § 850 k DtZPO zu bejahen, auch wenn diese auf ein debitorisch geführtes Konto überwiesen werden. Die Verrechnung im Rahmen des Kontokorrents scheitert an § 394 DtBGB i.V.m. § 850 k DtZPO. Aus marktwirtschaftlicher Betrachtungsweise haben eine einseitig erklärte Aufrechnung und eine vertraglich vereinbarte Verrechnung identische Auswirkungen. Der Girokontokunde des Kreditinstituts hat es ohnehin nicht in der Hand, eine Verrechnungsabrede im Rahmen des Kontokorrentverhältnisses auszuschließen. Aus diesem Grund muss – unabhängig davon, ob die Maßnahme des Instituts als Aufrechnung oder „bloße" Verrechnung gewertet wird – die soziale Schutzwirkung des § 850 k DtZPO i.V.m. § 394 DtBGB in jedem Fall eingreifen. Die Bank darf infolgedessen Geldleistungen, die unter § 850 k DtZPO fallen, nicht mit einem Debetsaldo des Schuldners verrechnen.

Allerdings ist § 850 k DtZPO beschränkt anzuwenden, wenn das Debetsaldo des Bankkunden dadurch entstanden ist, dass die Bank einen Vorschuss des Arbeitseinkommens, beispielsweise durch Einräumung eines Dispositionskredits in Höhe des monatlichen Arbeitseinkommens, geleistet hat. Ein erweiterter Schuldnerschutz gemäß § 850 k Abs. 1 DtZPO hätte hier die Konsequenz, dass der Schuldner sein Arbeitseinkommen zulasten des Kreditinstituts doppelt

---

[986] HARTMANN, Der Schuldnerschutz im Vierten Pfändungsfreigrenzengesetz, NJW 1978, 609; BEHR, Erweiterung des Kontenschutzes gem. § 850 k Abs. 1 ZPO, Rpfleger 1989, 53; STÖBER, Forderungspfändung, Rnr. 1284 a, S. 644 f.

[987] LG Heidelberg, Urteil v. 28.1.1999, VuR 8/99, S. 271 f.

erhält. Allein aber aus dieser Erwägung kann nicht die Aufrechnung des geschützten Arbeitseinkommens mit Debetsalden des Schuldners akzeptiert werden. Man könnte sonst annehmen, dass bei jeder Überziehung des Kontos ein Vorschuss auf das erwartete Arbeitseinkommen anzuerkennen ist. Jede durchgeführte Überweisung an Dritte oder Barabhebung in Höhe der erwarteten Einkünfte, die zu einer Überziehung des Kontos des Empfängers führt, kann sehr leicht als Leistung eines solchen Vorschusses aufgefasst werden, mit der fatalen Folgewirkung, dass die Schutznorm des § 850 k DtZPO in keinem Fall bei Debetsalden Anwendung hätte. Die einzige richtige Möglichkeit, dieses Schutznetz für den Schuldner in diesem Fall aufzulösen, wäre, die Berufung auf Schutznormen im Sinne von § 242 DtBGB entgegenzuhalten. Es müsste hier davon ausgegangen werden können, dass der Vollstreckungsschuldner bewusst den Schutzzweck des § 850 k i.V.m. § 394 DtBGB überschreitet.

6. Wertvolle Erkenntnisse für eine de lege ferenda Regelung des Pfändungsschutzes für Kontenguthaben im griechischen Recht

Die Betrachtung der oben dargestellten Vorschrift des § 850 k DtZPO führt zu der Überlegung, dass mit der Einfügung des § 850 k DtZPO ein angemessener und interessengerechter Pfändungsschutz für überwiesenes Arbeitseinkommen im deutschen Recht entstanden ist. Die Darstellung des § 850 k DtZPO hat auch ergeben, dass einige Unklarheiten mit seinem Geltungsbereich verbunden sind. Bei einer Aufnahme einer ähnlichen Regelung in der GrZPO, könnte man die kritischen Punkte, die bei der Anwendung des § 850 k DtZPO in den Vordergrund rücken, beheben, um unnötigen Diskussionen vorzubeugen. Ein entsprechender Reformplan sollte die Zielvorstellung haben, dass dem Schuldner von seinen Erwerbsbezügen zumindest das belassen wird, was für die Befriedigung seines existenznotwendigen Bedarfs vonnöten ist. Bei einer gesetzlichen Typisierung ist das zu verschonende Existenzminimum grundsätzlich so zu bemessen, dass es in möglichst allen Fällen den existenznotwendigen Bedarf abdeckt. Darüber hinaus muss bei einer Einfügung einer solchen speziellen Schutzvorschrift den Besonderheiten des griechischen Rechts Rechnung getragen werden.

Die Bestimmung des § 850 k GrZPO sieht zunächst vor, dass der pfändungsfreie Betrag für die Zeit von der Pfändung bis zum nächsten Zahlungstermin festzustellen ist. Der Schuldner muss somit an jedem Überweisungstermin seines Gehaltes eine neuen Antrag stellen. Um diesen Nachteil für den Schuldner zu begegnen, sollte die Pfändung nicht wie in der deutschen ZPO das Guthaben sofort erfassen, sondern der Kontenschutz sollte von Amts wegen, ohne Antrag des Schuldners eintreten. In diesem Fall müsste man auch die sogenannte Vorabfreigabe nach § 850 k Abs. 2 DtZPO nicht im griechischen Recht einführen, da ein selbstständiger Vollstreckungsschutz von Anfang an bereits gegeben wäre.

Im Hinblick darauf, dass in der griechischen ZPO keine entsprechende Vorschrift des § 850 i DtZPO enthalten ist, müsste der griechische Kontenschutz auch einmalige Leistungen umfassen können. Andernfalls gäbe es keine Schutzmöglichkeit, wenn der Schuldner nur einmal sein Arbeitseinkommen auf sein Bankkonto überweisen lässt. Denn wie bereits an anderer Stelle erwähnt, könnte sich der Vollstreckungsschuldner in Griechenland auch nicht über eine entsprechende Regelung wie § 765 a DtZPO helfen, da die griechische ZPO keinen richterlichen Schuldnerschutz vorsieht.

Wie bereits im deutschen Recht anerkannt wird, sollte sich auch in Griechenland der Kontenschutz auf künftige Geldüberweisungen erstrecken. Denn auch im griechischen Recht ist es möglich, künftige Forderungen des Schuldners zu pfänden. Um aber die Unklarheiten zu vermeiden, die in Ermangelung einer ausdrücklichen Regelung dieser Möglichkeit im deutschen Recht entstanden sind, sollte bei einer Einfügung einer entsprechenden Regelung in Griechenland dies explizit geregelt werden. Hinsichtlich des Pfändungsschutzes bei debitorisch geführten Girokonten sollte die Unklarheit, die im deutschen Recht besteht, mit der Vermeidung der Formulierung „Pfändung von Guthaben" begegnet werden. Vielmehr sollte man mit dem Pfändungsschutz sowohl Haben- als auch Sollsalden in Höhe des pfändungsfreien Betrages umfassen. Zu der abschließenden Frage, ob schutzwürdige Einkünfte des Vollstreckungsschuldners von der Bank zur Begleichung des Debetsaldos verrechnet werden dürfen, würde sich diese Frage automatisch beantwortet. Bei einer gesetzlichen Regelung der Unpfändbarkeit von überwiesenem Arbeitseinkommen wäre die Verrechnung aufgrund von Art. 451 GrZGB unzulässig.

II. Kontenschutz für Renten und Ansprüche auf andere Versicherungsleistungen

1. Griechisches Recht

Der Umfang des Kontoschutzes von Renten und Versicherungsleistungen richtet sich ebenfalls nach der Frage, inwieweit diese Leistungen allgemein geschützt sind, sobald sie ausgezahlt werden. Hierzu ist im griechischen System des Schuldnerschutzes eine wichtige Unterscheidung getroffen worden. Handelt es sich um Leistungen, die lediglich von der Schutznorm des Art. 982 Abs. 2 δ′ GrZPO umfasst werden, so wurde oben gezeigt, dass diese nicht mehr dem Pfändungsschutz unterliegen, sobald sie an den Berechtigten ausgezahlt werden. Damit werden diese Rentenansprüche und Ansprüche auf anderen Versicherungsleistungen, die im Geltungsbereich des Art. 982 Abs. 2 δ′ GrZPO fallen, mit dem Pfändungsschutz des Arbeitseinkommens gleichgestellt. Geht es hingegen um die vom Gesetzesdekret 91/1969 speziell geschützten Sozialversicherungsleistungen, gestaltet sich der Pfändungsschutz entgegengesetzt. Bei einer Gegenüberstellung der sprachlichen Fassung des Art. 1 des Gesetzesdekrets 91/1969 mit der entsprechenden Schutznorm des Art. 982 Abs. 2 δ′ GrZPO stellt man leicht eine differenzierte Bestimmung des Schutzobjektes fest. Während der Wortlaut des Art. 1 des Gesetzesdekrets 91/1969 ausdrücklich von „Leistungen" spricht, geht die letztere Schutzvorschrift lediglich von den „Ansprüchen" aus. Im Umkehrschluss bedeutet das, dass der Pfändungsschutz des Gesetzesdekrets im Vergleich zur GrZPO umfassender ist. Es wird nicht nur der Anspruch des Schuldners auf die Sozialversicherungsleistung von dem vollstreckungsrechtlichen Zugriff seines Gläubigers geschützt, sondern auch die Leistung selbst. Diese Auslegung ist vom Wortlaut des Gesetzesdekrets 91/1969 gedeckt. Mit dem besonders weitgehenden Schutz für Sozialversicherungsleistungen bezweckt der griechische Gesetzgeber nicht nur die Verwirklichung sozialer Gerechtigkeit und sozialer Sicherheit in Übereinstimmung mit dem Sozialstaatsprinzip. Hinter dem besonderen Pfändungsschutz für die schutzwürdigen privaten Wirtschaftssubjekte verbirgt sich ein ökonomischer Gedanke. Zielvorstellung des Gesetzgebers mit dieser Bestimmung ist vor allem, die Finanzen des Staates zu schützen, da die Sozialversicherungsanstalten juristische Personen des öffentlichen Rechts sind. Das würde bedeuten, dass der Gläubiger seinen Anspruch mit öffentlichen Mitteln befriedigt.

Die Folgewirkung der eben aufgeführten Rechtslage ist, dass bei einer bargeldlosen Überweisung von Sozialversicherungsleistungen auf das Konto des Schuldners, diese auch weiterhin von einer Pfändung geschützt sind. De lege lata ist insofern ein Pfändungsschutz für ausbezahlte Sozialversicherungsleistungen nach griechischem Recht gegeben. Dagegen ist das Schutzniveau für Renten und andere Versicherungsleistungen, die im Geltungsbereich des Art. 982 Abs. 2 δ′ GrZPO fallen, ausbesserungsbedürftig. Da diese im Rahmen der Zwangsvollstreckung die selbe Behandlung erfahren wie Lohn- und Gehaltsansprüche, könnte die oben angestellten Vorschläge zu einer Novellierung des Art. 982 Abs. 2 δ′ GrZPO auch die Renten und Versicherungsleistungen betreffen, welche nicht von den Sozialversicherungsanstalten geleistet werden.

2. Deutsches Recht

Durch die Entwicklung zum bargeldlosen Zahlungsverkehr sind bei den Sozialleistungsempfängern ebenso wie bei den Empfängern von Arbeitseinkommen sozialstaatswidrige Unbilligkeiten entstanden. Der bereits bestehende Pfändungsschutz des § 54 SGB I umfasste – wie derzeitig auch der Art. 982 Abs. 2 δ′ GrZPO – lediglich die Ansprüche auf Sozialleistungen und nicht die Forderungen selbst. Die Bedenken, welche die neue Rechtslage unter dem Aspekt des Schuldnerschutzes hervorgerufen hatte, veranlassten den Gesetzgeber, diese Problematik frühzeitig zu erfassen. Rechtliche Konsequenz seiner Initiative war, dass ein besonderer Pfändungsschutz in Bezug auf die Kontopfändung bei Sozialleistungsempfängern geschaffen wurde. Auch hier musste ein Gericht zuerst die Pfändbarkeit einer bargeldlosen ausgezahlten Rente im vollen Umfang aussprechen, damit der Gesetzgeber erkennen konnte, dass der bargeldlose Zahlungsverkehr nur dann sozialpolitisch vertretbar ist, wenn die überwiesene Leistung nicht sofort uneingeschränkt dem Zugriff des Vollstreckungsgläubiger ausgesetzt ist.[988] Dieser Ausgangspunkt hat zur Neuregelung des Pfändungsschutzes von Sozialgeldleistungen geführt und entspricht dem Wesen der Sozialleistung, nämlich dass diese möglichst ungeschmälert dem Begünstigten zukommen sollen. Die gesetzliche Konkretisierung fand der Schuldnerschutz bei einer Kontenpfändung von Sozialleistungen im § 55 SGB I. Diese übernimmt wesentliche Elemente des Vollstreckungsschutzes bei Arbeitseinkommen nach den §§ 811 Ziff. 11 und 805 k DtZPO in das Sozialrecht.[989] Zur Durchsetzung des Pfändungsschutzes nach § 55 SGB I sollen daher im nachfolgenden nur die von den Vorschriften der DtZPO abweichende Bestimmungen vorgestellt werden.

a) Die Pfändungsschutznorm des § 55 SGB I

Die Schutznorm des § 55 Abs. 1 SGB I bestimmt, dass eine Sozialgeldleistung[990], die auf das Konto des Schuldners überwiesen worden ist, für eine Karenzzeit von sieben Tagen seit der Gutschrift der Überweisung unpfändbar ist.[991]. Der Sinnzusammenhang dieser Schutzbestimmung ist, dass eine zeitlich

[988] BT-Drucksache 5/410, S. 23.

[989] Vgl. MROZYNSKI, SGB I-Komm. § 55, Rnr. 1, S. 497 ff.

[990] Vgl. zum Begriff „Sozialleistung" SÜHR, Bearbeitung von Pfändungsbeschluss und Drittschuldnererklärung, S. 55 f.; HEINZE, in: v. MAYDELL/RULAND, Sozialrechtshandbuch, S. 289 ff.; HEIGL/SCHUWERACK, Praxishandbuch des Sozialrechts, Teil 2/4, S. 2 f.; MROZYNSKI, SGB I, § 1, Rnr. 18, S. 8 f.; SEEWALD, in: KasselerKomm., Sozialversicherungsrecht, Bd. I, § 55, Rnr. 2 ff., S. 1.

[991] Vgl. GAUL, Zur Rechtsstellung der Kreditinstitute als Drittschuldner in der Zwangsvollstreckung, S. 7 ff.; TERPITZ, Pfändungsschutz bei Kontenpfändung nach § 55 des Ersten Buches des Sozialgesetzbuches, BB 1976, S. 1564; HINTZEN, Taktik in der Zwangsvollstreckung (II), Rnr. 729 f., S. 163 f. Zu den Voraussetzungen des Pfändungsschutzes: Der Kontenschutz ist zunächst davon abhängig, dass es sich um ein Konto des Berechtigten handelt. Ein Konto des Ehepartners, der ihn zur Abhebung bevollmächtigt hat, genügt nicht (BGH NJW 1988, S. 709). Er selbst muss verfügungsbefugt sein. Es kommt auch nicht auf die Art des Kontos an, vielmehr kommt der Schutz für jedes Konto in Betracht. Vgl. MROZYNSKI, SGB I, § 55, Rnr. 2 f., S. 497 ff.

befristete Unpfändbarkeit der überwiesenen Sozialgeldleistungen entsteht. Während der Dauer der siebentägigen Frist, die nach der Gutschrift beginnt[992], hat der Sozialleistungsempfänger bzw. Vollstreckungsschuldner das volle Zugriffsrecht auf die auf das Konto überwiesene Sozialgeldleistung. Dieses Recht gestaltet sich unabhängig von der Höhe der jeweils überwiesenen Sozialgeldleistung. Damit werden überwiesene Sozialgeldleistungen mit bar ausgezahlten völlig gleichgestellt.

Allerdings bedeutet die Regelung des § 55 Abs. 1 SGB I nicht, dass eine Pfändung dieser Bezüge als unzulässig anzusehen ist. Um diese Sache klarzustellen, sieht § 55 Abs. 1 Satz 2 SGB I vor, dass „eine solche Pfändung mit der Maßgabe ausgesprochen wird, dass sie das Guthaben in der Höhe der in Satz 1 bezeichneten Forderung während der sieben Tage nicht erfasst." Damit ist vor allem eine Vorpfändung nach § 845 ZPO nicht nötig. Handelt es sich beispielsweise um die Pfändung des gegenwärtigen Saldos eines Kontokorrents, ist das hier sich ergebende Saldo während der siebentägigen Frist, abzüglich der nach § 55 Abs. 1 Satz 1 SGB I unpfändbaren Sozialgeldleistungen, voll pfändbar.

Darüber hinaus kann der Sozialleistungsempfänger innerhalb der siebentägigen Frist über die Sozialgeldleistung nach § 55 Abs. 1 SGB I nur insoweit verfügen, wenn er nachweist oder dem Geldinstitut sonst bekannt ist, dass es sich bei der Gutschrift um eine Leistung nach dem Bundessozialhilfegesetz handelt.[993] Denn nur dann besteht für das Kreditinstitut die Verpflichtung dem Schuldner gegenüber, innerhalb der genannten Schutzfrist aus dem von der Pfändung nicht erfassten Guthaben Leistungen zu erbringen. Wenn aber das kontoführende Kreditinstitut innerhalb der siebentägigen Frist die unpfändbare Sozialgeldleistung, die auf das Konto als Guthaben nun weiterexistiert, an den Vollstreckungsgläubiger auszahlt, macht es sich dem Schuldner gegenüber nach § 55 Abs. 3 Satz 1 SGB I erstattungspflichtig.[994] Diese Leistung erkennt das Gesetz als relativ unwirksam an. Erst am achten Tag seit der Verbuchung einer Gutschrift zu Gunsten und auf dem Konto des Schuldners kann die Bank an den Vollstreckungsgläubiger leisten, ohne sich der Gefahr der Doppelzahlungspflicht auszusetzen.

---

[992] Nach § 187 Abs. 1 DtBGB zählt der Tag der Gutschrift selbst bei der Bestimmung dieser Frist nicht mit. Auch der Tag der bankseitig vorgenommenen Buchung kann nicht berücksichtigt werden, da es sich hier um einen bankinternen Vorgang handelt. Schließlich muss noch gesagt werden, dass wenn der letzte Fristtag nach § 55 Abs. 1 Satz 1 SGB I auf einen Sonn- bzw. Feiertag oder Samstag fällt, so tritt an die Stelle eines solchen Tages gemäß § 193 DtBGB der nächste Werktag.

[993] Vgl. HINTZEN, Taktik in der Zwangsvollstreckung, Rnr. 730, S. 163.

[994] Vgl. HEIGL/SCHUWERACK, Praxishandbuch des Sozialrechts, Teil 2/8.5., S. 24; MRONZYNSKI, SGB I, § 55, Rnr.6, S. 498 f.; SEEWALD, in: KassKomm., Sozialversicherungsrecht, Bd. I, § 55, Rnr. 12, S. 1.

Allerdings ist die Frage, inwieweit bei einem Pfändungs- und Überweisungsbeschluss der Nachweis des Schuldners, dass das Guthaben von der Pfändung nicht erfasst ist, vorliegt, nicht im Vollstreckungsverfahren, sondern in einem Rechtsstreit zwischen dem Schuldner und seiner Bank zu klären.[995] Es ist in diesem Zusammenhang nicht Aufgabe des Vollstreckungsgerichts, im Verhältnis des Schuldners zum Kreditinstitut als Drittschuldner zu prüfen, ob der Drittschuldner verpflichtet ist, dem Schuldner die unter den Pfändungsschutz des § 55 SGB I Abs. 1 und 2 fallenden Forderungen herauszugeben. Die Frage, ob im Verhältnis des Schuldners zum Drittschuldner die Privilegierung des Schuldners nach § 55 SGB I vorliegt, ist vom Schuldner vor dem Prozessgericht zu klären. Die Vollstreckungserinnerung nach ZPO § 766 steht hierfür nicht zur Verfügung.[996]

Im Gegensatz zu dem Kontenschutz für Arbeitseinkommen nach § 850 k DtZPO bedarf der Kontenschutz für Sozialleistungen nach § 55 SGB I keine Entscheidung des Vollstreckungsgerichts, welche auf Antrag des Schuldners ergeht. Das Kreditinstitut hat innerhalb der ersten sieben Tagen den Pfändungsschutz nach § 55 Abs. 1 SGB I eigenständig zu berücksichtigen. Das Problem aber, das in der Bankpraxis auftaucht, ist, dass die Kreditinstitute nicht in aller Regel beurteilen können, woher die auf einem Girokonto eingehende Gutschriften stammen. Die Bank wird somit verpflichtet, sich über diese Herkunft in Kenntnis zu setzen. Das Kreditinstitut wird infolgedessen unter Druck gesetzt, da auf der einen Seite der Vollstreckungsgläubiger auf eine rasche Befriedigung seines titulierten Anspruchs drängt und der Schuldner auf der anderen Seite sich auf die zu seinen Gunsten bestehende Schutznorm des § 55 Abs. 1 Satz 1 SGB I (und ggf. auf § 55 Abs. 2 Satz 1 SGB I) berufen kann. Dieser Druck für die Kreditinstitute löst sehr häufig den Grund aus, weshalb Banken gegenüber Sozialleistungsempfängern immer häufiger die Kündigung bestehender Girokonten aussprechen oder die Eröffnung einer solchen Bankverbindung verwehren, was für die letzteren fatale Folgen haben kann.

In diesem Zusammenhang muss noch gesagt werden, dass der Ablauf der siebentägigen Frist nach § 55 Abs. 1 Satz 1 SGB I nicht bedeutet, dass der Vollstreckungsschutz für den Sozialleistungsempfänger erloschen ist. Der Teil der Gutschrift, über den der Berechtigte nach Ablauf der Schutzfrist nicht verfügt hat, wird von der Pfändung zwar erfasst.[997] Der Pfändungsschutz setzt sich al-

---

[995] LG Heilbronn, JurBüro 1994, 610 = Rpfleger 1994, S. 117 f. = KKZ 1994, S. 75.

[996] LG Braunschweig NdsRpfl 1998, S. 150 (151) = Rpfleger 1998, S. 297 (298) = ZKF 1999, S. 162 (163).

[997] Vgl. MROZYNSKI, SGB I-Komm., § 55 Rnr. 8, S. 499; SEEWALD, in: KassKomm., Sozialversicherungsrecht, Bd. I, § 55, Rnr. 10, S. 2.

lerdings nach den Grundsätzen des § 54 SGB I (§ 55 Abs. 4 SGB I) fort.[998] Das bedeutet, dass das durch Gutschrift der Sozialleistungen entstandene Kontoguthaben auch insoweit der Pfändung nicht unterworfen ist, als der Anspruch auf Sozialleistung nach § 53 Abs. 3 SGB I i.V.m. §§ 850 c ff. ZPO unpfändbar wäre.[999] Konkreter gesagt, als dieses dem unpfändbaren Teil der Leistung für die Zeit von der Pfändung bis zum nächsten Zahlungstermin entspricht. § 850 c ZPO stellt somit die Grundlage für die Bemessung des unpfändbaren Teils der auf das Konto überwiesenen Sozialleistung dar. Das gilt allerdings nur für den Betrag, der auf die Zeit von der Pfändung bis zum nächsten Zahlungstermin entfällt (§ 55 Abs. 4 SGB I). Zu betonen bleibt jedoch hier, dass nach Ablauf der 7-tägigen Schutzfrist lediglich die laufenden Leistungen vom Kontenschutz erfasst werden.

Zum Schluss muss noch erwähnt werden, dass § 55 Abs. 4 SGB I ausdrücklich nicht nur Kontoguthaben erfasst, sondern auch Bargeld. Damit wird eine Parallelität zum § 811 Ziff. 8 ZPO festgestellt. Mit dieser Entscheidung des Gesetzgebers wurde die Auseinandersetzung, ob § 811 Ziff. 8 ZPO sich nicht nur auf Bargeld, sondern auch auf durch Gutschriften entstandene Forderungen gegen Geldinstitute erstreckt, im Jahre 1975 im Sinne einer zu Gunsten von Kontoinhabern und Sozialleistungsträgern ausfallenden Interpretation entschieden und eine empfindliche Lücke im Sozialleistungsrecht geschlossen.

---

[998] Die Geltendmachung des weitergehenden Schutzes für den Schuldner durch § 55 Abs. 4 SGB I erfolgt nicht ipso jure, sondern erfordert einen Antrag auf Vollstreckungsschutz des Schuldners im Wege der Vollstreckungserinnerung nach § 766 ZPO beim Vollstreckungsgericht. Vgl. LG Braunschweig v. 15.1.1998, NdsRpfl 1998, 150 f. = Rpfleger 1998, 297 f. = ZKF 1999, S. 162 f.; LG Koblenz, v. 10.9.1997, JurBüro 1998, S. 47 f. = Rpfleger 1998, S. 76 f. = FamRZ 1998, S. 691 f. = DGVZ 1998, S. 124 f.; OLG Hamm, v. 11.4.1990, JurBüro 1990, S. 1058 f.; LG Hannover, v. 19.3.1985, JurBüro 1985, S. 784; OLG Oldenburg v. 30.9.1981, ZIP 1981, S. 1325 f.; so auch TERPITZ, Pfändungsschutz bei Kontenpfändung nach § 55 des Ersten Buches des Sozialgesetzbuches, BB 1976, 1564 (1567) und STÖBER, Forderungspfändung, Rn. 1439, S. 755; LIESECKE, Das Bankguthaben in Gesetzgebung und Rechtsprechung, WM 1975, S. 324; MROZYNSKI, SGB I, § 55, Rnr. 8, S. 499; HINTZEN, Taktik in der Zwangsvollstreckung (II), Rnr. 732, S. 163.

[999] Vgl. LG Braunschweig v. 15.1.1998, NdsRpfl 1998, 150 f. = Rpfleger 1998, 297 f. = ZKF 1999, S. 162 f.

§ 5 Pfändung von Girokonten aus sozialpolitischen Gesichtspunkten

Die Praxis des Vollstreckungszugriffes auf Bankkonten hat in Deutschland gezeigt, dass dieser auch unter einem weiteren Aspekt einen schwerwiegenden Eingriff in die Lebenserhaltung des Schuldners darstellt. Neben der Meldung an die Schufa („Teiresias" im griechischen Recht) zur Speicherung als Negativinformation droht dem Schuldner mit der Girokontopfändung die Kündigung der Geschäftsbeziehung durch das Kreditinstitut und der Verlust seiner Kreditwürdigkeit. Zu dieser Maßnahme werden die Kreditinstitute nach Nr. 19 Abs. 2 und 3 AGB-Banken und Nr. 26 Abs. 2 AGB-Sparkassen berechtigt sein.[1000] Diese Tatsache hat weiterhin zufolge, dass keine Daueraufträge oder Lastschriften mehr ausgeführt werden können. Dadurch wird die „Drehscheibe des bargeldlosen Zahlungsverkehrs" für den Schuldner ausgeschlossen, was ferner zu zusätzlichen Kosten durch Bar-Überweisungen führt.

Wie ein Dominoeffekt entsteht hier eine weitere fatale Folgewirkung der Kontenpfändung, die sich im Arbeitsverhältnis widerspiegelt. Der Arbeitsplatz des Schuldners ist in der Regel durch die umständlichere Zahlungsweise gefährdet, wenn der Schuldner seinen Arbeitgeber keine Kontoverbindung angeben kann.[1001] Auch Bewerber für einen neuen Arbeitsplatz haben ohne eine Kontoverbindung kaum eine Chance auf Einstellung. Die Kündigung eines Kontos wegen einer Überschuldung liefert die Indiz der Zahlungsunfähigkeit gegenüber allen Geschäftspartnern. Besonders was das Arbeitsverhältnis betrifft, so wird das Fehlen einer Kontoverbindung zwar nicht als Grund für eine Kündigung angesehen werden können, doch kann dies zumindest Einfluss auf die Bereitschaft eines potentiellen Arbeitgebers zum Abschluss eines neuen Arbeitsvertrags haben.[1002]

Die einzige Schutzmöglichkeit, die von der Rechtsprechung der Instanzgerichte dem Schuldner anerkannt wird, ist gemäß § 765 a ZPO die Aufhebung der Kontopfändung zu beantragen. Gehen über einen längeren Zeitraum auf einem gepfändeten Konto eines Schuldners nur unpfändbare Beträge ein, wie beispielsweise Arbeitslosenhilfe unterhalb der Pfändungsgrenze, so kann die Kontopfändung gemäß § 765 a ZPO aufgehoben werden, sofern das Konto bei dem Bestehenbleiben der Pfändung von der kontoführenden Bank gekündigt werden würde.[1003] Das Landgericht Osnabrück hat anerkannt, dass die Pfändung somit

---

[1000] Vgl. KÜMPEL, Bank- und Kapitalmarktrecht, Rnr. 4.162 ff., S. 438; SCHIMANSKY, in: SCHIMANSKY/BUNTE/LWOWSKI, Bankrechts-Handbuch, § 47, Rnr. 19.

[1001] AG Stuttgart, Beschluss v. 18.12.1996, VuR 1997, S. 129 f.

[1002] Vgl. auch VEIT, Anm. zum AG Stuttgart, Beschluss v. 18.12.1996, VuR 1997, S. 130.

[1003] LG Osnabrück, Beschluss v. 17.01.1996 (unveröffentlicht), Leitsatz abgedruckt in VuR 1997, 102; AG Stuttgart, Beschluss vom 18.12.1996, DGVZ 1997, 188 ff.; siehe auch eine mit den guten Sitten nicht vereinbare Härte für den Schuldner darstellt, weil der Schuldner dann die Arbeitslosenhilfe in Osnabrück abholen müsste. Außerdem stünden schutzwürdige Interessen der Gläubiger dem nicht entgegen, denn auch bei Aufrechterhaltung der Pfändung würde wegen der erfolgenden Kündigung des Kontos keine Zahlung an diese erfolgen.[1004] Die Pfändung gehe ins Leere und verursache nur unnötige Kosten.

Die Folgen der Kontenpfändung lassen für den Schuldner Umstände eintreten, die über die Umstände hinausgehen, die bei einer Zwangsvollstreckung regelmäßig vorliegen. Nach der Kündigung des Girokontos durch die Drittschuldnerin ist es nicht unwahrscheinlich, dass der Schuldner bei einem anderen Kreditinstitut ein Girokonto nicht eröffnen kann. Infolgedessen wird die Teilnahme des Schuldners ohne die unverzichtbare Voraussetzung der bankmäßigen Kontoverbindung am Zahlungsverkehr erheblich erschwert. Demgegenüber stehen schutzwürdige Interessen des Gläubigers der Aufhebung nicht entgegen.

Die ständige Rechtsprechung in Bezug auf die Aufhebung der Kontenpfändung in den oben aufgeführten Fällen hat zugegebenermaßen einen wichtigen Beitrag zum Schuldnerschutz beigetragen. Solange kein allgemeines Recht auf Girokonto festgesetzt wird, muss eine bestehende Kontoverbindung so lange wie möglich aufrechterhalten werden.

Mit den oben angestellten Erwägungen ist die Suche nach geeignetem Schuldnerschutz keineswegs erschöpft. Die Frage, die hier zu stellen wäre, ist, ob die Kündigung eines Kontos bei einer Pfändung des Girokontos zwingend erforderlich ist. Wenn ein Recht auf Girokonto existieren würde, wäre diese Frage klar zu verneinen. Zwar ist die Rechtslage so, dass es im Ermessensspielraum der Bank ist, ob sie einer Person ein Girokonto gewährt oder nicht.[1005] Dennoch ist das Kündigungsrecht der Kreditinstitute in den AGB-Banken und AGB-Sparkassen nicht uneingeschränkt. Ein wichtiger Grund für eine Kündigung ohne Einhaltung einer Kündigungsfrist liegt u.a. vor, „wenn eine wesentliche Verschlechterung seiner (des Bankkunden) Vermögenslage eintritt oder einzutreten droht und dadurch die Erfüllung von Verbindlichkeiten gegenüber der Bank gefährdet ist." Verbindlichkeiten gegenüber der Bank im Rahmen eines Girokontos sind hauptsächlich die Kontoführungsgebühr und die Rückgabe eines eventuell in Anspruch genommenen Dispositionskredits. Bei einer Pfändung

---

AG Iburg/LG Osnabrück, DGVZ 1997, S. 171.; AG Rosenheim, Beschluss v. 28.11.1997 (*unveröffentlicht*).

[1004] Im Ergebnis mit gleicher Begründung auch AG Rosenheim, Beschluss v. 28.11.1997, (unveröffentlicht); AG Dortmund, Beschluss v. 28.7.1997 (unveröffentlicht); LG Stuttgart, Beschluss v. 17.1.1997, DGVZ 1997, 188 ff.

[1005] Zur Zeit gibt es lediglich eine Empfehlung des Zentralen Kreditausschusses, nach der „alle Kreditinstitute ... für jede/n Bürgerin/Bürger in ihrem jeweiligen Geschäftsgebiet auf Wunsch ein Girokonto bereithalten".

des Girokontoguthabens könnte die Bank ihren Anspruch auf die Kontogebühr vorrangig aufrechnen, da diese Forderung in der Regel vor der Pfändung entstanden sein wird. Darüber hinaus könnte das Kreditinstitut, um die Gefahr zu umgehen, dass der Bankkunde bei Inanspruchnahme eines Dispositions- oder Überziehungskredits nicht seine Verbindlichkeiten gegenüber dem Kreditinstitut erfüllt, ein Girokonto nur auf Guthabenbasis zulassen. Diese Alternativlösung erscheint m.E. richtiger als die Aufhebung der Kontopfändung, um die Kündigung des Kontos zu vermeiden. Denn die einschneidenden Folgen der Pfändung, welche zu einer Blockade des Kontos führen können, rechtfertigen m.E. keine Einschränkung der Zwangsvollstreckung.

Für diese Entscheidung sprechen auch die rechtspolitischen Initiativen, das Recht auf ein Girokonto auf Guthabenbasis gesetzlich zu verankern, die ergriffen worden sind.[1006] Die im Zentralen Kreditausschuss zusammengeschlossenen kreditwirtschaftlichen Verbände haben deshalb in Abstimmung mit dem Bundesministerium der Finanzen eine Empfehlung zum Girokonto für jedermann erarbeitet. Darin erklären die Kreditinstitute, jedem Bürger innerhalb bestimmter Zumutbarkeitsgrenzen ein laufendes Konto zur Verfügung zu stellen und damit die Teilnahme am bargeldlosen Zahlungsverkehr zu ermöglichen.[1007]

Auch nach griechischem Recht haben die Kreditinstitute bei Vorliegen eines wichtigen Grundes gemäß Art. 47 Abs. 2 Gesetzesdekret 17. Juli 1923 und Art. 112 Abs. 2 Satz 2 EGGrZGB ein Recht auf fristlose Kündigung des Kontos. Die aber bereits in Deutschland bestehende sozialpolitische Problematik, die bei einer Kündigung des Kontos entsteht, ist in der griechischen Bankpraxis bislang nicht aktuell. Der Grund dafür liegt darin, dass die Teilnahme am bargeldlosen Zahlungsverkehr für breite Bevölkerungsschichten erst seit kurzem an wachsender Bedeutung gewinnt. Das Girokonto ist bislang noch nicht zur einer Drehscheibe des Zahlungsverkehrs geworden. Dementsprechend entfallen momentan auch alle weiteren negativen Folgewirkungen für den Schuldner. Angesichts aber der potentiellen Entwicklung der Volkswirtschaft in Griechenland und der Vorteile des Buchgelds gegenüber der Bargeldzahlung werden in naher Zukunft Girokonten eine unverzichtbare Voraussetzung für die Teilnahme am bargeldlosen Zahlungsverkehr darstellen. Um die negativen Folgen einer Pfändung von Girokonten für den Schuldner zu vermeiden, wäre es ratsam, rechtszeitig Initiativen zu ergreifen, welche das Recht des Bankkunden auf ein Girokonto auf Guthabenbasis ermöglichen könnten.

[1006] BT-Drucksache 13/856 (SPD), 13/137 (PDS) und 13/351 (Bündnis 90/Die Grünen). Vgl. KÜMPEL, Bank- und Kapitalmarktrecht, Rnr. 4.18, S. 395 f.

[1007] *Abgedruckt in*: Die Bank 1995, S. 635.

§ 6 Zusammenfassung und Thesen

1. Arbeitseinkommen, Renten und weitere Versicherungsleistungen sind im griechischen Recht, unabhängig von der Höhe der Einkünfte, grundsätzlich unpfändbar (Art. 982 Abs. 2 δ' GrZPO). Nur in besonderen Fällen, wenn höherrangige Interessen anderer Personen, wie beispielsweise die Unterhaltspflicht des Schuldners gegenüber seinen Familienangehörigen befriedigt werden sollen, darf die absolute Unpfändbarkeit dieser Leistungen durchbrochen werden.

2. Werden hingegen Arbeitseinkommen, Renten oder andere Versicherungsleistungen an den Vollstreckungsschuldner in Form von Bar- oder Buchgeld ausgezahlt, entfällt in Folge Erfüllung (Art. 431 GrZGB) der allgemeine Pfändungsschutz. Im Gegensatz zur DtZPO sieht die GrZPO keine Pfändungsfreigrenzen vor, so dass der Vollstreckungsgläubiger in vollem Umfang auf die Einkünfte zugreifen kann. Es besteht hier eine Rechtslücke, da der Gesetzgeber nicht davon ausgegangen ist, dass ausbezahltes Arbeitseinkommen nicht mehr schutzwürdig ist. Einem besonderen Schutzstatus unterliegen hingegen – wie auch durch §§ 54, 55 SGB I im deutschen Recht – Sozialversicherungsleistungen, denn sie sind auch nach Auszahlung absolut unpfändbar (Art. 1 Gesetzesdekret 91/1969). Als solche werden die Leistungen der Sozialversicherungsanstalten verstanden. In der Regel fallen alle gesetzlichen Rentenleistungen hierunter.

3. Unter dem Begriff des Arbeitseinkommens werden im griechischen Zivilprozessrecht lediglich die Ansprüche aus einem Arbeits- bzw. Dienstvertrag im engeren Sinne verstanden. Vergütungen für freiberufliche Tätigkeit, wie namentlich Ärzte- oder Rechtsanwaltshonorare – unabhängig davon, ob sie ihre Tätigkeit in einem Dienstverhältnis ausüben – werden von den Pfändungsschutzvorschriften nicht umfasst. Diese Unterscheidung, die im griechischen Recht getroffen wird, muss aus sozialpolitischen Überlegungen als ungerechtfertigt und überholt angesehen werden. Gerechter wäre hier – dem deutschen Recht entsprechend – den Begriff des Arbeitseinkommens möglichst weit zu fassen und von einer grundsätzlichen Pfändbarkeit der Einkünfte auszugehen. Um den Schuldnerschutz in diesem Falle Genüge zu tun, wäre die Festsetzung konkreter Pfändungsfreigrenzen, die für alle Erwerbstätige gleich gelten würden.

4. Mit der Pfändung der lebensnotwendigen Einkünfte in vollem Umfang entsteht eine unzumutbare Situation für den Schuldner. Vor allem wird die in der griechischen Verfassung als wichtigstes Gebot verankerte Menschenwürde (Art. 2 Abs. 1 GrVerf) verletzt, wenn alle notwendigen Mittel zur Sicherung seiner Existenz gepfändet werden. Die griechische ZPO kennt kein Gegenstück der Härteklausel, wie sie im deutschen Recht in § 765 a DtZPO anerkannt wird. Ein richterlicher Schuldnerschutz wird dennoch unter Berufung auf den unzulässi-

gen Rechtsmissbrauch und das Verhältnismäßigkeitsprinzip gewährt. Aus den vorangestellten Bemerkungen geht hervor, dass bei der Pfändung der ausbezahlten Einkünfte kein Rechtsmissbrauch des Vollstreckungsgläubigers vorliegt. Eine Wertung nach dem Verhältnismäßigkeitsgrundsatz könnte im Einzelfall zu einer Aufhebung der Pfändung führen, da die Verletzung der Menschenwürde auf jeden Fall einen richterlichen Schutz des Schuldners rechtfertigt. Die bereits aufgeführten Nachteile, die mit der Anwendung des Verhältnismäßigkeitsprinzips verbunden sind und vor allem das Verbot, mit den diskutierten Grundsatz Rechtslücken auszulegen, stärken die Auffassung, dass auch dieser Grundsatz kein Allheilmittel ist. Notwendig ist hier vielmehr eine Novellierung der entsprechenden Pfändungsschutzvorschriften. Der bargeldlose Zahlungsverkehr, der mit einer automatisierten Form der Auszahlung des Arbeitseinkommens und der Sozialleistungen verbunden ist, soll nicht dem Schuldner zulasten fallen. Aus diesem Grund gebietet jede Änderung der Lebensumstände eine entsprechende Gesetzesmodifikation, damit das menschenwürdige Dasein des Schuldners unberührt bleibt.[1008] In Anbetracht dieser neuen Rechtssituation wird sich der griechische Gesetzgeber nicht erwehren können, orientiert an den im deutschen Recht bereits bewährten Vorschriften, eine entsprechende, dem deutschen Recht ähnliche Regelung für den Schutz der Einkünfte, die auf ein Girokonto des Schuldners überwiesen werden, zu erlassen. Sicherlich ist die Entscheidung für die Lösung des § 850 k DtZPO überprüfungsbedürftig.

5. Die Pfändung des Girokontos führt häufig zu einer Kündigung der Geschäftsbeziehung durch die Bank (Nr. 19 Abs. 2 und 3 AGB-Banken bzw. Nr. 26 Abs. 2 AGB-Sparkassen). Das hat zur Folge, dass die Teilnahme des Schuldners am bargeldlosen Zahlungsverkehr blockiert wird, was sehr oft Folgewirkungen auch auf sein Arbeitsverhältnis hat. Diese einschneidenden Folgen der Pfändung rechtfertigen keineswegs ihre Einschränkung oder ihre Aufhebung gemäß § 765 a DtZPO. Stattdessen müsste eine geeignete Rechtsgrundlage geschaffen werden, durch die die Bank verpflichtet wäre, ein Girokonto auf Guthabenbasis jedermann zur Verfügung zu stellen. Eine entsprechende Initiative sollte auch der griechische Gesetzgeber rechtzeitig ergreifen.

[1008] Vgl. ARNOLD, Der neue Pfändungsschutz für Arbeitseinkommen und für Gehaltskonten, BB 1978, S. 1314 ff.; LIPROSS, Grundlagen und System des Vollstreckungsschutzes, S. 26 ff., 154 ff.

7. Kapitel
Zusammenfassung der Ergebnisse und Ausblick

Aufgrund der vorangegangenen Überlegungen der Kapitel 1–6 kann zusammenfassend folgendes Ergebnis festgehalten werden.

In beiden Rechtsordnungen ist der Vollstreckungszugriff auf Bankkonten verschiedenen Verfahrensregeln unterworfen. Das griechische Zivilprozessrecht weist zwar feste Bindungen zur deutschen Prozessrechtswissenschaft auf, dennoch ist das Verfahren des Vollstreckungszugriffs in beiden Rechtsordnungen grundsätzlich unterschiedlich organisiert und unterliegt unterschiedlichen Bedingungen. Es bestehen insbesondere Unterschiede hinsichtlich der Einschaltung des Gerichts im Vollstreckungsverfahren, der Vollendung der Pfändung und der Pfändungswirkungen des Vollstreckungszugriffes. Vor allem im Hinblick auf die Verwertung der gepfändeten Forderung erscheint das Verfahren der Forderungspfändung und somit auch der Kontenpfändung in Griechenland weitaus komplizierter als im deutschen Recht. Dies zeigt sich darin, dass die Verwertung der Forderung an der Abgabe einer Erklärung durch den Drittschuldner angeknüpft ist, welches zur Folge hat – wie bereits oben ausführlich erläutert –, dass solange der Drittschuldner tatsächlich oder fiktiv keine Erklärung abgegeben hat, die gepfändete Forderung nicht verwertet werden kann. Bei einem Vollstreckungszugriff auf Bankkonten wurde von der höchstrichterlichen Rechtsprechung in Griechenland jahrzehntelang anerkannt, dass die Abgabe einer Erklärung durch die Bank als Dritte unzulässig war, da sie gegen das spezielle Bankgeheimnis für Einlagen verstößt. Infolgedessen war auch die Pfändung von Einlagenkonten de facto unmöglich.

Das spezielle Bankgeheimnis für Einlagen wurde zurecht im Rahmen des Vollstreckungszugriffes auf Bankkonten mit dem Gesetz 2915/2001 aufgehoben. Die Kreditinstitute sind dennoch aufgrund des speziellen Bankgeheimnisses gebunden, ihre Erklärung auf die notwendigsten Angaben zu beschränken. M.E. sollte das spezielle Bankgeheimnis für Einlagen grundsätzlich aufgehoben werden. Sein Regelungsbereich wird bereits vom allgemeinen Bankgeheimnis, das in Griechenland – so wie auch in allen anderen Rechtsordnungen anerkannt wird – gedeckt, so dass eine spezielle Regelung des Bankgeheimnisses für Einlagen als überflüssig erscheint.

Die Untersuchung hat ferner gezeigt, dass eines der wichtigsten Probleme bei einem Vollstreckungszugriff auf Bankkonten in beiden Ländern die Lokalisierung der Bankverbindung durch den Vollstreckungsgläubiger ist. Hinzu kommt, dass in beiden Rechtsordnungen die Pfändungsurkunde bzw. der Pfändungsbeschluss genau bestimmt sein muss. Dies erschwert die Befriedigungsaussichten des Gläubigers im Rahmen einer Kontenpfändung erheblich. Hinsichtlich der Transparenz des Vermögens hat bereits die Europäische Union die Initiative ergriffen und Vorschläge für die europaweite Schaffung eines Systems, welches der Transparenz des Vermögens dienen soll, ausgesprochen.[1009] In diesem Sinne schlägt sie vor, eine Verpflichtung zur Vermögenserklärung als Mittel der Lokalisierung der aktiven und passiven Vermögenswerte festzulegen. Dieser Vorschlag der Kommission ist zu begrüßen, zumal er angemessen ist und keine übertriebene Nachforschungsmaßnahme darstellt. Es besteht nicht nur in den untersuchten Ländern, sondern europaweit, ein großer Bedarf an einer Beschleunigung der Rechtsangleichung in diesem Bereich, da häufig in der Vollstreckungspraxis der Vollstreckungszugriff auf Bankkonten an der Möglichkeit, sie ausfindig zu machen, scheitert.

Mit der Aufhebung des speziellen Bankgeheimnisses für Einlagen wurde der Vollstreckungszugriff auf Bankkonten in Griechenland grundsätzlich ermöglicht. Die Verpflichtung der Bank als Drittschuldnerin, eine Erklärung abzugeben, kollidiert nicht mehr mit ihrer speziell geregelten Verschwiegenheitspflicht. Mit der ausdrücklichen Aufhebung des speziellen Bankgeheimnisses im Rahmen der Zwangsvollstreckung hat der Vollstreckungsgläubiger in Griechenland an einer wirkungsvollen Vollstreckungsmaßnahme gewonnen. Trotzdem tauchen in der heutigen Vollstreckungspraxis für alle Beteiligten an der Kontenpfändung (Vollstreckungsschuldner, Drittschuldner, Vollstreckungsgläubiger) aufgrund mangelnder Praxiserfahrung grundsätzliche Fragen auf. Insbesondere in den Bereichen der Pfändung von Girokonten und der Pfändung von debitorischen Konten sehen die Juristen in Griechenland ein Neuland. Der Schuldnerschutz wird in Frage gestellt, da mit dem bereits bestehenden rechtlichen Instrumentarium die Interessen des Schuldners bei der Pfändung des Arbeitseinkommens oder anderer Leistungen zur Sicherung seines Existenzminimums, die auf sein Konto überwiesen werden, nicht gewahrt bleiben. Eine ähnliche Problematik, die bereits in den sechziger Jahren in Deutschland aufgetreten ist, führte zur Vorschrift § 850 k DtZPO und damit zu einem ausgebauten Schuldnerschutz.

Darüber hinaus fühlen sich auch die Banken in Griechenland durch den Vollstreckungszugriff auf Bankkonten in ihrer Rechtsposition angegriffen und sind nicht bereit, Abstriche hinzunehmen. Aus diesem Grund verweigern sie auch weiterhin die Abgabe einer Erklärung und hindern die Kontenpfändung. Die rechtsvergleichende Betrachtung der Rechtsstellung der Bank als Drittschuldnerin hat ergeben, dass ihre Rechtsposition durchaus verbesserungsbedürftig ist. Vor allem die fehlende Anknüpfung der Auskunftspflicht an einer Aufforderung durch den Vollstreckungsgläubiger und die objektive Haftung der

---

[1009] Mitteilung der Kommission an den Rat und an das Europäische Parlament: „Wege zu einer effizienteren Erwirkung und Vollstreckung von gerichtlichen Entscheidungen in der Europäischen Union". (98/C 33703), KOM endg.: ABl. Nr. C 033 v. 31.01.1998, S. 3.

Bank bei unrichtiger Erklärung ist in Griechenland einem Nivellierungsdruck ausgesetzt.

Die vorliegende rechtsvergleichende Untersuchung hat Wege aufgezeigt, wie alle diese neuralgischen Bereiche, die mit dem Vollstreckungszugriff auf Bankkonten verbunden sind, in Deutschland geregelt wurden. Unabhängig von der Verschiedenartigkeit und der Komplexität der einzelnen prozessrechtlichen Vorschriften bei einem Vollstreckungszugriff auf Bankkonten existiert eine Konvergenz in beiden Ländern für das Bankrecht. Dies ist darauf zurück zu führen, dass sich das griechische Bankrecht zum einen sehr stark von den entsprechenden Regelungen im deutschen Recht hat beeinflussen lassen. Zum anderen ist das das Ergebnis einer europaweiten Rechtsharmonisierung. Aufgrund des teilweisen harmonisierten und teilweise rezipierten Bankrechts besteht bereits in Griechenland eine geeignete Grundlage für die Anlehnung der prozessrechtlichen Lösungen an die entsprechenden in Deutschland. Die Rechtsprechung und das Schrifttum in Deutschland können aufgrund des bereits jahrzehntlang praktizierten Vollstreckungszugriffs auf Bankkonten in Deutschland wertvolle Erkenntnisse für die griechische Vollstreckungspraxis liefern und somit den zwingend bevorstehenden Entwicklungsprozess beschleunigen.

Literaturverzeichnis

AGELIS, PHILIPPOS, Περί του «ακατασχέτου» και «ανεκχωρήτου» ή μη των επί πάγια, ετήσια ή μηνιαία αμοιβή εις δικηγόρους οφειλομένων, NoB 12 (1964), 1 (4).

AHRENS, HANS-JÜRGEN, Personengesellschaft und Gesellschafter als Drittschuldner des Pfändungs- und Überweisungsbeschlusses, ZZP 103 (1990), 34 (52).

ALISCH, HERBERT, Aktuelle Fragen zur Forderungspfändung, RWS-Skript 166 – 1986.

Derselbe, Anmerkung zu LG Dortmund, Beschluss vom 1.8.1985, Rpfleger 1985, 497 (498).

ANASTASIADIS, ILIAS, Ελληνικό Εμπορικό Δίκαιο, 5. Auflage, 1949.

ANDRE, ACHIM, Die Bedeutung des Ersten Gesetzes zur Änderung des Sozialgesetzbuches für die gesetzliche Krankenversicherung, BKK 1988, 333 (336).

ANROULAKIS, NIKOLAOS Απόρρητο τραπεζικών καταθέσεων, Athen, [TO BHMA 23.10.88, 52].

ANTONOPOULOS, STYLIANOS, Νομικό καθεστώς των απαιτήσεων κατά τη διάρκεια λειτουργίας του αλληλόχρεου λογαριασμού, NoB 46 (1998), 719 (737).

APALAGAKI, CHAROULA, Mehrheit der Gläubiger im Verfahren der Zwangsvollstreckung im griechischen und im deutschen Recht. Rechtsvergleichende Bemerkungen. Wissenschaftliches Symposion auf der Insel Syros v. 10. – 16. 9. 2000: Auf dem Weg zur Globalisierung des Zivilprozessrechts, http://www.dikaiosini.com/charoula_apalagaki.htm

Dieselbe, Κατάσχεση χρηματικών απαιτήσεων στα χέρια Τράπεζας ως τρίτης, in: YESSIOU-FALTSI/APALAGAKI/ARVANITAKIS/SOFIALIDIS, Η Πολιτική Δικονομία από τη θεωρία στην πράξη (με στοιχεία ουσιαστικού δικαίου), Thessaloniki 1993.

APP, MICHAEL, Überblick über den Vollstreckungszugriff des Gläubigers auf Anspruch des Schuldners aus dem Girovertrag mit einem Geldinstitut, JurBüro 91, 481 (483).

ARENS, PETER, Zivilprozessrecht, 2. Auflage, München 1982.

ARGYRIADIS, ALKIS, Ενεχύρασις απαιτήσεως εκ καταθέσεως εις κοινόν λογαριασμόν, Armenopoulos 32 (1978), 521 (522).

Derselbe, Απώλεια αυτοτέλειας κονδυλίων αλληλόχρεου λογαριασμού, Armenopoulos 31 (1977), 177 (178).

Derselbe, Εξασφάλιση μελλουσών απαιτήσεων δια προτιμώμενης ναυτικής υποθήκης, ΕπιθΕμπΔ 1982, 334 (336).

ARNOLD, HANS, Der neue Pfändungsschutz für Arbeitseinkommen und für Gehaltskonten, BB 1978, 1314 (1320).

ARVANITAKIS, PARIS, Verfassungsrechtliche Probleme der Zwangsvollstreckung zur Befriedigung privatrechtlicher Ansprüche nach griechischem Recht, ZZP 111, Heft 4 (1998), 463 (485).

Derselbe, Προθεσμία προσβολής της καταχρηστικής κατάσχεσης, ΕπΕπΔΣΘ 11 (1990), 73 (77).

AUBERT/KERNEN/SCHOENLE, Das schweizerische Bankgeheimnis, 1978.

BACH-HEUKER, UTE CHRISTIANE Pfändung in die Ansprüche aus Bankverbindung und Drittschuldnererklärung der Kreditinstitute, Diss. Köln 1993.

BADER, UDO-OLAF, Inhalt und Bedeutung der 2. Bankrechtskoordinierungsrichtlinie, ein EG „Grundgesetz" für die Banken?, EuZW 1 (1990), 117 (122).

BAKOPOULOS, Anmerkung zu ΕφΑθ 1960/1981, Armenopoulos 36 (1982), 127.

BALIS, GEORGIOS, Εμπράγματο Δίκαιο, 4. Auflage, Athen 1961.

BÄRMANN/BRINK/OCHMANN Europäisches Geld-, Bank- und Börsenrecht, Teil I, BRD, Berlin 1974.

BASSLSPERGER, MAXIMILIAN, Anmerkung zu LG Hamburg, Beschluss vom 23.12.1985, Rpfleger 1986, S. 265 (267).

Derselbe, Das Girokonto in der Zwangsvollstreckung, Rpfleger 1985, 177 (180).

BAUER, KARL-HEINZ, Die Zulassung von Globalpfändungen durch die Finanzverwaltung, DStR 1982, 280 (284).

BAUMBACH, ADOLF/ HEFERMEHL, W., Kommentar zum Wechselgesetz und Scheckgesetz, 22. Auflage München 2000.

BAUMBACH/ LAUTERBACH/ ALBERS/HARTMANN, Zivilprozessordnung, 59. Auflage, 2001.

BAUMBACH/HOPT, Handelsgesetzbuch, 30. Auflage, 1995.

BAUMGÄRTEL/ RAMMOS, Das griechische Zivilprozess-Gesetzbuch mit Einführungsgesetz in deutscher Sprache, Köln 1969.

BAUR, GÜNTER, Wettbewerbsbeschränkungen durch Staaten?, Diss. Erlangen, Nürnberg 1989.

BAUR, FRITZ/ STÜRNER, ROLF, Zwangsvollstreckungs-, Konkurs- und Vergleichsrecht, Bd. I, Einzelvollstreckungsrecht, 12. Auflage, Heidelberg 1995.

BAZOUROS, Ο ανοικτός λογαριασμός εν περιπτώσει πτωχεύσεως και κατασχέσεως, Athen 1939.

Derselbe, Ο ανοικτός λογαριασμός, EEN 6 (1939), 234.

Derselbe, Το ανανεωτικόν αποτέλεσμα εν τω αλληλοχρέω λογαριασμώ, NoB 1939, 130.

BEESER, J., Zur Pfändung und Überweisung gegenwärtiger und künftiger Girokontoguthaben, AcP 155 (1956), 418 (434).

BEHR, JOHANNES, Pfändung von Sparkonten, JurBüro 1999, 235 (236).

Derselbe, Pfändungsgrundsätze und Bestimmtheitsgebot, JurBüro 1997, 10 (12).

Derselbe, Zusammentreffen von Abtretung und Pfändung, Rpfleger 1990, 243 (245).

Derselbe, Erweiterung des Kontenschutzes gem. § 850k Abs. 1 ZPO, Rpfleger 1989, 52 (53).

Derselbe, Vollstreckungsschutz: Gläubiger- oder Schuldnerschutz?, KJ 1980, 156 (168).

BEITZKE, GÜNTHER, Probleme des Kontokorrents, in: Festschrift für JULIUS VON GIERKE zu seinem Goldenen Doktorjubiläum am 25. Oktober 1948. Dargebracht von der Rechts- und Staatswissenschaftlichen Fakultät Göttingen, Berlin 1950.

BERGER, KLAUS, Pfändung von Girokonten, ZIP 1980, 946 (953).

Derselbe, Nochmals: Pfändung von Giroguthaben, ZIP 1981, 583 (586).

BEYS, KOSTAS, Μαθήματα πολιτικής δικονομίας, Αναγκαστική Εκτέλεση, Athen 1977.

Derselbe, Έγκυρη αναγκαστική κατάσχεση τραπεζικών καταθέσεων, Anmerkung zu Areopag Urteil 1540/2000, Dike 32 (2001), 537 (538).

Derselbe, Anmerkung zu Areopag Urteil 785/1999, Dike 31 (2000), 33 (43).

Derselbe, Νομιμοποίησης του τρίτου να προτείνει το ακατάσχετον κ.λ.π. (ΑΠ 22/76), Dike 7 (1976), 742.

Derselbe, Θεμελιακά ζητήματα της κατάσχεσης χρηματικών απαιτήσεων στα χέρια τρίτου, Dike 28 (1997), 399 (413).

Derselbe, Εγκυρότητα κατάσχεσης στα χέρια τράπεζας ως τρίτης, Anmerkung zu Areopag-Urteil 974/1992, Dike 24 (1993), 367 (372).

Derselbe, Die verfassungsrechtlichen Grenzen der Zwangsvollstreckung im griechischen Recht, ZZP 101, Heft 2 (1988), 165 (180).

Derselbe, Grundgedanken des griechischen Zivilprozessrechts und ihrer Fortentwicklung durch die EMRK, ZZP 109, Heft 1 (1996), 29 (60).

Derselbe, Η εκτελεστική διαδικασία σε περίπτωση πολλαπλής κατάσχεσης στα χέρια τρίτου και καταφατικής δήλωσης του τρίτου, Anmerkung zu ΜΠρΑθ 11410/1976, Dike 9 (1978), 560 (571).

Derselbe, Αντισυνταγματικότητα των νόμων που απαγορεύουν την αναγκαστική εκτέλεση, Anmerkung zu ΜΠρΑθ 9690/1978, Dike 10 (1979), 411 (419).

Derselbe, Τα όρια της προσωρινής δικαστικής προστασίας, Athen 1980.

Derselbe, Εισαγωγή στη δικονομική σκέψη, Athen 1981.

Derselbe, Η ανίσχυρος διαδικαστική πράξις, Athen 1963.

Derselbe, Το τραπεζικό απόρρητο και ο νόμος, Ελευθεροτυπία 29.6.88.

BEYS, KOSTAS, Anmerkung zu ΕφΑθ 801/1968, NoB 16 (1971), 646 (647).

BLAUROCK, UWE, Das Kontokorrent, JA 1980, 691 (696).

Derselbe, Das Anerkenntnis beim Kontokorrent, NJW 1971, 2206 (2209).

BLOMEYER, ARWED, Zur Lehre vom Pfändungspfandrecht, Festgabe für ULRICH von LÜBTOW zum 70. Geburtstag („Sein und Werden im Recht"), Berlin 1970.

BLOMEYER, JÜRGEN, Der Anwendungsbereich der Vollstreckungserinnerung – Zu den Voraussetzungen der Zwangsvollstreckung, insbesondere dem Verhältnis zwischen Vollstreckungsrecht und materiellem Recht, Rpfleger 1969, 279 (287).

BOSDAS, D., Η εμπράγματος ασφάλεια επί κινητών, ΑρχΝ 17 (1966) 441 (452).

BÖTTICHER, EDUARD, Die „Selbstexekution" im Wege der Aufrechnung und die Sicherungsfunktion des Aufrechnungsrechts, Festschrift für HANS SCHIMA zum 75. Geburtstag, Wien 1969.

Derselbe, Anmerkung zum BAG-Urteil v. 11.1.1961, MDR 1961, 800 (801).

BRAKATSOULAS, VASS., Η Αναγκαστική Εκτέλεση, Band I und II, Athen 1993.

BREHM, WOLFGANG/ KLEINHEISTERKAMP, THOMAS, Die Bestimmtheit des Pfändungsbeschlusses bei der Forderungspfändung, JuS 1998, 781 (785).

BREHM, WOLFGANG, Zur Reformbedürftigkeit des Lohnpfändungsrechts, Festschrift für WOLFRAM HENCKEL zum 70. Geburtstag, Berlin/New York 1995.

Derselbe, Anmerkung zu Urteil des BGH vom 17.4.1984, JZ 1984, 673 (674).

BREINERSDORFER, STEFAN, Die Haftung der Banken für Kreditauskünfte gegenüber dem Verwender, hrsg. v. HADDING/SCHNEIDER, Berlin 1990.

BRINIA, ANASTASIA, Der Schuldnerschutz in der Zwangsvollstreckung im deutschen und griechischen Recht, Magisterarbeit Hannover 1993.

BRINIAS, IOANNIS, Αναγκαστική Εκτέλεση, Band I und III, 2. Auflage, Athen 1970.

Derselbe, Συνταγματικότης του κατά τον ΚΠολΔ θεσμού της προσωρινής κρατήσεως, Dike 13 (1982), 259 (265).

Derselbe, Κατάσχεσις μελλούσης απαίτησης, Anmerkung zu ΠΠρΑθ 4552/1973, Dike 5 (1974), 70 (74).

Derselbe, Κατάσχεσις απαιτήσεων εκ τραπεζικών συναλλαγών, Festschrift für ALEXANDROS TSIRINTANIS, Athen-Komotini 1980, 291 (316).

Derselbe, Το τραπεζικό απόρρητον εν σχέσει προς την κατάσχεσιν εις χείρας τρίτου, NoB 21 (1973), 1051 (1056).

BROX, HANS/ WALKER, WOLF-D., Zwangsvollstreckungsrecht, 7. Auflage, 2003.

BRUCHNER, HELMUT/ STÜTZLE, RUDOLF, Leitfaden zum Bankgeheimnis und Bankauskunft, WM Skript 106, Frankfurt 1986.

BRUCHNER, HELMUT, Pfändung von debitorischen Konten, Anmerkung zu BGH Urteil v. 24.1.85, WuB VI E, § 829 ZPO 2.85.

BRUCKMANN, ERNST-OTTO, Überlegungen zu einer Reform des Zwangsvollstreckungsrechts, ZRP 1994, 129 (133).

BRUNS, RUDOLF/ PETERS, EGBERT Zwangsvollstreckungsrecht, 3.Auflage München 1987.

BÜLOW, PETER, Grundprobleme des Schuldnerschutzes bei der Forderungsabtretung, JA 1983, 7 (12).

BÜRGER, PETER, Rechtsfragen zur Bankauskunft, Bochum 1988.

CANARIS, CLAUS-WILHELM, Bankvertragsrecht, 4. Auflage, 1978.

Derselbe, in: Großkommentar Handelsgesetzbuch, Band III, 2. Halbband, Begründet v. HERMANN STAUB, Berlin/New York, 3. Auflage, 1978.

Derselbe, Die Ausgabe von Namensgewinnschuldverschreibungen an Arbeitnehmer in bankaufsichtsrechtlicher Sicht, BB 1978, S. 227 (235).

CARL, DIETER/ KLOS, JOACHIM,	Bankgeheimnis und Quellensteuer im Vergleich internationaler Finanzmärkte, Berlin 1993.
CARL, DIETER,	Die Pfändung in Girokonten, DStR 1988, 765 (770).
CHAIKALIS,	Στο χρονοντούλαπο το διατραπεζικό σύστημα πληρωμών, TO BHMA 15.10.1989, 30.
CHAIRETAKIS, I.,	Υποκαταστήματα αλλοδαπών τραπεζών, Εξομοίωση αυτών με ελληνικές τράπεζες, NoB 37 (1989), 381 (384).
CHAMBOST, EDOUARD,	Die Bankgeheimnisse in den Ländern der Welt, R.Piper & Co. Verlag München 1982.
Derselbe,	Bank Accounts – A World Guide to Confidentially, John Wiley & Sons 1983.
CHRISTOPOULOU, CHRISTINA,	Das Bankgeheimnis im Wirtschaftsverkehr, Münster/New York 1995.
CHRYSANTHIS, CHRISTOS,	Η ηλεκτρονική εξυπηρέτηση των σύγχρονων τραπεζικών συναλλαγών, Athen – Komotini 1997.
Derselbe,	Ο αλληλόχρεος λογαριασμός, Το Σύνταγμα 1998, 20.
CHRISTODOULOU, FÖBUS,	Η έννοια της καταθέσεως και το ζήτημα του ακατάσχετου κατά το νόμο περί του απορρήτου των τραπεζικών καταθέσεων, Gutachten, DDE 3 (1998), 232 (237).
CLAUSSEN, CARSTEN,	Bank- und Börsenrecht, 2. Auflage, München 2000.
CONSBRUCH, J./ MÖLLER, AN./ BÄHRE, INGE LORE/ SCHNEIDER, MANFRED	Kommentar zum Kreditwesengesetz, München 1976.
DAFOULIS, ACHILLEAS,	Τραπεζικό απόρρητο κατά το ν.δ. 1059/71, Anmerkung zu ΜΠρΠειρ 3629/1984, Hellenische Justiz 26 (1985), 331 (333).
DAGTOGLOU, P.,	Διοικητικό Δικονομικό Δίκαιο, α΄- β΄, Athen-Komotini 1985.
DAHM, JOACHIM,	Banken im Spannungsfeld zwischen Staat und Kunden, WM 29 (1996), 1285 (1336).
DASSESSE, MARC/ ISAACS, STUART,	EEC Banking Law, London 1985.

DAVID, PETER,	Die Kontenpfändung, MDR 1993, 108 (109).
Derselbe,	Über den Umgang mit Schuldnern, 15. Auflage 1999.
DELIKOSTOPOULOS, STEFANOS,	Η αυτονομία της ιδιωτικής βουλήσεως εν τη πολιτική δικονομία, Athen 1965.
DENCK, JOHANNES,	Drittschuldnerschutz im Sozialrecht, ZZP 102 (1989), 1 (21).
Derselbe,	Drittschuldnerschutz nach § 836 II ZPO – BGHZ 66, 394, JuS 1979, 408 (411).
DERLEDER, PETER,	Zur Unwirksamkeit einer Forderungspfändung wegen mangelhafter Schuldnerbezeichnung und ihrer Heilung, JurBüro 1995, 11 (15).
DIESEL, WOLFGANG,	Richtet sich die Zwangsvollstreckung gegen Bankkunden zweckmäßig in die nicht valutierten Kreditsicherheiten oder in den Kreditanspruch?, JW 1933, 2503 (2504).
DOUVLIS, VASSILIS,	Ο δικαστικός έλεγχος λειτουργίας των ΓΟΣ στις τραπεζικές συναλλαγές, ΕΤρΑξΧρΔ 1999, 3.
Derselbe,	Η αντιμετώπιση του „ξεπλύματος βρώμικου χρήματος“ από την ελληνική νομοθεσία, Hellenische Justiz 36 (1995), 27 (30).
Derselbe,	Η μεταβίβαση τραπεζικής πίστωσης με αλληλόχρεο λογαριασμό, Athen 1994.
Derselbe,	Κοινός διαζευτικός λογαριασμός, Προσβολή της νόμιμης μοίρας και κάμψη του απορρήτου των τραπεζικών καταθέσεων, Athen-Komotini 1987.
DRESEL, GERD,	Zustellung des Pfändungsbeschlusses, Rpfleger 1993, 100 (102).
EET/Σύνδεσμος Ελλήνων Εμπορικολόγων,	Δίκαιον των τραπεζών και δίκαιον των τραπεζικών εργασιών, Athen – Komotini 1997.
EET,	Εθνικό Διατραπεζικό Σύστημα Πληρωμών „ΔΙΑΣ“, Επίκαιρα Θέματα, αρ. 7, 1988.
EHLENZ, HANS-DIETER/ DIEFENBACH, G.	Pfändung in Bankkonten und andere Vermögenswerte, 5. Auflage, Wiesbaden 1999.

EIDENSCHINK, PETER, Leitfaden durch das Zwangsvollstreckungs-, Konkurs- und Vergleichsrecht, 3. Auflage, Dt. Sparkassenverlag 1981.

EMMERICH, VOLKER, Zulässigkeit und Wirkungsweise der Vollstreckungsverträge, ZZP 82 (1969), 413 (437).

ERMAN, WALTER Kommentar zum Bürgerlichen Gesetzbuch, 10. Auflage 2000.

Derselbe, Zur Pfändbarkeit der Ansprüche eines Kontokorrentkunden gegen seine Bank aus deren Kreditzusage, in: Gedächtnisschrift für R. SCHMIDT, Berlin 1966.

FENGE, HILMAR, Entscheidungen über den Schuldnerschutz in der Zwangsvollstreckung nach unterschiedlichen Wertordnungen, DikIntern 3 (1996), 63 (76).

FINOKALIOTIS, KONSTANTINOS, Φορολογικό Δίκαιο, 1999.

FISCHER, THOMAS, Rechtsschutz bei Kontopfändungen durch öffentliche Gläubiger, InVo 8 (2003), S. 301 (305).

FLOROS, PANAYIOTIS, Απόψεις επί του τραπεζικού απορρήτου, NoB 36 (1988), 1518 (1519).

FORGÁCH, ANDREAS, Die Doppelpfändung beim Bankkontokorrent und das Verfügungsrecht des Schuldners während der Rechnungsperiode, DB 1974, 809 (813).

Derselbe, Die Pfändung „künftiger Eingänge“ und das Prioritätsprinzip beim Bankkontokorrent, DB 1974, 1852 (1854).

FRAGISTAS, CHARALAMBOS, Das Präventionsprinzip in der Zwangsvollstreckung unter Berücksichtigung des deutschen, österreichischen, französischen, griechischen, italienischen und schweizerischen Rechts, 1931.

FRANTZESKAKIS, IOANNIS, Μερικά σημεία που αφορούν το απόρρητο των τραπεζικών καταθέσεων στην Ελλάδα, πως αντιμετωπίζεται αυτό σήμερα νομοθετικά και ποια η αντιμετώπισή του προβλήματος, Hellenische Justiz 24 (1983), 396 (398).

FROTZ, GERHARD, Die Bankauskunft nach österreichischem Recht, in: Bankgeheimnis und Bankauskunft in der Bundesrepublik Deutschland und in ausländischen Rechtsordnungen, Hrsg. HADDING/SCHNEIDER, Berlin 1986.

GABLER, Wirtschaftslexikon, Wiesbaden 2000.

GAUL, HANS-FRIEDHELM, Treu und Glauben sowie gute Sitten in der Zwangsvollstreckung oder Abwägung nach dem „Verhältnismäßigkeitsprinzip“ als Maßstab der Härteklausel des § 765 a ZPO, Festschrift für GOTTFRIED BAUMGÄRTEL zum 70. Geburtstag, Köln 1990.

Derselbe, Die Zwangsvollstreckung in den Geldkredit, KTS 1989, 3 (28).

Derselbe, Zur Rechtsstellung der Kreditinstitute als Drittschuldner in der Zwangsvollstreckung, Stuttgart 1978.

Derselbe, Zur Reform des Zwangsvollstreckungsrechts, JZ 1973, 473, 483.

Derselbe, Zur Struktur der Zwangsvollstreckung, Rpfleger 1971, 1 (10).

Derselbe, Die Haftung aus dem Vollstreckungszugriff, ZZP 110, Heft 1, 1997, 3 (31).

Derselbe, Rechtsverwirklichung durch Zwangsvoll-streckung aus rechtsgrundsätzlicher und rechtsdogmatischer Sicht, ZZP 112, Heft 2, 1999, 135 (184).

GEISSLER, MARKUS, Dogmatische Grundfragen bei der Zwangsvollstreckung in Geldforderungen, JuS 1986, 614 (619).

GEORGOPOULOS, DIMITRIOS, Το τραπεζικό απόρρητο μέσα από τη νομολογία των δικαστηρίων, ΔΕΕΤ 1987, Heft 14, 72 (74).

GEORGAKOPOULOS, KOUMANTOS, Έννοια του αλληλόχρεου λογαριασμού, in: GEORGAKOPOULOS, Η σύγχρονη πρακτική του εμπορικού διακίου, 1992.

GEORGAKOPOULOS, LEONIDAS, Γνωμοδοτήσεις για το τραπεζικό απόρρητο, ΤΟ ΒΗΜΑ 18.9.88, Κυριακάτικη Ελευθεροτυπία 6.11.88.

GEORGAKOPOULOS, Εγχειρίδιο Εμπορικού Δικαίου, Τραπεζικές Συμβάσεις, Band II 3 (2 γ΄), 1955.

GEORGIADIS, Εγχειρίδιο Εμπράγματου Δικαίου, Bd. V, Athen 1986.

GEORGIADIS, AP./ STATHOPOULOS, M., Großkommentar zum GrZGB, Bd. I – VIII, Athen 1978/80/82.

GERHARDT, WALTER, Vollstreckungsrecht, 2. Auflage, Berlin 1982.

Derselbe, Bundesverfassungsgericht, Grundgesetz und Zivilprozess, ZZP 95 (1982), 467.

GERONTAS, APOSTOLOS, Το δικαίωμα της αυτοδιάθεσης των πληροφοριών – Υπερβολή ή αναγκαιότητα;, Το Σύνταγμα 1997, 848 (867).

GEURTS, MATTHIAS, Bankgeheimnis und Bankauskunft in der Praxis, hrsg. Deutscher Sparkassen- und Giroverband e.V., 6. Auflage, Dt. Sparkassenverlag, Stuttgart 2000.

GIANNOPOULOS, THANOS, Σύγχρονες διαστάσεις της προβληματικής του επαγγελματικού απορρήτου, Hellenische Justiz 27 (1986), 929 (935).

GIANNOPOULOU E./ ZOMPOLAS T./ KALANTZIS X./ KATRAS I./BLATSIOS A./ TSIKOURI M., Κώδικας Πολιτικής Δικονομίας, Großkommentar zur GrZPO, Band I-III, Athen 1998.

GIDOPOULOS, LOUKAS, Το δίκαιον της αναγκαστικής εκτέλεσης, Band I, Athen 1933.

GIOVANNOPOULOS, RIGAS, Die Harmonisierung des privatrechtlichen Bankgeheimnisses im europäischen Wirtschaftsverkehr, Diss. Frankfurt a. M. 1999.

Derselbe, Neue Entwicklungen auf dem Gebiet des griechischen Bankgeheimnisses, RIW 7 (2002), S. 509 (517).

GLANEGGER/GÜROFF/ KUSTERER/NIEDNER/ PEUKER/RUSS/SELDER/ STUHLFELNER, Heidelberger Kommentar, Handelsgesetzbuch, 5. Auflage.

GLEISBERG, GUNTER, Pfändung von Kontokorrentguthaben, DB 1980, 865 (866).

GÖTTE, TILMAN, Der Grundsatz der Verhältnismäßigkeit und die Rangordnung der Zwangsvoll-streckungsmittel, Diss. München 1985.

GORTZOS, CH., The Greek Banking System, Athen 1992.

GOTTWALD, PETER, Η διεθνής αναγκαστική εκτέλεση, ΕπΕπΔΣΘ 11 (1990), 17 (28).

GOUSKOU, AGELIKI, Ο συμψηφισμός ως τρόπος αντιμετώπισης του πιστωτικού κινδύνου στα νέα τραπεζικά προϊόντα, ΔΕΕ 6 (1995), 471 (481).

GRAF VON WESTPHALEN, in: SCHÜTZE/WEIPERT, Münchener Vertragshandbuch, Band III, 4. Auflage, 1998.

GRAMMATIKAS, GEORGIOS, Το τραπεζικό απόρρητο, Athen 1991.

Derselbe, Anmerkung zu Areopag-Urteil (Plenum) 1224/1975, ΕΕΝ 43 (1976), 199 (202).

GRÖNER, HELMUT, Wettbewerbsfragen der Europäischen Gemeinschaft, Tagung „Wettbewerbsfragen der Europäischen Gemeinschaften“, Berlin 1990.

GRÖGER, HEINZ, Die zweifache Doppelpfändung des Kontokorrents, BB 1984, 25 (28).

GROSS, HELENE, Einwendungen des Drittschuldners, hrsg. von EBERHARD SCHILKEN, Diss. Bonn 1997.

GROSS, KURT/ DIEPOLD, HUGO/ HINTZEN, UDO Musteranträge für Pfändung und Überweisung, 6. Auflage, Köln 1996.

GRUBE, THOMAS, Die Pfändung von Ansprüchen aus dem Giroverhältnis unter besonderer Berücksichtigung von Kontokorrentkrediten, Frankfurt a. M. 1995.

GRUND, FRANK, Die Zwangsvollstreckung in den Geldkredit, Diss. Bonn 1988.

GRUNSKY, WOLFGANG, Zur Durchsetzung einer Geldforderung durch Kreditaufnahme des Schuldners in der Zwangsvollstreckung, ZZP 95 (1982), 264 (280).

Derselbe, Forderungspfändung des Kreditgewährungsanspruchs, EWiR § 829 ZPO 1/86, 631 (632).

GRUNSKY, WOLFGANG, | Anmerkung zu Urteil des BGH vom 24.1.1985, JZ 1985, 490 (492).

Derselbe, | Sicherungsübereignung, Sicherungsabtretung und Eigentumsvorbehalt in der Zwangsvollstreckung und im Konkurs des Schuldners, JuS 1984,, 497 (504).

HADATSCH, GÜNTHER/ WAGNER, KARL-HEINZ, | Die Bearbeitung von Pfändungsbeschluss und Drittschuldnererklärung, Dt. Sparkassenverlag 2000.

HADDING, WALTHER/ SCHNEIDER, UWE, | Bankgeheimnis und Bankauskunft in der Bundesrepublik Deutschland und in ausländischen Rechtsordnungen, Berlin 1986.

HAMME, GERD, | Die Übergabe eines Pfändungs- und Überweisungsbeschlusses im Wege der Ersatzzustellung an den Schuldner, NJW 1994, 1035 (1039).

HAMOUZOPOULOS, NIKOLAOS, | Recht der Kreditsicherheiten in europäischen Ländern, Teil VIII, Griechenland, hrsg. von HADDING, WALTHER/SCHNEIDER, UWE, Berlin 1999.

HARTMANN, PETER, | Der Schuldnerschutz im Vierten Pfändungsfreigrenzengesetz, NJW 1978, S. 609 (612).

HÄUSER, FRANZ, | Ist der Anspruch des Kontoinhabers auf Besorgung einer Giroüberweisung pfändbar?, WM 1990, 129 (134).

Derselbe, | Pfändung der Ansprüche aus Girokonten, Dispositionskredit, Anmerkung zu LG Hannover, Beschluss v. 20.5.1985, WuB VI E, § 829 ZPO 3.86.

Derselbe, | Die Reichweite der Zwangsvollstreckung bei debitorischen Konten, ZIP 1983, 891 (900).

HEER, DIETER, | Klage auf Auskunft gemäß § 840 Abs. I ZPO im Verfahren vor dem Arbeitsgericht, DB 1971, 1525 (1527).

HEFERMEHL, WOLFGANG, | Grundfragen des Kontokorrents, Festschrift für HEINRICH LEHMANN zum 80. Geburtstag, Band II, 1956.

HEIGL, FRANZ JOSEF/ SCHUWERACK, FR., | Praxishandbuch des Sozialrechts, Juni 2001.

HEINZE, Bochumer Kommentar zum Sozialgesetzbuch, Berlin 1979.

HELWICH, GÜNTHER, Pfändung des Arbeitseinkommens, Heidelberg 1999.

HERGET, RUDOLF, in: ENSTHALER, Gemeinschaftskommentar zum Handelsgesetzbuch, 6. Auflage 1999.

HERZ, GÜNTHER, Das Kontokorrent – insbesondere in der Zwangsvollstreckung und im Konkurs, Tübingen 1974.

Derselbe, Die Pfändung von Forderungen aus dem Bankkontokorrent, DB 1974, 1851 (1852).

HEYMANN, Handelsgesetzbuch, Kommentar von EMMERICH/HOSELL/JUNG/OTTO/HERRMANN/HORN/NIEHUS/SONNENSCHEIN, DB 1974, 1851 (1852).

HINTZEN, UDO, Pfändung des vereinbarten Dispositionskredits, InVo 2001, 279 (273).

Derselbe, Forderungspfändung: Arbeitseinkommen, Sozialleistungen, Konten, 2000.

Derselbe, Taktik in der Zwangsvollstreckung (II), Forderungspfändung, 4. Auflage, RWS-Skript 225, Köln 1998.

Derselbe, Pfändung von Hypothekenforderungen und Drittschuldnerschutz, Rpfleger 1995, 94 (97).

HINTZEN, UDO/ WOLF, HANS-JOACHIM, Die Mobiliarzwangsvollstreckung in der Praxis, München 1994.

Dieselben, Nichtberücksichtigung eines Unterhaltsberechtigten, NJW 1995, 1861 (1867).

HOFFMANN, THOMAS, Rechtliche Schranken interner Informationsflüsse in Kreditinstituten, hrsg. von IMMENGA, ULRICH, Baden-Baden 1998.

HONRATH, ALEXANDER, Umfang und Grenzen der Freiheit des Kapitalverkehrs, Diss. Saarbrücken 1996.

HOPT, KLAUS-JÜRGEN/ MÜLBERT, PETER, Kreditrecht, Berlin 1989.

HOPT, KLAUS-JÜRGEN, Rechtspflichten der Kreditinstitute zur Kreditversorgung, Kreditbelassung und Sanierung, ZHR 143 (1979), 139 (158).

HÖRMANN, GÜNTER, Verbraucher und Schulden, Baden-Baden, 1. Auflage 1987.

HORN, NORBERT, Entwicklungslinien des europäischen Bank- und Finanzdienstleistungsrechts, ZBB 5 1994, 130 ff.

Derselbe, Bankrecht auf dem Weg nach Europa, ZBB 1 (1990), S. 107 ff.

HORNUNG, ANTON, Reform der Pfändung von Sozialleistungen, Zur Verabschiedung der Änderungen der Kindergeldpfändung, Rpfleger 1988, 213 (226).

Derselbe, Reform der Pfändung von Sozialleistungen, Zur Änderung des Pfändungsverfahrens, Rpfleger 1989, 1 (12).

HÖRMANN, GÜNTER/ HOLZSCHECK, KNUT, Rechtstatsachen zum Konsumentenkredit, ZIP 1982, 1172 (1176).

HÜFFER, UWE, Aktuelle Rechtsfragen zum Bankkonto, 2. Auflage, RWS-Skript 195, Köln 1989.

ILIAKOPOULOS, ILIAS, Υποχρέωση της τράπεζας ως τρίτης προς δήλωση, Anmerkung zu ΕφΑθ 3455/1985, Dike 16 (1985), 876 (879).

Derselbe, Κατάσχεση στα χέρια Τράπεζας ως τρίτης, Anmerkung zu ΕφΑθ 3455/1985, Hellenische Justiz 26 (1985), 1495 (1497).

IMMENGA, ULRICH, Grenzen nationaler Wettbewerbspolitik, in: HELMUT GRÖNER, Wettbewerbsfragen der Europäischen Gemeinschaft, Berlin 1990.

JAUERNIG, OTHMAR, Zwangsvollstreckungs- und Insolvenzrecht, 21. Auflage, München 1999.

Derselbe, Bürgerliches Gesetzbuch mit Gesetz zur Regelung des Rechts der Allgemeinen Geschäftsbedingungen, 9. Auflage, München 1999.

KAISSIS, ATHANASIOS, Deutsch-Griechisches Rechtswörterbuch, Erster und Zweiter Band, Thessaloniki 1997 und 2002.

KALAMITSIS, SOTIRIS, Το απόρρητο των τραπεζικών καταθέσεων, Athen 1993.

KALDELLIS, EMMAN., Το τραπεζικό απόρρητο, Armenopoulos 35 (1981), 711 (721).

KAMENOPOULOS, EVAGELOS, Υποχρέωσις παροχής πληροφοριών περί της περιουσιακής καταστάσεως των συζύγων εις δίκας διατροφής, Hellenische Justiz 24 (1983), 1170 (1172).

KARAGOUNIDIS, APOSTOLOS, Η ευθύνη της τράπεζας έναντι των πελατών της από την παράβαση υποχρεώσεων προστασίας, Armenopoulos 49 (1995), 442 (456).

KARAKATSANIS, IOANNIS, Anmerkung zu Areopag-Urteil 1224/1975, EEN 43 (1976), 475 (479).

KARABELLAS AGISILAOS, Και πάλιν το απόρρητον των τραπεζικών καταθέσεων (Επιστολή προς το Νομικό Βήμα), NoB 21 (1973), 847 (848).

Derselbe, Anmerkung zu ΜΠρΘεσσ 1532/1972, NoB 20 (1972), 955 (957).

KARGADOS, PANAGIOTIS, Zur Frage, ob der Drittschuldner sich auch im Einziehungsprozess auf die Pfändungsschutzvorschriften berufen kann, Beitrag zur Tagung „Reform des Zwangsvollstreckungsrechts", Tagung der Vereinigung der Zivilprozesslehrer vom 8. bis 11.04.1992 (Diskussionsbericht und Zusammenstellung von Angelika Stadlhofer-Wissinger), ZZP 105 (1992), 393 (451).

KARAVAS, Εμπορικό Δίκαιο, 1959.

KASTRIOTIS, IOANNIS, Η κατάσχεση εις χείρας τρίτου, Band I, 1985 – 1986.

Derselbe, Περί κατασχετού των δημοσίων κατατιθεμένων ακατασχέτων απαιτήσεων, Dike 12 (1981), 350 (355).

Derselbe, Η έναρξις της προθεσμίας προς υποβολήν δηλώσεως τρίτου, Armenopoulos 33 (1979), 214 (217).

KATSANOS FILOSTRATOS, Το απόρρητον – ακατάσχετον των τραπεζικών καταθέσεων, EEN 41 (1974), 510.

KERAMEUS, KONSTANTIN, Αστικό Δικονομικό Δίκαιο I, 2. Auflage, Athen – Thessaloniki 1983.

KERAMEUS, KON./ KONDYLIS, DIONYSIOS/ NIKAS, NIKOLAOS, Ερμηνεία Κώδικα Πολιτικής Δικονομίας, Kommentar zur Zivilprozessordnung, Band I, II, Athen-Thessaloniki 2000.

KERAMEUS, KONSTANTIN, Enforcement in the international context, 1997.

Derselbe, Είδη εκτελέσεως για την ικανοποίηση χρηματικών απαιτήσεων από συγκριτική άποψη, Armenopoulos 50 (1996), 1301 (1308).

Derselbe, Geldvollstreckungsarten in vergleichender Betrachtung, Festschrift für ZEUNER, 1994.

KERAMEUS KON./ KOZYRIS, FAEDON, Introduction to Greek Law, Deventer 1988.

KIANTOS, VASSILIOS, Το τραπεζικό απόρρητο και οι εργασίες συναλλάγματος, Thessaloniki 1993.

KIANTOU-PAMPOUKI, ALIKI, Δίκαιο Τραπεζικών Εργασιών, Πανεπιστημιακές Σημειώσεις, Athen-Thessaloniki.

KIANTOU-PAMPOUKI, ALIKI, Ζητήματα τινά της συμβάσεως τρέχοντος λογαριασμού, 1956.

KIMMEL, WALTER, Das Bankgeheimnis im Strafprozess, Diss. Erlangen – Nürnberg 1982.

KIMMS, FRANK, Die Kapitalverkehrsfreiheit im Recht der europäischen Union, Diss. Berlin 1996.

KIRCHHERR, ROLAND/ STÜTZLE, RUDOLF, Aktuelle Probleme zu Bankgeheimnis und Bankauskunft, ZIP 1985, 515 (521).

Derselbe, Aktuelle Probleme aus der Rechtsprechung und Rechtspraxis zu Bankgeheimnis und Bankauskunft, 2. Auflage, RWS-Skript 97, 1983.

KITSIKOPOULOS, A., Πολιτική Δικονομία, Κατ' άρθρο ερμηνεία, 1934 – 1955.

KLAMARIS, NIKOLAOS/ EFSTRATIOU, PAVLOS - MICHEL, Access to justice as a fundamental Right, Hellenic National Reports XVth International Congress of Comparative Law 1998, Hellenique Revue of International Law 51, 1/1998, 291 (310).

KLAMARIS, NIKOLAOS, Die Grundstruktur des griechischen Zwangsvollstreckungsrechts als des effektiven Teils des prozessualen Grundrechts auf Justizgewährung, Festschrift für HIDEO NAKAMURA, 1996.

Derselbe, Το δικαίωμα δικαστικής προστασίας κατά το άρθρο 20 § 1 του Συντάγματος 1975, Athen – Komotini 1989.

Derselbe, Das prozessuale Grundrecht der Justizgewährung am Beispiel der griechischen Rechtsordnung, Festschrift für KARL-HEINZ SCHWAB, München 1990.

Derselbe, Der Rechtsmissbrauch im griechischen Zivilprozessrecht, Festschrift für FRITZ BAUR, Tübingen 1980.

KLAMT, ANGELIKA/ KOCH, CHRISTIAN, Das neue Überweisungsgesetz, NJW 1999, 2776 (2779).

KLEE, HANS-JOACHIM, Die Pfändung künftiger Guthaben aus Bankkonten, MDR 1952, 202 (204).

Derselbe, Pfändung von Bankkonten, BB 1951, 686 (689).

KLEIN, Die Zahlungseinstellung des Girokunden, ZHR 55, 181 (182).

KNIEBES, SIGRID/ HOLDT, SUSANNE/ VOSS, PETER, Die Pfändung von Arbeitseinkommen, 2. Auflage 1996.

KOCH, HANS-PETER, Pfändbarkeit einer vereinbarten Überziehungskreditforderung, JurBüro 1986, Heft 12, 1762 (1766).

KOHTE, WOLFHARD, Praktische Fragen der Sozialleistungspfändung, NJW 1992, 393 (400).

KOKKOMELIS, KOSTAS, Τραπεζικές Υπηρεσίες προς καταναλωτές (Retail Banking), Athen 1992.

KOLLHOSSER, HELMUT, Drittaufrechnung und Aufrechnung in Treuhandfällen, Festschrift für RUDOLF LUKES zum 65. Geburtstag, Köln/Berlin/Bonn/München 1989.

KOLLER, INGO/ ROTH WULF HENNING/ MORCK, WINFRIED, Handelsgesetzbuch-Kommentar, 2. Auflage, 1999.

KÖNDGEN, JOHANNES, Die Entwicklung des privaten Bankrechts in den Jahren 1992 - 1995, NJW 1996, 558 (569).

KONTIADIS, IONOS, Το δικαίωμα προς παροχήν εννόμου προστασίας υπό δικαστηρίου κατά το άρθρον 119 του νέου συντάγματος, EEN 36 (1969), 392 (405).

KONDYLIS, DIONYSIOS, Έννοια, Λειτουργία και αποτελέσματα αλληλόχρεου λογαριασμού, Hellenische Justiz 37 (1996), 497 (511).

Derselbe, Έννοια, Λειτουργία και αποτελέσματα αλληλόχρεου λογαριασμού, Thessaloniki 1995.

Derselbe, Anmerkungen zum Areopag Urteil 44/1994, Hellenische Justiz 36 (1995), 342.

KONTOGIORGA-THEOCHAROPOULOU, Η αρχή της αναλογικότητας στο ημεδαπό δημόσιο δίκαιο, Thessaloniki 1989.

KOSTAKOS, P./ NIKOLOPOULOS, G., Kommentar zur Griechischen Zivilprozessordnung, Athen - Komotini 1993.

KOSTIS, KOSTAS P., Modern Banking in the Balkans and West-European Capital in the Nineteenth and Twentieth Centuries, Brookfield – USA 1999.

Derselbe, Πρόβλημα αστικής ευθύνης Τραπεζών έναντι τρίτων κατά την άσκηση της πιστωτικής λειτουργίας, Armenopoulos 38 (1984), 601 (615).

Derselbe, Τραπεζικό Δίκαιο, Πανεπιστημιακές σημειώσεις, Thessaloniki.

KOUGIOULIS, I. N., Τραπεζική Τεχνική, Athen 1970.

KOUMANIS STAMATIS, Το ενέχυρο απαίτησης κατά το Ν.Δ. 17.7./13.8.1923 και η συσχέτισή του με το δίκαιο του Α.Κ. – Anmerkung zu ΕφΘεσσ 690/1997, ΕπισκΕμπΔ 1998, 189 (198).

KOUNOUGERI-MANOLEDAKI, EFI, Οικογενειακό Δίκαιο, Band Ιγ΄, Thessaloniki 1993.

KOURIS, I. S./ STROUTZAS P. I., Συστήματα Διακανονισμού των Πληρωμών, Συστημικοί Κίνδυνοι και ο ρόλος της Κεντρικής Τράπεζας, ΔΕΕΤ 1996, Heft A, 100.

KOUSOULIS, STELIOS, Απόρρητο και δυνατότητες κατασχέσεως, Hellenische Justiz 39 (1998), 768 (773).

KOUTSOUKIS, DIMITRIOS, Τραπεζικό απόρρητο. Κατάσχεση τραπεζικής κατάθεσης. Κοινός λογαριασμός. Anmerkung zu Areopag Urteil 785/1999, ΕπιθΕμπΔ 50 (1999), 477 (482).

Derselbe, Πρακτικά προβλήματα κατά την εφαρμογή του τραπεζικού απορρήτου, Εισήγηση στη διημερίδα του Συνδέσμου Ελλήνων Εμπορικολόγων σε συνεργασία με την Ένωση Ελλήνων Τραπεζών με θέμα „Δίκαιον Τραπεζών και Δίκαιον τραπεζικών εργασιών“, ΕΤρΑξΧρΔ 1996, 663 (665).

Derselbe, Anmerkung zu Areopag Urteil 44/1994, Hellenische Justiz 36 (1995), 605.

Derselbe, Το τραπεζικό απόρρητο στο ιδιωτικό δίκαιο, Athen 1994.

Derselbe, Τραπεζικό απόρρητο, Νομοθεσία – Νομολογία, Athen – Komotini 1998.

KOUTSOUMPAS, THEODOROS, The impact of the EEC law on the Greek Banking, 1984.

KOUZIORTI, VASSILIKI, Κατάσχεση στα χέρια τράπεζας ως τρίτης, ΕπΕπΔΣΘ 15 (1994), 225 (253).

KRASNEY, OTTO ERNST, Das Erste Gesetz zur Änderung des SGB v. 20.7.1988, NJW 1988, 2644 (2650).

KRIMPAS, DEMOSTHENIS, Προς πληρέστεραν νομοθετική ρύθμιση του αλληλόχρεου λογαριασμού, ΕπιθΕμπΔ 18 (1967), 331 (340).

KÜCHENHOFF K./ MICHALSKI, LUTZ, in: ERMAN, WALTER, Kommentar zum Bürgerlichen Gesetzbuch, 10. Auflage 2000.

KUCHINKE, KURT, Pfändungspfandrecht und Verwertung bei der Zwangsvollstreckung, JZ 1958, 198 (202).

KÜMPEL, SIEGFRIED, Bank- und Kapitalmarktrecht, Köln 2000.

LACKMANN, ROLF, Zwangsvollstreckungsrecht mit Grundzügen des Insolvenzrechts, 5. Auflage, München 2001.

LÁNG, CSABA, Die Erklärung des Drittschuldners nach § 840 Abs. 1 (Ziff. 1) ZPO, Diss. Freiburg im Breisgau 1982.

LANGEN, EUGEN, Pfändung von Bankkonten (Gutachten), BB 1951, 686 (690).

LIAKOPOULOS, THANASIS, — Ο αλληλόχρεος λογαριασμός de lege lata και de lege ferenda, Anmerkung zu ΠΠρΒολ 259/1986, ΕπιθΕμπΔ 39 (1988), 238 (245).

Derselbe, — Γενικό Εμπορικό Δίκαιο, Athen 1955.

LIESECKE, RUDOLF, — Das Bankguthaben in Gesetzgebung und Rechtsprechung, WM 1975, 314 (325).

LINKE, HARTMUT, — Die Erklärungspflicht des Drittschuldners und die Folgen ihrer Verletzung, ZZP 87 (1974), 284 (315).

LIPROSS, OTTO-GERD, — Grundlagen und System des Vollstreckungsschutzes, Bielefeld 1983.

LOCHER, TORSTEN H., — Grundlagen der Haftung einer Bank für Kreditauskünfte, Mannheim 1970.

LOOK, FRANK, van, — Rechtsfragen zum Bankkonto, unter Mitarbeit von HARDY PÖNISCH, 4. Auflage, RWS-Verlag 2000.

LOUKOPOULOS, ANDREAS, — Η κατάσχεσις εν τη ενεγγύω πιστώσει, ΕπιθΕμπΔ 11 (1960), 363.

Derselbe, — Το τραπεζικόν απόρρητον, Athen 1950.

LUDWIG, MARC, — Der Pfändungsschutz für Lohneinkommen: die Entstehungs- und Entwicklungsgeschichte der Vorschriften zum Schutz vor Lohnpfändung in Deutschland, Diss. Kiel 2000.

LÜKE, GERHARD/ WAX, PETER, — Münchener Kommentar zur Zivilprozessordnung, Band 3, §§ 803 – 1066, 2. Auflage, München 2001.

LÜKE, GERHARD, — Zwangsvollstreckungsrecht, 2. Auflage, München 1993.

Derselbe, — Zur Rechtsstellung des Drittschuldners bei der Forderungsübertragung durch Hoheitsakt, JuS 1962, 418 (421).

Derselbe, — Der Inhalt des Pfändungspfandrechts, JZ 1955, 484 (487).

LUTHER, WALTER, — Die Pfändbarkeit von Kredit- und Darlehensansprüchen, BB 29 (1985) 1886 (1888).

LWOWSKI, H.-J./ BITTER, GEORG, — Grenzen der Pfändbarkeit von Girokonten, in: WM-Festgabe für THORWALD HELLNER zum 65. Geburtstag am 9.5.1994, 57 (72).

LWOWSKI, H.-J./ WEBER, AHREND, Pfändung von Ansprüchen aus Kreditgewährung, ZIP 1980, 609 (613).

MAKRIDOU, KALLIOPI, Το δικηγορικό απόρρητο, Thessaloniki 1989.

MARTINEK, MICHAEL, Das internationale Bankgeheimnis – eine Problemskizze, Festschrift für SCHÜTZE, 1999.

MASTROKOSTAS, CHR., Δίκαιο τραπεζικών εργασιών, Komotini 1992.

MASTRANTONIS, Μέθοδοι διεξαγωγής εργασιών τραπέζης, Εκδ. ΕΤΕ 1962.

MAYDELL, BERND v./ RULAND, FRANZ, Sozialrechtshandbuch, Neuwied/ Kriftel/Berlin 1996.

MAYDELL, BERND v./ KRETSCHMER, H.-J., SCHELLHORN, WALTER, Gemeinschaftskommentar zum Sozialgesetzbuch I (Allgemeiner Teil), 3. Auflage, Neuwied 1996.

MAZIS, PANAGIOTIS, Ο τραπεζικός ανοικτός λογαριασμός και η αντιμετώπισή του από τη νομολογία, in: Σύνδεσμος Ελλήνων Εμπορικολόγων / Ένωση Ελληνικών Τραπεζών, Δίκαιον τραπεζών και δίκαιον τραπεζικών εργασιών, ΕΕΤ 1997.

Derselbe, Η ρύθμιση του αλληλόχρεου λογαριασμού με το νέο Σχέδιο του Εμπορικού Κώδικα, ΕπισκΕμπΔ 1997, 836 (847).

Derselbe, Εμπράγματη εξασφάλιση τραπεζών και ανωνύμων εταιριών, 2. Auflage, Athen-Komotini 1993.

Derselbe, Κατάθεση σε κοινό λογαριασμό, Anmerkung zu Areopag-Urteil 467/1990, NoB 39 (1991), 1205 (1208).

Derselbe, Μερικές σκέψεις για την κατάσχεση στα χέρια τρίτου (και ιδιαίτερα σε Τράπεζα ως τρίτης), ΔΕΕ 5 (1997), 455 (460).

MEYER TER VEHN, ROLF, Pfändungsschutz bei Gehaltskonten, NJW 1978, 1240.

MICHAILIDIS, O. N., Το απόρρητο των τραπεζικών καταθέσεων, Όρια και υπερβολές, ΕπιθΕμπΔ 34 (1983), 22 (39).

MICHALOPOULOS, NIKOLAOS, Η έκτασις του τραπεζικού απορρήτου του ν.δ. 1059/71 μετά το ν.δ. 356/74 (ΚΕΔΕ), Hellenische Justiz 17 (1976) 620 (624).

Derselbe, Κατασχετόν δια χρέη προς το Δημόσιον των συντάξεων μέχρι του ¼ των χορηγουμένων υπό του Ο.Γ.Α. προς ησφαλισμένους αυτού, Anmerkung zum staatlichen Gutachten 597/1977, Hellenische Justiz (19) 1978, 394 (398).

MICHALSKI, LUTZ, Zwangsvollstreckungsrecht, Köln 2001.

MICHEL, BERTAM, Kontokorrent und Depositengeschäft im französischen Recht, Diss. Berlin 1968.

MILIONIS, APOSTOLOS, Praxis der Vollstreckung deutscher Titel in Griechenland nach dem EuGVÜ, RIW 1991, S, 100 (103).

MITROS, L., Η Αρχή Προστασίας Προσωπικών Δεδομένων, 1999.

MITSOPOULOS, GEORGIOS, Πολιτική Δικονομία Α΄, Athen 1972.

Derselbe, Η επίδρασις του Συντάγματος επί της Πολιτικής Δικονομίας, Dike 6 (1975), 673 (680).

Derselbe, Δεδικασμένον και εκτελεστότης αποφάσεως του Ευρωπαϊκού Δικαστηρίου των Δικαιωμάτων του Ανθρώπου επιδικαζούσης χρηματικήν απαίτησιν, Dike 26 (1995), 852 (868).

Derselbe, Zum Einfluss der neuen griechischen Verfassung auf die griechische Zivilprozessordnung, Festschrift für FRIEDRICH WILHELM BOSCH zum 65. Geburtstag, 1976.

MOHRBUTTER, JÜRGEN, Handbuch des gesamten Vollstreckungs- und Insolvenzrechts, 1974.

MÖSSLE, KAREN ILKA, Internationale Forderungspfändung, Unter Berücksichtigung der Schweiz, der Bundesrepublik Deutschland und Frankreichs, Diss. Konstanz 1989.

Monatlicher Statistischer Bericht der Bank von Griechenland (Μηνιαίο Στατιστικό Δελτίο) Februar 1991, 12.

MOUZOULAS, SPILIOS, Αμοιβαία κεφάλαια, κατάθεση σε κοινό λογαριασμό και τραπεζικό απόρρητο (Gutachten), ΔΕΕ 11 (1996), 1041 (1045).

Derselbe, Η τύχη της κατάθεσης σε κοινό λογαριασμό μετά το θάνατο ενός από τους συνδικαιούχους και τα δικαιώματα των κληρονόμων του επί του ποσού της κατάθεσης (Gutachten), ΕΤρΑξΧρΔ 1998, 35 (42).

MROZYNSKI, PETER, Kommentar zum Sozialgesetzbuch I, 2. Auflage München 1995.

MÜHLHAUSEN, KARL-HEINZ, Grenzen der Vollstreckung aus sittenwidrigen Ratenkreditverträgen, MDR 1995, 770 (772).

MÜLLER, ANDREAS JOHANNES, Bankenzulassung und –aufsicht in der Europäischen Union und den Vereinigten Staaten von Amerika, Diss. Berlin 1996.

MÜLLER-GLÖGE, RUDI, Pfändung und Abtretung von Arbeitnehmerbezügen im Prozess, DB 1987, Beilage 22/87, Heft 46.

MÜMMLER, ALFRED, Anmerkung zu LG Düsseldorf, Beschluss v. 12.3.90, JurBüro 1990, 1055 (1058).

Derselbe, Betrachtungen zur Drittschuldnererklärung, JurBüro 1986, 334 (339).

NASSALL, WENDT, Unterliegen Dispositionskredite der Pfändung?, NJW 1986, 168 (169).

NEBELUNG, Das Bankkontokorrent, NJW 1953, 449 (450).

NIELSEN, JENS, Das Bankrecht, Hamburg 1989.

NOACK, Pfändbarkeit des Saldos aus einem Kontokorrent, ZfgK 49, 258.

NOBBE, GERD, Bankrecht: Aktuelle höchstst- und obergerichtliche Rechtsprechung, RWS-Verlag 1999.

Derselbe, Neue höchstrichterliche Rechtsprechung zum Bankrecht, RWS-Verlag, 6. Auflage, Köln 1995.

NTASIOS, LEON, Εργατικό Δικονομικό Δίκαιο, Athen 1992.

NTOSTAS, MICHALIS, Γενικό τραπεζικό απόρρητο και απόρρητο των καταθέσεων, Κατάσχεση των καταθέσεων, Athen – Komotini 2000.

NYDRIOTIS, AUGUSTOS, Στοιχεία περί των τραπεζικών εργασιών (εκ των παραδόσεων του Υπο/ντού κ. Αυγούστου Νυδριώτη εις τας Σχολάς εκπαιδεύσεως του προσωπικού της Τραπέζης (Τμήμα νέων υπαλλήλων)), Nationalbank von Griechenland – Athen 1963.

Derselbe, Περί τραπεζικών εργασιών, 2. Auflage Athen 1970.

OBERMÜLLER, MANFRED, Die rechtliche Stellung des Kreditinstituts im Konkurs des Bankkunden, Diss. Würzburg 1972.

OBST, GEORG, Geld-, Bank- und Börsenwesen, 40. Auflage Stuttgart 2000.

OEKONOMOPOULOS GEORGIOS, Αντισυνταγματικότητα άρθρου 2 § 1 α.ν. 63/1967 για την προκαταβολή του 20 % του αμφισβητούμενου φόρου ως προϋπόθεσης προσφυγής στα φορολογικά δικαστήρια, Anmerkungen zu ΕφΑθ 3212/1977, Dike 9 (1978), 94 (98).

OERKE, ALEXANDER, Ratenweise Forderungseinziehung trotz erfolgloser Pfändung, DGVZ 1992, 161 (168).

OLZEN, DIRK, Die Zwangsvollstreckung in Dispositionskredite, ZZP 97 (1984), 1 (31).

Derselbe, Anmerkung zum OLG Frankfurt, EWiR § 829 ZPO 1994, 517. EWiR § 829 ZPO 1994, 517.

OPPERMANN, THOMAS, Europarecht, München 1999.

PAGOULATOS, GEORGE, The Greek Banking System and its Deregulation: History, Structure and Organization in a European Context, in: Modern Banking in the Balkans and West-European Capital in the Nineteenth and Twentieth Centuries, S. 98 ff., Brookfield-USA 1999.

PALANDT, Bürgerliches Gesetzbuch, 61. Auflage 2002.

PAMPOUKIS, KONSTANTINOS, Προσωπική κράτηση για χρηματικές υποχρεώσεις από σύμβαση, Μακεδονική Ένωση Εμπορικού Δικαίου, Thessaloniki 1999.

Derselbe, Τραπεζικαί πιστωτικαί συμβάσεις, Thessaloniki 1962.

Derselbe, Περί της αναγνωρίσεως του υπολοίπου τρέχοντος λογαριασμού, NoB 11 (1963), 81 (88).

PANAGOPOULOS, KOSTAS, Η δικονομική αξίωση παροχής δικαστικής προστασίας στις διαφορές και υποθέσεις ιδιωτικού δικαίου, Το άρθρο 20 παρ. 1 του Συντάγματος και το δικαίωμα λήψης ασφαλιστικών μέτρων, Dike 13 (1982), 145 (165).

PAPACHRISTOU, VASS., Κατάσχεση στα χέρια τρίτου, Dike 15 (1984), 82 (85).

Derselbe, Κατάσχεση στα χέρια τρίτων συντάξεων, μισθών κλπ., Anmerkung zum Gutachten ΝΥΔ 374/1987, Dike 18 (1987), 864 (865).

Derselbe, Διοικητική κατάσχεση στα χέρια τρίτου, Dike 14 (1983), 630 (632).

PAPADIMITRIOU, K. I., Anmerkungen zu ΠρΘεσσ 2575/1972, NoB 21 (1973), 223.

Derselbe, Anmerkungen zu ΜΠρΘεσσ 1532/1972, NoB 20 (1972), 957.

PAPADIMITRIOU, GEORGIOS, Η συνταγματική καθιέρωση της δικαστικής προστασίας, Dike 13 (1982), 594 (608).

PAPADIMITRIOU, K. I., Σημείωση στην επιστολή: «Και πάλιν το απόρρητον των τραπεζικών καταθέσεων», NoB 21 (1973), 848.

PAPADOPOULOS, D., Διαρκής κατ΄ άρθρον Νομολογία, ΚΠολΔ, Τόμος Θ΄, άρθρα 939 – 1054.

PAPAIOANNOU, Anmerkungen zu ΠρΑθ 1583/1973, NoB 21 (1973), 815.

PAPANASTASIOU, Η έννοια και η λειτουργία του αλληλόχρεου λογαριασμού στα πλαίσια των ρυθμίσεων του Σχεδίου Εμπορικού Κώδικα, in: 5o Πανελλήνιο Συνέδριο Εμπορικού Δικαίου, Το Σχέδιο του Εμπορικού Κώδικα, 1996.

PAPANTONIOU, NIKOLAOS, Γενικές Αρχές του Αστικού Δικαίου, 3. Auflage 1983.

PARARA, SOFIA, Συνταγματικές διαστάσεις του τραπεζικού απορρήτου, ΔΕΕΤ, September 1996, 102 (105).

PATERAKIS, STYLIANOS, Το κατασχετό των τραπεζικών καταθέσεων, Anmerkung zu Areopag 1540/2000, Dike 32 (2001), 531(537).

PAULUS, CHRISTOPH, Umfang der Beschlagnahme bei Vorpfändung und Pfändung von Geldforderungen, DGVZ 1993, 129 ff.

PECKERT, JOACHIM, Das Girokonto und der Kontokorrentvertrag, Eine Darstellung der Rechtsbeziehungen beim bargeldlosen Zahlungsverkehr unter besonderer Berücksichtigung der Pfändbarkeit von Ansprüchen aus dem Giroverhältnis, Diss. Osnabrück 1985.

Derselbe, Pfändbarkeit des Überziehungs- und Dispositionskredits, ZIP 19/1986, 1232 (1239).

PENNEY/BAKER, Electronic Funds Transfer System, 1980.

PERDIKAS, PANAGIOTIS, Εγχειρίδιο Εμπορικού Δικαίου, Band II, 3. Auflage 1963.

PETERS, HORST, Sozialgesetzbuch I, Kohlhammer Kommentare, Stuttgart 1976.

PETYCHAKIS, Η „βαβέλ" των ελληνικών τραπεζών, Zeitung, TO BHMA 15.10.89, S. 30.

PLOCH, Pfändbarkeit der Kreditlinie, DB 38 (1986), 1961 (1965).

POHLE, RUDOLF, Kann der Drittschuldner der Klage aus einem Pfändungsbeschluss die Pfändungsgebote der §§ 850 ff. ZPO entgegenhalten?, JZ 1962, 344 (346).

PROST, GERHARD, Die Stellung des Drittschuldners bei fehlerhaften Vollstreckungsakten, NJW 1958, 485 (488).

PRÜTTING, HANNS/ STICKELBROCK, B., Pfändbarkeit der Ansprüche des Bankkunden aus „offener Kreditlinie", BGH, 29.3.2001, EWiR 12 (2001), 599 (600).

PSARAKIS, PAVLOS, Περί της δηλώσεως του τρίτου εις χείρας του οποίου ευρίσκονται τα κατασχεθέντα αντικείμενα, Hellenische Justiz 15 (1974), 365 (366).

PSOMAS, IOANNIS, Το συνταγματικό δικαίωμα της παροχής έννομης προστασίας και η εφαρμογή του από τη νομολογία και τη θεωρία, Εισήγηση στο 10° Πανελλήνιο Συνέδριο της Ένωσης Ελλήνων Δικονομολόγων, Dike 13 (1982), 561 (594).

PSYCHOMANIS, SPYROS, Τραπεζικό Δίκαιο – Δίκαιο Τραπεζικών Συμβάσεων I, Thessaloniki 1995.

Derselbe, Η κατάσχεση των καταθέσεων, Armenopoulos 7 (2002), S. 987 (996).

Derselbe, Ενυπόθηκη πίστωση σε ανοικτό λογαριασμό, Anmerkung zu ΕφΛαρ 83/1998, ΕπισκΕμπΔ 1999, 190 (198).

Derselbe, Οι γενικοί όροι στις τραπεζικές συμβάσεις, ΕπιθΕμπΔ 49 (1998), 887 (896).

Derselbe, Η διάθεση χρηματικών καταθέσεων σε ασφάλεια απαιτήσεων, ΝοΒ 38 (1990), 581 (596).

PUDERBACH, KARINA, Situation des Drittschuldners bei der Forderungspfändung, Eine systematische Darstellung unter Berücksichtigung der Rechtslage in Österreich und der Schweiz, Diss. Bonn, 1991.

RAMMOS, GEORGIOS, Συμψηφισμός και προϋποθέσεις του κατ΄ άρθρα 440 και 441 ΑΚ, Θ 1955, S. 419.

Derselbe, GrZGB-Kommentar, Thessaloniki 1967.

Derselbe, Εγχειρίδιον αστικού δικονομικού δικαίου III, Athen 1982.

REBMANN, KURT, Münchener Kommentar zum Bürgerlichen Gesetzbuch, München 2000.

REETZ, RALF, Die Rechtstellung des Arbeitgebers als Drittschuldner in der Zwangsvollstreckung, Diss. Bonn 1984, Schriften zum deutschen und europäischen Zivil-, Handels- und Prozessrecht, Bielefeld 1985.

REHBEIN, D., Anmerkung zum Urteil des BGH v. 30.6.1982 – VIII ZR 129/81, JR 1983, 109 (113).

RENDELS, DIETMAR, Rechtsprobleme bei Konten von Eheleuten, Diss. Bonn 1994.

RESS, GEORG/ UKROW, JÖRG, Kapitalverkehrsfreiheit und Steuergerechtigkeit,

REWOLLE, HANS-DIETRICH, Die Pfändung von Einkommen aus vermögenswirksamen Leistungen, DB 1966, 150 (152).

RIEDEL, HERMANN, Abtretung und Verpfändung von Forderungen und anderen Rechten, Eine Studie für Wissenschaft und Praxis, Wiesbaden/Stuttgart 1982.

RIEDER, JOSEF, Rechtsfragen bei Gemeinschaftskonten, WM 41 (1987), 29 (34).

ROILOS, LAMBROS, Περί της εφαρμογής του ακατασχέτου των τραπεζικών καταθέσεων κατά του ν.δ. 1059/71 και επί καταθέσεων των εν Ελλάδι λειτουργησών αλλοδαπών τραπεζών, NoB 26 (1978), 994 (996).

ROKAS, K., Λογαριασμός και αλληλόχρεος λογαριασμός, ΕπιθΕμπΔ 12 (1961), 129 (130).

ROSENBERG, LEO/ SCHILKEN, EBERHARD, Zivilprozessordnung, 15. Auflage, München 1993.

Derselbe, Zwangsvollstreckungsrecht, 11. Auflage München 1997.

ROTH, GÜNTER/ FITZ, HANS, Anonymität, Identitätsfeststellung und Bankgeheimnis, ÖBA 6/96, 409 (428).

ROTHE, HANS, Die Pfändung von Arbeitslohn auf einem Bankkonto, BB 1966, 291 (293).

RUTKE, WOLFGANG, Drittschuldnerschutz für die Bank bei der Kontenpfändung, ZIP 5/1984, 538 (540).

SANDKÜHLER, GERD, Bankrecht, Köln/Berlin/Bonn 1992.

SCHAARSCHMIDT, W./ ENGELKEN, HEIKO, Die Sparkassenkredite, Stuttgart 1991.

SCHAUB, GÜNTER, Arbeitsrechts-Handbuch, 9. Auflage, München 2000.

SCHAUFF, KARL-HEINZ, Anmerkung zu LG Düsseldorf, Beschluss vom 29.6.1990, Rpfleger 1990, 469 (470).

SCHERER, INGE, Herausgabe der Lohnabrechnung und Auskunft bei Lohnpfändungen, Rpfleger 1995, 446 (450).

SCHIMANSKY, H./ BUNTE, H.-J./ LWOWSKI, H.-J., Bankrechts-Handbuch, Band I-III, 2. Auflage 2001.

SCHINERER, ERICH/ AVANCINI, PETER, Bankverträge, I. Teil, Mainz 1957.

SCHLÄGER, ERWIN, Anmerkung zu LG Hannover, Urteil vom 22.1.1974, NJW 1974, 1095.

SCHLEGELBERGER/ HEFERMEHL, in: Handelsgesetzbuch, Band IV, Kommentar von GESSLER/HEFERMEHL/HILDEBRANDT/SCHRÖDER, 5. Auflage, München 1976.

SCHLOSSER, Vollstreckungsrechtliches Prioritätsprinzip und verfassungsrechtlicher Gleichheitssatz, ZZP 97 (1984), 121 (138).

SCHMIDT, KARSTEN, Münchener Kommentar zum Handelsgesetzbuch, Viertes Buch, Handelsgeschäfte, München 2001.

Derselbe, Darlehn, Darlehnsversprechen und Darlehnskrediteröffnung im Konkurs, JZ 1976, 756 (763).

SCHMIDT-JORTZIG, EDUARD, Die Auswirkungen der Forderungsüberweisung zur Einziehung (§ 835 I ZPO), Eine Untersuchung über die „Berechtigung zur Einziehung bei der Forderungspfändung", Diss. Kiel 1968, München 1969.

SCHMIDT, WILHELM, Der schweigsame Drittschuldner, JR 1951, 558 (560).

SCHNEIDER, EGON, Ist die Klage auf Erzwingung der Erklärungspflicht des Drittschuldners gemäß § 840 ZPO zulässig?, JurBüro 1967, 266 (267).

SCHOEN, GERT-DIETER, Der Krediteröffnungsvertrag als schuldrechtliche Rahmenverpflichtung, Diss. Erlangen-Nürnberg 1965.

SCHÖNLE, HERBERT, Bank- und Börsenrecht, 2. Auflage, München 1976.

Derselbe, Die Bankauskunft nach schweizerischem Recht, in: Bankgeheimnis und Bankauskunft in der Bundesrepublik Deutschland und in ausländischen Rechtsordnungen, Hrsg. HADDING/SCHNEIDER, Berlin 1986.

SCHOLZ, HELMUT/ LWOWSKI, H.-J., Das Recht der Kreditsicherungen, Berlin 1994.

SCHREIBER, K., Anmerkung zu BGH-Urteil 4.4.1977, JR 1977, 462 (465).

SCHUMANN, EKKEHARD, Bundesverfassungsgericht, Grundgesetz und Zivilprozess, ZZP 96 (1983), 137 (253).

SCHUPP, P., Ist der „gegenwärtige" Kontokorrentsaldo pfändbar?, BB 1952, 217 (218).

SCHUR, WOLFGANG, Das Einziehungsrecht des Gläubigers bei Pfändung und Überweisung einer Geldforderung zur Einziehung, KTS 2001, 73 (95).

SCHUSCHKE, WINFRIED, Die Pfändung der „offenen Kreditlinie", ZIP 2001, 1084 (1088).

Derselbe, Anmerkung zu OLG Köln, Urteil v. 1.3.1999, Bezeichnung der Forderung im Pfändungsbeschluss, InVo 1999, 256.

Derselbe, Vollstreckung und vorläufiger Rechtsschutz, Kommentar zum Achten Buch der Zivilprozessordnung, Bd. I: Zwangsvollstreckung §§ 704 – 915 ZPO, Köln 1992.

SCHUSCHKE, WINFRIED/ WALKER, W.-D., Zwangsvollstreckungsrecht, 2. Auflage 1997.

SCHÜTZ, WILHELM, Der Verwendungszweck von Krediten, WM 1964, 38 (40).

SCHWAB KARL HEINZ/ GOTTWALD PETER, Verfassung und Zivilprozess, Vortrag im VII Internationalen Kongress für Zivilprozessrecht, 1983, Würzburg, in: Effektiver Rechtsschutz und verfassungsmäßige Ordnung, Bielefeld 1983.

SCHWAGER, Das schweizerische Bankgeheimnis in Berücksichtigung der Grundlage, Zusammenhänge und Auswirkungen, Zürich 1973.

SCHWEFER, ILSANNE, Pfändung von Girokontoguthaben unter kontokorrentrechtlichen und girorechtlichen Gesichtspunkten, Diss. Münster/Westf. 1983.

SCHWINTOWSKI/ SCHÄFER, Bankrecht, 1997.

SEEWALD, OTFRIED, Kasseler Kommentar, Sozialversicherungsrecht, Band I, München 2001.

SEIBERT, ULRICH, Drittschuldnerschutz – Grenzen des Zahlungsverbots bei der Lohnpfändung, WM 38 (1984), 521 (525).

SEIDEL, ULRICH, Datenbanken und Persönlichkeitsrecht, Köln 1972.

SGOURITSAS, G., Κατάσχεση στα χέρια τρίτων συντάξεων, μισθών κλπ., Γνωμοδότηση ΝΥΔ 374/1987, Dike 18 (1987), 863 (865).

SICHTERMANN, SIEGFRIED, Das Bankgeheimnis, 7. Auflage, Stuttgart 1987.

SICHTERMANN-FEUERBORN/KIRCHHERR/TERDENGE, Bankgeheimnis und Bankauskunft, in der Bundesrepublik Deutschland sowie in wichtigen ausländischen Staaten, 3. Auflage, 1984.

SICHTERMANN, Das Bankgeheimnis und seine Grenzen, MDR 1952, 143 (146).

SIMANTIRAS, KONSTANTINOS, Εισαγωγή στο Αστικό Δίκαιο, Athen 1998.

SIMITIS G., Η σύμβασις ανοίγματος πιστώσεως δι΄ ανοικτού λογαριασμού, ΕΕΝ 1939, 139.

Derselbe, Η δι΄ εμπορευμάτων ησφαλισμένη τραπεζική πίστωσις, 1933.

SIMITIS, SPYROS, Informationskrise des Rechts und Datenverarbeitung, Karlsruhe 1970.

SIMITIS, SPYROS, Chancen und Gefahren der elektronischen Datenverarbeitung, NJW 1971, 673 (682).

SKOURIS, VASSILIOS, Η προσωρινή προστασία στις ακυρωτικές διαφορές, 1979.

SMID, STEFAN, Probleme der Forderungspfändung – Ausgewählte Fälle zur Zwangsvollstreckung in Forderungen und Rechte, Jura 1988, 281 (290).

SMITS, RENÉ, Bankgeheimnis und Bankauskunft nach niederländischem Recht, in: Bankgeheimnis und Bankauskunft in der Bundesrepublik Deutschland und in ausländischen Rechtsordnungen, HADDING/SCHNEIDER, Berlin 1986.

SOERGEL/HÄUSER, Bürgerliches Gesetzbuch, 12. Auflage, 1997.

SOROLOPIDIS, Τραπεζικές πληρωμές στην εσωτερική αγορά, Το χρήμα (ετήσια έκδοση Hellenews), Okt. 1991, 14 ff.

SOURLOS, D., Το δίκαιο του αλληλόχρεου λογαριασμού, Athen 1975.

SPILIOPOULOS, KYRIAKOS, Έρευνα επί βασικού προβλήματος του αλληλόχρεου λογαριασμού, ΕΕΝ 25 (1958), 441 (443).

SPYRIDAKIS, IOANNIS, Το δίκαιο της εμπράγματης ασφάλειας, Athen 1974.

STAAB, HELMUT, Die Drittschuldnerklage vor dem Arbeitsgericht, NZA 1993, Heft 10, 439 (447).

STAMATIS, K., Το απόρρητον των τραπεζικών καταθέσεων (Ενόψει του Ν.Δ. 1059/71), ΕΕΝ 39 (1972), 121.

STAMATOPOULOS, Anmerkung zu ΠρΠειρ 2025/89, NoB 37 (1989), 255.

STAMOULIS G., Αναγκαστική Εκτέλεση σε βάρος του Δημοσίου, Δυνατότητες και Εμπόδια, SYNIGOROS 1/2001.

STARKE, OTTO ERNST, Das Bankgeheimnis und die Steuerbehörden, Versicherungswirtschaft 1979, 1118 (1126).

STATHOPOULOS, MICHAIL, Η χρήση προσωπικών δεδομένων και η διαπάλη μεταξύ ελευθεριών των κατόχων τους και ελευθεριών των υποκειμένων τους, NoB 48 (2000), 1 (19).

STAUB, HERMANN/ CANARIS, CL.-W., Großkommentar HGB, §§ 343 – 357, 4. Auflage, 2001.

STAUDER, BERND, Der bankgeschäftliche Krediteröffnungsvertrag, Bielefeld 1968.

STAUDINGER, Kommentar zum Bürgerlichen Gesetzbuch, Baden-Baden 2001.

STEIN, FRIEDRICH, Der Drittschuldner, Festschrift für ADOLF WACH in drei Bänden, Bd. I, 1913.

Derselbe, Grundfragen der Zwangsvollstreckung, Leipzig 1913; Aalen 1970.

STEINDORFF, Zivilrechtliche Grundfragen von Bankgeheimnis, Bankauskunft und Persönlichkeitsschutz, ZHR 1985, 151 ff.

STEIN/JONAS/BREHM, Kommentar zur Zivilprozessordnung, Band 6, §§ 829 ff., 21. Auflage Tübingen 1995.

STEIN/JONAS/ MÜNZBERG, Kommentar zur Zivilprozessordnung, Band 6, §§ 704 ff., 21. Auflage Tübingen 1995.

STIGAS, THEODOROS, Τραπεζικό απόρρητο και ακατάσχετο τραπεζικών καταθέσεων, SYNIGOROS 1999, Heft 14, 18 (19).

STIRNBERG, MARTIN, Pfändung von Girokonten, Frankfurt a. M./ Bern/New York 1983.

STÖBER, KURT, Forderungspfändung, 12. Auflage, Bielefeld 1999.

STOIKOS, GEORGIOS, Die Zwangsvollstreckung wegen Geldforderungen in das bewegliche Vermögen im deutschen und im griechischen Recht, Diss. Tübingen 1987.

STRAUSS, JÜRGEN, Nichtigkeit fehlerhafter Akte der Zwangsvollstreckung, Diss. Tübingen 1994.

STÜRNER, ROLF, Prinzipien der Einzelzwangsvollstreckung, ZZP 99 (1986), 291 (332).

Derselbe, Verfahrensgrundsätze des Zivilprozesses und Verfassung, Festschrift BAUR, 1981, 647 (649).

Derselbe, Die Einwirkungen der Verfassung auf das Zivilrecht und den Zivilprozess, NJW 1979, 2334 (2336).

Derselbe, Die Aufklärungspflicht der Parteien des Zivilprozesses, 1976.

Derselbe, Pfändung von Girokonten, Anmerkung zu LG Hannover, Beschluss vom 20.5.85, EWiR § 851 ZPO 1/85, 619.

STÜRNER, ROLF, Pfändung von Girokonten, Die Kreditlinie ist grundsätzlich unpfändbar, Anmerkung zu LG Hannover v. 9.2.88, Rpfleger 1988, 372 (373).

SÜHR, HUBERT, Die Bearbeitung von Pfändungsbeschluss und Drittschuldnererklärung, 2. Auflage 1995.

Derselbe, Anmerkung zu OLG Stuttgart, Beschluss vom 26.8.1981, WM 1981, 1149 (1150).

SYLLAS, KONSTANTINOS, Οι ειδικοί εκτελεστοί τίτλοι, ΑρχΝ 1952, 97 (101).

Derselbe, Ο αλληλόχρεος λογαριασμός υπό τον ΑΚ και τον ειδικόν νόμον περί εταιριών και τραπεζών, ΑρχΝ 1952, 449 (453).

SZAGUNN/HAUG/ ERGENZINGER, Kommentar zum Gesetz über das Kreditwesen, 5. Auflage 1990.

TEKIDOU, DIMITRA, Vollstreckungszugriff auf Bankkonten in Griechenland, ZBB 2001, 114 (115).

TERPITZ, WERNER, Pfändungsschutz bei Kontenpfändung nach § 55 des Ersten Buches des Sozialgesetzbuches, BB 1976, S. 1564 (1567).

Derselbe, Pfändung der Ansprüche aus Girokonten, Dispositionskredite, LG Dortmund, Beschluss v. 1.8.85, WuB VI E, § 829 ZPO 5.86.

Derselbe, Zur Pfändung von Ansprüchen aus Bankkonten – zugleich Besprechung des Urteils OLG Oldenburg vom 29.11.1978, WM 1979, 570 (575).

THOMAS, HEINZ/ PUTZO, HANS, Zivilprozessordnung, 22. Auflage, München 1999.

TIEDEMANN, KLAUS/ SASSE, CHRISTOPH, Deliquenzprophylaxe, Kreditsicherung und Datenschutz in der Wirtschaft, Köln/Berlin/Bonn/München 1973.

TRAGAKIS GEORGIOS, Θεσμική θωράκιση της ακεραιότητας του κύρους και της αξιοπιστίας του τραπεζικού συστήματος, ΔΕΕΤ, November 1994, 163 (166).

Derselbe, Ελληνική Τραπεζική Νομοθεσία και Πρακτική, Band II, 1980.

TRAGAKIS, G., Το Τραπεζικό Απόρρητο στην Ελλάδα, 1. Teil: Οι νομοθετικές ρυθμίσεις για το Τραπεζικό Απόρρητο, Έννοια και σκοπός καθιερώσεως του γενικού Τραπεζικού απορρήτου, 94 ff. und S. 106 – 108, ΔΕΕΤ 1988-1989, Heft 19, 2 (18).

Derselbe, Το Τραπεζικό Απόρρητο στην Ελλάδα, 2. Teil: Το Απόρρητο των Τραπεζικών Καταθέσεων, ΔΕΕΤ 1988-1989, Heft 20, 4 (26).

Derselbe, Το Τραπεζικό Απόρρητο στην Ελλάδα, 3. Teil: Το Απόρρητο των Τραπεζικών Καταθέσεων, ΔΕΕΤ 1988-1989, Heft 21-22, 94 (108).

TRIANTAFYLLAKIS, GEORGIOS, Οι πρόσφατες εξελίξεις στη νομολογία σε σχέση με το τραπεζικό απόρρητο, Hellenische Justiz 34 (1993), 1445 (1451).

Derselbe, Σύμβαση τραπεζικού γύρου και εντολή μεταφοράς πίστωσης – Νομικά προβλήματα ουσιαστικού και δικονομικού δικαίου, Dike 23 (1992), 401 (432).

Derselbe, Ζητήματα Αστικής Ευθύνης Τραπεζών κατά τη διενέργεια Πληρωμών με Μεταφορά Κεφαλαίων (η περίπτωση της πλαστής εντολής), ΔΕΕ 1996, 577 (593).

TRINKNER, REINHOLD, Lohnpfändung und Aufrechnungsvereinbarung zwischen Arbeitgeber und Arbeitnehmer, Anmerkung zu BAG, BB 1967, 35 (37).

TSAKOS, Περί του ακατασχέτου του ΚΠολΔ και άλλων ειδικών νόμων, ΕπΕπΔΣΘ 2, 258 (269).

TSIKRIKAS, DIMITRIOS, Der Einfluss der EMRK auf die Gestaltung des einstweiligen Rechtsschutzes im europäischen Zivilprozess, Wissenschaftliches Symposion auf der Insel Syros, Auf dem Weg zur Globalisierung des Zivilprozessrechts, v. 10.-16-9.2000, http://www.dikaiosini.com/tsikrikas.htm

TSIMIKALIS, Μελέται εκ του δικαίου τραπεζών, 1949.

TSITSOPOULOS, ALEXANDROS, Παρατηρήσεις τίνες επί του Ν.Δ. 1059/23.12.1971 περί του απορρήτου των τραπεζικών καταθέσεων, ΕΕΝ 39 (1972), 766 (767).

TUSSIS, ANDREAS, Ενοχικό Δίκαιο, Γενικό Μέρος, Band I-II, Athen 1974.

TUSSIS, ANDREAS, Εμπράγματο Δίκαιο, 1966.

TZIFRAS, Anmerkung zu ΕφΑθ 732/1979, Armenopoulos 34 (1980), 306 (312).

UHLMANNSIEK, DIRK, Pfändung ins Girokonto, Zur Pfändbarkeit von Kontoguthaben und Kreditzusagen, JA 1993, 238 (246).

VALLENDER, HEINZ, Effiziente Zwangsvollstreckung durch Kontenpfändung, InVo 11 (1996), 283 (287).

VATHRAKOKILIS, VASSILIS, Κώδικας Πολιτικής Δικονομίας – Ερμηνευτική – Νομολογιακή Ανάλυση, Τόμος ΣΤ΄, Athen 1997.

VAVOUSKOS, KONSTANTINOS, Εμπράγματο Δίκαιο, Thessaloniki 1986.

VELENTZAS, IOANNIS, Τραπεζικό Δίκαιο, Thessaloniki 1992.

VELENTZAS, IOANNIS/ GOUNOPOULOU, AG. , Τραπεζικό Κώδικας, Thessaloniki 1994.

VELENTZAS, IOANNIS, Δίκαιο Τραπεζικών Συμβάσεων (Εργασιών), Thessaloniki 1996.

Derselbe, Δίκαιο αλληλόχρεου λογαριασμού, 2. Auflage, Thessaloniki 2000.

VENIZELOS, EVAGELOS, Μαθήματα Συνταγματικού Δικαίου, Thessaloniki 1991.

VOGEL, FRANK, Schutzvorschriften auch im Zwangsvollstreckungsverfahren?, NJW 1997, 554 (557).

VORTMANN, JÜRGEN, Pfändung der offenen Kreditlinie, Anmerkung zu OLG Schleswig, Beschluss v. 18.6.91, EWiR § 607 BGB 3/92, 445 (446).

VOUSIKAS, EMMANOUEL, Δάνειον και ανώμαλος παρακαταθήκη, EEN 28 (1961), 809 (815).

Derselbe, Κτήσις ενεχύρου παρά μη κυρίου, Athen 1950.

WAGNER, CLAUS, in: Handelsgesetzbuch-Kommentar, hrsg. von RÖHRICHT, VOLKER/GRAF VON WESTPHALEN, FRIEDRICH, 1998.

WAGNER, EBERHARD, Neue Argumente zur Pfändbarkeit des Kontokorrentkredits, WM 1998, 1657 (1704).

Derselbe, Interventionsrecht des Kontoinhabers gegen die Zwangsvollstreckung in Oder-Konten?, WM 45 (1991), 1145 (1151).

Derselbe, Zur Pfändbarkeit nicht zweckgebundener Kontokorrentkreditforderungen, JZ 1985, 718 (725).

Derselbe, Pfändung der Deckungsgrundlage- ungeklärte Fragen bei der Zwangsvollstreckung in Girokonten, ZIP 1985, 849 (856).

WALDNER, WOLFRAM, Anmerkung zu BGH-Urteil von 17.4.1984, JR 1984, S. 466 (468).

Derselbe, Anmerkung zu LG Nürnberg-Fürth, Urteil vom 10.6.1981, ZZP 96 (1983), 118 (124).

WALKER, WOLF-DIETRICH, Neue höchstrichterliche Rechtsprechung zum Zwangsvollstreckungsrecht (1990-1993) – Teil 1, JZ 1994, 990 (999).

WALTERMANN, FRANZ-JOSEF, Die Übertragbarkeit von Gestaltungsrechten im Rahmen von Geschäftsbesorgungen, Diss. Münster 1968.

WANNAGAT, GEORG, Kommentar zum Recht des Sozialgesetzbuchs I, Köln 1999.

WEBER AHREND, Rechtsfragen zur Kontenpfändung, Die Bank 1983, 84 (89).

Derselbe, Pfändung von Kreditansprüchen, Anmerkung zu LG Hamburg, Beschluss v. 23.12.85, WuB VI E. § 829 ZPO 6.86.

WEIMAR, WILHELM, Zur Pfändbarkeit des Anspruchs auf Auszahlung eines Darlehens, JurBüro 1976, 565 (568).

WERNER, HORST/ MACHUNSKY, JÜRGEN, Zur Pfändung von Ansprüchen aus Girokonten – insbesondere beim debitorisch geführten Kontokorrent, BB 1982, 1581 (1584).

WERNER, OLAF, Die Bedeutung der Pfändungspfandtheorien, JR 1971, 278 (286).

WESTERMANN, in: BGB, Münchener Kommentar, Schuldrecht, Besonderer Teil, 3. Auflage, München 1997.

WEYLAND, PETER, Der Verhältnismäßigkeitsgrundsatz in der Zwangsvollstreckung, Berlin 1987.

WIESER, EBERHARD, Der Grundsatz der Verhältnismäßigkeit in der Zwangsvollstreckung, ZZP 98 (1985), 50 (61).

WILLIKONSKY, BIRGIT, Lohnpfändung und Drittschuldnerklage, Berlin 1998.

WOLFF, JÜRGEN, Die Geheimhaltungspflicht der Banken, DB 1968, 695 (700).

WOLTER, LUTZ, Das Kreditgeschäft der Banken und Sparkassen, 2. Auflage 1985.

WOSNITZA, RÜDIGER, Das Recht auf Auskunft im bankvertraglichen Dauerschuldverhältnis, Diss. Bremen 1990.

YESSIOU-FALTSI, PELAYIA, Δίκαιο Αναγκαστικής Εκτέλεσης, Band I und II, Thessaloniki 1998/2001.

YESSIOU-FALTSI, PELAYIA, Prinzipien der Einzelzwangsvollstreckung in der griechischen im Vergleich zur deutschen Zivilprozessordnung, Festschrift für HANS FRIEDRICH GAUL zum 70. Geburtstag, 1997.

Dieselbe, Η δικονομική έννομη τάξη II, Μελέτες αστικού δικονομικού και διεθνούς δικονομικού δικαίου, Thessaloniki 1995.

YESSIOU-FALTSI, PELAYIA, Das Ausgleichsprinzip im griechischen Zwangsvollstreckungsrecht im Unterschied zum deutschen Prioritätsprinzip, ZZP 106 (1993), 215 (233).

Dieselbe, Civil Procedure in Hellas, 1995.

Dieselbe, Η αρχή της αναλογικότητας στην αναγκαστική εκτέλεση, Hellenische Justiz 32 (1991), 280 (300).

Dieselbe, Προστασία της καταχρηστικής αναγκαστικής εκτελέσεως: αρχή αναλογικότητας ή εφαρμογή του άρθρου 281 ΑΚ;, ΕπΕπΔΣΘ 11 (1990), 29 (41).

Dieselbe, Anmerkung zum Vortrag von PAPADIMITRIOU, „Η συνταγματική καθιέρωση της δικαστικής προστασίας“, Dike 13 (1982), 609 (612).

Dieselbe, Οι θεμελιώδεις δικονομικές αρχές της αναγκαστικής εκτέλεσης, Ειδικότερα: Η αρχή της διαθέσεως, Dike 18 (1987), 641 (679).

ZÖLLER, Zivilprozessordnung, bearbeitet von GEIMER/GREGER/GUMMER/HERGET/PHILIPPI/STÖBER/VOLKOMMER, 22. Auflage Köln 2001.

ZWICKER, DIETER, Die Pfändung von kontokorrentzugehöriger Forderungen, DB 1984, 1713 (1715).

Anhang: Gesetzestexte

ΝΔ[1] 1059/1971	GD 1059/1971
Άρθρο 1 (Το παρόν άρθρο τίθεται όπως αντικαταστάθηκε με την παρ. 1 άρθρου 10 Ν. 1858/1989) Οι κάθε μορφής καταθέσεις σε πιστωτικά ιδρύματα είναι απόρρητες. Το απόρρητο αυτό δεν ισχύει έναντι της Τράπεζας της Ελλάδος κατά την άσκηση των αρμοδιοτήτων της, των σχετικών με τον έλεγχο του τραπεζικού συστήματος και της εφαρμογής των νομισματικών, πιστωτικών και συναλλαγματικών κανόνων.	**Art. 1** i.d.F. des Gesetzes Nr. 1858/1989 Die Bankeinlagen jeder Art gelten als vertraulich. Dieses Geheimnis kann nicht gegen die Bank von Griechenland bei der Ausübung ihrer Kompetenzen in Bezug auf die Prüfung des Banksystems und der Anwendung der währungsrechtlichen, kreditrechtlichen und devisenrechtlichen Bestimmungen geltend gemacht werden.
Άρθρο 2 (Το εντός „ " εδάφιο της παρ. 1 προστέθηκε με την παρ. 2 άρθρου 10 Ν. 1858/1989) 1. Διοικηταί, μέλη Διοικητικών Συμβουλίων ή άλλων συλλογικών οργάνων ή υπάλληλοι Τραπεζών, οίτινες ως εκ των καθηκόντων των λαμβάνουν γνώσιν των τραπεζικών καταθέσεων, παρέχοντες καθ' οιονδήποτε τρόπον, οιανδήποτε περί αυτών πληροφορίαν, τιμωρούνται δια φυλακίσεως τουλάχιστον έξι μηνών. Η συναίνεσις ή η έγκρισις του υπέρ ου το απόρρητον καταθέτου, ουδαμώς αναιρεί τον αξιόποινον χαρακτήρα της πραξεως.	**Art. 2** (Der Satz in „ " des Abs. 1 wurde mit dem Abs. 2 des Art. 10 Gesetz Nr. 1858/1989 eingefügt) 1. Die Verwalter, die Mitglieder des Verwaltungsrates oder sonstiger kollektiver Organe oder die Bankangestellte, welche im Rahmen ihrer Tätigkeit Kenntnisse über Bankeinlagen erlangen, und die auf irgendeine Weise Informationen über diese (die Bankeinlagen) weitergeben, werden mit einer Freiheitsstrafe von mindestens sechs Monaten bestraft. Die Zustimmung oder die Genehmigung des Einlegers, der durch das Geheimnis begünstigt wird, hebt auf keine Weise die Strafbarkeit der Handlung auf.

[1] *Griechisch*: „*Nomothetiko Diatagma*". Hierbei handelt es sich um eine Kategorie von Rechtsnormen mit Gesetzeskraft, die in den früheren griechischen Verfassungen von 1911 – 1975 vorgesehen waren. Sie wurden von der vollziehenden Gewalt nach parlamentarischer Ermächtigung erlassen und erforderten die nachträgliche Billigung des Parlaments. Diese Ausnahmegesetzgebungsform wurde jedoch in politisch außergewöhnlichen Perioden, wie die damalige Diktaturperiode eine war, von der Executive oft missbraucht.

GR	DE
„Οι παραπάνω διατάξεις δεν εφαρμόζονται για τη Διοίκηση και τα λοιπά όργανα της Τράπεζας της Ελλάδος προκειμένου να επιβληθούν διοικητικές κυρώσεις για παραβάσεις νομισματικών, πιστωτικών ή συναλλαγματικών κανόνων.“ 2. Επί καταδίκης δια την εν τη προηγουμένη παραγράφω πράξιν το δικαστήριον δεν δύναται να διατάξη αναστολήν εκτελέσεως της ποινής, ουδέ μετατροπήν ταύτης εις χρηματικήν. 3. Τα εν παρ. 1 αναφερόμενα πρόσωπα, καλούμενα ως μάρτυρες εν πολιτική ή ποινική δίκη, ουδέποτε εξετάζονται περί των απορρήτων καταθέσεων, και συναινούντος έτι του υπέρ ου το απόρρητον καταθέτου.	„Diese Vorschriften gelten nicht gegenüber der Verwaltung und den anderen Organen der Bank von Griechenland im Rahmen der Auferlegung von verwaltungsrechtlichen Sanktionen für die Verletzung von währungsrechtlichen, kreditrechtlichen und devisenrechtlichen Bestimmungen.“ 2. Bei einer Verurteilung wegen der im Abs. 1 genannten Handlung kann das Gericht die Strafe weder aussetzen noch kann es diese in eine Geldstrafe umwandeln. 3. Die in Abs. 1 genannten Personen, die als Zeugen in einem Zivil- oder Strafverfahren geladen werden, dürfen auf keinen Fall über die vertraulichen Bankeinlagen befragt werden, auch wenn der Einleger, der durch das Geheimnis begünstigt wird, der Befragung zustimmt.
Άρθρο 3 (Το παρόν άρθρο τίθεται όπως αντικαταστάθηκε με την παρ. 1 άρθρου 27 Ν. 1868/1989) Εξαιρετικώς επιτρέπεται η παροχή πληροφοριών για τις απόρρητες χρηματικές ή άλλες καταθέσεις σε τράπεζες που λειτουργούν στην Ελλάδα μετά από ειδικά αιτιολογημένη παραγγελία ή αίτηση ή απόφαση του αρμόδιου για την άσκηση ποινικής δίωξης ή τη διενέργεια προκαταρκτικής εξέτασης ή προανάκρισης ή κύριας ανάκρισης οργάνου δια του δικαστικού συμβουλίου ή δικαστηρίου, στο οποίο διενεργείται η σχετική διαδικασία, εφ΄ όσον η παροχή των πληροφοριών αυτών είναι απολύτως αναγκαία για την ανίχνευση και τον κολασμό κακουργήματος.	**Art. 3** i.d.F. des Gesetzes Nr. 1858/1989 Die Auskunft über vertrauliche Geld- und sonstigen Einlagen bei Banken, die in Griechenland niedergelassen sind, ist ausnahmsweise auf eine besonders begründete Bestellung oder Antrag oder Entscheidung des zuständigen für die Strafverfolgung oder das Ermittlungsverfahren oder des Verhörs Behörde und diese Auskunft für die Ermittlung und die Bestrafung eines Verbrechens absolut erforderlich ist; die Auskunft soll vor dem Gericht, welches sich mit diesem Verfahren befasst, erteilt werden.

GR	DE
N. 2915/2001 **Επιτάχυνση της τακτικής διαδικασίας ενώπιον των πολιτικών δικαστηρίων και λοιπές δικονομικές και συναφείς ρυθμίσεις** Ο χρόνος έναρξης της ισχύος των διατάξεων του παρόντος νόμου μετατίθεται στην 1η Ιανουαρίου 2002.	**Gesetz 2915/2001** **Beschleunigung der ordentlichen Gerichtsbarkeit vor den Zivilgerichten und weitere prozessrechtliche Vorschriften** Dieses Gesetz ist am 1. Januar 2002 in Kraft getreten.
Άρθρο 24 Το απόρρητο των κάθε μορφής καταθέσεων σε πιστωτικά ιδρύματα, καθώς και των άϋλων μετοχών που καταχωρίζονται στο Σύστημα Άϋλων Τίτλων (Σ.Α.Τ.) του Κεντρικού Αποθετηρίου Αξιών (Κ.Α.Α.) δεν ισχύει έναντι του δανειστή που έχει δικαίωμα κατάσχεσης της περιουσίας του δικαιούχου της κατάθεσης ή της μετοχής. Το απόρρητο αίρεται μόνο για το χρηματικό ποσό που απαιτείται για την ικανοποίηση του δανειστή.	**Art. 24** Das Geheimnis der Einlagen jeder Art bei Kreditinstituten sowie der unverbrieften Aktien, welche im „System unverbriefter Effekten" der „Zentralen Depotstelle" eingetragen sind, hat gegenüber dem Gläubiger keinen Bestand, der zur Pfändung des Bankguthabens bzw. des Aktiendepots befugt ist. Das Geheimnis wird nur in Bezug auf den Betrag aufgehoben, der zur Befriedigung des Gläubigers erforderlich ist.

ΝΔ 17.7-13.8.1923 **Περί ειδικών διατάξεων επί ανωνύμων εταιριών** **Κεφάλαιο Θ: Δικονομικαί διατάξεις** **Άρθρο 87** 1. Εάν εγένετο κατάσχεσις χρημάτων ή χρεωγράφων παρ΄ ανωνύμω εταιρεία, ως τρίτη, η εταιρεία δικαιούται, είτε να καταθέση τα κατασχεθέντα δικαστικώς, απαλλασσόμενη δια της τοιαύτης καταθέσεως πάσης ευθύνης προς τε τον κατάσχοντα και τον δικαιούχον, είτε να αιτήσηται παρά του προέδρου την άρσιν της κατασχέσεως, ήν ούτος δύναται να χορηγήση μετά ή άνευ εγγυήσεως.	**GD 17.7.-13.8.1923** **Über die speziellen Vorschriften der Aktiengesellschaften** **Kapitel Θ: Prozessrechtliche Bestimmungen** **Art. 87** 1. Wenn bei einer Aktiengesellschaft als Dritte, Gelder oder Effekten gepfändet werden, so ist die Gesellschaft berechtigt, entweder die gepfändeten (Gelder oder Effekten) gerichtlich zu hinterlegen und somit von jeder Haftung gegenüber dem Pfändungsgläubiger und dem Berechtigten befreit zu sein, oder die Aufhebung der Pfändung vom Präsidenten zu beantragen. Letzterer kann die Aufhebung der Pfändung gegen eine Sicherheitsleistung oder auch ohne Sicherheitsleistung erteilen.

GR	DE
2. Εάν η κατάσχεσις εγένετο εις χείρας της Εθνικής Τραπέζης, ως τρίτης, αύτη δικαιούται ίνα καταθέση τα κατασχεθέντα παρ΄αυτή κατά τους όρους των εις την πρώτη ζήτησιν αποδοτέων καταθέσεων.	2. Wenn die Pfändung in den Händen der Nationalbank als Dritte bewirkt wird, ist diese berechtigt die gepfändeten (Gelder oder Effekten) bei ihr zu hinterlegen.
Άρθρο 88 1. Η ανάληψις των κατά το προηγούμενον άρθρον κατατεθέντων γίνεται μόνο με άδεια του προέδρου. 2. Η Εθνική Τράπεζα εκτελούσα απόφασιν του Προέδρου, απαλλάσσεται πάσης ευθύνης. **Άρθρο 89** 1. Η δικαστική κατάθεσις γίνεται επ΄ ονόματι του δικαιούχου και, εάν ούτος απεβίωσεν, επ΄ ονόματι των κληρονόμων αυτού άνευ ρητής αυτών κατονομασίας. 2. Εάν η ειδοποίησις του δικαιούχου περί της καταθέσεως είναι δυσεπίτευκτος, παραλείπεται αδεία του προέδρου.	**Art. 88** 1. Die Auszahlung der gemäß dem vorherigen Art. Hinterlegten Gelder oder Effekten kann nur auf Erlaubnis des Präsidenten erfolgen. 2. Wenn die Nationalbank auf Entscheidung des Präsidenten handelt, wird sie von jeder Haftung befreit. **Art. 89** 1. Die gerichtliche Hinterlegung erfolgt im Namen des Berechtigten und, wenn dieser verstorben ist, im Namen seiner Erben ohne diese ausdrücklich bei Namen zu nennen. 2. Wenn die Benachrichtigung des Berechtigten über die Hinterlegung nicht möglich ist, wird diese nach Erlaubnis des Präsidenten unterlassen.
Άρθρο 90 1. Εάν η εταιρεία έχη και υποκαταστήματα εν Ελλάδι, κατάσχεσις εις χείρας αυτής, επιτρέπεται μόνον παρά τω καταστήματι, ή τω υποκαταστήματι, ένθα υφίσταται η κατάθεσις ή άλλη οφειλή προς τον καθ΄ου η κατάσχεσις. 2. Εάν η εταιρεία έχη υποκαταστήματα και εν τη αλλοδαπή, η εν Ελλάδι κατάσχεσις δεν περιλαμβάνει και τας εν αλλοδαπή οφειλάς.	**Art. 90** 1. Wenn die Gesellschaft Filialen auch in Griechenland hat, ist die Pfändung in ihren Händen als Dritte nur bei der Geschäftsstelle oder der Filiale zulässig, bei der die Einlage oder eine andere Forderung des Pfändungsschuldners belegen ist. 2. Wenn die Gesellschaft Filialen auch im Ausland hat, erstreckt sich die Pfändung in Griechenland nicht auf Forderungen, die im Ausland bestehen.

GR	DE
Άρθρο 91 1. Εάν εγένετο κατάσχεσις εις χείρας εταιρείας, ως τρίτης, αύτη α) δικαιούται ίνα τα δικαιολογητικά έγγραφα της δηλώσεως αυτής προσαγάγη επ΄ ακροατηρίου κατά την συζήτησιν της ανακοπής της δηλώσεως, β) δεν υποχρεούται ίνα ενισχύση δι΄ όρκου την δήλωσιν. **Άρθρο 92** (Καταργήθηκε με το άρθρο 52 παρ. 3 ΕισΝΚΠολΔ)	**Art. 91** 1. Wenn in den Händen einer Gesellschaft als Dritte gepfändet wird, hat diese das Recht a) die Unterlagen zur Begründung ihrer Erklärung bei der Hauptverhandlung des Widerspruchs gegen die Erklärung vorzulegen, b) sie ist nicht verpflichtet, ihre Erklärung unter Eid abzugeben. **Art. 92** (Aufgehoben durch Art. 52 Abs. 3 Einführungsgesetz zur GrZPO)
Άρθρο 93 1. Εάν η εταιρεία εξεμίσθωσε διαμέρισμα, χρηματοκιβωτίου, αύτη θεωρείται τρίτη έναντι των πιστωτών του μισθωτού. 2. Εν περιπτώσει κατασχέσεως, η εταιρία δικαιούται, αδεία του Προέδρου ανοίγουσα το χρηματοκιβώτιον, να καταθέση το περιεχόμενον αυτού δικαστικώς. 3. Εάν, ληξάσης της μισθώσεως του διαμίσματος, ο μισθωτής δεν εμφανίζηται, η εταιρεία δικαιούται μετά την πάροδον μηνός να ανοίξη το διαμέρισμα αδεία του προέδρου, και να καταθέση το περιεχόμενον δικαστικώς.	**Art. 93** 1. Wenn die Gesellschaft einen Geldschrank vermietet hat, ist sie gegenüber den Gläubiger des Mieters als Drittschuldnerin anzusehen. 2. Bei einer Pfändung ist die Gesellschaft berechtigt, nach Erlaubnis des Präsidenten den Geldschrank zu öffnen und dessen Inhalt gerichtlich zu hinterlegen. 3. Wenn nach Beendigung des Mietvertrags über den Geldschrank, der Mieter nicht erscheint, ist die Gesellschaft nach Erlaubnis des Präsidenten berechtigt, den Geldschrank zu öffnen und den Inhalt gerichtlich zu hinterlegen.

ΚΠολΔ **Κεφάλαιο Δ΄: Κατάσχεση στα χέρια τρίτου** **άρθρα 982 – άρθρο 991**	**GrZPO**[2] **Kapitel Δ΄: Pfändung in den Händen eines Dritten** **Art. 982 – Art. 991**

Άρθρο 982 **(Αντικείμενο κατασχέσεως – Ακατάσχετα)**	**Art. 982** (früher 1046)
1. Μπορούν να κατασχεθούν α) χρηματικές απαιτήσεις εκείνου κατά του οποίου στρέφεται η εκτέλεση κατά τρίτων μη εξαρτώμενες από αντιπαροχή ή απαιτήσεις του κατά τρίτων για μεταβίβαση της κυριότητας κινητών μη εξαρτώμενες από αντιπαροχή, β) κινητά πράγματα του που βρίσκονται σε χέρια τρίτου.	1. Es können gepfändet werden: a) die dem Schuldner gegen Dritte zustehenden Geldforderungen oder Forderungen auf Übertragung des Eigentums an beweglichen Sachen, wenn sie nicht von einer Gegenleistung abhängig sind, b) die dem Schuldner gehörenden beweglichen Sachen, die sich im Besitz eines Dritten befinden.
2. Εξαιρούνται από την κατάσχεση α) πράγματα που μπορούν να υποστούν άμεση φθορά, β) η εταιρική μερίδα σε προσωπικές εταιρίες, γ) απαιτήσεις διατροφής που πηγάζουν από το νόμο ή από διάταξη τελευταίας βούλησης, καθώς και απαιτήσεις για συνεισφορά των συζύγων στις ανάγκες της οικογένειας, δ) απαιτήσεις μισθών, συντάξεων ή ασφαλιστικών εισφορών, εκτός αν πρόκειται να ικανοποιηθεί απαίτηση για διατροφή που στηρίζεται στο νόμο ή σε διάταξη τελευταίας βούλησης ή για συνεισφορά στις ανάγκες της οικογένειας, οπότε επιτρέπεται να γίνει κατάσχεση έως το μισό, αφού ληφθούν υπόψη τα ποσά που εισπράττει ο υπόχρεος, το μέγεθος των υποχρεώσεων που του δημιουργεί ο γάμος του για αντιμετώπιση των οικογενειακών αναγκών και ο αριθμός των δικαιούχων.	2. Von der Pfändung sind ausgenommen: a) Sachen, die Sofort verderben können, b) der Gesellschaftsanteil bei Personengesellschaften, c) auf Gesetz oder letztwilliger Verfügung beruhende Unterhaltsansprüche, sowie Ansprüche auf den Beitrag der Eheleute zu den Bedürfnissen der Familie, d) Ansprüche auf Gehalt, Renten, oder Versicherungsleistungen, es sei denn, dass es sich um die Erfüllung von gesetzlichen oder auf letztwilliger Verfügung beruhenden Unterhaltsansprüchen oder Ansprüche auf den Beitrag zu den Bedürfnissen der Familie handelt, wobei die Pfändung bis zur Hälfte gestattet ist, unter Berücksichtigung der dem Schuldner zustehenden Beträge, der Höhe seiner durch Heirat zur Deckung der Bedürfnisse der Familie begründeten Verpflichtungen, sowie der Zahl der Bezugsberechtigten.

[2] Auszug aus der Übersetzung der GrZPO von Fenge/Yessiou-Faltsi unter Mitarbeit von Aikaterini Kousoula, Neubearbeitung (2004) der 1969 von Baumgärtel/Rammos herausgegebenen Übersetzung.

GR	DE
Άρθρο 983 **(Πώς επιβάλλεται – Κατάσχεση απαιτήσεως από τίτλο εις διαταγή)**	**Art. 983** (früher 1047)
1. Η κατάσχεση στα χέρια τρίτου γίνεται με επίδοση στον τρίτο και σε εκείνον κατά του οποίου στρέφεται η εκτέλεση εγγράφου που πρέπει να περιέχει, εκτός από τα στοιχεία του άρθρου 118, και α) ακριβή περιγραφή του εκτελεστού τίτλου και της απαίτησης βάσει των οποίων γίνεται η κατάσχεση, β) το ποσό για το οποίο επιβάλλεται η κατάσχεση, γ) επιταγή προς τον τρίτο να μην καταβάλει σε εκείνον κατά του οποίου γίνεται η εκτέλεση, δ) διορισμό αντικλήτου που κατοικεί στην περιφέρεια του ίδιου ειρηνοδικείου ή στην έδρα του πρωτοδικείου της κατοικίας του τρίτου, αν εκείνος υπέρ του οποίου γίνεται η εκτέλεση δεν κατοικεί στην περιφέρεια του ειρηνοδικείου της κατοικίας του τρίτου.	1. Die Pfändung bei einem Dritten erfolgt durch die Zustellung eines Schriftsatzes an den Dritten und den Schuldner, der außer den in Art. 118 genannten Erfordernissen enthalten muss: a) eine genaue Bezeichnung des Vollstreckungstitels und des Anspruchs, auf Grund deren die Pfändung vorgenommenen wird, b) die Summe, für welche die Pfändung betrieben wird, c) die Aufforderung an den Dritten, an den Schuldner keine Leistung vorzunehmen, d) die Bestellung eines Zustellungsbevollmächtigten, der in dem Bezirk des Friedensgerichts oder an dem Sitz des Kollegialgerichts erster Instanz, das für den Wohnsitz des Dritten zuständig ist, wohnt falls der Gläubiger nicht in dem Bezirk des für den Wohnsitz des Dritten zuständigen Friedensgerichts wohnt.
2. Το έγγραφο που προορίζεται για εκείνον κατά του οποίου γίνεται η κατάσχεση πρέπει να του επιδοθεί το αργότερο μέσα σε οκτώ ημέρες αφότου γίνει η επίδοση στον τρίτο, αλλιώς η κατάσχεση είναι άκυρη.	2. Der für den Schuldner bestimmten Schriftsatz muss diesem spätestens binnen acht Tagen von der Zustellung an den Dritten an zugestellt werden, sonst ist die Pfändung nichtig.
3. Όταν πρόκειται για απαίτηση από τίτλο εις διαταγήν, η κατάσχεση της παρ. 1 μπορεί να γίνει μόνο αφού ο τίτλος αφαιρεθεί κατά το άρθρο 954 παρ. 1 από εκείνον κατά του οποίου στρέφεται η εκτέλεση και παραδοθεί σε εκείνον υπέρ του οποίου γίνεται.	3. Wegen der Ansprüche aus einem Orderpapier kann die Pfändung nach § 1 nur erfolgen, wenn das Wertpapier nach Art. 954 § 1 dem Schuldner weggenommenen und dem Gläubiger übergeben ist.

Άρθρο 984	Art. 984 (früher 1048)
1. Απαγορεύεται και είναι άκυρη υπέρ του κατάσχοντος η διάθεση του κατασχεμένου από εκείνον κατά του οποίου έγινε η κατάσχεση, αφότου του επιδοθεί το κατά το άρθρο 983 έγγραφο, έστω και αν το έγγραφο αυτό δεν έχει ακόμη επιδοθεί στον τρίτο· η ευθύνη του τρίτου ρυθμ΄ζεται σύμφωνα με την παρ. 3.	1. Dem Schuldner verboten und dem betreibenden Gläubiger nichtig ist die Veräußerung des gepfändeten Gegenstandes von der Zustellung des Schriftsatzes an den Schuldner nach Art. 983 an, auch wenn dieser dem Dritten noch nicht zugestellt wurde; für die Haftung des Dritten ist § 3 maßgebend.
2. Απαγορεύεται και δεν παράγει έννομες συνέπειες για τον κατάσχοντα η εξόφληση από τον τρίτο της κατασχεμένης απαίτησης ή ο συμψηφισμός της με μεταγενέστερη απαίτηση, καθώς και η απόδοση σε εκείνον κατά του οποίου έγινε η κατάσχεση ή η διάθεση σε τρίτους του κατασχεμένου, αφότου του επιδοθεί το έγγραφο του άρθρου 983, έστω και αν αυτό δεν επιδόθηκε ακόμα σε εκείνον κατά του οποίου έγινε η κατάσχεση. Όταν πρόκειται για χρηματικές απαιτήσεις, η απαγόρευση αφορά μόνο το ποσό για το οποίο έγινε η κατάσχεση.	2. Dem Drittschuldner verboten und ohne Rechtswirkung gegenüber dem betreibenden Gläubiger ist die Begleichung der gepfändeten Forderung, die Aufrechnung mit einer später entstandenen Forderung, die Rückgabe an den Schuldner und die Veräußerung der gepfändeten Sachen an Dritte von der Zustellung des Schriftsatzes an den Drittschuldner nach Art. 983 an, auch wenn dieser dem Schuldner noch nicht zugestellt worden ist. Bei Geldforderungen betrifft das Verbot nur den Betrag, für welche die Pfändung vorgenommen wurde.
3. Αφότου του κοινοποιηθεί κατάσχεση, ο τρίτος γίνεται μεσεγγυούχος.	3. Mit der Zustellung des Pfändungsschriftsatzes an den Dritten wird dieser Sequester.
4. Η κατάσχεση που έχει επιβληθεί δεν εμποδίζει εκείνον κατά του οποίου έγινε να στραφεί κατά του τρίτου δικαστικώς ή με αναγκαστική εκτέλεση. Σ΄αυτήν την περίπτωση, μετά την ενέργεια της εκτέλεση, και αν πρόκειται για πράγμα που μπορεί να κατατεθεί, κατατίθεται δημόσια, αλλιώς ο δικαστικός επιμελητής ορίζει μεσεγγυούχο για να το φυλάει.	4. Die vorgenommene Pfändung hindert nicht, dass der Schuldner gerichtlich oder im Wege der Zwangsvollstreckung gegen den Dritten vorgeht. Ist in diesem Falle die gepfändete Sache hinterlegungsfähig, so wird sie öffentlich hinterlegt, andernfalls wird vom Gerichtsvollzieher ein Sequester für die Verwahrung der Sache bestellt.
5. Οι διατάξεις του άρθρου 956 παρ. 4 έως 6 εφαρμόζονται και στις περιπτώσεις των παρ. 3 και 4 του άρθρου αυτού.	5. Die Bestimmungen des Art. 956 § 4 bis § 6 finden auch in den Fällen der §§ 3 und 4 Anwendung.

Άρθρο 985 **(Δήλωση τρίτου – Παράλειψη δηλώσεως ή ανακριβής δήλωση – Συνέπειες)** 1. Μέσα σε οκτώ ημέρες αφότου του επιδοθεί το κατασχετήριο, ο τρίτος οφείλει να δηλώσει αν υπάρχει η απαίτηση που κατασχέθηκε, αν έχει στα χέρια του το κατασχεμένο πράγμα και αν επιβλήθηκε στα χέρια του άλλη κατάσχεση και συνάμα να αναφέρει ποιος την επέβαλε και για ποιο ποσό. 2. Η δήλωση της παρ. 1 γίνεται προφορικά στη γραμματεία του ειρηνοδικείου του τόπου της κατοικίας εκείνου που δηλώνει και συντάσσεται σχετική έκθεση. 3. Η παράλειψη της δήλωσης εξομοιώνεται με αρνητική δήλωση. Αν η δήλωση παραλειφθεί ή είναι ανακριβής, ο τρίτος ευθύνεται να αποζημιώσει αυτόν που επέβαλε την κατάσχεση.	**Art. 985** (früher 1049) 1. Binnen acht Tagen seit der Zustellung des Schriftsatzes an den Dritten hat dieser sich zu erklären, ob die gepfändete Forderung besteht, ob er die gepfändeten Sachen in seinen Händen hat und ob eine andere Pfändung vorgenommen wurde, wobei er dann den Pfändenden und den Betrag, für welchen die Pfändung erfolgt ist, anzugeben hat. 2. Die Erklärung nach § 1 wird mündlich vor der Geschäftsstelle des Friedensgerichts, welches für den Wohnsitz des Erklärenden zuständig ist, abgegeben, hierüber wird ein Protokoll aufgenommen. 3. Unterbleibt die Erklärung, so gilt dies als Verneinung. Im Falle einer Unterlassung der Erklärung oder einer unrichtigen Erklärung haftet der Dritte dem Gläubiger für den Schaden.
Άρθρο 986 **(Ανακοπή κατασχόντος κατά της δήλωσης του τρίτου)** Μέσα σε τριάντα ημέρες από τη δήλωση του άρθρου 985 όποιος επέβαλε την κατάσχεση έχει δικαίωμα να την ανακόψει ενώπιον του κατά τα άρθρα 12 επ. και 23 επ. δικαστηρίου. Με την ανακοπή μπορεί να ζητηθεί και αποζημίωση κατά το άρθρο 985 παρ. 3.	**Art. 986** (früher 1050) Binnen dreißig Tagen von der Erklärung nach Art. 985 an kann der Gläubiger gegen sie vor dem nach Art. 12 ff. und 23 ff. zuständigen Gericht Widerspruch einlegen. Mit der Widerspruchsklage kann auch Schadenersatz nach Art. 985 § 3 verlangt werden.
Άρθρο 987 **(Πότε προσβάλει το κύρος της κατασχέσεως ο τρίτος)** Ο τρίτος δεν έχει δικαίωμα να προσβάλει το κύρος της κατασχέσης παρά μόνο αν το κατασχετήριο δεν περιέχει τα στοιχεία του άρθρου 983 ή δεν κοινοποιήθηκε σε εκείνον κατά του οποίου στρέφεται η εκτέλεση.	**Art. 987** (früher 1051) Der Dritte kann die Gültigkeit der Pfändung nicht bestreiten, es sei denn, dass der Pfändungsschriftsatz nicht die in Art. 983 bestimmten Erfordernisse enthält oder dem Schuldner nicht zugestellt worden ist.

Άρθρο 988 (Καταφατική δήλωση τρίτου – Συνέπειες)	Art. 988 (früher 1052)
1. Αν τρίτος δηλώσει πως η απαίτηση που κατασχέθηκε υπάρχει και είναι επαρκής για να ικανοποιηθούν εκείνος ή εκείνοι που επέβαλαν την κατάσχεση, ο τρίτος οφείλει, αφού περάσουν οκτώ ημέρες αφότου η κατάσχεση κοινοποιήθηκε σε εκείνον κατά του οποίου έγινε η εκτέλεση, αν κατοικεί στην Ελλάδα, και αφού περάσουν τριάντα ημέρες, αν κατοικεί στο εξωτερικό ή είναι άγνωστη η διαμονή του, να καταβάλει στον καθέναν από εκείνους που επέβαλαν την κατάσχεση το ποσό για το οποίο έγινε η κατάσχεση. Αν η κατασχεμένη απαίτηση δεν επαρκεί για να ικανοποιηθούν όλοι όσοι επέβαλαν κατάσχεση, ο τρίτος οφείλει να κάνει δημόσια κατάθεση και η διανομή γίνεται από συμβολαιογράφο που ορίζεται, αφού το ζητήσει οποιοσδήποτε έχει έννομο συμφέρον, από τον ειρηνοδίκη του τόπου της εκτέλεσης κατά τη διαδικασία των άρθρων 686 επ. Η διανομή σε εκείνους που έκαναν την κατάσχεση γίνεται σύμφωνα με τα άρθρα 974 επ., και η προθεσμία του άρθρου 974 παρ. 1 αρχίζει αφότου γνωστοποιηθεί στο συμβολαιογράφο η απόφαση του ειρηνοδίκη που τον διορίζει.	1. Erklärt der Drittschuldner, dass die gepfändete Forderung besteht und reicht diese für die Befriedigung des Gläubigers oder der Gläubiger aus, so ist er verpflichtet, nach Ablauf von acht Tagen seit der Zustellung des Pfändungsschriftsatzes an den Schuldner, wenn dieser in Griechenland wohnt, oder nach Ablauf von dreißig Tagen, wenn er im Ausland wohnt oder sein Wohnsitz unbekannt ist, jedem der Gläubiger den Betrag zu zahlen, für welchen die Pfändung vorgenommen worden ist. Reicht die gepfändete Forderung nicht aus, um alle Gläubiger zu befriedigen, so ist der Drittschuldner zur öffentlichen Hinterlegung verpflichtet und die Teilung geschieht durch einen Notar, der auf Antrag eines jeden, der ein rechtliches Interesse hat, von dem Friedensrichter des Vollstreckungsortes nach dem in den Art. 686 ff. geregelten Verfahren bestellt wird. Die Teilung unter den Gläubigern erfolgt nach den Art. 974 ff. und die Frist nach Art. 974 § 1 beginnt mit der Zustellung des Urteils des Friedensrichters an den Notar, in dem seine Bestellung ausgesprochen wird.
2. Αν ο τρίτος δηλώσει ότι έχει στα χέρια του το κατασχεμένο πράγμα, γίνεται πλειστηριασμός ενώπιον συμβολαιογράφου που ορίζεται σύμφωνα με την παρ. 1. Ο πλειστηριασμός γίνεται κατά τα άρθρα 959 επ. και οι προθεσμίες του άρθρου 960 παρ. 1 και 2 αρχίζουν αφότου η απόφαση του ειρηνοδικείου για το διορισμό του γνωστοποιηθεί στο συμβολαιογράφο, ο οποίος και ορίζει το δικαστικό επιμελητή ο οποίος θα ενεργήσει την εκτέλεση.	2. Erklärt der Dritte, dass er die gepfändete Sachen besitzt, so erfolgt die Versteigerung vor einem Notar, der nach § 1 bestellt wird. Die Versteigerung vor einem Notar, der nach § 1 bestellt wird. Die Versteigerung erfolgt nach Art. 959 ff. und die Frist des Art. 960 §§ 1 und 2 beginnt mit der Zustellung des die Bestellung aussprechenden Urteils des Friedensrichters an den Notar, der einen Gerichtsvollzieher bestellt, welcher auch die Vollstreckung vornimmt.

Άρθρο 989 **(Η καταφατική δήλωση τίτλος εκτελεστός)** Η καταφατική δήλωση του άρθρου 988 αποτελεί τίτλο εκτελεστό κατά του τρίτου· τον εκτελεστήριο τύπο τον δίνει ο ειρηνοδίκης στη γραμματεία του οποίου έγινε η δήλωση.	**Art. 989** (früher 1053) Das nach Art. 988 abgegebene Anerkenntnis bildet einen Vollstreckungstitel gegen den Dritten; die Vollstreckungsklausel wird von dem Friedensrichter, vor dessen Geschäftsstelle die Erklärung abgegeben wurde, erteilt.
Άρθρο 990 **(Συνέπειες αποδοχής ανακοπής κατά δηλώσεως)** Αν η ανακοπή του άρθρου 986 γίνει δεκτή, το δικαστήριο με την απόφασή του υποχρεώνει τον τρίτο να καταβάλει το κατασχεμένο ποσό ή να παραδώσει το κατασχεμένο πράγμα, τηρούνται όμως οι διατάξεις του άρθρου 988.	**Art. 990** (früher 1054) Wird dem nach Art. 986 eingelegten Widerspruch stattgegeben, verpflichtet das Gericht durch Urteil den Dritten, die gepfändete Summe zu leisten und oder die gepfändete Sache herauszugeben, wobei die Bestimmungen des Art. 988 zu beachten sind.
Άρθρο 991 **(Εμπράγματες ασφάλειες απαιτήσεως)** Αν η κατασχεμένη απαίτηση ασφαλίζεται με ενέχυρο ή υποθήκη, εφαρμόζονται και οι διατάξεις των άρθρων 458 και 1312 Αστικού Κώδικα. Η σημείωση στα δημόσια βιβλία γίνεται με την καταφατική δήλωση ή την τελεσιδικία της απόφασης που δέχεται την ανακοπή κατά της δήλωσης του τρίτου.	**Art. 991** (früher 1055) Ist die gepfändete Forderung durch ein Pfandrecht oder durch eine Hypothek gesichert, so finden die Bestimmungen des Art. 458 und 1312 des Zivilgesetzbuches Anwendung. Der in der öffentlichen Bücher einzutragende Vermerk wird nach Abgabe des Anerkenntnisses oder nach Eintritt der Rechtskraft des Urteils, welches dem Widerspruch gegen die Erklärung des Dritten stattgibt, vorgenommen.

FSC
www.fsc.org
MIX
Papier | Fördert gute Waldnutzung
FSC® C083411

Kolibri 360 GmbH
Ferdinand-Jühlke-Straße 7
99095 Erfurt, Deutschland
produktsicherheit@kolibri360.de

Druck:
CPI Druckdienstleistungen GmbH
im Auftrag der
Kolibri 360 GmbH
Ferdinand-Jühlke-Str. 7
99095 Erfurt